W0177490

ATLAS DER FRANZÖSISCHEN WEINE

HUGH JOHNSON / HUBRECHT DUIJKER

ATLAS DER FRANZÖSISCHEN WEINE

LAGEN, PRODUZENTEN, WEINSTRASSEN

HALLWAG

Die englische Originalausgabe ist unter dem Titel
„The Wine Atlas of France“ im Verlag Mitchell Beazley, London, erschienen.

© Mitchell Beazley Publishers 1987
© Text: Hugh Johnson und Hubrecht Duijker 1987
© Illustrationen und Karten der Weingebiete: Mitchell Beazley Publishers 1987
© Tourenkarten: Hallwag AG, Bern, 1987, und
© Mairs Geographischer Verlag, Stuttgart, 1987

© 1988 Hallwag AG, Bern und Stuttgart
Alle deutschen Rechte vorbehalten
Deutsche Übersetzung: Wolfgang Kissel
Lektorat: Beat Welte, Urs Aregger
Satz: Utesch Satztechnik GmbH, Hamburg
Printed in Spain by Printer Industria Grafica SA, Barcelona

ISBN 3 444 10347 6

Hallwag

INHALT

OLIVER
OLIVER

EINLEITUNG

Ein französischer Weinatlas ist nichts weiter als die logische Ergänzung zum „Welt-Weinatlas", von dem ich schon seit Jahren auf jede Frankreichreise die entsprechenden Seiten als Fotokopien mitgenommen habe. Der Weltatlas war mir zu schwer zum Mitschleppen, und was soll man auch mit Karten Griechenlands oder Kaliforniens im schönen Loire-Tal anfangen? Es war also nur vernünftig, die paar Seiten über die Loire oder über Bordeaux allein mitzunehmen. Inzwischen sind diese Blätter reichlich mit Eselsohren und Rotweinflecken, aber auch mit Notizen über Weinproben, über neue Bauten oder Straßen versehen.

All das war von größtem Wert, als der Welt-Weinatlas aufgearbeitet werden mußte. Was ich aber in Wahrheit damit anfangen wollte, das halten Sie, liebe Leserin oder lieber Leser, jetzt in der Hand: eine Gesamtschau des französischen Weins mit Lageplänen der Weinberge, mit Straßenkarten, mit vielen Vorschlägen zur Reiseroute, zu sehenswerten Dingen, bemerkenswerten Menschen, besuchenswerten Restaurants ... ein Buch, das ins Auto gehört und nicht in die Bibliothek. Es soll ein Reisebegleiter sein, der bereitwillig Antwort gibt auf viele Fragen, die bei einem Besuch im gesegnetsten Weinland der Erde bestimmt nicht ausbleiben. In dieses Buch hat Hubrecht Duijker seine unvergleichlich genaue Kenntnis der großen und kleinen Weinlandschaften Frankreichs und der breiten und schmalen Straßen, die sie durchziehen, in einer wahrhaft glücklichen und fruchtbringenden Zusammenarbeit mit eingebracht.

Warum nun ist eigentlich allein schon der Gedanke an eine Reise durch Frankreich so erregend schön? Der Antworten gibt es viele, doch sie alle weisen in dieselbe Richtung. Frankreich ist das Land, wo die Lebenskunst zu größter Vollkommenheit gereift ist. Hierin stellen die Franzosen an sich selbst höchste Ansprüche – beispielsweise findet man (wenigstens war es noch bis vor kurzem so) selbst im kleinsten Dorf vollendet gebackenes Brot.

Im Lauf der Geschichte hat sich an verschiedenen Stellen der Erde eine Form kultureller Identität entwickelt, die sich jeder logischen Erklärung entzieht. Denkt man an den Nahen Osten, dann drängt sich der Gedanke an religiöse Fruchtbarkeit auf, der Name Deutschland verbindet sich mit Musik, der Name Italien mit Architektur. Wer aber von Frankreich spricht, denkt unwillkürlich an Tafelfreuden. Die Franzosen wählen und bereiten ihre Speisen mit soviel Eifer und Sorgfalt wie sonst niemand auf der Welt. Sicherlich hat dieses geniale Talent zum Genießen den Franzosen auch dazu verholfen, die Schöpfer der edelsten Weine zu werden.

Es ist aber wohl kaum so, daß erst die Franzosen besonders edle Gewächse zuwege gebracht hätten, denn schon die Römer hatten durchaus anspruchsvolle Zungen, und deutsche Klöster und Aristokraten begründeten schon vor über 1200 Jahren eine eigene hohe Weinkultur. Doch es blieb Frankreich vorbehalten, den wahrhaft grenzenlosen Möglichkeiten der Rebe zu mehr als nur zufälligen Gipfeln echter Güte zu verhelfen.

Wer sich mit den Franzosen genauer befaßt, kann gar nicht umhin, jene Mischung aus Instinkt, Leidenschaft und Stolz zu bemerken, die den Genius dieser Nation ausmacht. Kein anderes Volk hätte den bis ins kleinste ausgefeilten Prozeß erdenken können, den man *élevage* nennt: In diesem Begriff steckt das Auffinden und Fördern der besten Eigenschaften von Lage, Boden und Reben sowie des daraus resultierenden Weins und seines Reifevorgangs. Der treffendste Vergleich ist vielleicht in der Pferdezucht zu finden. Die Franzosen haben im Lauf der Geschichte mit sicherem Instinkt die besondere Qualität im Wein herangebildet, wie der Züchter durch geduldige Auslese immer edlere Pferde hervorbringt. Offenbar haben die Winzer in vielen Teilen Frankreichs den Gang der Evolution zu lenken und zu beschleunigen verstanden. Sie erkannnten den Wert guter Lagen, pflanzten auf ihnen ihre besten Reben und verwendeten größten Eifer auf die Kunst, ihren Wein immer besser und charaktervoller zu machen.

Denn Charakter, Individualität ist ja beim Wein der Kern der Sache. Wäre Wein nichts weiter als ein wenn auch noch so herrliches, doch gleichförmiges Getränk, dann könnten wir ihn zwar voll Dankbarkeit trinken, die große Faszination aber würde ihm fehlen. Frankreichs große Leistung war es, den Weinen jeder Region, ja jeder einzelnen Lage eine eigene, unverwechselbare Persönlichkeit zu geben.

Als Erklärung dafür, weshalb der eine Wein anders ist als der andere, etwa leichter, duftiger, fester oder nachhaltiger als einer, der nur gerade auf der anderen Seite des Weges wächst, haben die Franzosen das Wort *terroir* erfunden. Eigentlich bedeutet es „Boden", aber es steckt mehr in diesem Begriff: Lage, Wasserabzug, Hangneigung zur Sonne, Mikroklima, Frostgefährdung, ja sogar die Art der Kultivierung. Alles das geht mit in die Persönlichkeit eines Weins ein. Vielleicht ist das vielstrapazierte Wort „Umwelt" noch immer die beste Übersetzung für *terroir* in diesem Sinne.

Wieviel von dieser Umwelt, die heute die großartigsten Weine der Welt hervorbringt, ist nun aber dem Land selbst und wieviel den Menschen zu verdanken? Hätten die Franzosen mit ihrer genialen Lebenskunst auch anderswo, in Italien und Spanien etwa, die Hohe Schule des Weins errichten können? Das muß verneint werden. In Frankreich entsteht großer, delikater, bekömmlicher Wein, weil hier das Klima dafür ideal ist: mäßig warme Sommer und zunehmende Nachtkühle, wenn die Lesezeit herankommt. Die natürlichen Gegebenheiten für Gärung und Lagerung sind nahezu vollkommen. Auf technische Erfindungen wie Kühlung und Klimatisierung brauchte Frankreich nicht zu warten. Hier werden die Trauben gelesen, wenn die Herbstkühle die Somerhitze ablöst.

Der Norden Frankreichs ist der Grenze der Weinbaumöglichkeiten so nahe, daß man Jahr für Jahr gespannt darauf ist, ob die Trauben überhaupt reif werden. Im Westen bezeichnet die Mündung der Loire und im Osten die Champagne und das Tal der Mosel die Linie, jenseits deren Weinbau nicht mehr lohnt. Im Osten liegt die Grenze weiter nördlich als im Westen: Daran ist der Ärmelkanal schuld. Die Bretagne und die Normandie liegen im Sommer allzu lange unter einer Wolkendecke, die immer wieder vom Atlantik bis nach Paris herantreibt und die Picardie und den Pas de Calais überspannt. Die Champagne entgeht dieser unwillkommenen Wolkendecke ganz knapp. Hier wirkt sich sogar schon das kontinentale Klima mit seinen wärmeren Sommern aus. Ist der Champagner mit seiner belebenden Spritzigkeit nun echter Ausdruck des französischen Geists – oder fällt er einfach nur so aus, weil er in einer Gegend wächst, wo die Trauben kaum noch Zeit haben zu reifen?

Vielleicht fallen die Antworten auf solche Fragen leichter, wenn man daran denkt, daß die Begeisterung für den Wein in Frankreich nicht nur auf die Zeiten der Römer, sondern weit darüber hinaus zurückgeht. Die Gallier liebten ihn geradezu fanatisch. Tacitus berichtet, daß eine Amphore italienischen Importweins den Gegenwert für einen gallischen Sklaven darstellte. (Eine Amphore enthielt knapp 26 Liter, also weniger als drei Dutzend Flaschen von heute.) Aber die Gallier hatten nicht gewartet, bis die römische Kolonisierung ihnen den Wein brachte. Dreihundert Jahre bevor Julius Cäsar Gallien in drei Teile teilte, waren kriegerische Stämme aus der Gegend von Burgund nach Süden ins heutige Italien gezogen, hatten Rom geplündert und sich dann in der Lombardei einige Generationen lang niedergelassen. Als sie heimkehrten, brachten sie die Kunst des Weinbaus mit, die infolgedessen schon lange vor der Römerherrschaft fest in der gallischen Kultur verwurzelt war.

Heute denkt man an die Antike oft als an eine Zeit, die von unserer eigenen durch den „Abgrund des Mittelalters" getrennt ist. Die Renaissance, so sagt man uns, entdeckte den griechischen und römischen Geist und die Künste der Antike neu. Darüber geht vergessen, daß es direkte Bindungen und Vorgänge gibt, die nicht von den barbarischen Horden unterbrochen wurden, die über das römische Weltreich hinwegfegten.

So blieb die von den Römern geschaffene Infrastruktur der Verkehrswege intakt. Und auch die meisten ihrer Städte blieben erhalten. Die erstarkende Kirche machte die ehemaligen römischen Verwaltungszentren zu Bischofssitzen, und die Verwaltungsbezirke der Römer wurden zu Diözesen.

Daher wurden die Faktoren, die für die wichtigsten Weinbaugebiete im ehemals römischen Gallien bestimmend waren, nicht zerstört, sondern durch die wachsende Macht der Bischöfe und später der Klöster nur noch gestärkt. Größten Einfluß gewann mit dem Aufstieg der Zisterzienser im 12. Jahrhundert das Kloster Cîteaux. Sein ummauerter Weinberg, der Clos de Vougeot, legt noch heute beredtes Zeugnis für die Rolle der mittelalterlichen Kirche im damaligen Weinbau ab. Seine Lage aber wurde schon 1000 Jahre früher bestimmt, als der belebte Verkehrsweg durch das Saône-Tal und die heutige Diözese Autun den damaligen Bewohnern den Gedanken zur Nutzung des Hangs, den wir heute die Côte d'Or nennen, eingab.

Es gibt wohl kaum eine Ausnahme von der Regel, daß die großen Weinbaugegenden Frankreichs ihren Ursprung den Römern verdanken. Nur für das Elsaß trifft dies nicht zu. Zwar erwies sich der geschützte Osthang der Vogesen wohl auch damals schon als ideal für die Rebe; für die Gallier und Römer allerdings war diese Gegend allzu abgelegen von allen Absatzmärkten, und auch der Transport dorthin wäre zu schwierig gewesen.

Nicht nur die Weinbaugebiete Frankreichs, sondern auch die Rebsorten, die für sie charakteristisch werden sollten, sind schon vor erstaunlich langer Zeit entstanden. Der große französische Weinbauhistoriker Roger Dion sagte, daß die Reben, die den Charakter des Burgunders und des Bordeaux-Weins ausmachen, aus ganz verschiedenen Quellen stammen. Burgund teilt sich mit dem östlichen Frankreich bis zur Champagne im Norden in eine Gruppe von Rebsorten mit dem Pinot Noir als dem bekanntesten Vertreter. Dion meint, daß der Pinot mit seinen Verwandten durch jahrhundertelange Selektion aus den Wildreben der Alpenausläufer in der Dauphinée entstanden ist. Hier war der Sitz des gallischen Stamms der Allobroger, und nach ihnen nannten die Römer die Rebe Allobrogica.

Demgegenüber haben die Bordeaux-Reben Cabernet-Sauvignon und -Franc, Merlot und Petit Verdot einen gemeinsamen Vorfahren in der Biturica, die vermutlich aus römischen Siedlungen im Ebro-Tal nach Bordeaux gelangte. Bei Cenicero in Rioja sind noch gut erhaltene Reste eines römischen Kelterhauses zu sehen. Vielleicht gingen von hier die Reben aus, die den Charakter des Bordeaux bildeten und dann 1800 Jahre später wieder hierher zurückkehrten.

Es gibt sicher keinen besseren Beweis für die Kontinuität des französischen Weinbaus als die Tatsache, daß sich mit Burgund und Bordeaux zwei Stiltraditionen über so lange Zeit erhalten haben. Sie treffen aufeinander und vermischen sich im Tal der Loire, in das von beiden Enden her Ideen und Traditionen des Weinbaus eingedrungen sind: aus Burgund über den Quellbereich der Loire, aus Bordeaux über den Golf von Biscaya.

Die Historiker machen sich Gedanken darüber, weshalb sich in 2000jähriger Geschichte nicht mehr Einheitlichkeit herausgebildet hat. Zum Teil mag das daran liegen, daß das Land selbst sich die Reben wählt, die auf ihm am besten gedeihen. Und ein ebenfalls nicht zu unterschätzender Faktor ist der Lokalstolz.

Wie die übrige Welt ist auch Frankreich erst in letzter Zeit so klein geworden. Früher gab es kein gemütliches Beisammensitzen der Winzer aus verschiedenen Regionen (höchstens bei den Zisterziensern), es gab auch keine Weinbaufachschulen. Die Tradition nährte sich aus sich selbst. Die Selektion der Rebsorten geschah durch Stecklinge von den besten Stöcken im eigenen Weinberg. Der Lesezeitpunkt wurde von den lokalen Behörden festgelegt, so daß gleichartiger Wein jeweils nur in einem begrenzten Bezirk entstand. Unter diesen Voraussetzungen konnten in den verschiedenen Landesteilen ganz herrlich individuelle, ja sogar exzentrische Traditionen gedeihen. Deshalb sollte sich der Reisende auch nicht auf die klassischen Weinbaubereiche Frankreichs beschränken oder gar mit Herablassung auf einen „kleinen Lokalwein" schauen, der doch zwei Jahrtausende Tradition in sich tragen mag.

Wie kann man nun am besten eine entfernte Bekanntschaft mit dem Wein Frankreichs in tiefe Vertrautheit mit seinen Landschaften und ihren vielfältigen Erzeugnissen umwandeln? Da gibt es keine Alternative zum Reisen. Sicher, man kann auch verschiedene Weine daheim probieren, darüber nachlesen – aber nur wer hinfährt, kann den Geschmack eines bestimmten Weins mit dem Bild einer Landschaft, mit der Farbe der Dachziegel, dem Grau einer Flußmündung oder dem Grün eines Tals unter ewigem Schnee in Verbindung bringen.

Chablis ist kein übermäßig reizvoller Ort. Wer zum ersten Mal hinkommt, ist bestimmt enttäuscht, daß sich hinter einem so glanzvollen Namen nur eine Ansammlung grauer Häuser an einem durchaus nicht malerischen Fluß verbirgt.

Ich hatte das Glück, diesen Ort erstmals vor vielen Jahren in der Gesellschaft von Ronald Avery, einem der großen englischen Weinhändler der alten Schule, zu erleben. Mit ihm zusammen machte ich zwischen den Weinproben weite Spaziergänge. Es war im Frühsommer, die Luft war frisch, die Sonne heiß. Wir keuchten den Hang hinter der Stadt hinauf, wo die Grand-Cru-Lagen unter der Mittagssonne brüteten, die so gut wie senkrecht auf den krümeligen Boden schien.

Als wir schließlich Vaudésir und Les Clos, die beiden mittleren Südhanglagen, umrundet hatten, konnte ich es kaum noch erwarten, auch ihre Weine zu schmecken und mit der Zunge die Unterschiede aufzuspüren, die meinen Augen – und meinen Beinen – so klar und deutlich geworden waren. In der angenehmen Kühle eines dämmerigen Winzerkellers sog ich dann eine Lektion über Chablis in mich auf, die mir unvergeßlich geblieben ist.

Ich bekam das Gespür für die besondere Dichte und Spannung im Geschmack der Weine aus den besseren Lagen. Am klarsten trat mir der Chablis-Charakter in einem jungen Premier Cru entgegen. Ein junger Grand-Cru-Wein dagegen erschien überladen mit Aroma. Am vollsten waren der Vaudésir und Les Clos, ihr schwer durchschaubares Aroma ließ sogar an Honig denken. Eindeutig waren diese Weine noch im ungestümen Fohlenalter, und ihr Kräftespiel hatte sich noch nicht zu schöner Harmonie entfaltet.

Natürlich tranken wir nachher auch noch einen älteren Jahrgang. Es war ein 15 Jahre alter Vaudésir aus einem besonders guten Jahr. Zu meiner Überraschung hatte sich die für einen Chablis charakteristische Farbe, das berühmte grüne Glitzern, in diesem Alter in ein edelsteinhaftes Schimmern verwandelt. Ein Duft nach frühlingsfeuchtem Boden erfüllte den ganzen Keller. Und im Geschmack hatte sich alles, was ich an dem einfachen jungen Chablis als rein und fein empfunden hatte, zu einem herrlichen Akkord sublimiert. Das war ein großer weißer Burgunder, und ich war auf dem einzigen Weg zu ihm hingeführt worden, auf dem die Qualitäten eines wahrhaft großen Weins deutlich werden: durch Vergleich mit Ähnlichem, immer vom Guten zum Besseren, vom Jungen zum Reifen fortschreitend.

Es muß übrigens nicht unbedingt Chablis sein. Dergleichen wundersame Entdeckungen lassen sich überall in der Welt des Weins erleben, vorausgesetzt, daß ähnliche Steigerungen und Verfeinerungen wie in Burgund vorhanden sind. Hier liegt wohl auch einer der großen Unterschiede zwischen Frankreich oder Deutschland und den Weinbaugebieten der Neuen Welt oder auch weniger verfeinerten Bereichen der Alten, obwohl es auch dort viele verschiedene Weine von verschiedenen Trauben aus verschiedenen Jahrgängen – auch aus verschiedenen Lagen – geben mag. Doch nur die Franzosen haben (auch nicht überall) eine Güteklassifizierung, die sich auf die Erfahrung vieler Winzergenerationen stützt und an der ich in jenem Sommer in Chablis auch teilhaben durfte.

Seither bin ich an manchem dunstigen Morgen auf dem Treidelpfad am Serein entlanggegangen, habe manche taufeuchte Hundsrose von den Hecken gepflückt, ich habe mir im Winter unter den entlaubten Pappeln den Mantelkragen gegen den Wind hochgeschlagen und dabei die kleinen Straßen und Wege von Chablis kennengelernt. Wozu? Um meinen Sinn für diesen Ort zu schärfen, denn dieser Sinn, das Verständnis für das *terroir,* ist auch der Schlüssel zum Verständnis des französischen Weins.

Dieser Atlas wendet sich vor allem an den eigenständigen Reisenden. Viele, wahrscheinlich die meisten Touristen sind es nicht gewöhnt, ihren Weg selbst zu suchen. Gruppenreisen helfen über die Unkenntnis des Landes und seiner Sprache hinweg. Auf diese Weise behält man Abstand. Man hat es wohl bequemer, aber man verpaßt auch allerhand.

Der erfahrene Reisende weiß, daß es viel leichter ist, in einer fremden Sprache eine Frage zu stellen, als die Antwort zu verstehen. Kaum hat man sich selbst dazu gratuliert, daß man einen wohlformulierten Satz auf Französisch zustandegebracht hat, sieht man sich schon mehr oder weniger hilflos einer enthusiastischen, überaus wortreichen, vermutlich recht umständlichen Antwort gegenüber. Die Worte kommen einem bekannt vor, doch der Sinn entgeht einem völlig! Überhört man ein winziges Wörtchen aus dem großen Schwall, ist man vielleicht schon auf einer ganz falschen Fährte. Nochmals fragen ist peinlich – viel einfacher ist es zu nicken, hie und da ein „oui“ oder „entendu“ oder „d'accord“ hinzuwerfen . . .

Als selbständiger Reisender muß man vorher einige Hausaufgaben machen. Üblicherweise ist es nicht nötig, in französischen Hotels auf dem Lande im voraus Zimmer zu reservieren, es sei denn, eine besondere Veranstaltung zieht gerade große Besuchermengen an. Burgund ist am dritten Wochenende im November wegen der „Trois Glorieuses“ überfüllt. In Bordeaux geschieht zur Vinexpo dasselbe; es werden dann Pendelzüge nach Biarritz eingesetzt, um die Hotels dort mitbenutzen zu können. An den Wochenenden zu Anfang und Ende August ist ganz Frankreich auf den Straßen – um diese Zeit sollte man besser anderswohin reisen.

Außer in berühmten Urlaubsgegenden, in 3-Sterne-Hotels, zu besonderen Veranstaltungen sowie in den großen Städten (vor allem in Paris) genügt meist ein Telefonanruf ein paar Tage vorher, wenn man ein anständiges Hotelzimmer bekommen will. Hotels unterhalb der Luxuskategorie sind bemerkenswert preisgünstig, daher sind sie in den Reiseinformationen in diesem Atlas besonders berücksichtigt.

Die Qualität der Unterkunft spielt schon eher eine Rolle, wenn man länger als nur einen oder zwei Tage an einem Ort bleiben will. Dann ist es angebracht, sich vorher Prospekte schicken und sich die Zimmerreservierung schriftlich bestätigen zu lassen (siehe auch Seite 17).

Berühmte Restaurants sind im Sommer oft viele Wochen im voraus ausgebucht; hier ist eine schriftliche Reservierung meist unumgänglich.

Will man einen Besuch in einem Château oder Weingut anmelden, dann gilt eine recht einfache Regel: Je großartiger und vornehmer das Gut, desto längere Frist und desto mehr Einfluß braucht man, um willkommen geheißen oder überhaupt eingelassen zu werden.

Die Premier-Cru-Châteaux in Bordeaux oder die vornehmeren Domaines in Burgund sind natürlich bestrebt, als Besucher nur ernsthafte Interessenten für die meist außerordentlich teuren Weine des Hauses zu empfangen. Kann man sich als ein solcher Interessent fühlen, dann läßt man sich am besten von dem Weinhändler, bei dem man normalerweise kauft, ein Empfehlungsschreiben ausstellen, das man dann mit der Besuchsanmeldung und einigen Terminvorschlägen einsenden kann. Wird der Besuch akzeptiert (das geschieht üblicherweise), dann darf man damit rechnen, mit größter Höflichkeit, pünktlich zum vereinbarten Termin vom Kellermeister oder *maître de chai* empfangen zu werden.

Die Höflichkeit verlangt nun vom Besucher, daß er sich daheim über das Château oder die Domaine schon ein wenig unterrichtet hat, mindestens darüber, welchen Wein er dort vorfinden wird, wie die Appellation lautet und wie das Grundrezept ihrer Rebsortenzusammensetzung aussieht. In Bordeaux ist dies unkompliziert. Der *chai* (die hier gebräuchliche Bezeichnung für einen Weinkeller, der übrigens meist nur halb unterirdisch ist) enthält gewöhnlich nur eine einzige Art von Wein, wahrscheinlich aus zwei Jahrgängen, dem letzten und dem vorletzten, die auf ihre Abfüllung warten. In Burgund dagegen liegen in einem Keller oft Fässer mit Rot- oder Weißwein aus zehn verschiedenen Appellationen. Es stärkt sicher das Vertrauen des Winzers, wenn er merkt, daß sein Besucher sich vorher informiert hat und ungefähr weiß, welche Weine aus welchen Lagen er in den Fässern vermuten kann.

Dem geehrten Gast (bestimmt aber dem guten Kunden) wird eine Probe aus jedem Faß im Keller angeboten, und zwar stets in der Reihenfolge vom bescheidensten Gewächs aufwärts.

Der Besucher sollte durchaus zeigen, daß er eine so freundliche Aufnahme zu würdigen weiß, indem er dem Winzer entweder direkt oder indirekt etwas von seinem Wein abkauft.

Weitaus üblicher und für alle Beteiligten weniger anstrengend ist der unvorbereitete, ganz zufällige Besuch in einem nicht so prestigebeladenen Weingut. Solche Besuche kommen ohne weiteres durch ein Schild „Vente directe“ (Direktverkauf) oder „Dégustation gratuite“ (kostenlose Weinprobe) am Straßenrand zustande. An der stets offenen Tür wird allerdings nicht immer der Weingutsbesitzer selbst einen jeden Kunden in Empfang nehmen. Auf einem großen Gut wird wahrscheinlich ein Angestellter und in einem kleineren ein Familienmitglied die Honneurs machen. Auch eine Winzergenossenschaft ist meist der rechte Ort, um den Wein einer Gegend kennenzulernen und vielleicht Bekanntschaften anzuknüpfen, die zu Freundschaften führen können.

Dem Zufallsbesucher wird oft als Weinprobe nur ein Glas angeboten – meist auch noch aus einer bereits offenen Flasche im Kühlschrank. Er muß sich nun entscheiden, ob er – angeregt vielleicht durch das, was er zu schmecken bekommt oder aber durch etwas anderes, das ihm nebenbei aufgefallen ist – mehr wissen möchte.

Wenn er dann seinen Gastgeber dazu bringen kann, ihm die eine oder andere Probe direkt aus dem Faß abzuzapfen, dann darf er sich geschmeichelt fühlen. Wenn nämlich der Winzer seinem Besucher zutraut, daß er den Wein auch im Zustand vor der Abfüllung (der stets anders ist als nach dem Filtern in der Flasche) zu beurteilen versteht, dann hat das schon etwas zu bedeuten.

Für soviel Vertrauen sollte man sich durch aufmerksame Würdigung des Dargebotenen revanchieren. Hier soll nun kein Lehrgang in profihafter Weindegustation gegeben werden, wohl aber doch der eine oder andere Hinweis, der dazu beitragen soll, sich ein sicheres Urteil zu bilden.

Das Glas sollte man mit beiden Händen fassen, und zwar den Fuß – nicht den Stiel – mit der Rechten, wobei man mit der Linken den Kelch stützt. (Fortgeschrittene in der Kunst des Degustierens greifen wohl auch in die Tasche und ziehen den eigenen, in ein Tuch gewickelten silbernen *tastevin* hervor und lassen ihn sich füllen.)

Nun schaut man sich den Wein erst einmal zehn Sekunden lang an. Hält man ein Stück weißes Papier hinter das Glas, dann tritt beim Hindurchschauen die Farbe des Weins recht schön hervor. Der Sinn des silbernen *tastevin* liegt übrigens darin, das wenige Licht, das im Keller vorhanden ist, möglichst vollständig aufzufangen und durch den Wein hindurch zurückzuspiegeln.

Man braucht sich durchaus nicht zu irgendwelchen Stellungnahmen zur Farbe des Weins veranlaßt zu fühlen. Will man aber unbedingt etwas von sich geben, dann ist die salopp hingeworfene Bemerkung „joli robe“ zu empfehlen.

Nun schwenkt man den Wein im noch immer am Fuß gehaltenen Glas ein wenig, um ihm mehr Berührung mit der Luft zu verschaffen. Es ist nicht empfehlenswert, dieses Schwenken zum ersten Mal bei einer Weinprobe und dann gar noch mit Rotwein im Glas zu versuchen. Besser übt man es erst einmal zu Hause und am besten mit Wasser.

Nach dem Schwenken kommt das Schnuppern. Zwei-, dreimal kurz den Duft eingesogen, dürfte genügen, wenn man sich auf die Sache konzentriert. Ich mache dabei gern die Augen zu; dann kann ich mich besser auf den Geruchssinn konzentrieren. Meist wende ich mich auch ab oder gehe ein paar Schritte zur Seite.

Hält man sich das Glas nur so nebenbei unter die Nase, während man über etwas anderes redet oder nachdenkt, dann hat man nichts vom Schnuppern; es ist vergebliche Mühe, sich eine Geruchsempfindung bewußt machen zu wollen, wenn man spricht oder auch nur anderen zuhört.

Bei unveränderter Konzentration nimmt man nun einen ordentlichen Mundvoll, hält den Wein ein wenig auf der Zunge und kaut ihn dann, als sei es Brot. In einem kalten Keller und vor allem im Winter empfiehlt es sich, nur einen kleinen Mundvoll zu nehmen: Wenn eiskalter Wein an die Zähne kommt, dann ist das kaum ein Hochgenuß. Hat man Zunge und Gaumen ausgiebig im Wein gebadet, dann spuckt man ihn aus. In manchen Kellern steht dazu ein Spucknapf oder ein Kistchen mit Sägemehl bereit. Ist keine solche Gelegenheit zu entdecken, dann darf man auf den Boden spucken. Ist eine Tür ins Freie in der Nähe, dann gehe ich meist hin und spucke nach draußen. Dabei gewinne ich auch noch Zeit zum Nachdenken.

Was nach dem Probieren geschieht, hängt zunächst vom Eindruck ab, den man bekommen hat. Natürlich ist eine anerkennende Bemerkung stets angebracht. Hat der Wein geschmeckt und möchte man die Begegnung noch etwas andauern lassen, dann ist es vorteilhaft, wenn man sich gut vorbereitet hat. Die normale Zeit für das Abfüllen eines Jahrgangs ist in keiner Weinregion ein Geheimnis.

Die eigenen Äußerungen sollte man möglichst allgemein halten: „très prometteur" (recht vielversprechend) zum Beispiel oder „très intéressant" – aber das ist schon das mindeste, was die Höflichkeit erfordert. Diese Ratschläge gelten natürlich nicht für den Profi, sondern für den Liebhaber, der sich eingehender mit der Sache befassen möchte.

Eine Bemerkung führt mit einiger Sicherheit zu weiteren Gesprächen (und Kostproben): Wenn man nämlich erklärt, man wolle diesen oder jenen Wein nach einem halben oder ganzen Jahr nochmals probieren. Ob wohl Monsieur in Frankfurt, Wien oder Bern einen Vertreter habe und ob man sich dessen Adresse notieren dürfe? Wer sich bei Weinproben Notizen macht, kann nicht nur sicher sein, wohlwollende Anerkennung als ernsthaft bemühter Weinfreund zu finden, er wird auch das eigene Wissen und Verständnis vom Wein stetig mehren. Gern gehört wird natürlich die Frage, ob Monsieur etwas dagegen habe, dem Besucher einige Flaschen zu verkaufen oder gar ein ganzes Dutzend!

Ein bewährter Weg zur Bekanntschaft mit guten und freundlichen Winzern ist, vor allem in den weniger stark überlaufenen Gegenden Frankreichs, oft ein Gespräch mit dem Hotelbesitzer oder dem Wirt eines Restaurants. Man kann fast sicher sein, daß sich daraus ein Telefonanruf bei einem befreundeten Winzer und für den Gast dort ein freundlicher Empfang entwickelt. Auf diesem Weg habe ich schon viele ausgezeichnete Winzer kennengelernt, die bislang ihren Wein nur am Ort an eine oft höchst anspruchsvolle Kundschaft verkauft hatten.

An eine solche Gelegenheit erinnere ich mich aus dem Hotel Bellevue in Les Roches de Condrieu. Der Viognier aus Condrieu ist einer der exquisitesten Weißweine Frankreichs. Ihn erzeugen nur wenige Weingüter mit inzwischen berühmten Namen.

Dennoch war mir der Name auf dem Viognier, der uns zum Dîner serviert wurde, nicht bekannt. Meine Erkundigungen führten mich zu einem großen alten Haus auf der anderen Seite der Rhône, in dessen Nähe zwar kein Weinberg zu erkennen war, dafür aber ein Tennisplatz, auf dem gerade ein munteres gemischtes Doppel im Gange war. Zwischen zwei Sätzen fragte ich, ob ich hier recht bei Monsieur X sei. Die Tochter des Hauses unterbrach ihr Spiel und gab mir alle Auskünfte, die ich wünschte. Ich bekam den letzten Jahrgang zu probieren und wurde schließlich mit dem (gerade verreisten) Vater in telefonische Verbindung gebracht. Seither komme ich immer wieder in den Genuß seines Weins.

Früher oder später kann ein leidenschaftlicher Weinliebhaber nicht mehr länger der Versuchung widerstehen, alle Weinregionen Frankreichs mit eigenen Augen zu sehen. Dieser Atlas des französischen Weins kann ihm vielleicht helfen, mit den Eigenheiten, Gebräuchen, Vorzügen und Widrigkeiten fertig zu werden, die ihm dabei begegnen werden.

Die Champagne beispielsweise ist so sehr auf Besucher eingestellt und prunkt vor ihnen mit ihren Kellereien und modernen Maschinen derart, daß alles zum Massentourismus wird und der Besucher sich schließlich selbst wie eine Flasche auf dem Rüttelgestell vorkommt. Wer tiefer in die Geheimnisse der Champagne eindringen möchte, besorgt sich am besten ein Empfehlungsschreiben seines Weinhändlers oder Importeurs.

Bordeaux, so ungeheuer vielfältig und faszinierend es für den Liebhaber auch sein mag, ist für den Normalbesucher oft recht langweilig. Die **chais** – wenigstens diejenigen der einfacheren Châteaux – gleichen sich meist wie ein Ei dem anderen. Bei der Weinprobe stellt es sich häufig heraus, daß sehr junger Bordeaux gar nicht besonders schmeckt.

Der Anfänger sollte sowieso stets daran denken, daß bei Kellerproben fast immer sehr junger Wein angeboten wird. Die berühmte verstaubte Flasche wird höchst selten aufgezogen, und schon gar nicht bei der ersten Bekanntschaft. Es versteht sich daher, daß Weinproben in Gegenden, deren Weine schon in der Jugend ansprechend und wohlschmekkend sind, viel mehr Spaß machen. Deshalb ist ja auch Deutschland das wahrhaft vollkommene Land für den Weintourismus. Dasselbe gilt aber auch für das Elsaß, das Loire-Tal, die französischen Alpen, große Teile Südwestfrankreichs und überhaupt für fast alle Gebiete außer den ganz großen, berühmten.

Die schönste Zeit für einen Besuch in einer Weinregion ist natürlich die Lesezeit, weil es dann am meisten zu sehen gibt. Freilich gewinnt man besonders lebhafte Eindrücke, wenn man bei der Weinlese zuschaut, die blauen Trauben aus vollen Butten in große Trichter stürzen sieht, die Keltern und Pressen bei der Arbeit beobachtet, den durchdringenden Geruch des gärenden Mosts atmet.

Ebenso natürlich aber hat in diesen Tagen der Winzer am wenigsten Zeit für Besucher – nämlich gar keine. Man wird ihn zwar nicht hinauskomplimentieren, aber einen roten Teppich wird man ihm bestimmt auch nicht ausrollen, da doch alle Hände sowieso voll zu tun haben. Mit zur Lese hinauszuziehen ist eine schöne Sache (und für junge Leute auch eine gute Einführung in den Wein). Man kann aber von den Weinlesern kaum erwarten, daß sie sich dem Touristen als Fotomotiv zu Verfügung stellen.

Sicherlich sollte man irgendwo einmal eine Weinlese miterleben (meine Lieblingslandschaften hierfür sind das Beaujolais und das Elsaß). Aber auch die anderen Jahreszeiten haben ihren Reiz, vor allem der Frühling, wenn das Laub noch zart grün ist, oder Mitte Juni, wenn in ganz Frankreich die Reben blühen und die Weinberge mit einem überaus verführerischen süßen Duft erfüllen, der – wie es heißt – junge Liebe lockt wie kein anderer der Welt.

Auch Ende Oktober, nach der Weinlese, ist eine schöne Zeit, wenn die Weinberge mit Gold überschüttet und die Dorfstraßen voll vom Geruch des noch gärenden Weins sind.

Noch später im Jahr ist Frankreich trotz der immer kürzer werdenden Tage und leerer Straßen mit seinen weihnachtlich geschmückten Städten und Ortschaften ein gastfreundliches Land, wo es sich angenehm lebt. Selbst die kältesten Monate haben ihre schönen Seiten, und Schnee im Weinberg kann ein zauberhafterer Anblick sein als das volle Sommerlaub. Draußen ist nur der Rebschnitt zu erledigen – da bleibt viel Zeit für Weinproben und Gespräche in den Kellern. Die Hotels sind so gut wie leer, und selbst in 3-Sterne-Restaurants bekommt man einen Tisch.

Wer engere Bindungen zu einer Gegend Frankreichs knüpfen möchte, die ihm aus irgendeinem Grund besonders gefällt, der tut gut daran, immer wieder dorthin zu fahren. Nach zwei- oder dreimaligem Besuch ist man dort bekannt, man wird freundlicher und vertraulicher begrüßt. Die **Confrérie** am Ort (es gibt kaum eine Ecke in Frankreich, wo eine solche fehlt) nimmt den schon nicht mehr Fremden bald gern als Vereinsmitglied auf. Dann freilich heißt es den Urlaub so legen, daß man bei wenigstens einem ihrer Feste dabei sein kann. Es wird nicht lange dauern, und es kommt zum Schüleraustausch in den Sommerferien... Nun ist man mit dem Ort, der noch vor kurzer Zeit nichts weiter war als ein fremd klingender Name auf einem Weinetikett, wirklich und wahrhaftig verbunden.

HUGH JOHNSON

WEINKALENDER

Weinfeste, Weinmärkte und ähnliche Veranstaltungen gibt es in Frankreich das ganze Jahr hindurch. Es ist gut, sie bei der Planung einer Reise zu berücksichtigen. Dieser Kalender enthält regelmäßig stattfindende Veranstaltungen dieser Art, doch kann er kaum Anspruch auf Vollständigkeit erheben. Nicht berücksichtigt sind beispielsweise die unzähligen **chapitres** der vielen Weinbruderschaften und auch nicht die vielen Weinfeste, die nach der Lese überall im Land gefeiert werden.

Bei der Zusammenstellung dieser Liste wurde auf größtmögliche Genauigkeit Wert gelegt. Manchmal aber wird eine Veranstaltung auch auf einen anderen Termin verschoben, und es ist deshalb empfehlenswert, sich bei den örtlichen oder regionalen Touristikbehörden oder bei Hotels oder Weinerzeugern zu erkundigen.

In den Reiseinformationen, die in diesem Atlas gegeben werden, ist nochmals eingehender von den Weinveranstaltungen der jeweiligen Region die Rede.

JANUAR

im Januar	Ampuis (nördl. Rhône)	Fête des Vins Nouveaux
1. Wochenende	Lire (Anjou)	Weinmarkt
am Samstag nach dem 22. Januar	Côte d'Or	St-Vincent Tournante
4. Wochenende	Vouvray (Touraine)	Weinmarkt

FEBRUAR

1. Wochenende	Bourgueil (Touraine)	Weinmarkt
	Vihiers (Anjou)	Weinmarkt
2. Wochenende	Saumur (Anjou)	Weinmarkt
	Tours-Fondette (Touraine)	
3. Wochenende	Montlouis (Touraine)	Weinmarkt
letztes Wochenende	Azay-le-Rideaux (Touraine)	Weinmarkt
	Chalonne-sur-Loire (Anjou)	Weinmarkt
Ende Februar	St-Pourçain-sur-Sioule (Massif Central)	Weinmarkt

MÄRZ

Anfang März	Vinsobres (südl. Rhône)	Festival et Concours Côtes du Rhône Villages
1. Wochenende	Le Loroux-Bottereau (Pays Nantais)	Weinmarkt
2. Wochenende	Durtal (Anjou)	Weinmarkt
3. Wochenende	Chinon (Touraine)	Weinmarkt
	Vallet (Pays Nantais)	Weinmarkt
letztes Wochenende	Machecoul (Pays Nantais)	Weinmarkt
letzter Sonntag	Eguisheim (Elsaß)	Vorstellung neuer Weine

APRIL

im April	Brignoles (Provence)	Weinmarkt
2. Samstag	Brissac (Anjou)	Concours des Anjou Rouges
Freitag vor Palmsonntag	Morey-St-Denis (Côte d'Or)	Carrefour de Dionysos
Sonntag vor Palmsonntag	Nuits-St-Georges (Côte d'Or)	Weinauktion (Hospices de Nuits)
Palmsonntag-Wochenende	Lugny (Mâconnais)	Foire des Vins du Haut-Mâconnais
um den 20. April	Villeneuve-lès-Avignon (südl. Rhône)	Fête de St-Marc
Ostern	Amboise (Touraine)	Weinmarkt
	St-Georges-sur-Cher (Touraine)	Weinmarkt
um den 25. April	Châteauneuf-du-Pape (südl. Rhône)	Fête de St-Marc
1. Sonntag nach Ostern	Onzain (Touraine)	Weinmarkt
Ende April	Ammerschwihr (Elsaß)	Weinmarkt

MAI

im Mai	Roanne (Massif Central)	Wein- und Käsemarkt
1. Mai	Molsheim (Elsaß)	Weinmarkt
	Panzoult (Touraine)	Weinmarkt
um den 1. Mai	Bagnols-sur-Cèze (südl. Rhône)	Weinfest
Wochenende zum 1. Mai	Sancerre (obere Loire)	Fête du Crottin de Chavignol
Anfang Mai	Cravant-les Coteaux (Touraine)	Weinmarkt
2. Wochenende	Valençay (Touraine)	Weinmarkt
um den 20. Mai	La Baume-de-Transit (südl. Rhône)	Weinprämierung im Tricastin
	Mâcon	Weinmarkt
Himmelfahrt	Clisson (Pays Nantais)	Weinmarkt
	Guebwiller (Elsaß)	Weinmarkt
am Samstag um den 25. Mai	Kintzheim (Elsaß)	Fête de St-Urbain

MAI

letztes Wochenende	Dorlisheim (Elsaß)	Weinfest
Ende Mai	Bouzy (Champagne)	Heures Champenoises
Ende Mai/Anfang Juni	Auch (Armagnac)	Foire aux Eaux-de-Vie d'Armagnac
letztes Wochenende	Dorlisheim (Elsaß)	Weinfest
Ende Mai	Bouzy (Champagne)	Heures Champenoises
Ende Mai/Anfang Juni	Auch (Armagnac)	Foire aux Eaux-de-Vie d'Armagnac

JUNI

im Juni	Perpignan (Roussillon)	Salon de la Gastronomie
		Fête de St-Bacchus
	Vertou (Pays Nantais)	Weinmarkt
Anfang Juni	La Réole (Bordeaux)	Weinmarkt
	Vendôme (Touraine)	Weinmarkt
1. Sonntag	Thouarcé (Anjou)	Alliance des Vins avec le Fromage
2. Wochenende	Troyes (Aube)	Foire de Champagne
um den 15. Juni	Pourrières (Provence)	Weinmarkt
	St-Victor-la-Coste (südl. Rhône)	Côte du Rhône-Fest
	St-Yzans-de-Médoc (Bordeaux)	Foire aux Sarments
Pfingsten	Meusnes (Touraine)	Weinmarkt
	Sancerre (obere Loire)	Weinmarkt
Ende Juni	Bordeaux	Vinexpo (alle 2 Jahre: 1989, 91 usw.)

JULI

im Juli	Elne (Roussillon)	Fête du Vin et des Fruits
	Rivesaltes (Roussillon)	Fête de Rivesaltes
1. Woche	Violès (südl. Rhône)	Fête des Vins et des Vignerons
1. Samstag	Dambach-la-Ville (Elsaß)	Tag der offenen Kellertür
1. Wochenende	Ohrschwihr (Elsaß)	Fête du Crémant
	Thésée (Touraine)	Weinmarkt
Wochenende vor dem 14.	St-Lambert-du-Lattay (Anjou)	Fête de la Vinée
14. Juli	Barr (Elsaß)	Weinmarkt
	St-Marcel-d'Ardèche (südl. Rhône)	Weinfest
um den 14.	Arbois (Jura)	Fête des Vins d'Arbois
am Sonntag um den 14.	Lisle-sur-Tarn (Gaillac)	Weinfest
Wochenende nach dem 14.	St-Aubin-de-Luigne (Anjou)	Fêtes des Vins Millésimés
am Sonntag nach dem 14.	Husseren-les-Châteaux (Elsaß)	Fête des Guinguettes
um den 15.	Gordes (südl. Rhône)	Fête des Côtes du Ventoux

	Lézignan-Corbières (Languedoc)	Weinfest
	Vacqueyras (südl. Rhône)	Fête des Côtes du Rhône
	Castillon-la-Bataille (Bordeaux)	Weinmarkt
2. Julihälfte	Duras (Lot-et-Garonne)	Weinmarkt
um den 20.	Buisson (südl. Rhône)	Weinfest
	Mondragon (südl. Rhône)	Weinfest
3. Wochenende	Rodern (Elsaß)	Fête du Pinot Noir
	Sigoulès (Bergerac)	Weinmarkt
vorletztes Wochenende	Beblenheim (Elsaß)	Fête du Sonnenglanz
	Ribeauvillé (Elsaß)	Weinmarkt
	Riquewihr (Elsaß)	Fête du Riesling
letzte Woche	Sauveterre-de-Guyenne (Bordeaux)	Weinfest
letztes Wochenende	Kientzheim (Elsaß)	Weinfest
	Mittelbergheim (Elsaß)	Weinfest
letzter Sonntag	Verdigny (obere Loire)	Fête des Grappes Nouvelles
Ende Juli	Amarens (Gaillac)	Weinfest
	Maynal (Jura)	Weinmarkt Sud-Revermont
	Minerve (Languedoc)	Minerve 1210
	Pont St-Esprit (südl. Rhône)	Fête des Vins des Côtes du Rhône Gardoises
	St-Aignan-du-Cher (Touraine)	Journée du Vin
	Vire-sur-Lot (Cahors)	Fête des Vins de Cahors
	Wettolsheim (Elsaß)	Weinfest
Ende Juli/Anfang August	Ste-Croix-du-Mont (Bordeaux)	Weinmarkt

AUGUST

im August	Frontignan (Languedoc)	Fête du Muscat
	Narbonne (Languedoc)	Weinmarkt
	St-Tropez (Provence)	Weinfest
Anfang August	Estagel (Roussillon)	Weinfest
	Lesparre (Bordeaux)	Weinmarkt
	Valréas (südl. Rhône)	Weinfest und Lavendelkorso
1. und 2. Woche	Colmar (Elsaß)	Weinmarkt
1. Wochenende	Châteauneuf-du-Pape (südl. Rhône)	Fête de la Véraison
	Martigné-Briand (Anjou)	Fête des Fleurs et Vins
	Turckheim (Elsaß)	Weinfest
	Westhalten (Elsaß)	Weinfest
1. Sonntag	Bergheim (Elsaß)	Fête du Gewürztraminer
	Bué (obere Loire)	Foire au Sorciers
	Mittelwihr (Elsaß)	Fête des Amandiers
	Monein (Pyrenäen)	Wein- und Obst-Ausstellung
um den 10. August	Bédoin (südl. Rhône)	Fête des Vignerons du Mont Ventoux
	Ruoms (südl. Rhône)	Fête des Vignerons Ardèchois
	St-Maurice-sur-Eygues (südl. Rhône)	Weinfest

1. Sonntag nach dem 6. August	Fréjus (Provence)	Fête du Raisin
Wochenende nach dem 15.	Gaillac	Cocagne des Vins
2. Sonntag	Heiligenstein (Elsaß)	Fête du Klevner
2. Wochenende	Ammerschwihr (Elsaß)	Fête du Kaefferkopf
	Bennwihr (Elsaß)	Weinfest
	Cénac (Bergerac)	Weinmarkt
14. und 15. August	Dambach-la-Ville (Elsaß)	Fête des Vins de France
15. August	Amboise (Touraine)	Weinmarkt
	Chinon (Touraine)	Weinmarkt
	Marlenheim (Elsaß)	Mariage de l'Ami Fritz
	Orschwiller (Elsaß)	Tag der offenen Kellertür
	Pouilly-sur-Loire (obere Loire)	Weinmarkt
um den 15. August	Chagny (Chalonnais)	Weinmarkt
	Madiran (Pyrenäen)	Weinfest
	Mirabel-aux-Baronnies (südl. Rhône)	Wein- und Olivenfest
	Séguret (südl. Rhône)	Provence-Weinfest
Wochenende um den 15. August	Obernai (Elsaß)	Mini-Weinmarkt
2. Augusthälfte	St-Chinian (Languedoc)	Weinfest
vorletztes Wochenende	Scherwiller (Elsaß)	Art, Artisanat et Riesling
	Gueberschwihr (Elsaß)	Tag der offenen Kellertür
letztes Wochenende	Sancerre (obere Loire)	Foire aux Vins de France
	St-Pourçain-sur-Sioule (Massif Central)	Weinfest
	Turckheim (Elsaß)	Tag der offenen Tür bei der Genossenschaft
letzter Sonntag	Eguisheim (Elsaß)	Fête des Vignerons
Ende August	Visan (südl. Rhône)	Weinfest
Ende August/Anfang September	Cogolin (Provence)	Weinfest
	La Motte (Provence)	Weinfest

SEPTEMBER

Anfang September	Cassis (Provence)	Traubenlesefest
	Langon (Bordeaux)	Weinmarkt
	Meursault (Côte d'Or)	Banée et Trinquée de Meursault
	St-Péray (mittlere Rhône)	Rhône-Weinmarkt
	Wolxheim (Elsaß)	Fête du Riesling
1. Samstag	Mont-Brouilly (Beaujolais)	Weinfest
1. Sonntag	Arbois (Jura)	Fête du Bijou
	Ribeauvillé (Elsaß)	Fêtes des Ménétriers
2. Samstag	Millery (Lyonnais/ Beaujolais)	Journée du Vin des Coteaux Lyonnais
2. Wochenende	Bar-sur-Aube (Aube)	Weinmarkt
2. oder 3. Wochenende	Chacé und Varrains (Anjou)	Fête du Champigny
letztes Wochenende	Dahlenheim (Elsaß)	Weinfest
	Wuenheim (Elsaß)	Weinfest

OKTOBER

im Oktober	Béziers (Languedoc)	Fête du Vin Nouveau
	Le Louroux-Bottereau (Pays Nantais)	Weinfest
Anfang Oktober	Nantes (Pays Nantais)	Fêtes des Châtaignes et du Vin
2. Sonntag	St-Fiacre-sur-Maine (Pays Nantais)	Fête du Muscadet
um den 15. Oktober	Perpignan (Roussilon)	Fête du Vin Nouveau
3. Sonntag	Marlenheim (Elsaß)	Weinlesefest
	Obernai (Elsaß)	Weinlesefest
letztes Wochenende	Romanèche-Thorins (Beaujolais)	Fête Raclet

NOVEMBER

Anfang November	Fleurie (Beaujolais)	Verkaufsausstellung für Beaujolais- und Mâconnais-Weine
1. Woche	Créon (Bordeaux)	Weinmarkt
1. Wochenende	Nîmes (Languedoc)	Weinmarkt
Wochenende vor dem 11. November	St-Bris-le-Vineux (bei Chablis)	Fête du Sauvignon
2. Sonntag	Juliénas (Beaujolais)	Weinfest
um den 15. November	Vaison-la-Romaine (südl. Rhône)	Weinmarkt und Primeur-Fest
3. Wochenende einschl. Montag	Vougeot, Beaune, Meursault	Les Trois Glorieuses
um den 20. November	Ste-Cécile-les-Vignes (südl. Rhône)	Wein- und Musikfest
4. Sonntag	Chablis	Fête du Chablis
letzter Sonntag	Bois-d'Oingt (Beaujolais)	Ausstellung und Weinprämierung
Ende November	Chavanay (nördl. Rhône)	Weinmarkt

DEZEMBER

im Dezember	Cornas (mittlere Rhône)	Weinmarkt
1. Donnerstag	Ancenis (Pays Nantais)	Weinmarkt
1. Wochenende	Villefranche (Beaujolais)	Concours des Vins du Beaujolais)
2. Sonntag	Beaujeu (Beaujolais)	Auktion (Hospices de Beaujeu)
um den 15. Dezember	Aire-sur-l'Ardour (Pyrenäen)	Weinfest
3. Wochenende	Régnié-Durette (Beaujolais)	Weinpräsentation

ATLAS

ZUM RECHTEN GEBRAUCH

Frankreich hat als erstes weinbautreibendes Land seine Weinbaugebiete in exakten Karten erfaßt, und zwar in der erklärten Absicht, gesetzlich gültige Grenzen festzulegen, mit deren Hilfe Qualität und Ansehen der verschiedenen Weine klar definiert werden können. Heute verfügen alle Weinbauländer der Erde über geografische Festlegungen in mehr oder weniger genauer Form, doch Frankreich legt noch immer den meisten Wert auf die Feststellung, woher ein bestimmter Wein stammt. Je besser ein Wein, desto minuziöser die Bestimmungen, die seine Herkunft definieren. In Burgund erreicht das System den Gipfel der Raffinesse. Hier hat jedes kleine Stückchen Rebland seinen eigenen Namen und sein eigenes Ansehen. In anderen Regionen wird mit groberem Pinselstrich gemalt, aber selbst der Vin de Pays als jüngster Rang hat seine eindeutigen Herkunftsbestimmungen.

Das französische System der Appellations Contrôlées gibt der Konzeption des *terroir* – jene Kombination aus Umweltbedingungen, worin Lage und Boden als für den Charakter des Weins am gewichtigsten gelten – breiten Raum. Das System geht davon aus, daß in einer bestimmten Appellation jeder qualifizierte Winzer imstande ist, Wein mit entsprechendem Status zu erzeugen. Qualitätskontrollen gewährleisten, daß die einzelnen Weine auch tatsächlich der Appellation würdig sind, doch hat stets die Lage eindeutig den Vorrang vor persönlichem Können. So sehen die Bestimmungen aus – der Markt hat dagegen seine eigenen Gesetze. Er gesteht bestimmten Erzeugern einen höheren Wert zu als anderen. Zum Teil erklärt sich das daraus, daß das eine Château eine bessere Lage hat als ein anderes; zum Teil aber spiegelt sich darin die Anerkenntnis, daß der Winzer X mehr von der Kunst der Weinbereitung versteht als der Winzer Y.

Die Exaktheit des französischen AC-Systems hat für den Verbraucher eindeutige Vorteile und kommt auch dem Reisenden sehr entgegen, dem es leicht gemacht wird, die Stelle zu finden und zu betrachten, von der ein Wein, dessen Ruhm durch die ganze Welt gegangen ist, oder auch nur der eigene Lieblingstropfen stammt. Ehemals nur theoretisch erfaßte Unterscheidungen werden ihm plötzlich klar; er sieht, wie sich Farbe oder Struktur des Bodens verändern, daß die niedrigen Kiesdünen im Médoc ganz offenbar besseren Wasserabzug haben müssen als das Land an den Flußufern oder daß die berühmtesten Elsässer Weinlagen in geschützte, sonnige Winkel eingebettet sind.

Frankreich hat freilich noch mehr zu bieten als nur Wein. Dieser Atlas macht den Versuch, neben dem französischen Wein auch die Landschaft, die Kultur und die gastronomischen und sonstigen Genüsse, die auf den Reisenden warten, zu einem Bild zu vereinigen, und soll ein praktischer Begleiter für die Reise sein, aber auch schon bei den Reisevorbereitungen daheim reiche Anregungen bieten.

DIE KARTEN

In diesem Atlas sind ganz unterschiedliche Karten enthalten. Sie lassen sich in zwei Kategorien einteilen. Zunächst sind da Karten, deren Hauptzweck darin besteht, größere Weinbaubereiche zu definieren und die Landschaftsfaktoren aufzuzeigen, die einen Einfluß auf die Lage der Weinberge und auf deren Weine haben. Wir wollen sie die Weinlagenkarten nennen. Sie sind unterschiedlich in Maßstab und Detail, je nachdem, welche Informationen sie vermitteln sollen. Außerdem enthält der Atlas noch die sogenannten Tourenkarten. Sie sind vor allem für den Reisenden bestimmt, aber auch für alle Weinliebhaber, die einen klaren geografischen Bezug zu den verschiedenen Weinbaubereichen herstellen möchten.

Den Weinlagenkarten ist jeweils eine kleinere Übersichtskarte beigegeben, die einerseits allgemeine Lagevorstellungen und andererseits Hinweise auf die entsprechenden Tourenkarten vermittelt.

Am Rand der Weinlagenkarten ist ein Raster angebracht, so daß jeder Punkt auf der Karte durch Angabe eines Buchstabens und einer Ziffer auffindbar ist. Die jeweilige Rasterangabe bezieht sich stets auf das Planquadrat, das sich vom Schnittpunkt der mit dem betreffenden Buchstaben und der mit der betreffenden Ziffer bezeichneten Linie nach rechts und unten erstreckt. Die Rasterangaben stehen immer beim Namen eines Weinguts oder Erzeugers im Index und in den verschiedenen Erzeugerlisten. Dasselbe gilt auch für Ortsnamen.

Wie schon gesagt, sind die Karten je nach der Komplexität des betreffenden Bereichs in Maßstab und Detail unterschiedlich. Deshalb ist jeder Karte ein Maßstab beigegeben. Für einige Landstriche, in denen nur vereinzelt Weinbau getrieben wird, sind Kartenskizzen ausreichend für die zu vermittelnden Informationen.

Die größeren Vin-de-Pays-Bereiche im Midi und an der südlichen Rhône sind ebenfalls auf solchen Kartenskizzen dargestellt. Diese Vien-de-Pays-Bereiche überschneiden sich mit den bestehenden AC- und VDQS-Bereichen – daher können auch aus derselben Gegend Weine in verschiedenen Versionen kommen. Es ist aber unmöglich, die Vins de Pays und die AC-Weine auf einer und derselben Karte darzustellen – sie würde bis zur Unkenntlichkeit kompliziert. Die beiden Karten für den Vin de Pays (Seiten 238 und 256) erfassen dieselben Bereiche wie die Detailkarten auf Seiten 232 und 252 und sind auch im gleichen Maßstab gezeichnet. Es ist daher ohne weiteres möglich, die beiden Arten von Karten nebeneinander zu betrachten.

Die Weinbaugebiete Frankreichs befinden sich in ständigem Wandel. So mancher Vin de Pays wird zum VDQS (Vins Délimités de Qualité Supérieure) und so mancher VDQS wiederum zum AC-Wein befördert. Natürlich sind auch neue Weinberge hinzugekommen, die in den amtlichen Listen, auf denen dieser Atlas beruht, noch nicht verzeichnet waren. Es befinden sich darunter die folgenden neuen Vins de Pays:
Côte Vermeille (Pyrénées-Orientales)
Bessilles (Hérault)
Terrois Landais (Landes)
Thézac-Pericard (Lot-et-Garonne – noch nicht amtlich anerkannt).

Will man die Tourenkarten und die Weinlagenkarten zu Vergleichszwecken nebeneinander betrachten, ist zunächst die betreffende Zonenkarte zu Rate zu ziehen. Die Tourenkarten sind zonenweise zusammengefaßt, und am Anfang steht jeweils eine Zonenübersichtskarte mit allen Weinbaubezirken.

Zeichenerklärungen zu den Tourenkarten sind auf Seite 24 zu finden.

DIE FÜNF ZONEN

Frankreich ist groß, und seine Weinbaugebiete sind ziemlich gleichmäßig über drei Viertel seiner Oberfläche verteilt. Deshalb wurde das Land für diesen Atlas in fünf Zonen aufgeteilt, die weitgehend mit traditionellen und modernen weinbauwirtschaftlichen Zusammenhängen übereinstimmen. So ist der Kernpunkt des Südwestens die Stadt Bordeaux, zu der auch die Handelsströme der Umgebung im wesentlichen gerichtet sind, und auch die gebräuchlichsten Rebsorten sind dieser ganzen Zone gemeinsam. Im Nordosten sind die Champagne und das Elsaß zusammengefaßt, zwei Bereiche also, die mit den Schwierigkeiten eines kühlen Klimas jeweils auf eigene Weise fertig werden. Die als „Osten" bezeichnete Zone vereinigt Burgund mit dem Jura und Savoyen, wo ebenfalls viel Gemeinsamkeit in Traubensorten und Weinstilen herrscht.

Sucht man die Zone, zu der ein bestimmter Wein oder Ort gehört, dann schaut man am besten zuerst in den Zonenübersichtskarten auf den beiden folgenden Seiten nach. Es schließen sich zwei weitere Seiten mit einer großen Übersichtskarte über Frankreich und seine Verkehrswege an. Dann folgt der Schlüssel zu den Tourenkarten. Die genannten Übersichtskarten dürften sich bei der Planung von Reisen oder Weintouren durchaus als nützlich erweisen.

Die einzelnen Zonen sind in sich abgeschlossen und jeweils mit einer Übersichtskarte sowie mit Tourenkarten und Weinlagenkarten mit erläuterndem Text versehen. Ein Farbcode dient zur Kennzeichnung der verschiedenen Zonen und erleichtert die Orientierung, da er vom Inhaltsverzeichnis bis zum Ende der jeweiligen Zone einheitlich durchgehalten ist.

In den Zonenübersichtskarten sind die wichtigsten Straßen und Autobahnen, Städte, Flüsse und Weinbaugebiete eingezeichnet. Auch die zum

Zeitpunkt der Drucklegung im Mai 1987 (Originalausgabe) in Planung oder Bau befindlichen **autoroutes** wurden mit aufgenommen, jedoch nicht numeriert.

DER TEXT

Der Atlas ist so aufgemacht, daß er sich ebenso zur fortlaufenden Lektüre wie auch als Nachschlagewerk eignet. Die fünf Zonen sind jeweils in Kapitel eingeteilt, die den einzelnen Weinbaugegenden gewidmet sind. Für die verschiedenen Bereiche ist jeweils eine Weinlagenkarte, eine Einführung, eine Erzeugerliste und ein besonderer Abschnitt mit Reiseinformationen vorgesehen. Wenn man die Einführungen zu den verschiedenen Bereichen nacheinander liest, ergibt sich eine durchaus reichhaltige Beschreibung der französischen Weine.

REISE-INFORMATIONEN

Dieser Abschnitt wird jeweils mit Hinweisen auf Hotels und Restaurants eingeleitet. Auf Vollständigkeit wird dabei kein Anspruch erhoben, schließlich soll dieser Atlas auch keinen Ersatz für die vielen ausgezeichneten Hotel- und Restaurantführer darstellen. Die genannten Lokale sind vielmehr solche, die den Verfassern entweder persönlich bekannt sind oder ihnen von Weinhändlern, Weingutsbesitzern und anderen zuverlässigen Leuten empfohlen wurden. Es finden sich deshalb darunter viele Lokale, die auch von Einheimischen mit ihren Gästen gern besucht werden.

Die Einstufung der Hotels und Restaurants richtet sich nach ihrer Preisbandbreite und hat nichts mit der Zuerkennung von Sternen als Qualitätsbewertung zu tun. Auch darf nicht vergessen werden, daß sich die Besitzverhältnisse, Telefonnummern, Ausstattungen und Preise bei Hotels und Restaurants gelegentlich ändern.

Für die verschiedenen Hotelstufen wird der Preis eines Doppelzimmers ohne Frühstück zugrunde gelegt:
Klasse A, Luxus, ab 350 Francs
Klasse B, mittel, von 150 bis 350 Francs
Klasse C, einfach, bis 150 Francs

Die Einstufung der Restaurants beruht auf dem durchschnittlichen Preis einer Mahlzeit für eine Person ohne Getränke:
Klasse A, Luxus, ab 250 Francs
Klasse B, mittel, von 150 bis 250 Francs
Klasse C, einfach, bis 150 Francs

In Frankreich ist es immer ratsam, Hotelzimmer im voraus reservieren zu lassen, möglichst durch telefonische Bestellung mit schriftlicher Bestätigung. Nur schriftliche Zimmerreservierungen können vor allem bei kleineren Hotels Anlaß zu Enttäuschungen geben: Es kann vorkommen, daß dann doch kein Zimmer oder keines der gewünschten Art frei ist. In Städten oder größeren Ortschaften sollte man ein nach hinten gelegenes Zimmer verlangen, um dem Straßenlärm zu entgehen. Dasselbe gilt natürlich auch bei Hotels auf dem Land, die an einer größeren Straße oder Autobahn liegen. Mit dem Geläute von Kirchenglocken muß man sich freilich überall in Frankreich abfinden. Turmuhren schlagen auch in der Nacht mindestens jede Stunde.

Ein genauer Blick auf die Landkarte ist bei der Hotelwahl manchmal angebracht. Einer meiner Bekannten freute sich einmal darüber, in Mittelfrankreich ein offenbar ganz idyllisch gelegenes Hotel entdeckt zu haben, um das herum weite Wiesenflächen sich bis zu einem stillen Flußufer dehnten. Allerdings stellte sich die Rückseite als weit weniger idyllisch heraus: Kaum einen Steinwurf vom Schlafzimmerfenster im ersten Stock entfernt lief eine Bahnlinie auf einem hohen Damm. In vielen Tälern der Gebirgsgegenden Frankreichs läuft eine solche Bahnlinie und dazu noch eine Straße neben dem Fluß her.

Reservierte Zimmer werden stets bis zu einer bestimmten Stunde (meist bis 20.00 Uhr) freigehalten. Wenn man befürchten muß, daß man erst später eintrifft, sollte man unbedingt anrufen. Viele Hotels verlangen eine Vorauszahlung, die man am besten per Eurocheque und nicht in bar leistet. An Wochenenden und vor allem zur Mittagszeit an Sonntagen ist es ratsam, im Restaurant einen Tisch vorzubestellen. Auch an Werktagen kann es nützlich sein, vorher anzurufen, um sicher zu sein, daß das betreffende Restaurant nicht gerade seinen Ruhetag hat. Oft werden in den Reiseinformationen auch Hinweise auf gastronomische Spezialitäten einer Landschaft gegeben. Die Weine der Gegend passen meist ganz besonders gut dazu.

Des weiteren werden auch (freilich zumeist notwendigerweise sehr kurze) Hinweise auf Sehenswertes sowie auf lokale Weinfeste und auf Informationsstellen, bei denen Näheres zu erfahren ist, gegeben. Auf den Seiten 11 bis 13 ist ein Veranstaltungskalender zu finden. In fast allen Weinbaubereichen Frankreichs gibt es eine Stelle, meist „Maison du Vin“ genannt, die sich mit Werbung für den Wein der Gegend befaßt. Dort erfährt man am sichersten Näheres über Möglichkeiten zum Besuch von Weingütern oder von Weinproben. Entsprechende Adressen sind in diesem Atlas angegeben, wo immer sie aufzutreiben waren. Die Adressen der Syndicats d'Initiative in fast allen Orten Frankreichs sind im jeweils gültigen roten Michelin-Führer zu finden.

BEDEUTENDE ERZEUGER

Zu jedem Weinbaubereich wird eine Liste von Erzeugern gegeben, die den Verfassern als besonders wichtig erscheinen. Frankreich zählt Hunderttausende von Winzern, also bleibt nichts übrig, als eine Auswahl zu treffen, die dann doch immer in einem gewissen Maß willkürlich ausfällt. Genannt werden die Namen anerkannt guter Erzeuger des jeweiligen Weins. Rasterangaben erleichtern das Auffinden von Weingütern bzw. Weinorten auf den Landkarten. Die neben den Erzeugernamen angebrachten Sterne sollen als Hinweis auf Weingüter dienen, die den Verfassern besonders bemerkenswert erscheinen. Wie bei den Hotels und Restaurants gibt es auch bei den Weingütern manches Auf und Ab. Mancher Besitzer verkauft oder setzt sich zur Ruhe, und unter den neuen Eigentümern sieht alles anders aus. Hier werden Empfehlungen nach bestem Wissen und Gewissen gegeben. Trotzdem ist immer Vorsicht am Platz. Wer über die Qualität der bedeutenderen französischen Weingüter auf dem laufenden bleiben möchte, sollte sich zu diesem Zweck den jeweils neuesten „Kleinen Johnson“ zulegen.

WEINSTRASSEN

In den meisten Weinbergen sind Vorschläge für Rundfahrten um die Weinbaubereiche eingezeichnet. Natürlich kann man diese Routen auch zu Fuß oder mit dem Fahrrad zurücklegen. In manchen Gegenden gibt es offizielle Routen mit Wegmarkierungen und sogar Probierständen. In anderen Gegenden hält man sich mehr zurück. Oft wird auch befürchtet, daß eine offizielle Weinstraße zu viele Touristen anlocken könnte (in Chablis wurde eine geplante Weinstraße aus diesem Grund abgelehnt), oder Streitigkeiten zwischen den Einheimischen verhindern eine Einigung über eine derartige Route. In solchen Fällen haben wir Vorschläge für eine Route gemacht, die den Reisenden durch die interessantesten Teile des betreffenden Gebiets führt. Manchmal sind diese Routen auch in den Reiseinformationen beschrieben.

Die deutschen Weinwanderwege haben in Frankreich bisher noch keine Entsprechung gefunden. Im Elsaß gibt es einige – das erklärt sich wohl aus der Nachbarschaft zu Deutschland –, aber sonstwo trifft man selten etwas Ähnliches an. Das mag zum Teil daran liegen, daß die Franzosen es nicht gern sehen, wenn Fremde durch ihre Weinberge wandern. So findet man bestimmt keine markierten Wanderwege, aber man kann natürlich auf den normalen Wegen, die auch die Winzer bei ihrer Arbeit benutzen, durch die Weinberge gehen, solange man nicht über Mauern und Zäune klettert.

WOHIN SOLL DIE REISE GEHEN ...

Die hier abgebildete Karte eignet sich gut für die allgemeine Reiseplanung. Hier ist Frankreich in die fünf Zonen aufgeteilt, auf denen auch dieser Atlas beruht. Für jede Zone werden zu Beginn der entsprechenden Abschnitte Straßenkarten in großem Maßstab gegeben.

DER WESTEN

Dieser Teil Frankreichs wird vom Loire-Tal und seinen ausgedehnten Weinbergen beherrscht. Zu den meist leichten und fruchtigen Weinen dieser Gegend zählen der delikate Anjou Rosé, der Sancerre mit seinem feinen Feuersteinaroma und der frische, spritzige Muscadet. Der Fluß schlängelt sich durch reiche, fruchtbare Landschaften, vorüber an Wiesen, Obstplantagen, an historischen Städten wie Orléans und Tours und an zahllosen Märchenschlössern. Südlich der Loire erstrecken sich die weiten Ackerlandflächen von Poitou und Berry. Die Atlantikküste bietet hier viele schöne Strände und neben zahlreichen sehenswerten Orten den romantischen alten Hafen von La Rochelle.

DER SÜDWESTEN

Selbstverständlich ist diese Zone um Bordeaux für den Weintouristen in Frankreich von ganz besonderer Bedeutung. Die Namen der Appellationen hier klingen wie eine Litanei zum Lobe von Gott Bacchus: Pauillac, Margaux, Graves, Sauternes, St-Emilion. Welcher Reichtum im Überfluß! Und wieviel Schönes gibt es obendrein hier zu sehen, nicht nur die herrliche Stadt Bordeaux selbst. Weiter östlich erstreckt sich das Weinbaugebiet Bergerac, durchschnitten von der Dordogne auf ihrem gewundenen Weg aus dem durch seine Küche berühmt gewordenen Périgord. Noch 100 Kilometer weiter südlich befindet man sich im Herzen der Region Armagnac, um die sich wie ein Kranz viele Appellationen mit wohlklingenden Namen wie Cahors, Gaillac, Madiran und Jurançon legen. Noch weiter südlich schließen die Pyrenäen und das Baskenland an, und dazwischen liegt die wohl dramatischste Landschaft Frankreichs: wilde Schluchten, Burgen auf hohen Felszacken, Dörfer auf Bergspitzen – ein Landschaftsbild, in dem sich eine farbige, oft gewalttätige Vergangenheit spiegelt.

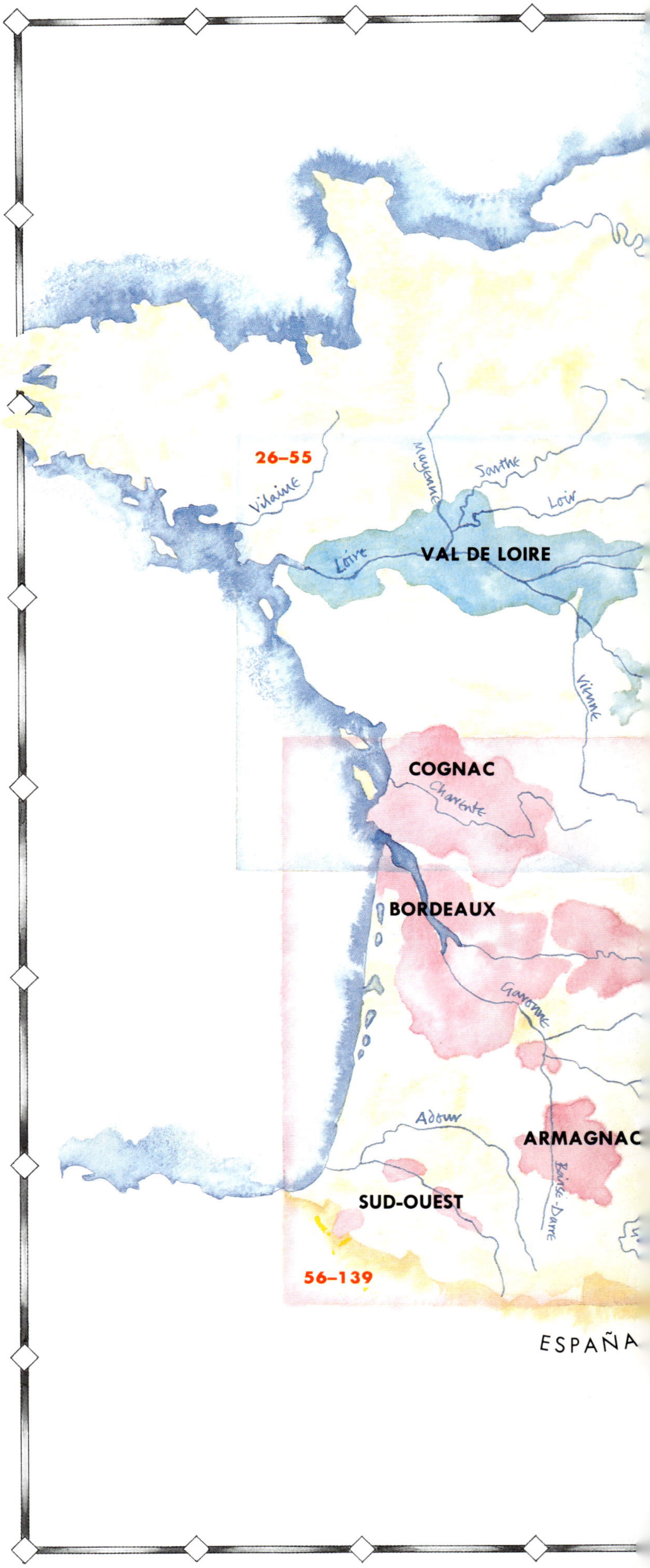

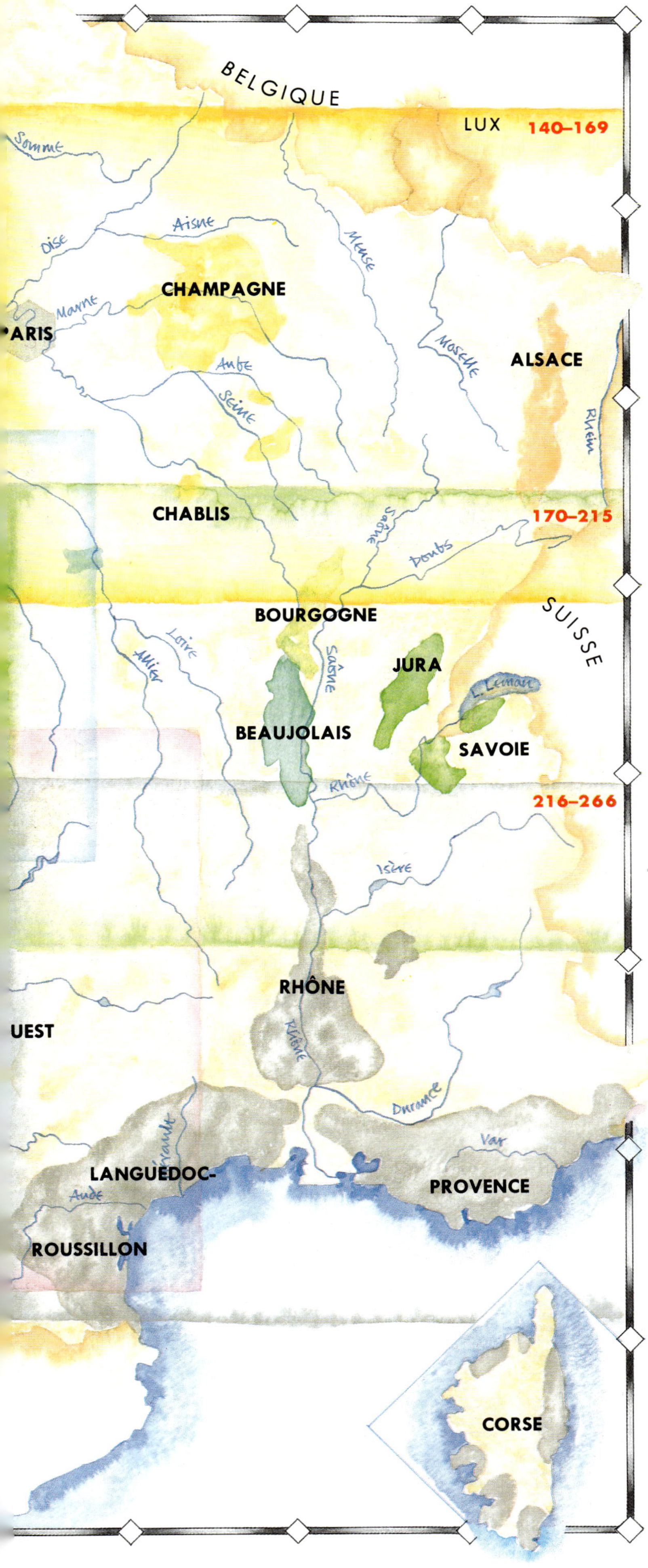

DER NORDOSTEN

Diese Zone umfaßt zwei wichtige Weinbauregionen, die Champagne und das Elsaß. Östlich von Paris liegt die Champagne, die – wer wüßte es nicht – dem unumstrittenen Imperator aller Schaumweine, dem Champagner, den Namen gibt. In den Kellereien der großen Champagner-Häuser, zumeist in Reims und Epernay, kann man die komplexe Zauberei seiner Entstehung bestaunen. Weiter nach Osten, jenseits Lothringens mit seinen Wäldern, seinen Seen und seiner eleganten Hauptstadt Nancy, liegt am Ostrand Frankreichs das Elsaß, in dessen würzigen Weißweinen und in dessen superber Küche sich deutsches Erbe und französischer Geist glücklich vereinigen. Die lebendige Hauptstadt Straßburg präsentiert sich noch heute in einem reizvoll altertümlichen Kleid. Der Nordosten kann mit vier der großartigsten gotischen Kathedralen Frankreichs aufwarten: in Reims, Straßburg, Metz und Troyes.

DER OSTEN

Dieser Teil Frankreichs enthält gleich drei bedeutende Weinbauregionen, nämlich Burgund, Jura und Savoyen, und auch die landschaftlichen Kontraste sind außerordentlich stark. Am weitesten im Norden liegt Chablis, gewissermaßen als Vorposten Burgunds. Hier wächst ein weltberühmter Weißwein. Weiter südlich kommt dann das eigentliche Burgund mit dem Beaujolais als Anhängsel. Das ist das Land langer üppiger Mahlzeiten und vieler großer Weine. In dieser einmal schroffen, einmal sanften Landschaft begegnet man würdigen alten Städten wie Beaune und Dijon. Im Jura, dem Land wasserreicher Flüsse und Seen, mit seinen bewaldeten Berghängen, trifft man eine überraschende Vielfalt an Weinen an, und in Savoyen, noch weiter südöstlich, entsteht Weißwein, so frisch und herb wie die Alpenlandschaft selbst.

DER SÜDOSTEN

Mitten durch diesen Teil Frankreichs strömt, flankiert von zahllosen Weinbergen, die Rhône zwischen zwei Gebirgen. Im Osten liegen die französischen Alpen, im Westen erhebt sich das Massif Central als gewaltige, buckelige Hochfläche von wilder, manchmal schwermütiger Schönheit. Wenn sie die Camargue erreicht, verästelt sich die Rhône und mündet bei Marseille, in einer Gegend reich an Wein und landschaftlicher Schönheit ins Mittelmeer. Im Osten erstreckt sich die Provence mit ihren Hügeln südwärts bis zur vielgerühmten Riviera. Nach Westen hin spannt sich in einem Bogen entlang der Küste bis zur spanischen Grenze das Languedoc-Roussillon, der Midi also, wo ein Drittel des französischen Weins wächst. Und draußen im Mittelmeer liegt Korsika, das sich als Quelle guten Weins immer mehr einen Namen macht.

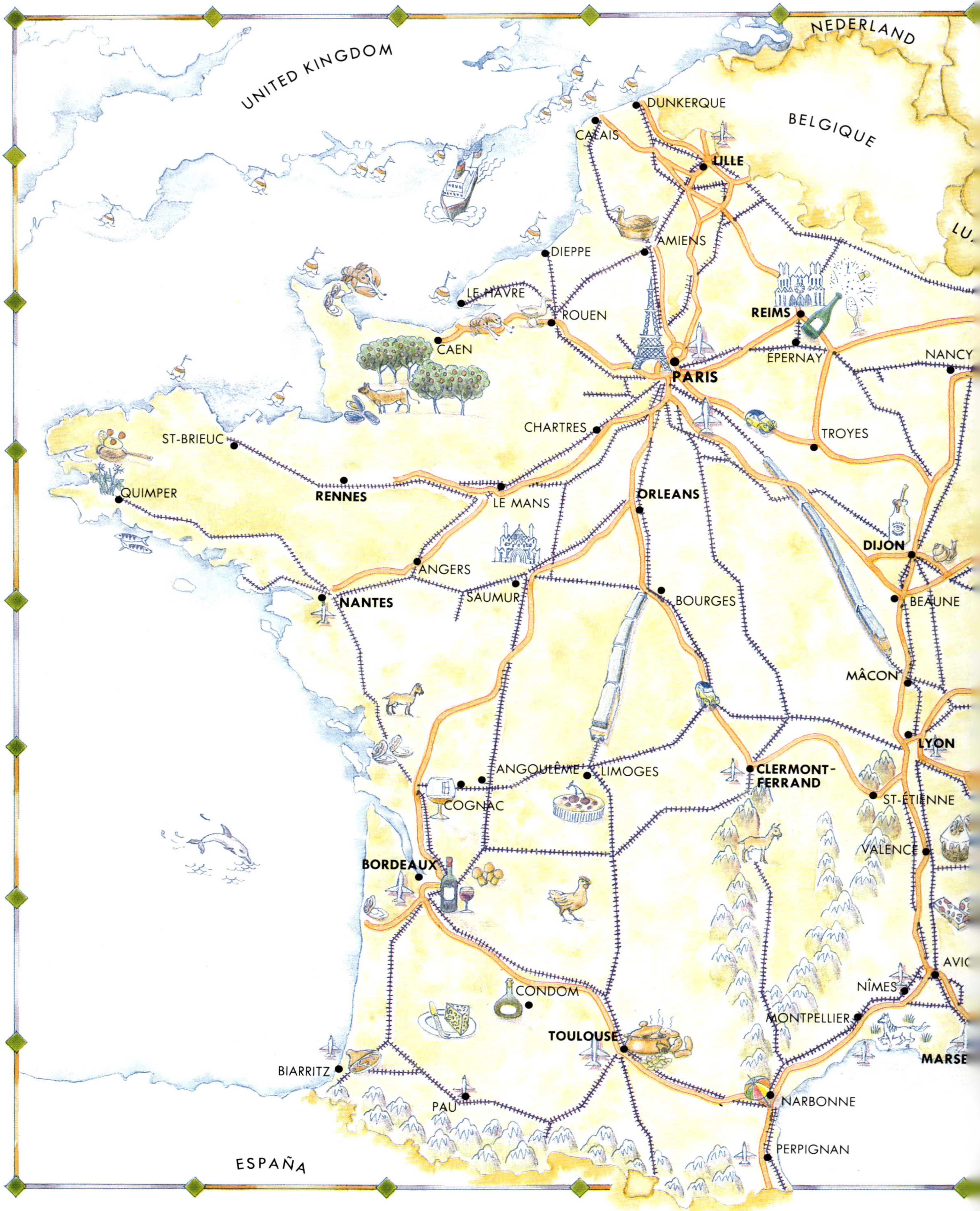

UNITED KINGDOM
NEDERLAND
BELGIQUE
DUNKERQUE
CALAIS
LILLE
AMIENS
DIEPPE
LE HAVRE
ROUEN
CAEN
REIMS
EPERNAY
PARIS
NANCY
ST-BRIEUC
CHARTRES
TROYES
QUIMPER
RENNES
LE MANS
ORLEANS
DIJON
ANGERS
SAUMUR
NANTES
BOURGES
BEAUNE
MÂCON
LYON
ANGOULÊME
LIMOGES
CLERMONT-FERRAND
COGNAC
ST-ÉTIENNE
VALENCE
BORDEAUX
CONDOM
NÎMES
MONTPELLIER
TOULOUSE
MARSE
BIARRITZ
PAU
NARBONNE
PERPIGNAN
ESPAÑA

DER BESTE WEG . . .

Frankreich läßt sich bequem und angenehm auf der Straße, auf der Schiene oder auf dem Luftweg bereisen. Das Straßennetz ist in den letzten zehn Jahren durch sehr gute **autoroutes** bereichert worden – das sind von Privatgesellschaften gebaute und unterhaltene Autobahnen, für die eine Benutzungsgebühr bezahlt werden muß. Sie tragen Nummern mit einem vorangestellten A. Straßen mit einer Nummer mit vorangestelltem N, die *routes nationales,* gehen oft auf die Zeit des großen Napoleon zurück; sie sind vielfach schnurgerade angelegt, von Pappelreihen gesäumt und stellen ein Erbe der französischen Vorliebe für Zentralisierung dar. Einst sollten sie den Boten und den Soldaten der Könige und Kaiser zu schnellerem Fortkommen verhelfen. Kein Wunder also, daß Paris den Mittelpunkt dieses Straßennetzes bildet. Die N-Straßen sind meist belebter als die **autoroutes**, denn sie kosten keine Gebühren.

Die Straßen mit einem D vor der Nummer, Départements-Straßen, sind manchmal ebenso schnurgerade und breit wie N-Straßen. Ein Blick auf die Karte zeigt, daß D-Straßen gelegentlich parallel zu N-Straßen verlaufen. Natürlich verlangen sie dem Autofahrer mehr Konzentration ab, sie sind aber landschaftlich schöner und im Grunde doch bequemer zu befahren als die von vielen Lastwagen benutzten N-Straßen.

Leider haben die Franzosen die Angewohnheit, ihr Straßennetz gelegentlich neu durchzunumerieren. Dadurch entsteht einige Verwirrung, weil Landkarten und Straßenschilder nicht mehr übereinstimmen. Man tut deshalb gut daran, sich vor Antritt einer Reise eine auf dem neuesten Stand befindliche Karte der wichtigsten Straßen Frankreichs zu besorgen.

Im Hochsommer, insbesondere an den Wochenenden zu Anfang und Ende August, hat das Reisen in Frankreich seine Schwierigkeiten. Am besten meidet man solche Zeiten. Ist das aber nicht möglich, dann sollte man auf die ausgeschilderten Umgehungsstraßen für den Urlaubsverkehr achten.

Im allgemeinen aber wird der Reisende mit Überraschung feststellen, daß die Straßen Frankreichs nicht allzu verkehrsreich sind. Es ist nun einmal ein großes Land mit einer relativ geringen Bevölkerungsdichte und vielen Straßen. Autofahren ist in Frankreich noch anders als sonstwo: gerade Straßen, ziemlich große Entfernungen zwischen den Orten und der lockere Verkehr ermöglichen angenehm schnelles Vorwärtskommen.

Die Straßenbeläge sind vor allem bei den D-Straßen nicht immer in tadellosem Zustand, obwohl hier in den letzten zehn Jahren viel geschehen ist. Man sollte deshalb das Auto nicht überladen. Die Lastwagenfahrer machen gewöhnlich zwischen 12 und 14 Uhr eine ausgedehnte Mittagspause, so daß man um diese Zeit mit wenig Schwerverkehr auf den Straßen rechnen kann.

Die Geschwindigkeitsbegrenzungen werden streng überwacht – die Polizei kann an Ort und Stelle Geldbußen kassieren. Informationen über Geschwindigkeitsbegrenzungen, Grenzformalitäten, Straßenzustand und neue Straßen sind bei den französischen Touristikbüros und bei den Automobilclubs erhältlich.

In der Karte links sind alle bereits eröffneten und noch im Bau befindlichen **autoroutes** eingezeichnet.

Die Zugsverbindungen sind in Frankreich gut. Der superschnelle TGV verbindet Paris mit Lyon und der Côte d'Azur – das Netz wird stetig ausgebaut. Mit dem Auto im Reisezug kann man in einer Nacht ganz Frankreich bis zur Riviera oder zum Midi durchqueren. Touristenfahrkarten ermöglichen unbegrenzte Zugreisen innerhalb einer bestimmten Zeit. Darüber hinaus bietet die SNCF die Möglichkeit, an vielen Bahnhöfen Fahrräder zu leihen oder Autos zu mieten.

Die Inlandsfluglinie Air Inter fliegt die auf der Karte eingezeichneten Flugplätze an. Internationale Flughäfen sind Paris, Nizza, Straßburg, Lyon, Bordeaux und Marseille.

Wer Zeit hat, kann auf Flüssen und Kanälen das ländliche Frankreich geruhsam durchstreifen. Diese Wasserwege werden von vielen Frachtschiffen befahren; man kann Boote mieten, und es werden Kanalkreuzfahrten in luxuriös umgebauten ehemaligen Frachtkänen angeboten.

SCHLÜSSEL ZU DEN TOURENKARTEN

Die Tourenkarten in diesem Atlas werden sich nicht nur dem Autoreisenden als nützlich erweisen. Sie zeigen das französische Straßen- und Schienennetz und vermitteln einen Eindruck vom Landschaftsprofil.

Die hier abgedruckte Übersichtskarte ermöglicht leichtes Erkennen der von den Tourenkarten erfaßten Bereiche. Der Farbcode bei den Seitenzahlen gibt Hinweise auf die jeweilige Zone, zu der die Karte gehört (siehe auch Seite 16).

Auf den folgenden zwei Seiten werden die Zeichenerklärungen sowie allgemeine Hinweise zu den Tourenkarten gegeben.

Der Maßstab der Karten beträgt 1:750 000.

Die fünf Zonen in diesem Atlas erfassen die folgenden Weinbaugebiete:

DER WESTEN

Die Loire:
Pays Nantais,
Anjou, Saumur, Touraine,
Pouilly, Sancerre.

DER SÜDWESTEN

Bordeaux
Das Médoc: Margaux,
das mittlere Médoc, St-Julien,
Pauillac, St-Estèphe,
das nördliche Médoc.
Bourg, Blaye, Graves,
Sauternes, Barsac,
Entre-Deux-Mers,
Premières Côtes de Bordeaux,
St-Emilion, Pomerol,
Fronsac, Côtes de Castillon,
Côtes de Francs.
Cognac, Bergerac,
Lot-et-Garonne.
Côtes du Frontonnais,
Côtes de Duras,
Côtes du Marmandais,
Buzet, Cahors.
Gaillac, Armagnac,
Madiran, Jurançon,
Béarn.

DER NORDOSTEN

Champagne, Aube.
Elsaß,
Lothringen.

DER OSTEN

Burgund: Chablis,
Santenay, Chassagne-Montrachet,
Puligny-Montrachet, Meursault,
Volnay, Pommard, Beaune,
Savigny, Aloxe-Corton,
Nuits-St-Georges, Vosne-Romanée,
Vougeot, Chambolle-Musigny,
Gevrey-Chambertin, Fixin,
Chalonnais, Mâconnais,
Beaujolais, Jura, Savoyen.

DER SÜDOSTEN

Die Rhône: Hermitage,
Côte Rôtie, Condrieu,
Cornas, Châteauneuf-du-Pape,
Lirac, Tavel, Côtes du Rhône.
Provence, Languedoc:
Minervois, Corbières, Fitou.
Roussillon, Korsika.
Vins de Pays.

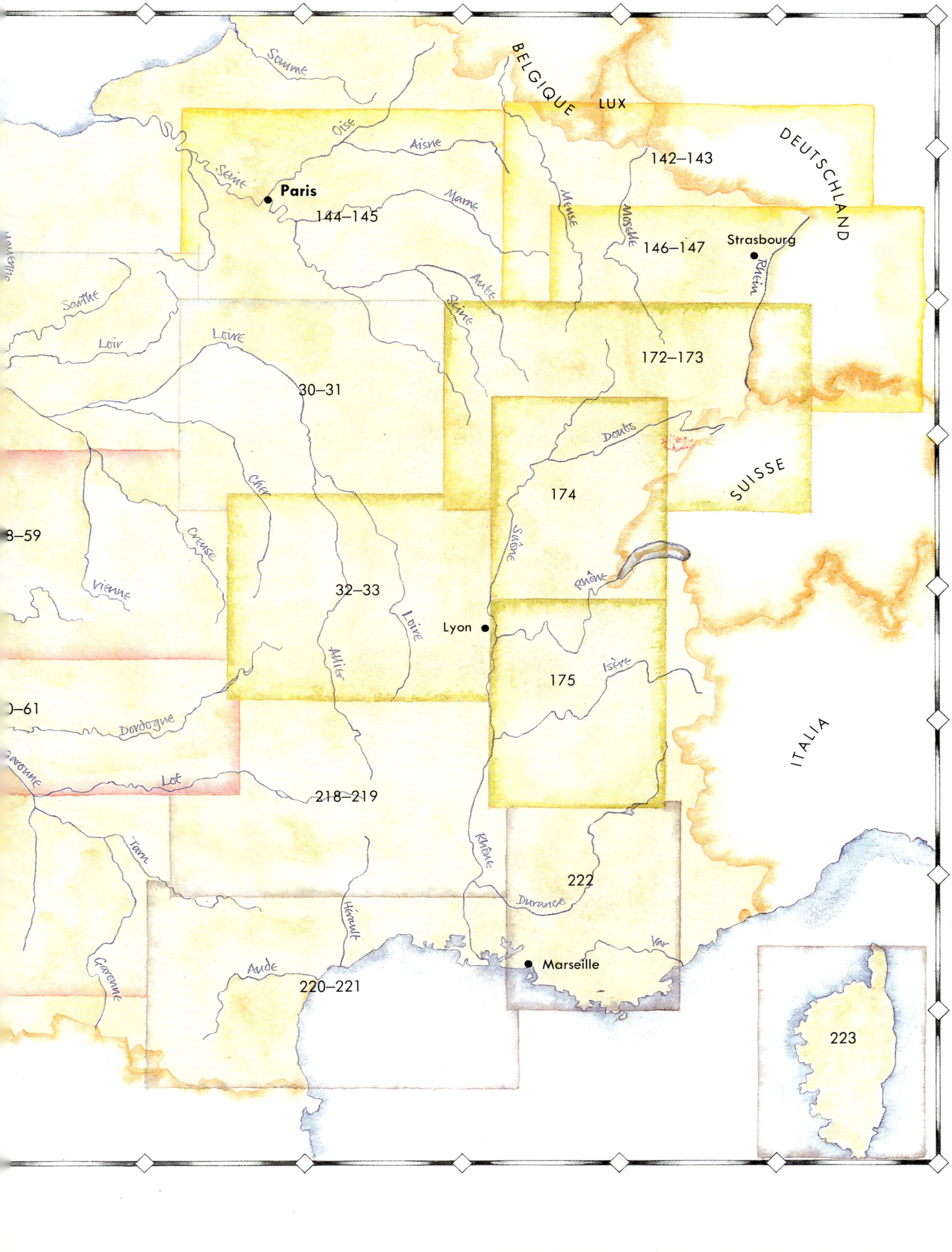

BELGIQUE
LUX
DEUTSCHLAND
SUISSE
ITALIA
Paris
Strasbourg
Lyon
Marseille
Somme
Oise
Aisne
Seine
Marne
Meuse
Moselle
Rhein
Aube
Seine
Sarthe
Loir
Loire
Cher
Creuse
Vienne
Doubs
Saône
Rhône
Loire
Allier
Isère
Dordogne
Lot
Garonne
Tarn
Rhône
Durance
Hérault
Var
Aude
Garonne
144–145
142–143
146–147
172–173
30–31
174
8–59
32–33
175
0–61
218–219
222
220–221
223

ZEICHENERKLÄRUNG ZU DEN TOURENKARTEN

Straßen / Roads — Routes / Strade

Straßen / Roads		Routes / Strade
Autobahn mit Anschlußstelle Motorway with junction	le Mans-Est	Autoroute avec point de jonction Autostrada con stazione
Autobahn in Bau Motorway under construction	Datum, Date Date, Data	Autoroute en construction Autostrada in costruzione
Autobahn in Planung Motorway projected	Datum, Date Date, Data	Autoroute en projet Autostrada in progetto
Autobahn-Nummer Motorway number	A10	Numéro d'autoroute Sigla ufficiale di autostrada
Raststätte mit Übernachtungsmöglichkeit Road-side restaurant and hotel	R	Hôtel Area di ristoro in autostrada con motel
Raststätte ohne Übernachtungsmöglichkeit Road-side restaurant	R	Restaurant Area di ristoro in autostrada
Verkaufskiosk Snackbar	S	Buffet Barosco
Tankstelle Filling station	T	Poste d'essence Stazione di rifornimento
Straße mit zwei getrennten Fahrbahnen Dual carriage-way		Route à chaussées séparées Strada a due carreggiate (4 corsie)
Straße mit zwei getrennten Fahrbahnen in Bau Dual carriage-way under construction	Datum, Date Date, Data	Route à chaussées séparées en construction Strada a due carreggiate in costruzione
Durchgangsstraße Thoroughfare		Route principale Strada di grande comunicazione
Durchgangsstraße in Bau Thoroughfare under construction	Datum, Date Date, Data	Route principale en construction Strada di grande comunicazione in costruzione
Wichtige Hauptstraße Important main road		Route de commun. importante Strada di interesse regionale
Wichtige Hauptstraße in Bau Important main road under construction	Datum, Date Date, Data	Route de commun. importante en construction Strada di interesse regionale in costruzione
Hauptstraße Main road		Route de communication Strada principale
Hauptstraße in Bau Main road under construction	Datum, Date Date, Data	Route de communication en construction Strada principale in costruzione
Sonstige Straßen Other roads		Autres routes Altre strade
Sonstige Straßen in Bau Other roads under construction		Autres routes en construction Altre strade in costruzione
Straßentunnel Road with tunnel		Route avec tunnel Galleria stradale
Europastraßen-Nummer European road number	E06	Numéro de route européenne Numero di strada europea
Straßen-Nummer Road number	N7 49	Numéro de route Numero di strada statale
Fernkilometer Very long distances	180	Distances très grandes Grandi distanze in Km.
Großkilometer Long distances	49	Distances grandes Medie distanze in Km.
Kleinkilometer Short distances	10	Distances courtes Brevi distanze in Km.
Kleinkilometer an der Autobahn zwischen den Anschlußstellen Short distances along the motorway between junctions	12	Distances courtes sur l'autoroute entre points de jonctions Brevi distanze in Km. tra le stazioni autostradali

Sonstige Verkehrswege / Other means of communication — Autres voies de communication / Altre vie di comunicazione

Sonstige Verkehrswege / Other means of communication		Autres voies de communication / Altre vie di comunicazione
Fernverkehrsbahn Main line railway		Chemin de fer: ligne à grand trafic Ferrovia principale
Übrige Eisenbahnen Secondary line railway		Chemin de fer: ligne à trafic secondaire Ferrovia secondaria
Bergbahn Mountain railway		Chemin de fer de montagne Ferrovia a cremagliera
Sessellift Chair-lift		Télésiège Seggiovia
Autoverladung per Bahn Transport of cars by rail		Transport de voiture par chemin de fer Trasporto auto per ferrovia
Autofähre Car ferry		Bac pour automobiles Traghetto per auto
Schiffahrtslinie Shipping route		Ligne de navigation Linea di navigazione
Kanal Canal		Canal Canale

Touristische Hinweise / Directions for tourists — Renseignements touristiques / Indicazioni turistiche

Touristische Hinweise / Directions for tourists		Renseignements touristiques / Indicazioni turistiche
Besonders sehenswertes Objekt Place of particular interest	Reims	Curiosité très intéressante Localitá particolarmente degna di nota
Sehenswertes Objekt Place of considerable interest	Orléans	Curiosité intéressante Localitá degna di nota
Landschaftlich besonders schöne Strecke Beautiful scenery		Parcours pittoresque Percorso pittoresco
Touristenstraße Tourist route	Route des Crêtes	Route touristique Strada di interesse turistico
Straße gegen Gebühr befahrbar Toll road		Route à péage Strada a pedaggio
Straße für Kfz. gesperrt Road closed to motor traffic		Route interdite aux véhicules à moteur Strada vietata ai veicoli a motore
Zeitlich geregelter Verkehr Temporal regulated traffic		Circulation réglementée Traffico permesso ad ore stabilite
Paß mit Höhen- und Steigungsangabe, Wintersperre Pass with height and gradient, closure in winter	1650 8% XI-IV	Col avec cote d'altitude et montée, fermeture en hiver Passo con indicazione altimetrica, pendenza, chiusura invernale
Bedeutende Steigungen Important gradients	15%	Montées importantes Pedenze importanti
Bergspitze mit Höhenangabe Mountain summit with height	2963	Pic avec cote d'altitude Cima, altitudine in metri
Ortshöhe Height above sea level	(630)	Cote d'altitude de la localité Località, altitudine in metri
Besonders schöner Ausblick Important scenic view		Point de vue remarquable Punto panoramico
Nationalpark National park		Parc national Parco nazionale
Sperrgebiet Prohibited area		Champ de Tir Zona vietata
Grenzen Boundaries		Frontières Confine

Maßstab · Scale · Echelle · Scala 1 : 750 000

0 5 10 20 30 40 km

5 10 15 20 25 miles

Signaturen / Conventional signs		Signes conventionnels / Altri segni convenzionali
Kirche Church		Eglise Chiesa
Kirchenruine Church ruin		Église en ruines Rovine di chiesa
Kloster Monastery		Monastère Monastero
Klosterruine Monastery ruin		Monastère en ruines Rovine di monastero
Schloß, Burg Palace, castle		Château, château-fort Castello, Fortezza
Schloß-, Burgruine Palace ruin, castle ruin		Château en ruines Rovine di castello o fortezza
Denkmal Monument		Monument Monumento
Wasserfall Waterfall		Cascade Cascata
Höhle Cave		Grotte Grotta
Ruinenstätte Ruins		Ruines Rovine
Sonstiges Objekt Other object		Autre objet Altri punti d'interesse
Campingplatz Camp site		Terrain de camping Campeggio
Jugendherberge Youth hostel		Auberge de jeunesse Ostello per la gioventù
Parador, Pousada Parador, Pousada		Parador, Pousada Parador, Pousada
Verkehrsflughafen Airport		Aéroport Aeroporto importante
Landeplatz Airfield		Aérodrome Aeroporto turistico

DIE DÉPARTEMENTS

Frankreich ist in Départements unterteilt, die jeweils durch die beiden ersten Ziffern der Postleitzahl eines Orts bezeichnet sind. Daraus lassen sich nützliche Hinweise auf den Ursprungs- beziehungsweise Abfüllungsort eines **vin de table** *gewinnen.*

DER WESTEN

Die einfacheren Weine des größten Teils dieser Gegend kommen unter dem sehr bildhaften Namen Vins de Pays du Jardin de la France auf den Markt. Dieser „Garten Frankreichs“ ist das Loire-Tal: lieblich, fruchtbar, seit uralten Zeiten kultiviert und geschmückt mit den herrlichsten Schlössern und Burgen.

Ein Blick auf die Karte zeigt, daß diese Landschaft eindeutig von Paris beherrscht wird, das seine Straßen wie Fangarme dorthin aussendet. Früher einmal war die Loire selbst ein wichtiger Verkehrsweg; der Reisende begab sich von Paris aus südwärts nach Orléans, nahm dort ein Schiff nach Tours, Angers oder Nantes und von dort aus weiter zur Bretagne oder nach La Rochelle.

Nördlich der ungeheuer fruchtbaren Muscadet-Weingärten bei Nantes weicht die Traube dem Apfel, südlich davon wächst dünner Wein, aus dem feiner Cognac entsteht. Um Nantes aber dehnt sich der „Weinberg des Ozeans“, der den vollkommenen Wein zu den feinsten Meeresfrüchten liefert – eine der glücklichsten gastronomischen Verbindungen in ganz Frankreich.

An der unteren Loire lebt eine alte Tradition der Gewinnung süßer, erstaunlich starker Weine von der Chenin-Blanc-Traube, die zu den feinsten und rarsten ihrer Art zählen. Am Oberlauf der Loire liegen Sancerre und Pouilly, deren starkduftige Sauvignon-Weine Weltruhm genießen.

Dort, wo die Creuse und die Vienne aus dem Massif Central zur Loire strömen, liefert nicht die Rebe, sondern die Eiche einen bedeutenden Beitrag zur gastronomischen Raffinesse: Hier wachsen in den großen Wäldern die berühmten Limousin-, Tronçais- und Allier-Eichen, deren stark aromatisches Holz nicht nur die großen Bordeaux- und Burgunderweine würzt, sondern auch jeden kalifornischen und australischen Wein, der etwas auf sich hält, und obendrein manchen italienischen und spanischen.

VINS DE PAYS

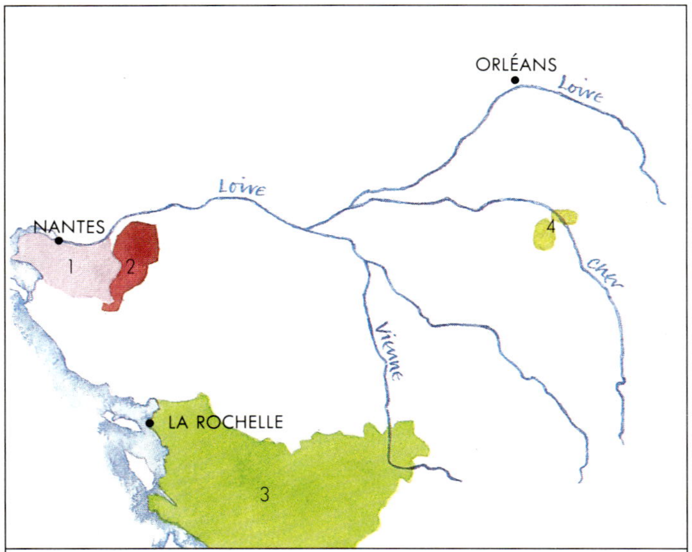

1 Retz
2 Marches de Bretagne
3 Charentais
4 Coteaux du Cher et de l'Arnon

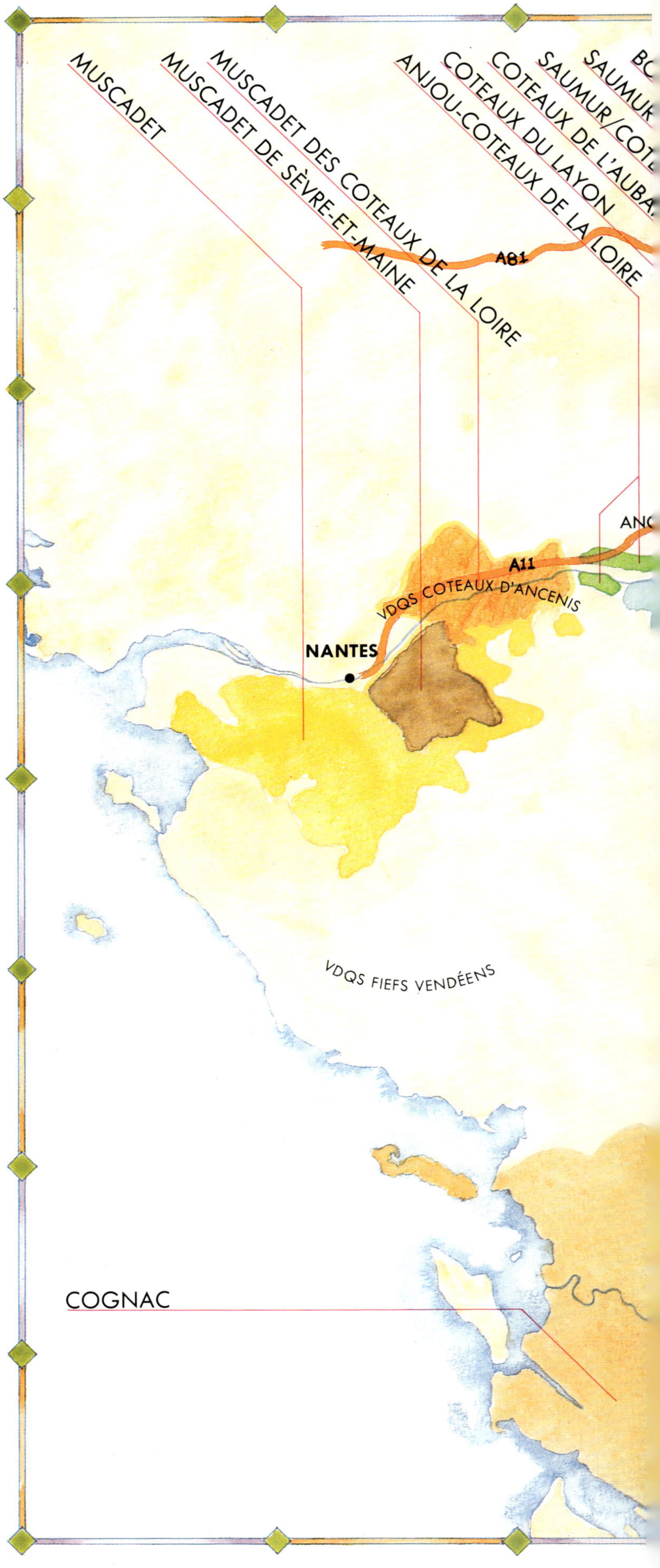

POUILLY/SANCERRE
REUILLY/QUINCY
EAUX DU LOIR/JASNIÈRES
/MONTLOUIS
NICOLAS DE BOURGUEIL/CHINON
UR
VDQS VIN DE L'ORLÉANAIS
A11
A10
ORLÉANS
Loire
VDQS COTEAUX DU VENDÔMOIS
VDQS COTEAUX DU GIENNOIS
A71
BLOIS
A10
VDQS CHEVERNY
TOURS
Loire
Cher
SAUMUR
BOURGES
VALENÇAY
LOCHES
THOUARS
VINS DU THOUARSAIS
Creuse
S VINS DU HAUT POITOU
VDQS CHÂTEAUMEILLANT
Vienne
Charente
Dordogne

28

RENNES
Vitré
Ploërmel
Redon
Châteaubriant
Segré
Ancenis
ST. NAZAIRE
NANTES
ST. HERBLAIN
Bouguenais
Rezé
Vertou
Clisson
CHOLET
Challans
les Herbiers
LA ROCHE-SUR-YON
Pornic
la Baule
Guérande
Ile de Noirmoutier
Ile d'Yeu
Baie de Bourgneuf
Loire
Chenal du Sud
Ch. du Nord
Autoroute l'Océane

144

LE MANS
TOURS
SAUMUR
BLOIS
Châteaudun
Vendome
Amboise
Chinon
Loches
la Flèche
Sablé-sur-Sarthe
Château-du-Loir
Château-Renault
Nogent-le-Rotrou
la Ferté-Bernard
Loudun
Richelieu
Montrichard
Châtillon-sur-Indre
Allonnes
Mamers
Évron
Brou
Autoroute l'Océane
l'Aquitaine Autoroute
Loir
Loire
Vienne
Indre

29
W
30

144
29
30
W
59

ORLÉANS
St. Jean-de-la-Ruelle
St. Jean-de-Braye
la Chapelle-St. Mesmin
Olivet
Montargis
Amilly
Châteaurenard
Châteauneuf-sur-Loire
Jargeau
Sully-sur-Loire
Gien
Briare
Beaugency
Meung-sur-Loire
Mer
BLOIS
Chambord
Cheverny
Contres
la Ferté-St. Aubin
Lamotte-Beuvron
Nouan-le-Fuzelier
Salbris
Romorantin-Lanthenay
Aubigny-sur-Nère
Cosne-Cours-sur-Loire
Sancerre
VIERZON
Mehun-sur-Yèvre
BOURGES
Vatan
Issoudun
Valençay
Levroux
Buzançais
CHÂTEAUROUX
Déols
Argenton-sur-Creuse
la Châtre
Châteaumeillant
St. Amand-Montrond
Dun-sur-Auron
Sancoins
la Charité-sur-Loire
NEVERS
Varennes-Vauzelles
Fourchambault
la Guerche-sur-l'Aubois
St. Pierre-le-Moûtier
Lignières
Selles-sur-Cher
Noyers-sur-Cher
St. Aignan
Chabris
Graçay
St. Florent-sur-Cher
Avord
Henrichemont
St. Satur
Pouilly-sur-Loire
Châtillon-sur-Loire
Ardentes
Aigurande
Souvigny
Bourbon-l'Archambault

145

Joigny
St. Florentin
AUXERRE
Chablis
Tonnerre
Châtillon-sur-Seine
CHAUMONT
Clamecy
Vézelay
Avallon
Semur-en-Auxois
Montbard
Saulieu
Château-Chinon
Autun
LE CREUSOT
MONTCEAU-LES-MINES
Gueugnon
Bourbon-Lancy
DIJON
Beaune
Nuits-St. Georges
CHALON-S.-SAÔNE
Selongey
Is-sur-Tille
Seurre

31

30

59

32

W

61

MOULINS
MONTLUÇON
Commentry
VICHY
Cusset
Riom
CLERMONT-FERRAND
Thiers
Issoire
Ussel
Aubusson
Felletin
Brioude
Ambert
Mauriac
Châteaumeillant
St. Pourçain-sur-Sioule
Gannat
Châtelguyon
Volvic
Royat
le Mont-Dore
la Bourboule
Bort-les-Orgues
St. Flour
Murat
Monts du Cantal
Monts du Cézallier
Monts du Livradois
Plateau de l'Artense
la Chaise-Dieu
Craponne-sur-Arzon
Billom
Courpière
Lezoux
Pont-du-Château
Cournon-d'Auvergne
Evaux-les-Bains
St. Eloy-les-Mines
Néris-les-Bains
Désertines
Domérat
Yzeure
Avermes
Souvigny
Huriel
Boussac
Gouzon
Chénérailles
Pontaumur
Pontgibaud
Messeix
Tauves
Besse-en-Chandesse
Ardes
Blesle
Massiac
Allanche
Riom-ès-Montagnes
Saignes
Ydes
Champagnac
Pleaux
Salers
Fontanges
Neussargues-Moissac
Allègre
Arlanc
Sauxillanges
Vic-le-Comte
St. Amant-Tallende
Martres-de-Veyre
Lempdes
Aigueperse
Maringues
Randan
Puy-Guillaume
Châteldon
Lapalisse
Dompierre-sur-Besbre
Jaligny-sur-Besbre
Varennes-s.-Allier
Montmarault
Cosne-d'Allier
Hérisson
Bourbon-l'Archambault
Lurcy-Lévis
Meillers

31

174

Montchanin
MONTCEAU-LES-MINES
Blanzy
Toulon-sur-Arroux
Gueugnon
Génelard
St. Vallier
Digoin
Paray-le-Monial
Charolles
Cluny
Tournus
St. Marcel
Louhans
Lons-le-Saunier
Montmorot
Cuiseaux
St. Amour
St. Claude
Oyonnax
Nantua
Bellegarde-sur Valserine
Pont-de-Vaux
MACON
Charnay-lès-Mâcon
Crêches
Belleville
BOURG-EN-BRESSE
BROU
Pont-d'Ain
Ambérieu-en-Bugey
Lagnieu
La Clayette
Chauffailles
Charlieu
Pouilly-sous-Charlieu
ROANNE
LE COTEAU
Amplepuis
Tarare
VILLEFRANCHE-SUR-SAONE
Anse
Trévoux
Neuville-sur-Saône
Rochetaillée
Miribel
Montluel
Pérouges
Meximieux
Caluire-et-Cuire
Ecully
TASSIN-LA-DEMI-LUNE
VILLEURBANNE
LYON
BRON
ST. PRIEST
Meyzieu
Genas
Francheville
OULLINS
St. Genis-Laval
VENISSIEUX
Feyzin
Mions
Givors
Grigny
VIENNE
Rive-de-Gier
ST. CHAMOND
ST. ETIENNE
la Ricamarie
FIRMINY
le Chambon-Feugerolles
Annonay
Roussillon
Bourgoin-Jallieu
l'Isle-d'Abeau
la Verpillière
la Tour-du-Pin
les Abrets
Voiron
Rives
Moirans
Tullins
Belley
Rumilly
Culoz
Aix-les-Bains
CHAMBÉRY
le Pont-de-Beauvoisin
Hauteville-Lompnès
Montbrison
Feurs
Balbigny
Villars
St. Rambert-d'Albon
Beaurepaire
la Côte-St. André
Crémieu
Charvieu-Chavagneux
Morestel
Autoroute du Soleil
Saône
Rhône
Loire
Ain
Lac du Bourget
IX-XII/1987
VI/1987
1989

33

W

DIE LOIRE

Die Loire umschließt einen großen Teil Nord- und Mittelfrankreichs mit über 80 verschiedenen Weinen, vom säuerlich-frischen Muscadet bis zum milden, weichen Anjou. Ihr Lauf beginnt hoch oben im Ardèche, etwa südlich von Lyon, nahe beim Rhône-Tal. Ihr größter Nebenfluß, der Allier, entspringt weiter im Süden, in den Bergen am Rand der Ebenen des Gard und des Languedoc. In einem weiten Bogen strömt die Loire erst nach Norden und dann nach Westen, vorüber an vielen historischen Stätten Frankreichs. Aus dem Midi kommend, bespült sie die Grenzen der Normandie und mündet am Rand der Bretagne ins Meer.

Die Loire ist Frankreichs königlicher Fluß. Ihre tiefen Wälder, ihr mildes Klima und ihr fruchtbares Ackerland zogen die französischen Könige an, die sich zunächst Jagdhäuser und dann Schlösser an ihren Ufern erbauten. Der Adel folgte, und bald verwandelte sich das Loire-Tal in eine architektonische Schatzkammer. Die schönsten Schlösser stammen aus der Zeit der Renaissance, als Franz I. (1515–1547) Chambord und Amboise erbaute. Bei Amboise starb Leonardo da Vinci, drei Jahre nachdem er dem Ruf seines königlichen Mäzens dorthin gefolgt war.

Heute noch lebt das Tal in unbeirrtem ländlichem Frieden. Es ist die ideale Gegend für alle, die die Stille lieben, fast unverändert seit 130 Jahren, als Flaubert von der Loire sagte, sie habe „mehr Vernunft als Größe und mehr Geist als Poesie. C'est la France!"

Der größte Teil ihres Laufs führt die Loire durch ländliche Gebiete, das Bild ihrer Ufer bestimmen Viehweiden, Obstbäume und Getreidefelder. Weinberge treten nur vereinzelt und im Verhältnis zu Wald, Feldern und Wiesen recht spärlich in Erscheinung. Nur an wenigen Stellen nehmen sie in der Landschaft die beherrschende Rolle an wie in Bordeaux und Burgund. Auch kommen sie nur selten nahe an den Flußlauf heran wie an der Mosel oder am Rhein. Das Loiretal nimmt sich ganz anders aus mit seinen flachen Kieshalden, alten Weiden, oft überfluteten Wiesen und Stromschnellen. Der Fluß tritt im Frühjahr, wenn in den Bergen der Schnee schmilzt, gern über die Ufer. Deshalb liegen die Dörfer und Städte ein Stück vom Fluß entfernt oder auf höher gelegenem Terrain, das Schutz gegen Hochwasser und festen Grund für eine Brücke über den Fluß bietet. Die Weinberge befinden sich in Seitentälern oder am Rand der flachen Talsohle.

Es scheint weit hergeholt, wenn man den Weinen einer so ausgedehnten Landschaft eine gewisse Gemeinsamkeit zuschreiben will, doch läßt sich das Verbindende nicht leugnen. Die Weine von der Loire haben einen kühlen, nördlichen Charakter gemeinsam – eine Verwandtschaft mit Äpfeln eher als mit Oliven, mit Rahm eher als mit Kräutern. Dieser Charakter stammt aus der geografischen Breite und dem starken Einfluß des Ozeans, der warme und wolkenreiche Luft landeinwärts bis Sancerre und Pouilly treibt. Bordeaux im Süden ist wärmer, Burgund im Osten schon mehr „kontinental" im Klima, im Winter und Frühjahr den kalten Ostwinden und im Sommer intensiver Hitze ausgesetzt. Das Loire-Klima ist für den Weinbau ideal, denn es bietet genügend Wärme ohne sengende Sonne wie im Süden und ohne die Gefahr von Spätfrösten wie in der Champagne und in Burgund.

Am meisten wächst hier Weißwein, teils weil rote Trauben in diesen Breiten nicht ohne weiteres reifen, teils weil aus alter Tradition Weißwein für Brennereizwecke gewonnen wird. Die Region hat sich bei ihren Nachbarn im Osten und Süden Rebsorten ausgeborgt, aber auch eine eigene zu großer Blüte gebracht: Chenin Blanc, hier oft auch Pineau de la Loire genannt, obwohl diese Traube mit der Pinot-Familie ebenso wenig zu tun hat wie mit den anderen Pineaus, die es hier und da im Lande gibt. Nirgendwo sonst auf der Welt bringt der Chenin Blanc solche Wunder zuwege wie hier. Er liefert ganz verschiedene Weine, von stahlig-trocken bis intensiv süß, und gibt zudem die Grundlage für die Schaumweinindustrie von Saumur ab.

Der Sauvignon Blanc stellt auf dem Kreideboden von Sancerre seinen Charakter unter Beweis und breitet sich inzwischen auch in die Touraine hinein aus. Der Cabernet Franc, hier für sich allein und nicht in der klassischen Bordeaux-Mischung gekeltert, liefert milde und doch leben-

Oben: Fischerboote an der unteren Loire.
Ganz links: Château Azay-le-Rideau.
Links: Das Flüßchen Layon gibt einem der feinen süßen Weine aus Anjou den Namen.

dige und würzige Rotweine. Der Chardonnay setzt sich allmählich in der einstigen Domäne des Chenin Blanc durch und erbringt nicht nur interessante Weine, sondern liefert auch einen Beitrag zum Crémant de Loire. Die Gamay-Traube wird in der Touraine zu Rotweinen verarbeitet, die es leider nie ganz zu derselben frischen Fruchtigkeit bringen wie ihre Vettern aus dem Beaujolais. Der Malbec, hier auch Cot genannt, hat als Rotweintraube an der Loire schon mehr Erfolg und wird oft mit Cabernet Franc verschnitten.

Man sagt, die Loire könne zu jedem Gang einer Mahlzeit den passenden Wein liefern. Ein Schaumwein aus Saumur oder Vouvray ergibt einen feinen Aperitif – ein Crémant de Loire sogar einen noch feineren. Ein trockener Chenin Blanc aus Anjou, insbesondere ein Savennières, paßt zu vielen Gerichten, läßt sich aber auch ganz allein genießen. Daß der Muscadet der ideale Begleiter für Meeresfrüchte ist, steht schon lange fest, und für schwerere Fischgerichte gibt es den Sancerre, den Pouilly-Fumé und die kräftigeren Muscadets. Die oft über die Achsel angesehenen lieblichen bis süßen Vouvrays geben gute Partner zu den üppigen, mit Rahm bereiteten Saucen der Gegend ab.

Bei den süßen Weinen sind zwei Arten zu unterscheiden: die süßsäuerlichen Coteaux du Layon und Coteaux de l'Aubance – als junge Weine gut gekühlt ein Genuß – und die volleren Bonnezeaux und Quarts de Chaume – manchmal mit Edelfäule und ganz ausgezeichnet zu Früchten und den Lokalspezialitäten Obstkuchen und -torten.

Die Mode treibt mit dem Renommee und den Preisen der Loire-Weine ihr frivoles Spiel. Der Muscadet beispielsweise war noch vor einer Generation außerhalb seiner Heimat so gut wie unbekannt, heute ist er in der ganzen Welt zu haben und wird wohl mancherorts gar zu ernst genommen. Der Sancerre feiert in Pariser Restaurants höchste Triumphe, seit die Mode nach einem trockenen, charaktervollen Weißwein verlangt. Dem Anjou Rosé bläst der Wind ins Gesicht, weil der Modetrend derzeit vom Roséwein weggeht. Auch der Vouvray ist in Ungnade gefallen: Niemand will sich um Verständnis für seine Unbeständigkeit bemühen.

Die Loire hält ein weites Betätigungsfeld für die Entdeckerfreude bereit, und zwar sowohl in ihrer Weinliste als auch in ihrer Landschaft. Manche ihrer Weine sind außerhalb der Region kaum irgendwo anzutreffen. Der Quincy, der Jasnière oder der Coteaux de l'Aubance gelangen selten über die Grenzen ihrer Heimat hinaus. Auf seinen Entdekkungsfahrten wird der Besucher kaum umhin können, auch die herrlichen Speisen zu genießen, die zu diesen Weinen gehören: Fisch aus den Flüssen und aus dem Meer, feine Gemüse aus dem fruchtbaren Tal, Wild aus den Wäldern, Früchte aus den Obstplantagen – alles dies in einer aus Tradition exquisiten Küche. Man merkt noch immer, daß den königlichen Herren an der Loire das Beste gerade gut genug war.

Die Loire bietet die typisch französische Palette der Gastronomie: gute ländliche Kost neben einer schon merklich feineren bürgerlichen Küche mit regionalem Einschlag und gewissermaßen als Oberschicht eine aristokratische *cuisine naturelle,* die ihren Ursprung bei Franz I. suchen darf.

Nicht nur in den hier genannten Hotels und Restaurants, sondern auch hinter vielen bescheideneren Fassaden erwarten den Touristen gastronomische Entdeckungen aller Art. Auch wird hier der Besuch in einem Weingut leichtgemacht. Außer den Schaumweinkellereien von Saumur, die nach dem Vorbild der Champagne glänzend für Touristen eingerichtet sind, gibt es hier nur wenige Prunkstücke dieser Art. Vielmehr führt oft ein Schild „Vente directe" zu einem kleinen Familienweingut, wo man Weine bekommt, die es in keiner Weinhandlung je gibt. Die meisten Winzer an der Loire arbeiten in kleinem Maßstab.

Es ist allgemein üblich, die Loire in vier Hauptbereiche einzuteilen. Von der Mündung her kommt zuerst das Pays Nantais, auch als Land des Muscadet zu bezeichnen. Dann folgt Anjou-Saumur und unmittelbar anschließend die Touraine. Die obere Loire als vierter Bereich ist stärker aufgesplittert. Die wichtigsten Weinbaugebiete sind hier Sancerre und Pouilly. Im Massif Central und im Haut-Poitou finden sich dann noch vereinzelte Weinberge.

DAS PAYS NANTAIS

Im Pays Nantais, dem Land um die Stadt Nantes, wird schon seit den Zeiten der Römer Weinbau getrieben, allerdings hatte er jahrhundertelang nur lokale Bedeutung, bis im 17. Jahrhundert die Holländer die Gegend als Lieferquelle von Weinen für die Branntweinerzeugung entdeckten. Die Produktion stieg, die Techniken wurden verbessert, und der Export blühte. Allmählich verlagerte sich der Schwerpunkt von Rotwein zu Weißwein, und das beschleunigte sich, als im berüchtigten Winter 1709 alle Reben erfroren.

Danach wurden fast nur Weißweinreben neu angepflanzt, vor allem Melon de Bourgogne – hier Muscadet genannt. Ein schlichtes Schild mit der Inschrift „Ici Berceau du Muscadet" bezeichnet die Stelle, wo 1740 im Château de la Cassemichère in La Chapelle-Heulin die ersten Reben gepflanzt wurden.

Der Muscadet ist eine früh reifende Traube, die im September, manchmal sogar schon im August gelesen werden kann. Die leichte Art (maximal 12,3 % Alkohol) und der von Natur aus geringe Säuregehalt machen den Muscadet-Wein oxidationsanfällig. Er wird deshalb meist bis zum Abfüllen auf der Hefe *(sur lie)* belassen und nicht in ein anderes Faß umgefüllt, damit er möglichst frisch bleibt und ein Höchstmaß an Geschmacksstoffen in den Wein gelangt.

Ein guter Muscadet *sur lie* enthält oft natürliche Kohlensäure, die ihm leichte Spritzigkeit verleiht, was sich in einem angenehmen Prickeln auf der Zunge äußert. Er ist ideal als Begleiter zu *fruits de mer*. In der Art ist er charakteristisch trocken, frisch und sauber, dabei leicht, allerdings nicht dünn. Manche Muscadets entfalten sich übrigens in der Flasche über vier bis fünf Jahre erstaunlich schön.

Rund 85 % aller Muscadet-Reben wachsen östlich und südöstlich von Nantes im Département Sèvre et Maine, und von dort kommen auch die besten Weine dieser Art. Die Landschaft ist sanft hügelig, durchzogen von schmalen und kurvenreichen Straßen. Die Dörfer sind meist klein und die Kirchen oft groß. Das Klima ist so mild, daß in Parks und Gärten Magnolien, Feigenbäume und Pinien gedeihen. Aus einem sehr viel kleineren Bereich entlang der Loire stammt der Muscadet des Coteaux de la Loire. Schließlich gibt es auch noch den einfachen Muscadet ohne weiteren Namenszusatz.

Im Pays Nantais werden aber auch noch andere Weine erzeugt. Der Menge nach am bedeutendsten ist der Gros Plant du Pays Nantais, ein schlichter Weißwein von der Folle-Blanche-Traube, die hier Gros Plant genannt wird. Wie beim Muscadet werden auch die besseren Gros-Plant-Weine meist **sur lie** abgefüllt.

Der Lac de Grand-Lieu im weiten, flachen Land südlich von Nantes liefert Süßwasserfische, zu denen der Muscadet und der Gros Plant du Pays Nantais ebenso ausgezeichnet paßt wie zu Meeresfrüchten aus dem nahen Atlantik.

Um Ancenis liegt der kleine Bereich Coteaux d'Ancenis. Unter diese Appellation fallen zumeist einfache leichte Rot- und Roséweine.

Im Süden der Muscadet-Region befindet sich die Vendée. Dort werden Rot- und Roséweine gekeltert, die unter dem Namen Fief-Vendéens auf den Markt kommen.

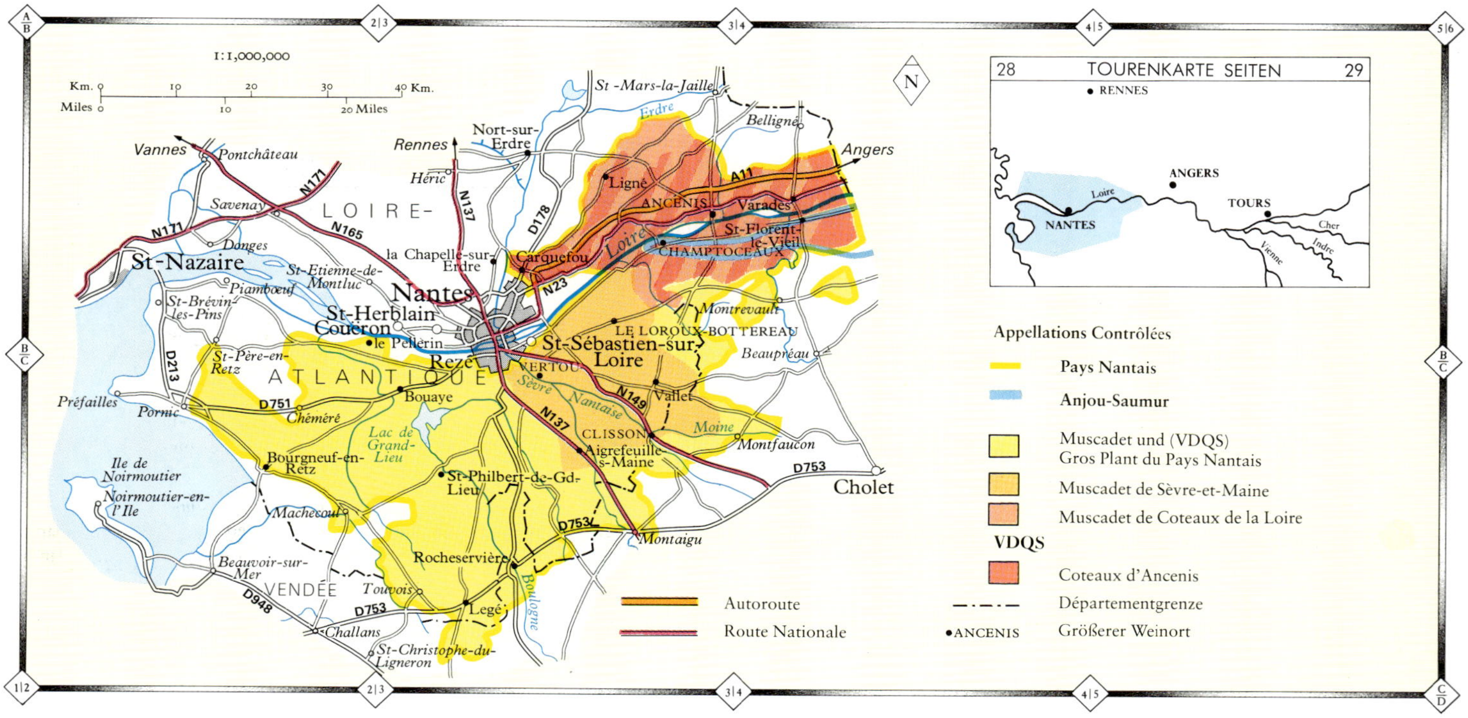

REISE-INFORMATIONEN

Nantes ist die Hauptstadt der Bretagne, es kann deshalb nicht überraschen, daß Fisch und Meeresfrüchte in Hülle und Fülle angeboten werden. Lachs oder Hecht mit beurre blanc ist eine Spezialität von Nantes. Die Weißweine der Region sind die idealen Begleiter zu allen Fischgerichten.

HOTELS

Auberge de la Lande St-Martin, 44115 Clisson, Tel. 40 80 00 80. Gut ausgestattetes Hotel mitten in den Weinbergen; an Wochenenden manchmal etwas laut (Hochzeitsgesellschaften usw.). Besonders gut auf der Speisekarte: Aalgerichte, Ente. Klasse B.
Abbaye de Villeneuve, 44400 Les Sorienières, Tel. 40 04 40 25. Luxushotel in einer ehemaligen Abtei aus dem 18. Jh.; Swimming Pool, gute Küche (u. a. frischer Loire-Lachs). Hotel Klasse A; Restaurant Klasse A/B.

RESTAURANTS

Auberge de Bel Air, 44150 Ancenis, Tel. 40 82 03 87. An der Straße nach Angers. Angenehme Umgebung, guter Service; Fischspezialitäten. Klasse C.
Mon Rêve, La Divatte, 44115 Basse-Goulaine, Tel. 40 03 55 50. Restaurant am Fluß; ausgezeichneter Hecht. Klasse C.
La Bonne Auberge, 44190 Clisson, Tel. 40 78 01 90. Fantasievolle Gerichte z. B. *filet de bar rôti aux huîtres*. Preiswertes Mittagsmenü an Werktagen. Klasse B.
La Mangeoire, 16, rue des Petites-Ecuries, 44000 Nantes, Tel. 40 48 70 83. Deftige Küche *(pot au feu)*, Weine der Region. Klasse C.
Les Maraichers, 21, rue Foure, 44000 Nantes, Tel. 40 47 06 51. Eines der besten Restaurants mit Meeresfrüchten in Nantes. Klasse B.
Delphin, 44470 Pont de Bellevue, Tel. 40 25 60 39. Hochangesehenes Restaurant an der Loire (sehr zu empfehlen die *estouffade de turbot au Muscadet*), mit umfangreicher Weinkarte. Klasse B.
Le Manoir de la Comète, 44230 St-Sébastien-sur-Loire, Tel. 40 34 15 93. In einer großen Villa aus dem 19. Jh. mit Park und Terrasse. Ausgezeichnet, jedoch nicht zu teuer. Klasse B.

SEHENSWERTES

Ancenis Schöne kleine Stadt an der Loire. Hier wurde im nur noch zum Teil erhaltenen Schloß 1468 zwischen Frankreich und dem Herzogtum Bretagne der Vertrag geschlossen, mit dem die Bretagne ihre Unabhängigkeit aufgab. Über den Fluß spannt sich eine eindrucksvolle Hängebrücke.
Champtoceaux Flußabwärts von Ancenis, zu erreichen auf der D751; romantische Burgruine mit zwei Türmen aus dem 15. Jh.
Clisson Am Zusammenfluß von Sèvre Nantaise und Maine. In der Burg aus dem 14. Jh. ist eine Weinprobierstube eingerichtet.
Haute-Goulaine Das schöne Château de Goulaine bei Vertou, südöstlich von Nantes, ist das Prunkstück der Muscadet-Region und ein historisches Bauwerk. Es wurde vom 15. bis ins 18. Jh. auf den Fundamenten einer alten Burg errichtet. Der Marquis de Goulaine betreibt die Weinberge um das Château.
Nantes Es mag schönere Städte geben als Nantes, doch das Zentrum ist interessant. In der Kathedrale St-Pierre-et-St-Paul ist das Marmorgrabmal des Königs Franz II. und seiner Gemahlin zu besichtigen; das Château Ducal in der Nähe der Kathedrale enthält drei Museen: Musée des Arts Décoratifs, Musée d'Art Populaire und Musée de la Marine (über die Geschichte des Hafens und des Sklavenhandels, der im 18. Jh. den Wohlstand von Nantes ausmachte). Das Musée Jules Verne (3, rue de l'Hermitage) zeigt Erinnerungsstücke aus dem Leben des Schriftstellers, und das Musée des Beaux Arts besitzt eine reiche Gemäldesammlung, u. a. mit Werken von Georges de la Tour, Monet und Rubens.

VERANSTALTUNGEN UM DEN WEIN

Weinmärkte und -feste werden in der Region reichlich veranstaltet:
1. Wochenende im März – in Le Loroux-Bottereau.
3. Wochenende im März – in Vallet (größter Weinmarkt der Region)
Letztes Wochenende im März – in Machecoul.
Himmelfahrt – in Clisson.
Juni – in Vertou.
Anfang Oktober – Fête des Chataignes (Kastanien) et du Vin in Nantes.
2. Sonntag im Oktober – Fête du Muscadet in St-Fiacre-sur-Maine.
Oktober – Weinfest in Le Loroux-Bottereau.
November – Foire de Nantes.
1. Donnerstag im Dezember – Weinmarkt in Ancenis.
Der Ordre des Chevaliers de Bretvins besteht seit 1948; Les Gastronomes de la Mer wurde als Verein rund 20 Jahre später gegründet.

WEININFORMATION

Eine Maison des Vins gibt es in La Haye-Fouassière südöstlich von Nantes an der N149.

BEDEUTENDE ERZEUGER

LA CHAPELLE-HEULIN, Postleitzahl 44330

Donatien Bahuaud*: Handelshaus mit Vertrieb sorgfältig ausgewählter Weine der Marken Le Master de Donatien, Château de la Cassemichère u. a.

HAUTE-GOULAINE, Postleitzahl 44115

Marquis de Goulaine, Im stattlichen Château de Goulaine (s. a. „Sehenswertes").

LA HAYE-FOUASSIÈRE, Postleitzahl 44690

Domaine de la Louveterie*: Die Familie Landron hat sehr reine Weine zu bieten, u. a. die Cuvée Prestige.

ST-FIACRE-SUR-MAINE, Postleitzahl 44690

Chéreau-Carré*: Vertreibt die Gutsweine der Familien Chéreau und Carré. Darunter befinden sich die Muscadets von Domaine du Bois Bruley, Château de Chasseloir, Château du Coing de St-Fiacre und Grand Fief de la Cormeraie;
Domaine de Gras-Moutons/Jean Dabin*; Louis Métaireau*: Louis Métaireau hat eine Gruppe gleichgesinnter Winzer zusammengebracht, die ihre ausgewählten Weine unter der für beste Klasse bürgenden Marke Métaireau vertreibt. Die Gruppe hat auch die Domaine du Grand-Mouton erworben.

Eine gut erhaltene Burg aus dem 14. Jh. beherrscht die kleine Stadt Clisson im Süden des Muscadet-Bereichs Sèvre et Maine.

MOUZILLON, Postleitzahl 44330

Michel Chiron*: Ausgezeichneter Clos des Roches Gaudinières; **Marcel-Joseph Guihoux*; Guilbaud Frères*:** Rühriges kleines Haus mit verschiedenen Weinen, darunter sehr gute aus eigenen Weinbergen.

LE PALLET, Postleitzahl 44690

Château de la Mercredière; Marcel Sautejeau: Handelshaus mit erstklassigem Domaine de l'Hyvernière aus eigenen Weinbergen.

ROSNAY, Postleitzahl 85320

Etienne Boureau; Roger Galerneau; Gilles Jard (alle für Fiefs Vendéens).

ST-COLOMBAN, Postleitzahl 44310

Château de la Roulière*: Feiner Muscadet und Gros Plant.

ST-GEREON, Postleitzahl 44150

Domaine Guindon*

VALLET, Postleitzahl 4330

Joseph Hallereau*; Château la Noë: Eines der wenigen wirklichen Châteaux in der Muscadet-Region, ein elegantes Landhaus aus dem Jahr 1836; hier bringt Jean de Malestroit ansprechende Weine hervor; **Sauvion & Fils/ Château du Cléray*:** Die Familie Sauvion erzeugt sehr eleganten Château-Wein und vertreibt sehr saubere, lebendige Muscadets verschiedener Güter (Les Découvertes, Lauréat, Cardinal Richard). Die Muscadets von Sauvion zeichnen sich durch hohen Qualitätsstand aus. (Eine weitere Spezialität des Hauses: Les Geneviève – in *eau-de-vie* eingelegte, mit Schokolade überzogene Muscadet-Trauben).

VIX, Postleitzahl 85770

Domaine de la Chaignée/Mercier Frères* (Fiefs Vendéen).

W

ANJOU

Die untergehende Sonne über dem westlichen Loiretal beleuchtet den breiten Fluß, der mit seinen vielen Sandbänken für den Schiffer manche Gefahren birgt. Trotzdem war er, bevor die Eisenbahn kam, ein wichtiger Verkehrsweg. Stromaufwärts fuhren die Schiffe mit mächtigen Segeln vor dem Westwind vom Atlantik her gegen die Strömung an.

Keine andere Region an der Loire kann eine so reiche Auswahl an Weinen bieten wie Anjou. Viele Bereiche, manche davon kaum größer als einer der stattlicheren Weinberge in Bordeaux, bringen trockene, liebliche und süße Weißweine hervor, aber auch Rot-, Rosé- und Schaumweine aller Art. Insgesamt besitzt Anjou über 25 Appellationen, die meisten südlich der Loire und der Hauptstadt Angers. Die Landschaft ist ebenso mannigfaltig wie ihr Wein. Liebliche Hügel wechseln mit schroffen Tuffsteinklippen, grüne Weinberge mit Wäldern, Obstbäumen und Gärtnereien (der Ort Doué-la-Fontaine ist durch Rosen ebenso berühmt geworden wie durch Wein).

Mengenmäßig ist der Rosé d'Anjou der bedeutendste Wein dieser Gegend, gefolgt vom Rosé Cabernet d'Anjou. Beide sind liebliche Weine, doch der Cabernet d'Anjou wird aus edleren Trauben (Cabernet Franc und Cabernet Sauvignon) und nach strengeren Bestimmungen bereitet. Der Rosé de Loire ist ein trockener, preiswerter und erfrischender Sommerwein. Allerdings sinkt die Beliebtheit des Roséweins allgemein, und deshalb wenden sich die meisten Winzer dem Rotwein zu. Die hier übliche Version wird von Cabernet Franc gekeltert. Der Anjou Gamay jedoch wird nur von Gamay-Trauben gewonnen. Das wachsende Interesse an rotem Anjou spiegelt sich in der 1986 eingeführten neuen Appellation Anjou Villages. Aber auch weißer Anjou wird in beträchtlichen Mengen erzeugt; freilich wird der klassische leichte und liebliche Anjou Blanc immer mehr von trockenen, vollfruchtigen Weinen in moderner Manier verdrängt. Ferner erscheint der Name Anjou auf den Etiketten von Schaumweinen in Weiß und Rosé.

Rochefort-sur-Loire (eigentlich nicht mehr am Fluß gelegen) südwestlich von Angers bildet das Tor zu den Coteaux du Layon. Die Spezialität dieser Gegend ist süßer Wein aus überreifen Trauben. Die Winzer im Layon-Tal setzen wie die in Sauternes auf den Befall der Chenin-Blanc-Trauben (hier Pineau de la Loire genannt) mit Edelfäule. Ein guter Coteaux du Layon zeichnet sich durch vollendetes Gleichgewicht zwischen Süße und Säure aus und gewinnt durch längere Lagerung in der Flasche sehr an Güte. Weine aus großen Jahrgängen lohnen zehn und mehr Jahre Geduld. Bei voller Reife zeigen sie einen frischen, traubigen Duft mit blumigen Untertönen und einem fruchtigen Aroma.

Bessere Coteaux-du-Layon-Weine dürfen den Ortsnamen auf dem Etikett führen. Es sind dies: Beaulieu-sur-Layon, Chaume (der niedrigste Hektarertrag und oft der höchste Qualitätsstand), Faye-d'Anjou, Rablay-du-Layon, Rochefort-sur-Loire, St-Aubin-de-Luigné und St-Lambert-du-Lattay. Zwei besondere Crus sind Quarts de Chaume und Bonnezeaux, recht seltene, elegant-süße Weine von außerordentlicher Haltbarkeit. Weiter östlich fließt das kleine, unauffällige Flüßchen Aubance zwischen rebenbesetzten Ufern. Hier wächst unter anderem der Coteaux de l'Aubance, ein gefälliger milder Weißwein.

In Saumur und seiner Umgebung sind viele große und kleine Weinfirmen beheimatet, die zum Teil Weine aus dem ganzen Loire-Tal vertreiben. Die meisten aber widmen sich ganz der Schaumweinherstellung. Sie geht wie in der Champagne durch eine zweite Gärung in der Flasche vor sich. Jean Ackermann brachte die Methode im Jahr 1811 aus der Champagne mit nach Saumur, wo er die Firma Ackermann-Laurance gründete. 1975 kam zu dem Saumur-Schaumwein – auf dem Etikett stets als „Saumur d'Origine" bezeichnet – der ganz ähnliche Crémant de Loire hinzu. Er braucht nicht ausschließlich aus den 93 Saumur-Mousseux-Gemeinden zu stammen, sondern darf von Trauben aus ganz Anjou und der Touraine hergestellt werden. Jedes Jahr entstehen in und um Saumur viele Millionen Flaschen Schaumwein. Sie werden in Tuffsteinhöhlen

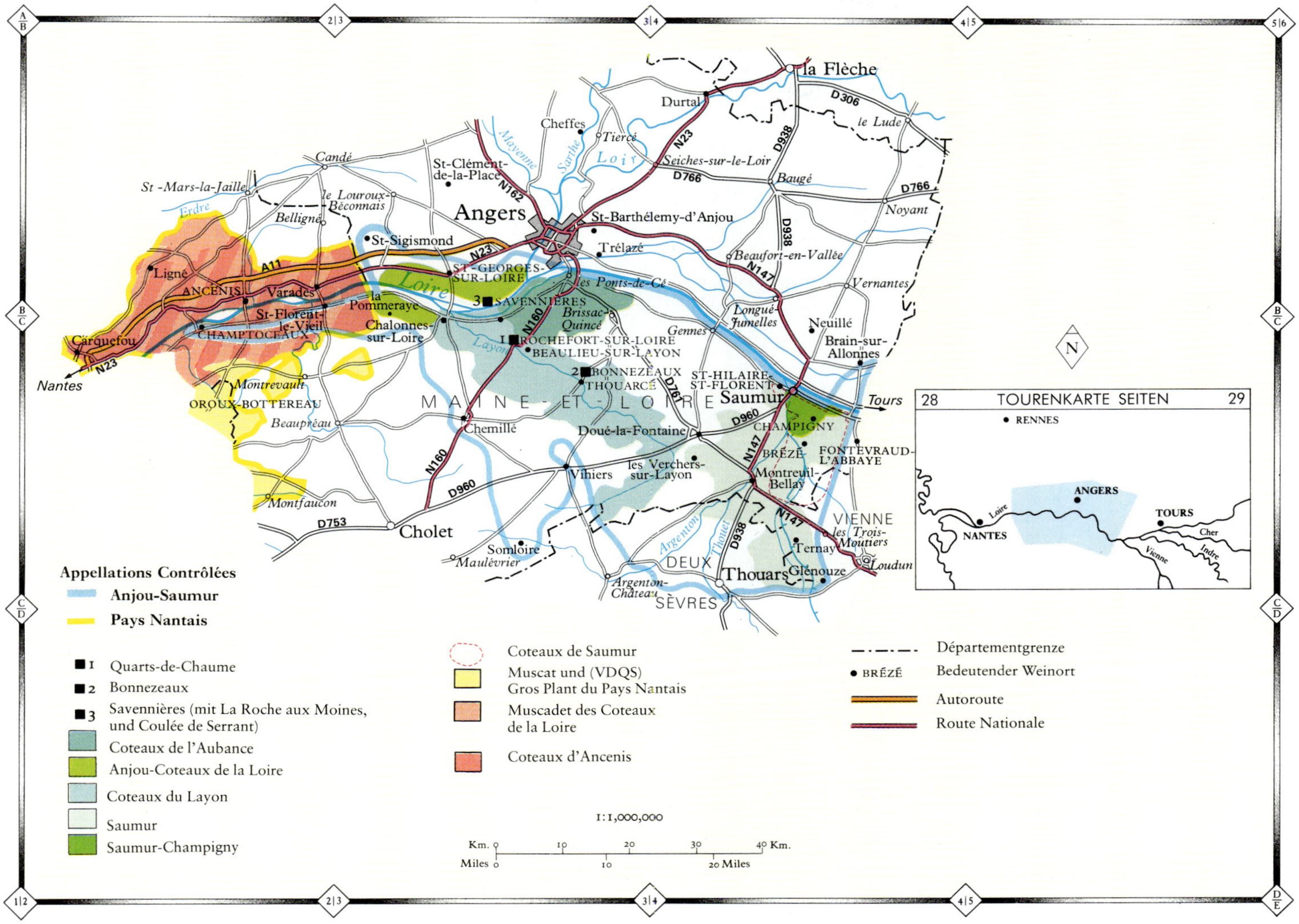

gelagert, und viele Schaumweinfirmen veranstalten für ihre Besucher Führungen durch diese originellen Keller. Es gibt auch einen nichtschäumenden weißen Saumur; er ist meist nichts Aufregendes, bestenfalls ein frischer Aperitif oder ein angenehmes Partygetränk.

Eher beachtenswert ist da schon der Rotwein aus dieser Gegend, der Saumur-Champigny aus sieben Weinorten, wo er zwei Dritteln des Traubenertrags entspricht. Dieser lebendige und fruchtige Wein mit seiner kräftigen Farbe ist wohl der beste Rotwein in Anjou.

Der Bereich Savennières auf dem Nordufer der Loire ist trotz seiner geringen Größe zu Recht durch seine superben trockenen Weißweine berühmt geworden. Sie sind in der Jugend oft unzugänglich und säuerlich, entfalten aber im Alter eine feine Geschmeidigkeit. Die beiden Savennières-Crus heißen Coulée de Serrant und La Roche-aux-Moines. Um die Stadt Thouars und im Thouet-Tal erstreckt sich ein kleiner Weinbaubereich, der eigentlich zu Anjou gehören sollte, hätten sich nicht die dortigen Winzer 1936 zur Eigenständigkeit entschlossen. Für die Weine dieser Gegend gilt die Bezeichnung Vins du Thouarsais. Die Weißweine haben mehr zu bieten als die Rosé- und Rotweine. Noch weiter im Süden befindet sich im Département Vienne der rasch aufstrebende Weinbaubereich Haut-Poitou. Unter der Anleitung der hervorragend ausgerüsteten Genossenschaftskellerei in Neuville-de-Poitou sind hier bedeutende Qualitätsverbesserungen erzielt worden. Die Weißweine werden von Sauvignon, Chardonnay und Chenin Blanc, die Rotweine von Gamay und die Roséweine von Cabernet Franc und Cabernet Sauvignon gewonnen.

REISE-INFORMATIONEN

Süßwasserfische und -krebse werden in Anjou auf mancherlei Art zubereitet, vor allem Lachs und Hecht stehen oft auf der Speisekarte; die charcuteries – Wurst, Pasteten und Schinken – sowie Geflügel sind besondere Köstlichkeiten.

HOTELS

Hôtel d'Anjou, 1, boulevard Foch, 49000 Angers, Tel. 41 88 99 55. Zentral gelegen, moderner Komfort. Schickes Restaurant mit vielen Fischgerichten. Große Auswahl an Weinen der Region. Hotel Klasse A/B; Restaurant Klasse B.

Campanile, 49400 Bagneux, Tel. 41 50 14 40. Gutbürgerlicher Komfort. Restaurant. Klasse B.

Auberge de Thouet, 49400 Chacé, Tel. 41 50 12 04. Ländliche Schlichtheit in einem Weinort bei Saumur. Restaurant. Klasse B/C.

Le Prieuré, 49350 Chênehutte-les-Tuffeaux, Tel. 41 50 15 31. Luxushotel nordwestlich von Saumur, zu erreichen auf der D751 und D161. Die meisten Zimmer befinden sich im alten Priorat. Swimming Pool; ausgezeichnete leichte (und teure) Küche. Klasse A.

Relais du Bellay, 49260 Montreuil-Bellay, Tel. 41 52 35 50. Komfortabel; Swimming Pool. Klasse B.

Le Bussy, 49730 Montsoreau, Tel. 41 51 70 18. Angenehmer Aufenthalt; viele Zimmer mit Blick auf das Schloß. Klasse B.

Grand Hotel, 49190 Rochefort-sur-Loire, Tel. 41 78 79 06. Angenehm, aber durchaus nicht „grand". Guter Ausgangspunkt für Besucher der Bereiche Coteaux du Layon und Savennières. Klasse B.

Anne d'Anjou, 31, quai Mayaud, 49400 Saumur, Tel. 41 67 30 30. Noch neues Hotel, schönes, sehr komfortables Gebäude. Klasse B.

RESTAURANTS

Le Quéré, 9, place de Ralliement, 49000 Angers, Tel. 41 87 64 94. Das beste Restaurant in Anjou, benannt nach dem Eigentümer und Küchenchef Paul le Quéré. Seine Frau ist für die erstklassige Weinkarte zuständig. Klasse B.

Le Toussaint, 7, rue Toussaint, 49000 Angers, Tel. 41 87 46 20. Für beste regionale Küche und reiche Auswahl an Weinen zu empfehlen. Das Haus mit rustikalem Interieur stammt aus dem 18. Jh. Klasse B.

Auberge de l'Abbaye, 49590 Fontevrault l'Abbaye, Tel. 41 51 71 04. Traditionelle Küche und überraschend anständige Preise. Klasse C.

La Licorne, 49590 Fontevrault l'Abbaye, Tel. 41 51 72 49. Kleines Restaurant mit raffinierter Küche. Klasse A.

Hostellerie de la Porte St-Jean, 49260 Montreuil-Bellay, Tel. 41 52 30 41. Gerichte und Weine der Region in gediegener Atmosphäre. Klasse C.

Jeanne de Laval, 49350 Les Rosiers-sur-Loire, Tel. 41 51 80 17. Sehr gute regionale Küche (Loire-Salm mit *beurre blanc*) und eine brillante Weinauswahl. Garten und Terrasse. Luxushotel angeschlossen. Restaurant A/B; Hotel Klasse A.

La Toque Blanche, 49350 Les Rosiers-sur-Loire, Tel. 41 51 80 75. Typisches französisches Restaurant mit gutem Essen und günstigen Preisen. Klasse C.

Le Gambetta, 12, rue Gambetta, 49400 Saumur, Tel. 41 51 11 13. Gutes Essen mit frischen Zutaten; das Menü enthält meist mit Wein der Region zubereitete Gerichte. Klasse C.

Le Pullman, 52, rue d'Orléans, 49400 Saumur, Tel. 41 51 31 79. Originelle Ausstattung als Eisenbahnwagen. Viel Fisch auf der Speisekarte. Klasse C.

SEHENSWERTES

Angers Auch als „schwarze Stadt" bekannt, weil viele alte Häuser aus dem hier vorkommenden Schiefer erbaut sind. Das größte und bedeutendste Bauwerk ist das Château du Roi René, eine Burganlage aus dem 13. Jh. mit 17 hohen Rundtürmen. Innerhalb der Mauern befindet sich eine Kapelle aus dem 15. Jh., ein großer Garten (mit Weinstücken) und die reichste Tapisseriensammlung der Welt mit der aus dem 14. Jh. stammenden „Apocalypse", dem längsten Gobelin Frankreichs. Bei der Burg die Altstadt mit der Kathedrale St-Pierre (12. bis 13. Jh.). Das Musée Jean Lurçat (4, boulevard Arago) enthält moderne Wandteppiche; in den Kellern aus dem 12. Jh. ist ein Musée du Vin untergebracht.

Bagneux Nahe bei einem Gartencafé befindet sich ein gewaltiger, aus 20 Granitblöcken bestehender Dolmen.

Oben: Das Château von Saumur schaut herab auf Stadt und Fluß. Links: Kostümierte Kinder warten vor der Kathedrale in Angers auf einen Festzug.

Beaulieu-sur-Layon Panoramablick auf den Fluß Layon. Gelegenheit zu Weinproben.

Brissac-Quincé Das Château de Brissac aus dem 17. Jh. ist eines der höchsten in Frankreich. Viele der 150 Zimmer sind reich möbliert; im Keller gibt es Gelegenheit zu einer Weinprobe.

Dénezé Höhlen mit über 200 Felsbildern.

Doué-la-Fontaine Mittelalterliche Steinbrüche, jetzt als Freilichtbühne benützt („Arènes"). Ferner ein Zoo und das Musée des Vieux Commerces.

Fontevrault l'Abbaye Alte Abtei mit den Grabmälern der Plantagenets, u. a. der Königin Eleonore von Aquitanien. Schöne Abteikirche und bemerkenswerte Küchen im achteckigen Tour d'Evrault aus dem 12. Jh.

Louresse-Rochemenier Einstige Wohnhöhlen, jetzt als Museum benutzt.

Montreuil-Bellay Kleine Stadt am Flüßchen Thouet mit alten Häusern und schönem Schloß.

Montsoreau Malerisches Städtchen an der Loire.

Les Ponts-de-Cé Südlich von Angers am Fluß gelegen. Burgruine und Musée des Coiffes d'Anjou (Trachtenmuseum).

St-Georges-sur-Loire Das stattliche Château de Serrant (16. bis 18. Jh.) hat eine besonders schöne Innenausstattung mit flämischen Tapisserien sowie eine Bibliothek mit 10 000 Büchern aufzuweisen.

St-Hilaire-St-Florent An der Grenze von Anjou zu Saumur; Sitz vieler Weinfirmen wie Ackerman-Laurance, Veuve Amiot und Langlois-Château.

Saumur Das herrliche Schloß aus dem 14. Jh. beherrscht die Stadt und ihre Umgebung. Es beherbergt zwei Museen: Musée des Arts Décoratifs (Tafelgeschirr, Tapisserien usw.) und Musée du Cheval (Reiter- und Pferdemuseum – in Saumur befindet sich die Kavallerieschule mit dem berühmten Cadre Noir). Im Zentrum Fachwerkhäuser, das schöne Rathaus aus dem 16. Jh. und zwei romanische Kirchen, beide mit Gobelins ausgestattet.

Savennières Kirche mit Seitenportal aus dem 10. Jh. Auf der Ile de Béhuard befindet sich ein Dörfchen mit einer teilweise in den Felsen gebauten Kapelle aus dem 15. Jh.

Turquant Kleines Weinmuseum in einer restaurierten Windmühle (Moulin de la Herpinière).

VERANSTALTUNGEN UM DEN WEIN

1. Wochenende im Januar Weinmarkt in Liré (bei Ancenis; siehe Pays Nantais).

1. Wochenende im Februar Weinmarkt in Vihiers.

2. Wochenende im Februar Weinmarkt in Saumur.

Letztes Wochenende im Februar Weinmarkt in Chalonnes-sur-Loire.

2. Wochenende im März Weinmarkt in Durtal.

2. Samstag im April Prämierung von Anjou-Rouge-Weinen in Brissac.

1. Sonntag im Juni Alliance des Vins de Thouarcé et de Bonnezeaux avec le Fromage in Thouarcé.

Wochenende vor dem 14. Juli Fête de la Vinée in St-Lambert-du-Lattay.

Wochenende nach dem 14. Juli Fête des Vins Millésimés in St-Aubin-de-Luigné.

1. Wochenende im August Festival des Fleurs et Vins in Martigné-Briand.

2. und 3. Wochenende im September Fête du Champigny in Chacé und Varrains.

Die älteste Weinbruderschaft in Anjou ist die 1904 gegründete Confrérie des Chevaliers du Sacavin. Weitere sind: La Confrérie des Vignerons de la Canette (südl. Anjou), La Confrérie des Fins Gousiers d'Anjou (Coteaux du Layon, Coteaux de l'Aubance), La Commanderie du Taste-Saumur (Saumur), La Confrérie des Hume-Piot du Loudunois (südl. Saumur) und La Confrérie Vineuse des Tire-Douzils (Haut-Poitou).

WEIN-INFORMATIONEN

Maison du Vin de l'Anjou (5bis, place Kennedy, Angers), Maison du Vin de Saumur (25, rue Beaurepaire, Saumur).

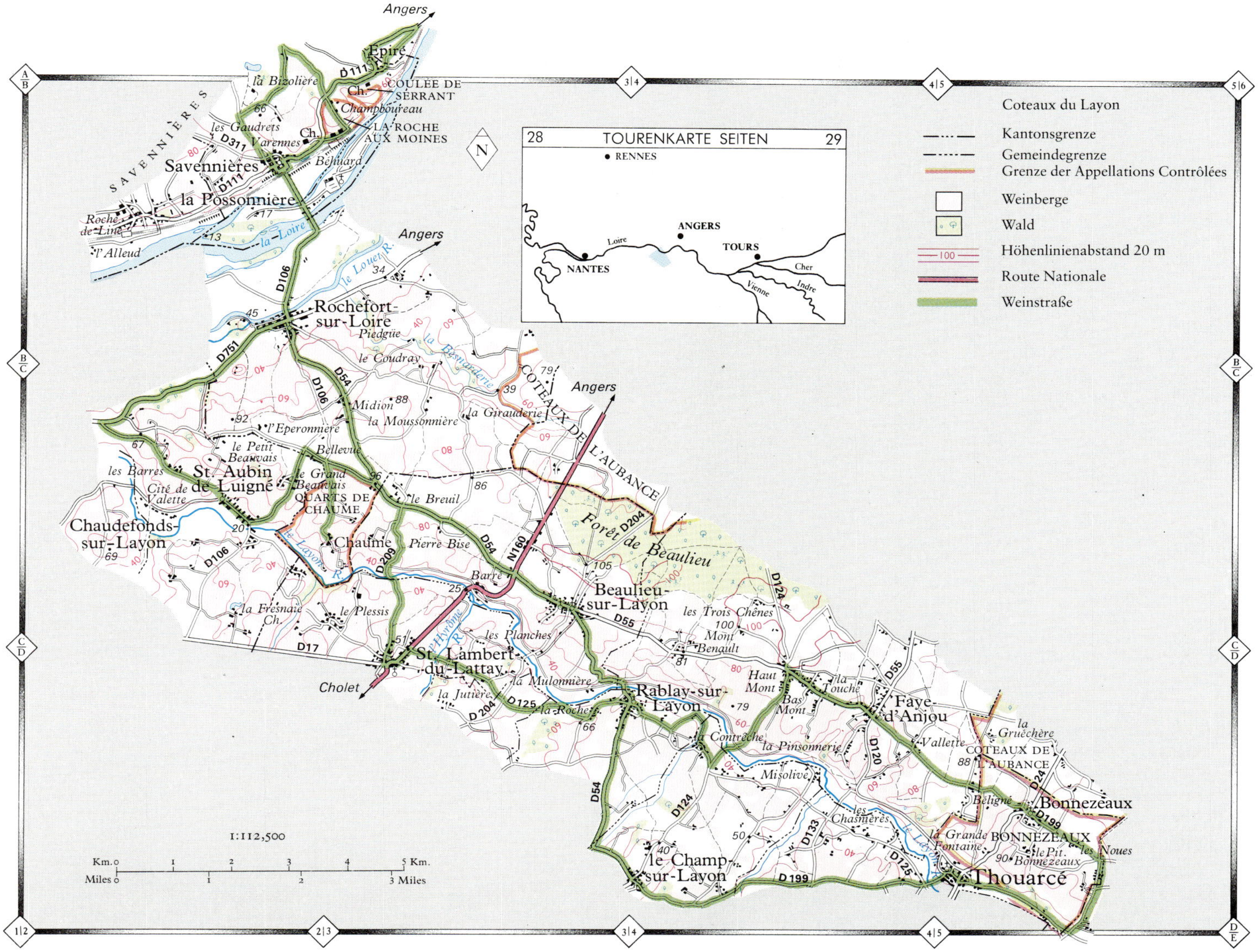

41

BEDEUTENDE ERZEUGER

ANJOU

DOUÉ-LA-FONTAINE, Postleitzahl 49700, 39 C4
Vignobles Touchais*: Reifer weißer Anjou, u. a. der legendäre Moulin.

MOZE-SUR-LOUET, Postleitzahl 49190
Domaine Richou*.

LE PUY-NOTRE-DAME, Postleitzahl 49260
Henri Aupuy/Clos de l'Abbaye*.

LA VARENNE, Postleitzahl 49270
Aubert Frères: Weinhandelshaus.

COTEAUX DU LAYON

BEAULIEU-SUR-LAYON, Postleitzahl 49190, 39 C3, 41 C3
Domaine Pierre-Bise*; Domaine de la Soucherie*.

CHAVAGNES-LES-EAUX, Postleitzahl 49380
Domaine du Petit Val*: Hervorragender Bonnezeaux.

ROCHEFORT-SUR-LOIRE, Postleitzahl 49190, 39 C3, 41 B2
Domaine de Baumard*: Größter Erzeuger von Savennières; ferner exzellenter Coteaux du Layon Clos Ste-Cathérine und feinster Quarts de Chaume; **Château de Belle Rive*:** Bester Quarts de Chaume; **Château de la Guimonière*; Domaine de la Motte*.**

THOUARCE, Postleitzahl 49380, 39 C3, 41 D5
Domaine La Croix de Mission*: Sehr guter Bonnezeaux; **Château de Fesles*:** Jacques Boivin ist in Qualität und Quantität die treibende Kraft hinter dem Bonnezeaux.

SAUMUR

CHAINTRES, Postleitzahl 49400
Château de Chaintres*; Paul Filliatreau*.

PARNAY, Postleitzahl 49730
Château de Targé*.

ST-CYR-EN-BOURG, Postleitzahl 49260
Cave Coopérative*.

ST-HILAIRE-ST-FLORENT, Postleitzahl 49400, 39 C4
Ackerman-Laurance; Bouvet-Ladunay*: Im Besitz des Champagner-Hauses Taittinger; **Langlois-Château*:** Im Besitz des Champagner-Hauses Bollinger; **Veuve Amiot.**

SAUMUR, Postleitzahl 49400, 39 C4
Gratien & Mayer*.

VARRAINS, Postleitzahl 49400
Claude Daheuiller/Domaine des Varinelles*; Domaine des Roches-Neuves*.

SAVENNIÈRES

SAVENNIÈRES
Postleitzahl 49170, 39 B3, 41 B2
Domaine de Bizolière*; Château de Chamboureau*; Domaine du Closel*; Clos de Coulaine*; Clos de la Coulée de Serrant*: In herrlicher Lage auf dem Nordufer der Loire. Der Weißwein braucht eine Reifezeit von 5 bis 10 Jahren, kann aber weit darüber hinaus durch seine Vitalität überraschen; **Château d'Epiré*.**

SONSTIGE BEREICHE

NEUVILLE-DE-POITOU, Postleitzahl 86170
Cave Coopérative*: Die hervorragende Genossenschaftskellerei bringt fast alle Weine von Haut-Poitou hervor.

OIRON, Postleitzahl 79100
Michel Gigon*: Der beste und energischste Erzeuger von Vins du Thouarsais. Der Chenin Blanc hat den höchsten Qualitätsstand.

DIE TOURAINE

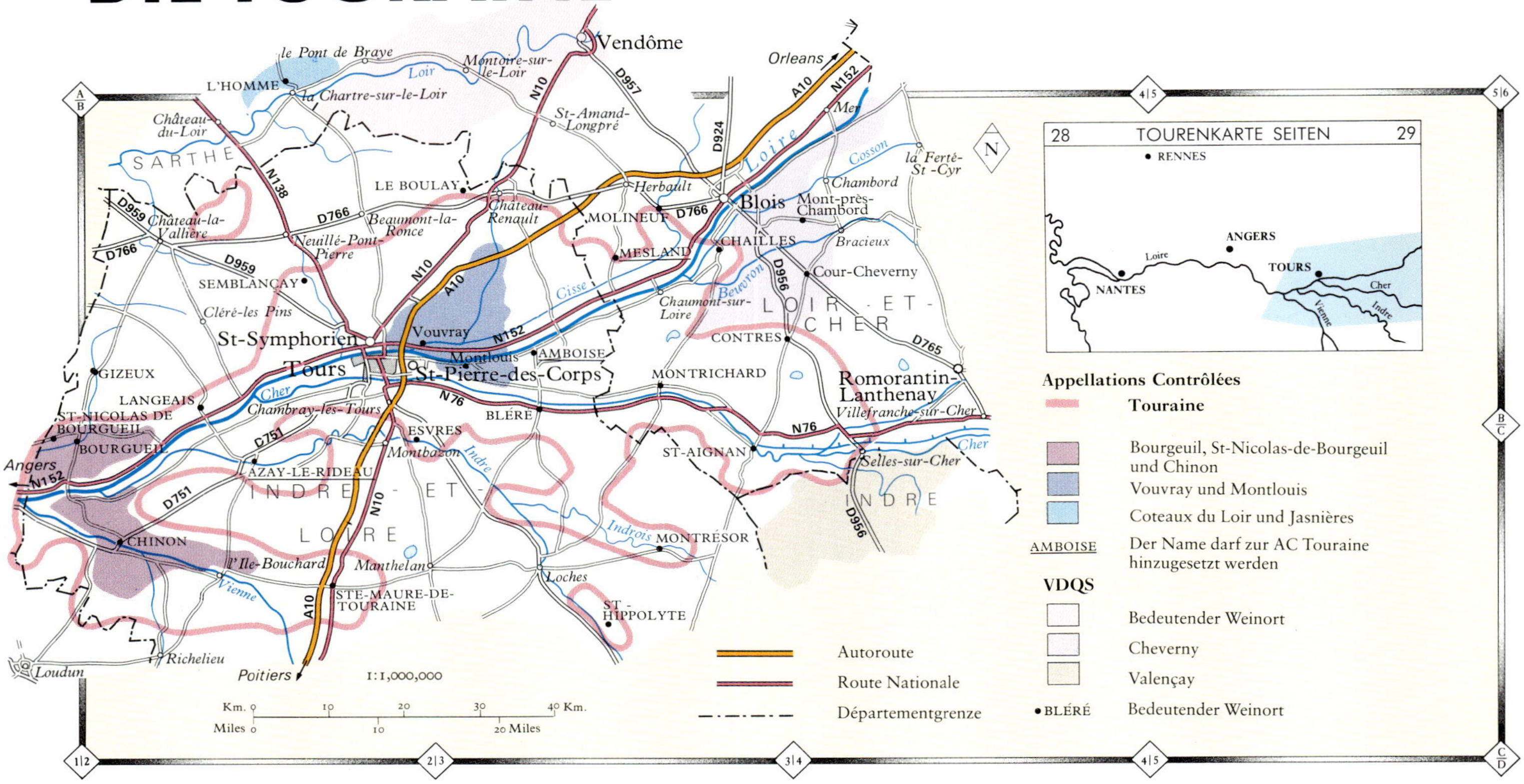

Grüne Täler, fruchtbares Acker- und Obstbauland, weite Wälder und ein mildes Klima haben der Touraine den Namen „Garten Frankreichs" eingetragen. In der alten Provinz, heute bestehend aus dem Département Indre-et-Loire sowie teilweise Loir-et-Cher und Indre, wird schon seit undenklichen Zeiten Weinbau getrieben. Heute gibt es hier eine Rebfläche von rund 11 500 ha, die Appellation Contrôlée erstreckt sich um die Hauptstadt Tours herum.

Über ein Drittel dieser Rebfläche bringt den einfachen Touraine-Wein hervor. Am bedeutendsten und meist auch am besten ist der blumige und sehr frische, oft ausgesprochen würzige weiße Sauvignon, der eine gute und preiswerte Alternative zum Sancerre und Pouilly-Fumé darstellt (siehe auch Obere Loire). Der rote Touraine-Wein – seine Erzeugungsmenge ist ungefähr gleich wie beim weißen – ist je nach Jahrgang und Erzeuger sehr unterschiedlich in der Qualität. Ein guter Gamay de Touraine kann ebenso fruchtig sein wie ein Beaujolais, ein anständiger Cabernet de Touraine kann sich durchaus sehen lassen, und der noch neue Tradition (ein Verschnitt aus Gamay, Cabernet Franc und Malbec) erreicht manchmal einen erstaunlichen Grad an Vollkommenheit. Auch Touraine-Schaumwein gibt es.

Aus der allgemeinen Appellation Touraine werden drei Bereiche besonders herausgehoben: Touraine-Amboise (vorwiegend Rotwein – am auffallendsten der Cot oder Malbec); Touraine Azay-le-Rideau (trokkene und liebliche Rosé- und Weißweine); und Touraine-Mesland (vorwiegend Rotweine, oft kräftig in Farbe und Frucht).

Ganz im Westen liegen die Bereiche Bourgueil, St-Nicolas-de-Bourgueil und Chinon. Hier wächst ein Rotwein, der zum Teil infolge der Rebsorte (Cabernet Franc, manchmal mit etwas Cabernet Sauvignon) eine gewisse Ähnlichkeit mit einem einfachen Médoc aufweist. In Duft und Geschmack erinnert er oft an schwarze Johannisbeeren, Himbeeren und Walderdbeeren, und in guten Jahren erstaunt er durch seine Vitalität. Die größte Finesse hat der Chinon zu bieten. Der Bourgueil ist oft streng und verlangt viele Jahre Geduld. Der St-Nicolas-de-Bourgueil dagegen ist meist leichter und ansprechender. In allen drei Bereichen wird auch etwas trockener Rosé erzeugt, in Chinon außerdem als Rarität ein Weißwein.

Zu den berühmtesten Teilen der Touraine gehört das reizvolle Vouvray, einige Kilometer östlich von Tours. Hier und in sieben weiteren Gemeinden entstehen von der Chenin-Blanc-Traube die trockenen *(sec)*,

lieblichen *(demi-sec)* und süßen *(moelleux)* Vouvray-Weine. Die Reben stehen auf Kalk- und Tuffstein-Plateaus, die an manchen Stellen so mächtige Schichten bilden, daß nicht nur Weinkeller, sondern auch drei- bis vierstöckige Wohnbauten aus ihnen herausgehauen worden sind. Ein wirklich trockener Vouvray enthält so viel Säure, daß er in der Jugend kaum zu trinken ist, im Alter aber mildert er sich zu superber Feinheit. Doch auch die süßeren Vouvrays entfalten sich sehr schön bei längerer Flaschenlagerung. Rund drei Fünftel des Ertrags werden nach der Champagner-Methode zu oft ausgezeichnetem Schaum- oder Perlwein verarbeitet.

Vouvray gegenüber liegt auf dem Südufer der Loire der Bereich Montlouis. Hier werden ganz ähnliche Weine gewonnen wie in Vouvray, jedoch in kleineren Mengen. Weitere Weine aus der Touraine und ihrer näheren Umgebung sind Cheverny (vorwiegend Weißwein), Valençay (einfache Rotweine), Jasnières (trockene Weißweine), Coteaux du Loir (einfache Rot- und Roséweine) und Coteaux du Vendômois (leichte Rot-, Rosé- und Weißweine).

REISE-INFORMATIONEN

LOIRE-SCHLÖSSER

An den Ufern der Loire und ihrer Nebenflüsse stehen zahlreiche herrliche Schlösser. Sie entstanden ab dem Ende des 15. Jh. aus ehemaligen trutzigen Festen, deren Bedeutung als Wehrbauten damals zu schwinden begann, und wurden zu freundlichen Wohnsitzen für die Könige, ihre Mätressen und den reichen Adel umgewandelt. Die meisten dieser Schlösser, aber auch viele mittelalterliche Burgen sind gut erhalten und stehen Besuchern offen. Die bedeutendsten unter den vielen schönen Schlössern der Touraine sind hier kurz beschrieben mit der Angabe, ob dort im Sommer Son-et-lumière-Vorführungen stattfinden. Öffnungszeiten sind in den örtlichen Touristikbüros oder auch im Hotel zu erfahren.

Amboise Das zum Teil aus dem 15. Jh. stammende Château erhebt sich auf einem Felsplateau über dem Städtchen und der Loire. Früher war es fünfmal so groß wie heute; die Ritter konnten im schneckenförmig aufgebauten Tour des Minimes mit 20 m Durchmesser bis auf die oberste Terrasse reiten. Das Château ist voll eingerichtet und besitzt eine schöne gotische Kapelle. Zu seinen königlichen Bewohnern zählten Karl VIII., Franz I. und Franz II. 1516 kam Leonardo da Vinci auf Einladung von Franz I. nach Amboise und blieb bis zu seinem Tod (1519).

Azay-le-Rideau Ein brillantes Beispiel für Renaissance-Architektur, 1529 fertiggestellt, auf einer Indre-Insel; enthält ein Renaissance-Museum (flämische Tapisserien, Möbel) und ein schönes Küchengewölbe. *(Son et lumière.)*.

Beauregard Das einstige Jagdhaus des Königs Franz I. besitzt eine schöne Halle mit Hunderten von historischen Gemälden, einem mit blauen Delfter Kacheln gefliesten Fußboden und einer herrlich geschnitzten Decke. Das Château entstand im 16. Jh. und wurde später vergrößert.

Blois Die drei Teile des mitten in der Stadt gelegenen Châteaus gehören drei Stilepochen an. Am bekanntesten ist der von Franz I. erbaute Renaissance-Flügel mit offenem Treppenhaus und italienischem Erscheinungsbild. Der ältere spätgotische Flügel geht auf Ludwig XII. zurück. Lange nach der Zeit von Franz I. fügte Gaston d'Orléans einen von François Mansart entworfenen Flügel im klassizistischen Stil hinzu. Auch Heinrich III. lebte in diesem Schloß und ließ hier 1588 den Duc de Guise und seinen Bruder, Ludwig II. von Lothringen, ermorden. Das Château enthält ein Kunstmuseum und ein Archäologie-Museum. *(Son et lumière.)*

Bouges Ein Château aus dem 18. Jh. in der Nähe von Valençay mit schönen Gärten und einer Kutschensammlung.

Chambord Mit 440 Räumen, 84 Treppenhäusern und 365 Kaminen das größte aller Loire-Schlösser. Im 16. Jh. arbeiteten im Auftrag von Franz I. insgesamt 1800 Werkleute 15 Jahre lang daran – und dann war es immer noch nicht fertig. Außer dem prachtvollen Haupttreppenhaus finden sich im Inneren noch manche Erinnerungen an seine vielen, nicht nur königlichen Bewohner. Einer von ihnen war Molière, der hier auf Wunsch Ludwigs XIV. zwei seiner Stücke schrieb. *(Son et lumière.)*

Chaumont Burg mit Rundtürmen auf einem Felsen über der Loire. Der wehrhafte Bau stammt vom Ende des 15. Jh., besitzt jedoch ein Renaissance-Interieur mit Möbeln und Gobelins aus dem 15. und 16. Jh. Diane de Poitier lebte hier nach ihrer Vertreibung aus Chenonceau.

Chenonceau Eine der meistbesuchten historischen Stätten Frankreichs. Das 1521 fertiggestellte Château über dem Cher machte Heinrich II. im Jahr 1547 seiner Mätresse Diane de Poitiers zum Geschenk; der Schloßgarten ist ihr Werk. Katharina von Medici vertrieb sie nach dem Tod Heinrichs II. im Jahr 1559. Ein Wachsfigurenmuseum zeigt das höfische Leben der damaligen Zeit. Das Château ist mit französischen, italienischen und spanischen Möbeln, flämischen Tapisserien und einer mächtigen Küche ausgestattet.

Cheverny Luxuriös eingerichtetes Château aus dem 17. Jh., noch heute im Besitz der Familie, die es erbauen ließ. Interessantes Jagdmuseum. *(Son et lumière.)*

Chinon Oberhalb der Stadt liegen drei Burgruinen, die aussehen wie eine einzige. Vor ihrer Zerstörung durch Kardinal Richelieu gewährten sie Herrschern Englands (Heinrich II., Richard Löwenherz) und Frankreichs (Philippe Auguste) Schutz. Hier traf 1429 Jeanne d'Arc zum ersten Mal mit Karl VII. zusammen; ihr ist das Museum im Tour de l'Horloge am Eingang gewidmet. *(Son et lumière.)*

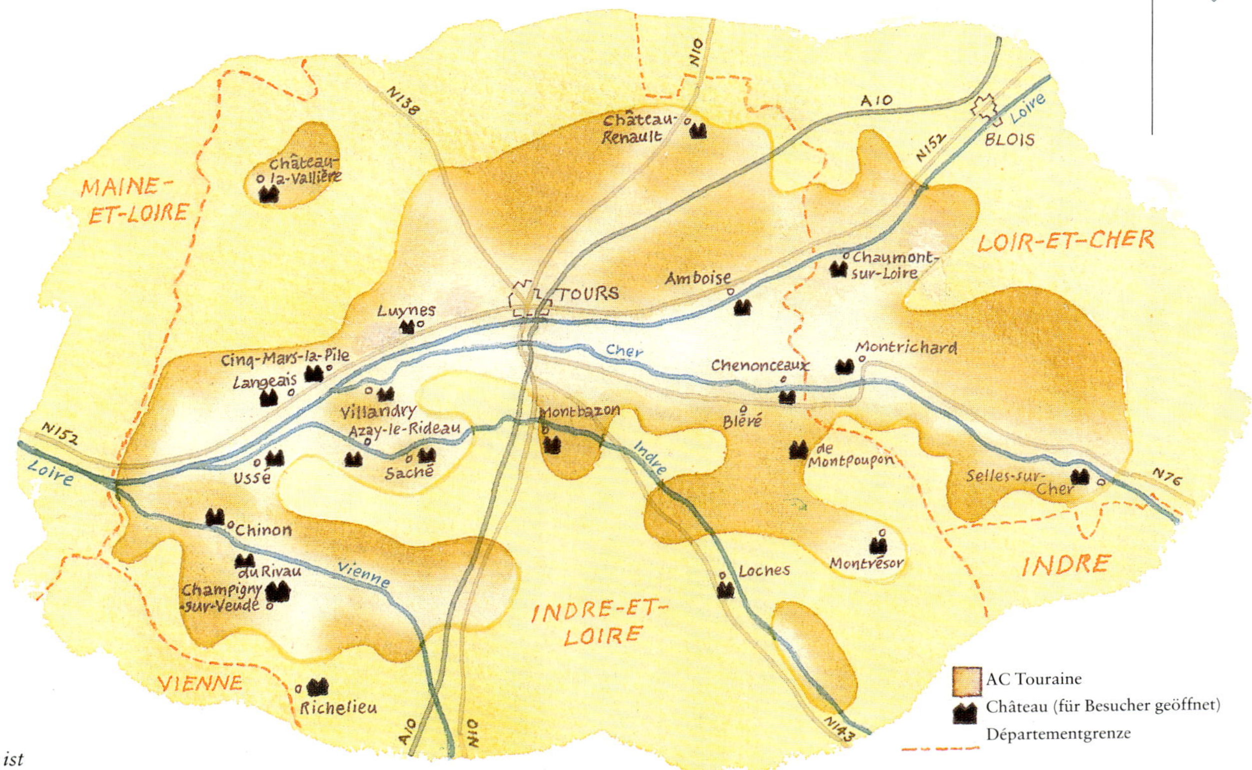

Die Landschaft der Touraine ist gespickt mit Burgen und Schlössern. Auf dieser Karte sind nur die bedeutendsten davon eingezeichnet.

Cinq-Mars Zwei mächtige Türme und ein ausgetrockneter Graben sind von der Burg aus dem 11. Jh. noch übrig. Vom Ostturm hat man eine herrliche Aussicht.
Langeais Ein düsterer Bau aus dem Jahr 1467 mit schöner Innenausstattung, u. a. Tapisserien aus dem 15. und 16. Jh. Hier heirateten 1491 Karl VIII. und Anne de Bretagne.

Loches Der älteste Teil des Châteaux stammt aus dem 13. Jh. und mutet sehr karg an. Später wurden ansehnlichere Flügel und Terrassen angefügt. Anne de Bretagne lebte hier, auch Agnes Sorel, die Mätresse Karls VII., und ebenfalls hier überredete Jeanne d'Arc Karl VII. dazu, sich in Reims krönen zu lassen. *(Son et lumière.)*
Montpoupon Eines der anmutigsten Renaissance-Schlösser in der Touraine mit Türmen aus dem 13. Jh., einem Wohntrakt aus dem 15. Jh. und einem Jagdmuseum.
Montrésor In seinen Ursprüngen geht das Château auf das 11. Jh. zurück, große Teile des heutigen Baus stammen jedoch aus dem 15. Jh.; da es lange von einer polnischen Familie bewohnt war, enthält es Erinnerungsstücke aus der Geschichte Polens.
Le Riveau Eine graue Burg, 1442 durch Türme und einen Wallgraben weiter befestigt. Im Sommer finden hier Gemäldeausstellungen statt; in den ständigen Sammlungen befinden sich antike Möbel und Waffen.
Ussé Das Märchenschloß soll Charles Perrault zu seiner Erzählung *La Belle au Bois Dormant* inspiriert haben. Es liegt inmitten von Wäldern über dem Loire- und dem Indretal. Der Bau aus dem 15. und 16. Jh. besitzt eine königliche Suite und Terrassengärten.
Valençay Talleyrand kaufte 1803 das palastartige, im 16. Jh. erbaute und im 17. und 18. Jh. erweiterte Château. Neben dem Talleyrand-Museum gibt es einen Zoo und ein Automuseum zu bewundern. *(Son et lumière.)*
Villandry Die auf drei Ebenen angelegten Gärten sind in Europa einmalig und berühmter als das Château selbst, das 1536 als letztes der großen Renaissance-Schlösser erbaut wurde.

HOTELS

Le Grand Monarque, 37190 Azay-le-Rideau, Tel. 47 45 40 08. Gastfreundliches Hotel mit unterschiedlichem Komfort. Gute Küche, (Loire-Fisch in *beurre blanc*). Klasse B.
Le Bon Laboureur et Château, 37150 Chenonceaux, Tel. 47 23 90 02. Komfortables Hotel mit Anbau, Innenhof, Terrasse und schönem Restaurant (z. B. *terrine aux quatre poissons de Loire*). Klasse B.
Chris' Hotel, 37500 Chinon, Tel. 47 93 36 92. Schönes Gebäude, attraktive Einrichtung. Klasse B.
Hotel de France, 41700 Contres, Tel. 54 79 50 14. Hotel mit Restaurant in günstiger Lage für Besuche in Blois und anderen Châteaus. Hotel Klasse B; Restaurant Klasse C.
Luccotel, 37600 Loches, Tel. 47 91 50 50. Modernes Hotel mit Restaurant in einem friedlichen Park. Hotel Klasse B; Restaurant Klasse C.
Domaine de Beauvois, 37330 Luynes, Tel. 47 55 50 11. Schloßhotel mit großem Komfort und exzellenter Küche, großem Park und Swimming Pool. Klasse A.
Château de Marçay, 37500 Marçay, Tel. 47 93 03 47. Schön restauriertes Schloß aus dem 15. Jh. mit hervorragender Küche (z. B. *huîtres chaudes au Vouvray*). Klasse A.
Domaine de la Tortinière, 37250 Montbazon, Tel. 47 26 00 19. Kleines Château auf einem Berg über dem Indretal, mit Swimming Pool und Park. Hotel Klasse A; Restaurant Klasse B.
Le Relais de Touraine, 37250 Montbazon, Tel. 47 26 01 12. Gute Zimmer, ein Restaurant und ein Park. Klasse B.
Domaine des Hauts de Loire, 41150 Onzain, Tel. 54 20 72 57. Luxuriöse Zimmer und Appartements in einem Jagdhaus aus dem 19. Jh. mit Park und See. Feine Küche. Klasse A.
Château des Tertres, 41150 Onzain, Tel. 54 20 83 88.
Les Fontaines, 37210 Rochecorbon, Tel. 47 52 52 80. Angenehmes ruhiges Hotel bei Tours. Bei schönem Wetter wird das Frühstück auf der Terrasse serviert. Klasse B.
Le Bordeaux, 3, place du Maréchal-Leclerc, 37000 Tours, Tel. 47 05 40 32. Zentral gelegenes, komfortables Hotel mit Restaurant *(matelote d'anquillé au Bourgueil)*. Hotel Klasse B; Restaurant Klasse C.
Hostellerie Les Perce-Neige, 37210 Vernou-sur-Brenne, Tel. 47 52 10 04. Ländlicher Frieden, gute Küche und freundliche Bedienung. Hotel Klasse B; Restaurant Klasse C.
Nicht nur Süßwasserfisch, sondern auch Spargel ist eine Spezialität der Touraine. *Rillettes* heißt ein kräftiges Gericht meist aus Schweinefleisch, und *rillons* ist dasselbe, nur ist das Fleisch in Würfel geschnitten.

Eine Weinstube in Azay-le-Rideau. Es gibt hier aber auch eine Burg und eine sehr alte Kirche zu sehen.

Chinon, Zentrum eines größeren Rotweinbereichs, hat einen malerischen mittelalterlichen Stadtkern (14. Jh.) und ein schönes Château.

RESTAURANTS

Le Mail St-Thomas, 37400 Amboise, Tel. 47 47 22 52. In einer Villa beim Château Amboise. Traditionelle Küche *(foie confit au Vouvray)*. Exzellente Weinkarte. Klasse B.
La Péniche, Promenade du Mail, 41000 Blois, Tel. 54 74 37 23. Ein umgebauter Loire-Lastkahn. Sehr gute Küche mit Gerichten der Saison. Klasse B.
Le Relais, 41250 Bracieux, Tel. 54 46 41 22. Feine Küche und beste Weine der Gegend in moderner Umgebung. Erstklassiges Lokal. Klasse B.
Le Plaisir Gourmand, 37500 Chinon, Tel. 47 93 20 48. Das beste Restaurant in Chinon, in einem Bau aus dem 17. Jh. mit Tuffsteinwänden. Spezialität: *jambonette de caneton au vieux Chinon*. Klasse B.
La Ste-Maxime, 37500 Chinon, Tel. 47 93 05 04. *Rillettes, coq au vin:* einfaches, gutes Essen. Klasse C.
La Botte d'Asperges, 41700 Contres, Tel. 54 79 50 49. Reichliche ländliche Gerichte, vor allem natürlich Spargel. Klasse C.
Hotel des Trois-Marchands, 41700 Cour-Cheverny, Tel. 54 79 96 44. Gute regionale Küche. Klasse C.
Château d'Artigny, 37250 Montbazon, Tel. 47 26 24 24. Großes, luxuriöses Hotel mit viel Komfort, schöner Aussicht, Swimming Pool und feiner Küche für eine gutbetuchte Clientèle. Klasse A/B.
La Chancelière, 37250 Montbazon, Tel. 47 26 00 67. Einfallsreiche Küche mit günstigem Mittagsmenü an Werktagen. Klasse A/B.
Le Moulin Fleuri, 37250 Montbazon, Tel. 47 26 01 12. Restaurierte Mühle an der Indre (16. Jh.) mit gutem Restaurant und angenehmem Hotel. Während der Saison Halbpension obligatorisch. Restaurant Klasse C; Hotel Klasse B/C.
Roc en Val, 37270 Montlouis-sur-Loire, Tel. 47 50 81 96. 1986 eröffnet; mit Park und Terrasse sowie ordentlicher, moderner Küche. Klasse B.
Pont d'Ouchet, 41150 Onzain, Tel. 54 20 70 33. Gemütliches Restaurant und Hotel. Spezialität: Muscheln. In der Saison Halbpension obligatorisch. Klasse C.
L'Oubliette, 37210 Rochecorbon, Tel. 47 52 50 49. Zum Teil in den steilen Felsen eingebautes Restaurant. Gute Küche und reiche Auswahl an Vouvray-Weinen. Klasse C.

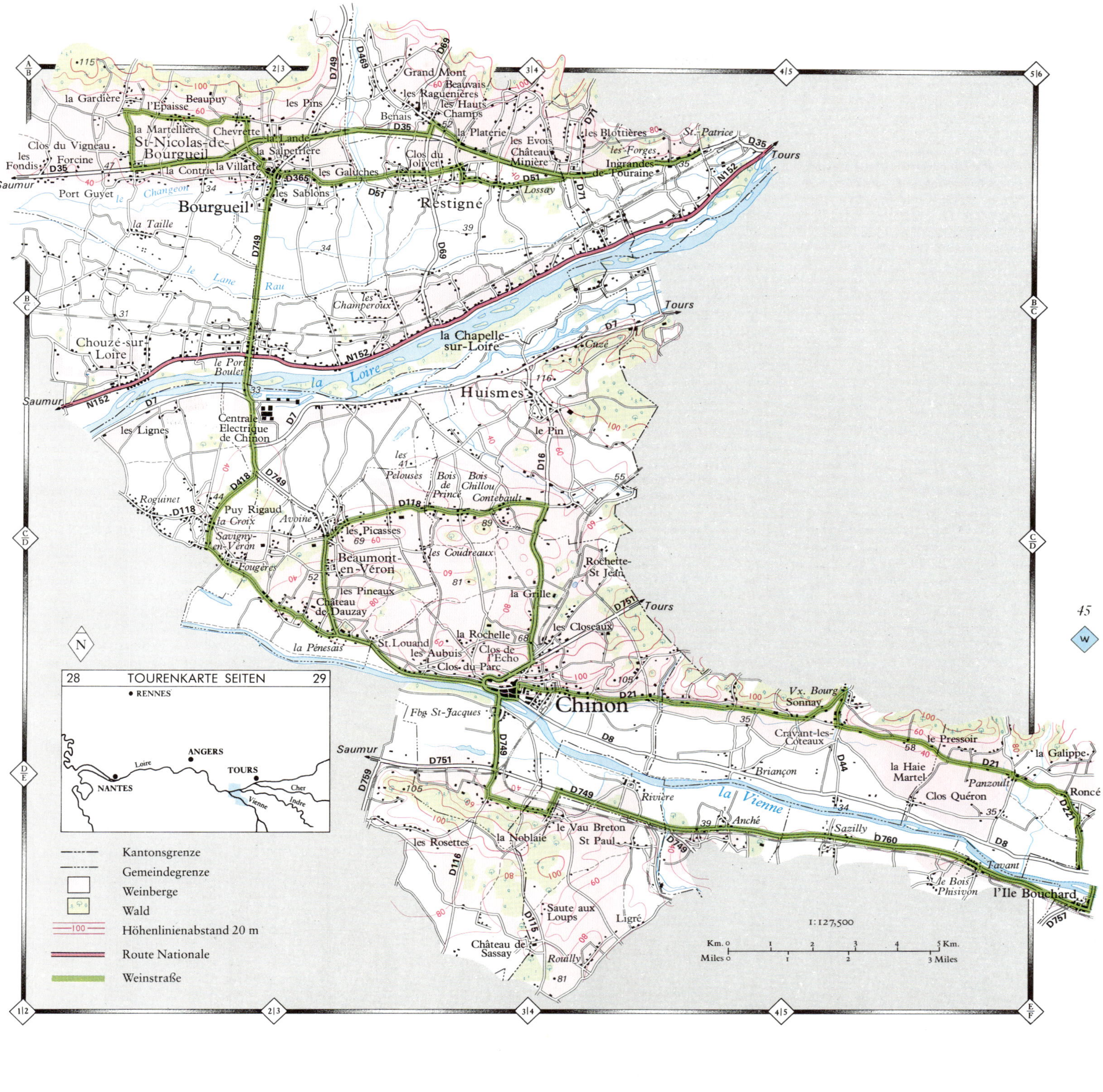
la Gardière
l'Epaisse
Beaupuy
la Martellière
Chevrette
St-Nicolas-de-Bourgueil
Clos du Vigneau
les Fondis
Forcine
D35
Saumur
la Contrie
la Villatte
la Lande
la Salpetrière
D365
les Galuches
les Sablons
Port Guyet
le Changeon
Bourgueil
les Pins
Benais
Grand Mont
Beauvais
les Raguenières
les Hauts Champs
la Platerie
les Evois
Château Minière
les Blottières
les Forges
Ingrandes de Touraine
St. Patrice
Tours
N152
Clos du Jolivet
D51
Lossay
D71
Restigné
D69
D749
D469
la Taille
le Lane
Rau
les Champeroux
Chouzé-sur-Loire
le Port Boulet
la Chapelle-sur-Loire
la Loire
D7
Cuzé
Huismes
Centrale Electrique de Chinon
les Lignes
le Pin
D16
les Pelouses
Bois de Prince
Bois Chillou
Contebault
Roguinet
D118
D418
Puy Rigaud
la Croix
Avoine
Savigny-en-Véron
Fougères
les Picasses
Beaumont-en-Véron
les Coudreaux
les Pineaux
Château de Dauzay
la Grille
Rochette-St Jean
D751
les Closeaux
la Pénesais
St. Louand
les Aubuis
la Rochelle
Clos de l'Echo
Clos-du-Parc
Chinon
Fbg. St-Jacques
D21
Vx. Bourg
Sonnay
Cravant-les-Coteaux
le Pressoir
la Galippe
D8
Briançon
D44
la Haie Martel
Panzoult
Clos Quéron
Roncé
D221
la Vienne
Rivière
Anché
Sazilly
D760
Tavant
le Bois Phisivon
l'Ile Bouchard
D757
D759
le Vau Breton
St Paul
la Noblaie
les Rosettes
D116
D115
Saute aux Loups
Ligré
Château de Sassay
Rouilly
N
TOURENKARTE SEITEN
28
29
RENNES
ANGERS
TOURS
NANTES
Loire
Cher
Indre
Vienne
Kantonsgrenze
Gemeindegrenze
Weinberge
Wald
Höhenlinienabstand 20 m
Route Nationale
Weinstraße
1:127.500
Km.
Miles

Auberge du XIIe Siècle, 37190 Sache, Tel. 47 26 86 58. Moderne Küche in mittelalterlicher Umgebung mit Garten. Klasse B.
Les Jardins du Castel, 10, rue Croison, 37000 Tours, Tel. 47 41 94 40. Eines der besten Restaurants in Tours; reichhaltige Speisekarte; schöner Garten. Klasse B.
La Renaissance, 62, rue Colbert, 37000 Tours, Tel. 47 77 73 25. Beste Qualität zu anständigen Preisen. Klasse C.
Le Cheval Rouge, 37300 Villandry, Tel. 47 50 02 07. Komfortables Hotel mit zuverlässiger Küche (z. B. *navarin de la mer*) und großem Weinkeller. Klasse B.
Auberge du Grand Vatel, 37120 Vouvray, Tel. 47 52 70 32. Etwas aufdringliche Einrichtung. Reiche Auswahl an Fischgerichten mit Weiß- und Rotwein. Klasse B.

SEHENSWERTES

Amboise Im Schloß Cloux bei Amboise lebte Leonardo da Vinci von 1516 bis zu seinem Tod 1519. Es werden hier Erinnerungsstücke, u. a. kleine Konstruktionsmodelle aufbewahrt. Im Rathaus von Amboise gibt es ein heimatgeschichtliches Museum; das Musée de la Poste enthält alte Postkutschen. An der Loire steht ein von Max Ernst (1968) geschaffener Brunnen. Südlich von Amboise ist die seltsame, 44 mm hohe Pagode de Canteloup als Überrest eines Schlosses erhalten geblieben. Das Château d'Amboise ist auf Seite 43 beschrieben.
Azay-le-Rideau Neben seinem Château (siehe Seite 43) besitzt Azay-le-Rideau die Kirche St-Symphorien, die in Teilen auf das 5. und 6. Jh. zurückgeht.
Blois Viele Renaissance-Häuser; das Schloß (siehe Seite 43); die Kathedrale St-Louis (16. und 17. Jh. mit einer Krypta aus dem 10. Jh.); die Kirche St-Nicolas aus dem 12. und 13. Jh. mit Kirchenfenstern aus dem 20. Jh.; und die moderne Basilika Notre-Dame-de-la-Trinité mit ihrem Glockenspiel aus 48 Glocken.
Bourgueil Eine 990 gegründete Abteil ist zu besichtigen; die Kirche besitzt einen schönen gotischen Chor.
Chevrette Nördlich von Bourgueil befindet sich die Cave de la Dive Bouteille mit Weinausstellung und Probierstube.
Chinon Reizvolles Städtchen am Ufer der Vienne mit Fachwerkhäusern aus dem 14., 15. und 16. Jh. Musée du Vin et de la Tonnellerie (Wein- und Küfermuseum); Musée des Etats Généraux (Heimatgeschichte, religiöse Kunst). Dampfbahn von Chinon nach Richelieu im Sommer. Burgruine siehe Seite 43.
Cinq-Mars-la-Pile Burgruine siehe Seite 43; sehenswerte römische Säule, 30 m hoch.
Cour-Cheverny In dem kleinen Renaissance-Schloß Troissay befindet sich eine Sammlung von Ackerbau- und Hausgeräten. (Château de Cheverney siehe Seite 43).
Cravant-les-Coteaux Bedeutendster Weinort im Bereich Chinon. Kleine Kirche mit karolingischen Elementen, jetzt Museum.
La Devinière Geburtshaus des Satirikers François Rabelais (16. Jh.), heute Museum.
Chartreuse du Liget Kartäuserkloster im Wald von Loches, gegründet von Heinrich II. von England als Buße für den Mord an Thomas Becket. Romanische Fresken in der Kapelle St-Jean-du-Liget.
Loches Mittelalterlicher Stadtkern mit Burg (siehe Seite 44); Kirche St-Ours aus dem 12. Jh.; ein früher als Gefängnis genutzter Bergfried und zwei Museen in den Türmen der Porte Royale (Gemälde und orientalische Kunst sowie Heimatgeschichte).
Mesland Weinmuseum und eine Kirche aus dem 11. Jh.
Montlouis Weinprobierstube in der Cave Touristique; Ausstellung von Weinbauwerkzeugen und -geräten.
Montrichard Romantisches Städtchen am Cher unterhalb eines Bergfrieds aus dem 11. Jh.
Richelieu Der Kardinal Richelieu ließ Steine aus der auf seinen Befehl zerstörten Burg Chinon zum Bau des Städtchens verwenden, das seinen Namen trägt. Es ist mit seinem quadratischen Grundriß ein Musterbeispiel barocker Stadtplanung. La Fontaine nannte es „das schönste Dorf des Universums". Richelieu-Museum.
Rochecarbon Wohnhöhlen; Weinkeller und ein Wachtturm aus dem 15. Jh. (La Lanterne).
Saché Honoré de Balzac schrieb hier „Les Lys dans la Vallée" und andere Werke. Sein Haus an der Indre ist heute ein Museum. Auf dem Dorfplatz eine umstrittene abstrakte Skulptur des Amerikaners Alexander Calder.
St-Aignan Hübsches Dorf, romanische Kirche mit Wandmalereien. Das Château ist für Besucher nicht geöffnet.
Savonnières Große Tropfsteinhöhlen mit unterirdischem See.
Selles-sur-Cher Reste einer Burg; Kirche St-Eusice aus dem 12. bis 15. Jh.; eine ehemalige Abtei beherbergt das Musée Municipal d'Histoire et des Traditions Locales mit einer Sammlung von Küfer- und Winzerwerkzeugen.
Tavant Kirche mit romanischen Fresken, die zu den ältesten heute bekannten gehören.
Tours Alte Universitätsstadt; Altstadt mit Fachwerkhäusern; Kathedrale St-Gatien (z. T. Flamboyant-Gotik); in den Türmen der alten Basilika St-Martin (neben der heutigen Basilika von 1924) Fresken aus dem 11. Jh.; mehrere Museen: Musée des Vins de Touraine (16, rue Nationale), Musée des Beaux Arts (Place François-Sicard) im früheren erzbischöflichen Palais mit Werken von Rembrandt, Rubens und Delacroix und einer herrlichen alten Zeder im schönen Garten. Im Château Royal (rue Lavoisier) befinden sich 165 Darstellungen aus der Geschichte der Touraine; um das Château römische Ausgrabungen. Das Musée de Compagnonnage (8, rue Nationale) befaßt sich mit dem Zunftwesen, und das Antiquitätenmuseum ist im schönsten Renaissance-Bau von Tours untergebracht (25, rue Commerce); das Musée du Gemmail (7, rue du Murier) zeigt Kunstwerke in Glasflußtechnik.
Villaines-les-Roches Die „Korbmacherstadt" hat auch Wohnhöhlen zu bieten.

Die Stadt Montlouis-sur-Loire säumt das Flußufer etwas stromaufwärts von Vouvray. Hier wachsen hinter der Stadt auf dem Plateau sowie weiter im Süden und Osten ansprechende Weiß- und Schaumweine, die den Vouvrays sehr ähnlich, allerdings nicht ganz so berühmt sind. Der eigentliche Flußlauf der Loire ist vor lauter Inseln kaum zu erkennen.

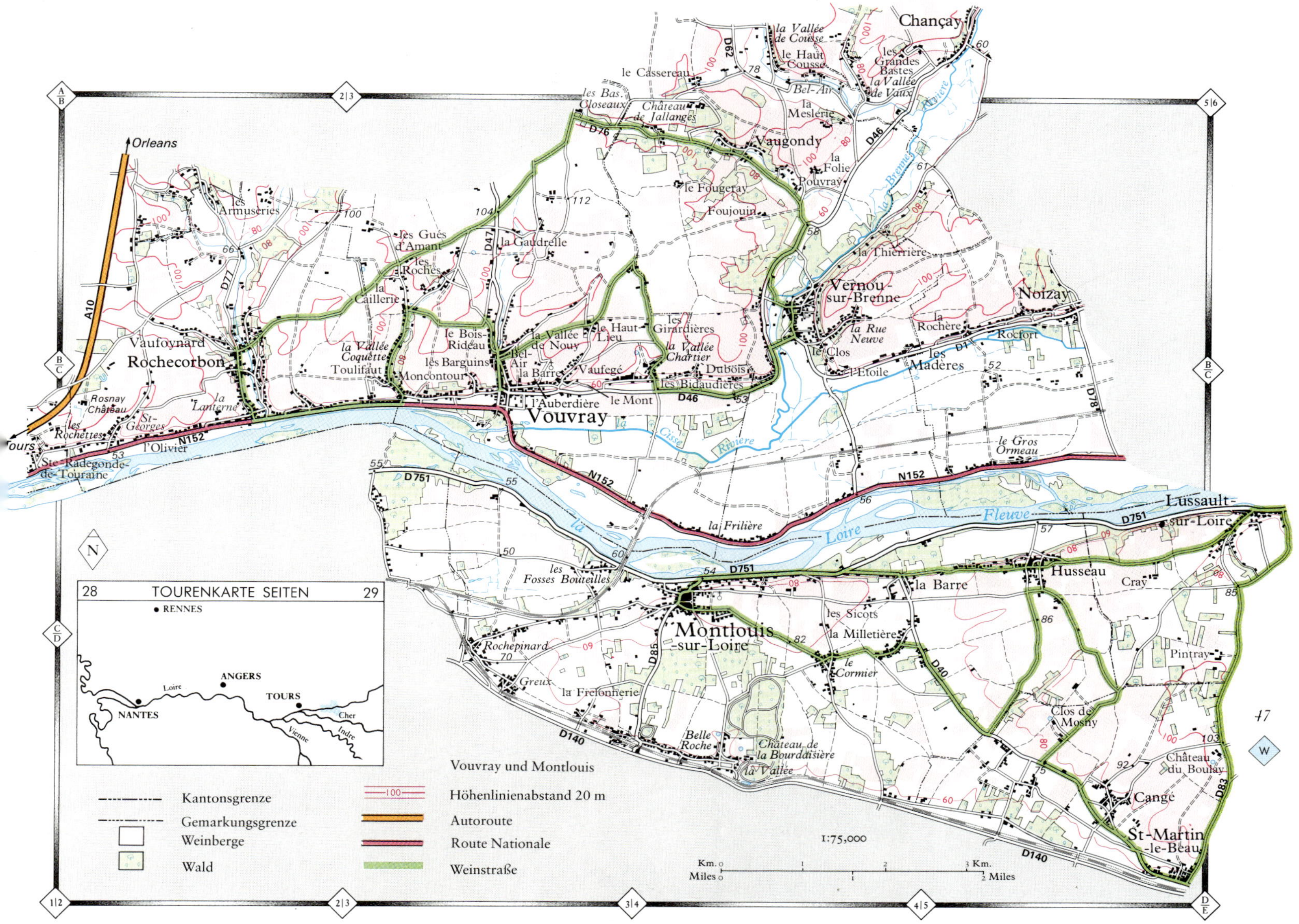

WEINMÄRKTE UND -FESTE

4. Wochenende im Januar Weinmarkt in Vouvray.
1. Wochenende im Februar Weinmarkt in Bourgueil.
2. Wochenende im Februar Die große *Foire aux vins,* Tours-Fondettes.
3. Wochenende im Februar Weinmarkt in Montlouis-sur-Loire.
Letztes Wochenende im Februar Weinmarkt in Azay-le-Rideau.
3. Wochenende im März Weinmarkt in Chinon.
Ostern Weinmärkte in Amboise und St-Georges-sur-Cher.
1. Sonntag nach Ostern Weinmarkt in Selles-sur-Cher.
3. Wochenende nach Ostern Weinmarkt in Onzain.
1. Mai Weinmarkt in Panzoult.
Anfang Mai Weinmarkt in Cravant-les-Coteaux.
2. Wochenende im Mai Weinmarkt in Valençay.
Pfingsten Weinmarkt in Meusnes.
Anfang Juni Weinmarkt in Vendôme.
1. Wochenende im Juli Weinmarkt in Thésée.
Ende Juli Journée du Vin in St-Aignan-sur-Cher.
15. August Weinmarkt in Amboise und ein mittelalterlicher Markt in Chinon.

WEINBRUDERSCHAFTEN

La Confrérie des Maîtres de Chais (St-Georges-sur-Cher); La Confrérie des Tire-Douzils de la Grande Brosse (Chémery); La Confrérie des Coteaux d'Ange (Ange); La Confrérie des Vignerons du Noble Joue (Joue-lès-Tours und Umgebung);
Les Chevaliers des Cuers du Baril (Loches); La Commanderie des Grands Vins d'Amboise (Touraine-Amboise); La Confrérie des Compagnons de Grandgousier (Touraine-Mesland); Les Bons Entonneurs Rabelaisien (Chinon); La Commanderie de la Dive Bouteille (Bourgueil und St-Nicolas-de-Bourgueil);La Confrérie des Fripe-Douzils (Ingrandes-de-Touraine, Bourgueil); La Confrérie des Chevaliers de la Chantepleure (Vouvray); La Coterie des Closiers de Montlouis (Montlouis); Les Grands Escuyers de Gâtine (Valençay); und La Confrérie des Chevaliers de la Puette et du Franc-Pinot (Coteaux du Vendômois).

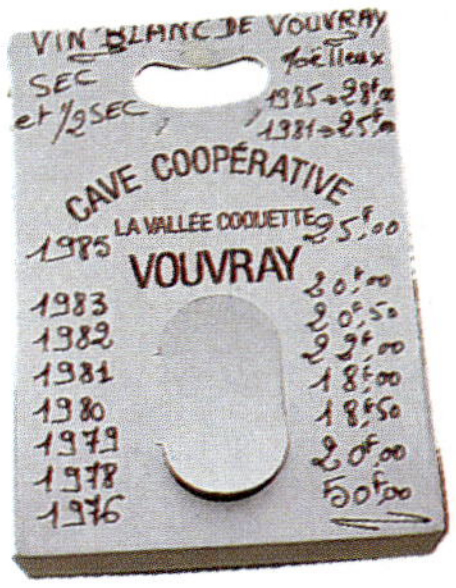

WEIN-INFORMATIONEN

Comité Interprofessionnel des Vins de Touraine, 19, square Prosper-Mérimée, Tours.
Maison des Vins de Blois, 84, avenue de Verdun, Blois.

BEDEUTENDE ERZEUGER

TOURAINE

HUISSEAU-SUR-COSSON, Postleitzahl 41350
Aimé Boucher*: Firma mit besten Kontakten im ganzen Loire-Tal.

MONTRICHARD, Postleitzahl 41400, 42 B3
J. M. Mommousseau: Schaumweinspezialist (im Besitz des Champagner-Hauses Taittinger).

OISLY, Postleitzahl 41700
Confrérie des Vignerons de Oisly et Thésée*: Winzergenossenschaft mit 50 Mitgliedern; fortschrittliche Ideen, moderne Ausstattung, viele sehr gute Weine. Unbestritten an der Spitze: Sauvignon de Touraine.
Domaine des Corbillières/Maurice Barbou.

ST-GEORGES-SUR-CHER, Postleitzahl 41400
Jean-Claude Bougrier: Handelshaus mit Weinbergbesitz.

TOURAINE-AMBOISE

AMBOISE, Postleitzahl 37400, 42 B3
Hubert & Thierry Denay (in Le Breuil). **Domaines Girault-Artois***: Geschäftsräume und Keller in Amboise, Weinberge in Mesland. Vorwiegend Rotwein.

TOURAINE AZAY-LE-RIDEAU

AZAY-LE-RIDEAU, Postleitzahl 37190, 42 C2
Château de l'Aulée. Robert Denis.

TOURAINE-MESLAND

MESLAND, Postleitzahl 41150, 42 B3
Philippe Brossillon.

BENAIS, Postleitzahl 37140, 45 B3
Robert Caslot; Pierre-Jacques Druet; Domaine Jacques Morin (mit Domaine Morin-Goisnard).

BOURGUEIL, Postleitzahl 37140, 42 C1, 45 B2
Clos de l'Abbaye/GAEC de la Dîme*: Der ehemalige Weinberg der Abtei in Bourgueil.
Audebert & Fils*; Domaine des Galluches/Jean Gambier*: Familienhandelshaus mit exzellenten Weinen (Bourgueil, St-Nicolais-de-Bourgueil und Chinon).

INGRANDES-DE-TOURAINE, Postleitzahl 37140, 45 B4
Raphaël Galteau & Fils; GAEC Lamé-Delille-Boucard*; Jean Nau.

RESTIGNE, Postleitzahl 37140, 45 B3
Marcel Audebert; Caslot-Jamet; Marc Mureau*; Georges Renou.

ST-NICOLAS-DE-BOURGUEIL

St-NICOLAS-DE-BOURGUEIL, Postleitzahl 37140, 42 C1, 45 B2
Claude & Thierry Admirault; GAEC P. Jamet & Fils; Jean-Paul Mabileau/ Clos du Bourg*.

CHINON

CHINON, Postleitzahl 37500, 42 C2, 45 D4
Domaine de l'Abbaye/Michel Fontaine; Couly-Dutheil*: Die Familienfirma hat viel zum guten Ruf von Chinon beigetragen; **Château de la Grille; Clos de la Lysardière/Georges Farget; Clos du Parc de St-Louans/Louis Faron; Plouzeau & Fils.**

CRAVANT-LES-COTEAUX, Postleitzahl 37500, 45 D5
Bernard Baudry; Henri Lambert; Jean-François Olek*; Serge & Daniel Sourdais; Gérard Spelty.

LIGRÉ, Postleitzahl 37500
Donzon Père & Fils/Clos du Saint-au-Loup; Château de Ligré; Domaine de la Noblaie.

PANZOULT, Postleitzahl 37220, 45 E5
Raymond Desbourdes; Domaine du Roncée.

SAVIGNY-EN-VÉRON, Postleitzahl 37420, 45 D2
Jean-Maurice Raffault; Olga Raffault: Auch ein sehr guter weißer Chinon; **Raymond Raffault/Domaine du Raffault.**

SAZILLY, Postleitzahl 37220, 45 E5
Charles Joguet*.

VOUVRAY

ROCHECORBON, Postleitzahl 37210, 47 C2
Marc Brédif*: Das Gut von Patrick de Ladoucette (siehe Obere Loire), exzellenter Vouvray *pétillant;* **Blanc Foussy/Société Foltz:** Mehrere Touraine-Schaumweine.

VOUVRAY, Postleitzahl 37210, 42 B2, 47 C3
Domaine Allias; Domaine des Barguins*; Cave Coopérative des Grands Vins; Cave Coopérative Château Vaudenuits; Bernard Courson/Philippe Foreau/ Domaine du Clos Naudin; Bernard Fouquet; André Freslier; Domaine Huet*: Vouvrays in absoluter Spitzenqualität; sehr schöne Keller; **Château Montcontour; Prince Poniatowski***: Einer der besten und gewissenhaftesten Erzeuger mit der berühmten Vouvray-Lage Clos Baudoin.

MONTLOUIS

HUSSEAU, Postleitzahl 37270, 47 C5
Jean-Pierre Leblois; Pierre Moreau.

MONTLOUIS-SUR-LOIRE, Postleitzahl 37270, 42 B3, 47 C4
Dominique Moyer*.

SAINT-MARTIN-LE-BEAU, Postleitzahl 37270, 47 D5
Berger Frères*: Besonders guter Schaumwein, aber auch stiller Wein; **Marcel Galliot; Jean Simier.**

CHEVERNY

COUR-CHEVERNY, Postleitzahl 41700, 42 B4
GAEC Gendrier; Givierge Père & Fils; GAEC Tessier.

VALENCAY

FONTGUENAND, Postleitzahl 36600
Cave Coopérative.

MEUSNES, Postleitzahl 41130
Hubert Sinson.

JASNIERES & COTEAUX DU LOIR

LA CHARTRE-SUR-LE-LOIR, Postleitzahl 72340, 42 A2
Joël Gigou.

L'HOMME, Postleitzahl 72340, 42 A2
Jean-Baptiste-Pinon.

COTEAUX DU VENDOMOIS

HOUSSAY, Postleitzahl 41800
GAEC Gevais Frères.

DIE OBERE LOIRE

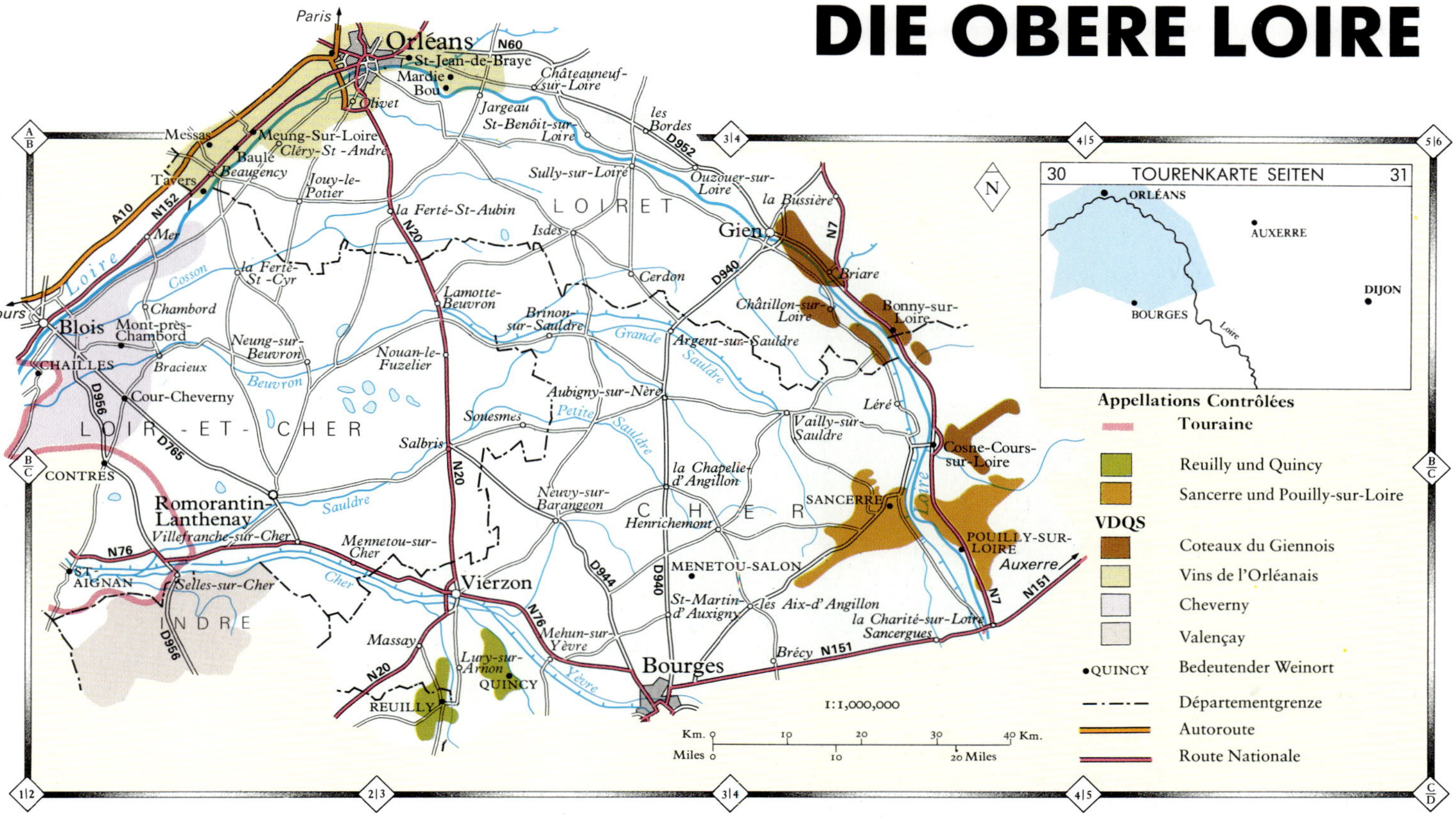

Am oberen Lauf der Loire werden die Weinberge seltener, und dennoch entstehen hier mit die bekanntesten Weißweine des ganzen Tals: der Sancerre und der Pouilly-Fumé. Beide werden von der Sauvignon-Blanc-Traube gekeltert, die nur an sehr wenigen Stellen der Erde solche Erfolge feiern kann wie hier. In beiden Bereichen erbringt sie aromatische Weine mit oft überwältigend starkem Duft und einem frisch-fröhlichen Geschmack, der ideal zu Fisch und Schalentieren aller Art (aber auch zum Ziegenkäse der Gegend) paßt. Das Bukett hat oft etwas Pflanzenhaftes an sich, vor allem an Spargel erinnert es – in unreifen Jahrgängen allerdings auch an nasse Wolle. Allgemein wird auf eine typische Duftkomponente hingewiesen, die an den Geruch aneinandergeschlagener Feuersteine gemahnt. Der Pouilly-Fumé ist fester in der Art; das liegt vielleicht am schwereren Boden. Er paßt außer zu Fisch und Schalentieren auch sehr gut zu Geflügel und hellem Fleisch.

Der Ort Sancerre krönt einen steilen Hügel, der sich recht unvermittelt aus der flachen grünen Umgebung erhebt. Hier hatten sich schon die Römer niedergelassen (ein altes Tor trägt den Namen Porte César), und im 10. Jahrhundert entstand auf dem Hügel eine imposante Burg; von ihr ist aber nur ein Turm übriggeblieben. Die übrigen der insgesamt 14 Gemeinden des Bereichs Sancerre sind meist in Seitentälern versteckt, deren Südhänge mit Reben besetzt sind, während an den Nordhängen Getreide wächst.

Einer der eindrucksvollsten Weinberge von Sancerre, ja im ganzen Loire-Tal, ist der Clos de la Poussie in Bué. Er ist ein natürliches Amphitheater mit an manchen Stellen mehr als 60° Hangneigung. Doch in Bué gibt es noch mehr beachtliche Lagen, zum Beispiel Clos du Chêne Marchand, Le Grand Chemarin und zum Teil Clos du Roy. Hier wachsen wohl die besten Sancerre-Weine. Ein weiterer bedeutender Weinort ist Verdigny.

Aus Sancerre kommen auch Rot- und Roséweine von der Burgundertraube Pinot Noir. Die Winzer der Gegend sind auf diese Weine sehr stolz, doch nur in wenigen Fällen auch zu Recht, denn es fehlt zumeist an Konzentration, Klasse und Charakter.

Der Bereich Pouilly ist mit 600 ha viel kleiner als der Bereich Sancerre mit seinen 1600 ha. Dem Besucher erscheint er in allem gedämpfter als der Nachbarbereich am anderen Flußufer. Bis 1973 verlief die verkehrsreiche *route nationale* 7 mitten durch Pouilly-sur-Loire, seit aber die Umgehungsstraße fertiggestellt wurde, ist in der alten Römersiedlung wieder Stille und Frieden eingekehrt. Die besten Weinberge liegen in einer 6 km breiten Flußbiegung nördlich von Pouilly-sur-Loire, und die meisten Winzer leben in den Dörfern Les Loges und Les Berthiers, wo es in beinahe jedem Haus Wein zu probieren gibt – man braucht nur nach Schildern wie „Vente Directe“, „Dégustation“ usw. Ausschau zu halten. Der Bereich hat auch eine eigene, vielfach verschlungene Weinstraße. Über die Hälfte der Pouilly-Fumé-Erzeugung wird von Patrick de Ladoucette beherrscht; das stilvolle Château du Nozet gehört seiner Familie.

Im Gegensatz zu Sancerre hat der Bereich Pouilly keinen Rot- oder Roséwein zu bieten, dafür aber einen zweiten Weißwein, den Pouilly-sur-Loire von der Chasselas-Traube. Er ist ziemlich neutral, aber gefällig und trinkt sich jung am besten.

Südwestlich von Sancerre liegt der bescheidene, aber im Wachstum begriffene Bereich Menetou-Salon. Der dortige Weißwein ist dem Sancerre sehr ähnlich, aber vielleicht etwas leichter und charmanter; die Rot- und Roséweine sind im Durchschnitt sogar besser in der Qualität. Der aufstrebende Bereich Menetou-Salon ist es auf jeden Fall wert, daß man ihn im Auge behält.

Abseits von der Loire trifft man westlich von Bourges und südlich von Vierzon auf die kleinen abgelegenen Bereiche Reuilly und Quincy. Sie sind nach ihren jeweiligen Hauptorten benannt und stützen sich beide überwiegend auf die Sauvignon-Blanc-Rebe. In Reuilly erbringt sie auf kalkreichem Boden einen recht kargen, knochentrockenen Weißwein, in Quincy dagegen einen gefälligeren und runderen.

Der beste Wein in Reuilly ist eigentlich ein trockener Pinot Gris Rosé von hellbeige-rosiger Farbe; sein angenehmer, erfrischender Geschmack hat eine besondere Note und findet im Loire-Tal nicht seinesgleichen.

Am nördlichsten Punkt des oberen Loire-Laufs bei Orléans befindet sich der Bereich Vin de l'Orléanais. In der Regel sind die Weine hier leicht und nicht besonders bemerkenswert, doch manche Winzer bringen recht Gutes von der Chardonnay-Traube (hier auch Auvernat Blanc genannt) zustande. Am charaktervollsten ist jedoch der Gris Meunier.

Flußaufwärts von Orléans fristet der Bereich Coteaux de Giennois ein nicht gerade brillantes Dasein. Die meisten Weinberge liegen um Cosne-sur-Loire (früher auch bei Gien).

Zwei bedeutende Sancerre-Dörfer. Oben: Chavignol von der bekannten Lage Les Monts Damnés aus gesehen; im Hintergrund die ebenso berühmte Lage La Grand Côte. Darunter: Reigny im Sonnenschein, umgeben vom Halbrund seiner nach Süden geneigten flachen Rebenhänge.

REISE-INFORMATIONEN

Wie überall an der Loire spielt Süßwasserfisch eine große Rolle. In allen Restaurants wird Ziegenkäse angeboten, u. a. der berühmte Crottin de Chavignol, der zu den Weißweinen der Gegend ganz besonders gut schmeckt.

HOTELS

L'Abbaye, 45190 Beaugency, Tel. 38 44 67 35. Ehemalige Abtei in dem hübschen Städtchen Beaugency westlich von Orléans. Hotel Klasse A; Restaurant Klasse B.
Ecu de Bretagne, 45190 Beaugency, Tel. 38 44 67 60. Ruhiges Hotel am Hauptplatz. Moderner Anbau. Klasse B.
Auberge à la Ferme, 58200 Cosne-sur-Loire, Tel. 86 28 15 85. Außerhalb von Cosne an der D114 nach Cours; Terrasse und Restaurant. Hotel Klasse B; Restaurant Klasse C.
Le Relais Fleuri, 58150 Pouilly-sur-Loire, Tel. 86 39 12 99. Angenehmes kleines Hotel mit Terrasse am Fluß. Gute regionale Küche im Restaurant Le Coq Hardi. Hotel Klasse B; Restaurant Klasse C.
Hôtel Panoramic, 18300 Sancerre, Tel. 48 54 22 44. Gutes Hotel für eine Übernachtung, mit Blick auf die Weinberge. Konservative Küche. Klasse B.
Les Remparts, 18300 Sancerre, Tel. 48 54 10 18. Früher das erste Haus in Sancerre, heute nur noch zu empfehlen, wenn überall sonst belegt ist. Hotel Klasse B; Restaurant Klasse C.

RESTAURANTS

Auberge des Templiers, 45290 Les Bézards, Tel. 38 31 80 01. Hervorragendes Restaurant und Hotel mit Swimming Pool, nördl. von Gien. Feiner Lachs und Zander aus der Loire, gut bestückter Weinkeller. Klasse A.
Auberge La Treille, 18300 Chavignol, Tel. 48 54 12 17. Gut zum Probieren von Crottin-de-Chavignol-Käse, der hier auf verschiedene Art, u. a. in einem warmen Salat, serviert wird. Klasse C.
Le Sévigné, 16, rue du 14-Juillet, 58200 Cose-sur-Loire, Tel. 86 28 27 50. Regionale Küche in angenehmer Atmosphäre. Klasse C.
L'Espérance, 58150 Pouilly-sur-Loire, Tel. 86 39 10 68. Gutbürgerliches

Restaurant am Fluß. Besonders zu empfehlen: *écrevisse au Pouilly* und *aiguillettes de canard au Sancerre rouge.* Klasse B.
L'Auberge, 18300 St-Thibault, Tel. 48 54 13 79. Altes Dorfgasthaus bei Sancerre *(truite au Sancerre);* rustikale Einrichtung, Garten, auch Hotel. Klasse C.
L'Etoile, 18300 St-Thibault, Tel. 48 54 12 15. Hotel und Restaurant; in der Saison Halbpension obligatorisch. Traditionelle regionale Küche. Klasse C.
Auberge Alphonse Mellot, 18300 Sancerre, Tel. 48 54 20 53. Inhaber Joseph Mellot; Omelettes, Ziegenkäse u. a. Ausstellung alter Winzerhandwerkszeuge. Klasse C.

Restaurant de la Tour, 18300 Sancerre, Tel. 48 54 00 81. Chef kocht selbst. Pizza im Keller. Klasse B.

SEHENSWERTES

Beaugency Kleine Stadt mit mächtigem Bergfried aus dem 11. Jh. (Donjon de César), einer Kirche aus dem 12. Jh., einem Renaissance-Rathaus und dem Château Dunois aus dem 15. Jh. mit dem Musée des Arts et Traditions Populaires d'Orléans.
Bourges Hauptstadt des Département Cher; gotische Kathedrale St-Etienne aus dem 13. Jh.; Palais Jacques-Cœur aus dem 15. Jh.; Musée du Berry mit archäologischer Sammlung; Musée de l'Hôtel Lallemend mit Haushaltsgeräten, Spielzeug usw. Bourges hat auch viele schöne alte Häuser.
Châtillon-Coligny Ein Essen in Les Bézards (siehe Restaurants) läßt sich mit einem Besuch im Château de la Bussière, 10 km weiter westlich, und dem Musée International de la Pêche (Fischereimuseum) verbinden.
Chavignol Reizendes Dorf im Tal, bekannt durch seinen Käse (Crottin de Chavignol), seinen Wein (Sancerre) und eine von Heinrich IV. (der behauptete, nie einen besseren Wein als den Chavignol getrunken zu haben) gepflanzte Ulme.
Cosne-sur-Loire Früher durch schmiedeeiserne Arbeiten bekannt. Im Palais de Justice das Musée de la Marine de Loire (Flußschiffahrtsmuseum).
Gien Die kleine Stadt hat 1940 und 1944 stark gelitten, sich aber inzwischen wieder gut erholt; die moderne Kirche Ste-Jeanne-d'Arc gibt hierfür ein Beispiel. Das große Château aus dem 15. Jh. enthält das sehr interessante Musée International de la Chasse (Jagdmuseum).
Menetou-Râtel Westlich von diesem Dorf liegt Château Boucard, eine Burg aus dem 15. bis 16. Jh. mit Wallgraben und Innenhof.
Menetou-Salon Das imposante Château, im 15. Jh. von Jacques Cœur, dem Finanzminister Karls VII., erbaut, wurde im 19. Jh. renoviert. Zu seiner

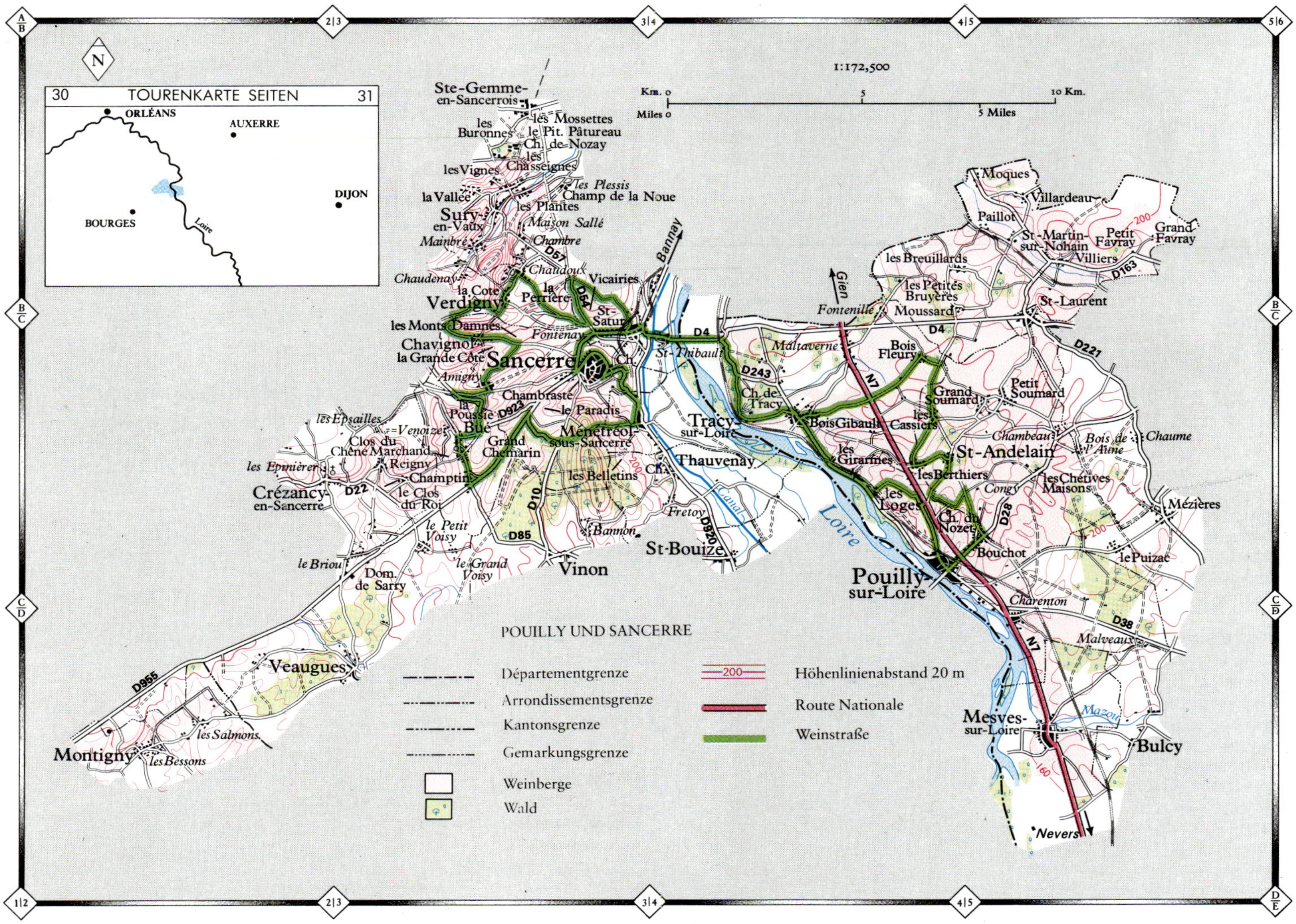

Einrichtung gehören flämische Tapisserien; neben dem Schloß befindet sich ein Kutschenmuseum.
Morogues In dieser Gemeinde des Bereichs Menetou-Salon befindet sich das Château de Maupas mit seiner reichhaltigen Tellersammlung. Das Dorf selbst hat eine Kirche aus dem 14. Jh. und eine Reihe alter Häuser aufzuweisen. Der Motte d'Humbligny, die höchste Erhebung der Region (östlich von Morogues) bietet eine schöne Aussicht.
Orléans Erinnerungen an Jeanne d'Arc, die Jungfrau von Orléans, finden sich hier auf Schritt und Tritt, z. B. in der Maison de Jeanne-d'Arc (3, place De Gaulle); als Reiterstatue ist sie auf der Place du Martroi zu bewundern. Die Kathedrale Ste-Croix aus dem 13. bis 16. Jh. ist fast so groß wie Notre-Dame in Paris und hat zwei

neugotische Türme (aus dem 18. Jh.). Das Musée des Beaux Arts neben der Kathedrale besitzt eine schöne Sammlung französischer Gemälde. Neben anderen Sehenswürdigkeiten ist auch der Parc Floral in Orléans-La-Source einen Besuch durchaus wert, v. a. im Juni/Juli, wenn dort die 100 000 Rosenstöcke blühen.
Pouilly-sur-Loire Im Musée Ernest Guédon sind Gemälde, Skulpturen und Keramik zu sehen.
Sancerre Schöner Ort oben auf einem Hügel mit steilen Gassen, mit Häusern aus dem 15. und 16. Jh. und einem Marktplatz. La Tour des Fiefs, das einzige Überbleibsel der Burg von Sancerre, ist zu bestimmten Zeiten geöffnet und bietet einen Panoramablick über die ganze Umgebung.
Sury-en-Vaux Schöner Kirchturm aus dem 13. Jh. Das Dorf liegt in einem Seitental im Bereich Sancerre.
Verdigny Hier befindet sich das Sancerre-Weinmuseum (Musée du Vigneron).
Villegnon Das schöne Château de la Verrerie, westlich von Villegnon, wurde von den Stuarts aus Schottland im 15. bis 16. Jh. erbaut. Es hat einen sechseckigen Turm, und in der Kapelle sind Fresken aus dem 16. Jh. zu sehen.

VERANSTALTUNGEN UM DEN WEIN

Wochenende um den 1. Mai – Fête du Crottin de Chavignol in den Caves de la Mignonne, Sancerre.
Pfingstwochenende – Weinmarkt in den Caves de la Mignonne, Sancerre.
Letzter Sonntag im Juli – Fête des Grappes Nouvelles, Verdigny.
1. Sonntag im August – Foire aux Sorciers (Zauberer) in Bué (mit Wein in Strömen).
15. August – Weinmarkt in Pouilly.
Letztes Wochenende im August – Foires aux Vins de France in den Caves de la Mignonne, Sancerre.

WEINBRUDERSCHAFTEN

La Compagnie d'Honneur des Sorciers et Birettes (Bué, Sancerre); Les Vignerons d'Honneur (Crézancy, Sancerre); Les Vignerons d'Honneur (Crézancy, Sancerre); Les Chevaliers du Cep (Verdigny, Sancerre); La Confrérie des Baillis de Pouilly-sur-Loire (Pouilly); l'Ordre des Chevaliers du Paissiau (Menetou-Salon); Maîtrise des Echansons (Reuilly).

WEININFORMATIONEN

Eine *maison du vin* gibt es in Sancerre nicht, dafür aber die Caves de la Mignonne, einen gewaltigen Felsenkeller mit Informationsbüro und Gelegenheit zu Weinproben, zu finden auf der Südwestseite von Sancerre an der D955.

BEDEUTENDE ERZEUGER

SANCERRE

BUE, Postleitzahl 18300, 51 C3
Bailly-Reverdy*: Ausgezeichneter roter und weißer Sancerre; **Jean-Paul Chaumau; Lucien Crochet***: Exzellenter Clos du Chêne Marchand und guter Clos du Roy; **Pierre Girault***; **Pierre Millet-Roger; Lucien Picard***; **Clos de la Poussie***: Im Besitz der Firma Cordier (Bordeaux); **Jean-Max Roger***: Energischer Winzer mit eleganten Weinen; auch ausgezeichneter Menetou-Salon.

CHAUDOUX-VERDIGNY, Postleitzahl 18300, 51 B3
André Dezat*; Domaines des Garennes/Jacques Fleuriet*; Bernard Reverdy & Fils*.

CHAVIGNOL, Postleitzahl 18300, 51 C3
H. Bourgeois & Fils; Francis & Paul Cotat*; Vincent Delaporte*.

MÉNÉTRÉOL-SOUS-SANCERRE, Postleitzahl 18300, 51 C3
Gitton Père & Fils*: Hervorragend ausgerüstetes Weingut mit einer großen Auswahl an sehr gutem Sancerre und Pouilly-Fumé.

STE-GEMME, Postleitzahl 18300, 51 B3
Domaine du Nozay/Philippe de Benoist*.

ST-SATUR, Postleitzahl 18300, 51 C3
Domaine Laporte.

SANCERRE, Postleitzahl 18300, 49 C4, 51 C3
Cave Coopérative; Alphonse Mellot*: Qualitätsbewußtes Handelshaus; **Château de Sancerre***: Im Besitz der Familie Marnier-Lapostolle (Grand Marnier-Likör); **Domaine Vacheron***: Weiß- und Rotweine mit hohem Qualitätsstandard.

SURY-EN-VAUX, Postleitzahl 18300, 51 B3
Château de Maimbray*.

VERDIGNY-EN-SANCERRE, Postleitzahl 18300, 51 B3
Paul & Claude Fournier*; Roger Neveu; Pierre Prieur/Domaine de Saint-Pierre*; Bernard-Noël Reverdy*; Jean Reverdy; Reverdy-Ducroux & Fils*.

POUILLY-FUMÉ

LES BERTHIERS, Postleitzahl 58150, 51 C4
Jean-Claude Châtelain*; Serge Dagueneau*.

LES LOGES, Postleitzahl 58150, 51 C4
Bailly Père & Fils; Paul Figeat*.

POUILLY-SUR-LOIRE, Postleitzahl 58150, 49 C4, 51 C4
Cave Coopérative; Pascal Jolivet*: Kleines Handelshaus mit untadeligen Weinen; **De Ladoucette***: Im 1850 erbauten Château du Nozet erzeugt Patrick de Ladoucette über die Hälfte des gesamten Pouilly-Fumé. Die Trauben stammen z. T. aus eigenen Weinbergen (65 ha), es wird aber auch Most bei anderen Erzeugern zugekauft. Der Pouilly-Fumé ist exquisit, doch die Spezialauslese Baron de L hat noch höheren Qualitätsstand. Weitere Weine von De Ladoucette: Sancerre (Comte Lafon), Touraine, Bourgueil, Saumur (Baron Briare), Vouvray und Chinon (Marc Brédif) und Chablis (Baron Patrick, A. Regnard & Fils); **Domaine J. M. Masson-Blondelet***: Kleines Familienweingut mit hervorragenden, mehrfach preisgekrönten Weinen.

ST-ANDELAIN, Postleitzahl 58150, 51 C4
Domaine Renaud-Bossuat & Fils*.

MENETOU-SALON

MENETOU-SALON, Postleitzahl 18510, 49 C3
G. Chavet & Fils*; Domaine de Chatenoy*.

MOROGUES, Postleitzahl 18220
Henry Pellé*.

QUINCY

QUINCY, Postleitzahl 18120, 49 C3
Claude Houssier*; Pierre & Jean Mardon*: Im Besitz der Familie Gaumoir-Denis; **Raymond Pipet*.**

REUILLY

REUILLY, Postleitzahl 36260, 49 C3
Gérard Cordier*; Claude Lafond*; Guy Malbete*.

ORLÉANAIS

MAREAU-AUX-PRÉS, Postleitzahl 45370
Jacky Legroux/Domaine de Chantoiseau; GAEC Clos de St-Fiacre*: Der weiße Auvernat (Chardonnay) der Familie Montigny ist hervorragend.

MÉZIÈRES-LES-CLÉRY, Postleitzahl 45370, 51 C5
GAEC Valoir/Michel Javoy.

UM DAS MASSIF CENTRAL

In der Auvergne wechseln Hochflächen mit tiefen Tälern. Diese Landschaft mit ihren großen Bauerngehöften macht fast einen nordländischen Eindruck. Im Frühjahr und Frühsommer ist sie mit Wildblumen übersät.

Von den Weinen aus dem Massif Central und den angrenzenden Bereichen gelangt nur wenig nach draußen. Wer sie probieren will, muß hinreisen – und das wird er nicht bereuen. Das Massif Central mit seinen Granit-Plateaux, seinen erloschenen Vulkanen und seinen heißen Quellen steckt voller Naturschönheit, und auch die weitere Umgebung erfreut durch ihre Stille und durch viel Sehenswertes.

Der nördlichste Weinbaubereich ist hier St-Pourçain. Er ist benannt nach der kleinen, 325 km von Paris entfernten Stadt St-Pourçain-sur-Sioule, wo viele Urlaubsreisende auf dem Weg nach Süden oder auch auf der Rückreise von dort gern Station machen. Früher hatte der Weinbau hier goldene Zeiten. Der St-Pourçain wurde am französischen Königshof gern getrunken und war auch sonst derart beliebt, daß im 18. Jahrhundert eine Fläche von 8000 ha mit Weinstöcken besetzt war.

Heute ist die Rebfläche auf ein Zehntel ihrer einstigen Größe geschrumpft, und nur auf der Hälfte davon wächst noch der echte St-Pourçain (ein VDQS wie alle Weine in diesem Kapitel). Die andere Hälfte besteht aus Rotwein von der Gamay- oder Pinot-Noir-Traube: meist nichts Besonderes, höchstens angenehme Alltagsqualität. Die Weißweine sind da schon interessanter, vor allem wenn sie einen kräftigen Anteil Chardonnay oder Sauvignon Blanc enthalten. Es sind gefällige frische Weine, die sehr gut zu Forellen oder Langusten schmecken.

Von St-Pourçain-sur-Sioule sind es rund 80 km in südöstlicher Richtung bis zu der alten Stadt Roanne, früher ein bedeutender Flußhafen und heute durch das Restaurant Troisgros weltberühmt.

Die fruchtbare Ebene westlich von Roanne liegt im Windschatten der Ausläufer des Massif Central, und auf deren Hängen wird Weinbau betrieben. Als die Flüsse noch bedeutende Verkehrswege waren, wurden von der Côte Roannaise aus große Mengen Wein nach Paris transportiert; zu Beginn des 18. Jahrhunderts waren of 10 000 Fuhren mit Ochsenkarren nötig, um die vielen Fässer aus den Bergen zum Hafen zu schaffen.

Aber das gehört längst der Vergangenheit an. Heute haben die Weine der Côte Roannaise nur noch lokale Bedeutung, und die Rebfläche ist hier kaum größer als in St-Pourçain. Als einzige Traubensorte ist der Gamay offiziell zugelassen. Daraus wird neben einem leichten, frischen Rotwein auch einer der traditionellen Art bereitet, der im Faß ausgebaut wird und auch in der Flasche noch an Reife gewinnt. Manche Winzer bieten auch einen trockenen Rosé an.

Südlich der Côte Roannaise erstreckt sich um den Ort Boën-sur-Lignon der Bereich Côtes du Forez. Auch hier wird nur Gamay angebaut, und drei Viertel der Ernte werden von der Genossenschaftskellerei verarbeitet. Roter Côtes du Forez ist ein einfacher, frischer und durchaus zu Recht preiswerter Alltagswein. Eine sehr gute Alternative zu einfacherem Beaujolais.

Im Massif Central selbst liegen die Weinberge verstreut über das Département Puy-de-Dôme, nördlich und südlich der großen Industriestadt Clermont-Ferrand. Die Appellation heißt Côtes d'Auvergne, und daran dürfen die Namen der Teilbereiche Boudes, Chanturgue, Châteaugay (der bei weitem größte), Corent und Madargues angefügt werden. Insgesamt fallen hierunter 54 Weinorte. Man könnte meinen, dies deute auf eine beträchtliche Produktion hin, aber dieser Eindruck trügt: Es handelt sich um rund 20 000 hl, ebensoviel wie in St-Pourçain.

Bei der großen Flächenausdehnung des Bereichs ist es manchmal gar nicht leicht, die Weinberge überhaupt aufzuspüren. Sie liegen zwischen anderen Feldfrüchten versteckt; größere Weingüter gibt es hier nicht. Als Rotweintraube kommt dem Gamay die größte Bedeutung zu (auf ihn entfallen drei Viertel des Ertrags), aber auch Pinot Noir wird angebaut. Roter Côtes d'Auvergne ist ein fester, gerbstoffreicher und recht fruchtiger Wein. Er paßt ganz ideal zu den berühmten *charcuteries* aus der Auvergne, ebenso der trockene Rosé – vor allem der *vin gris* aus Corent kann sehr erfreulich sein. Als einzige weiße Traube wird der Chardonnay angebaut; er liefert einen frischen, leichten Wein.

Auf der anderen Seite der N144 liegt etwa 60 km südlich von Bourges der Bereich Châteaumeillant mit seinen frischen und mäßig fruchtigen Rot- und Roséweinen von Gamay- und Pinot-Noir-Trauben.

REISE-INFORMATIONEN

ST-POURÇAIN

Die meisten Touristen bleiben in St-Pourçain-sur-Sioule nur für eine Nacht, dabei ist die Umgebung ebenso wie der Wein einen längeren Aufenthalt durchaus wert. Im Hotel verlangt man am besten ein Zimmer auf der Rückseite, denn hier herrscht starker Durchgangsverkehr.

HOTELS

Le Chêne Vert, 35, boulevard Ledru-Rollin, 03500 St-Pourçain-sur-Sioule, Tel. 70 45 40 65. Hier herrscht reger Betrieb, vor allem auch wegen des Restaurants mit seinen großzügigen Portionen und annehmbaren Preisen. Spezialitäten: frische Langusten, *poulet fermier.* Klasse B.
Les Deux Ponts, 4, Le Tivoli, 03500 St-Pourçain-sur-Sioule, Tel. 70 45 41 14. Großes Hotel mit Restaurant und Terrasse auf einer Insel im Flüßchen Sioule. Klasse B.

RESTAURANTS

Auberge de l'Etang, 03110 Broût-Vernet, Tel. 70 58 21 42. Ländliche Atmosphäre. Klasse C.
Hotel du Commerce, 03500 Châtel-de-Neuve, Tel. 70 42 07 77. Gute Küche, einfaches Hotel. Klasse C.
Le Cellier, 69, boulevard Ledru-Rollin, 03500 St-Pourçain-sur-Sioule, Tel. 70 45 43 48. Provier- und Verkaufsraum für Wein und Käse der Gegend. Klasse C.
Maison du St-Pourçain, quai de la Ronde, 03500 St-Pourçain-sur-Sioule, Tel. 70 43 34 90. Besonders auf Touristenbusse eingestellt. Klasse C.
Chez Lucien, 03500 Saulcet, Tel. 70 45 44 61. Für ein preiswertes Mittagessen zu empfehlen. Klasse C.

ROANNAIS

Das Dreisterne-Restaurant Troisgros in Roanne zieht Feinschmecker aus aller Welt in seinen Bann, aber man kann hier auch bescheidener und doch gut essen.

HOTELS

Central, 42370 Renaison, Tel. 77 64 25 39. Einfaches Hotel mit Restaurant in einem Weinort. Klasse C.
Terminus, Place de la Gare, 42300 Roanne, Tel. 77 71 79 69. Hotel ohne Restaurant, empfehlenswert für Besucher des Restaurants Troisgros. Klasse B.

RESTAURANTS

Jacques-Cœur, 42370 Renaison, Tel. 77 64 25 34. Bei schönem Wetter wird im Garten serviert. Auch Hotel. Klasse B.
Troisgros, Place de la Gare, 42300 Roanne, Tel. 77 71 66 97. In ihrer futuristischen Küche bereiten Vater und Sohn Troisgros mit ihrem Team leckere Meisterwerke, die ihnen weltweiten Ruhm eingetragen haben. Ihre berühmteste Création ist Lachs mit Sauerampfer. In der umfangreichen Weinkarte liegt der Schwerpunkt auf Burgunder. Ein Hotel ist angeschlossen. Klasse A.
Le Lion d'Or, 42370 St-André-d'Apchon, Tel. 77 65 81 53. Fein zubereitetes Essen und gute Weine der Gegend. Hotel angeschlossen. Klasse B.
Le Tournebroche, 42640 St-Romain-la-Motte, Tel. 77 64 50 40. Besonders zu empfehlen die einfachen Gerichte zusammen mit einem guten Côte Roannaise. Klasse C.

CÔTES D'AUVERGNE

Die hier genannten Hotels und Restaurants liegen alle außerhalb der Industriestadt Clermont-Ferrand. Die Cuisine der Auvergne mit ihren Suppen, charcuteries, mit Schinken und Käse ist recht herzhaft, und die leichten, erfrischenden Weine der Region passen gut dazu.

HOTELS

Le Pariou, 18, avenue Kennedy, 63500 Issoire, Tel. 73 89 22 11. Angenehmer Aufenthalt mit guter Küche und Weinen der Region. Terrasse. Klasse C.
La Rose des Vents, 63530 Luzet, Tel. 73 33 50 77. Ferienhotel in ruhiger Lage, nahe bei Volvic. Swimming Pool und Restaurant. Klasse B.

RESTAURANTS

Les Petits Ventres, 6, rue Anne-Dubourg, 63200 Riom, Tel. 73 38 21. Sehr gutes Restaurant. Klasse B.
Le Rivalet, 63320 Montaigut-le-Blanc, Tel. 73 96 73 92. Ein Ort westlich von Champeix in der Nähe mehrerer Weinorte, z. B. Nerschers. Regionale Küche. Klasse B.
Auberge de Tralume, 63730 Montpeyroux, Tel. 73 96 60 09. Eines der besten Restaurants im Département Puy-de-Dôme. Spezialität: u. a. *ris de veau aux écrevisses.* Auch ein ruhiges Hotel, jedoch nur wenige Zimmer. Restaurant Klasse A, Hotel Klasse B.
La Belle Meunière, 25, avenue de la Vallée, 63130 Royat, Tel. 73 35 80 17. Ein Speisesaal aus der *belle époque.* Hotel angeschlossen. Der Kurort Royat liegt westlich von Clermont-Ferrand. Klasse B.
Le Pont des Soupirs, 63130 Royat, Tel. 73 35 83 66 (an der D68 in westlicher Richtung). Gehaltvolle, nicht betont regionale Küche. Klasse B.
Royat, boulevard Dr. Roumeuf, 63130 Royat, Tel. 73 35 82 72. Modernes Restaurant und Hotel. Klasse B.

SEHENSWERTES

ST-POURÇAIN

Die meisten hier genannten Orte liegen an der Weinstraße, die von St-Pourçain-sur-Sioule aus nach Westen verläuft.
Besson Reste des Château de Fourchaud aus dem 13. Jh.; romanische Kirche.
Chantelle Früheres Schloß der Herzöge von Bourbon. Markierter Wanderweg entlang der Gorges de Bouble.
Chareil-Chintrat Château aus dem 16. Jh. mit Wandgemälden.
Etroussat Das Château de Douzon hat einen schönen französischen Garten.
St-Pourçain-sur-Sioule Die Kirche im Zentrum der kleinen Stadt geht z. T. auf das 12. Jh. zurück; hinter der Kirche das Musée de la Vigne et du Vin.
Saulcet Weinort mit einer Kirche aus dem 13. Jh.

CÔTE ROANNAISE UND CÔTES DU FOREZ

Ambierle Der mitten in Weinbergen gelegene Ort hat eine schöne Klosterkirche aus dem 15. Jh. mit Gemälden, die dem flämischen Meister Rogier van der Weyden zugeschrieben werden.
Roanne Die meisten Touristen kommen hierher, um im Restaurant Troisgros zu speisen, aber das Musée Joseph-Déchelette mit seinen archäologischen Funden lohnt auch einen Besuch.
St-Etienne-le-Molard Der Ort bei Boën-sur-Lignon bildet das Zentrum der Côtes du Forez. Hier liegt das bemerkenswerte Château La Bastie d'Urfé mit seiner Märchengrotte.
St-Hâon-le-Châtel Alter befestigter Ort in den Weinbergen.
Thélins Das Château de Goutelas, südlich von Boën-sur-Lignon, stammt aus dem 15. Jh. und dient heute als kulturelles Zentrum der Region.

CÔTES D'AUVERGNE

Busséol Östlich der Weinorte Corent und Orcet liegt Busséol mit seiner mächtigen Burg aus dem Jahr 1170, der älteste noch erhaltene Bau dieser Art in der Auvergne.
Châteaugay Bekannter Weinort auf einem Berg um ein Château aus dem 14. bis 16. Jh., in dem sich ein Weinprobiersaal befindet.
Châtelguyon Kurort mit Heilquellen und schönen Parks.
Chazeron Im Sommer gibt es im attraktiven Château *Son-et-lumière*-Vorführungen.
Clermont-Ferrand Hier befindet sich das riesige Michelin-Reifenwerk. In der Altstadt eine der schönsten romanischen Kirchen Frankreichs, Notre-Dame-du-Port.
Issoire Die große Kirche St-Autremoine (12. Jh.) ist ein gutes Beispiel für den romanischen Baustil in der Auvergne. Schöne Altstadt.
Montferrand Früher ein bedeutender Weinort, heute in Clermont-Ferrand eingemeindet. Im Ortskern alte Gassen mit schönen Fachwerkhäusern.
Montpeyroux Mittelalterlicher Ort mit einem runden Wehrturm und herrlichem Blick über das Couze-Tal.
Parc Naturel Régional des Volcans d'Auvergne Der größte Naturpark Frankreichs umfaßt einen bedeutenden Teil der Auvergne.
Parentignat Der Ort südlich von Issoire besitzt ein Château (17. Jh.).
Puy-de-Dôme Eine Mautstraße führt zum Gipfel dieses steilen Bergs, von wo aus man angeblich 11 Départements sehen kann.
Riom Die geschichtsträchtige Stadt war früher die Hauptstadt der Auvergne. Zu ihren Attraktionen zählen alte Häuser, schattige Boulevards, Brunnen und die Kirche Notre-Dame-de-Marturet aus dem 15. Jh.

Die Kuppen der puys – erloschener Vulkane – sind typisch für die Landschaft der Auvergne.

BEDEUTENDE WEINGÜTER

ST-POURÇAIN

MEILLARD, Postleitzahl 03500
Domaine de Bellevue*

LA ROCHE-BRANSAT, Postleitzahl 03500
Elie Grosbot

ST-POURÇAIN-SUR-SIOULE, Postleitzahl 03500
Cave Coopérative; Guy & Serge Nebout.

SAULCET, Postleitzahl 03500
Jean Chérillat; André & Yves Gallas: Joseph Laurent; Ray Père & Fils*.

CÔTE ROANNAISE

AMBIERLE, Postleitzahl 42820
Robert Durier; Marcel Joathan; Maurice Lutz.

RENAISON, Postleitzahl 42370
Antoine Chargros*; Claude-Robert Chaucesse*; Robert Sérol.

ST-HÂON-LE-VIEUX, Postleitzahl 42370
Paul Lapandéry & Fils*; Jean Vagneur-Tachon*.

VILLEMONTAIS, Postleitzahl 42370
GIE des Producteurs Vins du Roannais: Auguste Néron.

CÔTES DU FOREZ

BOËN-SUR-LIGNON, Postleitzahl 42130
Georges Bouchand; Cave Coopérative

CÔTES D'AUVERGNE

AUBIÈRE, Postleitzahl 63170
Jean-Baptiste Bayle; Jean-Marie Bourcheix.

BOUDES, Postleitzahl 63340
Albert Charmensat: Claude Savat.

CHATEAUGAY, Postleitzahl 63100
Pierre Lapouge*; Michel & Roland Rougeyron.

CORENT, Postleitzahl 63730
Paul Champroux; Louis Chapelle; Michel Montorier; Bertrand Nicouland.

LE CREST, Postleitzahl 63450
Michel Blanc*

ORCET, Postleitzahl 63670
Raymond Roumeuf

VEYRE-MONTON, Postleitzahl 63960
Cave Coopérative; Pierre Chevalier.

Volvic Aus dem dunkelgrauen Stein von Volvic sind viele Gebäude in der Auvergne erbaut. Auf einem Berg bei Volvic liegt die Burgruine Château de Tournoël.

VERANSTALTUNGEN UM DEN WEIN

In St-Pourçain-sur-Sioule wird Ende Februar eine *foire des vins* abgehalten, im Juli eine Weinkönigin gewählt und am letzten August-Wochenende eine *fête du vin* veranstaltet. Côte-Roannaise-Weine gibt es auf der *foire aux vins et fromages* in Roanne im Mai zu kosten. Die Weinbruderschaft in St-Pourçain heißt L'Ordre des Fins Palais de St-Pourçains, und in der Auvergne sind die Compagnons du Bousset d'Auvergne tätig.

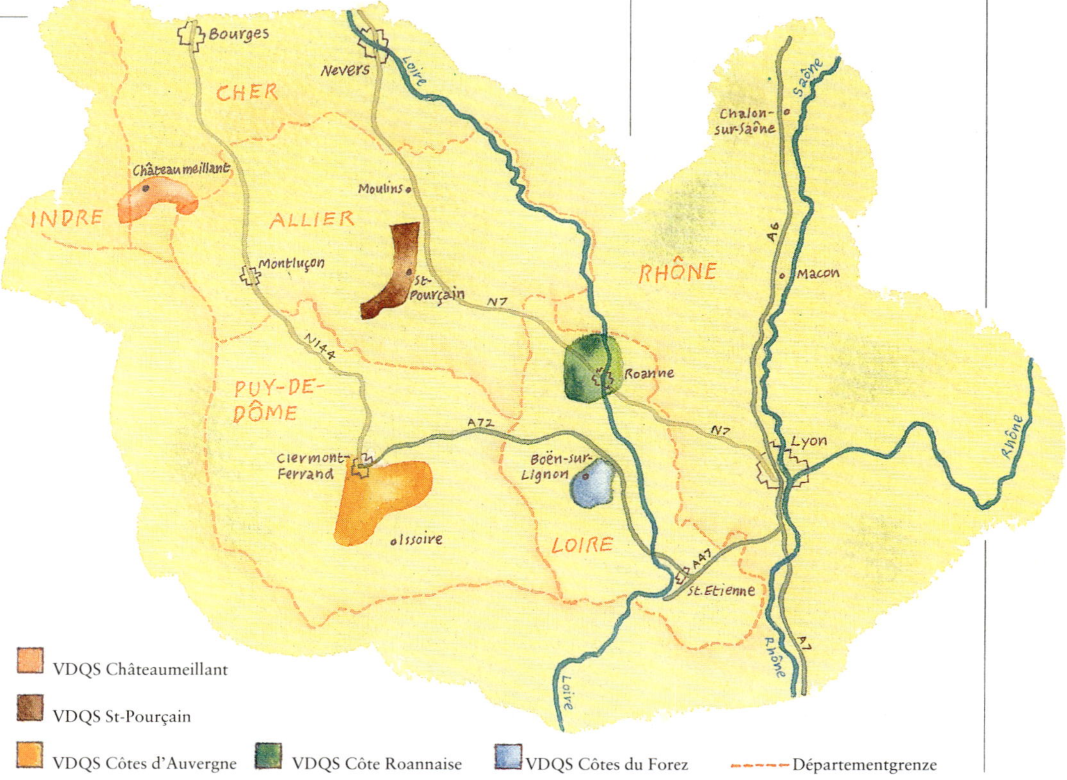

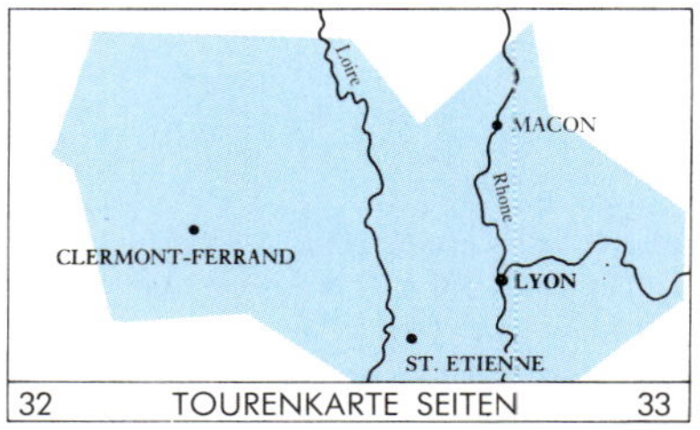

32 TOURENKARTE SEITEN 33

DER SÜDWESTEN

Der Verlauf der verhältnismäßig wenigen Straßen und der vielen Flüsse zeigt den Charakter des französischen Südwestens deutlich an. Eingeklemmt zwischen den Gipfeln und Pässen des Massif Central und der fast lückenlosen Wand der Pyrenäen, hat er die Funktion eines Korridors vom Atlantik zum Mittelmeer.
Dafür bringen beide Meere seinem Klima große Vorteile: im Winter Wärme vom Mittelmeer her und im Sommer mäßig warme feuchte Winde aus dem Golf von Biskaya. Zwar gibt es auch in der französischen Riviera und bis hinein nach Italien im Winter gelegentlich Frost, doch haben Narbonne und seine Umgebung kaum schwer darunter zu leiden.

Die beiden ertragsstärksten Weinbaugebiete Frankreichs beherrschen diese Ecke des Landes. Um die Flüsse Dordogne und Garonne und ihre gemeinsame Mündung, die breite Gironde, dehnt sich das Bordelais. Von der Mittelmeerküste zieht sich das Languedoc hinauf bis in die Ausläufer der Cevennen und geht im Tal des Aude fast nahtlos in die wellige Kalksteinlandschaft von Corbières über, die sich nach den Pyrenäen hin bis zu den schrofferen Bergen und Schluchten des Roussillon erstreckt.

Alle von der Mitte ausgehenden größeren Flüsse sind von berühmten Weinlandschaften gesäumt: Gaillac am Tarn, Cahors am Lot und Bergerac an der Dordogne. Im Mittelalter, als Bordeaux sich seine Stellung als Handelsplatz schuf, nannte man sie „le Haut Pays", das Hochland. Sie alle haben ihre eigene stolze Tradition.

Hier wachsen auch die beiden berühmten Branntweine Frankreichs: der Cognac nördlich von Bordeaux in der stillen Landschaft der Charente, der Armagnac weiter im Süden in einer zutiefst ländlichen, waldreichen, von Tälern durchzogenen Region bis hin zum Baskenland. Hier ist das gelobte Land aller Liebhaber traditioneller, rustikaler Küche und von Weinen mit einem kräftigen *Terroir*-Akzent.

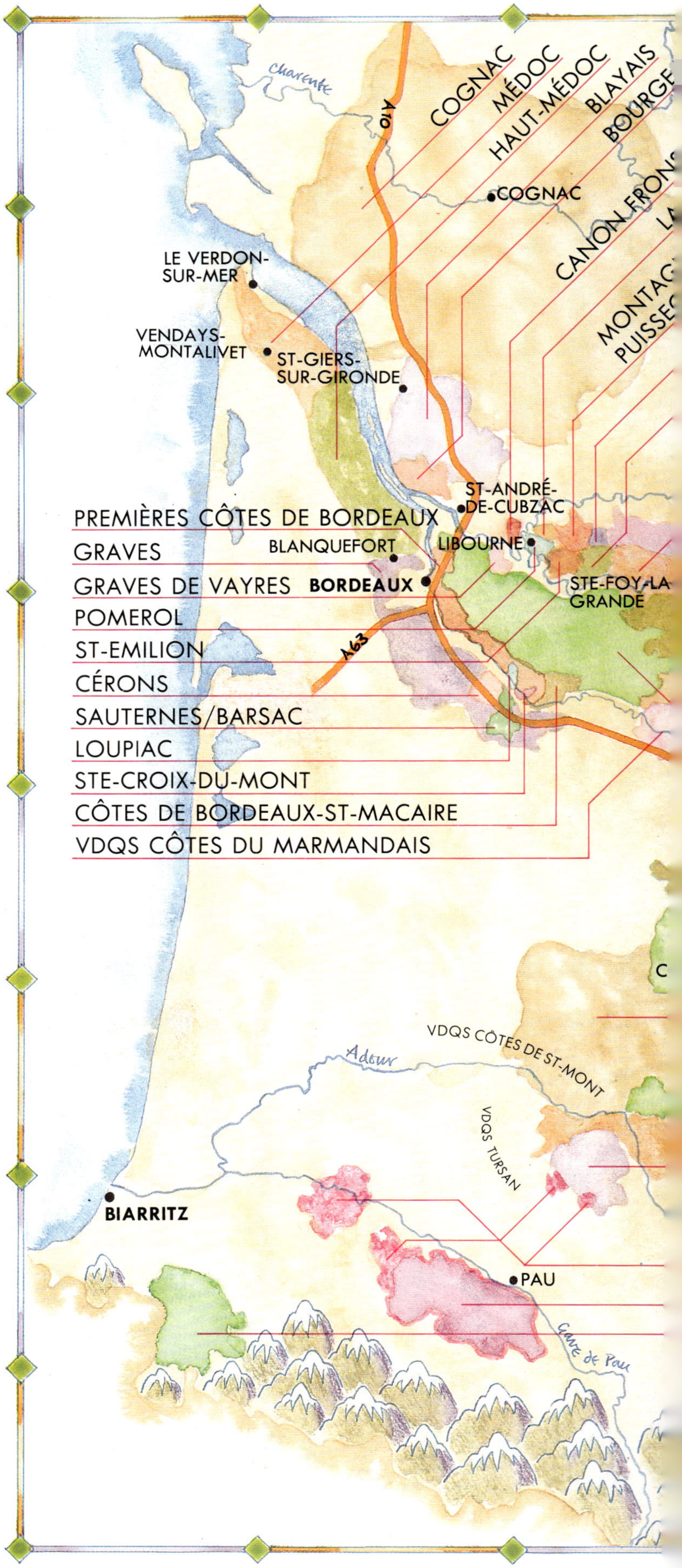

VINS DE PAYS

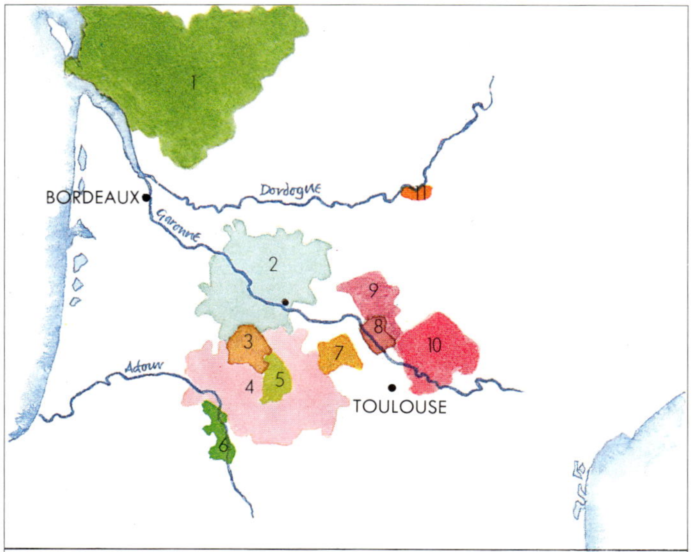

1	Charentais	7	Saint Sardos
2	Agenais	8	Coteaux et Terrasses de Montauban
3	Côtes du Condomois	9	Coteaux du Quercy
4	Côtes de Gascogne	10	Côtes du Tarn
5	Côtes de Montestruc	11	Coteaux de Glanes
6	Bigorre		

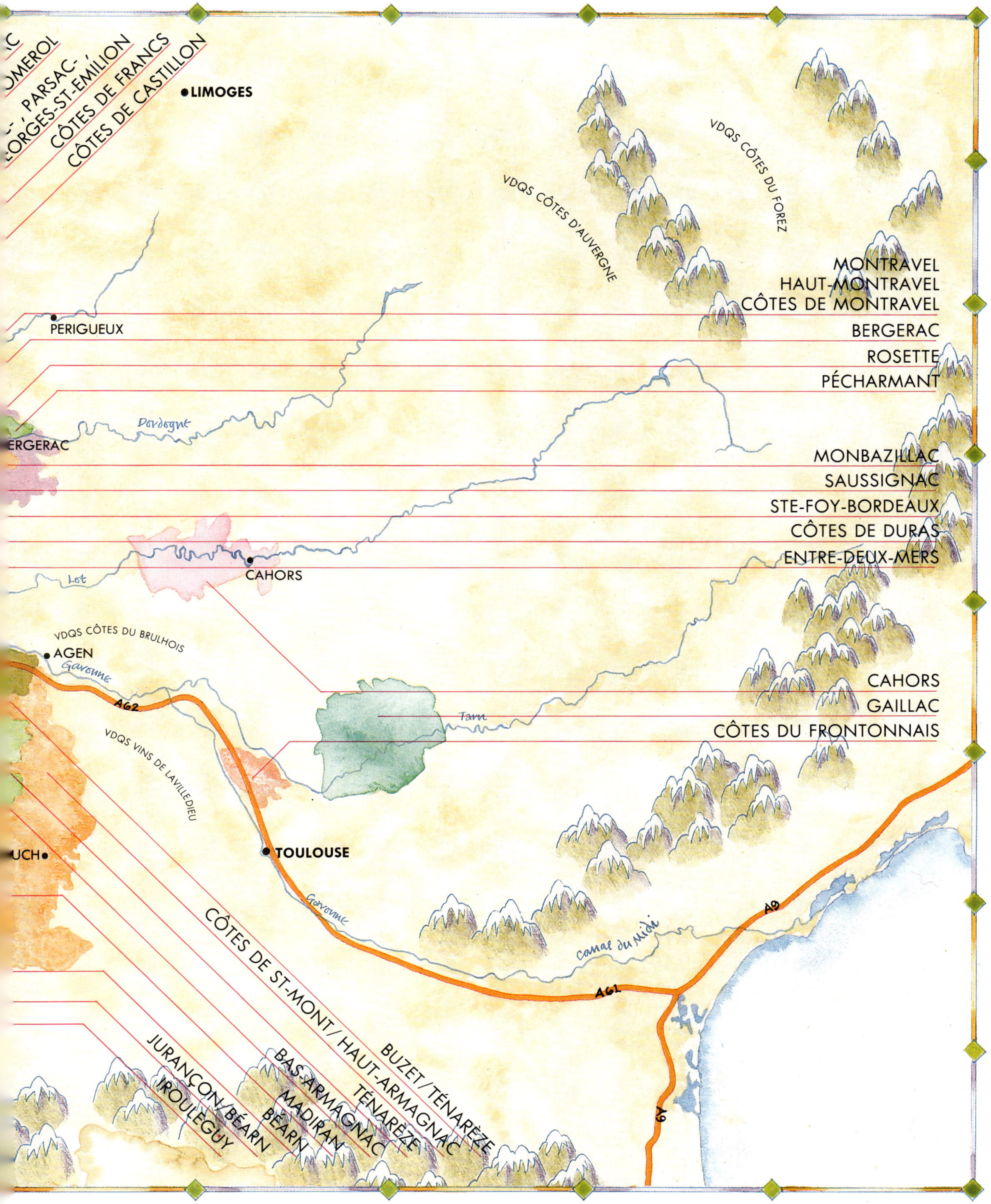

LIMOGES
VDQS CÔTES D'AUVERGNE
VDQS CÔTES DU FOREZ
PERIGUEUX
Dordogne
ERGERAC
CAHORS
Lot
VDQS CÔTES DU BRULHOIS
AGEN
Garonne
A62
VDQS VINS DE LAVILLEDIEU
Tarn
TOULOUSE
UCH
Garonne
Canal du Midi
A61
A9
CÔTES DE FRANCS
CÔTES DE CASTILLON
MONTRAVEL
HAUT-MONTRAVEL
CÔTES DE MONTRAVEL
BERGERAC
ROSETTE
PÉCHARMANT
MONBAZILLAC
SAUSSIGNAC
STE-FOY-BORDEAUX
CÔTES DE DURAS
ENTRE-DEUX-MERS
CAHORS
GAILLAC
CÔTES DU FRONTONNAIS
CÔTES DE ST-MONT / HAUT-ARMAGNAC
BUZET / TÉNARÈZE
TÉNARÈZE
BAS-ARMAGNAC
MADIRAN
BÉARN
JURANÇON/BÉARN
IROULEGUY

28

LA ROCHE-SUR-YON
Bressuire
Cerizay
Pouzauges
la Châtaigneraie
Parthenay
Châtillon-sur-Thouet
Airvault
les Sables-d'Olonne
Château-d'Olonne
Olonne-sur-Mer
Talmont-St. Hilaire
Luçon
Fontenay-le-Comte
Coulonges-s.-l'Autise
St. Maixent-l'Ecole
NIORT
Pertuis Breton
Ile de Ré
St. Martin-de-Ré
la Flotte
LA ROCHELLE
LA PALLICE
Pertuis d'Antioche
Ile d'Oléron
Châtelaillon-Plage
Ile d'Aix
Fouras
Surgères
Mauzé-s.-le-Mignon
Melle
ROCHEFORT
Tonnay-Charente
St. Jean-d'Angély
Marennes
la Tremblade
Phare de la Coubre
Pointe de la Coubre
Royan
Saujon
SAINTES
Cognac
Jarnac
Matha
ANGOULÊME
Pointe de Grave
Soulac-sur-Mer
Gironde
Pons
Jonzac
Barbezieux
Lesparre-Médoc
Hourtin-Plage
Autoroute Aquitaine

60

29
30

POITIERS
CHÂTELLERAULT
CHÂTEAUROUX
LIMOGES
Issoudun
Buzançais
Levroux
Déols
le Blanc
Chauvigny
Montmorillon
Argenton-sur-Creuse
la Châtre
Guéret
la Souterraine
Bellac
Confolens
St. Junien
Rochechouart
Aubusson
Bourganeuf
Eymoutiers
St. Léonard-de-Noblat
St. Yrieix-la-Perche
Châlus
Nontron
Ambazac
Panazol
Isle
Couzeix
Lussac-les-Châteaux
le Dorat
Magnac-Laval
Aigurande
Felletin
Brenne
Plateau de Millevaches
Monts d'Ambazac
Monts de Limousin
Creuse
Vienne
Gartempe
Clain
Indre
A10
E62
E07
N20
N147
N151
N145
N141
N21

59
SW
32

58

Cognac
Jarnac
Angoulême
Pointe de Grave
Soulac-sur-Mer
le Verdon-s.-Mer
Royan
Talmont
Gironde
Pons
Jonzac
Barbezieux
Lesparre-Médoc
Pauillac
St. Laurent-et-Benon
Hourtin
Lac d'Hourtin-Carcans
Carcans
Lacanau-Océan
Lacanau
Castelnau-de-Médoc
Margaux
Blaye
Bourg
Montendre
Autoroute l'Aquitaine
Coutras
Libourne
St. Emilion
Castillon-la-Bataille
Ste. Foy-la-Grande
Bergerac
Dordogne
BORDEAUX
Mérignac
Talence
Pessac
Cenon
Gradignan
Villenave-d'Ornon
Bassin d'Arcachon
Arcachon
la Teste
Gujan-Mestras
Andernos-les-Bains
Cap Ferret
Dune de Pilat
Lac de Cazaux et de Sanguinet
Biscarosse
Parentis-en-Born
Mimizan
Labouheyre
Léognan
Cestas
Cadillac
Langon
Bazas
La Réole
Marmande
Tonneins
Aiguillon
Casteljaloux
Entre Deux Mers
Garonne
Autoroute des Deux Mers
Canal Latéral à la Garonne
Duras
Eymet

60
SW

62

59

32

61

SW

218

60

62
SW

Golfe
de
Gascogne
Mimizan Plage
Mimizan
Labouheyre
Sabres
Morcenx
Castets
Soustons
Hossegor
Capbreton
Dax
St. Paul-lès-Dax
ANGLET
BIARRITZ
BAYONNE
Peyrehorade
Orthez
Salies-de-Béarn
Sauveterre-de-Béarn
St. Palais
Mauléon-Licharre
Oloron-St. Marie
PAU
Lescar
Jurançon
Bizanos
MONT-DE-MARSAN
St. Pierre-du-Mont
Tartas
St. Sever
Hagetmau
Aire-s.-l'Adour
Roquefort
Villeneuve-de-Marsan
Nogaro
Eauze
Riscle
Maubourguet
Vic-en-Bigorre
TARBES
Séméac
Lourdes
Bagnères-de Bigorre
Argelès-Gazost
Cauterets
Col du Tourmalet
Pic du Midi de Bigorre
Pic du Midi d'Ossau
Roncesvalles
Sierra de Abodi
Landes
Chalosse
Béarn
Bigorre
Pays Basque
Pyrénées
ESPAÑA
IX-XII/1988
Castejaloux
Labrit
Captieux
St. Jean-Pied-de-Port
Hasparren
Cambo-les Bains
St. Jean-de-Luz

61
218

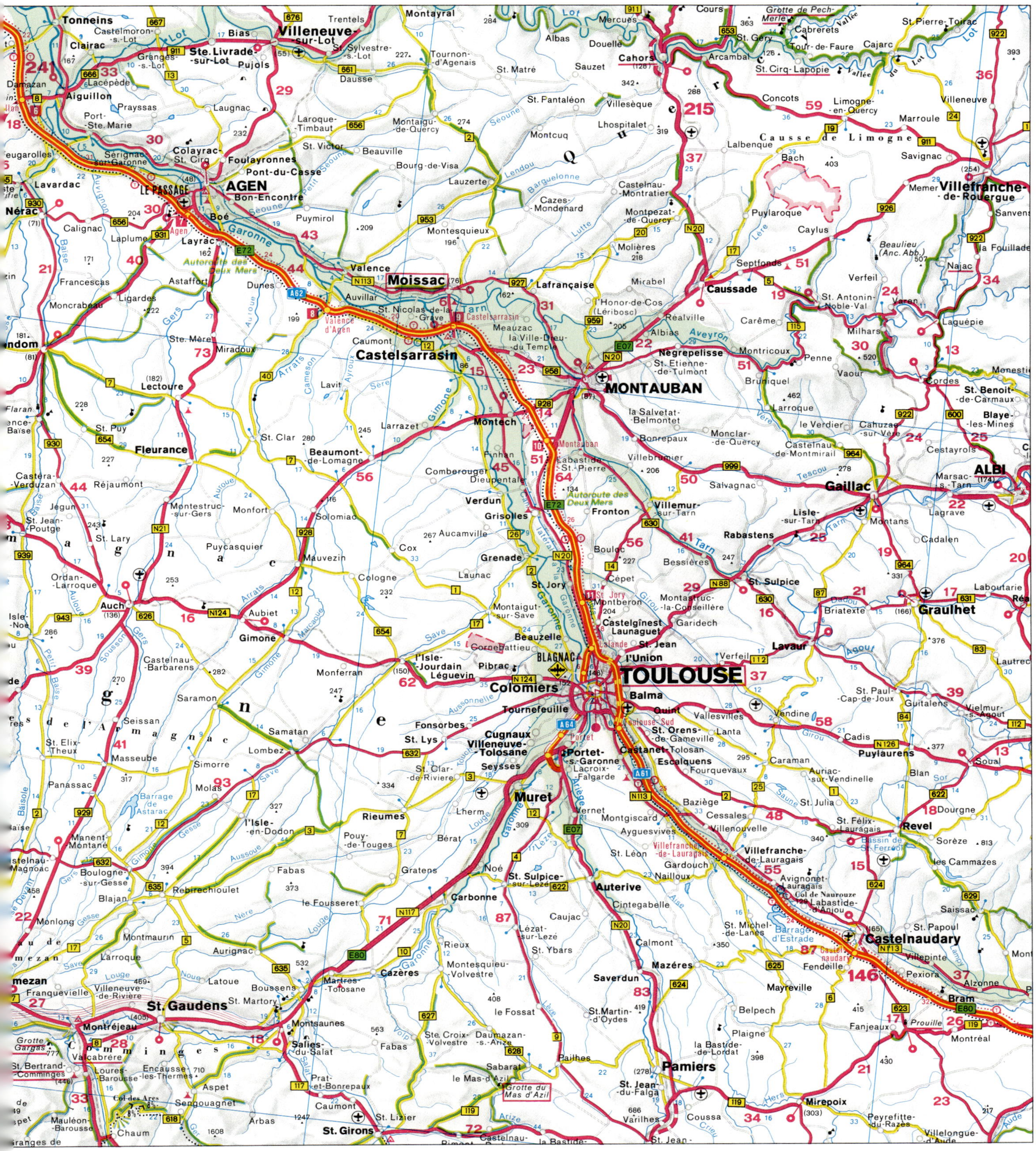

63
SW
220

BORDEAUX

Bordeaux ist nicht nur die großartigste, sondern auch die schönste Weinstadt. Nur wenige Städte in Europa können eine derartige Galerie an harmonischer Architektur vorweisen – Plätze, Terrassen, stattliche Bauten, alles aus grauem Stein und wie von der Hand eines vollendeten klassizistischen Künstlers mit dem Kohlestift hingezeichnet. Die Gebäude am Ufer, obzwar heute vom Fluß durch neue Kais voller Lagerschuppen und Krane getrennt, stehen immer noch fast genau so da, wie man sie auf Drucken aus dem 18. Jahrhundert sehen kann, als noch die Weinfässer in Leichter verladen und zu den in der Flußmitte verankerten Schiffen gebracht wurden.

Das Grand Théâtre von Bordeaux ist eines der schönsten klassizistischen Bauwerke Frankreichs. Man ist versucht, darin einen heidnischen Tempel zu sehen, der der alten gotischen Kathedrale Trotz bietet. Gewiß war das Zeitalter, aus dem es stammt, mehr durch den Kommerz als durch Frömmigkeit geprägt: vom Handel mit Ost- und Westindien und vor allem vom Handel mit dem ringsum gewonnenen Wein.

Die meisten Städte, in denen der Wein eine so große Rolle spielt, bemühen sich um offene, vergnügliche Gastlichkeit. Auf den ersten Blick ist Bordeaux hier eine Ausnahme: Es kommt den Pilgern, die es anzieht, nicht gar freundlich entgegen, und auch das Umland nimmt den Fremden nicht sehr bereitwillig auf. Paradoxerweise scheint Bordeaux, das doch seit fast zwei Jahrtausenden vom Weinexport lebt, denen, die seinen Wohlstand mehren helfen, mit großer Reserviertheit gegenüberzustehen. Der Besucher jedenfalls hat das Gefühl, man sehe ihn hier lieber Preise notieren als sich amüsieren.

Die recht kühle Eleganz der Stadt Bordeaux spiegelt sich auch in den weiten Weinbergen des Médoc. Hier hat der Besucher zuerst die Empfindung, er sei zwar als Käufer willkommen, sonst aber habe er draußen vor der Tür zu bleiben.

In Wahrheit hat das Médoc ein warmes Herz: Die Türen sind dem Fremden wenigstens einen Spalt breit geöffnet, doch bedarf es schon einiger Hartnäckigkeit, bis man sich in dieser weitläufigen Landschaft voller Reben heimisch fühlen kann, die mit mehr oder weniger pompösen Landhäusern, den Châteaux mit den weltberühmten Namen, gespickt ist. Nur einige sind von ihren Besitzern bewohnt; hier zieht nur einmal im Jahr zur Weinlese Leben ein, dann aber ist für Besucher keine gute Zeit. Der Besitzer hat mit der Lese vollauf zu tun, die Hausfrau muß für die *vendangeurs* sorgen... Da kann das Médoc leicht wie „Frühstück bei Tiffany“, eine Traumwelt hinter Glas, erscheinen.

Im südlichen und östlichen Hinterland von Bordeaux kommt dieses Gefühl weit weniger auf. Graves im Süden ist ein angenehm heimeliges Land mit seinen Wäldern und Tälern, seinen offenbar nicht so verschlossenen Orten und seinen nicht so abweisenden Burgen und Schlössern. Sauternes, eindeutig eine Enklave konzentrierten Weinbaus im waldreichen Graves, wirkt erfreulich mit seinen schönen, altbegründeten Wohlstand verratenden Häusern.

Östlich der Garonne hat in Entre-Deux-Mers die Rebe ihren Platz neben Obstkulturen, Mais, Wald und Weideland. Viel Sehenswürdigkeiten gibt es hier nicht, doch überall ein schönes Plätzchen zum Rasten.

Jenseits der Dordogne wird die Landschaft noch freundlicher. Hier dehnt sich der Bereich von St-Emilion, Pomerol, Fronsac und ihren Satelliten. Den Mittelpunkt bildet Libourne mit der lebensfrohen Betriebsamkeit seiner Innenstadt und der zeitlosen Friedlichkeit seiner *quais*, wo einst Schiffe aus England, Holland oder den baltischen Ländern unter alten Weiden den neuen Wein an Bord nahmen.

Das Juwel dieser Region ist St-Emilion. Man kann sich endlos darüber streiten, ob nun St-Emilion oder Beaune das Bild einer alten Stadt, die für den Wein lebt, vollendeter darstellt. Doch Beaune ist heute vom Verkehr umtost und von seiner Umgebung getrennt. St-Emilion dagegen könnte gar nicht inniger mit den Reben in seinem Umland verknüpft sein. Die

Der Weinstock prägt das Bild von Bordeaux nur zum Teil. Im Médoc stößt man auch auf Wälder, auf Sumpfland mit kleinen Seen – rechts der Etang d'Hourtin –, und schließlich gelangt man zum Atlantik und seinem Strand, der den Einwohnern von Bordeaux im Sommer schönste Erholung bietet.

alte Römerstadt liegt wahrhaft hingeschmiegt an den Berghang, aus dessen weichem Gestein seine Häuser erbaut sind. Die dabei entstandenen Steinbrüche sind heute Weinkeller. Als Stollen ziehen sie sich unter der Stadt hin und sogar ziemlich weit in die Umgebung hinaus. In diesen duftgeschwängerten Höhlen reift nicht nur der Wein – hier werden auch Champignons gezüchtet.

St-Emilion hat einen Sinn für das Historische ebenso wie für das Festliche, und beides paßt eher zu Burgund als zu Bordeaux. Pomerol, gleich nebenan, ähnelt dem Médoc stärker. Hier wächst nichts außer Wein, und es gibt nichts zu besichtigen außer Châteaux – in Pomerol sind das freilich meist recht bescheidene Häuser. Dem Weinfanatiker wird es höchsten Genuß allein schon bereiten, wenn er die Litanei berühmter Namen auf den Straßenschildern liest. Wer dagegen die Atmosphäre alter Dörfer und Städte in einer gefälligen Landschaft aufzuspüren liebt, kommt in den weniger berühmten Gegenden am Rand dieses Weinbaubereichs viel eher auf seine Kosten: in Fronsac, dessen Rotweine noch immer zu gering geschätzt werden, und in den Ortschaften Montagne, St-Georges, Lussac und Puisseguin bis hinaus zu den Côtes de Francs und den Côtes du Castillon, zwei ebenfalls unterbewerteten Appellationen an der Grenze des Département Gironde zum schönen Land an der Dordogne. Ebenso erfreulich ist ein Ausflug (die Franzosen sagen *randonnée*) in die kleinen Hügel von Bourg und Blaye, die Dordogne abwärts.
Alle zwei Jahre findet in Bordeaux im Juni die Vinexpo, der größte und beste aller internationalen Weinmärkte, statt. Der Anspruch auf diese Veranstaltung ist der traditionsreichen Stadt kaum zu bestreiten.

Oben links: Das Monument der Girondins auf der Esplanade des Quinconces, ein Symbol des kommerziellen Selbstvertrauens in Bordeaux zu Beginn des 19. Jh.
Links: Ein Platz in der Altstadt von Bordeaux.

Unten: Im Marché des Capucins in Bordeaux. Hier wird die Küche so ernst genommen wie der Wein. Das zeigen Spezialitäten wie foie gras, *Räucherschinken, Pauillac-Lamm und schließlich über Rebholz gegrillte* entrecôtes.

DIE STADT BORDEAUX

Bordeaux ist die viertgrößte Stadt Frankreichs; sie besitzt einen großen Hafen, viel Industrie und eine bedeutende Universität. Viele Weinbaubehörden und Weinhändler haben ihr Hauptquartier hier aufgeschlagen, manche Négociants sind noch in ihrer traditionellen Heimat, dem Quai des Chartrons, ansässig. Den bescheidenen Gebäuden am Kai, die noch aus dem 18. Jh. stammen, sieht man es nicht an, welche gewaltigen Kellereikomplexe sich hinter ihnen verbergen.

Im Herzen von Bordeaux liegt die Place de la Comédie mit dem herrlichen, von Victor Louis entworfenen und 1780 vollendeten Grand Théâtre (unten). Auf diesen Platz münden zwei Geschäftsstraßen und die prächtige Allée de Tourny. Hier findet sich La Maison du Vin, und auch die berühmte Esplanade de Quinconces ist nur ein paar Minuten entfernt. Auf der anderen Seite der Place de la Comédie erstreckt sich Le Vieux Bordeaux, die Altstadt.

HOTELS

Postleitzahl von Bordeaux: 33000.
Grand Hotel, 2, place de la Comédie, Tel. 56 90 93 44. Gegenüber dem Grand Théâtre. Schönes altes Restaurant, jedoch trotz Renovierung sehr verschachtelt. Klasse A.
Normandie, 7, cours du 30-Juillet, Tel. 56 52 16 80. Großes, traditionelles Hotel. Klasse B.
Novotel-Bordeaux Le Lac, Parc des Expositions, Tel. 56 50 99 70. Eines der modernen Hotels auf dem Ausstellungsgelände im Norden der Stadt. Swimming Pool und Restaurant. Klasse B.
Royal Médoc, 3, rue de Sèze, Tel. 56 81 72 42. Zentral gelegen, freundlich, nicht zu laut. Von Weinpublizisten und -einkäufern frequentiert. Klasse B.
Hotel de Sèze, 23, allées de Tourny, Te. 56 52 65 54. Sachliche Tüchtigkeit. Klasse B.

RESTAURANTS

Le Bistro du Clavel Centre, 7, rue Montesquieu, Tel. 56 51 28 81. Inhaber ist der Meisterkoch Francis Garcia. Klasse B. (Garcia verlegt sein Restaurant Clavel vom Bahnhof zum *Chapon Fin* neben dem Bistro. Klasse A/B.)
Le Cellier Bordelais, 30, quai de la Monnaie, Tel. 56 31 30 30. Gute Küche; interessante, preiswerte Weine. Klasse C.
La Chamade, 20, rue Piliers-de-Tutelle, Tel. 56 48 13 74. Ansprechende Atmosphäre. Gute, preiswerte Menüs. Klasse A/B.
La Ferme St-Michel, 21, rue des Menuts, Tel. 56 91 54 77. Marktfrische Zutaten. Klasse C.
Chez Joël D., 12, rue Piliers-de-Tutelle, Tel. 56 52 68 21.Für Austernliebhaber. Klasse C.
Lou Magret, 62, rue St-Rémi, Tel. 56 44 77 94. Gut, preiswert und immer gut besucht. Klasse C.
Le Pavillon des Boulevards, 120, rue de la Croix-de-Seguey, Tel. 56 81 51 02. Exotische Küche mit orientalischen Anklängen. Schöner Innenhof. Preiswertes Mittagsmenü. Klasse A/B.
Ramet, 7, place Jean-Jaurès, Tel. 56 44 12 41. Gepflegte Atmosphäre, feine Küche. Klasse A/B.

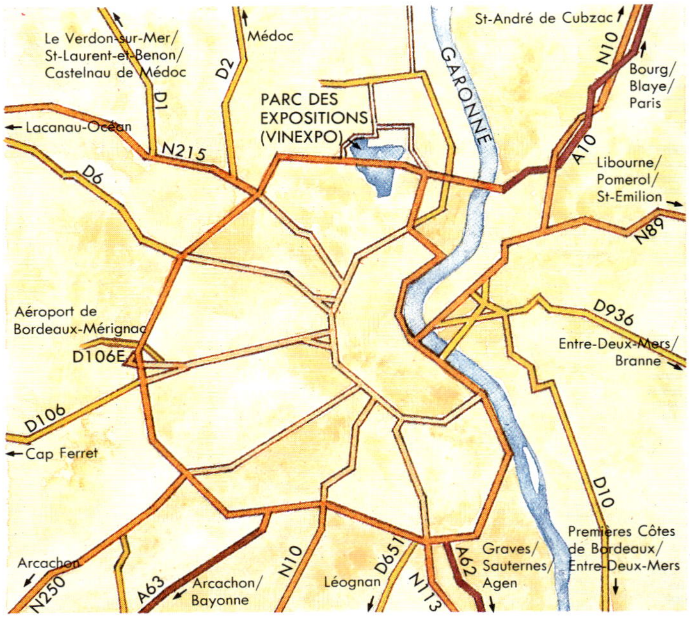

Le Rouzic, 34, cours du Chapeau-Rouge, Tel. 56 44 39 11. Abwechslungsreiche Speisekarte, stilvolle Einrichtung. Kleines russisches Restaurant, *Le Bolchoi,* im Obergeschoß (nur abends geöffnet). Klasse B.
La Tupina, 6, rue de Porte-de-la Monnaie, Tel. 56 91 56 37. Südwestfranzösische Küche in Bestform. Klasse B.

WEINMARKT

Alle zwei Jahre (1989, 1991 usw.) findet im Juni die Vinexpo, die größte Weinfachmesse der Welt, im Parc des Expositions statt.

WEINBRUDERSCHAFTEN

Die lokalen Bruderschaften sind in den jeweiligen Kapiteln zu finden. Es gibt auch übergreifende Verbände; als wichtigster sei die Académie du Vin de Bordeaux, eine Vereinigung von Besitzern bedeutender Châteaux, genannt.

WEININFORMATION

Maison du Vin: 1, cours du 30-Juillet. Näheres zu Besichtigungen bestimmter Bereiche oder Châteaux erfährt man gegenüber in der Maison du Tourisme.

Unten: Die besseren roten Bordeaux-Weine reifen in barriques, *Eichenfässern mit 225 l Inhalt. Ihr Aroma gewinnt durch die Lagerung im Holzfaß an Vielfalt, während aus dem Holz auch die als Konservierungsstoff wichtige Gerbsäure zusätzlich zu der im Wein schon vorhandenen aufgenommen wird. Auch der in geringen Mengen durch die Poren im Holz eintretende Sauerstoff trägt zur Entfaltung des Aromas bei.*
Unten links: Die Bistros in Bordeaux bieten oft eine erstaunliche Auswahl an guten Weinen.
Unten rechts: Der neue Wein wird sorgfältig gekostet, damit das Verschnittrezept fein abgestimmt werden kann.

DIE KLASSIFIZIERUNG VON 1855

Von den vielen in der Region Bordeaux vorgenommenen Qualitätseinstufungen ist die Weinklassifizierung im Médoc nicht nur die erste und bekannteste, sondern auch die genaueste. Sie erfaßt 60 Grands Crus Classés (einschließlich Haut Brion in Graves), die in 5 Qualitätsstufen eingeteilt sind. Diese Klasifizierung wurde 1855 zur Weltausstellung in Paris von den *courtiers* (den Weinmaklern) aufgestellt und beruhte auf den Preisen der verschiedenen Weine über einen sehr langen Zeitraum (rund 100 Jahre), auf der Reputation der Weingüter sowie auf dem damaligen Stand ihres Weinbergbesitzes. Eine Sensation war die Klassifizierung durchaus nicht, denn schon seit Jahren waren ähnliche Einstufungen in Fachkreisen gang und gäbe. Heute hat sie nichts an Wert eingebüßt, wie sich leicht daran erkennen läßt, daß sie so intensiv in Gebrauch ist.

Neben den klassifizierten Châteaux, den Grands Crus Classés also, gibt es im Médoc auch zahlreiche Crus Bourgeois. Über 150 solche Weingüter haben sich in Syndikaten zusammengeschlossen und eine eigene – inoffizielle – Klassifizierung in Crus Grands Bourgeois Exceptionnels, Crus Grands Bourgeois und Crus Bourgeois vorgenommen. Offiziell erfolgte die Einstufung in Crus Bourgeois letztmals im Jahr 1932. Sie gilt auch für viele Weingüter, die den Syndikaten nicht angehören. St-Emilion, Graves und Sauternes verfügen über eigene Klassifizierungen.

Premiers Crus
Château Lafite-Rothschild, Pauillac
Château Latour, Pauillac
Château Margaux, Margaux
Château Mouton Rothschild, Pauillac
(1973 zum Premier Cru erklärt)
Château Haut-Brion, Pessac, Graves

Deuxième Crus
Château Rausan-Ségla. Margaux.
Château Rauzan-Gassies. Margaux
Château Léoville-Las-Cases, St-Julien
Château Léoville-Poyferré, St-Julien
Château Léoville-Barton, St-Julien
Château Durfort-Vivens. Margaux
Château Lascombes. Margaux
Château Gruaud-Larose, St-Julien
Château Brane-Cantenac. Cantenac-Margaux
Château Pichon-Longueville Baron, Pauillac
Château Pichon Longueville Comtesse de Lalande, Pauillac
Château Ducru-Beaucaillou, St-Julien
Château Cos d'Estournel, St-Estèphe
Château Montrose, St-Estèphe

Troisièmes Crus
Château Giscours, Labarde-Margaux
Château Kirwan, Cantenac-Margaux
Château d'Issan, Cantenac-Margaux
Château Lagrange, St-Julien
Château Langoa-Barton, St-Julien
Château Malescot St-Exupéry, Margaux
Château Cantenac Brown, Cantenac-Margaux
Château Palmer, Cantenac-Margaux
Château La Lagune, Ludon
Château Desmirail, Margaux
Château Calon-Ségur, St-Estèphe
Château Ferrière, Margaux
Château Marquis d'Alesme Becker, Margaux
Château Boyd-Cantenac, Cantenac-Margaux

Quatrièmes Crus
Château St-Pierre, St-Julien
Château Branaire-Ducru, St-Julien
Château Talbot, St-Julien
Château Duhart-Milon-Rothschild, Pauillac
Château Pouget, Cantenac-Margaux
Château La Tour Carnet, St-Laurent
Château Lafon-Rochet, St-Estèphe
Château Beychevelle, St-Julien
Château Prieuré-Lichine, Cantenac-Margaux
Château Marquis-de-Terme, Margaux

Cinquièmes Crus
Château Pontet-Canet, Pauillac
Château Batailley, Pauillac
Château Grand-Puy-Lacoste, Pauillac
Château Grand-Puy Ducasse, Pauillac
Château Haut-Batailley, Pauillac
Château Lynch-Bages, Pauillac
Château Lynch-Moussas, Pauillac
Château Dauzac, Labarde-Margaux
Château Mouton Baronne Philippe, Pauillac
(früher Mouton d'Armailhacq)
Château du Tertre, Arsac-Margaux
Château Haut-Bages Libéral, Pauillac
Château Pédesclaux, Pauillac
Château Belgrave, St-Laurent
Château de Camensac, St-Laurent
Château Cos Labory, St-Estèphe
Château Clerc Milon, Pauillac
Château Croizet-Bages, Pauillac
Château Cantemerle, Macau

DAS MÉDOC

Der Weinbau ist im Médoc, der wie ein Dreieck geformten Halbinsel nordwestlich der Stadt Bordeaux, noch relativ jung. Früher war die Landschaft unfreundlich, dünn besiedelt, morastig und karg. Zwar wuchs hier auch im Mittelalter schon etwas Wein, zunächst bei den Klöstern, dann auch um die Orte Ludon, Macau, Le Taillan und Blanquefort im südlichen Médoc. Doch war bis zum Ende des 15. Jahrhunderts der Umfang des Weinbaus gering und reichte lediglich für den lokalen Bedarf und für die Stadt Bordeaux.

Im 16. Jahrhundert dehnten sich die Weinberge dann allmählich nach Norden, etwa bis Margaux, aus. Der große Durchbruch kam ein Jahrhundert später, als unter der Anleitung holländischer Damm- und Wasserbauer die Marschen trockengelegt und aufgefüllt, Buchten dem Wasser abgewonnen und die Küsten begradigt wurden. Die Holländer regulierten auch die vielen Bäche *(jalles)*, die für die Entwässerung des Bodens eine wichtige Rolle spielen. Die Gegend um Bégadan im nördlichen Médoc trug noch lange den Namen „La Petite Hollande".

Als das Médoc trockengelegt war, wuchs die Rebfläche rasch an. Die Weine aus der neuen Region fanden Beifall in aller Welt und eroberten sich im wohlhabenden England einen bedeutenden Markt. Um die Wende vom 17. zum 18. Jahrhundert begannen die ersten Gutsweine aufzutauchen. Der erste Name, der große Bekanntheit erlangte, war Haut-Brion, in Graves, südlich von Bordeaux – also nicht im Médoc – gelegen, doch schon 1703 werden Margaux, Lafite und Latour im Médoc ebenfalls erwähnt. Fast alle Weingüter befanden sich damals im Besitz reicher Adeliger, die, als sie der wachsenden Aussichten auf schönen Gewinn gewahr wurden, recht bald mehr Land mit Reben bepflanzten. Die bis dahin in der Region verbreiteten Kornfelder mußten dem Weinbau weichen.

In der ersten Hälfte des 19. Jahrhunderts wendete sich das Geschick. Krieg und Politik brachten dem Médoc über lange Zeit hinweg starke Rückschläge. Der einst so prunkende Wohlstand begann zu schwinden. Damals ging in den besseren Kreisen von Bordeaux das Bonmot um: „Man kann sich auf drei Arten ruinieren – durch eine Tänzerin, ein Rennpferd oder ein Weingut im Médoc, und die dritte Art führt am schnellsten und sichersten zum Ziel!" Trotz dieser Krise und noch mancher anderen in späteren Jahren blieb das Médoc eine der bedeutendsten Weinbauregionen der Welt und setzte auch weiterhin die Maßstäbe für Rotwein. Der Schlüsselbegriff hier lautet „Finesse": Die subtilen Feinheiten, die einem Médoc der besten Art eigen sein können, finden nirgendwo ihresgleichen.

Daß gerade in dieser Region so stilvolle und komplexe Weine entstehen können, ist auf ein bemerkenswertes Zusammenspiel natürlicher Faktoren zurückzuführen. Das Médoc hat ein auffallend mildes Klima, in dem extreme Temperaturwerte kaum vorkommen. Hierzu trägt die Lage zwischen zwei Wassermassen – dem Atlantik und der Gironde – viel bei. Der Name Médoc leitet sich von Worten ab, die „mittleres Land" bedeuten. Trotz der Nähe des Meers ist das Klima aber nicht feucht, das heißt maritim, und das verdankt das Médoc den großen Kiefernwäldern, die das Weinbaugebiet gegen Wind und Regen aus dem Westen abschirmen.

Zu diesem milden Klima kommt ein Boden mit an vielen Stellen sehr tiefen Kiesschichten. Dieser Kies wurde seit dem Tertiär aus dem Massif Central und den Pyrenäen herangeschwemmt und ist sehr komplex und unterschiedlich in seiner Zusammensetzung. Der Boden selbst ist ziemlich karg, daher müssen die Reben ihre Wurzeln weit in die Tiefe treiben, um genügend Nahrung zu finden. Auf diese Weise gelangt die Komplexität der tieferen Schichten im Wein zum Ausdruck. Durch den hohen Kiesgehalt wird der Boden zudem äußerst durchlässig, und das kommt dem Wasserabzug zugute, der auch dadurch, daß die meisten Weinberge im Médoc auf sanften Hängen liegen, noch weiter verbessert wird. Man sagt hier, aus den besten Weinlagen könne man stets die Gironde sehen.

Die Unterschiede in Boden und Lage bringen es mit sich, daß in den verschiedenen Gegenden des Médoc jeweils Weine von größter Eigenart entstehen. Schon die Weine aus nebeneinanderliegenden Besitzungen können ganz unterschiedlich sein. Das wird oft noch durch die Traubensorten verstärkt, denn jedes Weingut hat seine eigenen Ideen über die Anteile der Hauptrebsorten Cabernet Sauvignon, Cabernet Franc und Merlot sowie der weit weniger stark angebauten Trauben Petit Verdot und Malbec.

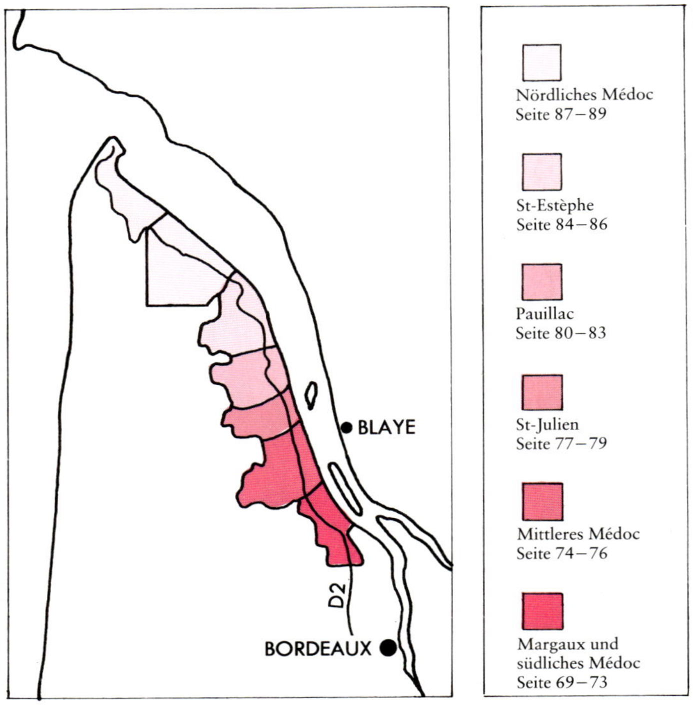

Das Médoc wird, wie es ihm als einem der großartigsten Weinbaugebiete der Welt schließlich auch gebührt, besonders ausführlich dargestellt, nämlich auf sechs Detailkarten auf den folgenden Seiten. Die Übersichtskarte hier zeigt die Zusammenhänge. Die D2, auch „Route des Châteaux" genannt, verläuft in Nord-Süd-Richtung durch das Médoc und erschließt so das ganze Gebiet.

Der Weinbau ist auf einen kleinen Teil des Médoc beschränkt, nämlich auf einen relativ schmalen Streifen von 70 bis 80 km Länge entlang der Gironde von Bordeaux bis fast zur Nordspitze der Halbinsel. Nur an einer Stelle ist dieser Streifen 12 km breit, meistens sind es nur rund 5 km. Er enthält acht Appellationen: Die größte ist Margaux, hierzu gehören die Gemeinden Arsac, Cantenac, Labarde und Soussans im südlichen Médoc; es folgen Moulis und Listrac im mittleren Médoc; dann St-Julien, Pauillac, St-Estèphe; ferner Haut-Médoc für alle nicht unter die sechs Orts-Appellationen fallenden Bereiche sowie Médoc für das nördliche Médoc. Näheres über die Klassifizierung von 1855, durch die alle Châteaux im Médoc in fünf Klassen eingeteilt wurden, findet sich auf Seite 67.

MARGAUX UND DAS SÜDLICHE MÉDOC

Bei dem Namen Médoc denkt jeder Weinliebhaber nicht nur an feinen Wein, sondern auch an großartige Châteaux. Nirgendwo sonst gibt es eine solche Fülle an prächtigen, nur dem Wein gewidmeten Bauten. Dennoch sieht man, wenn man von Bordeaux aus nordwärts fährt, zunächst nichts, was auch nur entfernt an Grandeur erinnert, denn die Straße führt durch endlose Vorstädte. Erst wenn man den großen Umgehungsring hinter sich hat, tauchen nach einigen weiteren Kilometern die ersten Weinberge auf.

Interessant wird der Weg durch das Médoc erst ab Blanquefort. Von hier aus kann man entweder der D2 nach Norden oder der parallel zu ihr und näher an der Gironde verlaufenden D210 folgen. Die D210 ist nicht so verkehrsreich und berührt die friedlichen Weindörfer Parempuyre, Ludon und Macau; auch führt sie an vielen Châteaux, zum Beispiel an dem schönen d'Agassac, vorüber. Auf der D2 dagegen kommt man näher an die Châteaux Cantemerle und Giscours heran, und es gibt Abzweigungen nach Le Pian-Médoc und Arsac, zwei Weinorten weiter landeinwärts. In Labarde vereinigen sich die beiden Straßen wieder.

Die Weine der am weitesten südlich gelegenen Orte – Macau, Ludon, Le Pian-Médoc sowie Le Taillon, Parempuyre und Blanquefort näher bei Bordeaux – fallen unter die Appellation Haut-Médoc. Auf dem ebenen Land am Fluß, dem *palus*, wachsen einfachere Weine, die wie auch diejenigen von den Gironde-Inseln die Appellation Bordeaux oder Bordeaux Supérieur tragen. Je weiter man nach Norden kommt, desto mehr dringen die Weinberge in Wälder und Wiesen ein. Unmittelbar hinter dem Ort Cantenac öffnet sich der Blick auf eindrucksvolle zusammenhängende Rebflächen zu beiden Seiten der Straße. Auf der linken Seite sieht man gleich nach Château Prieuré-Lichine ein klassisches Beispiel der für die Landschaft des Médoc so typischen Kies-Plateaus. Dieser Hügel mit seinen flachen rebenbesetzten Hängen ist gerade hoch genug, daß sich Château Brane-Cantenac dahinter verstecken kann.

Die Appellation Margaux erstreckt sich auf 1150 ha von einer Gesamtrebfläche von 11 000 ha im Médoc und ist damit die größte aller Médoc-Appellationen; sie enthält mehr Crus Classés – insgesamt 21 – als die anderen. Außer Margaux selbst gehören zu ihr vier Nachbargemeinden: Arsac, Cantenac, Labarde und Soussans. Die langen, flachen Inseln in der Gironde bilden einen natürlichen Schirm gegen kalte Nordostwinde, und daher ist hier das Mikroklima noch etwas milder als im übrigen Médoc. Die Trauben reifen deshalb meist 8 bis 10 Tage früher. Die fruchtbare obere Bodenschicht ist dünner als sonstwo im Médoc und vor allem im Osten der Appellation stark mit Kies durchsetzt – dort entstehen daher auch die für Margaux charakteristischen delikaten und sanften Weine. Weiter im Westen ist mehr Lehm im Boden, und die Weine fallen fester aus.

Bis zum Ende des 17. Jahrhunderts waren Margaux und seine Nachbarorte nur wenig bevölkert. Hier war das Land einiger wohlhabender Herren, die in den Schlössern Margaux, d'Issan (in Cantenac) und La Tour de Mons (in Soussans) lebten. Die Châteaux Margaux und d'Issan stehen noch, doch von La Tour de Mons sind nur noch Teile vorhanden.

Heute hat Margaux knapp 1400 Einwohner und ist mehr ein Dorf als eine Stadt; die übrigen Orte der Appellation könnte man eher als Weiler bezeichnen. Fast alle Einwohner von Margaux leben vom Wein. Die Weingüter liegen dicht beieinander in und um die Stadt; die dazugehörigen Weinberge sind in viele kleine Parzellen unterteilt und in der Umgebung miteinander vermischt.

Château Margaux

REISE-INFORMATIONEN

Margaux ist bis heute die einzige Gemeinde im Médoc, wo man komfortabel übernachten und ausgezeichnet speisen kann, sogar Austern, wenn man will.

HOTELS

Relais de Margaux, 33460 Margaux, Tel. 56 88 38 80. Hotel und Restaurant, 1985 in einem großen Park nahe beim Château Margaux eröffnet, mit schönem Blick über den Fluß. Kleine, aber moderne und komfortabel ausgestattete Zimmer (allerdings dünne Wände). Das Restaurant bietet Spezialitäten je nach Saison, u. a. Fisch in Rotwein, Krebs in Sauternes, Pauillac-Lamm. Klasse A.
Le Domaine des Ardillières, 33160 Salaunes, Tel. 56 05 20 70. Hotel und Restaurant im Kiefernwald mit beheiztem Swimming Pool und einem Tennisplatz. Salaunes liegt rund 20 km westlich von Margaux an der D105 und N215 über Castelnau-de-Médoc bzw. an der N215 von Bordeaux über St-Médard-en-Jalles nach Lacanau. Klasse B.

RESTAURANTS

Auberge des Criquets, 33290 Blanquefort, Tel. 56 35 09 24. Spezialität: Wild; aber auch die anderen Gerichte sind gut. Freundliche Bedienung. Anständige Unterkunft in 8 Zimmern. Klasse B.
Auberge le Savoie, 33460 Margaux, Tel. 56 88 31 76. Angenehmes Landgasthaus mit freundlicher Bedienung, guter Weinkarte und sowohl traditioneller als auch moderner Küche. Klasse C.
Larigaudière, 33460 Soussans, Tel. 56 88 74 02. Ableger des Weinguts Château Haut Breton Larigaudière. Moderne, gute Küche. Klasse B.

SEHENSWERTES

Blanquefort Wenn man von Bordeaux kommt, sieht man rechts der D2 die Burgruine Château de Duras aus dem 13. und 14. Jh. In Blanquefort hat die Landwirtschafts- und Weinbaufachschule mit eigenem Weingut, Château Dillon, ihren Sitz, ebenso die amerikanische Handelsfirma Barton & Guestier.
Macau Im Sommer lohnt sich eine Fahrtunterbrechung im reizvollen kleinen Hafen, wo man frische *fruits de mer* und ein Glas Weißwein zu sich nehmen kann. Eine Spezialität der hiesigen Fischer ist *alose* (Maifisch).
Küste und Waldland Die Kiefernwälder westlich des Weinbaugebiets bieten mannigfache Möglichkeiten für Ausflüge im Auto, mit dem Fahrrad oder Kanu, ebenso wie für Wanderungen zu Fuß oder zu Pferd. Eine Broschüre mit den verschiedenen Straßen und Wegen ist bei der Information Touristique in Bordeaux erhältlich. Sonne und Sand kann man an den herrlichen Stränden an der Atlantikküste sowie an den Binnengewässern Etang d'Hourtin und Etang de Lacanau genießen.

WEINBRUDERSCHAFTEN

Die Commanderie du Bontemps de Médoc et des Graves vertritt das ganze Médoc und Graves.

WEININFORMATIONEN

La Maison du Vin in Margaux bietet Informationen über Château-Besichtigungen und hält Wein zum Verkauf bereit.

CHÂTEAUX

MARGAUX, Postleitzahl 33460
Appellation Margaux.

Château Durfort-Vivens 71 B3
2e Grand Cru Classé.
Eines der Weingüter von Lucien Lurton. Die Keller liegen dem Château gegenüber an der Straße nach Margaux. Das Château selbst gehört heute nicht mehr zum Weingut, sondern ist Wohnsitz des Bürgermeisters von Margaux, Bernard Ginestet, dem Sohn des früheren Besitzers von Château Margaux.

Château Ferrière 71 B2
3e Grand Cru Classé
Ein sehr kleines Weingut; sein nicht übermäßig feiner Wein wird im Château Lascombes bereitet.

Château Lascombes 71 B2
2e Grand Cru Classé
Hervorragend geführtes und gepflegtes Gut, eines der größten im Médoc. Zu ihm gehört ein etwas plumpes Château aus dem späten 19. Jh. Die Weine sind elegant und entfalten sich in der Flasche überaus gut. Sie sind auch in schlechten Jahren meist zuverlässig.

Château Malescot St-Exupéry 71 B3
3e Grand Cru Classé
Das komfortable, 1885 erbaute Château steht an der Hauptstraße in Margaux. Die zugehörigen Weinberge sind weit verstreut. Der Wein hat sehr kräftige Farbe, viel Tannin, einige Fruchtigkeit und eine gewisse Finesse; meist verlangt er jahrelanges geduldiges Warten, bis er endlich zugänglich wird.

Château Margaux * 71 B3
1er Grand Cru Classé
Das eindrucksvollste Château im Médoc: Eine von großen Platanen gesäumte Allee führt zu einem großen, palastartig anmutenden Landhaus. Der inzwischen verstorbene André Mentzelopoulos kaufte es 1977 und sparte weder Geld noch Mühe, um es zu restaurieren und ihm wie auch dem Wein, der zuvor seine Qualität stark eingebüßt hatte, wieder zum alten Glanz zu verhelfen. Heute führt seine Frau mit ihren Töchtern sein Werk fort. Der Château Margaux kann der beste Rotwein im Médoc sein: voll, typisch, von höchster Konzentration. Das Zweitetikett heißt Pavillon Rouge. Unter dem Namen Pavillon Blanc du Château Margaux entsteht der einzige erstklassige Médoc-Weißwein aus einem mit Sauvignon Blanc-Reben besetzten Weinberg.

Château Marquis d'Alesme-Becker 71 B3
3e Grand Cru Classé
Das Gut ist dem Ch. Malescot St-Exupéry benachbart. Sein Wein ist recht verschlossen, aber seit 1979, nach dem Bau eines neuen *cuvier* und *chai,* geschmeidiger und eleganter geworden.

Château Marquis de Terme 71 C2
4e Grand Cru Classé
In den 80er Jahren wurde viel in Ausrüstungen, Kellerei und Empfangsräume investiert. Dem Wein ist es zugute gekommen: ein sauberer, fester Margaux mit Farbe, Gerbstoff, Saft und Kraft.

Château Rausan-Ségla 71 C3
2e Grand Cru Classé
Das Weingut Rausan geht bis auf das Jahr 1661 zurück. In der Französischen Revolution wurde der Besitz geteilt; ein Drittel davon erhielt den Namen Rauzan-Gassies. Das Château verblieb bei Ségla. Lange Zeit entsprach der Wein nicht seiner Klasse, aber seit Anfang der 80er Jahre ist er wieder auf herrlichem Qualitätsstand.

Château Rauzan-Gassies 71 C3
2e Grand Cru Classé
Das abgespaltene Drittel des alten Rausan-Besitzes (siehe oben). Der Wein ist untypisch für einen Margaux, ziemlich hart und streng, jedoch beachtenswert.

Château Canuet 71 C3
Empfehlenswerter, meist schön fruchtiger Wein; das Château steht mitten in Margaux. nach Besitzerwechsel 1987 ist die Zukunft ungewiß.

Château La Gurgue * 71 B3
Cru Bourgeois Supérieur
Eine Avenue fast genau gegenüber der Maison du Vin in Margaux führt zu dem vollständig restaurierten Château, wo seit 1978 bemerkenswert guter Wein entsteht.

Château Labégorce 71 B2
Cru Bourgeois Supérieur
Ein großes Château, Nachbar von Labégorce-Zédé (sie gehörten früher zu einem einzigen Weingut); sein Wein ist geschmeidig, rund, fast ölig, doch fehlt es ihm etwas an Finesse.

Château Labégorce-Zédé * 71 B2
Cru Bourgeois Supérieur
Luc Thienpont (aus der belgischen Besitzerfamilie von Vieux Château Certan in Pomerol u. a.) baut hier einen sehr sauberen, charaktervollen

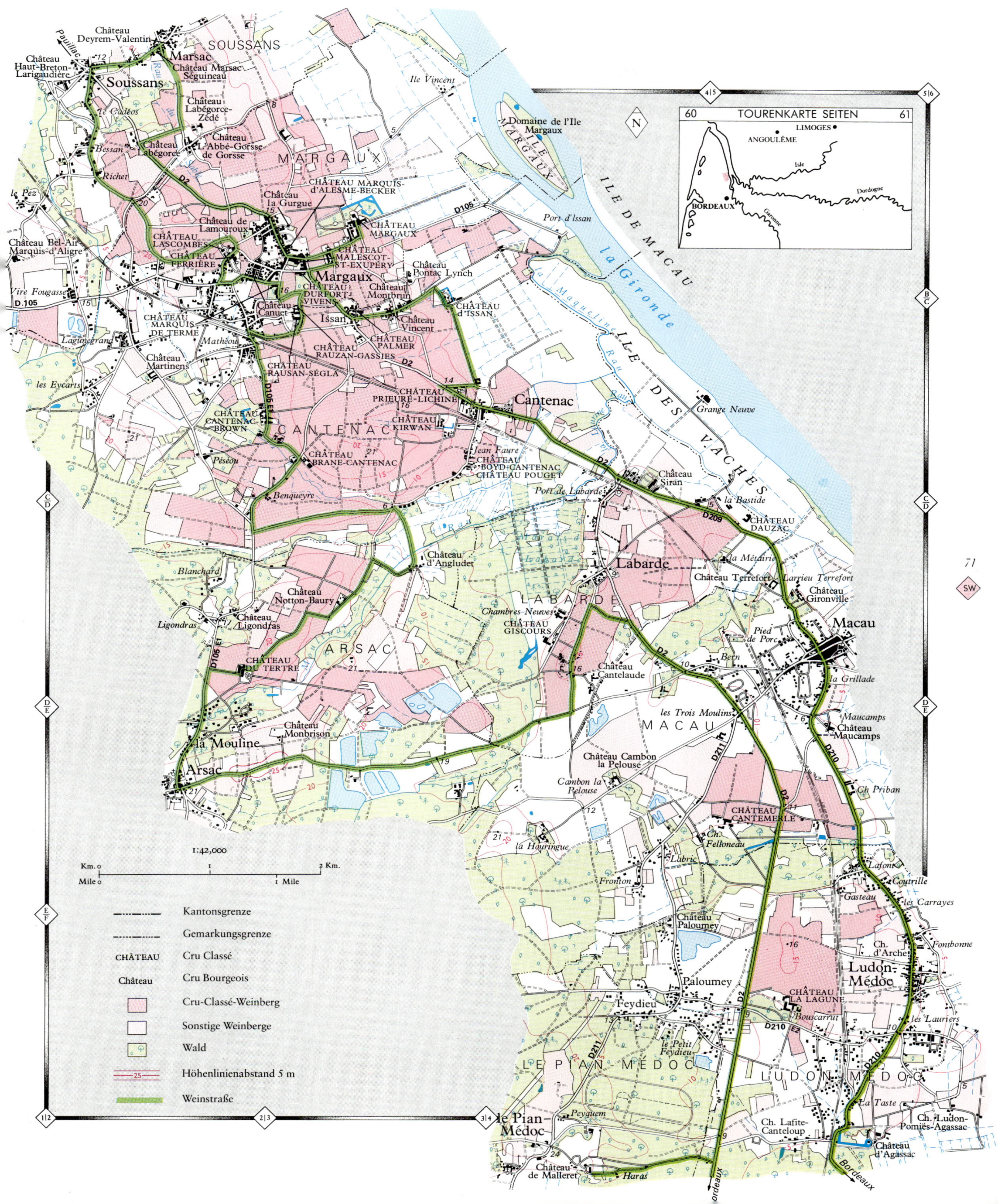
TOURENKARTE SEITEN
60
61
LIMOGES
ANGOULÊME
Isle
Dordogne
BORDEAUX
Garonne
Château Deyrem-Valentin
Château Haut-Breton-Larigaudière
Pauillac
SOUSSANS
Soussans
Marsac
Château Marsac Séguineau
Château Labégorce-Zédé
Château L'Abbé-Gorsse de Gorsse
Château Labégorce
le Cadéos
Bessan
Richet
le Pez
MARGAUX
Château la Gurgue
CHÂTEAU MARQUIS-D'ALESME-BECKER
CHÂTEAU MARGAUX
Château de Lamouroux
CHÂTEAU LASCOMBES
CHÂTEAU FERRIÈRE
CHÂTEAU MALESCOT-ST-EXUPÉRY
Margaux
Château Pontac Lynch
Château Bel-Air Marquis-d'Aligre
Vire Fougasse
D.105
CHÂTEAU MARQUIS DE TERME
CHÂTEAU DURFORT-VIVENS
Château Canuet
Château Montbrun
CHÂTEAU D'ISSAN
Issan
Château Vincent
CHÂTEAU PALMER
CHÂTEAU RAUZAN-GASSIES
CHÂTEAU RAUSAN-SÉGLA
Laguingrand
Mathéou
Château Martinens
les Eycarts
CHÂTEAU PRIEURÉ-LICHINE
Cantenac
CHÂTEAU CANTENAC-BROWN
CANTENAC
CHÂTEAU KIRWAN
CHÂTEAU BRANE-CANTENAC
Jean Faure
CHÂTEAU BOYD-CANTENAC
CHÂTEAU POUGET
Péseou
Benqueyre
Port de Labarde
Château Siran
Ile Vincent
Domaine de l'Ile Margaux
ILE MARGAUX
Port d'Issan
ILE DE MACAU
la Gironde
la Maqueline
ILE DES VACHES
Grange Neuve
la Bastide
CHÂTEAU DAUZAC
D209
la Métairie
Château d'Angludet
Labarde
LABARDE
Château Terrefort
Larrieu Terrefort
Château Gironville
Blanchard
Château Notton-Baury
Chambres Neuves
CHÂTEAU GISCOURS
Ligondras
Château Ligondras
ARSAC
CHÂTEAU DU TERTRE
Macau
Pied de Porc
Bern
Château Cantelaude
la Grillade
les Trois Moulins
MACAU
Maucamps
Château Maucamps
Château Monbrison
la Mouline
Arsac
Château Cambon la Pelouse
Cambon la Pelouse
D210
Ch. Priban
CHÂTEAU CANTEMERLE
Ch. Felloneau
la Houringue
Labric
Fronton
Lafont
Coutrille
Gasteau
les Carrayes
Château Paloumey
Ch. d'Arche
Fontbonne
Ludon-Médoc
Paloumey
CHÂTEAU LA LAGUNE
Bouscarrut
Feydieu
le Petit Feydieu
les Lauriers
LE PIAN-MÉDOC
LUDON-MÉDOC
La Taste
Ch. Ludon-Pomiès-Agassac
Ch. Lafite-Canteloup
Château d'Agassac
le Pian-Médoc
Peyguem
Château de Malleret
Haras
Bordeaux
Pauillac
1:42,000
Km.
Mile
Kantonsgrenze
Gemarkungsgrenze
CHÂTEAU Cru Classé
Château Cru Bourgeois
Cru-Classé-Weinberg
Sonstige Weinberge
Wald
Höhenlinienabstand 5 m
Weinstraße

Wein mit angenehmer Fruchtigkeit und guter Haltbarkeit.

Château Martinens 71 C2
Cru Grand Bourgeois
Teils in Margaux, teils in Cantenac; das Château wurde, so besagt die Chronik, 1767 von drei englischen Schwestern namens White erbaut. Der recht gefällige Wein hat sich in den letzten Jahren verbessert.

ARSAC, Postleitzahl 33460
Appellation Margaux

Château du Tertre * 71 D2
5ᵉ Grand Cru Classé
Das früher vernachlässigte Gebäude auf einem flachen Hügel ist jetzt restauriert. Der Wein des Guts zählt heute zu den zuverlässigsten in ganz Margaux.

Ebenfalls in Arsac: **Château Ligondras** mit robustem, altmodischem Wein für lange Kellerlagerung sowie **Château Monbrison,** ein Cru Bourgeois, wo jedes Jahr ein Drittel der Fässer gewechselt wird, damit der Wein eine charakteristische Eichenholznuance erhält.

CANTENAC, Postleitzahl 33460
Appellation Margaux

Château Boyd-Cantenac 71 C3
3ᵉ Grand Cru Classé
Der Wein ist kein besonders subtiler Margaux und braucht Zeit, um seine Qualität zur Geltung zu bringen.

Château Brane-Cantenac 71 C3
2ᵉ Grand Cru Classé
Große, gutgeführte Besitzung von Lucien Lurton mit Weinbergen in bester Lage auf dem Cantenac-Plateau. Der Wein ist gefällig, aber kaum aufregend zu nennen.

Château Cantenac-Brown 71 C2
3ᵉ Grand Cru Classé
Der imposante Bau mit über 350 Fenstern sieht wie ein englisches Landhaus aus. Der Wein, früher altmodisch und langsam reifend, ist zugänglicher geworden.

Château Desmirail
3ᵉ Grand Cru Classé
Ein niedriges graues Gebäude an der Kreuzung in Cantenac dient als Château. Der Wein wird vom Brane-Cantenac-Team bereitet: ein eleganter Margaux mit unverkennbarer Finesse.

Château d'Issan 71 C3
3ᵉ Grand Cru Classé
Das befestigte Schloß aus dem 17. Jh. wurde von der Familie Cruse liebevoll restauriert. In einem der Keller werden während des jährlichen Bordeaux-Festivals Konzerte gegeben. Der Wein zeichnet sich durch Gleichmäßigkeit, Eleganz und Finesse aus.

Château Kirwan 71 C3
3ᵉ Grand Cru Classé
Eine Villa aus dem 18. Jh., die sich im Sommer mit der schönsten Blumenschau umgibt. Der Wein ist sehr zuverlässig und hat ein schönes blumiges Bukett (passend zum Garten?).

Château Palmer * 71 C3
3ᵉ Grand Cru Classé
Das Bilderbuch-Château mit seinen vier spitzen Türmen bringt prachtvollen, ausgewogenen Wein mit viel Charme und Finesse hervor, der deutlich besser ist, als es der 3. Klasse entspricht. Das Château führt die englische, holländische und französische Flagge als Zeichen für die Nationalität seiner drei Besitzer.

Château Pouget 71 C4
4ᵉ Grand Cru Classé
Hier wurde bis 1983 der Wein von Boyd-Cantenac bereitet. Heute bringt ein neuer *cuvier* und *chai* gegenüber der alten Kellerei (wo der Boyd-Cantenac noch immer entsteht) einen robusten, manchmal recht stahligen Wein mit viel Gerbstoff und kräftiger Farbe hervor, der lange lagern muß.

Château Pontac Lynch 71 B3
Cru Bourgeois
Ein recht bescheidenes Familienweingut, in dem sich zwei berühmte Namen verbinden; sein Wein ist nur korrekt zu nennen.

Château Palmer

Château Prieuré-Lichine 71 C3
4ᵉ Grand Cru Classé
Das vielleicht gastfreundlichste Grand-Cru-Weingut im Médoc. Prieuré-Lichine ist ein ehemaliges Kloster, wo die Benediktiner schon vor Jahrhunderten Wein bauten; 1951 kaufte Alexis Lichine den Besitz und erweiterte die Weinberge allmählich. Der Wein ist schön ausgebaut und hat genug Rückgrat für ein langes Leben, und obendrein ist er preiswert.

Château d'Angludet * 71 D3
Cru Bourgeois Supérieur Exceptionnel
Das in einem friedlichen Park mit grasenden Ponies weltabgeschieden gelegene Château ist der Wohnsitz von Peter Sichel, dem englischen Mitbesitzer von Château Palmer. Der Wein hat eigentlich gleichmäßige Grand-Cru-Qualität, ist komplex und vollendet.

LABARDE, Postleitzahl 33460
Appellation Margaux

Château Dauzac * 71 D5
5ᵉ Grand Cru Classé
Die neuen Gebäude befinden sich neben dem alten, nicht mehr benutzten Château. Seit 1978 entsteht hier wieder interessanter Wein, der weiter im Aufstieg zu sein scheint.

Château Giscours * 71 D4
3ᵉ Grand Cru Classé
Ein großes, betriebsames Château mit *chais* in einem schönen Park mit einem zur Beeinflussung des Mikroklimas künstlich angelegten See. Hier entsteht selbst in minderen Jahren straffer, konzentrierter Wein mit gutem Ruf. Seit 1970 führt Pierre Tari das Gut.

Château Siran * 71 C4
Cru Bourgeois Supérieur
Ein charmantes Gut, berühmt durch seine Alpenveilchen zur Lesezeit sowie durch seinen außerordentlich eleganten Wein. Der Besitzer Alain Miailhe strebt für ihn Cru-Classé-Status an, sicherlich zu Recht. In seinem Atomschutzbunker hat er mit Vorbedacht die besten Jahrgänge eingelagert.

Château d'Issan

Château Prieuré-Lichine

SOUSSANS, Postleitzahl 33460
Appellation Margaux
(siehe Karte Mittleres Médoc, Seite 75)

Château Paveil de Luze 75 F6
Cru Grand Bourgeois
Ein mehr als nur achtbares Cru Bourgeois des Barons Geoffroy de Luze. Das Château ist im für das Médoc typischen Chartreuse-Stil erbaut, lang und flach mit zwei Flügeln und zwei viereckigen Türmen.

Château Tayac 75 F7
Cru Bourgeois
Großes, modernes Weingut mit gefälligem, vollem Wein. Das Château gegenüber der Kellerei ist nicht mehr bewohnt.

Château la Tour de Mons * 75 F7
Cru Bourgeois
Soussans, der am weitesten nördlich gelegene der fünf an der Appellation Margaux beteiligten Orte, ist so klein, daß man hindurchgefahren ist, bevor man ihn recht bemerkt. Ein Straßenschild weist hin auf La Tour de Mons, einen historischen Besitz mit den Überresten einer im 13. Jh. begonnenen Burg. In guten Jahren ist der Wein dieses Guts fast undurchsichtig; Duft und Geschmack entfalten sich erst nach langer Lagerung.

BLANQUEFORT, Postleitzahl 33290
Appellation Haut-Médoc

Château Dillon
Cru Bourgeois
Gefälliger Wein, bereitet von den Schülern der Landwirtschaftsfachschule.

Château Magnol
Ein milder, recht fester Haut-Médoc, in wenigen Jahren trinkreif. Er wird seit 1979 vom Handelshaus Barton & Guestier, dessen Gebäude direkt am Weinberg stehen, bereitet und vertrieben.

Château d'Agassac

LUDON, Postleitzahl 33290
Appellation Haut-Médoc

Château La Lagune 71 F5
3e Grand Cru Classé
Das Château aus dem Jahr 1730, früher ein Kartäuserkloster, ist eine niedrige Villa im typischen Stil der Region Bordeaux. Es bringt einen äußerst zuverlässigen Wein mit schöner Frucht, milder Festigkeit, leichter Würzigkeit und einem Hauch Vanillearoma von neuen Eichenholzfässern hervor. Das tadellos geführte Gut gehört dem Champagner-Haus Ayala.

Château d'Agassac * 71 G5
Cru Grand Bourgeois Exceptionnel
Ein prachtvoll romantisches befestigtes Schloß aus dem 13. Jh.; vor ihm breiten sich die Weinberge von Ludon aus, und dahinter beginnen die Wälder des Landes. Unter der Leitung von Philippe Capbern-Gasqueton (s. a. Calon-Ségur, Capbern und du Tertre) bringt das Gut sauberen, robusten Wein hervor, dem längere Flaschenlagerung gut bekommt.

Château d'Arche 71 F5
Cru Bourgeois Supérieur
Das bescheidene Château steht mitten in Ludon, versteckt hinter einer hohen Mauer. Es hat ein hübsches kleines Museum mit antiken Kellereigeräten. Die Weine sind konservativ, zuverlässig und noch nach vielen Jahren erfreulich.

MACAU, Postleitzahl 33460
Appellation Haut-Médoc

Château Cantemerle * 71 E5
52 Grand Cru Classé
Ein rechtes Dornröschenschloß, verborgen in romantischen Wäldern abseits der Hauptstraße; ein herrliches Ausflugsziel. Die Weine des Guts durchliefen in den 70er Jahren eine schwache Zeit, doch seit 1980 hat eine Gruppe die Sache in die Hand genommen, die mit Hilfe des Handelshauses Cordier alles völlig renoviert hat. Die Weinqualität ist inzwischen vorbildlich und durch Fülle, Tiefe und Nachhaltigkeit gekennzeichnet.

Château Cambon la Pelouse 71 E4
Cru Bourgeois Supérieur
Milder, gefälliger, früh genußreifer Wein.

Château Maucamps * 71 E5
Cru Bourgeois
Kräftiger, sauberer Haut-Médoc mit der Eleganz eines Margaux. Vor allem ab 1981 empfehlenswert.

SW

PAREMPUYRE, Postleitzahl 33290
Appellation Haut-Médoc

Château Pichon
Die Weinberge wurden jetzt, nachdem sie fast 60 Jahre brachgelegen hatten, wieder neu bepflanzt, und auch das große Château wurde restauriert. Der Wein ist beachtenswert.

LE-PIAN-MEDOC, Postleitzahl 33290
Appellation Haut-Médoc

Château de Malleret 71 G4
Cru Grand Bourgeois
Schönes Familiengut mit prachtvollen Pferdeställen – der Besitzer, Graf Bertrand du Vivier, ist nicht nur Weinhändler und Weinbauer, sondern auch ein Pferdenarr. Sein Wein ist ein guter, fester, ausgewogener Haut-Médoc.

LE TAILLAN, Postleitzahl 33320
Appellation Haut-Médoc

Château du Taillan
Cru Grand Bourgeois
Das erste bedeutende Gut auf dem Weg von Bordeaux zum Médoc (die Grenze zwischen Médoc und Graves verläuft mitten hindurch). Das monumentale Château aus dem 18. Jh. ist großartig erhalten; seine 300 Jahre alten Keller stehen unter Denkmalschutz. Der Wein ist ziemlich mild und geschmeidig; auch ein gefälliger weißer Bordeaux entsteht hier.

DAS MITTLERE MÉDOC

Während die Nachbargemeinden Margaux und St-Julien mit ihren Grands Crus prunken, geht es im mittleren Médoc bescheidener zu. Hier gibt es keine Châteaux der aristokratischen Art, nur Weingüter der Mittelklasse: Die Crus Bourgeois beherrschen die Szene. Dabei ist es bedauerlich, daß keinem einzigen Weingut eine höhere Bewertung zuteil wird, denn viele bringen Weine hervor, die es mit den Grands Crus durchaus aufnehmen können. Zwei Beispiele sind Chasse-Spleen und Maucaillou in Moulis-en-Médoc.

Die Gemeinde Moulis hat ihre eigene Appellation, alle übrigen außer Listrac fallen unter die Bezeichnung Haut-Médoc. Der Ort Moulis besteht eigentlich nur aus einer Hauptstraße und ein paar Häusern. Grand Poujeaux, einige Kilometer weiter nordöstlich, hat da schon mehr Gewicht, vor allem was den Wein anlangt: In und um Grand Poujeaux sind viele bekannte Weingüter, die zum Teil „Poujeaux" im Namen führen. Moulis leitet sich von dem Wort *moulins* her, denn hier gab es früher große Kornfelder und viele Windmühlen.

Die ersten Weinberge wurden in 15. und 16. Jahrhundert angelegt. Die feineren Weine kommen zumeist vom Kiesplateau von Poujeaux und aus dem Südosten, wo der Kies mit Lehm vermischt ist. Im Südwesten besteht der Boden aus Kies und Sand und um Moulis selbst aus kalkhaltigem Lehm. Diese unterschiedlichen Bodenarten tragen zu der Verschiedenheit der Weinstile in Moulis-en-Médoc bei. Manche reifen zu ebensolcher Fülle, Milde und Finesse heran wie ein St-Julien, andere sind fester und strenger, wieder andere fallen durch geschmeidige Art auf und erfordern nur wenig Geduld.

Als zweite Gemeinde des mittleren Médoc hat Listrac eine eigene Appellation westlich und nördlich von Moulis. Früher hieß sie einfach Listrac, doch 1986 wurde sie in Listrac-Médoc geändert, um Verwechslungen mit Lirac an der Rhône zu vermeiden. Die N215, auf der im Sommer die Einwohner von Bordeaux scharenweise an die Strände im Norden der Halbinsel fahren, verläuft durch den Ort und an der Winzergenossenschaftskellerei vorüber, wo rund ein Drittel des Ertrags an Trauben verarbeitet wird. Der Ort liegt am Fuß des höchsten Hügels im Médoc, der sich 43 m über den Meeresspiegel erhebt und einen Leuchtturm trägt. Dieser Kieshügel bildet auch die Wasserscheide. Die nach Osten fließenden Bäche münden in die Gironde und die nach Westen fließenden ins Meer. Die tieferen Bodenschichten sind unterschiedlich zusammengesetzt. Zum Teil bestehen sie aus Pyrenäen-Kies, zum Teil aus kalkhaltigem Lehm und aus von der Garonne angeschwemmtem Geröll. Hier wurde früher vorwiegend Merlot angebaut, heute allerdings entfällt mindestens die Hälfte des Rebbestands auf Cabernet Sauvignon. Dadurch hat der Wein an Finesse gewonnen, doch meist ist der Listrac kraftvoll, körperreich und festgefügt.

Den übrigen Gemeinden des mittleren Médoc steht die Appellation Haut-Médoc zu. In Avensan und Arcins sind die Weine dem Margaux in der Art ähnlich (schließlich gehört Soussans noch zur Appellation Margaux). Der Ort Lamarque, von wo aus die Autofähre nach Blaye geht, hat viel tiefgelegenes Land, auf dem kein hochwertiger Wein wächst. Weiter landeinwärts liegen jedoch einige blühende Weingüter wie das prächtige Château de Lamarque, ein jahrhundertealtes Schloß mit Zinnen und Türmen und einem Innenhof mit Palmen und weißen Tauben.

REISE-INFORMATIONEN

Kulinarische Höhepunkte gibt es im mittleren Médoc nicht, doch lohnt es sich stets, die Restaurants zu erkunden, in denen es lokale Spezialitäten und den Wein der Gegend gibt.

HOTELS

Hôtel de France, 33480 Listrac, Tel. 56 58 03 68. Kleines Hotel mitten im Ort mit sauberen, anständigen Zimmern. Klasse C.

RESTAURANTS

Le Lion d'Or, 33460 Arcins, Tel. 56 58 96 79. Schöne Atmosphäre und schmackhaftes Essen. Bei den Einheimischen sehr beliebt. Klasse C.

Le Relais du Médoc, 33460 Lamarque, Tel. 56 58 92 27. Regionale Küche (Spezialität *escargots à la bordelaise);* ausgesprochen preiswert. Einige Hotelzimmer. Klasse C.

Cercle Œnologique de Clarke, 33480 Moulis, Tel. 56 88 84 29. Von Château Clarke in Listrac betrieben, von Juni bis Oktober mittags und abends sowie für Weinproben geöffnet. Klasse C.

SEHENSWERTES

Avensan Die Kirche enthält Bas-Reliefs aus dem 15. Jh.

Castelnau-de-Médoc Dörfchen, 6 km südlich von Listrac, mit einer interessanten Kirche.

Cussac-Fort-Médoc Fort Médoc an der Gironde wurde 1690 von dem Festungsbauer Vauban errichtet. Zusammen mit der Zitadelle von Blaye auf dem gegenüberliegenden Ufer und dem Fort Pâté auf einer kleinen Insel im Strom bildete es eine Befestigungslinie gegen räuberische Angreifer. Am Festungstor ist die Sonne Ludwigs XIV. zu sehen. Ebenfalls in Cussac ist das Château Lanessan mit seinem Musée du Cheval und einer Kutschensammlung sowie mit Ställen und Sattelkammer aus dem 19. Jh. zu besichtigen.

Lamarque Das große Château de Lamarque ist ein Wahrzeichen des Médoc: ein prachtvolles befestigtes Schloß mit Kellergewölben und einer Kapelle aus dem 11. und 12. Jh. Die Autofähre über die Gironde nach Blaye geht vom Pier in Lamarque aus.

Listrac Das Dorf hat eine romantische Kirche aus dem 13. Jh. mit gotischen Elementen.

Moulis-en-Médoc Romanische Kirche mit einem Wehrturm; ferner eine alte Wassermühle, Moulin de Tiquetorte.

WEININFORMATIONEN

Im mittleren Médoc gibt es keine Maison du Vin, doch dürfte in den größeren Orten wie Lamarque und Grand Poujeaux Näheres über Besichtigungsmöglichkeiten in den umliegenden Châteaux zu erfahren sein. Von Juni bis September sind Besucher im Château Clarke, dem spektakulären Besitz des Barons Edmond de Rothschild in Listrac, sehr willkommen.

Château Moulin de la Rose
Beychevelle
Pauillac
ST-JULIEN
CHÂTEAU GRUAUD-LAROSE
CHÂTEAU SAINT-PIERRE
CHÂTEAU BEYCHEVELLE
D.101
Port de Beychevelle
le Bourdieu
CHÂTEAU BRANAIRE-DUCRU
D2
Chenal du Milieu
Chenal du Despartins
le Marais de Beychevelle
Château Lanessan
Sainte-Gème
Château la Chesnaye
le Cul du Bosc
ST-LAURENT
Labat
Château Caronne Ste-Gemme
les Valets
Dom. de Becamil
le Pré de Madame
la Gironde
le Marais du Merich
les Maragnes
Château Moulin Rouge
la Rue
le Grand Pré Neuf
Gaston
CUSSAC
le Parc Neuf
Peylande
Caudou
Château Lamothe-de-Bergeron
Payat
Bernones
Château Dian
Cussac
Château Du Raux
Cussac-Fort-Médoc
Fort Médoc
Château Aney
Château Beaumont
Lalande
Laiga
D2 E9
Château Romefort
Château la Tour-du-Haut-Moulin
les Martins
Jalle du Cartillon
Blaye
Vieux Cussac
Château du Rétout
Château Lamarque
Château Cap de Haut
Château Fort-de-Vauban
Milous
Lamarque
D5
le Rétou
Martinon
Couhenne
Fossé de Monchugue
Ruisseau du Cartillon
Château du Cartillon
Plantey
Cap l'Ousteau
les Calinottes
Lesparre-Médoc
St-Laurent-et-Benon
Château la Bécade
Château Lafon
la Planche du Roi
LAMARQUE
Château Moulin-Rose
N215
Château Fourcas-Dupré
Château Malescasse
Maucaillou
Coulonnet
le Fourcas
les Marcreux
Château Saranson-Dupré
Château Maucaillou
Gare
Château Barreyres
Médrac
le Tris
Château Poujeaux
D5 E2
la Potence
le Petit Bourdieu
Château Grand Poujeaux
Grand Poujeaux
Château Gressier-Grand-Poujeaux
Château Courant-Barrow
le Beyan
ARCINS
Château Fourcas-Hosten
Listrac-Médoc
Peyrelebade
Château Dutruch-Grand-Poujeaux
Château Chasse-Spleen
Château Tour-du-Roc
Château d'Arnauld
Château la Closerie-Grand-Poujeaux
Arcins
Cave-Coop
Château Pierre-Bibian
Ruisseau de Larrayau
le Bourdieu
Cagnac
Château Tramont
Château d'Arcins
Cave-Coop.
LISTRAC-MÉDOC
Château Guitignan
D208
MOULIS-EN-MÉDOC
Château Clarke
Queue de Boeuf
Estey d'Arcins
Château Lestage
Molinay
Château Brillette
SOUSSANS
Château du Grand Soussans
Grand Soussans
Seguin
Château la Tour-de-Mons
Château Fonréaud
Peyvigneu
Bourriche
Moulis-en-Médoc
Château Tayac
la Tamponnette
Ruisseau du Pont d'Olisson
Tiquetorte
Piquey
Château Ruat Petit Poujeaux
le Petit-Poujeaux
D2
Soussans
la Mouline
Château Paveil-de-Luze
Château Duplessis Fabre
Château Haut-Breton Larigaudière
Margaux
Cliaux
AVENSAN
le Mayne
Château Moulis
la Jallette
Château Citran
Jalle de Tiquetorte
Laudère
Château Villegorge
Vent
Bouqueyran
D5
Bordeaux
Avensan
Avensan
3|4
4|5
5|6
6|7
7|8
B/C
C/D
D/E
E/F
F/G
N

SW

CHÂTEAUX

MOULIS, Postleitzahl 33460
Appellation Moulis

Château Chasse-Spleen * 75 E5
Cru Grand Bourgeois Exceptionnel
Wahrhaft ein ausnehmend guter Moulis, der sich schon oft als gleichrangig mit den Crus Classés erwiesen hat. Er wird in Eichenfässern ausgebaut, die meist jedes Jahr zur Hälfte erneuert werden. Ein kleinerer Teil der Weinberge liegt in Listrac.

Château Dutruch Grand Poujeaux 75 E5
Cru Grand Bourgeois Exceptionnel
Gerbstoffreicher, anfänglich abweisender Wein, der viel Geduld verlangt.

Château Maucaillo * 75 E5
Cru Bourgeois
Der Name des Weinguts stammt von einer alten Beschreibung des Bodens her: mauvais cailloux (schlechtes Gestein), denn für den Anbau von Korn war er zu steinig. Erst später stellte es sich heraus, wie gut er sich für die Rebe eignet. Der geschmeidige Wein voller subtiler Nuancen ist von einem Grand Cru kaum zu unterscheiden. Im Château befindet sich ein Weinmuseum.

Château Moulin à Vent 74 F3
Cru Grand Bourgeois
Obwohl ein Drittel der Weinberge in Listrac liegt, wird aller Wein als Moulis verkauft. Dominique Hessel hat seit 1977 viel Zeit und Geld investiert, das macht sich im Wein bemerkbar.

Château Poujeaux * 75 E5
Cru Grand Bourgeois Exceptionnel
Nach Chasse-Spleen das größte Gut in Moulis. Dank den Anstrengungen der Familie Theil ist der Wein so bekannt geworden, daß er sich direkt und nicht über den Weinhandel in Bordeaux verkauft. Er ist dunkel und langlebig, braucht viel Zeit, um sich zu entfalten, doch die Geduld wird meist reichlich belohnt.

Ferner in Moulis: **Châteaux Biston-Brillette, Branas Grand Poujeaux*** und **Brillette.**

LISTRAC, Postleitzahl 33480
Appellation Listrac-Médoc

Château Clarke * 75 F4
Cru Bourgeois
Seit 1973 hat Baron Edmond de Rothschild (von der Besitzerfamilie von Château Lafite-Rothschild) Millionen ausgegeben, um Château Clarke zum spektakulärsten und technisch fortschrittlichsten Weingut in Listrac zu machen. Der Wein hat noch nicht genug Tiefe und Nachhaltigkeit, um in Listrac zur Spitze zu gehören, doch kann dies nur eine Frage der Zeit sein.

Clos des Demoiselles *
Das kleine Weingut liegt an der D2 auf einem rebenbesetzten Hang bei Listrac. Der Wein ist brillant und wunderbar ausgeglichen, doch leider gibt es davon nur 2000 Kisten im Jahr.

Château Fourcas Dupré * 75 D3
Cru Grand Bourgeois Exceptionnel
Konzentrierter Listrac von höchster Qualität. Der Weinberg liegt rund 1 km vom Dorf entfernt an der D2 und bietet Besuchern einen großen Parkplatz.

Château Fourcas-Hosten * 75 E3
Cru Grand Bourgeois Exceptionnel
Ein feiner Wein mit viel Frucht und Tannin und mit der Klasse eines Spitzengewächses. Das Château liegt gegenüber der Kirche von Listrac aus dem 13. Jh.

Château Lestage * 75 F3
Cru Bourgeois
Ein imposantes Château in einem Park mit großen alten Bäumen. Den Besitzern gehört auch Château Fonréaud auf der anderen Seite des Hügels in Listrac. Der Wein ist durch und durch ein Listrac und hat sich seit Anfang der 80er Jahre stetig verbessert.

Ferner in Listrac: **Châteaux Cap Léon Veyrin** (einige Zimmer über dem *chai* werden an Feriengäste vermietet); **Ducluzeau*** (gehört der Besitzerfamilie von Ducru-Beaucaillou in St-Julien und weiteren Gütern); **Fonréaud** und **Peyredon Lagravette*** (Familienweingut beim Dörfchen Médrac).

ARCINS, Postleitzahl 33460
Appellation Haut-Médoc

Château d'Arcins 75 E6
Cru Bourgeois
Von der D2 aus nicht zu übersehen; der ganze Komplex wurde von der Familie Castel (von der Castelvin-Tafelweinfirma) restauriert und erweitert, ebenso wie Château Barreyres am Fluß.

Ferner in Arcins: **Château Arnauld** mit elegantem, fruchtigem Haut-Médoc.

AVENSAN, Postleitzahl 33480
Appellation Haut-Médoc

Château Citran * 75 F5
Cru Grand Bourgeois Exceptionnel

Viele Weingüter in Bordeaux füllen einen Teil ihres Weins in große Flaschen ab, weil er sich darin besser und gleichmäßiger entfaltet als in den Standardflaschen.

Sauberer, geschmeidiger Wein, der allerdings derzeit hinter den anderen „Exceptionnels" etwas herhinkt. Die Weinberge gehören zu einem waldreichen 400-ha-Gut.

Château de Villegeorge * 75 F5
Cru Bourgeois Supérieur Exceptionnel
Ein Besitz von Lucien Lurton (u. a. Inhaber von Brane-Cantenac) auf stark kieshaltigem Boden mit schön abgerundetem, nachhaltigem und langlebigem Wein mit kräftiger Farbe.

Ferner in Avensan: **Château Tour Carelot*.**

CUSSAC-FORT-MÉDOC, Postleitzahl 33460
Appellation Haut-Médoc

Château Lanessan * 75 B5
Cru Bourgeois Supérieur
Klassischer intensiver Wein in traditioneller Machart, der es in der Qualität mit einem Grand Cru aufnehmen kann. Im Château befindet sich ein Kutschenmuseum (s. a. Sehenswertes).

Ferner in Cussac-Fort-Médoc: **Châteaux Beaumont, Lachesnaye** (an diesem Château kommt man auf dem Weg nach Lanessan vorbei; es gehört auch demselben Besitzer) und **Tour du Haut Moulin.**

LAMARQUE, Postleitzahl 33460
Appellation Haut-Médoc

Château de Lamarque 75 D6
Cru Grand Bourgeois
Voller, fester, im Alter manchmal samtiger Wein aus einem prachtvollen alten Schloß (s. a. Sehenswertes).

Ferner in Lamarque: **Château Malescasse.**

ST-JULIEN

Fischerhütten stehen auf schwankenden Pfählen am sumpfigen Ufer der Gironde. Die Netze hängen an Winden.

Eine friedliche Landschaft mit Wiesen, auf denen Vieh unter alten Weiden grast, bildet die Trennungslinie zwischen den Weinbergen von Cussac-Fort-Médoc im Süden und denen von St-Julien-Beychevelle im Norden. Eine Brücke über einen kleinen Bach ist der Grenzübergang, dann macht die Straße eine Biegung und steigt zu Château Beychevelle hin an. Noch ein Stück weiter steht an der D2 eine gigantische Flasche mit dem aufgemalten Werbespruch „Grand Vin de St-Julien-Médoc." Sie ist ganz und gar fehl am Platz, denn St-Julien ist wohl von allen Weinorten im Médoc derjenige, der am wenigsten Reklame nötig hat, so berühmt und gesucht ist sein Wein in aller Welt. Denkt man sich das Médoc als eine Kunstgalerie, dann müßte man sich den Raum für St-Julien mit Gemälden großer Meister geradezu vollgestopft vorstellen. Die Grands Crus herrschen vor: Nicht weniger als 11 sind es, und sie teilen sich in 85 % der Rebfläche. Aber auch die übrigen St-Julien-Weine entsprechen nahezu alle höchsten Maßstäben. In der Qualität ist St-Julien die gleichmäßigste unter den Bordeaux-Appellationen, mindere Weine gibt es hier gar keine und nur wenige mittelmäßige.

Im wesentlichen zieht der St-Julien seine guten Eigenschaften aus dem stark kieshaltigen Boden der beiden großen Plateaux. Das Beychevelle-Plateau wird im Süden von einem Jalle du Nord genannten Bach begrenzt und im Norden von einem Tal, durch das ebenfalls ein Bach fließt. Wo die D2 dieses Tal durchquert, liegen die Weingüter Langoa-Barton und Léoville-Barton. Das zweite Plateau, in dessen Mitte der Ort St-Julien-Beychevelle liegt, erstreckt sich vom Fluß aus nordwärts. Der Ruisseau de Juillac bildet seine Nordgrenze und zugleich die Trennungslinie zwischen St-Julien und Pauillac.

Die Ursprünge von St-Julien gehen vermutlich auf das 7. Jahrhundert zurück, aber es gibt nur wenige Spuren der frühen Geschichte. Das 18. Jahrhundert dagegen ist durch zahlreiche Châteaux prächtig vertreten: Beychevelle, Gruaud-Larose, Langoa-Barton, Branaire-Ducru, Lagrange und andere mehr. Im 16. Jahrhundert hieß das Beychevelle-Gut noch Château de Médoc, doch der Name wurde geändert, als es der Duc d'Epernon, Admiral von Frankreich, als Heiratsgut erhielt. Von nun an hatten alle Schiffe, die stromaufwärts nach Bordeaux fuhren, das Château durch Senken ihrer Segel zu grüßen, und so wurde der dazugehörige Befehl *„baisse voile"* (auf gascognisch *„bacha velo"*) zum Namen des Schlosses – mindestens behauptet das die Legende. Das Etikett von Beychevelle zeigt noch heute ein Schiff mit gesenktem Segel. Das Château wurde 1757 durch einen Neubau im Louis-XV-Stil ersetzt. Seine Fassade schaut über eine breite Flucht von Stufen und einen schönen Garten hinweg auf die ferne Gironde; auf der Rückseite befindet sich ein Hof mit kunstvoll angelegten Blumenbeeten.

In der von eleganten Châteaux beherrschten Gemeinde entstehen zauberhafte Weine: wunderbar abgerundet, mit Charme, Anmut, Frucht, meist nicht ganz so stark wie die Weine von Pauillac, aber mit der delikaten Finesse bester Gewächse aus Margaux.

Westlich von St-Julien-Beychevelle schließt die Gemeinde St-Laurent-et-Benon an. Früher verlief die N215 Bordeaux–Soulac mitten durch St-Laurent, inzwischen aber wurde eine Umgehungsstraße gebaut. Die Weine aus dieser Gemarkung zeigen oft starke Ähnlichkeit mit dem St-Julien, und so wäre es nur gerecht, wenn sie mit ihm die Appellation teilen dürften (wie etwa die Weine von Labarde und Arsac als „Margaux" verkauft werden können). Ein neidisches Geschick hat es anders gewollt: St-Laurent fällt in die Appellation Haut-Médoc. Auch in St-Laurent hat der Weinbau alte Tradition. Das Château La Tour-Carnet – es trägt den Namen einer alten Feste aus dem 13. Jahrhundert – wurde schon zu Anfang des 15. Jahrhunderts zum doppelten Preis des damals sehr begehrten roten Graves verkauft.

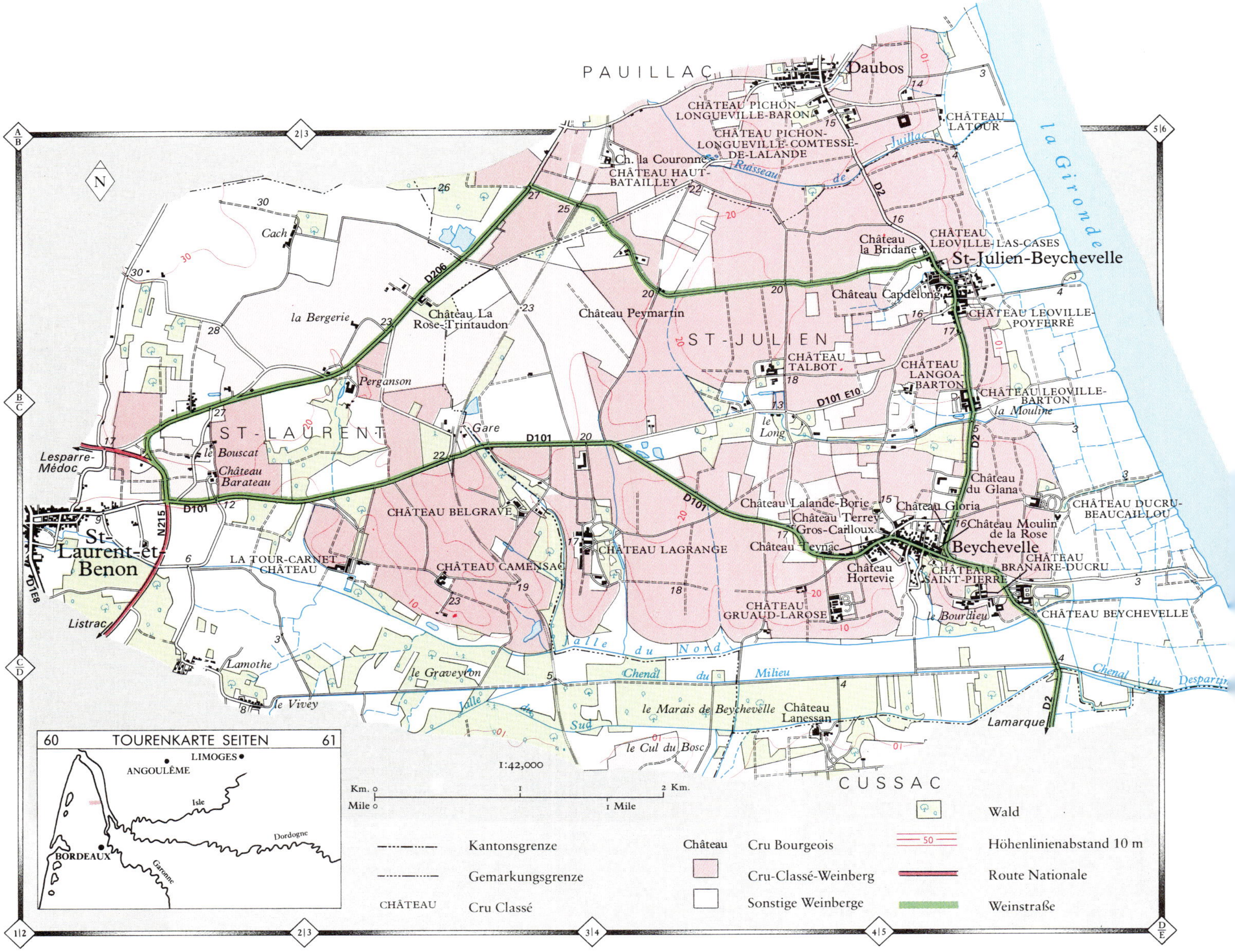

REISE-INFORMATIONEN

Zwar werden die Weine aus St-Julien und St-Laurent nur in den besten Restaurants der Welt serviert, in ihrer Heimat jedoch kann man sie selbst in der einfachsten Gaststätte genießen – oder auch in den Châteaux, aber das ist ein seltenes Privileg. In St-Julien-Beychevelle gibt es kein Hotel, doch in einem der beiden Hotel-Restaurants in St-Laurent ist Übernachtung möglich. Siehe auch Reiseinformationen zu Bordeaux, Margaux und Pauillac.

RESTAURANTS

Bar-Restaurant du Square, 33250 St-Julien-Beychevelle, Tel. 56 59 08 26. Schlichte, ländliche Küche. Klasse C.
Hotel-Restaurant Le Lion d'Or, 33112 St-Laurent-et-Benon, Tel. 56 59 40 21. Einfach und ordentlich; empfehlenswerte regionale Gerichte. Klasse C.
Hotel-Restaurant de la Renaissance, 33112 St-Laurent-et-Benon, Tel. 56 59 40 29. Der *patron* versorgt die Châteaux (und die Weinleser) mit Mahlzeiten. Nahrhafte regionale Kost. Klasse C.

SEHENSWERTES

Sowohl in St-Julien-Beychevelle als auch in St-Laurent-et-Benon gibt es eine interessante Kirche. Ansonsten kann man die Châteaux und die Weine bewundern.

WEININFORMATIONEN

Viele Güter in St-Julien wie auch im übrigen Médoc heißen Besucher willkommen. Eine vorherige Anmeldung ist nützlich (je großartiger das Château, desto wichtiger ist dies). Auch dem zufällig eintreffenden Besucher stehen Beychevelle, Branaire-Ducru und Lagrange offen. Besichtigungszeiten: meist von 10 bis 12 und 15 bis 17 Uhr, montags bis freitags. Viele Weingüter sind im August völlig geschlossen.

CHÂTEAUX

ST-JULIEN-BEYCHEVELLE,
Postleitzahl 33250
Appellation St-Julien

Château Beychevelle * 78 C5
4e Grand Cru Classé
1983 kaufte die Öffentliche Hand von der Familie Achille-Fould die Aktienmehrheit, und seither sind längst nötige Verbesserungen geschehen, u. a. die Installierung von Edelstahl-Gärtanks. Beychevelle-Wein besitzt die Ausdauer eines Marathonläufers und zeigt seine wahre Klasse oft erst nach vielen Jahren. Das Château aus dem 17. Jh. ist eines der schönsten im Médoc.

Château Branaire-Ducru 78 C5
4e Grand Cru Classé
Ein verlockender Veilchenduft und ein sanfter, doch fester Geschmack sind die auffälligsten Merkmale dieses stets gleichmäßig guten St-Julien. Das weit hinten auf dem Grundstück stehende untadelige Château liegt Beychevelle gegenüber.

Château Ducru-Beaucaillou * 78 C5
2e Grand Cru Classé
Das Château steht majestätisch vor dem uferseitigen Hang des südlichen St-Julien-Plateaus. Die von zwei massigen Türmen flankierte Fassade ist zur Gironde gerichtet; ein herrlicher Park bereichert den Ausblick. Mit Fleiß und Sachkenntnis hat die Familie Borie den Ducru-Beaucaillou neben dem Léoville-las Cases zu einem der Spitzenweine von St-Julien und des ganzen Médoc gemacht. Er ist köstlich, vollmundig, mild, stilvoll und mit der für lange Lebensdauer nötigen Kraft versehen.

Château Gruaud-Larose 78 C4
2e Grand Cru Classé
Reife Frucht und unverkennbare

Finesse sind die Wahrzeichen dieses typischen St-Julien. Im Alter wird er geradezu seidig. Das große Château mit seinen Salons im Louis-XVI-Stil, einem Park und guten Weinlagen ist im Besitz der Familie Cordier, der auch das nahegelegene Château Talbot gehört.

Château Lagrange 78 C4
3e Grand Cru Classé
Seit der Übernahme 1983 durch den japanischen Getränkegiganten Suntory wurde der Wein nach jahrelanger Mittelmäßigkeit wieder auf seinen früheren Qualitätsstand gehoben. Der erste Jahrgang brachte im nur mäßig guten Jahr 1984 einen exquisiten, seidigen Wein von großer Finesse. Ein Besuch in diesem Château lohnt sich sicher. Eine Voranmeldung über einen guten Weinhändler ist nützlich.

Château Langoa Barton 78 B5
3e Grand Cru Classé
Ein Juwel des Médoc: eine über ihrer Kellerei erbaute „Chartreuse“ mit einem wunderschönen Terrassengarten. Es ist das einzige Cru-Classé-Gut, das noch derselben Familie gehört, die es schon zur Zeit der Klassifizierung im Jahr 1855 besaß. Der Wein wird in gleicher Weise zusammengestellt wie der Léoville-Barton (70 % Cabernet Sauvignon, 7 % Cabernet Franc, 15 % Merlot, 8 % Petit Verdot) und in ebenso konservativer Manier mit denselben Ausrüstungen bereitet und ausgebaut. Es überrascht daher nicht, daß zwischen den beiden eine große Familienähnlichkeit besteht, obwohl der Léoville in Finesse und Komplexität doch einiges mehr zu bieten hat.

Château Léoville-Barton 78 B5
2e Grand Cru Classé
Das kleinste der Léoville-Güter gehört der im 18. Jh. aus Irland eingewanderten Familie Barton. Der Wein wird in Langoa-Barton bereitet – ein festgefügter, charaktervoller St-Julien, dem man viel Zeit zum Ausreifen gönnen soll. Selbst weniger gute Jahrgänge zeigen eindeutige Klasse.

Château Léoville-las-Cases * 78 B5
2e Grand Cru Classé
Nach der Französischen Revolution wurde der Besitz des Marquis de Léoville in drei Teile, nämlich die heutigen Châteaux Léoville-las-Cases (das größte), Léoville-Poyferré und Léoville-Barton, aufgespalten. Ein großer Teil der Weinberge liegt Château Latour in Pauillac gegenüber. Die Kellereigebäude stehen in St-Julien beiderseits der Dorfstraße neben denen von Poyferré. Der Perfektionismus von Michel Delon bringt makellose, in Farbe, Duft und Geschmack höchst intensive Weine hervor – selbst in weniger guten Jahren.

Château Léoville-Poyferré 78 B5
2e Grand Cru Classé
Seit 1979 hat die Familie Cuvelier ein kleines Vermögen für die Renovierung ihres Besitzes, vor allem der Kellereien und Ausrüstungen, aufgewendet und Professor Emile Peynaud (er war auch für Léoville-las-Cases und andere Weingüter jahrelang tätig) als Berater herangezogen. Der Wein hat jetzt wieder Substanz und Rasse bei Körper und Frucht, sein Rang als *Deuxième Cru* ist befestigt.

Château St-Pierre 78 C5
4e Grand Cru Classé
Seit 1982 ist ein beträchtlicher Teil des ursprünglichen Weinbergbesitzes wieder mit dem Original-Château zusammengebracht worden. Zu verdanken ist dies Henri Martin von Château Gloria, der das Schloß – einst eine königliche Villa – mitsamt dem Park restaurieren ließ. Nur schade, daß es der berüchtigten Riesenflasche von St-Julien genau gegenüber liegt. Der Wein ist voll und liebenswert mit einem weichfruchtigen Aroma.

Château Talbot 78 B4
4e Grand Cru Classé
Talbot ist mit über 100 ha Weinbergbesitz das größte Gut in St-Julien. Den Namen hat es von John Talbot, Earl of Shrewsbury, der hier 1453 lebte, bis er gegen die Franzosen zu Feld zog und bei Castillon fiel. Schon seit Jahrzehnten beweist der Wein von Château Talbot seine Zuverlässigkeit, wenn auch der von Gruaud-Larose, das denselben Besitzern gehört, beständig doch noch feiner ist.

Ferner in St-Julien: **Château la Bridane** (Cru Bourgeois); **du Glana** (Cru Bourgeois Exceptionnel); **Gloria** *; **Hortevie** *; **Lalande-Borie** * (Cru Bourgeois Exceptionnel) und **Terrey-Gros-Cailloux** * (Cru Bourgeois)

ST-LAURENT-ET-BENON,
Postleitzahl 33112
Appellation Haut-Médoc

Château Belgrave 78 C3
5e Grand Cru Classé
Ziemlich lange Zeit konnte das Gut seinen hohen Rang nicht rechtfertigen, aber seit 1979 hat eine wohlhabende Inhabergruppe viel in die Weinberge und Ausrüstungen investiert. Danach waren die ersten Jahrgänge vielversprechend.

Château de Camensac * 78 C2
5e Grand Cru Classé
Gehaltvoller und nachhaltiger Haut-Médoc aus einem Gut, das mit viel Mühe und Geld aus der Vernachlässigung befreit worden ist. Der Wein könnte durchaus einen Platz unter den 4e Crus beanspruchen.

Château Caronne Ste-Gemme 75 B4
Cru Grand Bourgeois Exceptionnel
Das abgelegene Château ist über die N215 unmittelbar südlich von St-Laurent zu erreichen (siehe Karte auf Seite 75). Sein Wein braucht lange Reifezeit.

Château Larose-Trintaudon 78 B3
Cru Grand Bourgeois
Trotzdem das Gut mit seinen 172 ha das größte im Médoc ist, bringt es doch eleganten und zuverlässig guten Wein hervor. Die vorherigen Besitzer (die Familie Forner, der auch Château Camensac gehört) führten viele Renovierungen aus, verkauften dann aber 1986 an eine Versicherungsgesellschaft.

Château Langoa-Barton

PAULLIAC

In Pauillac wechselt die Szenerie vom Ländlichen zum Urbanen, denn der Reisende befindet sich nun in der Hauptstadt des Médoc – einem freilich etwas farblosen Provinzstädtchen mit rund 6500 Einwohnern. Die meisten Straßen führen hinab zum Kai, wo neben vielen Sportjachten auch ein paar Fischerboote vertäut sind. In früheren Tagen warfen hier große Segelschiffe und Dampfer ihre Anker, entweder um die Gezeiten abzuwarten oder aber – wie es bis zur Französischen Revolution Vorschrift war – um in Pauillac für die Fahrt die Gironde hinauf nach den Häfen Bordeaux und Libourne eine Lotsenmannschaft an Bord zu nehmen. Von hier aus stach der Marquis de Lafayette 1777 in See, um sich den amerikanischen Rebellen anzuschließen.

Es gibt hier noch viele Erinnerungen an die Vergangenheit als Seehafen. Seefahrer-Embleme schmücken die Fassaden vieler Häuser, und in der Hauptkirche ist ein Segelschiffmodell zu sehen.

Der Weinbau kam erst relativ spät nach Pauillac. Jacques de Ségur betrieb ihn als erster in größerem Maßstab. Seinen Sohn Alexandre betitelte Ludwig XV. als *Prince des Vignes*, und zwar nicht zu Unrecht: Der junge Marquis de Ségur hatte Château Lafite geerbt, Château Latour durch Heirat erworben, und sein Besitz erstreckte sich auf eine Reihe weiterer Güter, u. a. Calon-Ségur in St-Estèphe.

Im 18. Jahrhundert brachte der kräftig expandierende Weinbau Pauillac goldene Zeiten. In der zweiten Hälfte des Jahrhunderts gab es in der Stadt 20 Küferwerkstätten, und 1785 wurde eine Glasfabrikation aufgenommen, die zwar schon seit langem wieder aufgegeben worden ist, doch heute noch heißt eine Gegend südlich des Stadtzentrums La Verrerie. In Pauillac wurde auch das Schwefeln des Weins im Faß nach holländischer Art eingeführt, um das Nachgären zu verhindern. Obwohl sich zwischendurch auch andere Industrien hier niedergelassen haben, ist Pauillac doch vor allem dem Weinbau treu geblieben.

Die Liste der berühmten Crus Classés in der Umgebung macht die hervorragende Stellung von Pauillac in der Welt des Weins eindeutig klar. Hier befinden sich Latour, Lafite und Mouton, also drei von den fünf Premiers Crus aus der Klassifizierung von 1855, zudem weitere 15 Crus Classés, unter denen der Name Rothschild immer wieder eine Rolle spielt. Ihr Wein ist die Quintessenz des roten Bordeaux, der Inbegriff des Médoc. In einem guten Pauillac vereinen sich Vitalität, Kraft und Charakter mit den wundervollsten Nuancen von schwarzen Johannisbeeren, Minze, frischem Eichen- und Zedernholz. Gerbstoff ist immer reichlich vorhanden, denn der Pauillac ist der ideale Wein für lange Lagerung. Er kann 20 Jahre lang reifen und hält sich dann immer noch einige Jahrzehnte.

„Der Reichtum des Bodens von Pauillac ist seine Kargheit", sagte einmal Jean-Michel Cazes von Château Lynch-Bages. Karg und mager, das ist er wohl, doch er besitzt eine dicke eisenhaltige Kiesschicht. Zwei etwa gleich große Kiesplateaux liegen nördlich und südlich der Stadt, zwischen ihnen der Chenal du Gaer. Auf dem höheren nördlichen Plateau stehen Mouton Rothschild und Pontet-Canet, auf dem anderen die Châteaux Bages und Grand-Puy-Lacoste. In und bei Pauillac finden sich nur wenige Châteaux; die meisten liegen um die Dörfchen St-Lambert und Bages und Le Pouyalet. Die großen Weingüter sind hier nicht so stark aufgesplittert wie in Margaux.

Charakteristisch für Pauillac ist wie für das ganze Médoc die Verschiedenheit der Bodenzusammensetzung. Dadurch entsteht eine erstaunliche und überaus reizvolle Vielfalt an Weinen. In der Gegend von Pauillac erstrecken sich die großen Crus Classés beiderseits der Departementstraßen in einem etwa 3 km breiten Band. Dann aber ändert sich die Bodenzusammensetzung abrupt, und die Rebe weicht dem Kiefernwald. Jenseits der Wälder liegt im Westen die Gemeinde St-Sauveur, wo einige ehrenwerte Crus Bourgeois die Appellation Haut-Médoc vertreten.

Blick von Pauillac über die Gironde auf die Ile de Patiras, eine der vielen Inseln, die in früherer Zeit, als Pauillac noch ein großer Hafen war, die Schiffahrt stromaufwärts so gefährlich machten. Die Kriegs- und Handelsschiffe haben Fischerbooten Platz gemacht, und auf den Marschwiesen grasen Schafe.

REISE-INFORMATIONEN

In Pauillac gibt es keine erstklassigen Hotels oder Restaurants, allerdings soll das demnächst anders werden (s. Hotels: Château de Cordeillan). Essen und übernachten kann man weiter südlich besser. Eine Spezialität, nach der man hier und überhaupt in der Region Bordeaux Ausschau halten sollte, ist agneau de Pauillac. Echtes Pauillac-Lamm ist heute rar; es stammt von Lämmern, die nur mit Schafsmilch ernährt werden, so daß ihr Fleisch sehr hell bleibt und einen unvergleichlichen Geschmack hat. Was man heute als agneau de Pauillac bekommt, ist zwar auch eine ausgesprochene Delikatesse, stammt aber aus Herden, die auf den Salzmarschen (prés-salés) an der Gironde weiden.

HOTELS

Hotel le Coquille, 33250 Pauillac, Tel. 56 59 07 52. Am Kai. Sehr einfach. Klasse C.

Château de Cordeillan, 33250 Pauillac, Tel. 56 59 18 92. In dem Dorf Bages soll nahe beim Château Lynch-Bages das erste Hotel und Restaurant der Spitzenklasse in Pauillac 1988 eröffnet werden. Es erhält 15 komfortable Zimmer und wird von einem ehemaligen Kellermeister geleitet, der über die Ecole de Bordeaux auch Weinproben, Exkursionen usw. in der Region veranstaltet.

RESTAURANTS

La Salamandre, 33250 Pauillac, Tel. 56 59 08 68. Am Kai, mit Bar und Tearoom. Spezialität: Hering – zu einem guten Glas Pauillac nicht zu empfehlen. Das Lokal läuft auch unter dem Namen Johan. Klasse C.

SEHENSWERTES

Kein Tourist sollte das Médoc verlassen, ohne das großartige Weinmuseum gesehen zu haben, das Baron Philippe de Rothschild 1962 im Château Mouton Rothschild eröffnete. Es ist eine einmalige, schön aufgestellte Sammlung, die deutlich macht, wie stark die Kunst und der Wein seit frühesten Zeiten miteinander verflochten sind. Die Haupthalle des Museums ist ein ehemaliger Weinkeller, an den sich 6 Seitenräume anschließen. Besonders erwähnenswerte Stücke aus der Sammlung sind persische Becher aus dem 9. und 8. Jh. v. Chr., präkolumbische Skulpturen, Elsässer Tapisserien, Ming-Vasen, Delfter Porzellan, venezianische Glasarbeiten sowie Werke moderner Künstler. Das Museum kann nur nach Anmeldung besichtigt werden – an Wochenenden, Feiertagen und im August ist es geschlossen (Tel. 56 59 22 22).

WEININFORMATIONEN

La Maison du Tourisme et du Vin wurde 1986 wiedereröffnet. Früher befand sich diese Informationsstelle im Château Grand-Puy Ducasse, jetzt aber ist sie in einem modernen Gebäude am Kai untergebracht und ganzjährig geöffnet. Man erhält hier Informationen über Châteaux-Besichtigungen.

CHÂTEAUX

Château Batailley 83 F4
5e Grand Cru Classé
Dieses Gut ist schon wegen seines Parks einen Besuch wert, denn er enthält Bäume aus aller Welt. Zur Lesezeit ist der Waldboden mit Alpenveilchen übersät. Der Wein des Guts ist ein ehrenwerter Pauillac, nicht gerade für Komplexität berühmt, aber mit schönem Gleichgewicht zwischen Frucht und Gerbstoff.

Château Clerc Milon 83 C5
5e Grand Cru Classé
Seit der Übernahme durch Philippe de Rothschild im Jahr 1970 verdient dieser Wein größte Beachtung. Das Château ist ein bescheidenes Haus.

Château Croizet-Bages 83 E5
5e Grand Cru Classé
Ältere Jahrgänge haben oft viel Genuß bereitet, das Gut scheint jedoch gerade eine schwierige Zeit durchzumachen. Selbst in so großartigen Jahren wie 1975, 1978 und 1982 blieb der Wein hinter den Erwartungen zurück.

Château Duhart-Milon-Rothschild 83 C4
4e Grand Cru Classé
Der Weinberg liegt neben dem von Lafite-Rothschild (die Besitzer sind sowieso dieselben); er bringt einen feinen Pauillac hervor, der in den letzten Jahren recht leicht und gefällig war. Das Gut hat einen eigenen *chai,* aber kein Château.

Château Grand-Puy Ducasse* 83 D5
5e Grand Cru Classé
Das Château steht am Kai in Pauillac, einige Kilometer entfernt von den drei verstreuten Parzellen, aus denen sein Weinbergbesitz besteht. Beträchtliche Investitionen seit 1971 haben zu besserer Qualität und größerer Produktion verholfen. Der Wein ist sauber, hat schöne Frucht, kräftige Farbe und besonders viel Charme.

Château Grand-Puy-Lacoste * 83 E4
5e Grand Cru Classé
Das Gut gehört zum Besitz der Familie Borie (von Ducru-Beaucaillou, St-Julien). Es bringt einen kraftvollen Pauillac mit großer Geschmackstiefe und -fülle hervor, wie sie eigentlich der Klasse eines 3e Cru entspricht. In einem kleinen Tal neben dem Château liegt ein geschützter romantischer Garten mit einem von Hortensien gesäumten Kanal.

Château Haut-Bages-Libéral 83 F5
5e Grand Cru Classé
Seit 1983 hat das mittelgroße Gut neue Besitzer: Eine Aktiengesellschaft, der auch Chasse-Spleen in Moulis und andere Weingüter gehören. Durch ernsthafte Arbeit ist der Wein wieder auf den seinem Rang entsprechenden Stand gebracht worden.

Château Haut-Batailley 83 F4
5e Grand Cru Classé
Ein Gut unter der Leitung von Jean-Eugène Borie (von Ducru-Beaucaillou, St-Julien): Vielleicht hat der Wein deshalb mehr von der Liebenswürdigkeit eines St-Julien als von der Verschlossenheit eines Pauillac.

Château Lafite-Rothschild 83 C4
1er Grand Cru Classé

Auf der Fahrt nach Norden passiert man als letztes Weingut vor St-Estèphe das Château Lafite-Rothschild. Hier erwartet man einen männlich-herzhaften Wein. Der Lafite hat aber eine weibliche Anmut, eine Subtilität und zarte Finesse, wie man sie eher in einem St-Julien oder einem Margaux anzutreffen gedacht hätte. Baron Eric de Rothschild übernahm 1980 die Leitung des Guts. Ein Teil der Keller steht für Besichtigungen offen. Hier herrschen noch traditionelle Methoden vor; so geht die Gärung z. B. in großen Fässern aus bosnischer Eiche vor sich.

Château Latour 83 F5
1er Grand Cru Classé
Das Dorf St-Lambert gehörte früher zu St-Julien. Aber der Wein von Latour ist durch und durch ein Pauillac: konzentriert, voll kompakter Wucht. Zu seiner Beschreibung taugen nur Superlative, und das gilt auch für seine Zuverlässigkeit. Aus Château Latour kamen selbst in so berüchtigten Jahren wie 1963 und 1965 gute Weine. Das Château selbst ist ein kleines, recht mittelmäßig aussehendes Haus im Stil des 2. Empire mit einem Garten mit vielen Bäumen. Die geräumigen *chais* stehen entfernt davon um einen Hof in den Weinbergen. Ebenso wie der Wein von Latour mit dem von Lafite kontrastiert, ist es auch mit der technischen Einrichtung: Bei Latour wurden die hölzernen Gärfässer schon 1964 durch Edelstahltanks ersetzt. Ein Jahr vorher war das Gut von englischen Investoren übernommen worden, u. a. von der Familie Lord Cowdrays und von Harveys, Bristol.

Château Lynch-Bages * 83 E5
5e Grand Cru Classé
Die Betriebsgebäude stellen das hübsche Haus ganz in den Schatten. Beide wurden erst kürzlich von Jean-Michel Cazes völlig renoviert. Der Wein von Lynch-Bages ist ein ausgesprochener Pauillac, wuchtig, oft mit einem Hauch Minze im Bukett und mit Anklängen an Beeren im Geschmack. Er ist weit besser als die ihm zuerkannte Klasse.

Château Lynch-Moussas 83 E3
5e Grand Cru Classé
Seit 1969 hat Emile Castéja (auch Besitzer von Batailley) viel Geld und Energie in die Neuanlage der Weinberge und die Modernisierung der Kellertechnik investiert. Allmählich tragen diese Bemühungen ihre Früchte, und in dem Maß, wie die Reben heranwachsen, dürfte der Wein an Tiefe gewinnen.

Château Mouton Baronne Philippe * 83 C4
5e Grand Cru Classé
Das frühere Mouton d'Armailhacq wurde 1933 von Baron Philippe de Rothschild gekauft. Der Wein des Guts ist aufgeschlossen, schön ausgeglichen, leichter und rascher in der Entwicklung als der Mouton-Rothschild. Von 1956 bis 1974 trug das Gut den Namen Mouton Baron Philippe; 1975 wurde „Baron" zu Ehren der verstorbenen Gemahlin des Barons in „Baronne" verändert.

Château Mouton Rothschild 83 C4
1er Grand Cru Classé
Über kein anderes Weingut in Bordeaux und über keinen anderen Weingutsbesitzer ist so viel geschrieben worden wie über Mouton Rothschild und Baron Philippe. Als er 1922 die Leitung von Mouton übernahm, war es mehr ein Bauernhof als ein Château. Mit Weitblick und Beharrlichkeit machte der Baron es zu einem der am höchsten geachteten und am meisten gesuchten Weingüter der Welt, obwohl er sich außerdem noch als Dichter, Schriftsteller, Film- und Theaterregisseur und Rennfahrer betätigte. Zusammen mit seiner Frau Pauline gründete er ein einzigartiges Weinmuseum (siehe Sehenswertes), und seit 1946 gab er das Etikett für den Mouton jedes Jahr einem anderen Künstler in Auftrag. Der größte Erfolg des Anfang 1988 verstorbenen Barons war jedoch die 1973 durchgesetzte Aufstufung von Château Mouton Rothschild vom 2e zum 1er Cru – die einzige Änderung, die je an der Klassifizierung von 1855 vorgenommen worden ist. Im Charakter ist der Mouton dem Latour ähnlicher als dem Lafite: Er hat ein reichhaltiges, konzentriertes Aroma, in dem schwarze Johannisbeeren und Zedernholz vorherrschen, dazu den gehörigen Gerbstoff und schließlich einen nachhaltigen Geschmack, der minutenlang auf der Zunge bleibt. Eine in jeder Hinsicht unvergleichlich herrliche Kostbarkeit.

Château Pédesclaux 83 D5
5e Grand Cru Classé
Ein sorgfältig ausgebauter, konzentrierter und milder Pauillac (früher war er härter im Geschmack). Die Weinberge liegen in der Gemarkung verstreut.

Château Pichon-Longueville Baron 83 F5
2e Grand Cru Classé
Dieses Château, ein Gewirr von Türmchen und spitzen Dächern, wurde 1851 gebaut. Der Wein ist ein feiner, geschmeidiger Pauillac mit Anklängen an reife Früchte und edles Holz.

Château Pichon-Longueville – Comtesse de Lalande* 83 F5
2e Grand Cru Classé
„Comtesse" ist der größere Teil eines ehemals zusammengehörigen Guts. Der kleinere Teil ist der „Baron" (siehe oben). Seit der 2. Hälfte der 70er Jahre ist hier enorm investiert worden. Nach der Erweiterung des *chai* wurde 1980 auch der *cuvier* erneuert und mit Edelstahl-Gärtanks ausgerüstet. Heute kann es der Wein mit den Premiers Crus aufnehmen.

Château Lafite-Rothschild

Château Pontet-Canet* 83 D4
5e Grand Cru Classé
Die Betriebsgebäude sind enorm groß. Nach langer Mittelmäßigkeit (bis in die 70er Jahre) ist Pontet-Canet jetzt wieder auf dem besten Stand. Der Wein ist dunkel, intensiv, gerbstoffreich, und seine Frucht erinnert an schwarze Johannisbeeren (typisch für Pauillac); er steht weit über seiner Klasse.

Crus Bourgeois in Pauillac: **Colombier-Monpelou; La Couronne*** (Cru Bourgeois Supérieur Exceptionnel); **La Fleur Milon; Fonbadet*** (Cru Bourgeois Supérieur); **Haut-Bages Monpelou; Pibran.** La Rose Pauillac ist ein guter Markenwein der Genossenschaftskellerei.

ST-SAUVEUR, Postleitzahl 33250
Appellation Haut-Médoc

Château Peyrabon 83 D2
Cru Grand Bourgeois
Ein Deckengemälde erinnert daran, daß hier die Queen Victoria einmal einem Konzert beiwohnte. Der Wein ist sehr zuverlässig.

Château Ramage La Batisse * 83 C2
Cru Bourgeois
Fester, ausgewogener, schon öfters preisgekrönter Wein.

Château Latour

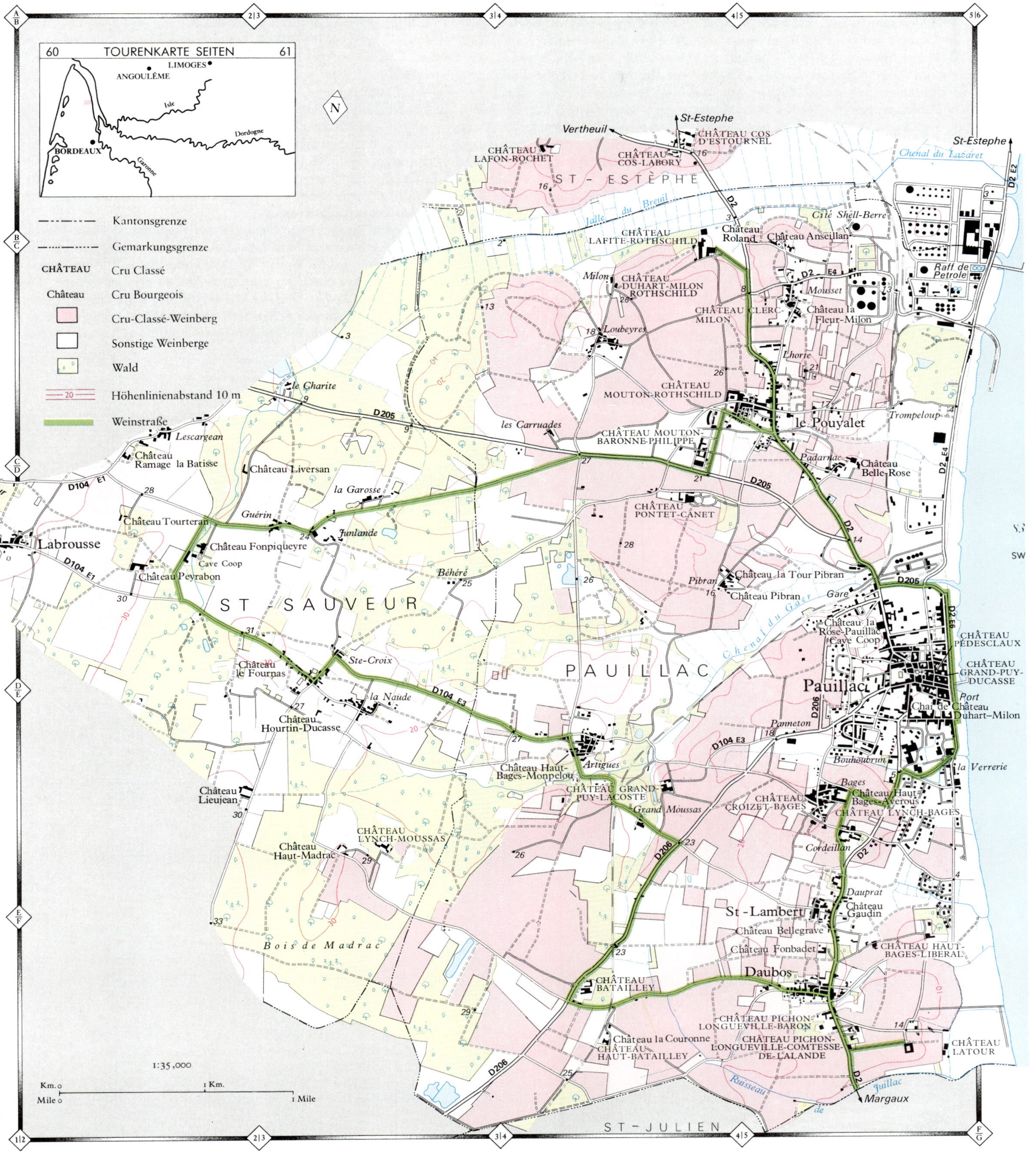

TOURENKARTE SEITEN 60 61
LIMOGES
ANGOULÊME
Isle
Dordogne
BORDEAUX
Garonne
Kantonsgrenze
Gemarkungsgrenze
CHÂTEAU Cru Classé
Château Cru Bourgeois
Cru-Classé-Weinberg
Sonstige Weinberge
Wald
Höhenlinienabstand 10 m
Weinstraße
1:35,000
Km. 1 Km.
Mile 1 Mile
ST - ESTÈPHE
ST SAUVEUR
PAUILLAC
ST - JULIEN
St-Estephe
Vertheuil
CHÂTEAU COS D'ESTOURNEL
CHÂTEAU COS-LABORY
CHÂTEAU LAFON-ROCHET
Jalle du Breuil
Chenal du Lazaret
Cité Shell-Berre
Raff de Petrole
CHÂTEAU LAFITE-ROTHSCHILD
Château Roland
Château Anseillan
Milon
CHÂTEAU DUHART-MILON ROTHSCHILD
CHÂTEAU CLERC MILON
Mousset
Château la Fleur-Milon
Loubeyres
L'horte
CHÂTEAU MOUTON-ROTHSCHILD
le Pouyalet
Trompeloup
le Charite
D205
les Carruades
CHÂTEAU MOUTON-BARONNE-PHILIPPE
Padarnac
Château Belle-Rose
Lescargean
Château Ramage la Batisse
Château Liversan
la Garosse
Sauveur
D104 E1
CHÂTEAU PONTET-CANET
Guérin
Junlande
Château Tourteran
Labrousse
Château Fonpiqueyre
Cave Coop
Château Peyrabon
Béhéré
Château la Tour Pibran
Pibran
Château Pibran
Gare
Chenal du Gaer
Château la Rose-Pauillac
Cave Coop
CHÂTEAU PÉDESCLAUX
CHÂTEAU GRAND-PUY-DUCASSE
Pauillac
Port
Chai de Château Duhart-Milon
Ste-Croix
Château le Fournas
la Naude
D104 E3
Château Hourtin-Ducasse
Panneton
D206
Bouhoubrun
la Verrerie
Artigues
Château Haut-Bages-Monpelou
CHÂTEAU GRAND-PUY-LACOSTE
Grand Moussas
CHÂTEAU CROIZET-BAGES
Bages
Château Haut-Bages-Averous
CHÂTEAU LYNCH-BAGES
Château Lieujean
CHÂTEAU LYNCH-MOUSSAS
Château Haut-Madrac
Cordeillan
Dauprat
St-Lambert
Château Gaudin
Château Bellegrave
Château Fonbadet
CHÂTEAU HAUT-BAGES-LIBERAL
Bois de Madrac
Daubos
CHÂTEAU BATAILLEY
CHÂTEAU PICHON-LONGUEVILLE-BARON
CHÂTEAU PICHON-LONGUEVILLE-COMTESSE-DE-LALANDE
CHÂTEAU LATOUR
Château la Couronne
CHÂTEAU HAUT-BATAILLEY
Ruisseau de Juillac
Margaux

ST-ESTÈPHE

Fährt man auf der D2 nach Norden und hat Château Lafite-Rothschild auf seinem Hügel hinter sich gelassen, dann erreicht man eine Wiese mit hohen Pappeln an einem Bach – im Médoc *jalle* genannt – und damit die Grenze zwischen Pauillac und St-Estèphe. Die Straße steigt nach einer Biegung an, und bald zeichnen sich vor den erstaunten Augen des Touristen die Umrisse einer fernöstlichen Pagode ab. Sie schmückt das Château Cos d'Estournel, dessen Führungsstellung im zweiten Rang der Grands Crus Classés von Bordeaux unumstritten ist, denn sein Wein ist so voll Kraft und Charakter, daß er mindestens zehn Jahre Lebensdauer erwarten darf.

Nach diesem bizarren Vorspiel wird es den Touristen kaum noch überraschen, wenn er entdeckt, wie sehr die Landschaft von St-Estèphe sich vom übrigen Médoc unterscheidet. Wendet man sich von der D2 unmittelbar hinter Cos d'Estournel nach rechts und folgt einer schmalen Landstraße, der D2E3, dann gelangt man auf ein weites Plateau, dessen gleichförmig grüne Weinbergfläche nur von ein paar verstreut gelegenen Châteaux unterbrochen wird.

St-Estèphe ist mit einer Rebfläche von 1100 ha die größte kommunale Appellation im Médoc. Unter der oft sandigen Oberschicht liegt eine dicke Kiesbank im Boden, vor allem im Südosten. Im vergangenen Jahrhundert ließ ein Weingutbesitzer alles Geröll von der Oberfläche seines Lands wegschaffen und wunderte sich dann sehr, weshalb sein Wein nicht mehr so gut war. Um St-Estèphe findet sich neben Kies aber auch Kalk, vor allem im Nordosten, und in den tieferen Schichten ist fast überall Lehm vorhanden. In den Weinbergen ist der Anteil an Merlot-Reben im Vergleich zum Cabernet Sauvignon hier meist höher als weiter südlich – bei manchen Gütern beträgt er bis zu 40 %.

Die Crus Bourgeois herrschen vor. Die Appellation hat nur fünf Crus Classés aufzuweisen, an ihrer Spitze Cos d'Estournel. Die Weine sind kräftig in der Farbe, sehr lebendig, meist schwerer und herzhafter als die von Pauillac und in der Regel reichlich mit Gerbstoff versehen. Oft verlangen sie viele Jahre Geduld; erst nach langer Reifezeit in der Flasche entfalten sich die Duft- und Geschmacksnuancen, während der Gerbstoff zugunsten von Milde und Harmonie in den Hintergrund tritt.

Die Geschichte der Region läßt sich mindestens bis in die gallisch-römische Zeit zurückverfolgen. Bis ins 18. Jahrhundert führte der Ort den Namen St-Estèphe-de-Calon, wobei sich *calon* von einem gallischen Wort ableitet, das „Gehölz" bedeutet (eines der bekanntesten Châteaux heißt Calon-Ségur). Die Blüte des Weinbaus begann im 13. Jahrhundert. Das war den Mönchen des Priorats von Notre Dame de Couleys zu verdanken. Das Klostergebäude existiert heute noch; es wurde 1662 umgebaut und dient jetzt dem Château Meyney als Kellerei. Als sich die Mönche hier niederließen, war St-Estèphe ein bedeutender Hafen. Er war im 12. Jahrhundert vergrößert worden, und nicht nur Kauffahrer steuerten ihn an, sondern auch stetige Ströme von Pilgern auf dem Weg nach Santiago de Compostela. 1469 wuchs die Bedeutung des Hafens noch mehr, als Ludwig XI. es den englischen Seefahrern verbot, weiter als bis St-Estèphe die Gironde hinaufzusegeln. Heute ist von der einstigen Pracht nichts mehr übrig, nur wenige Fischerboote und Segeljachten benutzen den kleinen Hafen noch.

Um St-Estèphe liegen einige Orte, die zur Appellation Haut-Médoc gehören. Im Norden ist es St-Seurin-de-Cadourne an der Grenze zur Appellation Médoc und im Westen Vertheuil und Cissac. Hier trifft man weniger Kies an, nur noch an einzelnen Stellen tritt er zutage. Die Landschaft ist auch flacher, und die Weine, die hier wachsen, sind nicht so schwer und gerbstoffreich wie in St-Estèphe, aber sie können überraschend gut sein – einige dieser Crus Bourgeois kommen ohne weiteres an die Crus Classés heran.

REISE-INFORMATIONEN

In St-Estèphe selbst gibt es keine Hotels und Restaurants, und auch in der Umgebung ist nichts Besonderes anzutreffen – die Châteaux und ihre Weine locken die Besucher an. Nach gutem Essen und bequemer Unterkunft sieht man sich besser anderswo im Médoc um.

Das untadelig instand gehaltene Château Meyney – eines der Weingüter des Handelshauses Cordier – ist ein ehemaliges Kloster mit Ursprung aus dem 13. Jh.

HOTELS

Hotel du Midi, 33250 St-Seurin-de-Cadourne, Tel. 56 59 30 49. Wer anderswo kein Unterkommen finden konnte, wird am Mangel an Atmosphäre vielleicht keinen großen Anstoß nehmen. Auch ein Restaurant ist vorhanden. Klasse C.

SEHENSWERTES

Cissac Burgruine beim Château du Breuil.

St-Estèphe Die Kirche aus dem 19. Jh. hat einen Turm, der einer Flasche ähnlich sieht – darauf weisen die Einheimischen gern als Sehenswürdigkeit hin.

Vertheuil Romanische Kirche aus dem 11. Jh., im 15. Jh. umgebaut. Im Sommer finden im alten Kloster Ausstellungen ortsansässiger Künstler und Kunsthandwerker statt. (Das Château ist Privatbesitz und kann nicht besichtigt werden.)

WEININFORMATIONEN

La Maison du Vin de St-Estèphe steht am Platz gegenüber der Kirche. Hier sind Informationen über die Region erhältlich; noch mehr Interesse darf aber die große Auswahl an Weinen beanspruchen, die hier zum Verkauf angeboten werden.

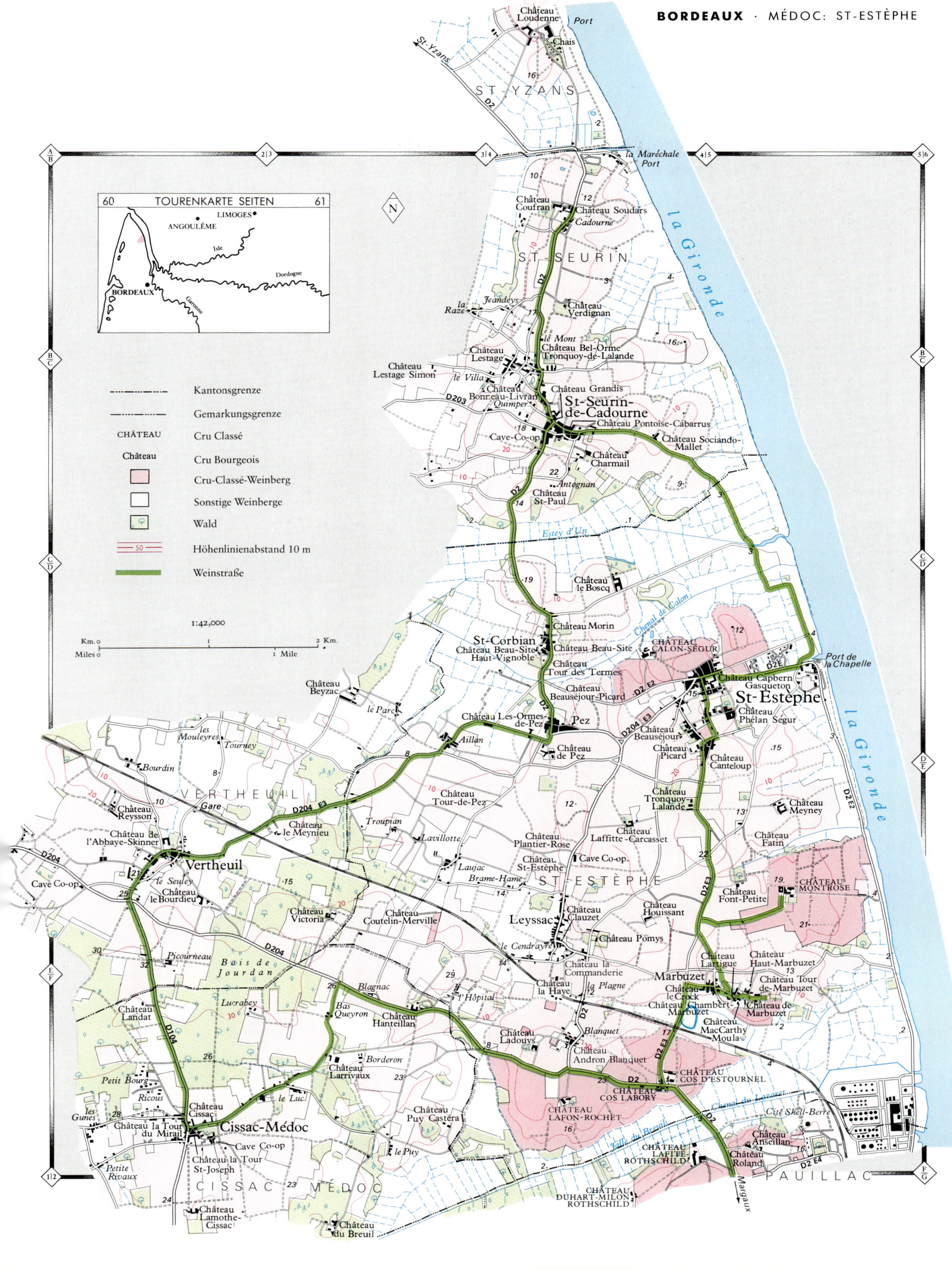
TOURENKARTE SEITEN
60
61
LIMOGES
ANGOULÊME
Isle
Dordogne
BORDEAUX
Garonne
N
Kantonsgrenze
Gemarkungsgrenze
CHÂTEAU
Cru Classé
Château
Cru Bourgeois
Cru-Classé-Weinberg
Sonstige Weinberge
Wald
Höhenlinienabstand 10 m
Weinstraße
1:42,000
Km. 0
1
2 Km.
Miles 0
1 Mile
la Gironde
Château Loudenne
Port
Chais
St-Yzans
ST-YZANS
la Maréchale Port
Château Coufran
Château Soudars
Cadourne
ST-SEURIN
Jeandeys
la Raze
Château Verdignan
le Mont
Château Bel-Orme Tronquoy-de-Lalande
Château Lestage
Château Lestage Simon
le Villa
Château Bonneau-Livran
Quimper
Château Grandis
St-Seurin-de-Cadourne
Château Pontoise-Cabarrus
Château Sociando-Mallet
Cave-Co-op
Château Charmail
Antognan
Château St-Paul
Estey d'Un
Château le Boscq
Chenal de Calon
Château Morin
St-Corbian
Château Beau-Site Haut-Vignoble
Château Beau-Site
CHÂTEAU CALON-SÉGUR
Château Tour des Termes
Port de la Chapelle
Château Capbern Gasqueton
St-Estèphe
Château Beauséjour-Picard
Château Beyzac
le Parc
Château Les-Ormes-de-Pez
Pez
Château Phélan Segur
Château Beauséjour
Aillan
les Mouleyres
Tourney
Château de Pez
Château Picard
Château Canteloup
Bourdin
VERTHEUIL
Gare
Château Tour-de-Pez
Château Tronquoy-Lalande
Château Meyney
Château Reysson
Château le Meynieu
Troupian
Château de l'Abbaye-Skinner
Lavillotte
Château Laffitte-Carcasset
Château Fatin
Château Plantier-Rose
Vertheuil
Cave Co-op
Château St-Estèphe
Laujac
Brame-Hame
ST-ESTÈPHE
le Seuley
Château le Bourdieu
CHÂTEAU MONTROSE
Château Font-Petite
Château Victoria
Château Coutelin-Merville
Château Clauzet
Château Houissant
Leyssac
Château Pomys
Picourneau
Bois de Jourdan
le Cendrayre
Château la Commanderie
Château Lartigue
Château Haut-Marbuzet
Château Tour de-Marbuzet
Blagnac
Château la Haye
la Plagne
Marbuzet
Château le Crock
Château de Marbuzet
Lucrabey
l'Hôpital
Château Chambert-Marbuzet
Château Landat
Bas Queyron
Château Hanteillan
Château MacCarthy Moula
Château Ladouys
Blanquet
Château Andron Blanquet
Borderon
Château Larrivaux
CHÂTEAU COS D'ESTOURNEL
Petit Bourg
CHÂTEAU COS LABORY
Ricous
le Luc
Chenal du Lazaret
les Gunes
Château Cissac
CHÂTEAU LAFON-ROCHET
Cité Shell-Berre
Château la Tour du Mirail
Cissac-Médoc
Château Puy Castéra
Jalle du Breuil
Château Anseillan
Cave Co-op
CHÂTEAU LAFITE-ROTHSCHILD
Château Roland
Château la Tour St-Joseph
le Puy
Petite Rivaux
CISSAC MÉDOC
PAUILLAC
Margaux
CHÂTEAU DUHART-MILON ROTHSCHILD
Château Lamothe-Cissac
Château du Breuil
D2
D2E
D2E2
D2E3
D2E4
D203
D204
D204 E3
D104
A
B
B
C
C
D
D
E
E
F
F
G
1|2
2|3
3|4
4|5
5|6

CHÂTEAUX

ST-ESTÈPHE, Postleitzahl 33250
Appellation St-Estèphe

Château Calon-Ségur 85 D4
3e Grand Cru Classé
Im 17. Jh. war das Gut Eigentum des reichen und mächtigen Alexandre de Ségur, zu dessen weiteren Besitzungen auch Lafite, Latour, Mouton und de Pez zählten. Das Château Calon war ihm jedoch am liebsten. Heute gehört es den Familien Capbern-Gasqueton (von den Châteaux Capbern-Gasqueton, du Tertre usw.) und Peyrelongue. Der Wein ist intensiv, voller Spannkraft und Nachhaltigkeit.

Château Cos d'Estournel * 85 F4
2e Grand Cru Classé
Die Familie d'Estournel hatte im 17. Jh. verschiedene Besitzungen in St-Estèphe, darunter auch einen Weinberg in dem Dorf Caux (das ist die alte Schreibweise von Cos). Als Gaspard d'Estournel 1810 selbst die Leitung seiner Weingüter übernahm, beschloß er, den Cos getrennt zu bereiten. Es stellte sich heraus, daß er besser war als die übrigen Weine aus Gaspards Gütern in St-Estèphe, was weitgehend den kieshaltigen Hanglagen zuzuschreiben ist. Heute gehört Cos d'Estournel der Familie Prats und ist tadellos instand gehalten. Der Wein ist exzellent: fein, mit festem Gefüge und schöner Ausgewogenheit. Er muß meist wenigstens ein Jahrzehnt lagern und reifen. Für fast jeden Jahrgang werden neue Eichenfässer angeschafft. Im Sommer steht ein mehrsprachiger Fremdenführer zur Verfügung.

Château Cos Labory 85 F4
5e Grand Cru Classé
Obwohl die Weinberge von Cos Labory und Lafon-Rochet nebeneinander liegen, bringen sie doch völlig verschiedene Weine hervor. Der Cos Labory ist ein ziemlich milder St-Estèphe, der schon in seiner Jugend recht gefällig ist und mehr Geschmeidigkeit als Finesse besitzt.

Château Lafon-Rochet 85 F4
4e Grand Cru Classé
Früher war Lafon-Rochet nicht nur ein Weinberg, sondern auch ein Rastplatz für Pilger auf dem Weg nach Santiago de Compostela in Spanien. Aus jener Zeit stammt die kleine Kapelle auf dem Gutsgelände. Das Château selbst wurde trotz seiner klassizistischen Linienführung erst 1960 erbaut. Ein hoher Anteil an Cabernet-Trauben macht den Wein recht herb und streng, doch wird er mit größter Sorgfalt ausgebaut und gewinnt im Lauf der Jahre an Charme.

Château Montrose * 85 E5
2e Grand Cru Classé
1866 erwarb Mathieu Dollfus, ein gebürtiger Elsässer, das Gut – ein unternehmungslustiger und aufgeklärter Mann. Sein Andenken wird durch die Namen der Wege auf dem Besitz lebendig erhalten: Rue d'Alsace, Rue de Mulhouse usw. Heute steht das Gut unter der Leitung seines dynamischen Besitzers, Jean-Louis Charmolüe. 1983 baute er eine gewaltige Lagerhalle für den einjährigen Wein, und zwar mit den Ausmaßen eines Flugzeughangars. Der Wein von Château Montrose war früher in seiner Jugend unerbittlich hart und verlangte viel Geduld. Seit 1983 ist er recht viel milder und fruchtiger, dennoch fehlt es ihm durchaus nicht an Farbe und Gerbstoff.

Château Capbern-Gasqueton 85 D5
Cru Grand Bourgeois Exceptionnel
Das Château hinter der Kirche in St-Estèphe ist Wohnsitz der Familie Capbern-Gasqueton, Mitinhaber von Calon Ségur. Der Wein ist sauber, haltbar, im traditionellen Stil.

Château le Crock 85 F4
Cru Grand Bourgeois Exceptionnel
Ein Château mit großem Park in Marbuzet. Dieselben Besitzer wie Léoville-Poyferré in St-Julien. Schwerer, gerbstoffreicher Wein für lange Lagerung.

Château Haut-Marbuzet 85 F5
Cru Grand Bourgeois Exceptionnel
Vielbesuchtes Weingut in Marbuzet. Weine mit kräftigem Eichenholzaroma durch neue Fässer – alles in allem unverkennbare Klasse.

Château La Haye * 85 F4
Cru Bourgeois Supérieur
Château mit interessanter Vergangenheit: Im 16. Jh. war es ein Jagdschloß von Diane de Poitiers und Heinrich II. Seit 1979 bringt es unter seinem gastfreien Besitzer André Vincent exzellenten Wein hervor.

Château de Marbuzet * 85 E5
Cru Grand Bourgeois Exceptionnel
Der Wein aus diesem kleinen Gut mit dem schönen Louis-XVI-Château (im Besitz der Familie Prats von Cos d'Estournel) wird mit Cos-*cuvées* zweitrangiger Qualität verschnitten und unter dem Zweitetikett von Cos verkauft.

Château Meyney 85 E5
Cru Grand Bourgeois Exceptionnel
Schön erhaltene frühere Abtei, heute ein blühendes Weingut mit höchst zuverlässigem St-Estèphe.

Der Weinort Vertheuil, westlich von St-Estèphe, hat mit seiner romanischen Kirche ein interessantes Baudenkmal aufzuweisen.

Château Les Ormes-de-Pez * 85 D4
Cru Grand Bourgeois
Typischer St-Estèphe mit hohem Qualitätsstand. Die Ausrüstung wurde 1981 völlig modernisiert.

Château de Pez * 85 D4
Cru Bourgeois Supérieur
Hochzuverlässiges St-Estephe-Weingut, das unter seinem Besitzer Robert Dousson gleichrangig mit vielen Crus Classés geworden ist. Sein vollmundiger Wein braucht mindestens 5 Jahre Reifezeit.

Weitere Crus Bourgeois: die Châteaux **Houissant***, **Phélan-Ségur***, **Pomys*** und **Tronquoy-Lalande.**

CISSAC, Postleitzahl 33250 85 F2
Appellation Haut-Médoc

Château du Breuil, Cissac* (Cru Grand Bourgeois Exceptionnel)

Château Hanteillan (Cru Grand Bourgeois)
Durchaus besuchenswert. In die Restaurierung der prachtvollen Keller ist viel investiert worden.

ST-SEURIN-DE-CADOURNE, Postleitzahl 33250
Appellation Haut-Médoc

Château Bel-Orme-Tronquoy-de-Lalande
Das kleine Château wurde vom Architekten des Grand Théâtre in Bordeaux entworfen.

Ferner die Châteaux **Sociando-Mallet*** und **Verdignan*.**

VERTHEUIL, Postleitzahl 33250
Appellation Haut-Médoc

Château Le Bourdieu* hat makellosen Wein zu bieten; **Château Le Meynieu** gehört Jacques Pedro.

SW

DAS NÖRDLICHE MÉDOC

Der Norden des Médoc heißt eigentlich auch Bas-Médoc, das „Niedere Médoc", weil es am unteren Lauf der Gironde liegt. Die Winzer aber wollen die Bezeichnung Bas-Médoc nicht gelten lassen, und deshalb erscheint das Wörtchen „Bas" auch nicht auf den Weinetiketten. Sie meinen, der Begriff „nieder" im Zusammenhang mit Wein mache kaum einen positiven Eindruck. Darum gilt für den nördlichen Teil der Halbinsel heute die Appellation Médoc. Die Winzer sind mit dieser Regelung zufrieden, der einfache Weintrinker aber wird kaum verstehen, weshalb der Name des ganzen Bereichs als Appellation nur für dessen Norden zutrifft.

Auf jeden Fall kann der Reisende, wenn er St-Seurin-de-Cadourne als letzte Gemeinde des Haut-Médoc hinter sich gelassen hat, eine deutliche Veränderung der Landschaft feststellen. Sie wird flacher, die Wiesen und vor allem die rebenbesetzten Hänge werden seltener, die Ortschaften sind kleiner und noch ruhiger als im Süden. Bis zum Anfang des 17. Jahrhunderts war hier fast nur wüstes und kaum besiedeltes Marschland. Dann begannen die in solchen Dingen erfahrenen Holländer die Marschen zu entwässern und Deiche zu bauen. Das Andenken an sie ist nicht nur in dem zweifellos ursprünglich holländischen Ortsnamen By erhalten geblieben, selbst dem Wein haben sie ihren Stempel aufgedrückt. William Franck beschreibt in seinem *„Traité sur les vins du Médoc"* von 1845 die Weine von Château Livran in St-Germain-d'Esteuil ihrer milden Art wegen als „eminent holländisch", und das Gut selbst wird als *„marque hollandaise"* bezeichnet. In früherer Zeit wurde im Norden des Médoc noch viel Getreide angebaut, und es gab daher zahlreiche Windmühlen. Eine davon ist erhalten geblieben: Sie steht in der Nähe von Château La Tour Haut-Caussan bei Blaignan.

Vor der Trockenlegung des Médoc waren nur die Hügel, auf denen jetzt der Wein wächst, bewohnbar. Unter dem *cuvier* von Château Laujac in Bégadan wurden Fundamente und Mosaik-Fußböden aus der Römerzeit entdeckt und in St-Yzans die Überreste einer römischen Villa ausgegraben. Der Weinbau kam hier erst im 19. Jahrhundert recht in Schwung: Zwischen 1850 und 1895 verdoppelte sich die Zahl der Weinberge. Großen Anteil daran hatten die Gebrüder Gilbey, Wein- und Spirituosenhändler aus London. Sie kauften 1875 das Château Loudenne an der Gironde und benutzten es zunächst als Depot für Bordeauxwein, der von hier nach England verschickt wurde. Sie bauten einen Kellerkomplex, in dem 16 000 Fässer und 500 000 Flaschen Platz hatten, sowie eine Küferwerkstatt und eine kurze Eisenbahnstrecke.

Im 19. Jahrhundert war die Rebfläche im nördlichen Médoc größer als heute und umfaßte auch viel flaches Land. Nach der Verwüstung durch die Reblaus am Ende des vorigen Jahrhunderts und den darauffolgenden Krisenzeiten konzentrierten sich die Weinbauern auf die besseren, etwas hügeligen Lagen. Wie im Haut-Médoc gibt es auch hier kleine Buckel, wo der Kiesboden zutage tritt, allerdings stark untermischt mit Lehm und Kalk. An anderen Stellen ist der Boden sandig. Alles in allem fallen die Weine hier nicht so fein und komplex aus wie in den südlicheren Teilen des Médoc. Sie sind auch meist herber, trockener, verhaltener; der Einfluß des Meers ist hier stärker spürbar und macht beim Anbau des Carbernet Sauvignon Schwierigkeiten. Viele Weingüter pflanzen deshalb mehr Merlot – der übliche Anteil beträgt 20 bis 50 %, kann aber bis zu 60 % betragen. Die anfängliche Strenge vieler Weine aus dieser Gegend mildert sich allerdings mit den Jahren, und zwar meist rascher als bei Weinen aus dem Haut-Médoc.

Hier im Norden spielen die Winzergenossenschaften eine bedeutende Rolle; auf sie entfallen fast 40 % der Gesamtproduktion. Die meisten arbeiten mit der Uni-Médoc-Gruppe zusammen, die in einem Großbetrieb in Gaillan Wein in enormen Mengen abfüllt. Immer mehr aber tragen die einzelnen Weingüter mit ihren überzeugenden Weinen dazu bei, der Appellation Médoc einen guten Klang zu verleihen.

REISE-INFORMATIONEN

Der Norden des Médoc ist nur dünn besiedelt und liegt abseits der großen Touristenrouten. Man trifft hier deshalb auch nur wenige Hotels und Restaurants von Bedeutung an. Eine Spezialität dagegen ist Lamm aus Queyrac.

HOTELS

Hôtel de Paris, 33340 Lesparre, Tel. 56 41 00 22. Einfache Unterkunft. Klasse C.

Vieux Acacias, 33340 Queyrac, Tel. 56 59 80 63. An der D102E, ein paar Kilometer nördlich von Lesparre, in einem kleinen, friedlichen Park gelegen. Klasse B.

RESTAURANTS

La Mare aux Grenouilles, 33340 Lesparre, Tel. 56 41 03 46. Ziemlich schwere, fast flämische Küche. Beliebt für Hochzeiten und Vereinsfeste sowie als Ziel für Sonntagsausflüge. Klasse B.

Château Loudenne, 33340 St-Yzans-de-Médoc, Tel. 56 09 05 03. Ein Mittagessen in der **Cuisine des Vendanges** im schönen alten Gilbey-Château ist sehr zu empfehlen, jedoch muß man sich mindestens 48 Stunden vorher einen Tisch reservieren lassen. Im Preis enthalten sind zwei Weinsorten zur Wahl. Klasse B.

Ein alter Leuchtturm aus dem Jahr 1825 beim Château La Tour de By dient heute als Aussichtsturm.

Hotel-Restaurant des Pins, 33780 Soulac-sur-Mer, Tel. 56 09 80 01. Empfehlenswert: Neunauge und *confit de canard.* Interessante Weinkarte. Soulac ist ein typisches Strandbad am nördlichen Ende der D101. Klasse B.

La Clef des Champs, 33930 Vendays-Montalivet, Tel. 56 41 71 11. Besuchenswertes exzentrisches Lokal. Regionale Küche in unterschiedlicher Qualität. Der Ort Vendays-Montalivet liegt 14 km von Lesparre an der Kreuzung der D101 und der D102, außerhalb des eigentlichen Weinbaugebiets. Klasse B.

La Côte d'Argent, Le Verdon-sur-Mer, Tel. 56 09 60 45. Restaurant mit einer Terrasse voller Blumen. Spezialität: *fruits de mer.* An der N215, nahe der Spitze der Halbinsel. Klasse B.

SEHENSWERTES

Bégadan Kirche mit Apsis aus dem 11. Jh.

By Bei Château La Tour de By steht inmitten der Weinberge ein alter Leuchtturm, der noch bis 1860 in Betrieb war.

Lesparre Betriebsamer Marktflecken mit interessanten Einkaufsmöglichkeiten. Historisches Monument: ein viereckiger Turm aus dem 14. Jh., genannt l'Honneur de Lesparre.

St-Yzans-de-Médoc Ein Museum für Weinbau und Kellereigeräte im Château Loudenne wurde 1986 durch Brand zerstört, doch wird eine neue Sammlung aufgebaut. (Siehe auch Restaurants.)

Valeyrac Nördlich des Orts liegt der Porte de Goulée, ein hübscher, kleiner Hafen.

VERANSTALTUNGEN UM DEN WEIN

In Lesparre findet jährlich zu Anfang August ein Weinmarkt und in St-Yzans-de-Médoc Mitte Juni die *Foire aux Sarments* statt. Beide Veranstaltungen bieten Gelegenheit zu Weinproben.

WEININFORMATIONEN

La Maison du Médoc in Lesparre an der Place du Tribunal steht mit Informationen über Wein und Tourismus zur Verfügung. Hier finden auch Ausstellungen einheimischer Kunsthandwerker statt.

88
SW

1:65,000
Km. 0 1 2 3 4 Km
Miles 0 1 2 Miles
N
la Gironde
VALEYRAC
BÉGADAN
CIVRAC
PRIGNAC
LESPARRE
BLAIGNAN
COUQUÈQUES
ST CHRISTOLY
ST YZANS
ORDONNAC
ST-SEURIN
ST-GERMAIN-D'ESTEUIL
VERTHEUIL
JAU-DIGNAC-ET-LOIRAC
St-Vivien-de-Médoc
Valeyrac
Château Bellerive
Château Lartigue
Château Sipian
Trousas
Château Greysac
Château la Tour de By
Château la Tour Seran
Château la Clare
Château du Monthil
Château Laujac
Château Patache d'Aux
Bégadan
Château St-Saturnin
Château la Tour St-Bonnet
Château St-Bonnet
Château le Boscq
St-Christoly-Médoc
Château la Tour Blanche
Château les Ormes-Sorbet
Couquèques
Château la Croix Landon
Château Landon
Château Panigon
Civrac-en-Médoc
Château Bournac
Prignac-en-Médoc
Château Sigognac
Château la Gorce
Château Haut Canteloup
Château la Tour-Haut-Caussan
Caussan
Château Blaignan
St-Yzans-de-Médoc
Château la Tour-Prignac
Château la France
Château la Cardonne
Château Potensac
Lesparre-Médoc
Château Hourbanon
Château Preuillac
St-Trélody
Château Vernous
Ordonnac
Château Pabeau
Château du Castéra
St-Germain-d'Esteuil
Château Livran
Château Hauterive
Artiguillon
St-Seurin-de-Cadourne
St-Laurent-et-Benon
D2
D3
D4
D103
D201
D203
D204
N215

TOURENKARTE SEITEN 61

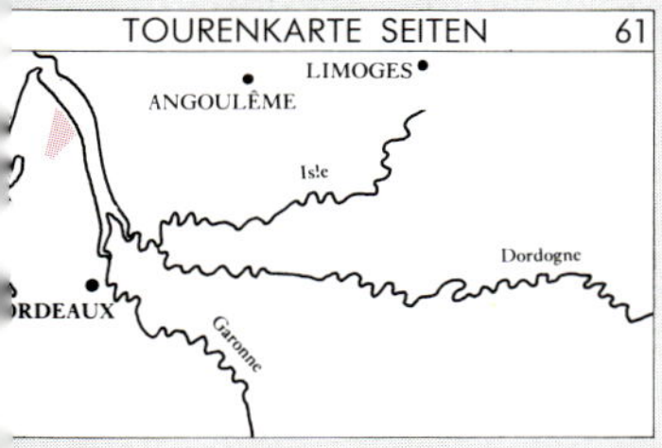

Kantonsgrenze

Gemarkungsgrenze

Cru Grand Bourgeois

Cru Bourgeois

Weinberge

Wald

Höhenlinienabstand 10 m

Route Nationale

Weinstraße

CHÂTEAUX

BEGADAN, Postleitzahl 33340

Château Greysac 88 B4
Cru Grand Bourgeois
Das hübsche grau-weiße Château und die dazugehörigen Weinberge sind 1973 in den Besitz des Barons François de Gunzburg übergegangen. Der Wein – ein geschmeidiger, ansprechender, ziemlich früh trinkreifer Médoc – wird zum großen Teil in die USA exportiert.

Château Laujac 88 C2
Cru Grand Bourgeois
Das große Château mit schöner Aussicht auf Park und Wiesen stammt von 1810. Die Familie Cruse bereitet hier dunklen, traditionellen, gerbstoffreichen Wein: einen echten, für lange Reifezeit gedachten Médoc.

Château Patache d'Aux 88 C3
Cru Grand Bourgeois
Kräftiger, vollmundiger Wein, nicht so verschlossen wie mancher andere Médoc, aber trotzdem lange haltbar. Das Château liegt im Zentrum von Bégadan bei der früheren Poststation (daher auch die Postkutsche auf dem Etikett).

Château La Tour de By * 88 B4
Cru Grand Bourgeois
In La Tour de By gibt es zwei Châteaux. Das kleinere, La Roque de By, stammt aus dem 18. Jh., das größere, La Tour de By, aus dem 19. Jh. (siehe auch „Sehenswertes"). Beide sind mit ihrem Wein sehr erfolgreich.

BLAIGNAN, Postleitzahl 33340

Château La Cardonne 88 E3
Cru Grand Bourgeois
Seit 1973 ist das Weingut im Besitz der Rothschild-Gruppe, die hier größere Investitionen getätigt hat. Der Wein ist außerordentlich gut und für baldige Genußreife ausgebaut.

Château La Tour Haut-Caussan * 88 D3
Cru Bourgeois
Philippe Courrian bringt exzellenten Wein mit feinem Holzaroma und kräftigem Gerbstoffgehalt hervor. Die bessere Sorte heißt Réserve du Moulin nach der schön restaurierten Windmühle auf dem Gutsgelände.

ORDONNAC, Postleitzahl 33340

Château Potensac* 88 E4
Cru Grand Bourgeois
Ein hochvornehmer Wein aus der Hand des Delon-Teams von Léoville-las-Cases (St-Julien): kräftig, mit guter Farbe, dem Duft teurer Fässer, einer robusten Konstitution und schöner Fruchtigkeit, die an schwarze Johannisbeeren erinnert. Die ehemalige Kirche Potensac (einem Dorf bei Ordonnac) dient dem Château als Keller.

QUEYRAC, Postleitzahl 33340

Château Carcanieux *
Cru Bourgeois
Der holländische Leiter hat dem Wein dieses Guts ein neues Image gegeben, insbesondere ab Jahrgang 1981.

ST-GERMAN-D'ESTEUIL, Postleitzahl 33340

Château Castéra 88 E4
Cru Bourgeois
Das Château, eine schöne alte Burg mit Zugbrücke, ist im Besitz einer deutschen Firma und wird von Alexis Lichine & Co. verwaltet.

Château Livran 88 F3
Cru Bourgeois
Ein hübsches Château mit reicher Vergangenheit. Der Wein entspricht nicht mehr seinem früheren Ruf.

ST-YZANS-DE-MÉDOC, Postleitzahl 33340

Château Loudenne 88 D5
Cru Grand Bourgeois
Die englische Firma W. & A. Gilbey Ltd. hat hier ihr französisches Hauptquartier – daher die großen (jetzt renovierten) *chais* im viktorianischen Stil. Das schöne hellrosa Château über dem Fluß verfügt über einen Weinberg mit gutem Kiesboden, der einen stilvollen, ausgewogenen, über lange Zeit heranreifenden Médoc hervorbringt. Aus Loudenne kommt auch ein köstlicher trockener Weißwein von 50 % Sauvignon und 50 % Sémillon (eine für das Médoc ungewöhnliche Mischung). Gäste sind gern gesehen.

Weitere Châteaux: **La Clare*, du Monthil** und **St-Saturnin** (Bégadan); **Haut Canteloup** und **Les Ormes Sorbet** (Couqueques); **Pey-Martin*** (Ordonnac); **Le Boscq, La Tour Seran** und **La Tour St-Bonnet** (St-Christoly); **Sigognac** (St-Yzans); **Bellerive** und **Bellevue*** (Valeyrac).

BOURG UND BLAYE

In der Hierarchie der Bordeaux-Weine kommen Bourg und Blaye erst weit hinter dem Médoc. Auch erheben die Weine aus diesen Gegenden keinerlei Anspruch auf Vergleiche mit dem Höhenflug der kostbaren Gewächse von der anderen Seite der Gironde. Und dennoch, von hier ging Wein in alle Welt, lange bevor im Médoc welcher wuchs. Beide Bereiche haben dem Besucher vieles Schöne zu bieten.

Von Bordeaux aus fährt man nach Bourg entweder auf der D911 oder auf der *autoroute* nordöstlich von St-André-de-Cubzac. Auf der D911 dauert die Fahrt länger, man kommt aber über die von Eiffel gebaute großartige Brücke über die Dordogne, und in St-André-de-Cubzac ist der Anschluß an die landschaftlich reizvolle D669 nach Bourg leicht zu finden. Der Weinbereich Cubzageais um St-André hat eine Anzahl guter Weine anzubieten, die unter der Appellation Bordeaux und Bordeaux Supérieur laufen.

Bourg-sur-Gironde liegt gegenüber dem Bec d'Ambès, der Lanzenspitze am Nordende des Bereichs Entre-Deux-Mers. Sie ist durch Schlickablagerung im Lauf von 300 Jahren entstanden. Im 17. Jahrhundert hieß Bourg noch Bourg-sur-Mer und lag nicht an der Dordogne, sondern an der Gironde. Um die 1153 erbaute Zitadelle und am Flußufer entstanden Stadtviertel, die durch lange Treppenfluchten miteinander verbunden sind. Ungeachtet seiner großen Vergangenheit ist Bourg heute nichts weiter als eine malerische, verschlafene Kleinstadt.

Der kleine Weinbaubereich Côtes de Bourg erstreckt sich hauptsächlich auf drei parallel zur Dordogne verlaufende Täler. Die steilen, rebenbesetzten Hänge der Côtes de Bourg werden scherzhaft auch als „die Schweiz der Dordogne" bezeichnet. Hier entstehen vorwiegend Rotweine (97 %), und das ist auch gut so; den Weißweinen der Gegend fehlt es fast immer an Klasse und Eigenart. Die Rotweine dagegen haben Charakter. Die besten sind fest, angenehm, schön abgerundet, eher rustikal als raffiniert und oft mit genügend Gerbstoff für eine lange Lebensdauer ausgestattet. An Rebsorten werden Cabernet Sauvignon, Cabernet Franc, Malbec und Merlot angebaut. Der Merlot herrscht vor, bei manchen Weingütern beträgt sein Anteil 50 bis 80 %. Der Malbec war hier früher sehr beliebt, ist aber inzwischen im Niedergang. Manche Winzer pflegen ihn jedoch weiter, weil er im Mikroklima und auf dem Boden von Bourg dem Wein ein eigenes Aroma verleiht. Auch eine Schaumweinproduktion gibt es in Bourg: Die Firma Brouette Petit-Fils stellt im Caveau du Pain de Sucre – dem „Zuckerhutkeller" – schäumenden Bordeaux her.

Von Bourg nach Blaye sind es knapp 15 km, und der erfreulichste Weg dorthin ist auf der D669E1, einer schmalen, romantischen Straße am Fluß entlang bis zur Anschlußstelle an die D669. Im Sommer leuchten die kleinen Gärten am Fluß in schönster Blumenpracht.

Auch Blaye verdankt den Römern seinen Ursprung. Im Mittelalter lag es an einer Pilgerstraße nach Santiago de Compostela und war Sammelpunkt von Kreuzfahrern. Wie Bourg besitzt es eine gegen Ende des 17. Jh. erbaute Zitadelle. Sie ist tadellos erhalten und gewährt eine schöne Aussicht über die Umgebung. Blaye selbst ist eine freundliche Provinzstadt mit rund 5000 Einwohnern, einer langen Hauptstraße mit Läden und Cafés sowie mittwochs und samstags einem farbenfrohen Markt. Eine Autofähre, die eigens für Weinfreunde auf Urlaub geschaffen zu sein scheint, verbindet Blaye mit Lamarque und dem Médoc.

Die Fläche des Weinbaubereichs ist fünfmal so groß wie die von Bourg. Seine nördliche Grenze liegt etwa parallel zu Lesparre-Médoc, und nach Osten hin erstreckt er sich bis zur Grenze zum Département Charente-Maritime. Die A10, die Autoroute d'Aquitaine, durchquert ihn. Aber nur ein Teil dieses großen Bezirks eignet sich für den Weinbau, und die Produktion an AC-Wein ist nicht größer als in Bourg. Landeinwärts herrschen die Genossenschaftskellereien vor. Etwa 85 % der Erzeugung bestehen aus gefälligem, fruchtigem Rotwein, der jung am besten schmeckt und im allgemeinen leichter ist als der von Bourg. Der beste, dem man auch am häufigsten begegnet, trägt die Appellation Premières Côtes de Blaye. Das trifft auch für die Weißweine zu: Die interessanteren nennen sich stets Premières Côtes de Blaye; einfachere Weine dagegen heißen Blaye, Blayais oder Côtes de Blaye.

REISE-INFORMATIONEN

Die Region von Bourg und Blaye ist nicht sehr wohlhabend, daher sind „bessere" Hotels und Restaurants dünn gesät.

HOTELS

Hotel Bellevue, 33390 Blaye, Tel. 57 42 00 36. Ländliches Hotel mit einfacher Küche. Hotel Klasse B; Restaurant Klasse C.

Hotel La Citadelle, 33390 Blaye, Tel. 57 42 17 10. Modernes Hotel in der Zitadelle mit Swimming Pool und Aussicht auf die Gironde. Restaurant angeschlossen. Klasse B.

Château La Grange de Luppé, 33390 Blaye, Tel. 57 42 80 20. Ein Château mit Park, etwa 1 km nördlich von Blaye an der D255. (1987 verkauft, daher ist die Zukunft als Hotel ungewiß.) Klasse B.

RESTAURANTS

Le Caneton d'Argent, 33390 Blaye, Tel. 57 42 81 00. Kleine, angenehme Gaststätte mit guter neuzeitlicher Küche. Spezialitäten: Fisch und Schalentiere. Klasse C.

Le Rod du Roy, 33710 Bourg, Tel. 57 68 30 93. Auf halbem Weg zwischen dem oberen und dem unteren Teil von Bourg; mit gastronomischen Spitzenleistungen darf man freilich nicht rechnen. Klasse C.

Le Coq Hardi, 33240 St-André-de-Cubzac, Tel. 57 43 02 60. Gemütliches, freundliches Restaurant. Regionale Küche und Grillgerichte. Hotel angeschlossen. Klasse C.

SEHENSWERTES

CUBZAGEAIS

St-André-de-Cubzac (am Kreuzungspunkt der D669 mit zwei Straßen aus Bordeaux). Wehrkirche mit romanischer Apsis. Einige Kilometer weiter nördlich liegt das historische Château du Bouilh, ein Wahrzeichen der Gegend. Es wurde nie fertig: Der Bau wurde 1787 unter der Leitung von Victor Louis (dem Architekten des Grand Théâtre in Bordeaux) begonnen, bei Ausbruch der Französischen Revolution jedoch wieder eingestellt. Heute liegt Wein in seinen Kellergewölben. Besichtigung ist am Wochenende möglich.

BOURG

Bayon Romanische Kirche aus dem 12. Jh.

Bourg-sur-Gironde Von der schattigen Terrasse beim Rathaus aus hat man einen schönen Blick über die Gironde und den Bec d'Ambès. Im Château de la Citadelle befindet sich ein Museum und ein Gewirr unterirdischer Gänge.

La Libarde Nördlich von Bourg; romanische Krypta aus dem 11. Jh.

Magrigne Bei Tauriac; Kapelle des Templerordens.

Marmisson Historische Stätte an der D669E in Richtung Blaye.

Prignac-et-Marcamps Nahe der D669 zwischen St-André-de-Cubzac und Bourg liegen die 1881 entdeckten Pair-non-Pair-Höhlen mit etwa 60 prähistorischen Malereien: Auerochsen, Mammuts und Wildpferde.

Tauriac Malerisch verwitterte romanische Kirche, wohl die schönste der Gegend.

Teuillac In der Kirche Sarkophage aus dem 9. Jh.

BLAYE

Blaye Die fast 1 km lange Zitadelle von Blaye wurde zwischen 1685 und 1689 auf den Ruinen der Kirche St-Romain erbaut. Innerhalb der Zitadelle findet man einen ganzen Ort mit Gassen und Gärten, die Reste des dreieckigen Château de Rudel und ein Kloster aus dem 17. Jh., ferner ein Hotel (siehe Hotels), einen Campingplatz, das Heimatmuseum und den Aussichtsturm Tour de l'Aiguillette.

Montuzet Einen Panoramablick über die Umgebung kann man genießen, wenn man von Plassac bergauf zum Château Bellevue fährt; von hier aus erreicht man die Butte de Montuzet mit ihrer Statue.

Plassac In den Sommermonaten sind im Museum Funde aus der gallisch-römischen Zeit zu besichtigen.

TOURENKARTE SEITEN
60
61
ANGOULÊME
LIMOGES
BORDEAUX
Isle
Dordogne
Garonne
N
Arrondissementgrenze
Kantonsgrenze
Gemarkungsgrenze
Weinberge
Wald
100
Höhenlinienabstand 10 m
Route Nationale
Weinstraße
St-Ciers-sur-Gironde
Etauliers
St-Androny
Château le Menaudat
Eyrans
Château Latour-Gayet
Château les Chaumes
Fours
Château les Alberts
Château la Salle
St-Seurin-de-Cursac
Mazion
St-Genès-de-Blaye
Château Perenne
Château Belair
les Davids
St-Paul
Château Segonzac
Château Labrousse
Château la Garde
Château la Carelle
St-Martin-Lacaussade
Château le Grand Mazerolle
Château Charron
Château les Cônes-Sebizeaux
Château le Bedou
Château les Petits Arnauds
Cars
Blaye
Château Barbe
Château Pardaillan
Château l'Escadre
Lamarque
Château Loumède
Château Pinet
Brouillon
Château Gontier
Château Graulet
Château St-Germain
Berson
Château la Tuilerie
Château Peyredoulle
Cru Rousset
Plassac
Château Bellevue
Château de Beaumont
Château Gazin
Château Monconseil
les Arnauds
Château le Guiraud
Château Launay
les Grd Bertins
Château Rousselle
Château Mendoce
Château les Heaumes
Château de Barbe
Teuillac
St-Ciers-de-Canesse
St-Trojan
Château Peychaud
Château Coubet
Villeneuve
Château la Graulet
Château les Richards
Château Bidou
Château la Tuilière
Château de Thau
Mombrier
LA GIRONDE
Samonac
Château Rivereau
les Androns
Château Labrède
Château Berthou
Château Rousset
Gauriac
Comps
Château Nodoz
Château Fougas
Château Lamothe
Château Macau
Château Blissa
Château Bel Air
Château Civrac
Château Beaulieu
Château les Eyquems
Château Falfas
Lansac
Château Nodot
Château de la Croix-Millorit
Château de la Grave
Château Guionne
Château Hourtou
Bayon
St-Seurin-de-Bourg
Tauriac
Château Eyquem
Château Soucarde
Château Laurensanne
Château Guerit
Château Brûle-Secaille
Château Labarde
Château Lalibarde
Château du Bousquet
Château Caruel
Château Tayac
Moron
Château la Clotte Blanche
Château le Moulin Rompu
Château le Caillou
Marcamps
Bourg
Château Gros-Moulin
Château Courpon
Château Croûte-Charlus
DORDOGNE
Château Grand Jour
Château Christoly
Château Mille Secousses
Prignac-et-Marcamps
St-André-de-Cubzac
1:88,000
Km. 0
1
2
3
4
5 Km.
Miles 0
1
2
3 Miles

St-Ciers-sur-Gironde In der für den Weinbau nicht nutzbaren Ebene an der Gironde steht ein riesiges Kernkraftwerk, das ca. 8 % des Strombedarfs Frankreichs liefert. Besucher sind willkommen. In St-Ciers selbst trifft man den denkbar stärksten Kontrast hierzu an: ein im Juli und August geöffnetes Museum der Vorgeschichte.

Marcillac Östlich von St-Aubin, abseits der A10-Autoroute d'Aquitaine: eine Kirche aus dem 12. Jh. und eine Brennerei, wo *fine bordeaux* gebrannt wird (man merkt, Cognac ist nicht weit).

WEINBRUDERSCHAFT

Die 1952 gegründeten Connétables de Guyenne sind in Bourg und Blaye sowie in Entre-Deux-Mers und den Premières Côtes de Bordeaux aktiv.

WEININFORMATIONEN

Maisons du Vin in Bourg (Place de l'Eperon) und Blaye (am Hafen, nahe der Abfahrtsstelle der Autofähre Blaye-Lamarque). In Bourg sollte man sich die große farbige Landkarte geben lassen, auf der alle Châteaux der Gegend verzeichnet sind.

CHÂTEAUX

CUBZAGEAIS

Appellations Bordeaux und Bordeaux Supérieur

CUBZAC-LES-PONTS,
Postleitzahl 33240

Château de Terrefort-Quancard* Das große Gut der Familie Quancard (Winzer und Weinhändler) beweist, daß auch in dieser Gegend gefällige Weine entstehen können.

St-ANDRÉ-DE-CUBZAC,
Postleitzahl 33240 91 F5

Château de Bouilh Das älteste Weingut der Gegend (siehe Sehenswertes, St-André-de-Cubzac).

BOURG

Appellations Bourg und Côtes de Bourg

BAYON, Postleitzahl 33710

Château Eyquem 91 F3 Schöne Lage am Fluß (und ein vielversprechender Name).

Château Falfas 91 E3 Schönes Château im Louis-XIII-Stil mit ansprechendem Wein.

BOURG-SUR-GIRONDE,
Postleitzahl 33710

Château de la Grave 91 E4 Charmantes kleines Château mit einem charmanten, sanften Côtes de Bourg.

Château Tayac 91 F3 Die zu diesem Gut gehörenden Weinberge liegen am Fluß in bester Sonnenlage; vom Château aus hat man einen schönen Blick über die Gironde. Der Wein hat kräftige Farbe und festen Körper, v. a. die *Cuvée de Prestige*.

Ferner in Bourg-sur-Gironde: die Châteaux **Caruel***, **Le Clos de Notaire**, **Croûte Courpon**, **Croûte Mallard**, **Dumézil*** und **Gros Moulin***.

SAMONAC, Postleitzahl 33710

Château Beaulieu 91 E4 Idyllische Lage in einem rebenbesetzten Tal. Weinqualität unterschiedlich.

Ferner in Samonac: Châteaux **du Castenet***, **Macay***, **Rousset**.

TAURIAC, Postleitzahl 33710

Château Le Piat Das Prunkstück der exzellenten Genossenschaftskellerei.

Ferner in Tauriac: Châteaux **Brulesécaille***, **Fongalan***, **Guerry*** (einer der besten Weine der Gegend; er besteht zu ⅓ aus Malbec) und **Haut Macô**.

VILLENEUVE, Postleitzahl 33710

Château de Barbe 91 E2 Umfangreiches Gut, geräumiges Château, geschmeidiger Wein.

Château de Mendoce 91 D2 Ein guter Côtes de Bourg aus einem schönen alten Château aus dem 15. und 16. Jh.

Weitere Châteaux in der Region: **Cantenac Sudre*** in Lansac, **Rousselle** in St-Ciers-de-Canesse und **Peychaud** in Teuillac (für alle gilt die Postleitzahl 33710).

BLAYE

Appellations Blaye, Côtes de Blaye und Premières Côtes de Blaye

In Berson, Postleitzahl 33390, **Château Bourdieu** (empfehlenswerter Rotwein, v. a. *Cuvée Vignoble de Florimont*) und **Ch. Perdoulle***; in Cars, Postleitzahl 33390, **Ch. Crusquet Sabourin***, **Gardut Haut-Cluzeau** (duftiger, erfrischender Weißwein, zu 100 % von Sauvignon), **Ch. Les Rochers** (kräftiger roter Premières Côtes de Blaye) und **Ch. Magdeleine-Bouhou***; in Marcillac, Postleitzahl 33860, **Ch. Lardière** (frischer weißer Côtes de Blaye sowie roter und weißer Schaumwein); in St-Androny, Postleitzahl 33390, **Ch. La Tour Gayet**; in St-Genès, Postleitzahl 33860, **Ch. Perenne** und **Ch. Ségonzac**; in St-Martin-de-la-Caussade, Postleitzahl 33390, **Ch. Charron*** (untadelige Rot- und Weißweine, mit die besten in Blaye).

GRAVES

Die ersten Weinberge von Bordeaux lagen in unmittelbarer Nähe der Stadt. Sie belieferten zunächst fast nur den lokalen Markt, doch das änderte sich, als Aquitanien 1152 unter englische Herrschaft kam. Nun eröffnete sich dem Bordeaux-Wein ein großer neuer Markt: England. Für den Weinbau im Bordelais bedeutete dies einen kräftigen Anstoß; vom 12. Jahrhundert an dehnten sich die Weinberge immer weiter in die Umgebung aus. Um 1300 legte sich auch der Erzbischof von Bordeaux (der spätere Papst Klemens V.) in Pessac am Rand von Bordeaux ein Weingut an: das heutige Château Pape Clément. Im 14. Jahrhundert blühte der Weinbau, und immer mehr Wald mußte den Weinbergen weichen. Allmählich zeigte sich, daß die besten Weine auf der *terre graveleuse,* dem kieshaltigen Boden, wuchsen. Man nannte sie deshalb auch *vins des graves* und später einfach Graves.

Diese Graves-Weine begründeten den guten Ruf des Bordelais als einer Weinbauregion. Als dann im 18. Jahrhundert der Weinbau im Médoc seinen Aufschwung nahm, durften die Weine aus diesem Gebiet, das doch auch über kieshaltige Böden verfügt, dennoch nicht als Graves angepriesen werden. Der erste Bordeaux-Wein, der überhaupt je unter dem Namen des Weinguts, aus dem er stammte, bekannt geworden ist, kam aus Graves: 1663 notierte sich der große Bonvivant Samuel Pepys, er habe in der Royal Oak Tavern in London „eine Art französischen Wein namens Ho Bryan mit einem guten und auch eigentümlicheren Geschmack, als er mir je begegnet ist" getrunken. Diese frühe Weinprobennotiz sprach natürlich von einem Haut Brion.

Graves blieb hoch angesehen, bis es um die Mitte des 19. Jahrhunderts in den Schatten des Médoc geriet. Damals gingen freilich auch viele Weinberge des Graves durch das ständige Wachstum der Stadt Bordeaux verloren. 1850 gab es in Mérignac 22 Weingüter, heute ist nur noch eines übrig. In derselben Zeit verringerte sich die Zahl der Weingüter in Pessac von 12 auf 4 und in Talence von 19 auf 3. Am Ende des 19. Jahrhunderts hatte Graves eine Rebfläche von rund 10 000 ha, heute sind es noch 3000 ha. Allein seit 1900 sind etwa 5000 ha aufgegeben worden – das ist soviel wie die Gesamtrebfläche von St-Emilion.

Der heutige Bereich Graves umfaßt noch immer das Stadtgebiet von Bordeaux: Haut-Brion und seine Nachbargüter La Mission und Les Carmes liegen tatsächlich in einer Vorstadt. Unmittelbar nördlich der Stadt bezeichnet der Jalle de Blanquefort die Grenze zwischen Graves und dem Médoc. Südwärts erstreckt sich der Bereich entlang der Garonne bis Langon. Die Region ist etwa 55 km lang und bis zu 20 km breit. Im Westen bilden die Kiefernwälder eine natürliche Grenze.

Unmittelbar südlich von Bordeaux findet sich ausgesprochen stark kieshaltiger Boden. Er erstreckt sich über ein sanft welliges, durch fünf Bäche entwässertes Gelände. Hier trifft man auf die größten und bekanntesten Weingüter, darunter auch sämtliche *Crus Classés* der Region. Im September 1987 wurde den Weinen aus der Gegend nördlich von Bordeaux eine eigene Appellation zuerkannt: Pessac-Léognan. Sie gilt für eine Rebfläche von knapp 900 ha. Weiter im Süden, über Martillac und das Flüßchen Le Soucat hinaus, ist der Boden sandiger und lehmiger, der Wasserabzug ist nicht mehr so gut. Hier tritt die Rebe nicht mehr so stark in Erscheinung. Die landwirtschaftliche Nutzung ist gemischt, und es gibt bereits viel Wald. Seit den 60er und 70er Jahren bringen Weingüter im südlichen Graves, wie z. B. das Château de Roquetaillade La Grange in Mazères, rote und weiße Weine von immer besserer Qualität hervor.

Früher kamen aus Graves vor allem recht liebliche Weißweine unter der Appellation Graves Supérieures. Heute besteht etwa die Hälfte der Produktion aus Rotwein, und die Weißweine sind meist trocken. Als Grundlage für den roten Graves dienen dieselben Traubensorten wie im Médoc (Cabernet Sauvignon, Cabernet Franc und Merlot), doch der Unterschied ist unverkennbar: Der Graves ist etwas erdiger als der Médoc, auch ein wenig milder und hat würzige, rauchige oder harzige Untertöne im Aroma.

Der trockene weiße Graves ist in verschiedenen Stilen erhältlich, von frisch und modern bis traditionsverbundener und stärker zur Milde neigend. Den lieblichen Graves Supérieur gibt es noch, aber seine Popularität ist im Schwinden. Die süßesten weißen Graves kommen aus Cérons, einer Gemeinde an der Grenze zu Barsac und Sauternes (auf der Karte auf Seite 94). Sie fallen gemeinsam mit den Weinen aus Illats und Podensac unter die Appellation Cérons. Diese Weine kommen der Fülle eines Sauternes schon sehr nahe, sind aber doch eher mild als opulent zu nennen. Seit 1959 verfügt Graves über eine offizielle Klassifizierung, in der Rot- und Weißweine aus 15 Weingütern als Crus Classé gelten.

REISE-INFORMATIONEN

Von Bordeaux aus ist Graves leicht zu bereisen – die ganze Region ist auf der Karte Seite 94 wiedergegeben. Eine beschilderte Weinstraße, der Circuit Touristique des Graves, führt an vielen weltberühmten Châteaux vorüber. Adressen von Hotels und Restaurants sind auch aus den Reise-Informationen für Sauternes zu entnehmen.

HOTELS

La Réserve, Avenue Bougailh, 33600 L'Alouette, Tel. 56 07 13 28. Luxuriöse Oase in einem Park, nicht weit von der Abfahrt Nr. 13 der Ringstraße um Bordeaux. Erstklassiges Restaurant mit lokalen Spezialitäten. Klasse A.

Relais de Fompeyre, Route de Mont-de-Marsan, 33430 Bazas, Tel. 56 25 04 60. Geräumiges Hotel mit bequemen, modernen Zimmern, Swimming Pool und Restaurant. Klasse B.

Hostellerie St-Sauveur, 14, cours du Général-de-Gaulle, 33430 Bazas, Tel. 56 25 12 18. Hotel der einfacheren Art. Klasse C.

La Grappe d'Or, 33720 Cérons, Tel. 56 27 21 61. Hotel an der D11 7E, charmant und ohne Allüren. Klasse B.

Grillobois, 33720 Cérons, Tel. 56 27 11 50. Geräumiges Hotel an der verkehrsreichen N113 mit einfachem Restaurant und kleinem Weinmuseum. Klasse B.

Hotel Le Midi-Modern, Place Général-de-Gaulle, 33210 Langon, Tel. 56 63 06 65. Gehört zu einer Brauerei. Klasse C.

Château de Moderis, 33720 Virelade, Tel. 56 27 17 78. Freundliches Provinzhotel mit einigem Komfort. Preiswertes Restaurant. Klasse C.

RESTAURANTS

Grill Mirambet/Hôtel de France, cours du Général-de-Gaulle, 33430 Bazas, Tel. 56 25 02 37. Vielbesuchtes Restaurant mit großem Kamin. Spezialität: Fleisch- und Fischgerichte vom Grill. Hotel angeschlossen. Klasse B.

Pascal Le Bistrot, Chemin Salvador-Allende, 33610 Canéjan, Tel. 56 89 18 57. Rustikale Einrichtung, traditionelle Küche. Der Ort liegt auf halbem Weg zwischen Pessac und Léognan und ist von Bordeaux aus leicht zu erreichen. Klasse C.

Claude Darrose, 95, cours Général-Leclerc, 33210 Langon, Tel. 56 63 00 48. Das beste Restaurant in Graves und Sauternes. Stilvolles Intérieur. Regionale Spezialitäten: *salade landaise, foie gras de canard, lamproie au blanc de poireaux, agneau de Médoc à l'estragon.* Umfangreiche Weinkarte. Klasse A.

La Grangousier (an der D10 nach Auros), 33210 Langon, Tel. 56 63 30 59. Altes Landhaus mit Garten und Terrasse. Regionale Küche. Klasse B.

Hostellerie Lou Pistou, 33650 Martillac, Tel. 56 23 71 02. Preiswert. Klasse C.

Maeva, 33210 Toulenne (bei Langon), Tel. 56 62 38 77. Reichhaltige Weinkarte und regionale Küche. Klasse B.

SEHENSWERTES

Bazas Etwa 15 km von Langon an der D932. Guter Ausgangspunkt für Entdeckungsreisen durch Graves (s. a. Hotels und Restaurants). Bazas ist eine hübsche Kleinstadt mit schöner *place,* beherrscht von der gotischen Kathedrale Saint-Jean-Baptiste. Nicht

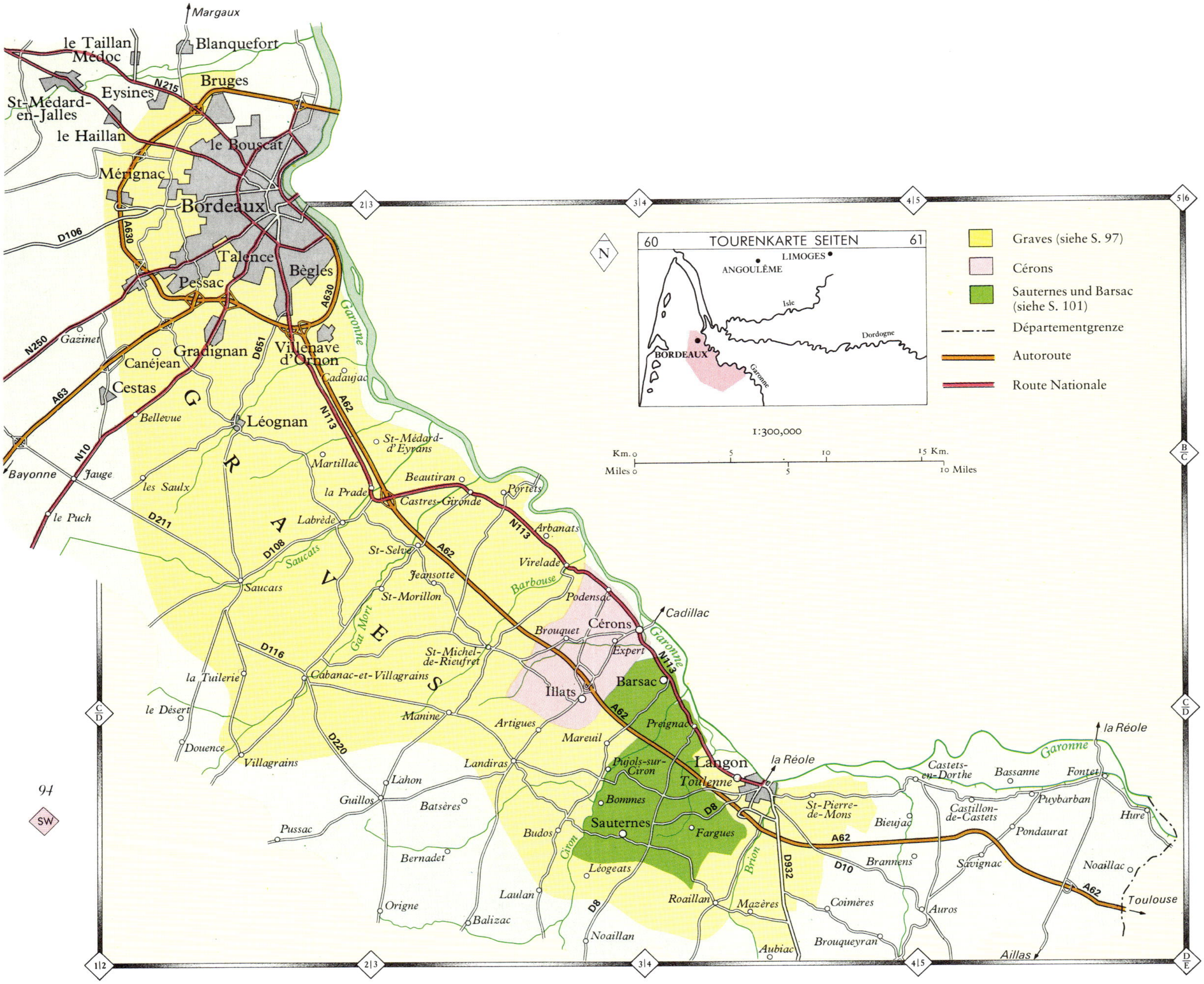

weit davon der alte bischöfliche Garten an der Stadtmauer. Ende Juni/Anfang Júli machen *Son-et-lumière*-Vorstellungen mit großer Besetzung (400 Personen) die Geschichte der Stadt lebendig. Bekannt ist auch der am ersten Mittwoch jeden Monats stattfindende Kälbermarkt; Bazas hat der Rinderrasse Bazadaise den Namen gegeben.

Budos Der Ort liegt einige Kilometer westlich von Sauternes an der D125; Burgruine aus dem 14. Jh.

Cadaujac Romanische Kirche. Siehe auch Château Bouscaut unter „Châteaux".

Cérons und **Illats** In beiden Orten interessante Kirchen.

Labrède Château de Labrède, eine romantische Burg, ist Geburtsort (1689) und Heimat des Politikers, Dichters und Philosophen Charles de Segondat, Baron de La Brède und de Montesquieu. Seine Bibliothek mit 7000 Bänden ist noch erhalten. Zur Zeit Montesquieus lieferte das Château Wein nach England, und auch

Übersichtskarte der Region Graves mit Sauternes. Eine Detailkarte von Haut Graves – Pessac, Talence, Gradignan, Villenave, Léognan, Cadaujac und Martillac – befindet sich auf Seite 97, jene von Sauternes, Barsac und Cérons auf Seite 101.

Rechts: Das romantische Château de Labrède, Geburtsort und Heimat des Staatsmanns Montesquieu.
Unten: Musik und Tanz auf dem sommerlichen Weinfest in St-Selve.

heute werden hier noch kleinere Mengen Wein erzeugt.
Léognan Kleine, restaurierte romanische Kirche.
Mazères Der Stolz der Gemeinde im Süden von Graves ist das Château de Roquetaillade, eine massive Feste aus dem 14. Jh. mit sechs runden Türmen, einem viereckigen Bergfried und schönen gewölbten Gemächern. Es wurde von einem Neffen des Papstes Klemens V. erbaut und ist einen Besuch durchaus wert (ebenso sein Wein). Nicht weit davon liegt die Ruine einer einfacheren Burg aus dem 12. und 13. Jh. sowie die schöne Kapelle St-Michel mit Gemälden aus dem 14. Jh.
Podensac Im Parc de Chavat sind eigenartige Statuen aus der Zeit zwischen den zwei Weltkriegen zu besichtigen. Die Firma Lillet in Podensac stellt Aperitifs aus Wein her.
St-Morillon Kleines, fast noch mittelalterlich wirkendes Dorf.
Uzeste Schöne Kirche, im Auftrag von Papst Klemens V. 1312 erbaut und im 16. Jh. umgestaltet. In ihr befindet sich die päpstliche Gruft.
Villandraut Kleine Stadt inmitten von Wäldern. Geburtsort von Bertrand de Goth (Papst Klemens V.). Die von ihm hier erbaute Burg ist heute eine Ruine mit vier Türmen. Das kleine Heimatmuseum von Villandraut lohnt einen Besuch.
Villenave-d'Ornon Sehr schöne Kirche mit hohen Seitenschiffen.

AKTIVITÄTEN UM DEN WEIN

Die Commanderie du Bontemps du Médoc et des Graves mit Sitz in Pauillac bemüht sich um die Förderung des Weins beider Regionen. In Langon findet jährlich zu Anfang September eine *Foire aux Vins* (Weinmarkt) mit Weinen aus Graves und Sauternes statt.

WEININFORMATIONEN

La Maison des Vins de Graves befindet sich in Podensac nördlich von Cérons an der N113. Neben Touristikinformationen wird in einem Keller auch eine Auswahl von Weinen angeboten.
In vielen Châteaux, u. a. auch in Haut-Brion, Haut-Bailly und de Chevalier, sind Besucher willkommen. Telefonische oder schriftliche Anmeldung ist nützlich, weil man so die Öffnungszeiten erfährt. Die üblichen Zeiten sind an Werktagen von 10 bis 12 und von 15 bis 17 Uhr, in manchen Châteaux auch Samstag nachmittags. Zu berücksichtigen ist, daß während der Weinlese nirgendwo viel Zeit für Besucher zur Verfügung steht und viele Châteaux im August völlig geschlossen sind.
La Maison du Vin, 1, cours du 30-Juillet, Bordeaux, gibt ebenfalls gern Auskunft über die einzelnen Châteaux. Die Union des Crus Classés de Graves hat ihren Sitz an der gleichen Adresse.

CHÂTEAUX

Das Spritzen gegen Pilzkrankheiten ist wie überall, so auch hier, auf der Domaine de la Solitude, eine unumgängliche Notwendigkeit.

Château Bouscaut 97 D5
Cru Classé für Rot- und Weißwein
Schönes Gut aus dem 18. Jh., seit 1980 im Besitz von Lucien Lurton (Inhaber von Brance-Cantenac in Margaux, Climens in Barsac usw.). Der weiße Bouscaut ist ein frischer, duftiger, sauberer Graves; der Rotwein ist fest, dabei fruchtiger und geschmeidiger als früher.

Château Carbonnieux 97 E4
Cru Classé für Rot- und Weißwein
Berühmtes altes Gut; es wurde 1741 von Benediktinermönchen übernommen, die es fertigbrachten, ihren Weißwein an den (mohammedanischen) türkischen Hof als „Mineralwasser" zu verkaufen. Heute wird es von der Familie Perrin geführt. Der beste Carbonnieux ist auch heute noch der weiße Graves: frisch, duftig, ansprechend, mit schönster Eigenart. Der Rotwein reicht nicht an seine Klasse heran.

Domaine de Chevalier * 97 F2
Cru Classé für Rot- und Weißwein
Das in einer großen Waldlichtung hinter dem Ort Léognan gelegene Gut bringt herrlichen Weißwein hervor, der in Komplexität, Nachhaltigkeit und Intensität jeden anderen trockenen weißen Bordeaux in den Schatten stellt. Auch der Rotwein ist hervorragend und kann es an Eigenständigkeit mit einem großen Médoc aufnehmen. Er braucht 10 bis 20 Jahre, um seine ganze Fülle und Kraft zu entfalten. Das Haus selbst ist klein und bescheiden, das Wort „Château" wird vermieden.

Château Couhins 97 D4
Cru Classé für Weißwein
Der größere Teil des Besitzes gehört dem landwirtschaftlichen Forschungsinstitut INRA. Voller, würziger Weißwein, wuchtiger Rotwein. Experimente mit verschiedenen neuen Traubensorten sind im Gang (s. a. Ch. Couhins-Lurton).

Château Couhins-Lurton *
Cru Classé für Weißwein
Frischer, fruchtiger Weißwein von einem Teil des Weinbergbesitzes von Ch. Couhins, der 1979 von INRA an André Lurton verkauft wurde. Der zu 100 % mit Sauvignon besetzte Weinberg wird jetzt erweitert und mit Cabernet Sauvignon und Merlot ergänzt, so daß auch Rotwein erzeugt werden kann.

Château de Fieuzal 97 F3
Cru Classé für Rotwein
Der Rotwein ist fest, höchst zuverlässig und gebietstypisch, mit der Qualität scheint es aufwärts zu gehen. Der Weißwein, von dem leider nicht viel erzeugt wird, hat ebenfalls Cru-Classé-Qualität.

Château Haut-Bailly * 97 E4
Cru Classé für Rotwein
Aus dem unauffälligen Château kommt ein seidig-zarter, stilvoller, höchst erfreulicher roter Graves. Nach einer kurzen Schwächeperiode ist seine Qualität seit 1979 wieder gleichmäßig hoch. Etwa ein Viertel des Rebenbestands ist über 40 Jahre alt.

Château Haut-Brion 97 A2
1er Grand Cru Classé (1855) und Cru Classé für Rotwein
Als einziges Weingut in Graves wurde Haut-Brion in die Klassifizierung von 1855 aufgenommen, und zwar in die Spitzenkategorie. Das große Schloß stammt aus dem 16. Jh. Der Rotwein des hervorragend geführten Guts zeichnet sich durch vollendete Ausge-

wogenheit zwischen fruchtigen und erdigen Geschmacksnuancen, eine edle, milde Samtigkeit, sanfte Kraft und größte Nachhaltigkeit aus. Der nur in geringen Mengen erzeugte Weißwein ist ebenfalls großartig. Schon 1961 wurden Edelstahlgärtanks eigener Konstruktion installiert. 1935 ging Haut-Brion in den Besitz des amerikanischen Bankiers Clarence Dillon über, heute leitet seine Enkelin Joan, Duchesse de Mouchy, das Gut.

Château Laville Haut Brion * 97 A3
Cru Classé für Weißwein
Neben dem Weißwein der Domaine de Chevalier ist dies der beste trockene weiße Bordeaux. In ihm ist das Aroma des Sauvignon (40 % des Rebenbestands) 4 bis 5 Jahre lang vorherrschend, dann aber bricht der Sémillon (die übrigen 60 %) durch und läßt eine konzentrierte, üppige, wundervoll nuancenreiche Geschmacksfülle entstehen. Seit 1983 gehört das bescheidene Gut zum Besitz von Haut-Brion.

Château Malartic-Lagravière 97 F3
Cru Classé für Rot- und Weißwein
Durch moderne Methoden entsteht ein charaktervoller Rotwein mit großer Eigenständigkeit. Er braucht meist jahrzentelang zu voller Entfaltung. Der Weißwein (rein von Sauvignon-Trauben) ist in der Jugend ebenso köstlich wie im reifen Alter.

Château La Misson Haut Brion * 97 A3
Cru Classé für Rotwein
Der Wein von La Mission ist dunkler und erdiger, strenger und zunächst unzugänglicher als der Haut-Brion, oft aber genauso fein. Er kann jahrzehntelang bis zur Reife brauchen, dann aber weicht die Unzugänglichkeit warmen, tiefen und komplexen Nuancen.

Château Olivier 97 D3
Cru Classé für Rot- und Weißwein
Das Château selbst ist eine großartige mittelalterliche Burganlage. Der stark kieshaltige Boden der Weinberge bringt einen frischen, sauberen Weißwein hervor, ferner einen Rotwein, dem es etwas an Tiefe fehlt.

Château Pape-Clément * 97 A1
Cru Classé für Rotwein
Das Weingut wurde 1300 von Bertrand de Goth, Erzbischof von Bordeaux, gegründet, der später Papst Klemens V. war (das Etikett zeigt deshalb noch immer die päpstlichen Insignien). Heute gehört das Gut der Firma Montagne & Cie. und bringt einen breiten, fülligen, fast cremigen Graves mit einem kräftigen Gefüge hervor. Die weiße Version ist nicht so eindrucksvoll.

Château Smith-Haut-Lafitte 97 E4
Cru Classé für Rotwein
Obschon der Cru-Classé-Status dem Rotwein zukommt, ist der Weißwein hier besser, vor allem seit er in neuen Fässern vergoren wird.

Château La Tour Haut Brion 97 A3
Cru Classé für Rotwein
Lange Zeit wurde dieser Name als Zweitetikett für La Mission Haut Brion benutzt. Heute dagegen stammt der schwere, gerbstoffreiche Graves ganz aus eigenen Weinbergen.

Château La Tour Martillac 97 F5
Cru Classé für Rot- und Weißwein
Fester, würziger, etwas strenger Rotwein; der Weißwein ist ein klassischer trockener Graves, dem längere Flaschenreife gut tut.

ILLATS, Postleitzahl 33720

Château d'Archambeau *, **Ch. d'Ardennes** und **Ch. La Tuilerie** *

LANDIRAS, Postleitzahl 33720

Château d'Arricaud *

LANGON, Postleitzahl 33210

Domaine de Gaillat *

LÉOGNAN, Postleitzahl 33850

Château Brown 97 D3
Ein milder, angenehmer roter Graves.

Château de France 97 F3
Tiefer, robuster Rotwein. Weißwein wird erst seit kurzem erzeugt.

Château Haut-Bergey 97 E3
Eleganter Rotwein aus einem schönen Château.

Château Larrivet-Haut-Brion 97 E3
Begehrte Rot- und Weißweine aus dem zweiten Rang.

Château La Louvière * 97 E4
Nicht nur das Château hat Charme (es wurde von Victor Louis entworfen), sondern auch der Wein. Der Rote und der Weiße reifen gleichermaßen schön heran.

MARTILLAC, Postleitzahl 33650

Château de Rochemorin * 97 F4
Exquisiter Rotwein mit Körper, Eichenholzaroma und Tannin. Der Weißwein ist ein reiner Sauvignon.

Domaine de la Solitude 97 F4
Im Besitz einer Religionsgemeinschaft. Der Rotwein hat Format; der Weißwein ist mild und frisch.

MAZÈRES, Postleitzahl 33210

Château de Roquetaillade La Grange *
Fülliger, kräftiger roter Graves; der Weißwein ist eher sanft (s. a. Sehenswertes).

PESSAC, Postleitzahl 33600

Château Les Carmes Haut-Brion
Recht eleganter, achtbarer Rotwein aus einem Nachbargut von Haut-Brion.

PODENSAC, Postleitzahl 33720

Château de Chantegrive *
Vorzüglicher, im Eichenfaß gereifter Rotwein und ein sehr sauberer, trokkener Weißwein.

PORTETS, Postleitzahl 33640

Château Constantin *
Mustergültiger weißer Graves. Auch der Rotwein verdient Beachtung.

Domaine La Grave *
Aufstrebendes Gut mit einem robusten, gerbstoffreichen Rotwein und einem frischen, charmanten Weißwein. Der Besitzer ist Däne.

Château Rahoul *
Hervorragender, komplexer Weißwein und ein subtil nuancenreicher Rotwein. Beide hätten durchaus Cru-Classé-Status verdient.

PREIGNAC, Postleitzahl 33210

Château de Cardaillan
Ein gerbstoffreicher Rotwein mit *goût de terroir;* bereitet wird er in Château de Malle in Sauternes (die Weinberge liegen teils in Graves, teils in Sauternes).

ST-MÉDARD-D'EYRANS, Postleitzahl 33650

Château de Cruzeau
Weingut mit tiefgründigem Kiesboden. André Lurton kaufte es in den 70er Jahren und setzte neue Reben an. Der rote und der weiße Wein verdienen Beachtung.

VILLENAVE D'ORNON, Postleitzahl 33140

Château Pontac-Monplaisir
Milder, nuancenreicher Weißwein, gehört zur Spitzenklasse von Graves.

Château La Mission Haut Brion

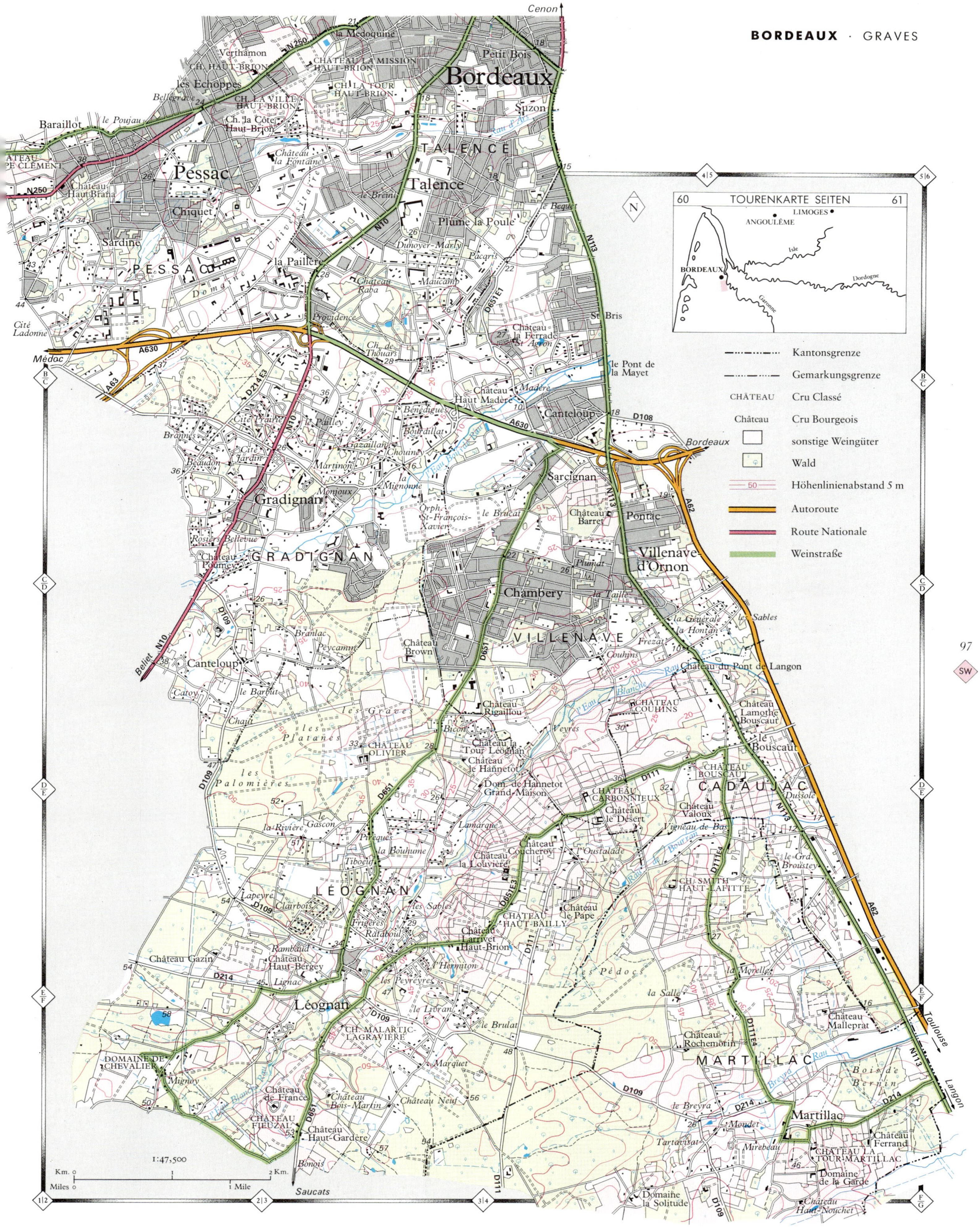
TOURENKARTE SEITEN
60
61
LIMOGES
ANGOULÊME
BORDEAUX
Isle
Dordogne
Garonne
Kantonsgrenze
Gemarkungsgrenze
CHÂTEAU Cru Classé
Château Cru Bourgeois
sonstige Weingüter
Wald
Höhenlinienabstand 5 m
Autoroute
Route Nationale
Weinstraße
1:47.500
Km. 0 1 2 Km.
Miles 0 1 Mile
Bordeaux
Cenon
Talence
TALENCE
Pessac
PESSAC
Gradignan
GRADIGNAN
Villenave-d'Ornon
VILLENAVE
Léognan
LÉOGNAN
CADAUJAC
Martillac
MARTILLAC
CHÂTEAU LA MISSION HAUT-BRION
CH. HAUT-BRION
CH. LA TOUR HAUT-BRION
CH. LA VILLE HAUT-BRION
CHÂTEAU OLIVIER
CHÂTEAU COUHINS
CHÂTEAU BOUSCAUT
CHÂTEAU CARBONNIEUX
CH. SMITH HAUT-LAFITTE
CHÂTEAU HAUT-BAILLY
CH. MALARTIC-LAGRAVIÈRE
DOMAINE DE CHEVALIER
CHÂTEAU FIEUZAL
CHÂTEAU LA TOUR-MARTILLAC
Saucats
Toulouse
Langon
Médoc
Beliet
A630
A62
A63
N10
N113
N250
D651
D109
D111
D214
SW

97

SAUTERNES

Sauternes ist eine kleine Enklave in Graves, etwa 40 km südöstlich von Bordeaux (siehe Karte Seite 94). Die Autoroute des Deux Mers (A62) durchquert die Landschaft und bildet teilweise ihre Grenze, so auch das Flüßchen Ciron, das in die Garonne mündet.

Sauternes ist schon seit Jahrhunderten Weißweinland. Im 16. und 17. Jahrhundert entstanden hier süße, schwere Muskatellerweine, die mit den damals beliebten Moscatel-Weinen aus Spanien konkurrierten, nach und nach aber wurden die Muscat-Trauben von einheimischen Rebsorten verdrängt, die sich besser für Klima und Boden der Gegend eigneten, und die Weine nahmen einen individuelleren Stil an. Die Erfahrung, daß man durch späte Lese volleren und süßeren Wein erhält, ist zwar schon alt, in der Praxis aber ist ein solches Verfahren sehr kostspielig, und deshalb waren die früheren Sauternes trockener als heute. Dessenungeachtet befand Thomas Jefferson, damals Botschafter und später Präsident der Vereinigten Staaten, bei einem Besuch 1787 im Château d'Yquem, daß der Sauternes einer der besten Weißweine Frankreichs (nach dem Champagner und dem Hermitage Blanc) sei, und bestellte eine Sendung für seinen Freund George Washington.

In der ersten Hälfte des 19. Jahrhunderts nahm der schwere, süße Sauternes an Beliebtheit zu, doch brachte er den Winzern nicht viel ein. Das wurde erst mit dem Jahrgang 1847 von Yquem anders. Damals fand die Lese durch Zufall noch viel später als üblich statt, und die Trauben waren deshalb stärker als sonst von *pourriture noble,* der „Edelfäule" befallen, wodurch ein Wein entstand, der von der gewohnten Art so sehr abwich, daß das Château beschloß, ihn gar nicht erst zum Verkauf anzubieten. Zwölf Jahre später probierte der russische Großfürst Konstantin bei einem Besuch in Yquem den 1847er und war so begeistert davon, daß er ein kleines Vermögen dafür bezahlte: 20 000 Goldfrancs für 1 *tonneau* (das entspricht 100 Kisten). Nun wurde der Sauternes dieser neuen Art über den russischen Hof hinaus so populär, daß auch andere Weingüter darangingen, ihn zu bereiten.

Die Besonderheit des Sauternes rührt nicht so sehr von den Traubensorten her (vorwiegend Sémillon, ergänzt durch einen Anteil Sauvignon und manchmal auch Muscadelle), auch nicht vom Boden (an vielen Stellen Kies, oft mit Lehm untermischt), sondern vom Mikroklima. Im Herbst läßt das kalte Wasser des Ciron beim Einströmen in das wärmere Wasser der Garonne Nebel entstehen. Der ständige Wechsel zwischen feuchter Kühle und Sonnenwärme schafft ideale Voraussetzungen für *Botrytis cinerea,* den hocherwünschten Schimmelpilz, der die Edelfäule der Trauben verursacht. Beim Faulen schrumpfen die Trauben ein, weil sie ihren Wassergehalt abgeben, so daß ein hochkonzentrierter, intensiv süßer und stark glyzerinhaltiger Saft verbleibt. Auch die Säure geht zu einem gewissen Teil verloren, und der natürliche Geruch der Trauben wandelt sich zu dem an eingekochte Pflaumen erinnernden typischen *Rôti*-Aroma.

Edelfäule tritt jedoch nur dann ein, wenn die Trauben voll ausgereift sind. Deshalb findet in Sauternes die Lese viel später statt, als es sonst in Bordeaux üblich ist, doch damit sind auch Risiken verbunden. Zwar ist

REISE-INFORMATIONEN

In den Restaurants der Gegend kann man ermessen lernen, wie vorzüglich sich der Sauternes als Aperitif und als Wein zu verschiedenen Gerichten sowie als superber Dessertwein bewährt. Im Kapitel Graves auf Seite 93 sind weitere Hotels und Restaurants zu finden, von denen aus Sauternes leicht zu erreichen ist.

HOTELS

Château de Commarque, 33210 Sauternes, Tel. 56 63 65 94. Reizvolles Hotel auf großem Gelände mit Weinberg, Swimming Pool, Restaurant und geräumigen Zimmern um einen Innenhof. Klasse B.

RESTAURANTS

Restaurant du Cap, 33210 Preignac, Tel. 56 63 27 38. Hauptsächlich regionale Küche; schöner Blick über die Garonne. Klasse B.
Le Sauternais, 33210 Sauternes, Tel. 56 63 67 13. In einem früheren Nebengebäude von Château Guiraud. Interessante Weine. Klasse B.
Les Vignes, 33210 Sauternes, Tel. 56 63 60 06. Gasthaus bei der Kirche; regionale Küche, z. B. *entrecôte à la bordelaise,* nicht besonders garniert, aber mit Liebe zubereitet. Sehr empfehlenswert *tarte aux poires* mit einem Glas Sauternes. Offene und Flaschenweine (auch halbe Flaschen). Klasse C.

WEINSTRASSE

Der *Circuit du Sauternais* führt als ausgeschilderte Route über geruhsame Landstraßen, durch Weinberge und vorüber an vielen Châteaux (die Route ist in der Karte auf Seite 101 eingezeichnet). Viele Châteaux oder ihre Weinkeller sind für Besucher geöffnet. Am besten achtet man auf Schilder mit der Aufschrift *Vente directe* (Direktverkauf) oder fragt in den unter „Weininformationen" genannten Stellen nach.

SEHENSWERTES

Barsac Der älteste Weinort der Region. Die Römer führten hier den Weinbau ein; die Reste einer römischen Villa sind bei der zwischen dem 16. und 18. Jh. erbauten Kirche zu sehen. Am Hauptportal zeigen Markierungen den Hochwasserstand von 1770 und 1930 an.
Sauternes Kleiner, charmanter Ort mit einer teilweise romanischen Kirche.

AKTIVITÄTEN UM DEN WEIN

Die Commanderie du Bontemps de Sauternes-Barsac veranstaltet jeweils im September/Oktober in Barsac eine Fête du Vin Nouveau. Auf dem Weinmarkt in Langon (Graves) im September gibt es auch Weine aus Sauternes.

WEININFORMATIONEN

La Maison du Vin ist ein bescheidener Bau an der Place de la Mairie in Sauternes; das Office Viticole de Sauternes et Barsac bei der Kirche in Barsac ist vor allem Verkaufsbüro für die Weine der Region, bietet aber auch eigenen Wein unter dem Etikett Terre Noble an.

das Klima des Bereichs etwas milder und trockener als in der Umgebung, dennoch kommt es vor, daß die Ernte durch Regen im Herbst verdorben wird. Auch befällt die Edelfäule nicht alle Trauben gleichmäßig oder gleichzeitig. Meistens müssen die Leser den Weinberg mehrere Male durchkämmen, wobei sie die Beeren oft einzeln herauspflücken. Der Ertrag ist gering; die vom Gesetz zugelassenen 25 hl/ha werden selten erreicht. Bei Yquem beträgt er im Durchschnitt 9 hl/ha – das entspricht einem Glas Wein pro Weinstock.

Ein guter Sauternes ist ein Fest für alle Sinne: Seine glühend goldene Farbe hat einen grünen Schimmer, der üppige Duft weist Untertöne von reifen Aprikosen, Honig und Nüssen auf, der Geschmack ist voll, intensiv, süß und dennoch lebendig. Er paßt hervorragend zu frischem Obst (Birnen, Erdbeeren, Pfirsichen) und zu allen möglichen Desserts (nur nicht zu Schokolade). Leichtere Sauternes eignen sich als Aperitifs oder als Begleiter zu Hors-d'œuvres (in Bordeaux oft zu *foie gras*), aber auch zu manchen Hauptgerichten (z. B. *canard aux pêches*).

Die rund 2 000 ha Rebfläche von Sauternes verteilen sich auf fünf Gemeinden. Am flachsten ist Barsac im Norden. Hier wachsen nicht so üppige, dafür aber elegantere Weine mit oft sublimer Ausgewogenheit zwischen Süße und *fraîcheur*. Sie dürfen auf dem Etikett als Sauternes oder als Barsac bezeichnet werden. Preignac liegt wie Barsac nahe an der Garonne, ist aber nicht so flach. Weiter landeinwärts wird die Landschaft hügeliger: in Sauternes, Bommes und Fargues erheben sich manche Weinberge schon zu respektabler Höhe.

Anfang Juni blüht zwischen den Reben der Klatschmohn. Im Herbst entwickelt sich durch ständigen Wechsel zwischen Nebel und Sonnenwärme an den reifen Trauben die „Edelfäule", die den vollen, süßen Weinen von Sauternes die berühmte besondere Note verleiht.

CHÂTEAUX

SAUTERNES, Postleitzahl 33210

Château Filhot 101 F3
2e Cru Classé
Großes Weingut an der Südgrenze von Sauternes mit schönem Château und Park. Der Wein ist zwar nicht üppig, aber delikat und fein in Struktur und Frucht.

Château Guiraud 101 F3
1er Cru Classé
Das Gut wurde 1981 von seinem kanadischen Besitzer Hamilton Narby wieder zum Leben erweckt. Das Programm umfaßt auch einen ansprechenden trockenen weißen Bordeaux, „G", und einen roten Bordeaux Supérieur. Besucher sind willkommen; ein Restaurant ist vorhanden (siehe Reise-Informationen).

Château Raymond-Lafon* 101 E3
Das Château ist zwar kein Schloß, der Wein aber ist fast immer erstklassig – schließlich zeichnet für ihn auch der Leiter von Yquem, Pierre Meslier, verantwortlich.

Château d'Yquem 101 E3
1er Grand Cru Classé
Das einzige als Premier Grand Cru in die Rangliste von 1855 aufgenommene Gut in Sauternes bildet wahrhaft eine Klasse für sich. Seit über zwei Jahrhunderten gehört es der Familie de Lur Saluces. Der heutige Besitzer, Graf Alexandre de Lur Saluces, spart wie seine Vorgänger weder Mühe noch Kosten, um einen möglichst vollendeten Wein zu erreichen. Die Lese beginnt meist Mitte Oktober (Yquem ist stets unter den letzten) und geht bis Ende November oder in den Dezember hinein. Der Gärprozeß findet in neuen Eichenfässern statt; anschließend wird der Wein mindestens drei Jahre lang ausgebaut. Auf ebenso extravagant aufwendige Weise entsteht auch der trockene Weißwein namens „Y" (Ygrec).

BARSAC, Postleitzahl 33720
Appellation Barsac oder Sauternes

Château Climens 101 C3
1er Cru Classé
Die zum Gut gehörenden Weinberge liegen auf einem flachen Hügel und bringen einen besonders fülligen Barsac hervor, der selbst in ungünstigen Jahren wie 1964 und 72 erstaunliche Qualität aufweist.

Château Coutet 101 B3
1er Cru Classé
Eines der bedeutensten Weingüter in Barsac. In besonders guten Jahren wird in kleinen Mengen eine feine Auslese, die „Cuvée Madame", bereitet, die einem Yquem schon sehr nahe kommt. In der Nähe des heutigen Châteaus steht ein Turm (13. Jh.)

Château Doisy-Daëne 101 B3
2e Cru Classé
Das Gut bedient sich hochmoderner Techniken. Sein Wein wird nur von Sémillon-Trauben gewonnen und in Edelstahltanks und Eichenfässern vergoren und ausgebaut.

Château Doisy-Dubroca 101 B3
2e Cru Classé
Das sehr kleine Gut gehört zu Château Climens, wo auch sein Wein bereitet wird.

Château Doisy-Védrines 101 C3
2e Cru Classé
Das größte der drei Doisy-Güter verfügt über das ursprüngliche Château aus dem 16. Jh. mit den alten *chais*.

Château Gravas * 101 B3
Eines der führenden *Bourgeois*-Güter in Barsac. Das Château aus dem 16. Jh. mit seinen Weinbergen liegt im Herzen des Bereichs Barsac zwischen den Premier-Cru-Gütern Climens und Coutet.

Château Nairac * 101 A4
2e Cru Classé
Der amerikanische Weinbauer Tom Heeter kaufte das Gut 1972 und renovierte es von Grund auf. Sein sehr feiner Sauternes hält sich mindestens ein Jahrzehnt.

PREIGNAC, Postleitzahl 33210
Appellation Sauternes

Château Gilette* 101 C5
Der Wein wird erst nach mindestens 20 Jahren Reifezeit in unterirdischen Tanks abgefüllt. Mit dieser Methode entsteht ein üppiger, warm-goldener Wein von ungeheurer Vitalität.

Château de Malle 101 D4
2e Cru Classé
Malle, das Prunkstück von Sauternes, lohnt allein schon einen Besuch. Das Château aus dem 17. Jh. ist von Ostern bis Mitte Oktober zur Besichtigung geöffnet.

In seinen Räumen ist eine herrliche Sammlung alter Möbel und Kunstgegenstände zu bewundern, und der Garten im italienischen Stil ist reich mit Statuen geschmückt. Der Wein von Malle besitzt fast die Delikatesse eines Barsac. Unter dem Namen Chevalier de Malle entsteht hier ein trokkener Weißwein; ferner gehört ein roter Graves zum Programm (siehe Château du Cardaillan, Graves).

Château St-Amand* 101 B4
Der Besitzer, eine freundlicher Mann mit reicher Erfahrung als Winzer, strebt einen Wein mit höchstem Standard an – und er gelingt ihm auch. Ein Teil läuft unter dem Etikett Château de la Chartreuse.

Château Suduiraut * 101 D4
1er Cru Classé
Der Park um das schöne Château aus dem 17. Jh. wurde von Le Nôtre geschaffen, dem auch die Gärten von Versailles zu verdanken sind. Seit dem Jahrgang 1975 gehört der Wein des Guts zum Eindrucksvollsten, was der Bereich zu bieten hat.

BOMMES, Postleitzahl 33210
Appellation Sauternes

Château Clos Haut-Peyraguey 101 E3
1er Cru Classé
Das kleine Gut entstand neben Laufaurie-Peyraguey durch Teilung des alten Besitzes Peyraguey 1878. Sein Wein ist für einen Sauternes ziemlich leicht.

Château Laufaurie-Peyraguey 101 E3
1er Cru Classé
Das Château, z. T. noch eine Burg aus dem 13. Jh., ist eines der ältesten in Sauternes und gehört zum Cordier-Besitz. Der Wein wurde seit der zweiten Hälfte der 70er Jahre stetig verbessert.

Château Rabaud-Promis 101 E3
1er Cru Classé
Das Château des größeren Teils des früheren Guts Rabaud (der Rest heißt Château Sigalas-Rabaud) wurde von Victor Louis, dem Architekten des Grand Théâtre in Bordeaux, erbaut. Heute ist die wunderbare Aussicht über die Umgebung das Großartigste an diesem Besitz, doch wird nun auch der Wein wieder zielstrebig verbessert.

Château de Rayne-Vigneau 101 E3
1er Cru Classé
Das große Gut wurde Ende des 18. und Anfang des 19. Jh. dadurch berühmt, daß in seinen Weinbergen viele Halbedelsteine gefunden wurden. Einige Exemplare sind im *chai* zur Schau gestellt. Der Wein ist nach einer Schwächeperiode seit 1982 wieder auf dem gewohnten Stand. Ein trockener Wein namens Rayne Sec wird ebenfalls bereitet.

Château Sigalas-Rabaud 101 E3
1er Cru Classé
Hier wird der Wein nicht im Faß ausgebaut, sondern er lagert zwei Jahre im Tank. Er verlangt viel Geduld; oft zeigt er seine wahre Klasse erst nach 10 Jahren in der Flasche.

Château La Tour Blanche 101 E2
1er Cru Classé
Auf diesem Gut führte der deutsche Winzer Focke 1836 die ersten Versuche mit Spätlese durch. Heute ist es eine staatliche Weinbaufachschule. Sein Wein, dem es lange an Klasse gefehlt hat, wird jetzt stark verbessert.

FARGUES, Postleitzahl 33210
Appellation Sauternes

Château de Fargues* 101 F5
Das Gut mit romantischer Burgruine gehört der Familie de Lur Saluces von Yquem. Sein brillanter Sauternes hätte durchaus einen Platz unter den Crus Classés verdient.

Château Rieussec * 101 E4
1er Cru Classé
Das Nachbargut von Yquem, ebenfalls in schönster Lage auf einem der höchsten Hügel des Bereichs, kommt mit seinem Wein dem Yquem regelmäßig am nächsten. Oft erinnert er an reife Pfirsiche und Aprikosen. Der trockene weiße Rieussec trägt die Bezeichnung „R". 1985 erwarb die Familie Rothschild (von Lafite-Rothschild usw.) die Aktienmehrheit. Ein eigentliches Château gibt es hier nicht, nur ein paar zusammengewürfelte Gebäude mit einem efeubewachsenen Aussichtsturm.

Weitere Châteaux: **d'Arche, Lamothe** und **Lamothe Guignard** in Sauternes, **Broustet, Caillou** und **Suau** in Barsac und **Romer du Hayot** in Preignac (sämtlich 2e Cru Classés). Zu erwähnen sind ferner **Château Bastor-Lamontagne** (wo eine internationale Schule für Weinkellner eingerichtet werden soll), Ch. **Haut-Bergeron*** und **de Veyres** in Preignac.

Unten: In der friedlichen Landschaft von Preignac wachsen Wälder und Maisfelder vermischt mit Reben.
Unten links: Der goldene Schimmer des Sauternes füllt den Keller von Clos Haut-Peyraguey.
Unten rechts: Taubenschießen ist in dieser Gegend Frankreichs sehr beliebt. Die Einheimischen züchten Lockvögel, mit denen sie die auf dem Zug aus nördlichen Breiten nach Spanien befindlichen Wildtauben anlocken.

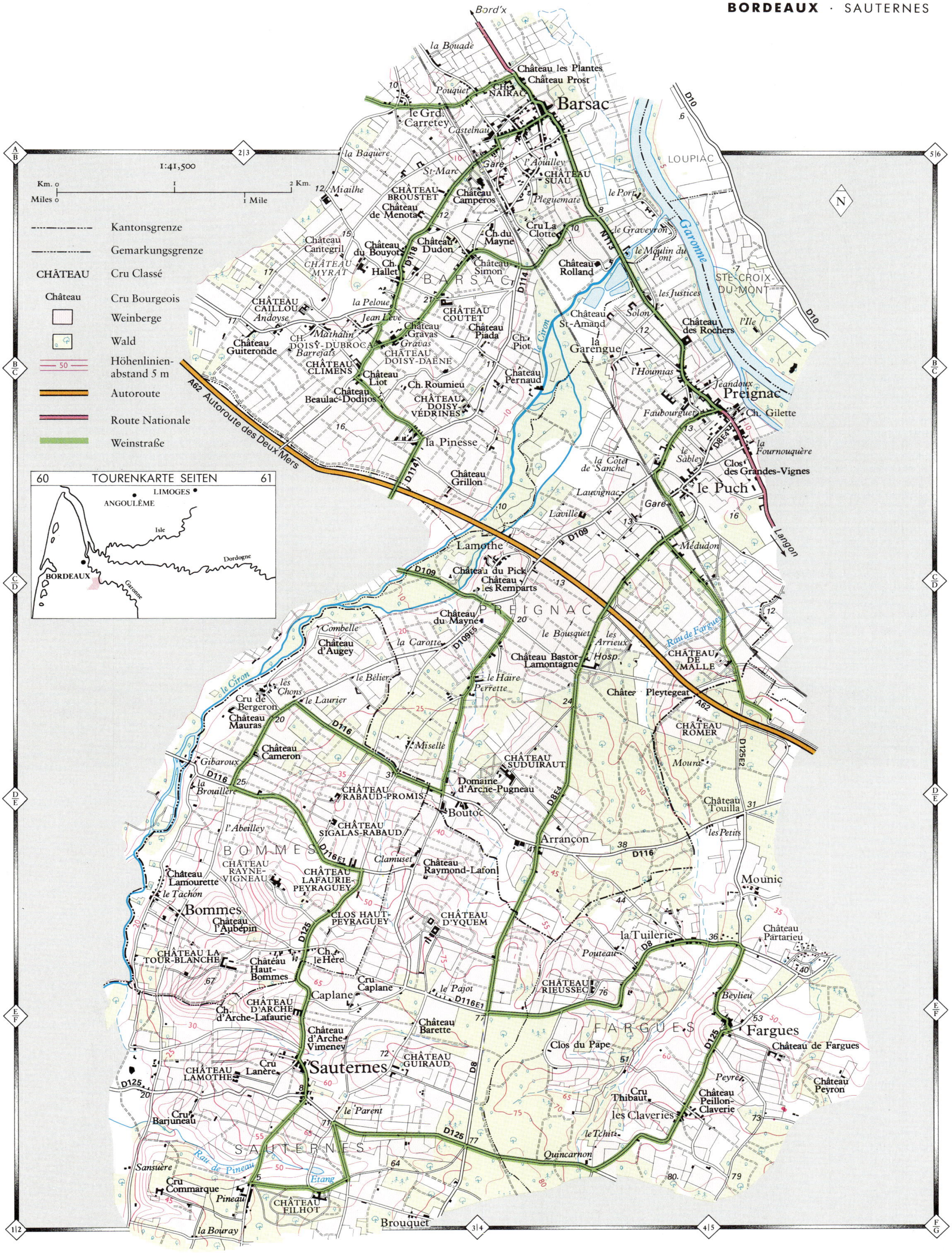

1:41.500
Km. 0 1 2 Km.
Miles 0 1 Mile
Kantonsgrenze
Gemarkungsgrenze
CHÂTEAU Cru Classé
Château Cru Bourgeois
Weinberge
Wald
50 Höhenlinienabstand 5 m
Autoroute
Route Nationale
Weinstraße
60 TOURENKARTE SEITEN 61
LIMOGES
ANGOULÊME
Isle
Dordogne
BORDEAUX
Garonne
Bord'x
la Bouade
Château les Plantes
Château Prost
Pouquet
CH. NAIRAC
Barsac
le Grd. Carretey
Castelnau
la Baquère
Gare
St-Marc
l'Aouilley
CHÂTEAU SUAU
Miailhe
CHÂTEAU BROUSTET
Château de Menota
Château Camperos
Pleguemate
Cru La Clotte
Ch. du Mayne
Château Cantegril
CHÂTEAU MYRAT
Château du Bouyot
Ch. Hallet
Château Dudon
Château Simon
Château Rolland
BARSAC
la Peloue
CHÂTEAU CAILLOU
Andoyse
Jean Leve
CHÂTEAU COUTET
Mathalin
CH. DOISY-DUBROCA
Barrejats
Château Gravas
Gravas
CHÂTEAU DOISY-DAËNE
Château Piada
Ch. Piot
Château Guiteronde
CHÂTEAU CLIMENS
Château Liot
Château Beaulac-Dodijos
Ch. Roumieu
Château Pernaud
CHÂTEAU DOISY-VÉDRINES
la Pinesse
Château Grillon
A62 Autoroute des Deux Mers
LOUPIAC
le Port
le Graveyron
le Moulin du Pont
Garonne
STE-CROIX-DU-MONT
les Justices
Solon
Château St-Amand
la Garengue
Château des Rochers
l'Ile
l'Houmias
Jeandoux
Preignac
Faubourguet
Ch. Gilette
la Fournouquère
le Sabley
Clos des Grandes-Vignes
la Cote de Sanche
le Puch
Lauvignac
Laville
Gare
Langon
Médudon
Lamothe
Château du Pick
Château les Remparts
PREIGNAC
le Ciron
Combelle
Château d'Augey
Château du Mayne
la Carotte
le Bousquet
les Arrieux
Hosp.
Rau de Fargues
CHÂTEAU DE MALLE
le Bélier
Château Bastor-Lamontagne
le Haire
Perrette
les Chons
Cru de Bergeron
Château Mauras
le Laurier
Château Pleytegeat
CHÂTEAU ROMER
Château Cameron
Miselle
CHÂTEAU SUDUIRAUT
Moura
Gibaroux
la Brouillère
CHÂTEAU RABAUD-PROMIS
Domaine d'Arche-Pugneau
Château Touilla
Boutoc
CHÂTEAU SIGALAS-RABAUD
l'Abeilley
Arrançon
les Petits
BOMMES
Clamuset
Château Raymond-Lafon
CHÂTEAU RAYNE-VIGNEAU
CHÂTEAU LAFAURIE-PEYRAGUEY
Château Lamourette
le Tachon
Mounic
Bommes
CLOS HAUT-PEYRAGUEY
CHÂTEAU D'YQUEM
Château l'Aubépin
la Tuilerie
Château Partarieu
Pouteau
CHÂTEAU LA TOUR-BLANCHE
Château Haut-Bommes
Ch. le Hère
Cru Caplane
CHÂTEAU RIEUSSEC
Beylieu
le Pajot
CHÂTEAU D'ARCHE
Ch. d'Arche-Lafaurie
Caplane
Château Barette
FARGUES
Fargues
Château d'Arche-Vimeney
Clos du Pape
Château de Fargues
CHÂTEAU GUIRAUD
CHÂTEAU LAMOTHE
Cru Lanère
Sauternes
Château Peyron
Peyre
Cru Thibaut
Château Peillon-Claverie
le Parent
les Claveries
Cru Barjuneau
SAUTERNES
le Tchit
Sansuère
Rau de Pineau
Quincarnon
Etang
Cru Commarque
Pineau
CHÂTEAU FILHOT
Brouquet
la Bouray

101

SW

ZWISCHEN DORDOGNE UND GARONNE

SW

Zwischen den beiden Flüssen und der Ostgrenze des Département dehnt sich der größte Weinbaubereich von Bordeaux. Wie ein Keil erstreckt sich diese Landschaft 80 km südwärts von Bordeaux mit einer Breite bis zu 30 km. Eindrucksvoll ist aber nicht nur ihre Größe, sondern auch ihre reiche Vergangenheit, die Schönheit ihrer Kirchen, Klöster, Burgen und Schlösser – alles Zeugen einer turbulenten Geschichte als Grenzland in der Zeit der englisch-französischen Kriege. Heute ist es ein friedvolles ländliches Gebiet mit abwechslungsreicher Szenerie, in der Wälder, Wiesen und Felder mit Mais, Tabak und anderen Ackerfrüchten sowie viele Weinberge den Ton angeben. Es umfaßt mehrere Weinbaubereiche, von denen Entre-Deux-Mers der bei weitem größte ist.

Jahrzehntelang war der Wein, der hier wuchs, lieblich und langweilig. Inzwischen steht der Name Entre-Deux-Mers nur noch für trockenen Weißwein, dessen Qualität seit den 70er Jahren dank verbesserter Techniken und großer Investitionen in moderne Ausrüstungen rasch gestiegen ist. Die Genossenschaftskellereien beherrschen bei Weiß- und Rotwein die Szene, aber auch die großen privaten Weingüter dürfen nicht unerwähnt bleiben: Sie bieten immer mehr Weine an, die der Beachtung durchaus wert sind. Manche Güter, so auch André Lurtons Château Bonnet in Grézillac, bauen ihre Rotweine zum Teil in Holzfässern aus, und die Weißweine werden kühl vergoren. Als Rotweintrauben werden Cabernet Sauvignon, Cabernet Franc und vor allem Merlot angebaut, als Weißweintrauben Sémillon, Sauvignon Blanc und Muscadelle.

Haut-Benauge, ein kleiner Unterbereich von Entre-Deux-Mers, besteht aus 9 Orten zwischen Targon und Cadillac. Sehr verbreitet sind die Weißweine von Haut-Benauge nicht – sie machen nur knapp 5 % der Produktion von Entre-Deux-Mers aus –, doch es wachsen hier in bedeutendem Umfang Rotweine, die ja unter die Appellation Bordeaux oder Bordeaux Supérieur fallen. Das bekannte Weingut Château Toutigeac in Targon benutzt die Appellation Entre-Deux-Mers Haut-Benauge für seinen rein von Sémillon gewonnenen Weißwein.

Entre-Deux-Mers stößt an das rechte Ufer der Garonne mit einem schmalen, hügeligen Streifen an, der als Weinbaubereich die Bezeichnung Premières Côtes de Bordeaux trägt. Er ist etwa 60 km lang und 4 bis 5 km breit. Auf seinen Lehm- und Kalkhängen zogen schon die Römer Reben, und im Mittelalter war es neben dem Graves der Wein aus dieser Gegend, der den großen Ruf von Bordeaux begründete. Daß der Bereich heute nicht mehr so bekannt ist, liegt vor allem daran, daß bis in die 60er Jahre hinein nur wenig Wein von den Erzeugern selbst abgefüllt wurde; das meiste diente den Weinhändlern zu anonymen Verschnitten. Überdies sind die Weißweine dieser Appellation, die etwa ein Fünftel der Erzeugung ausmachen, vor allem lieblich, denn die Vorschrift verlangt mehr als 4 g/l Restzucker, und sie finden deshalb auf dem Weltmarkt nicht viel Interesse. Die Rotweine verdienen jedoch Beachtung. Wie Fronsac hat auch der Bereich Premières Côtes de Bordeaux eine gute Zukunft. Die besten Rotweine kommen aus der nördlichen Hälfte; im südlichen Teil herrschen Weißweine vor. Eine sehr süße Version des Premières Côtes de Bordeaux führt den Namen Cadillac.

In der anschließenden Enklave Loupiac und Ste-Croix-du-Mont – Sauternes gegenüber an der Garonne – sind die Weißweine ölig, fast wie Likör, wobei der Ste-Croix-du-Mont sogar noch etwas süßer ist als der

Loupiac. Keiner von beiden kommt freilich an die Üppigkeit eines Sauternes heran, und die Edelfäule tritt hier viel weniger auf. Auch ist hier ein höherer Ertrag zulässig, 40 hl/ha anstatt 25 in Sauternes. Château Loubens bringt einen der besten Weine von Ste-Croix-du-Mont hervor; er reift in tiefen Felsenkellern. Daneben erzeugt Loubens auch einen trockenen weißen Bordeaux (Fleuron Blanc) und etwas Rotwein. Das Château selbst war einst eine Burg. Château de Tastes in Ste-Croix-du-Mont wurde im Mittelalter von den Engländern hoch über der Garonne erbaut. Von hier aus hat man einen herrlichen Blick über den Fluß auf Sauternes und Graves. Eigener Wein wird im Château kaum noch erzeugt, doch bekommt man auf der Terrasse viele Weine der Gegend zu probieren. Der Loupiac und der Ste-Croix-du-Mont sind allerdings nicht nur Dessertweine, sie werden hier gern auch als Aperitif genommen und zu bestimmten Hors-d'œuvres und Hauptgerichten empfohlen.

Oben: In Entre-Deux-Mers versteht man unter einem „Château" nicht immer nur ein Schloß, auch manches bescheidene Haus nennt sich so; Château Le Grand Verdus in Sadirac ist ein echter befestigter Landsitz aus dem 16. Jh.
Links: Donnerstags ist Markt in dem malerischen alten Städtchen La Réole an der Garonne. Hier gibt es alles, von Schuhen bis zu Süßigkeiten, und die Leute aus der ganzen Umgebung kommen nicht nur zum Einkaufen, sondern auch, um Neuigkeiten auszutauschen. Wochenmärkte dieser Art trifft man in Frankreich vielerorts an.

Weiter im Süden liegen um St-Macaire die 10 Gemeinden der Appellation Côtes de Bordeaux-St-Macaire, die sich allerdings nur auf einen kleinen Teil des hier gewachsenen Weißweins bezieht. Alles übrige kommt als Bordeaux oder Bordeaux Supérieur auf den Markt.

Auch von der Appellation Ste-Foy-Bordeaux bei der alten Stadt Ste-Foy-la-Grande, wo eine vielbefahrene Départementstraße die Dordogne überquert, hört man nur selten. Hier gibt es überwiegend lieblichen Wein. Weiter die Dordogne abwärts liegt etwa gegenüber Libourne der kleine Weinbaubereich Graves de Vayres. Eine Winzergenossenschaft und mehrere Weingüter erzeugen hier einfachen Rotwein sowie traditionell lieblichen Weißwein, der allerdings inzwischen – dem allgemeinen Trend folgend – immer öfter trocken ausgebaut wird.

REISE-INFORMATIONEN

Komfortable Unterkuft findet man nicht oft, doch zum Ausgleich dafür viele gute Restaurants.

HOTELS

Hotel de France, 33420 Branne, Tel. 57 84 50 06.Ländliches Hotel am Ufer der Dordogne. Mit der Wasserversorgung hapert es etwas. Klasse B.
Hotel St-Martin, 33550 Langoiran, Tel. 56 67 02 67. Einfaches Hotel am Fluß. Restaurant. Klasse C.
Le Grand Hotel, 33580 Monséguir, Tel. 56 61 60 28. Familienbetrieb. Im großen Speisesaal werden echte Gerichte der Region serviert. Hotel Klasse C; Restaurant Klasse B.
Grand Hôtel, 117, rue de République, 33220 Ste-Foy-la-Grande, Tel. 57 46 00 08. Altes Hotel im Stadtzentrum, das trotz Modernisierung seinen Charakter bewahrt hat. Restaurant Klasse B.
Hostellerie St-Pierre, 33490 Verdelais, Tel. 56 52 02 03. Zimmer ohne Dusche oder WC. Restaurant. Klasse C.

RESTAURANTS

Auberge du Marais, 33270 Bouliac, Tel. 56 20 52 17. Küche entsprechend den Jahreszeiten; reichliche Portionen, auch beim preiswerten Mittagsmenü. Klasse B.
Le St-James, 33270 Bouliac, Tel. 56 20 52 19. Eines der besten Restaurants im Umkreis der Gironde, an der D10, einige Kilometer südlich von Bordeaux. Inhaber und Küchenchef Jean-Marie Amat pflegt eine phatasievolle Küche in feinster Qualität. Besonders ausgezeichnet ist seine Ente, ebenso das Pauillac-Lamm mit Knoblauch. Auch der Wein lohnt einen Umweg. Klasse A.
Auberge André, 33880 Cambes, Tel. 56 21 31 08. Gemütliches, im ländlichen Stil eingerichtetes Restaurant am Fluß mit einem talentierten jungen Küchenchef. Klasse B.
Le Prévôt, 33670 Créon, Tel. 56 23 08 08. Dorfgasthaus mit großer Reputation. Regionale Küche: u. a. *foie gras* und *filets d'oie à l'oseille*. Klasse B.
A la Varenne, 33880 Esconac, Tel. 56 21 31 15. Zwischen Quinsac und Cambes an der Garonne; mit Park und Terrasse. Regionale Küche. Zimmer. Klasse B.
La Fontine, 33190 Fontet, Tel. 56 61 11 81. Großer Bauernhof an der D9 südlich von La Réole. Freundliche Bedienung und schmackhaftes Essen. Klasse C.
La Belvédère, 33890 Juillac, Tel. 57 40 40 33. Restaurant mit Terrasse und schönem Blick auf die Dordogne. (Juillac liegt zwischen Pujols und Gensac.) Gute, preiswerte Küche. Spezialität: *guenelles de brochet*. Klasse C.
Le Commerce, 33450 Montussan, Tel. 56 72 96 72. Etwas unglücklich an der verkehrsreichen N89 gelegen, doch mit ausgezeichneter Küche. Einige Hotelzimmer. Klasse B.
Hostellerie Robinson, 33360 Quinsac, Tel. 56 21 31 09. Gutes Haus an der Garonne. Ausgesprochen regionale Küche. Empfehlenswert der Clairet (Rosé) der örtlichen Winzergenossenschaft. Klasse B.
Hotel du Centre, 33190 La Réole, Tel. 56 61 02 64. Ausgezeichnete Austern. Auch Hotel. Klasse C.
Café des Arts, 33490 St-Macaire, Tel. 56 63 07 40. Ente sehr empfehlenswert. Auch Hotel. Klasse C.
Auberge du Lion d'Or, 33760 Targon, Tel. 56 23 90 23. Populäres Lokal mit bodenständiger Küche. Klasse C.
Le Vatel, 33870 Vayres, Tel. 57 74 80 79. Landesübliche Küche, Grillgerichte. Klasse B.

AKTIVITÄTEN UM DEN WEIN

Weinmärkte gibt es in La Réole (Anfang Juni), Sauveterre-de-Guyenne (letzte Juliwoche), Ste-Croix-du-Mont (Ende Juli/Anfang August) und Créon (erste Novemberwoche).

Die Weinbruderschaft Connétable de Guyenne ist für die Premières Côtes de Bordeaux und Entre-Deux-Mers tätig. Ste-Croix-du-Mont und Loupiac haben eigene Bruderschaften: Commanderie du Bontemps de Ste-Croix-du-Mont und Les Compagnons de Loupiac.

WEININFORMATIONEN

Maison du Vin im Château des Ducs d'Epernon in Cadillac mit Informationsstelle, Probierstube und Weinverkauf. Ste-Croix-du-Mont hat einen eigenen Probierkeller beim Château de Tastes. Gegenüber Beychac-et-Cailleau an der N9 von Bordeaux nach Libourne befindet sich La Maison de Qualité mit Probierstube und Informationsstelle.

WEINSTRASSE

Wer die große Region und ihre Weinbaubereiche in ihrer Vielfalt kennenlernen möchte, verfolgt am besten die hier beschriebene Route (siehe Karte Seite 105). Anfang und Ende sind in Bordeaux, und der ganze Weg ist an einem Tag bequem zu schaffen.

Zunächst fährt man von Bordeaux aus auf der D10 südwärts an der Garonne entlang. In Floirac, dem ersten Ort abseits der Straße nach links, befindet sich ein Observatorium. Etwas weiter auf der D10 kommt man nach Bouliac, einem gastronomischen Anziehungspunkt (siehe Restaurants).

Weiter auf der D10 durch die Premières Côtes de Bordeaux gelangt man nach Langoiran mit Burgruine und Bergfried aus dem 13. Jh. – einige Kilometer nordwärts auf der D13 liegt der Parc de la Peyruche mit Höhlen und einem Zoo.

Von hier aus geht es weiter auf der D20 nach Norden in das Hügelland von Entre-Deux-Mers. In St-Genès-de-Lombaud steht die Kirche auf römischen Fundamenten. Weiter auf der D20 erreicht man Créon. Von hier aus nach rechts auf der D671 gelangt man bald nach La Sauve mit der Ruine eines Benediktinerklosters und der dazugehörigen Kirche. Weiter auf der D671 bis zur Kreuzung mit der D11, dann nach Süden bis Targon. Eine der vielen romanischen Kirchen in Entre-Deux-Mers ist in diesem Weinort zu besichtigen.

Die D11 führt als malerische, kurvenreiche Strecke südwärts nach Cadillac, einem Städtchen an der Garonne, dessen Stadtmauer aus dem 14. Jh. mit zwei Türmen teilweise noch erhalten ist. Am eindrucksvollsten ist jedoch das Château des Ducs d'Epernon aus dem 17. Jh.

Dann geht es auf der D10 weiter bis zu dem stillen Ort Loupiac, wo gallisch-römische Ausgrabungen und die romanische Kirche eine Besichtigung wert sind. Typisch für Loupiac ist auch der Weinberg vor der Kirche.

In St-Croix-du-Mont steigt die Straße zu einem schattigen Aussichtspunkt mit Blick auf Sauternes und die Garonne an. Hir sind Höhlen zu besichtigen, die in eine dicke, aus Ablagerungen von unzähligen Austernschalen gebildeten Kalksteinschicht getrieben wurden. Das nahegelegene Château de Tastes beherbergt einen regionalen Rundfunksender, aber auch als Weingut ist es noch in Betrieb (siehe S. 103).

Über die D117 oder die D10 erreicht man den alten Wallfahrtsort Verdelais. Über dem Hochaltar der Basilika Notre Dame aus dem 17. Jh. befindet sich eine aus Holz geschnitzte Madonna aus dem 14. Jh. Neben der Kirche führt eine Straße zum Friedhof, wo der Maler Henri de Toulouse-Lautrec begraben liegt. Er lebte im Château Malromé in St-André-du-Bois, einige Kilometer weiter nördlich; das tadellos gepflegte Château ist zur Besichtigung geöffnet.

Der nächste Halt ist in St-Macaire, einem mittelalterlichen Städtchen auf einem Felsen über der Garonne. Hier gibt es viel zu sehen: schöne alte Häuser, die Stadtmauer mit Toren, eine z. T. aus dem 13. Jh. stammende Kirche und für Briefmarkenenthusiasten das Postmuseum von Aquitanien. Bei der Porte de Benauge befindet sich das Informationszentrum Maison du Pays.

Auf der N113 in Richtung Osten gelangt man nach La Réole. Einige hundert Meter hinter dem Ortsausgang erreicht man eine Abzweigung zum Signal du Mirail, einem herrlichen Aussichtspunkt. Dann geht es auf der D129 westwärts bis zur D668 und weiter bis zu der von den Römern gegründeten Stadt Monségur.

Hier geht die Straße nach Norden in Richtung Bordepaille weiter. Kurz vor diesem Ort biegt man links auf die D21E ab und folgt ihr bis zu dem befestigten Ort Castelmoron-d'Albret, der mit seiner 4 ha großen Gemarkung die kleinste Gemeinde Frankreichs ist.

Westlich hiervon liegt die Stadt Sauveterre-de-Guyenne aus dem 13. Jh. Von der alten Befestigung sind noch vier Stadttore erhalten, und der auf vier Seiten von Arkaden eingeschlossene Hauptplatz lohnt einen Besuch. Nach einigen Kilometern Fahrt nach Süden geht es auf der D131 und D11E westwärts bis Castelviel. An dem schönen Portal der romanischen Kirche auf dem Berg befindet sich eine Darstellung des Rebenschnitts.

Auf den kurvenreichen D123 nordwärts erreicht man Blasimon mit einem romanischen Kloster, und auf der D127E nordwestwärts dann Rauzan mit dem alten Château de Duras und einer Kirche aus dem 12 Jh. auf der anderen Talseite. Westwärts auf der D936 und nordwärts auf der D20 erreicht man Château du Grand-Puch, ein schönes kleines Schloß aus dem 14. Jh.

Weiter auf der D20 bis Goudon über die N89 und entlang der D242 kommt man nach Vayres, dem letzten Haltepunkt. Das monumentale Schloß ist eine großartige Attraktion. Seine Gärten und Terrassen gehen bis zum Flußufer hinunter; ein großer *colombier* dient 2600 Tauben als Behausung.

Von Vayres aus geht es zurück zur N89, und nach etwa 20 km ist man wieder in Bordeaux.

Die untere Dordogne, hier ein beachtlicher Fluß, bildet die Nordgrenze von Entre-Deux-Mers. Die niedrigen Hügel an ihrem Ufer bieten schöne Aussicht ins Libournais hinüber.

BEDEUTENDE ERZEUGER

ENTRE-DEUX-MERS
Appellation Entre-Deux-Mers (weiß), Bordeaux und Bordeaux Supérieur

BAURECH, Postleitzahl 33880
Château de Beau Rivage Laguens*

BEYCHAC-ET-CAILLEAU, Postleitzahl 33750, 105 A2
Château Lesparre*

BONNETAN Postleitzahl 33370, 105 B2
Château les Gauthiers*

CADILLAC Postleitzahl 33410, 105 C3
Château David La Closière*

GENSAC Postleitzahl 33890, 105 B5
Château Courson*

GREZILLAC Postleitzahl 33420, 105 B3
Châteaux Bonnet*; de Bouchet; Reynier

GUILLAC, Postleitzahl 33420, 105 B3
Château Canet*

LANGOIRAN, Postleitzahl 33550, 105 C3
Domaine de Cazères; Château Laurétan.

LUGASSON, Postleitzahl 33119
Château Turon La Croix*

MASSUGAS, Postleitzahl 33790, 105 B5
Château Pailhas

ROMAGNE, Postleitzahl 33760, 105 B3
Château La Rose St-Germain

ST-ANTOINE-DU-QUEYRET, Postleitzahl 33790, 105 B5
Château Queyret-Pouillac

ST-MARTIAL, Postleitzahl 33490, 105 C4
Château Courtey*

ST-QUENTIN-DE-BARON, Postleitzahl 33750, 105 B3
Château de Sours*

SALLEBŒUF, Postleitzahl 33370, 105 B2
Château Lafite Monteil*

LA SAUVE, Postleitzahl 33670, 105 B3
Château Thieuley*

SOUSSAC, Postleitzahl 33790, 105 C5
Châteaux La Croix du Moulin; Launay*; Moulin de Launay*

TARGON, Postleitzahl 33760, 105 C3
Château Toutigeac*

VÉRAC, Postleitzahl 33240
Château La Mongie*

VERDELAIS, Postleitzahl 33490, 105 D3
Château Pomirol du Pin

1ères CÔTES DE BORDEAUX
Appellations Premières Côtes de Bordeaux, Cadillac, Bordeaux und Bordeaux Supérieur

BÉGUEY, Postleitzahl 33410, 105 C3
Château Reynon*

CADILLAC, Postleitzahl 33410, 105 C3
Château Fayau

CAMBES, Postleitzahl 33880, 105 C2
Château Melin*

CAMBLANES, Postleitzahl 33360, 105 B2
Château Brethous

CAPIAN, Postleitzahl 33550, 105 C3
Château du Grand Mouëys

CÉNAC, Postleitzahl 33360, 105 B2
Domaine de la Meulière*; Château Rauzé-Lafargue

DONZAC, Postleitzahl 33410, 105 C3
Domaine du Pin Franc

GABARNAC, Postleitzahl 33410, 105 D3
Château Marcelin Laffitte

HAUX, Postleitzahl 33550, 105 C3
Château Anniche

LANGOIRAN, Postleitzahl 33550, 105 C3
Châteaux du Biac; Lezongars; Tanesse

PAILLET, Postleitzahl 33550, 105 C3
Château de Paillet-Quancard

QUINSAC, Postleitzahl 33360, 105 B2
Domaine de Chastelet*; Château Péconnet*

RIONS, Postleitzahl 33410, 105 C3
Château Carsin

ST-GERMAIN-DE-GRAVE, Postleitzahl 33490, 105 D3
Château Génisson

ST-MAIXANT, Postleitzahl 33490, 105 D3
Château Labatut

TABANAC, Postleitzahl 33550, 105 B2
Châteaux la Clyde*; Renon

VILLENAVE-DE-RIONS, Postleitzahl 33550
Château Fauchey

CÔTES DE BORDEAUX-ST-MACAIRE

CAUDROT, Postleitzahl 33490, 105 D4
Domaine de Majoureau

ST-ANDRÉ-DE-BOIS, Postleitzahl 33490, 105 D4
Château la Serre

GRAVES DE VAYRES, Postl. 33870
Châteaux Bacchus; Bel-Air; Bussac*; Pichon-Bellevue; Pontète Bellegrave

LOUPIAC, Postleitzahl 33410, 105 D3
Château de Cros; ClosJean; Châteaux de Loupiac (Gaudiet); Mazarin; de Ricaud*; du Vieux Moulin

STE-CROIX-DU-MONT, Postleitzahl 33410
Châteaux Coullac; La Grave; Lamarque; Loubens*; Lousteau-Vieil*; du Mont;La Rame; de Tastes

STE-FOY-BORDEAUX

PINEUILH, Postleitzahl 33220
Châteaux les Mangons; le Pré de la Lande

ST-ÉMILION

Schon der Name St-Emilion zergeht einem auf der Zunge – warm, voll und harmonisch – angemessen sowohl dem Ort als auch seinem Wein. Beide verdanken ihren Charakter einer vieltausendjährigen Entwicklung. Man braucht nur den Boden zwischen den Weinstöcken zu ritzen, schon kann es passieren, daß man einen Rentierknochen, eine prähistorische Steinaxt, eine Pfeilspitze aus der Bronzezeit oder eine römische Topfscherbe findet.

Die Römer legten auch den Grundstein für den Weinbau in St-Emilion, indem sie Reiser ihrer eigenen Reben auf heimische Stöcke pfropften. Damit begann eine Tradition, die ohne Bruch bis auf den heutigen Tag überdauerte. Auch heute noch pflanzen die Winzer hier Rebzeilen im Abstand von 1,33 m, wie es die Römer einst taten. Nur an manchen Stellen sind bisher die für moderne Maschinen nötigen größeren Abstände eingeführt worden.

Ihren Namen hat die Stadt vom heiligen Ämilianus oder Emilion, der sich hier im 8. Jahrhundert niederließ und eine Gefolgschaft um sich versammelte. Später gründeten die Franziskaner und Dominikaner ihre Klöster, und die Stadt kam unter gemeinsame kirchliche und weltliche Verwaltung. Den weltlichen Teil stellte die 1199 von König Johann von England und Frankreich eingesetzte Jurade dar, die eine wichtige Rolle bei der Entwicklung des Weinbaus spielte und auch heute noch als das wohl älteste Gremium dieser Art in Frankreich fortbesteht. Sie überwacht den Weinbau, fördert seine Erzeugnisse und veranstaltet eindrucksvolle Zeremonien, wobei ihre Mitglieder herrliche rote Gewänder tragen.

Der Bereich der Appellation St-Emilion erfaßt 8 Gemeinden und einen Teil von Libourne; hinzu kommen noch 5 „Satelliten"-Gemeinden (siehe Seite 116–117). Er gehört zu den am intensivsten kultivierten Gegenden von Bordeaux und erstreckt sich auf 5 200 ha Rebfläche in der Hand von etwas mehr als 1 000 Winzern. Die einzelnen Besitzungen sind daher meist ziemlich klein, und auf den Pfaden zwischen den einzelnen Weinbergparzellen kann man sich leicht verirren.

Der Bereich ist in vier Zonen unterteilt. Die *côtes* bilden ein Kalksteinplateau mit Hanglagen um die Stadt St-Emilion. Die *plaine* am Fuß des Plateaus südwärts zur Dordogne hin ist sandig mit kieshaltigen Stellen. Das *plateau des sables* westlich und nördlich von St-Emilion ist – wie der Name schon sagt – ebenfalls sandig, und die *graves,* das sind 60 ha im Westen an der Grenze zu Pomerol, besitzen tiefgründigen Kiesboden. Die besten und meist auch die kräftigsten Weine kommen vom Kalksteinplateau und von den Kiesflächen.

Ganz allgemein sind die Weine von St-Emilion voller, sanfter, fruchtiger, weniger herb und daher angenehmer als die aus dem Médoc; sie sind auch etwas alkoholstärker. Das ist zum Teil dem fruchtbareren Boden, zum Teil aber auch der andersartigen Zusammensetzung der dabei verwendeten Traubensorten zuzuschreiben. Der St-Emilion enthält nicht so viel vom herben Cabernet Sauvignon, dafür mehr Merlot und Cabernet Franc. Oft wird der St-Emilion deshalb auch als geeigneter erster Schritt beim Kennenlernen der Bordeaux-Weine empfohlen.

Die Klassifizierung von St-Emilion ist wahrhaftig eine Sache für sich. Die Bordeaux-Klassifizierung von 1855 befaßte sich nur mit dem Médoc und nahm von St-Emilion keine Notiz. Erst ein Jahrhundert später, nämlich 1954, wurde ein System mit vier Stufen eingeführt: St-Emilion, St-Emilion Grand Cru, St-Emilion Grand Cru Classé und St-Emilion Premier Grand Cru Classé. 1984 wurde es auf zwei Stufen reduziert: St-Emilion für die einfachen Weine der Region und St-Emilion Grand Cru für die 90 besten Lagen. Die Grand-Cru-Güter dürfen jedoch, wenn sie bestimmte Voraussetzungen erfüllen, auch die längst nicht mehr amtlich anerkannten Bezeichnungen Grand Cru Classé und Premier Grand Cru Classé verwenden. Bei den Premiers Grands Crus Classés werden noch die Unterabteilungen A (Château Ausone und Château Cheval Blanc) und B (alle übrigen) geführt.

St-Emilion ist seit Jahrhunderten zwischen seine Stadtmauern eingezwängt. In einer solchen Anhäufung alter Gebäude mit an unerwarteten Stellen eingesprengten Gärtchen sind Veränderungen längst nicht mehr möglich.

REISE-INFORMATIONEN

Eine Spezialität von St-Emilion ist eine Art Makrone: ein knuspriges Gebäck aus fein gemahlenen Mandeln, Zucker und Eiweiß, das erstaunlich gut zum Wein der Gegend paßt. Der Konditor Michel Poupin in der rue Guadet hat auch Pralinen zum Thema Wein, z. B. sarments des vignes (Weinranken) – sie sollte man freilich nicht zum Wein genießen.

HOTELS

Auberge de la Commanderie, rue des Cordeliers, 33330 St-Emilion, Tel. 57 24 70 19. Mittelklassehotel mit einfachem Restaurant nach Art einer Brasserie. Klasse B.
Hostellerie de Plaisance, place du Clocher, 33330 St-Emilion, Tel. 57 24 72 32. Schöne Lage am Platz neben dem Glockenturm und oberhalb der *Eglise monolithe*. Die komfortablen Zimmer sind nach Weingütern benannt, und das Restaurant ist das beste am Ort. Hotel Klasse A, Restaurant Klasse B.
Logis des Remparts, rue Guadet, 33330 St-Emilion, Tel. 57 24 70 43. Gut eingerichtete Zimmer mit allem Komfort. Klasse A.

RESTAURANTS

Logis de la Cadène, rue de la Cadène, 33330 St-Emilion, Tel. 57 24 71 40. Ausgezeichnet für Mittagessen (überdachte Terrasse) und vernünftige Preise. Regionale Küche; die Familie arbeitet mit. Klasse C.
Cloître des Cordeliers. Kein Restaurant, aber ein schöner Platz im Freien, wo man zwischen den Ruinen des Klosters aus dem 14. Jh. sitzen und ein Glas Clos-des-Cordeliers-Schaumwein genießen kann; besonders an Sonntagnachmittagen kommen viele Besucher hierher und bringen oft eine Schachtel *macarons* mit. Es gibt hier auch Weinkeller zu besichtigen.
Emiliano, place Cap-du-Pont, 33330 St-Emilion, Tel. 57 24 44 64. Lokalgerichte, aber auch Pizza – und ein schöner Blick auf die Stadt. Klasse C.
Goullée Francis, rue Guadet, 33330 St-Emilion, Tel. 57 24 70 49. Elegante Ausstattung und oft sehr feine Küche (z. B. *soupe de foie gras*). Klasse B.
Chez Germaine, place du Clocher, 33330 St-Emilion, Tel. 57 24 70 88. Traditionelle Gerichte in landesüblicher Art. Klasse B.
Auberge de la Monolithe, Place du Marché, 33330 St-Emilion, Tel. 57 24 47 77. Schöne Lage, bei gutem Wetter kann man im Freien speisen. Spezialität u. a. *aiguillettes de canard.* Klasse B.

SEHENSWERTES

Die Stadt St-Émilion Dem Blick, der von vielen Aussichtspunkten aus über die Stadt St-Emilion schweift, zeigt sich nichts, was die zarte Harmonie des an den Hang geschmiegten Gemeinwesens, der übereinandergetürmten alten Häuser mit roten Ziegeldächern, der Lichter und Schatten auf Kirchen und Klöstern, in Bogengängen und krummen, kopfsteingepflasterten Gassen stören könnte. Es ist ein beruhigendes Gefühl zu wissen, daß all diese zerbrechliche Schönheit unter dem Schutz von Gesetzen steht, die ihren Fortbestand wahren.

Der Tourist von heute kann sich kaum die schweren Zeiten vorstellen, die über diese so friedliche kleine Stadt hingegangen sind. Sie entstand im 11. Jh. und gelangte im 12. Jh. unter englische Herrschaft. Im Lauf des Hundertjährigen Krieges von 1337 bis 1453 wechselte sie viele Male den Besitzer. Während der Religionskriege im 16. Jh. und in der Französischen Revolution war sie Schauplatz erbitterter Kämpfe. In ruhigeren Zeiten war sie ein bedeutender Rastplatz an der mittelalterlichen Pilgerstraße nach Santiago de Compostela in Nordwestspanien.

Heute strömen Pilger einer anderen Art nach St-Emilion. Für sie wirken der Wein und die Schönheit der Stadt der Magnete. Das Auto läßt man am besten auf einem der sechs Parkplätze stehen, denn alle Sehenswürdigkeiten sind bequem auf einem Nachmittagsspaziergang zu erreichen.

Am verehrungswürdigsten ist die alte Felsenkirche *(Eglise monolithe)*, die man von der Place du Marché aus betritt. Sie wurde im 11. und 12. Jh. von Benediktinermönchen aus dem Kalkgestein gehauen und ist die größte Höhlenhalle dieser Art in Europa. Während der Revolution wurde sie ihres Schmucks beraubt und als Lagerhalle für Salpeter verwendet, der fast alle Fresken zerstörte. 1837 wurde sie neu geweiht, und heute wird sie nur noch für zeremonielle Anlässe benutzt, z. B. für die Zusammenkünfte der Jurade in ihren scharlachroten Roben. Diese Felsenkirche ist ein eindrucksvoller, aber doch etwas düsterer und unheimlicher Ort, in dem es feucht und moderig riecht.

Ganz in der Nähe steht die kleine mittelalterliche Dreifaltigkeitskapelle über der Höhle, die dem heiligen Emilion als Einsiedelei diente. Hier ist das steinerne Bett des Heiligen sowie sein Altar und seine Quelle zu sehen. Die weniger gottesfürchtigen unter den Fremdenführern behaupten, damals seien junge Frauen, die über Unfruchtbarkeit klagten, zu dem Heiligen gewallfahrtet, und es sei ihnen stets nach neun Monaten geholfen gewesen.

Über der Felsenkirche erhebt sich auf der Place du Clocher der zugehörige Glockenturm, als ob er aus der Höhle emporgesprossen sei. Vom Platz aus hat man einen schönen Blick über die Stadt und die Weinberge der Umgebung.

Das Franziskanerkloster im Ostteil der Stadt ist heute eine Ruine, das Jakobinerkloster ein Weinkeller – beide sind ebenso sehenswert wie die Kollegiatskirche aus dem 12. Jh. mit ihrer reichverzierten romanischen Fassade.
Von dem Dominikanerkloster aus dem 13. Jh. ist nur eine einzige hohe Mauer (außerhalb der Porte Bourgeoise) übriggeblieben.

Über dem Südteil der Stadt erhebt sich das Château du Roy, ein wahrscheinlich im 13. Jh. erbautes Schloß, die einzige romanische Feste *(donjon)* an der Gironde. Romanisch ist auch die Ruine der ehemaligen Residenz des Kardinals de St-Luce an der Porte Bourgeoise.

Romantisch dagegen muß man die steinernen Arkaden der Porte de la Cadène nennen, die nur einige Schritte vom ältesten Gebäude der Stadt, der Commanderie, entfernt ist.

Mit Erinnerungen an die Französische Revolution ist die Grotte verbunden, wo Deputierte von der Gironde sich verborgen hielten, bis der Terror vorüber war.

Die alten Stadtbefestigungen sind zum Teil noch vorhanden, doch von den Stadttoren ist nur noch die Porte Brunet im Osten erhalten. Südlich davon steht ein Wachtturm, la Tour du Guetteur.

Das Heimatmuseum im Logis de Malet veranschaulicht mit vielen Kunstwerken, Urkunden und Erinnerungsstücken die bewegte Vergangenheit von St-Emilion.
St-Christophe-des-Bardes Hier steht eines der ältesten Schlösser der Gegend, das Château Laroque; es wurde im 18. Jh. weitgehend umgebaut, nur der Bergfried stammt noch aus dem Mittelalter. Die Dorfkirche weist einen stark verwitterten Skulpturenschmuck auf.
St-Hippolythe Unter dem Weingut Château de Ferrand befindet sich ein Netz unterirdischer Gänge, vermutlich aus prähistorischer Zeit, sowie eine Quelle. Die teilweise aus dem 14. Jh. stammende Dorfkirche beherrscht auf

SW

Unten: Der Kalkstein, aus dem die Gebäude von St-Emilion errichtet wurden, stammt aus Stollen, die sich unter der Stadt hinziehen und von den Weingütern als Keller benutzt werden. Die bei weitem größten Stollen dieser Art sieht man bei Château Villemaurine.
Ganz unten: Die Rue de la Cadène ist eine der typischen kopfsteingepflasterten Gassen von St-Emilion. Links eines der bekanntesten Restaurants der Stadt – Logis de Cadène – und rechts ein Laden mit einem interessant gemischten Verkaufsangebot: Antiquitäten und Maracons*, das hier so beliebte knusprige Mandelgebäck.*

einem Hügel die umgebende Landschaft.
St-Martin Das Dörfchen westlich von St-Emilion besteht fast nur aus Weingütern (Château Canon liegt hier), doch es hat auch eine romanische Kirche.
St-Sulpice-de-Faleyrens Nördlich von St-Sulpice steht nahe bei dem kleinen Flußhafen Pierrefitte der besterhaltene Menhir im Département. Der über 5 000 Jahre alte Stein ist 5 m hoch, 3 m breit und hat die Form einer Hand. Die Kirche von St-Sulpice stammt aus dem 11. Jh. Mehrere französische Monarchen, z. B. Henri de Navarre, nahmen im nahegelegenen Château Lescours Aufenthalt.

AKTIVITÄTEN UM DEN WEIN

Die Jurade de St-Emilion wurde 1199 als Verwaltungsgremium für die Stadt und ihren Weinbau geschaffen und 1948 als Weinbruderschaft wiederbelebt. Ende September verkündet sie vom Dach des Château du Roy aus den *ban de vendanges,* wonach die Weinlese beginnen kann. Mitte Juni wird ein „Fest des neuen Weins" veranstaltet.

WEININFORMATIONEN

La Maison du Vin befindet sich in St-Emilion in der Maison de l'Abbé, einem der Gebäude des Cloître de la Collégiale. Informationen über den Wein und über Château-Besichtigungen erhält man auch im Office du Tourisme um die Ecke.

Im Sommer werden Weininformationen auch im Pavillon d'Acceuil in St-Etienne-de-Lisse und im Pavillon du Vin in St-Pey-d'Armens erteilt.

CHÂTEAUX

ST-ÉMILION, Postleitzahl 33330
Premiers Grands Crus Classés

Château Ausone 109 D4
Das Prunkstück der Côtes und eines der beiden mit A bezeichneten Premiers Grands Crus Classés (das andere ist Cheval Blanc). Das nach dem römischen Konsul und Dichter Ausonius benannte Weingut liegt am Rand des Kalksteinplateaus, von wo aus man einen weiten Blick über Weinberge und die Dordogne hat. Seine überaus duftigen Weine können es in Stil und Finesse mit manchem großen Médoc aufnehmen.

Château Beauséjour 109 D4
Ein schöner Besitz an den nach Westen gerichteten Côtes. Der nach alter Tradition ausgebaute, hochkonzentrierte Wein hat viel Gerbstoff und eine Raffinesse, die Geduld verlangt: Ein Wein für lange Reifezeit.

Château Belair 109 E4
Das Gut liegt nahe bei Château Ausone und gehört Mme Helyett Dubois-Challon, Mitbesitzerin von Ausone. Der Wein zählt zu den besten von den Côtes; sein schönes Eichenholzaroma bildet das Präludium zu seidiger Substanz.

Château Canon 109 D4
Sehr charaktervoller, robuster Wein aus einem zum Teil ummauerten Weinberg auf dem Kalksteinplateau. Er wird in traditioneller Weise für lange Lagerzeit bereitet.

Château Cheval Blanc 109 B2
Premier Grand Cru Classé A (mit

Château Ausone). Die zu dem schönen weißen Château gehörenden Weinberge liegen nahe an der Grenze zu Pomerol und haben einen stark kieshaltigen Boden aufzuweisen. Der Wein zeichnet sich durch üppige Fülle und Finesse, Kraft und Subtilität aus. Die großen Jahrgänge von Cheval Blanc sind legendär.

Château Figeac 109 C2
Das hochgeachtete Weingut hat eine lange Geschichte; früher gehörte zu ihm u. a. das heutige Château Cheval Blanc. Die Weinberge sind zu 70 % mit Cabernet (halb C. Sauvignon und halb C. Franc) besetzt, das ist mehr, als in St-Emilion sonst üblich. Der Wein zeigt samtige Milde und große Art. Er ist früh genußreif und dennoch lange haltbar.

Clos Fourtet 109 D4
Die großen, aus dem Felsen gehauenen Keller dieser Weinguts gegenüber der Eglise Collégiale sind eine Sehenswürdigkeit. Seit Anfang der 70er Jahre hat sich der Fourtet von einem recht mäßigen Wein zu einem echten Klassiker der Côtes aufgeschwungen.

Château La Gaffelière 109 E4
In den Kellern gegenüber dem großen gotischen Château reifen geschmeidige, füllige Weine. Seit Anfang der 80er Jahre sind sie wieder zuverlässiger geworden; der 82er zählte zu den besten in ganz St-Emilion.

Château Magdelaine 109 E4
Hier gilt das Interesse mehr dem Wein als dem Gut. Der makellosen Qualität und dem vollendeten, reichhaltigen, charaktervollen Geschmack ist kaum etwas gleichzusetzen. Der Weinberg ist zu 80 % mit Merlot besetzt. Besitzer ist das Handelshaus Moueix in Libourne, dem auch Château Fonroque, Moulin du Cadet und größtenteils Château Pétrus gehört.

Blick auf den Glockenturm der aus dem Kalkgestein herausgehauenen Felsenkirche in St-Emilion.

110

SW

Château Pavie 109 E4
Das Château und seine großen Weinberge liegen auf dem Südwesthang des Plateaus. Die Weinkeller sind in die Kalksteinfelsen getrieben, und die Wurzeln der 8 m darüber am Hang wachsenden Reben kommen durch die Kellerdecke. Der Pavie ist ein stilvoller, geschmeidiger und duftiger Wein, der sich in der Flasche schön entwikkelt.

Château Trotte Vieille 109 D5
Ein recht angenehmer, robuster St-Emilion, dem es lediglich an Finesse fehlt.

Weitere Weingüter

Château l'Angélus* 109 D3
Grand Cru Classé
Großes, leistungsfähiges Gut; seit dem Jahrgang 1979 wird der Wein in neuen Fässern ausgebaut und hat dadurch sehr an Tiefe gewonnen.

Château l'Annonciation *
Schön abgerundeter Wein mit gutem Nachgeschmack; für einen einfachen St-Emilion sehr fein.

Château l'Arrosée * 109 E4
Grand Cru Classé
Kräftiger, voller Wein mit Premier-Cru-Standard. Der Weinberg liegt am Südwesthang des Kalksteinplateaus.

Château Balestard-la-Tonnelle 109 D5
Grand Cru Classé
Ein sehr altes Gut; auf dem Etikett ist ein Vers des Dichters François Villon aus dem 15. Jh. abgedruckt, in dem vom „göttlichen Nektar . ., von Balestard" die Rede ist. Der heutige Wein ist voll, lebendig und zuverlässig. Ein alter, inzwischen restaurierter Turm dient als Empfangsraum.

Château Barberousse
Ein einfacher St-Emilion, der sich seit 1981 vor den anderen hervortut.

Château Beau-Séjour Bécot * 109 D4
Grand Cru Classé
1984 wurde diesem Gut der Permier-Grand-Cru-Status aus völlig unerfindlichen Gründen abgesprochen. Der Wein ist noch immer ausgezeichnet. Das Château steht hoch oben auf dem Plateau von St-Emilion und verfügt über schöne, in den Felsen getriebene Keller.

Château Berliquet 109 D4
Grand Cru Classé
Ein stattliches Haus in einem schönen Garten; der Wein gerät unter der Anleitung der Winzergenossenschaft durchaus gut.

Château Cadet-Piola * 109 D4
Grand Cru Classé
Ein voller Wein, besser als sein Status.

Couvent des Jacobins* 109 D4
Grand Cru Classé
Das Gut hat seinen Sitz in einem Kloster aus dem 13. Jh. mit prachtvollen Felsenkellern. Der Wein ist ausgezeichnet.

Château Curé Bon La Madeleine* 109 D4
Grand Cru Classé
Intensiver, sehr schwerer Wein, meist von voll ausgereiften Trauben.

Château La Fleur *
Grand Cru
Ein feiner Wein, der den Grand-Cru-Classé-Status verdient hätte.

Château Fonplégade * 109 E4
Grand Cru Classé
Vornehmes Château mit festem, stilvollem, aber oft unterbewertetem Wein.

Château Franc Grâce-Dieu*
Grand Cru Classé
Feiner, gut ausgebauter Wein aus der Hand der Besitzer von Château Canon.

Château La Grâce Dieu Les Menuts*
Grand Cru
Ein gehaltvoller Wein mit viel Tiefe.

Château Guadet-St-Julien 109 D4
Grand Cru Classé
Die uralten Keller (sie stammen aus dem 5. Jh.) sind voll eigener Atmosphäre. Der Wein ist überaus gerbstoffreich und braucht lange Reifezeit.

Château Haut-Sarpe 109 D5, 111 B4
Grand Cru Classé
Das schöne Château ist durch das Trianon im Park von Versailles inspiriert und steht ebenfalls in einem großen Park. Der schön abgerundete Wein hat in Frankreich einen guten Ruf.

Château Larmande * 109 C4
Grand Cru Classé
Der Wein dieses aufgehenden Sterns unter den Weingütern von St-Emilion wird immer besser.

Château Monbousquet 111 C3
Grand Cru
Der geradezu samtige Wein findet sich auf vielen Weinkarten in französischen Restaurants.

Château Puy-Razac*
Grand Cru
Vorbildlicher stilvoller St-Emilion.

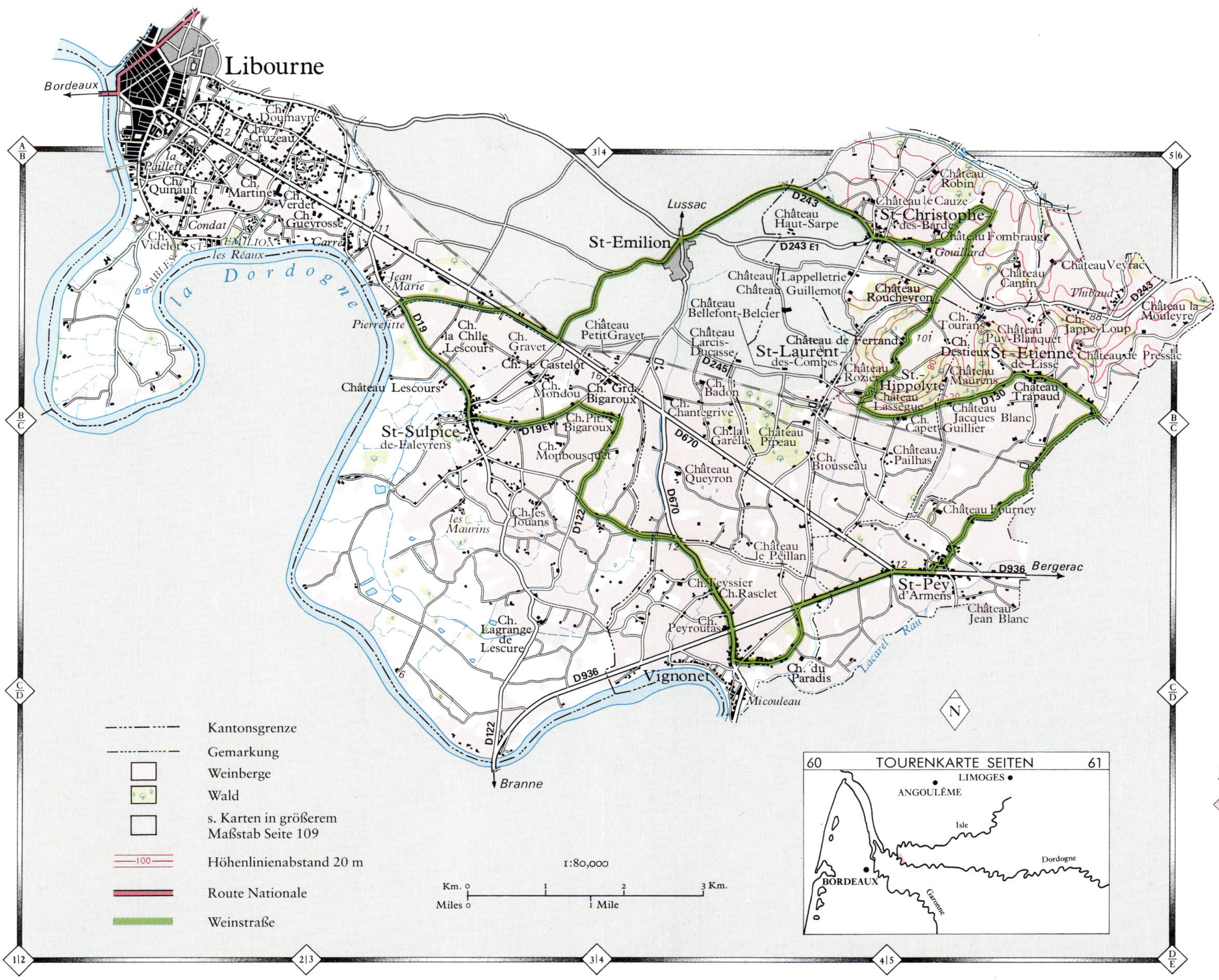

Château Rolland-Maillet *
Fülliger, komplexer Wein mit kräftiger Farbe in Grand-Cru-Qualität.

Château La Tour du Pin Figeac 109 B2
Grand Cru Classé
Der feste, etwas erdige Wein ist der Familie Moueix zu verdanken (es gibt noch ein zweites Weingut dieses Namens mit anderen Besitzern).

Château Villemaurine * 109 D4
Grand Cru Classé
In den prachtvollen Kellern lagert nicht nur Wein, es finden hier auch Bankette statt. Seit Anfang der 80er Jahre ist der tiefdunkle Wein wieder in bester Verfassung.

Weitere Grands Crus Classés in St-Emilion: Die Châteaux **Bellevue, Bergat, Canon-la-Gaffelière, Cap de Mourlin, Clos des Jacobins, La Clotte, Corbin** und **Corbin Michotte, Croque-Michotte, la Dominique, Faurie des Souchard, Fonroque, Franc-Mayne, Grand Barrail Lamarzelle Figeac, Grand Corbin, Grand Corbin-Despagne, Grand Mayne** und **Grand Pontet, Larcis-Ducasse, Laroze, Matras, Mauvezin, Pavie Decesse** und **Pavie Macquin, Petit-Faurie-de-Soutard, St-Georges (Côte Pavie), La Serre, Soutard, Tertre Daugay, La Tour Figeac, Trimoulet, Troplong Mondot** und **Yon-Figeac.**

ST-CHRISTOPHE-DES-BARDES,
Postleitzahl 33330

In der Gemeinde östlich von St-Emilion befinden sich die Châteaux **Dassault,** Grand Cru Classé, 109 D5, sowie **Fombrauge** Grand Cru, 111 B5, **Lapelleterie** Grand Cru, 109 D5 und 111 B4, **Laroque, Puyblanquet Carrille*** (ein lebendiger Wein mit nachhaltigem Geschmack) und **Quentin.**

ST-ÉTIENNE-DE-LISSE,
Postleitzahl 33330

Der am weitesten im Osten gelegene Ort des Bereichs befindet sich am Fuß des Kalksteinhangs. Grand Crus u. a. **Château Gaillard de la Gorce, Ch. Puy-Blanquet,** 111 B5, und **Ch. Tourans,** 111 B5.

ST-HIPPOLYTE, Postleitzahl 33330

Der Ort liegt westlich von St-Étienne, ebenfalls am Fuß des Kalksteinhangs. Grand Crus u. a. **Château de Ferrand,** 111 B4, **Ch. Franc Pipeau, Ch. Gaillard** * (oft sehr guter, stilvoller, konzentrierter Wein), **Ch. Monlot-Capet** und **Domaine de la Vieille Église.**

ST-LAURENT-DES-COMBES,
Postleitzahl 33330

Liegt östlich der Gemarkung St-Emilion an den Kalkstein-Côtes. Grands Crus u. a. **Château Béard, Ch. Belille-Mondotte, Ch. de Candale*** (ein sauberer Wein mit Eichenholzaroma), **Ch. La Croizille** und **Ch. Le Terre Rotebœuf*** (ein Wein in Grand-Cru-Classé-Qualität).

ST-PEY-D'ARMENS, Postleitzahl 33330

Château Bonnet* ist ein ausgezeichnetes Grand-Cru-Gut, das sich seit sechs Generationen in Familienbesitz befindet.

ST-SULPICE-DE-FALEYRENS,
Postleitzahl 33330

Der Ort liegt in der *plaine* südöstlich von St-Emilion. Grands Crus u. a. **Château Bigaroux, Ch. La Chapelle-Lescours,** 111 B4, **Flouquet, Grand-Pey-Lescours, Gravet***, 111 B3 (wiederholt und verdientermaßen mit Auszeichnungen bedachter Wein mit Frucht, Tannin und Vitalität), und **Lescours,** 111 B3.

In St-Étienne-de-Lisse und St-Pey-d'Armens gibt es eigene Informationsstellen (siehe Reise-Informationen Seite 108).

POMEROL

Der kleine Bereich Pomerol erstreckt sich von der Hafenstadt Libourne aus auf dem Nordufer der Dordogne. Er wird durchschnitten von der verkehrsreichen N89 vom Bordeaux nach Périgueux. Im Osten grenzen seine Weinberge an die von St-Emilion, und im Westen schließt sich jenseits der D910 und der Isle das Gebiet von Fronsac an. Wenn es stimmt – und es ist sehr wahrscheinlich so –, daß Pomerol aus dem lateinischen Wort *pomarium* (= Obstgarten) entstanden ist, dann war hier einst wohl der Marktgarten für Libourne; heute aber wächst in dieser Gegend nur noch eine Frucht: der Wein.

Einen Ort namens Pomerol gibt es nicht; die Gemeinde besteht aus einer Reihe von Weilern, die sämtlich den Zusatz Pomerol vor dem Namen tragen: Catusseau, Cloquet, Grand- und Petit-Moulinet, Maillet, Pignon, René. Der verwaltungstechnische und gesellschaftliche Mittelpunkt ist Pomerol-Centre, weithin erkennbar am Turm seiner 1898 erbauten Kirche. Sie steht an der Stelle einer alten Kirche aus dem 13. Jh., die dort von den Rittern des Johanniterordens (den Hospitalitern) gebaut worden war. Der Orden wurde später unter dem Namen Malteserritter bekannt und gwährte zur Zeit der Kreuzzüge Schutz und Hilfe. Pomerol lag an einer der Pilgerstraßen nach Santiago de Compostela in Nordwestspanien. An mehreren Stellen kann man noch heute Wegweiser mit dem Malteserkreuz sehen, und an der Straßenkreuzung bei Pignon bezeichnet eine verwitterte Säule den alten Weg. Sicherlich förderten die Ritter den Weinbau im Pomerol, denn sie brauchten Wein für die Messe und für ihre Hospitäler. Die Weinbrüderschaft von Pomerol heißt La Confrérie des Hospitaliers, und ihre Mitglieder tragen das Malteserkreuz auf ihren Festroben.

Die von den Römern in Pomerol angepflanzten Weinberge wurden im Hundertjährigen Krieg verwüstet. Im 15. und 16. Jahrhundert entstanden sie allmählich wieder neu, doch jahrhundertelang galt die Gegend als Teil von St-Emilion. Erst 1923 gewann sie einen eigenständigen Charakter, der dann 1936 durch eine eigene Appellation Contrôlée anerkannt wurde. Heute übersteigt die Nachfrage nach Pomerol das Angebot so sehr, daß die Preise für bessere Weine durchaus nicht weit unter denen der großen Médocs liegen.

Pomerol verfügt über kein eigenes Klassifizierungssystem; wahrscheinlich wünschen die Winzer dort auch keines. Dessen ungeachtet wird eine Gruppe von Weingütern als die Elite anerkannt. Die interessantesten davon sind auf den folgenden Seiten durch einen Stern gekennzeichnet. An der Spitze steht Château Pétrus; danach gelten als führend die Weingüter Trotanoy, Vieux Certan und Certan de May, La Conseillante, L'Evangile, La Fleur-Pétrus, Lafleur-Gazin, Petit Village und Latour à Pomerol, wobei die Reihenfolge keine Rangordnung darstellt.

Das Zentrum von Pomerol ist ein etwa 35 m hohes Plateau mit reichlich Lehm im Boden. Hier wachsen kraftvolle, tiefdunkle Weine von großer Geschmacksfülle, für die der Château Pétrus als großes Beispiel dienen kann. Um dieses Plateau herum erstreckt sich ein ziemlich schmaler Streifen, dessen Boden aus Lehm, Kies und Sand gemischt ist. Die hier entstehenden Weine sind robust und intensiv, oft aber nicht so rund und üppig wie die vom Plateau. Nach Westen hin wird die Landschaft flacher und der Boden sandiger; der Wein fällt hier leichter und geschmeidiger aus. An vielen Stellen liegt im Untergrund eine harte, eisenhaltige Sandsteinschicht, und es heißt, der Pomerol habe dieser *crasse de fer* sein manchmal trüffelartiges Aroma zu verdanken. Ein guter Pomerol hat jedoch noch weitere Geschmackselemente aufzuweisen: Kakao, Brombeeren, Veilchen, gebrannte Mandeln, Lakritz und Eichenholz.

Der Pomerol ist zumeist ansprechender, wärmer, charmanter und weniger verschlossen als die anderen Bordeaux-Weine, und dennoch hält und entfaltet er sich über lange Zeit. Der Merlot, der auf tonigem und lehmigem Boden gedeiht und hier drei Viertel des Rebenbestands ausmacht, trägt viel dazu bei.

Das typische „Château" von Pomerol ist eher behaglich als grandios zu nennen. Etwa 180 Winzer teilen sich in die nicht große Fläche des Bereichs, so daß die Besitzungen im Durchschnitt rund 10 ha, manche aber nicht einmal 1 ha haben. Château Pétrus verfügt über etwa 11 ha, und Château de Sales ist mit 48 ha das weitaus größte Weingut.

Die Pfarrkirche von Pomerol steht in der Mitte der versprengten Gemeinde aus kleinen Weilern und abgelegenen Bauerngehöften standhaft Schildwacht.

REISE-INFORMATIONEN

In Pomerol gibt es weder Hotels noch Restaurants; deshalb geht man besser nach Libourne. (Siehe auch Reise-Informationen zu St-Emilion und Fronsac.)

HOTELS

Hotel Backgammon, 16, quai de l'Isle, 33500 Libourne, Tel. 57 74 06 06. Die Zimmer sind annehmbar, doch das Restaurant ist ziemlich teuer. Klasse B.

Hotel de la Gare, 43, rue Chanzy, 33500 Libourne, Tel. 57 51 06 86. Einfache, ordentliche Übernachtungsmöglichkeit. Restaurant angeschlossen. Klasse C.

Hotel Loubat, 32, rue Chanzy, 33500 Libourne, Tel. 57 51 17 58. Am Bahnhof, bekanntestes Hotel in Libourne. Die Zimmer sind modernisiert; im Restaurant Les Trois Toques werden sorgfältig zubereitete Spezialitäten (*entrecôte libournaise,* Neunauge usw.) und verschiedene Pomerol-Weine serviert. Klasse B.

Hotel Le Petit Duc, 22, place Decazes, 33500 Libourne, Tel. 57 51 03 39. Modernes, freundliches Hotel. Klasse B.

Hotel Climat de France, Port du Nouguey, 3350 Arveyres, Tel. 57 51 41 41. Modernes Hotel mit Restaurant, Anfang der 80er Jahre eröffnet. Am Flußufer gegenüber Libourne. Klasse B.

RESTAURANTS

L'Etrier, 21, place Decazes, 33500 Libourne, Tel. 57 51 13 59. Recht elegantes Lokal mit entsprechenden Preisen, die Küche ist aber gut und die Weinkarte verlockend. Klasse B.

Preiswerter ist es im Grill nebenan. Klasse C.
Le Landais, 15, rue de Treilles, 33500 Libourne, Tel. 57 74 07 40. Das einfache Restaurant gehört den Besitzern des Hotels Loubat um die Ecke. Austern, *coq au vin* und Ente sind hier gut. Im Sommer wird im Freien serviert. Klasse C.

SEHENSWERTES

Neben Wein und einigen Erinnerungen an den Johanniterorden hat Pomerol dem Besucher nicht viel zu bieten. In Libourne gibt es dagegen einiges zu sehen.

Die Stadt mit ihren rund 35 000 Einwohnern wurde im 13. Jh. von einem Engländer namens Roger de Leyburn gegründet. Er baute eine befestigte Niederlassung vermutlich an der Stelle einer älteren Burg. 1270 erhielt Libourne Stadtrecht. Die alte Stadtmauer wurde durch Kais und mit Platanen bestandene Dämme ersetzt. Am Quai du Priourat haben die meisten Weinhändler von Libourne ihren Sitz und dahinter oft sehr ausgedehnte Lagerkeller.

Von Bordeaux her kommt man nach Libourne über eine lange Brücke aus dem 19. Jh. Der Schwer- und Durchgangsverkehr wird um die Altstadt herumgeleitet, deren Kern die Place Abel-Surchamp mit alten Häusern, Arkaden und dem Rathaus aus dem 15. Jh. bildet. Im Rathaus befindet sich ein Altertums- und Kunstmuseum mit Gemälden von René Princeteau, dem Lehrer Toulouse-Lautrecs. An drei Tagen in der Woche findet auf dem Platz ein Markt statt. Wo das Flüßchen Isle im Stadtzentrum in die Dordogne mündet, steht La Tour du Grand-Port, einer von zwei Türmen, die von der Stadtbefestigung übriggeblieben sind. Er beherrschte früher den Zugang zum Hafen.

WEINBRUDERSCHAFT

Die 1968 gegründete Confrérie des Hospitaliers ist nach dem Orden benannt, der 1298 in Pomerol ein Hospital baute.

WEININFORMATIONEN

In Pomerol gibt es keine Weininformationsstelle; hierfür ist das Touristen-Informationsbüro in Libourne oder in Bordeaux (s. Seite 66) zuständig. Man kann sich auch in den größeren Hotels oder Restaurants in Libourne, z. B. im Hotel Loubat, erkundigen. In vielen Châteaux sind Besucher nach Anmeldung willkommen, u. a. in Beauregard, La Conseillante, La Croix de Gay, Nenin, La Pointe, De Sales und Vieux Château Certan.

Nicht nur die großen und berühmten Châteaux von Bordeaux sind einen Besuch wert, auch in den kleineren Weingütern sind gute alte Traditionen lebendig geblieben.

CHÂTEAUX

POMEROL, Postleitzahl 33500

Château Beauregard 115 D4
Eines der wenigen grandiosen Châteaux in Pomerol; es stammt aus dem 17. Jh. Die Guggenheims ließen sich auf Long Island eine Replika davon bauen. Der Wein ist ein eleganter, ausgewogener Pomerol.

Château Le Bon Pasteur *
Ein typischer Pomerol in feiner Qualität. Das bescheidene Gut in der Nordostecke des Bereichs wird von einem bekannten Önologen geleitet.

Château Bourgneuf-Vayron 115 C3
Dunkler, fester Wein, dem es etwas an Finesse fehlt. Er wird nicht im Faß ausgebaut.

Château La Cabanne 115 C4
Angenehmer, geschmeidiger Wein mit Eichenholzaroma, meist auffallend dunkel und stets gut haltbar.

Château Certan de May * 115 C4
Kleines Gut gegenüber Vieux Château Certan mit moderner Einrichtung. Der Wein ist voll Stil und Kraft.

Château Certan-Giraud 115 C5
Schwerer Wein ohne besondere Finesse.

Château Clinet 115 C4
Der Cabernet-Sauvignon-Anteil ist hier ungewöhnlich hoch, deshalb hat der Wein etwas von einem Pauillac, verschlossen und ziemlich hart. Er braucht lange Kellerlagerung.

Château La Commanderie 115 D3
Modern ausgestattetes Gut mit sauber ausgebautem, zuverlässigem Wein.

Château La Conseillante * 115 D5
Das Gut an der Grenze zu St-Emilion ist seit über hundert Jahren in Familienbesitz. Der Wein mit delikatem Duft, festem, seidigem Geschmack und großem Charakter gehört zu den feinsten in Pomerol.

Château La Croix 115 D4
Ein ziemlich robuster, lang haltbarer Pomerol, dem es jedoch an Klasse fehlt. Ein kleines Museum im Château zeigt Erinnerungsstücke an den alten Pilgerweg nach Santiago de Compostela.

Château La Croix de Gay * 115 C5
Ein edler Pomerol mit subtilen Nuancen. Eine besonders feine Auslese aus einer kleinen Weinbergparzelle wird als Château La Fleur de Gay angeboten.

Clos de l'Eglise 115 B4
Exquisiter, nicht übermäßig breiter Pomerol; er verlangt viel Geduld.

Château l'Eglise-Clinet* 115 C4
Sehr vitaler, stilvoller Wein mit runder Fülle, viel Gerbstoff und schöner Ausgewogenheit.

Château l'Enclos 115 B3
Sehr sauberer, voller Wein mit ausgesprochenem Charme; er braucht lange Reifezeit. L'Enclos in Grand-Moulinet beweist, daß auch aus dieser Lage guter Wein kommen kann.

Château l'Evangile * 115 C5
Der an Château Pétrus angrenzende Weinberg bringt einen vorzüglichen, stilvollen, durch Veilchenduft im Bukett gekennzeichneten Pomerol hervor.

Château Feytit-Clinet 115 C4
Ansprechender Wein voll Saft und Kraft.

Château La Fleur-Pétrus* 115 C5
Das Château mit seinen dottergelben Fensterläden bringt einen vornehmen, ungewöhnlich subtilen Pomerol hervor, den ein auffallend milder und sauberer Geschmack auszeichnet. Man sollte ihm ausreichend Zeit zum Reifen geben.

Château Le Gay 115 C5
Ein Wein voll Sanftheit, trotz kräftigem Gerbstoff; nur an der Persönlichkeit mangelt es.

Château Gazin 115 C5
Ein recht fester Pomerol, in guten Jahren fruchtig und konzentriert. Meist allerdings ist er nur korrekt und leider etwas langweilig.

Château Gombaude-Guillot 115 C3
Ein voller, manchmal fast üppiger Wein; er wird nicht im Faß ausgebaut.

Château la Grave Trigant de Boisset* 115 B4
Ausgewogenheit, Finesse und kräftiger Gerbstoffgehalt sind die Kennzeichen dieses zu 90 % von Merlot gekelterten, stets guten Weins.

Château Lafleur 115 C5
Der Lafleur ist anfänglich sehr verschlossen, stark und dunkel, entwikkelt sich dann aber wunderbar in der Flasche.

Château Lafleur-Gazin* 115 C5
Ein mit Sorgfalt ausgebauter Wein voll Frucht und edlem Eichenholzaroma.

Château Lafleur du Roy 115 D4
Recht frischer, eleganter, klassisch ausgebauter Wein vom Gut des Bürgermeisters.

Château Lagrange 115 C4
In Klasse und Komplexität steht Lagrange zwar etwas unter der Spitzengruppe, doch auch wieder über dem Durchschnitt.

Château Latour à Pomerol* 115 B4
Ein fast korpulent zu nennender, fülliger Pomerol mit viel sanftem Tannin und reifer Frucht.

Château Mazeyres 115 C2
Sauberer, aber nicht gerade aufregender Wein.

Château Moulinet 115 B3
Runder Wein mit ansprechendem Gerbstoffgehalt und manchmal etwas erdigem Aroma.

Château Nenin 115 D3
Eines der größeren Pomerol-Güter mit einem hübschen Château in einem großen Park. Der kompakte, dunkle Wein hat nicht soviel Tiefe, Fülle oder Charme, wie man aus seinem großen Ruf schließen möchte, aber er entwikkelt sich schön in der Flasche.

Château Petit Village * 115 D4
Ausgezeichneter Wein, an dem nichts *petit* ist. Das Gut gehört zum Besitz der Domaines Prats (wie u. a. Cos d'Estournel in St-Estèphe).

Château Pétrus * 115 C5
Wer ein grandioses Château erwartet, ist von Pétrus sicher enttäuscht – mit dem Wein kann das nie passieren. Er ist der Inbegriff eines Pomerol: dunkel und ungeheuer intensiv, er überwältigt alle Sinne mit seiner unvergleichlichen Kraft. Seine einzigartige Klasse entzieht ihn allerdings dem Zugriff gewöhnlicher Sterblicher, denn er ist dreimal so teuer wie ein Spitzengewächs aus dem Médoc. Das Gut ist gemeinschaftlicher Besitz vom Mme Lacoste und Jean-Pierre Moueix (vom gleichnamigen Handelshaus in Libourne). Zum Moueix-Besitz in Pomerol gehören ferner Feytit-Clinet, La Fleur-Pétrus, La Grave Trigant de Boisset, Lagrange, Latour à Pomerol und Trotanoy.

Château Plince 115 D3
Ein noch ziemlich unbekannter Pomerol, der jedoch genaue Beachtung verdient; er hat sich seit der zweiten Hälfte der 70er Jahre sehr entwickelt.

Château La Pointe 115 C3
Großes Gut an der Stadtgrenze von Libourne, wo zwei Straßen aus Pomerol zusammentreffen. Das Château überragt einen herrlichen Park mit altem Baumbestand. Unter guten Voraussetzungen bringt La Pointe dunklen, kräftigen Wein ohne große Finesse hervor, der einer längeren Reifezeit bedarf.

Château Lapointe

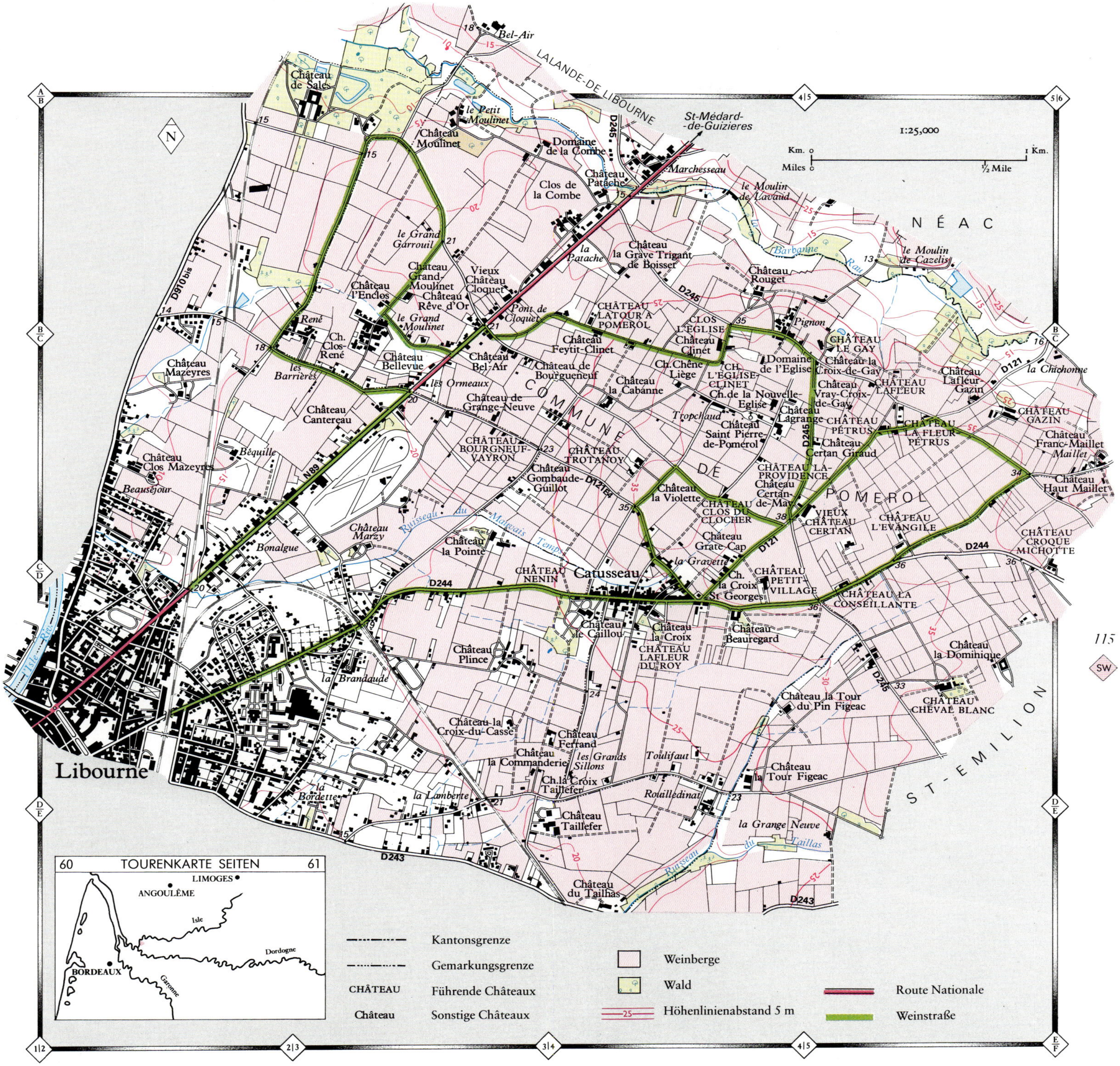

Clos René 115 C3
Sauberer, seriöser Pomerol.

Château Rouget 115 B4
Das 1750 erbaute efeubewachsene Landhaus ist das älteste Château in Pomerol. Die Bereitungsmethoden sind konservativ, und der dabei entstehende Wein bedarf jahrzehntelanger Reifezeit. Seine anfängliche Härte ist zum Teil auf den hohen Anteil an Cabernet zurückzuführen.

Château de Sales 115 A3
Das größte Weingut von Pomerol mit einem eindrucksvollen Château in einem großen Park. Stets zuverlässiger Wein mit Stil, Struktur, einer gewissen Eleganz und einem feinen Duft.

Château du Tailhas 115 E4
Breiter, runder Wein, dank moderner Ausstattung auch in ungünstigen Jahren zuverlässig.

Château Taillefer 115 E4
Etwas rustikaler Wein, dem längere Lagerung gut tut. Sein Nachgeschmack ist oft recht trocken.

Château Trotanoy * 115 C4
Eine Moueix-Besitzung auf dem Zentralplateau von Pomerol. Entschieden grandioser als das Château ist der ungewöhnlich feine Wein mit kräftiger Farbe, großer Konzentration und Wucht.

Vieux Château Certan* 115 C5
Die belgischen Besitzer (die Familie Thienpont) bringen einen untadeligen stil- und kraftvollen Wein hervor.

Château La Violette* 115 C4
Ein Pomerol voller Anmut mit Veilchenduft und feinem Nachgeschmack.

Château Vray Croix de Gay* 115 C5
Dieser gute Pomerol verdankt seine Geschmackstiefe den sehr alten Weinstöcken.

DIE SATELLITEN VON ST-ÉMILION UND POMEROL

Jenseits des Flüßchens Barbanne, das die Nordgrenze von St-Emilion und Pomerol bildet, liegen die sogenannten Satelliten. Die Orte Lussac, Montagne, Parsac, Puisseguin und St-Georges stellen jeweils eine eigene Appellation dar, deren Weine den Ortsnamen mit dem Zusatz St-Emilion tragen dürfen. Weiter westlich liegen die Satelliten von Pomerol: Die Gemeinden Lalande und Néac, die ihren Wein zumeist unter der Appellation Lalande-de-Pomerol auf den Markt bringen.

Kleine Hügel und freundliche Täler bieten einen ganz anderen Anblick als das Plateau von St-Emilion mit seinen schnurgeraden Rebenzeilen. Wälder und Wiesen sind zwischen die Weinberge eingestreut, die kleinen Orte und bescheidenen Châteaux sind durch kurvenreiche Straßen miteinander verbunden.

Die bei weitem bedeutendste Appellation ist Montagne-St-Emilion. Die Weine hier sind oft robuster und erdiger als in St-Emilion selbst, aber sie können erstaunlich gut sein – und oft sind sie durchaus preiswert. Nicht nur die Weine aus Montagne, sondern auch die meisten aus Parsac und St-Georges laufen unter der Appellation Montagne-St-Emilion. Eine Ausnahme macht vor allem das Château St-Georges, dessen Wein wenigstens ebensoviel Charakter aufweist wie ein Grand Cru aus St-Emilion und mit Stolz die Appellation St-Georges-St-Emilion trägt.

Die Weine aus Lussac erscheinen oft etwas voller und abgerundeter als die von Montagne. Fast die Hälfte der Ernte wird von der Genossenschaftskellerei in Puisseguin, wo ebenfalls schön runde und charmante Weine wachsen, verarbeitet.

Wie in Pomerol gibt es auch in der Gemeinde Lalande viele kleine Besitzungen: Von den rund 230 Winzern haben 50 weniger als einen Hektar zu bewirtschaften. Ihre Weine zeigen eine gewisse Familienähnlichkeit mit Pomerol, doch fehlt es ihnen etwas an Fülle, Kraft und ansprechender Art. Der Ort Lalande-de-Pomerol heißt seit 1978 aus verwaltungstechnischen Gründen Lalande-de-Libourne, eine nach 10 Jahren noch immer umstrittene Regelung; die Appellation aber ist Lalande-de-Pomerol geblieben. Die Winzer in Néac haben das Recht, ihren Wein entweder als Néac oder als Lalande-de-Pomerol zu bezeichnen.

Die „Satelliten" in der Umgebung von St-Emilion und Pomerol: Einige fabelhafte, preiswerte Tropfen zu entdecken!

REISE-INFORMATIONEN

In diesen ländlichen Gegenden sind an Hotels und Restaurants keine übertriebenen Ansprüche zu stellen, dafür bieten St-Emilion und Libourne genügend Unterkunft und Gaststätten, und auch Fronsac kann mit guten Restaurants aufwarten.

RESTAURANTS

Restaurant de l'Aérodrome, 33500 Les Artigues-de-Lussac, Tel. 57 24 31 44. Am Flugplatz, nahe der N89. Spezialität: *rôti de lotte au basilic.* Die Weinkarte bietet eine reiche Auswahl, auch an St-Emilions. Klasse B.

SEHENSWERTES

Cornemps Dörfchen nördlich von Lussac mit einem Kloster, wo Henri de Navarre einmal Aufenthalt nahm.

Lalande-de-Libourne Gut erhaltene Kirche aus dem 12. Jh. mit offenem Glockenturm.

Lussac In der Kirche ein Basrelief mit Ernteszenen, und westlich des Orts befindet sich der Picampeau-Menhir, auch Märtyrerstein genannt, weil er als Opferblock diente.

Montagne Romanische Kirche aus dem 12. Jh. mit Rippengewölbe. Das Eco-Musée de Montagne (daneben La Maison du Vin) zeigt Darstellungen des ländlichen Lebens in früherer Zeit. Auf einem Hügel in der Nähe stehen die fünf Mühlen von Calong als Erinnerung daran, daß hier früher Korn angebaut wurde. Ebenfalls nahe bei Montagne liegt das Château des Tours mit 72 ha Weinbergen und einem imposanten Gutshaus aus dem 14. Jh.

Petit-Palais Schöne Kirche aus dem 12. Jh. mit zwei Glockentürmen aus dem 16. Jh. Der Ort liegt nordwestlich von Lussac an der D21.

St-Georges Hoch auf einem Hügel liegt über seinen Weinbergen das Château St-Georges, 1770 auf mittelalterlichen Fundamenten von Victor Louis (dem Architekten des Grand Théâtre in Bordeaux) erbaut. Weder das Château noch seinen Wein sollte man verfehlen. Über dem Kellereingang steht das Motto *„vini templum"* (Tempel des Weins).

WEINBRUDERSCHAFTEN

Les Baillis de Lalande-de-Pomerol ist eine seit 1984 bestehende Bruderschaft, Les Vignerons de Montagne de St-Emilion konstituierten sich drei Jahre früher, und die Echevins de Lussac-St-Emilion gibt es seit 1986.

WEININFORMATIONEN

In Lussac, Montagne und Puisseguins gibt es Maisons du Vin.

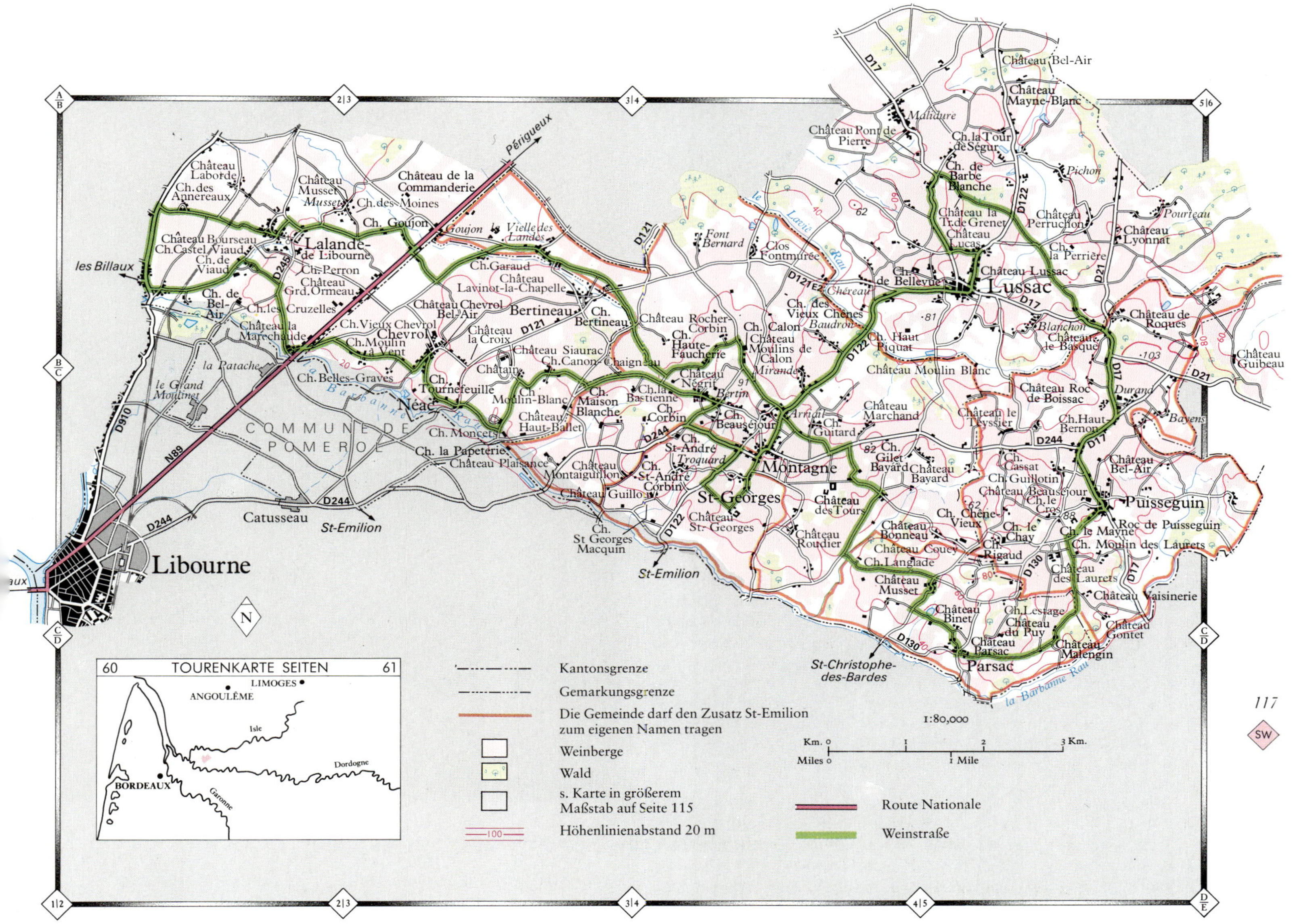

SW

CHÂTEAUX

LUSSAC, Postleitzahl 33570
Appellation Lussac-St-Emilion

Château de Barbe-Blanche * 117 B5
Château Bel-Air 117 A5
Château Bois-Tiffray
Château Chambeau
Château du Courlat
Château La France de Roques
Château de la Grenière
Château Lion-Perruchon
Château Lucas 117 B5
Château de Lussac 117 B5
Château Lyonnat 117 B5
Château Milon
Château St-Pierre
Château de Tabuteau
Château Vieux-Busquet
Château les Vieux-Chênes 117 B4
Château Vieux-Fournay

MONTAGNE, Postleitzahl 33570
Appellation Montagne-St-Emilion

Château Baudron
Château Calon 117 B4
Château Corbin 117 C4
Château Coucy
Château La Croix de Mouchet
Château La Fleur Musset *
Château Laroze-Bayard
Château Maison Blanche * 117 C3
Château Négrit 117 C4
Château La Papeterie 117 C3
Château Rocher Corbin 117 B4
Château Roudier * 117 C4
Château des Tours 117 C4
Vieux Château Négrit
Vieux Château Saint André * 117 C4

PARSAC, Postleitzahl 33570
Appellation Montagne-St-Emilion oder Parsac-St-Emilion

Château Parsac 117 D5
Château Plaisance 117 C3
Château du Puy 117 C5

PUISSEGUIN, Postleitzahl 33570
Appellation Puisseguin-St-Emilion

Château Beaulieu *
Château Durand-Laplagne
Château Guibeau 117 B6
Château des Laurets * 117 C5
Château de Roques 117 B5
Château du Roy
Château Soleil

ST-GEORGES, Postleitzahl 33570
Appellation St-Georges-St-Emilion oder Montagne-St-Emilion

Château Calon
Château Cap d'Or *
Château Macquin St-Georges 117 C3
Château St-Georges * 117 C4

LALANDE-DE-LIBOURNE, Postleitzahl 33500
Appellation Lalande-de-Pomerol

Château de Bel-Air * 117 B2
Château Bourseau 117 82
Château de la Commanderie 117 B3
Château de l'Evêché
Château Grand Ormeau * 117 B2
Château Graves des Annereaux * 117 B2
Château La Maréchaude
Clos des Moines * 117 B3
Château Tour Colombier

NÉAC, Postleitzahl 33500
Appellations Lalande-de-Pomerol oder Néac

Château Belles-Graves 117 C2
Château Canon-Chaigneau 117 B3
Château Chatain-Pineau
Château la Fleur St-Georges
Château Haut-Chaigneau
Château les Hauts-Conseillants
Château Moulin à Vent * 117 B3
Château Siaurac 117 B3
Château Les Templiers *
Château Treytins
Château Vieux Chevrol * 117 B3
Château Yveline

FRONSAC

Das Flüßchen Isle, das sich in gemächlichen Windungen durch ein breites Tal schlängelt, bildet die Grenze zwischen Pomerol und Fronsac. Im Unterschied zu Pomerol mit seinem sanft welligen Plateau besteht Fronsac aus vielen kleinen Tälern und Hügeln, deren höchster, der Tertre de Fronsac, einen weiten Blick über die umgebende Landschaft und die Dordogne bietet. Die Gallier und später die Römer hatten auf ihm ihre Befestigungen, und Karl der Große baute 769 auf ihm eine Burg, die jahrhundertelang ihren militärischen Wert behielt und oft recht tyrannischen Herren als Wohnsitz diente.

Der berüchtigtste Hausherr dieser Burg hieß d'Argilemont. Er gefiel sich sehr darin, jedes vorüberfahrende Schiff, das nicht sofort beidrehte, wenn er ihm einen Schuß vor den Bug gab, in aller Gemütsruhe zu versenken. 1620 wurde d'Argilement auf Befehl des Königs Ludwig XIII. gefangengesetzt und endete schließlich auf dem Schafott. Drei Jahre danach wurde die Burg geschleift, und heute ist nichts mehr von ihr übrig, genauso wenig wie von dem Palast im italienischen Stil, den der Duc de Richelieu (ein Feldherr und Großneffe des berühmten Kardinals) für – wie es heißt – *fêtes galantes* auf dem Hügel bauen ließ. Der Name der gegen Ende der 60er Jahre gegründeten Weinbruderschaft dieser Gegend, Les Gentilshommes du Duché de Fronsac, ist eine Erinnerung an diese Zeit. Heute wird der Tertre de Fronsac von einem im vorigen Jahrhundert von einer wohlhabenden Familie in Libourne erbauten Pavillon gekrönt; er befindet sich in Privatbesitz.

Weinbau wird in Fronsac schon seit frühester Zeit getrieben. Bis in das 18. Jahrhundert hinein wurde der Wein dieser Gegend höher geschätzt als der von St-Emilion. In der ersten Hälfte des 19. Jahrhunderts gelang es dann St-Emilion, seine Reputation über die von Fronsac zu erheben, obwohl es in der ersten Ausgabe des Buchs *Bordeaux et Ses Vins* aus dem Jahr 1850 heißt, Fronsac sei eine der Gemeinden, „wo die besten Weine im Arrondissement Libourne geerntet werden". Von den Verwüstungen durch die Reblaus und den späteren wirtschaftlichen Depressionen hat sich Fronsac jedoch nicht so gut erholt wie St-Emilion und Pomerol, und so blieb sein Name bis in die 60er Jahre unseres Jahrhunderts so gut wie vergessen.

SW

Das inzwischen neu aufgelebte Interesse wird nun durch immer bessere Weine bestätigt. Sie zeichnen sich durch kräftige, tiefe Farbe, kraftvolle Art, herzhafte Finesse, eine leicht bittere Note und lange Lebensdauer aus. Diese Eigenschaften weisen insbesondere die Weine aus dem Teilbereich Canon-Fronsac auf, der die südlichen und bergigeren Gegenden von Fronsac und St-Michel-de-Fronsac umfaßt. Hier liegt in tieferen Bodenschichten Kalk unter Lehm und Sand. Es werden vor allem Rotweinreben angebaut, in erster Linie Merlot und Cabernet.

Die Appellation Fronsac gilt für sieben Gemeinden und ihre Gemarkungen im Ganzen oder in Teilen. Die Weine sind recht unterschiedlich und zeigen nicht den gleichmäßigen Qualitätsstand von Pomerol: Neben durchaus feinen Erzeugnissen stehen recht leichte und unbedeutende. Die Fachwelt aber ist sich einig, daß von allen unbekannteren Appellationen in Bordeaux gerade Fronsac und Canon-Fronsac gute Aussichten auf weltweite Anerkennung haben.

Es liegt nun bei den Winzern, diese Chance zu ergreifen. In der Fläche ist der Bereich Fronsac mit 1000 ha größer als Pomerol, daher sind die mengenmäßigen Voraussetzungen für internationalen Rang ausreichend. Einen Anstoß in dieser Richtung hat bereits das bedeutende Handelshaus Jean-Pierre Moueix in Libourne gegeben. Es hat in den 70er und 80er Jahren drei führende Châteaux übernommen: Canon, Canon de Brem und La Dauphine.

Fronsac lohnt aber einen Besuch nicht nur wegen seines Weins, sondern auch wegen seiner Landschaft und Architektur. Die Châteaux weisen unterschiedliche Stile auf: Manche, z. B. Château de la Rivière, sind echte Schlösser. Andere wieder, so etwa Canon in St-Michel-de-Fronsac, sind komfortable, von wohlhabenden Kaufleuten aus Libourne um die Mitte des vorigen Jahrhunderts gebaute Villen.

REISE-INFORMATIONEN

So attraktiv die Gegend von Fronsac auch ist, für den Tourismus ist sie noch nicht gerüstet; siehe daher Hotels und Restaurants in St-Emilion und Pomerol.

RESTAURANTS

Clo-Luc, 33133 Galgon, Tel. 57 84 36 16. Am südlichen Ortseingang von Galgon an der D18. Spezialität: *gigoton* (Lammkeule) *au vieux Bordeaux*. Klasse C.

Auberge de l'Isle, 33230 Sablons-de-Guîtres, Tel. 57 69 22 58. Sablons ist ein Dörfchen abseits der D910 nördlich von Libourne bei St-Denis-de-Pile. Die Auberge verfügt über eine schattige Terrasse. Die Küche ist gut: Fischgerichte, *escalope de foie gras aux pommes,* gebratene Entenbrust zu vernünftigen Preisen. Klasse C.

SEHENSWERTES

Asques Malerisches Dorf am Fluß mit Blick über die Dordogne.

Cadillac-en-Fronsadais Kapelle aus dem 19. Jh. und Ste-Ruffine-Brunnen. Der Ort liegt außerhalb der Appellation Fronsac; das Château de Cadillac, eine eindrucksvolle Burg aus dem 12. Jh., erzeugt Rot- und Weißwein unter der Appellation Bordeaux und Bordeaux Supérieur.

Fronsac Das alte Zentrum der Gegend wurde im 13. Jh. von Libourne überflügelt. Romanische Kirche; schöne alte Häuser, z. T. aus dem 17. Jh.

St-Aignan Hier wurden die Reste einer römischen Villa gefunden; romanische Kirche.

St-Genès-de-Fronsac Kirche aus dem 11. Jh., im 16. Jh. restauriert.

Vérac Die Kirche stammt aus dem 12. Jh.; ein Turm nahe beim Dorf war bis 1776 eine Windmühle. Käseliebhaber sollten nicht verfehlen, der Molkerei beim Château de Pommiers (aus dem 18. Jh.) einen Besuch abzustatten.

WEININFORMATIONEN

La Maison du Vin befindet sich in Fronsac. Les Gentilshommes du Duché de Fronsac sind seit 1969 aktiv.

Blick auf Fronsac. Im Hintergrund die Dordogne und Entre-Deux-Mers.

CHÂTEAUX

FRONSAC, Postleitzahl 33126
Appellation Canon-Fronsac

Château Canon* Kleines, historisches Weingut; es gehört seit 1971 Christian Moueix (Direktor von J.-P. Moueix in Libourne). Gäbe es in Fronsac ein Premier Cru, dann wäre es dieses. (Siehe auch Châteaux Canon, St-Michel-de-Fronsac.)

Château Canon de Brem* 119 C3 Ebenfalls im Besitz von J.-P. Moueix. Sehr feiner, langlebiger Wein. **Château Coustolle** 119 C3; **Château La Fleur Cailleau; Château Haut-Panet; Château Junayme** 119 C3; **Château La Marche-Canon; Château Moulin Pey-Labrie*** 119 C3 Gleichmäßig guter Wein; **Château Toumalin** 119 C3.

ST-MICHEL-DE-FRONSAC, Postleitzahl 33145
Appellation Canon-Fronsac

Château Canon* 119 C2
Es gibt zwei Château Canon: einmal in Fronsac (siehe oben), ein zweites in St-Michel-de-Fronsac. Das in St-Michel ist im Besitz der Familie Horeau und die Quelle eines typischen, schweren und vollen Fronsac, der bis zur Genußreife mindestens 10 Jahre braucht. In den steilen Weinbergen stehen viele alte Rebstöcke. **Château Cassagne Haut-Canon; Château La Fleur Canon; Château Haut-Mazeris; Château Lariveau; Château Mazeris** 119 C3; **Château Mazeris-Bellevue; Château Vray Canon Boyer*** 119 C2 – Einer der besten Weine aus dieser Gemeinde; in den ersten 5 Jahren streng und ungenießbar.

FRONSAC, Postleitzahl 33126
Appellation Fronsac

Château La Croix-Grandineau; Château de la Dauphine* 119 C3
Das hübsche Château am Fluß gehört der Firma J.-P. Moueix. Vorbildlicher Fronsac mit nuancenreichem, nachhaltigem Geschmack und schöner Ausgewogenheit.

Château La Grave; Château Pontus 119 C3; **Château La Valade** 119 B3.

GALGON, Postleitzahl 33133
Appellation Fronsac

Château Mayne-Vieil.

LA RIVIÈRE, Postleitzahl 33145
Appellation Fronsac

Château de la Rivière* 119 B2
Das Prunkstück des Bereichs: Ein Schloß aus dem 13. Jh., flankiert von zwei viereckigen Türmen; es steht auf einem bewaldeten Hang über der Dordogne. Ein Stück dahinter liegen die überaus romantischen Felsenkeller, in denen der Wein lagert: ein besonders wuchtiger Fronsac mit tiefer Farbe, viel Körper und Gerbstoff. Bei Weinproben hat er sich schon oft gegen große Weine aus St-Emilion und dem Médoc durchgesetzt.

SAILLANS, Postleitzahl 33141
Appellation Fronsac

Château du Carillon; Château Dalem; Château Moulin Haut-Laroque; Château Villars*.

ST-AIGNAN, Postleitzahl 33126
Appellation Fronsac

Château Hauchat; Château Haut-Ferrand; Château Tasta; Château des Tonnelles; Vieux-Château Vincent.

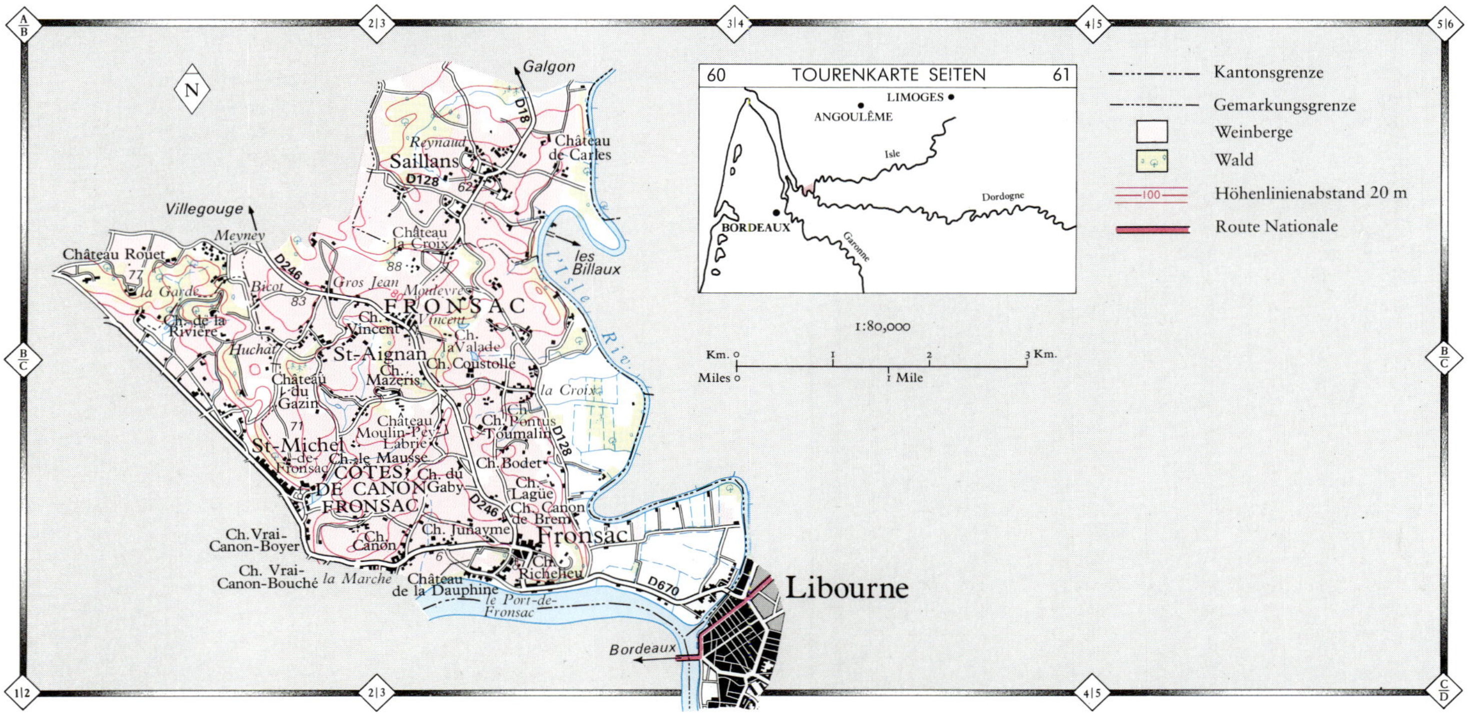

CÔTES DE CASTILLON UND CÔTES DE FRANCS

Unmittelbar östlich von St-Emilion und seinen Satelliten schließen sich neun Weinorte an, die auf die Appellation Bordeaux Supérieur Côtes de Castillon Anspruch haben. Nahe der Dordogne ist die Landschaft ziemlich flach, doch in einiger Entfernung weiter nördlich wird sie hügelig und sehr abwechslungsreich. Die Weinberge sind hier zu über 50 % mit Merlot besetzt, und die zweitwichtigste Rebsorte ist Cabernet Franc. Dies ist aber die einzige Ähnlichkeit zwischen St-Emilion und den Côtes de Castillon. Ein Vergleich wäre höchstens mit den Weinen der St-Emilion-Satelliten möglich, doch sind die Côtes-de-Castillon-Weine, die mit 11 % ein halbes Prozent mehr Alkohol haben als die Appellation Bordeaux Supérieur, nicht ganz so rund.

Seinen Namen hat der Bereich nach Castillon-la-Bataille, einer Kleinstadt an der Dordogne, wo am 17. Juni 1453 die Entscheidungsschlacht stattfand, durch die Aquitanien nach 300 Jahren endgültig von England getrennt wurde und die den damals schon über achtzigjährigen englischen Feldherrn Talbot das Leben kostete.

Nördlich der Côtes de Castillon liegt der kaum bekannte kleine Bereich Bordeaux Côtes de Francs. Er umfaßt drei Gemeinden und einen Teil der Gemarkung von Salles-de-Castillon (der übrige Teil fällt unter Côtes de Castillon). In früherer Zeit gab es hier eine fränkische Siedlung; die Erinnerung daran hat sich im Namen des Dorfs Francs erhalten.

Der Bereich Côtes de Francs ist grün, friedlich und sehr hügelig. Er kann die höchsten Berge im gesamten Département Gironde vorweisen. Der Boden besteht aus Lehm und Kalkgestein und eignet sich gut für den Weinbau. Das Mikroklima ist das vielleicht wärmste und trockenste in ganz Bordeaux.

Früher gehörten die Côtes de Francs zu St-Emilion, doch seit der Bereinigung der Appellationen in den 20er Jahren ist dem nicht mehr so. Das wirkte sich ungünstig aus: Viele Weinberge wurden aufgegeben oder mit unedlen Reben bepflanzt. Seit Anfang der 80er Jahre ist das Interesse an den Côtes de Francs dank der Bemühungen der belgischen Familie Thienpont, der die bedeutenden Weingüter Puygueraud und La Claverie gehören, wieder gewachsen. 1985 kauften zwei Familien aus St-Emilion (Mitbesitzer von Cheval Blanc und l'Angélus) das heruntergekommene Château de Francs.

Castillon-la-Bataille mit der Brücke über die Dordogne und Resten alter Befestigungen.

REISE-INFORMATIONEN

Die Gegend ist nicht reich mit Hotels und Restaurants gesegnet, aber St-Emilion, Entre-Deux-Mers und Bergerac sind nicht weit entfernt (siehe dort).

HOTEL

La Bonne Auberge, 33350 Castillon-la-Bataille, Tel. 57 40 11 56. Angemessener Komfort zu vernünftigen Preisen und ein Restaurant mit vorwiegend regionaler Küche. Hotel Klasse C, Restaurant Klasse B.

RESTAURANT

Chez Régis, 33350 Ste-Terre, Tel. 57 47 16 21. Für preiswertes Mittag- und Abendessen zu empfehlen. Spezialität: *friture d'anguilles* (frittierter Aal). Auch einfache Unterkunft. Klasse C.

SEHENSWERTES

Belvès-de-Castillon Im Juli und August wird die große Schlacht zwischen Engländern und Franzosen als Freilichtaufführung bei dem aus dem 15. Jh. stammenden Château de Castégens dargestellt. An dem farbenprächtigen Schauspiel wirken rund 600 Personen mit.

Castillon-la-Bataille Kleinstadt an der Dordogne. Hier fand 1453 die Schlacht statt, durch die Aquitanien wieder an Frankreich zurückfiel. 1953 nahm Castillon zum 500. Jahrestag dieser Schlacht den Zusatz „la Bataille" zum Namen. Östlich der Stadt steht ein einfaches Denkmal für John Talbot, Earl of Shrewsbury, den englischen Feldherrn, der die Schlacht und zugleich sein Leben verlor. Die Kirche von Castillon stammt aus dem 18. Jh., und das Rathaus war früher ein Hospital.

Champ de la Hire In den Côtes de Francs zwischen St-Cibard und Salles-de-Castillon. Hier befestigten die Franzosen im Hundertjährigen Krieg einen Berg.

Francs Das Château de Francs stammt zum Teil vermutlich aus dem 12. Jh., die meisten Gebäude sind jedoch aus dem 14. und 17. Jh. Man betritt das Weingut durch ein schönes Tor.

Gardegan Kirche aus dem 12. Jh.

Monbadon Eine Burg aus dem 14. Jh. krönt einen der Berge.

St-Cibard Kirche aus dem 13. Jh.

Ste-Colombe Herrlicher Panoramablick über die Umgebung. Die Kirche stammt aus dem 11. und 12. Jh.

St-Genès-de-Castillon Schönes Haus aus dem 15. Jh.

St-Magne-de-Castillon Kirche aus dem 11. bis 12. Jh.

Salles-de-Castillon Ein Menhir (Kultstein) sowie eine romanische Kirche.

Tayac Im 19. Jh. wurden in den Côtes de Francs bei diesem Dorf die Reste einer gallischen Siedlung gefunden. Die Kirche ist romanisch.

AKTIVITÄTEN UM DEN WEIN

Die jährliche *foire aux vins* in Castillon-la-Bataille findet in der zweiten Julihälfte statt.

WEININFORMATIONEN

La Maison du Vin in Castillon-la-Bataille bietet Informationen über die Weine und Weingüter des Bereichs.

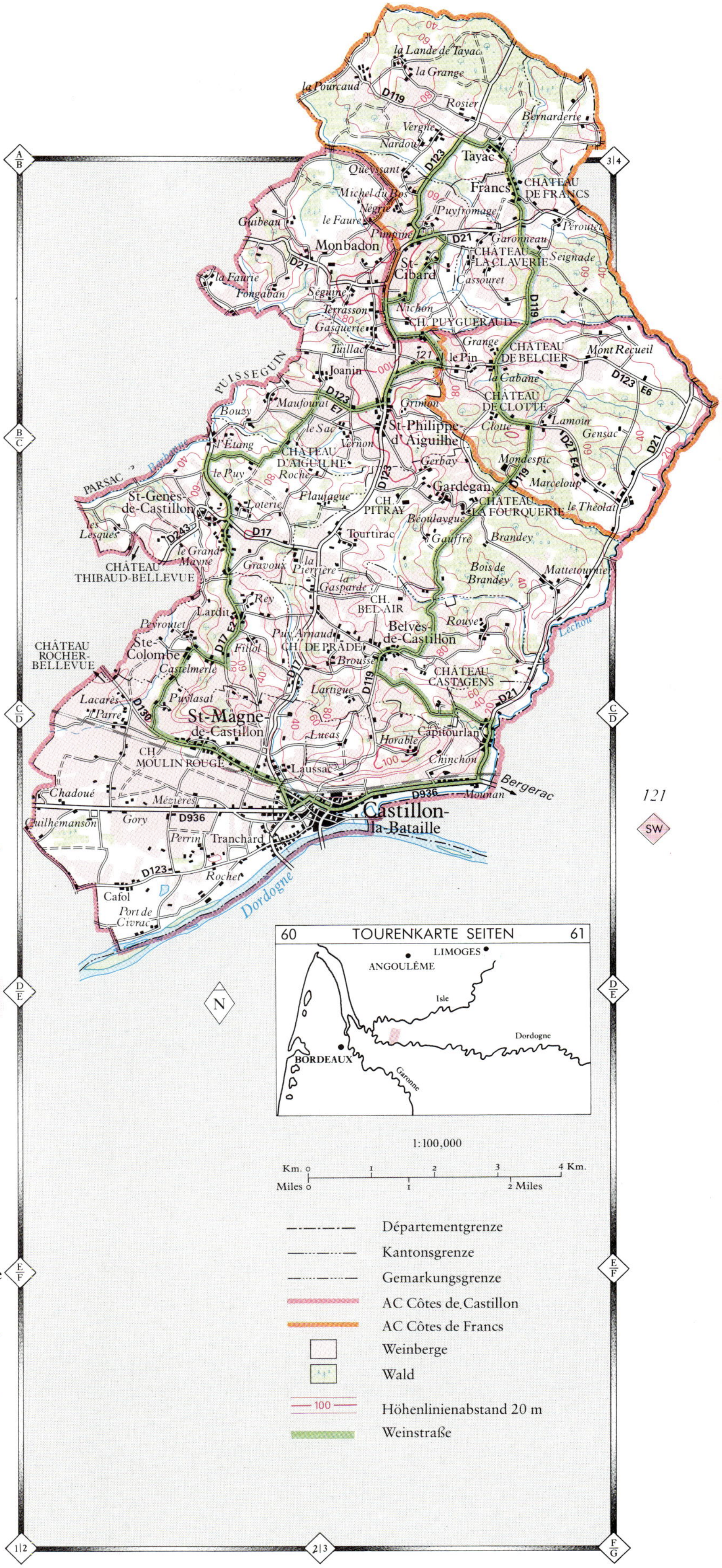

CHÂTEAUX

CÔTES DE CASTILLON

BELVÈS-DE-CASTILLON, Postleitzahl 33350

Château Bel-Air 121 C3; Château de Prade 121 C3.

GARDEGAN, Postleitzahl 33350

Château Pitray 121 C3 Das schöne Château ist einen Besuch wert. Château La Fourquerie 121 C3.

STE-COLOMBE, Postleitzahl 33350

Château Thibaud-Bellevue 121 C2.

ST-MAGNE-DE-CASTILLON, Postleitzahl 33350

Château Moulin Rouge 121 D2; Château Rocher Bellevue 121 C2.

ST-PHILIPPE-D'AIGUILHE, Postleitzahl 33350

Château d'Aiguilhe 121 C3 Abgelegenes Weingut mit reicher Geschichte. Das Château stammt zum Teil aus dem 14. und 15. Jh.

SALLES-DE-CASTILLON, Postleitzahl 33350

Château de Belcier 121 B3; Château de Clotte 121 B3.

CÔTES DE FRANCS

FRANCS, Postleitzahl 33570

Château de Francs* 121 B3.

ST-CIBARD, Postleitzahl 33570

Château La Claverie 121 B3: Die erste Ernte 1985 war bereits eindrucksvoll. Das Gut ist im Besitz der Familie Thienpont, der auch Château Puygueraud gehört.
Château Puygueraud* 121 B3: Der unbestrittene Star der Côtes de Francs (samt Umgebung). Dunkler Wein mit bestem Gefüge und kräftigem Gerbstoffgehalt und Eichenholzaroma. Er wird 4 bis 6 Monate in (zur Hälfte neuen) Eichenfässern ausgebaut und nicht gefiltert.

COGNAC

Das einzige Gebiet der Welt, wo der echte Cognac gebrannt werden darf, liegt unmittelbar nördlich der Region Bordeaux und umfaßt das gesamte Département Charente-Maritime, einen großen Teil von Charente und zwei Enklaven in den Départements Dordogne und Deux-Sèvres, ferner ein paar Inseln vor der Küste. Die Landschaft ist voller Harmonie, mit sanften Hügeln, Feldern und kleinen Wäldern, friedlichen Dörfern und abgelegenen, meist ummauerten Gehöften. Ein schwacher Dunst mildert das Sonnenlicht und sorgt für zarte Farben und weiche Konturen. Die graue Charente durchfließt gemächlich die Region. Eile scheint hier unbekannt zu sein, trotz der Privatjets einiger Cognac-Häuser. Nicht umsonst tragen die Einwohner von Cognac den Spitznamen *cagouillards* (kleine Schnecken).

Manche Überreste, so die Arena von Saintes, die 20 000 Personen Platz bot, zeigen, daß die Römer sich hier zahlreich niedergelassen haben müssen. Sie führten wohl auch den Weinbau ein, doch der diente lange nur dem lokalen Verbrauch. Erst in der zweiten Hälfte des 17. Jahrhunderts begann ein lebhafter Handel mit Wein, weil die gerade unabhängig gewordenen Holländer große Mengen für Destillierzwecke importierten. Später kauften sie nicht mehr den Wein, sondern überließen das Branntweinbrennen den Herkunftsregionen.Der damalige Branntwein wurde zunächst mit Wasser vermischt getrunken, doch nach und nach kam man auf den Geschmack des puren, eichenfaßgereiften Cognacs, und so erlangte er im 17. und 18. Jahrhundert weltweiten Ruhm. Das 19. Jahrhundert brachte den Aufstieg vieler großer Cognac-Häuser, und der Cognac wurde nun in der Flasche verkauft.

Der Name Cognac und die Herkunft wurden 1909 gesetzlich geschützt, und damals wurden auch die Grenzen des Herstellungsgebiets festgelegt. Die amtliche Anerkennung der einzelnen Zonen in der Region erfolgte 30 Jahre später. Sie bauen sich konzentrisch um den Ort Cognac herum auf. Den Kern bildet die Grande Champagne mit ihrem Kreideboden, umgeben von der Petite Champagne, den Borderies, Fins Bois, Bons Bois und Bois Ordinaires. Der Kreidegehalt des Bodens nimmt in diesen Zonen von innen nach außen allmählich ab, und damit auch die Güte des hier entstehenden Cognacs. Um eine ausgeglichene Qualität zu gewährleisten, werden meist Cognacs aus verschiedenen Zonen und unterschiedlichen Alters zusammengenommen. Die Fine Champagne – eine Besonderheit – ist ein Verschnitt aus Grande Champagne (mindestens 50 %) und Petite Champagne.

Das Alter eines Cognacs wird durch gesetzlich geschützte Bezeichnungen wiedergegeben. 3-Sterne-Cognac (oder VS) muß als jüngsten Bestandteil einen mindestens 30 Monate alten Branntwein enthalten. Bei VSOP (Very Superior Old Pale), VO und Réserve beträgt das Mindestalter 4½ Jahre und bei XO, Vieille Réserve, Napoleon, VVSOP, Royal usw. 6 Jahre. Gewissenhafte Cognac-Häuser legen jedoch noch strengere Maßstäbe an. So ist der jüngste Cognac aus dem Haus Delamain, der Pale und Dry, im Durchschnitt 20 Jahre alt.

Die Grundlage für Cognac bildet ein dünner, säuerlicher Weißwein von der Ugni-Blanc-Traube (St-Emilion genannt), die hier 95 % der Rebfläche einnimmt. Er wird in einem speziellen Destillierapparat zweimal gebrannt. Die so entstehende farblose und mit 70 % äußerst alkoholstarke Flüssigkeit ist noch kein Cognac. Die endgültige Qualität hängt von der Eiche der Fässer (Limousin), der Güte des Lagerkellers und der Dauer der Reifezeit ab. Während der Faßlagerzeit nimmt der Alkoholgehalt allmählich ab, denn Jahr für Jahr gehen 3 bis 4 % des Volumens durch Verdunstung verloren. Dieser „Engelsanteil" bedeutet für die Region insgesamt den Verlust von 22 Millionen Flaschen im Jahr. Die normale Stärke von etwa 40 % wird durch Verdünnen mit destilliertem Wasser erreicht, wobei manche Firmen noch ein wenig sehr alten Cognac beimischen.

Aber nicht aller Wein der Region Cognac geht in die Brennerei. Um den Traubenüberschuß zu verwerten, wurde dem Wein der Charente der Vin-de-Pays-Status verliehen. Ein recht guter Einfall liegt dem Pineau des Charentes zugrunde, einem Gemisch aus Traubensaft und Cognac, das 1 Jahr im Faß lagert und eine Stärke von 16 bis 22 % Alkohol besitzt. Kühl serviert ist es ein angenehmer Aperitif.

REISE-INFORMATIONEN

Die Küste und die Inseln davor ziehen im Sommer viele Touristen an und sind deshalb reichlich mit Hotels und Restaurants versehen. Aber auch im Binnenland gibt es viele Orte, wo man angenehme Unterkunft findet (s. unten). Zu den gastronomischen Spezialitäten zählen Austern, vor allem aus Marennes und Oléron, Muscheln (besonders zu empfehlen: mouclade), Schnecken (cagouilles genannt) und die Landbutter.

HOTELS

Hôtel François 1er, 3, place François-Ier, 16100 Cognac, Tel. 45 32 07 18. Zentral gelegen. Klasse B.
Mapotel Le Valois, 34, rue du 14-Juillet, 16100 Cognac, Tel. 45 82 76 00. Nüchterner Komfort. Klasse B.
Le Moderne, rue Elysée-Mousnier, 16100 Cognac, Tel. 45 82 19 53. Modern ist das rechte Wort. Klasse B.
Hotel de l'Orangerie, 16200 Jarnac, Tel. 45 81 13 72. Kleines Hotel in schöner Lage am Flußufer, Klasse B.
Le Logis de Beaulieu, 16100 St-Laurent-de-Cognac, Tel. 45 82 30 50. Klassisch eingerichtetes Hotel in ruhiger Lage. Das Restaurant bietet bürgerliche Küche (u. a. *mouclade*) und eine Auswahl von über 100 Cognacs. Klasse B.
Les Bosquets, Route de Rochefort, 17100 Saintes, Tel. 46 74 04 47. Hotel mitten im Wald. Restaurant angeschlossen. Klasse B.

RESTAURANTS

La Ribaudière, 16200 Bourg-Charente, Tel. 45 81 30 54. Restaurant mit Terrasse am Fluß. Einfache regionale Küche und gute Weinkarte. Klasse C.
Le Relais, 17120 Boutenac-Touvent, Tel. 46 90 63 06. Traditionelles Restaurant. Klasse C.
Le Coq d'Or, 33, place François-Ier, 16100 Cognac, Tel. 45 82 07 51. Spezialität: Austern. Klasse B.
La Halle aux Vins, 7, place François-Ier, 16100 Cognac, Tel. 45 32 07 51. Gute, ländliche Kost, wie *mouclade* und *choucroute*, und Weine der Region. Klasse C.
Les Pigeons Blancs, 10, rue Jules-Brisson, 16100 Cognac, Tel. 45 82 16 36. Gute Küche mit marktfrischen Zutaten. Empfehlenswert: *foie gras de canard au Pineau* und *sole aux essences de Cognac*. Hotel angeschlossen. Klasse B.
Le Relais du Bois St-Georges, rue de Royan, cours Genêt, 17100 Saintes, Tel. 46 93 50 99. Einfallsreiche Küche und ländliche Atmosphäre. Ferner Luxushotel mit Hallenbad, großem Park und See, 1 km von der Autobahn.
Domaine de Fleurac, 16200 Fleurac, Tel. 45 81 78 22. Unkonventionelle Küche und eine Probierstube mit großer Cognac-Auswahl. Gutes Hotel in stiller Lage inmitten eines Parks. Klasse B.
Restaurant du Château, 16200 Jarnac, Tel. 45 81 07 17. Regionale Küche, u. a. Schnecken *(cagouilles)*. Klasse C.
Le Vieux Logis, 17500 Jonzac, Tel. 46 48 15 11. Viele Gerichte werden mit Pineau des Charentes (Traubensaft mit Cognac) zubereitet. Reichliche Portionen; Garten und Terrasse. Klasse C.
Grottes de Matata, 17120 Meschers-sur-Gironde, Tel. 46 02 70 02. In einer Höhle (s. a. Sehenswertes) mit großer Terrasse. Empfehlenswert sind Gerichte mit Austern oder frischem Fisch. Klasse C.

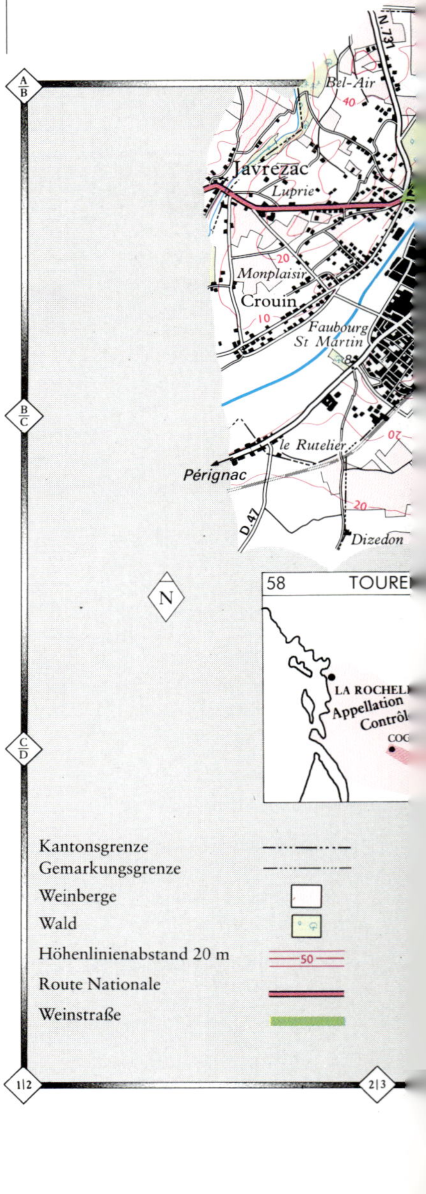

Auberge Pontoise, 17800 Pons, Tel. 46 94 00 99. Gepflegte Atmosphäre. Spezialitäten: Austern *(huîtres chaudes au beurre rouge)* und Ente *magret de canard).* Hotel angeschlossen. Klasse B.
Mancini, rue des Messagiers, 17100 Saintes, Tel. 46 93 06 61. Berühmtes Lokal mit guter Küche (u. a. *canard au pêches fraîches).* Das Hotel ist ländlicher als seine zentrale Lage vermuten läßt. Klasse B.
L'Auberge, 17350 St-Savinien, Tel. 46 90 20 79. Vorwiegend regionale Küche. Klasse C.
Le Soubise, 17780 Soubise, Tel. 46 84 93 36. Ausgezeichnetes Restaurant mit Hotel. Restaurant Klasse A; Hotel Klasse B.

Graue Häuser mit Fensterläden sind kennzeichnend für weite Teile der Region. Die Dächer sind schwarz von einem Pilz, der in den Verdunstungsschwaden des lagernden Cognacs gedeiht.

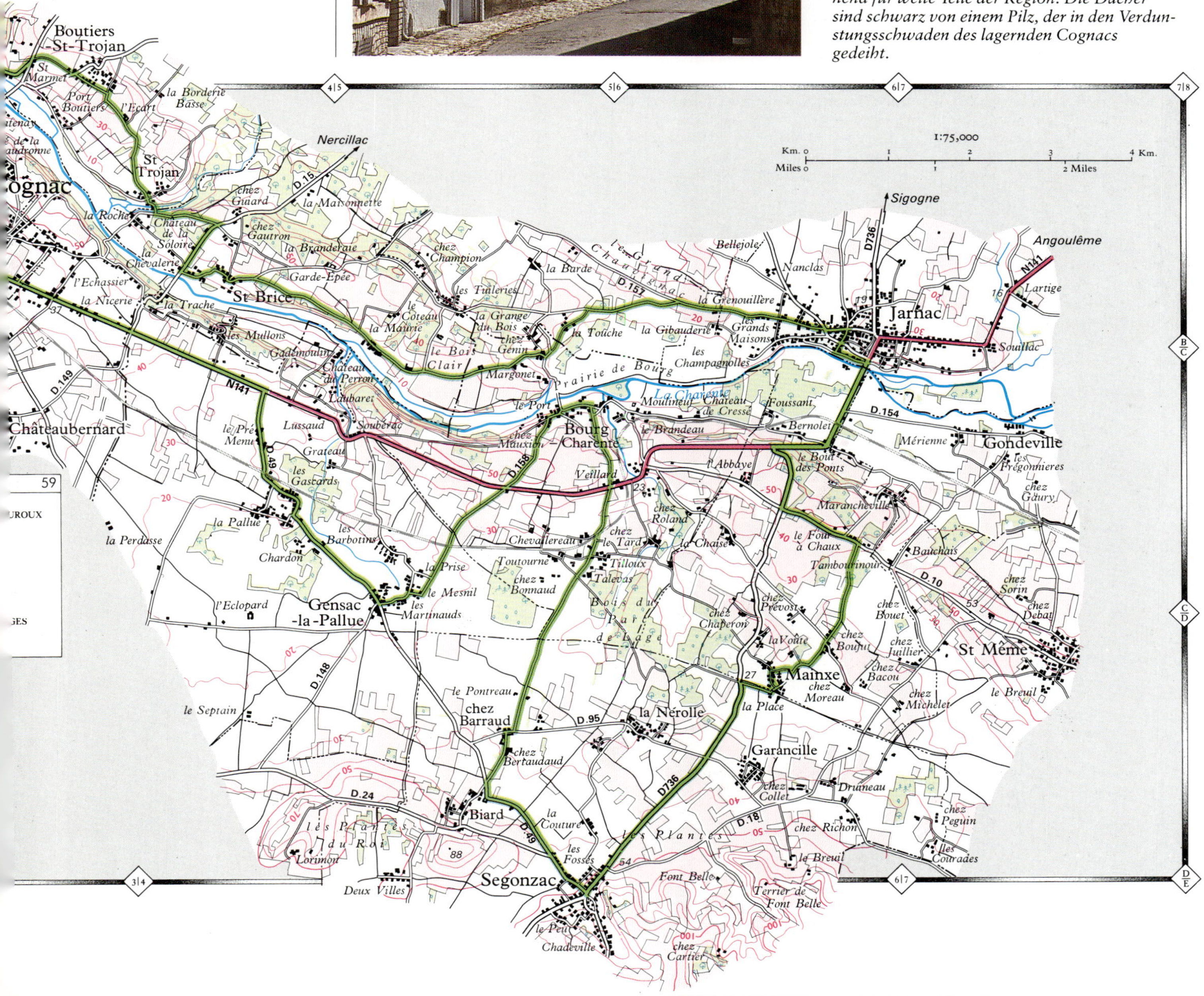

SW

SEHENSWERTES

Aulnay Sehr schöne Kirche aus dem 12. Jh. mit reichem Skulpturenschmuck.
Bourg-Charente Romanische Kirche. Im Château de Bourg ist der Sitz der Likörfirma Marnier-Lapostolle („Grand Marnier").
Brouage Alter Hafen mit Mauern und 7 Bastionen aus dem 17. Jh., erbaut vom Festungsbaumeister Vauban.
Châteauneuf-sur-Charente Der Glockenturm der Abtei Bassac ist ein Wahrzeichen der Gegend. Die Abtei wurde 1002 gegründet und später umgebaut.
Cognac Viele der bekannten Cognac-Häuser haben hier ihre Lager. Die Schwärzungen auf Dächern und Wänden sind durch einen Pilz verursacht, der in den Dunstschwaden des hier in Tausenden von Fässern lagernden Cognacs gedeiht. Das berühmteste Gebäude der Stadt ist das Château des Valois, auch Château de Cognac genannt, wo 1492 König Franz I. geboren wurde. Das Château gehört der Cognac-Firma Otard. *Son-et-lumière*-Vorstellungen im Sommer. Beim Château steht die Porte St-Jacques mit zwei runden Türmen, in denen Pilger ein Nachtlager fanden. In der Kirche Saint-Léger, teilweise aus dem 12. Jh., befindet sich ein Gemälde von Jacques Blanchard von 1629. Im Musée de Cognac steht eine Kelter aus dem Jahr 1760. Der große Parc François-Ier am Fluß außerhalb der Stadt bietet Ruhe und Erholung.
Crazannes Das Château de Crazannes aus dem 15. Jh. steht auf den Fundamenten eines Baus aus dem 11. Jh., von dem die Kapelle noch erhalten ist.
Le Douhet Die Bischöfe von Saintes erbauten das sehr einfache Château. Im Untergeschoß eine Halle aus dem 11. Jh.
Fenioux Neben der teilweise romanischen Kirche steht die Laterne des Morts (Totenleuchte), ein Turm mit Wendeltreppe.
Jonzac Schloß aus dem 12. und 13. Jh.; hier nahmen einst drei französische Könige Aufenthalt.
Marennes Berühmte Austernzucht mit Diorama.
Meschers-sur-Gironde Prähistorische Höhlen. Eine von ihnen wird als Restaurant benützt (s. Restaurants).
Pons Mittelalterliche Stadt auf einem Berg; in dem großen, 1187 erbauten Bergfried finden Ausstellungen statt.
Port d'Envaux Das Château de Pauloy ist ein schönes Beispiel für den Louis-XV-Stil; es enthält Teile eines älteren Schlosses. Besonders schön der Speisesaal. Das Taubenhaus stammt aus dem Jahr 1620.
Rochefort-sur-Mer Früherer Kriegshafen, heute Badeort. Die bedeutendste Sehenswürdigkeit ist das Haus des Schriftstellers Pierre Loti mit einem türkischen Salon. Die alte Seilerei am Hafen ist heute ein Museum. In Rochefort gibt es ferner ein Schifffahrtsmuseum mit schönen Schiffsmodellen sowie ein Musée des Beaux-Arts.
Royan Die Stadt wurde im 2. Weltkrieg zerstört; heute Hafen und Strandbad. Bemerkenswert die moderne Kirche Notre-Dame.
St-Cybardeau „Les Bouchauds" ist ein römisches Theater aus dem 1. Jh. v. Chr. mit Raum für 10 000 Zuschauer.
St-Jean-d'Angély Frühere Pilgerstation. Fachwerkhäuser aus dem 15. und 16. Jh.
St-Fort-le-Né Neben der D44 steht ein großer Dolmen aus prähistorischer Zeit.
St-Porchaire Nördlich des Orts liegt Château de la Roche-Courbon, das der Schriftsteller Pierre Loti (s. Rochefort-sur-Mer) „Dornröschenschloß" nannte. Der Bau aus dem 15. Jh. enthält alte Möbel und Gemälde und steht in einem reizvollen Garten. In der Nähe sind Höhlen zu besichtigen.
Saintes Interessante Stadt mit Beispielen römischer und romanischer Kunst. Der Germanicus-Bogen (an der Charente) wurde von den Römern gebaut, und die Arena bot Platz für 20 000 Zuschauer. Die romanische Kirche St-Eutrope hat eine große Krypta; die Abbaye aux Dames mit der Kirche Sainte-Marie stammt z. T. aus dem 12. und z. T. aus dem 16. Jh. Ferner gibt es hier drei Museen: für Archäologie, für Kunst und für Heimatgeschichte.

AKTIVITÄTEN UM DEN WEIN

Die Confrérie du Franc Pineau wurde 1982 gegründet. Die *fête des vendanges* findet in Cognac jedes Jahr zur Weinlese statt.

WEININFORMATIONEN

Eine Reihe von Cognac-Häusern heißt Besucher willkommen. Informationen hierüber erhält man beim Office de Tourisme, Place J.-Monnet, Cognac.

BEDEUTENDE ERZEUGER

AMBLEVILLE, Postleitzahl 16300
d'Ambleville*; De la Voûte*

ANGEAC, Postleitzahl 16120
Domaine de Lasdoux.

BOURG-CHARENTE, Postleitzahl 16200, 123 C5
Cartais-Lanaure.

CHÂTEAUNEUF-SUR-CHARENTE, Postleitzahl 16120
J. R.Brillet.

CLAIX-BLANSAN, Postleitzahl 16440
Domaine de Chez Maillard.

COGNAC, Postleitzahl 16100, 123 B3
Camus; Léopold Gourmel; A. Hardy; Hennessy; Gaston Delagrange; Martell; Otard; Rémy Martin*.

JARNAC, Postleitzahl 16200, 123 B6
Courvoisier; Delamain*; Hine.

JUILLAC-LE-COQ, Postleitzahl 16131
Fillioux Fils*.

MOSNAC, Postleitzahl 16210
Jean & Dominique Philippon. Besonders bekannt: Très Vieille Réserve und Pineau des Charentes.

ROUILLAC, Postleitzahl 16170
Bisquit.

ST-DIZANT-DU-GUA, Postleitzahl 17240
Château de Beaulon:* Vor allem durch ausgezeichneten Pineau des Charentes verschiedener Art bekannt geworden.

SÉGONZAC, Postleitzahl 16130, 123 D5
Beau; Frapin; Gourry de Chaudeville

VERDILLE, Postleitzahl 16140
Domaine de Guignefolle

Die für die lange Reifezeit des Cognacs so wichtigen Fässer werden noch immer von Hand gemacht.

BERGERAC

Es scheint, daß die Dordogne mit ihren reichen prähistorischen Funden – die Höhlen von Lascaux und Les-Eyzies-de-Tayac sind weltberühmt –, ihren alten Schlössern, befestigten Orten und mittelalterlichen Burgen eigens dazu geschaffen ist, Touristen an sich zu ziehen. Die Landschaft wechselt zwischen sanft welligem Hügelland mit Obstbäumen, Weizen- und Maisfeldern bis zu großen Gebieten, in denen die Natur noch unberührt ist und dunkle Wälder, steile Schluchten und wild dahinschießende Bäche den Ton angeben. Kein Wunder, daß die Dordogne – oft mit dem früheren Provinznamen Périgord bezeichnet – Jahr für Jahr ganze Touristenschwärme anlockt.

Der Weinbau ist um Bergerac im Südosten des Départements konzentriert. Die Gegend hat seit jeher in scharfer Konkurrenz mit Bordeaux gelebt. Jahrhundertelang versuchten die Weinhändler von Bordeaux, dem Wein aus dem „Hinterland" Steine in den Weg zu werfen. Da Bordeaux der einzige Hafen war, von dem aus der Wein aus Bergerac in die Welt verschifft werden konnte, verfielen sie auf den Trick, für den Bergerac kleinere Fässer vorzuschreiben, denn der Zoll wurde damals nicht nach dem Inhalt, sondern nach der Anzahl der Fässer berechnet. Trotz solcher Schikanen wurde der Wein von Bergerac in großen Mengen exportiert.

Damals wurden hier fast nur süße Weißweine gekeltert, doch diese Art ist in der zweiten Hälfte unseres Jahrhunderts ziemlich aus der Mode gekommen. Deshalb haben sich viele Winzer auf Rotwein umgestellt, der jetzt etwa die Hälfte der Gesamterzeugung ausmacht. Die Traubensorten sind dieselben wie in Bordeaux: Cabernet Sauvignon, Cabernet Franc, Merlot und auch Malbec. Zumeist fallen die Weine hier leichter aus als in Bordeaux, aber manche Erzeuger bringen mehr Kraft, Tiefe und Finesse zustande als andere. Die besten Rotweine kommen aus dem kleinen Bereich Pécharmant, nordöstlich von Bergerac; gute Rotweine findet man auch unter der Appellation Bergerac und Côtes de Bergerac.

Bergerac an der Dordogne mit seinen malerischen Gassen und seinen drei Museen – darunter ein Weinmuseum – und mit den alten Kellergewölben in der Maison du Vin ist wahrhaft sehenswert.

Beim Weißwein gewinnt die trockene Art an Bedeutung, denn was hier insbesondere von der Sauvignon-Blanc-Traube gekeltert wird, ist oft ebenso gut wie trockener weißer Bordeaux. Der Bergerac Sec beruht zumeist auf Sémillon, Sauvignon und Muscadelle, ebenso der Montravel. Lieblicher Weißwein ist im Rückgang begriffen. Es gelten fünf Appellationen: Côtes de Bergerac, Saussignac, Côtes de Montravel, Haut-Montravel und Rosette (fast verschwunden).

Bei den süßen Weißweinen hat der Monbazillac die Führungsstellung. Der Bereich liegt südlich von Bergerac auf den Hängen der ersten Hügel an der Dordogne um den Ort Monbazillac. Der Name stammt von Mont Bazailhac, was soviel wie „Feuerberg" oder „Goldberg" bedeutete. Weinberge gab es hier schon im 11. Jahrhundert, und der Ruhm des Monbazillac drang bis nach Rom. Im 16. Jahrhundert berichteten zwei Pilger, die den Namen Monbazillac erwähnten, sie hätten den Papst murmeln hören: „Vinum bonum". In späterer Zeit servierten französische Gesandte den Monbazillac als „Friedenswein", und Talleyrand ließ ihn auf dem Wiener Kongreß seinen Gästen vorsetzen.

Trotz seines legendären Rufs geriet der Monbazillac nach dem 2. Weltkrieg so sehr in Vergessenheit, daß die Appellation fast verschwand. Durch Ertragsbeschränkungen in den 70er Jahren wurde schließlich die Qualität gefestigt, und der Monbazillac nahm allmählich wieder einen Aufschwung. Die Winzergenossenschaft, die für den Wein von Château Monbazillac zuständig ist, hat viel dazu beigetragen.

Ein guter Monbazillac hat viel Ähnlichkeit mit einem Sauterne. Die Trauben sind dieselben (Sémillon, Sauvignon und Muscadelle), und die Lese wird möglichst lang aufgeschoben, um Vollreife und Edelfäule zu nützen. Doch in Üppigkeit, Süße und Konzentration kann der Monbazillac es nicht mehr mit den besseren Sauternes aufnehmen, und das für diese so charakteristische *Rôti*-Aroma ist bei ihm nicht so ausgeprägt. Deshalb ist der Monbazillac als Begleiter zu Desserts meist nicht geeignet. Doch ist er eine Köstlichkeit zu *foie gras* (einer berühmten Spezialität der Gegend) und zu Fisch oder Geflügel mit süß-saurer Sauce, zu Nüssen (vor allem Walnüssen von der Dordogne), zu nicht allzu süßem Gebäck oder nach französischer Art gekühlt als Aperitif.

REISE-INFORMATIONEN

Zwei Spezialitäten von der Dordogne sind besonders berühmt: foie gras und Trüffeln. Sie spielen in vielen Gerichten eine Rolle, ebenso Gans und Ente. Die Walnüsse der Gegend werden zu Öl und feinem Likör verarbeitet, und neuerdings erwerben sich auch Erdbeeren einen großen Ruf.

HOTELS

Hôtel de Bordeaux, 38, place Gambetta, 24100 Bergerac, Tel. 53 57 12 83. Familienbetrieb. Bei schönem Wetter wird auf der Terrasse und im Garten serviert. Klasse B.

Hotel La Glambée, Route de Périgueux, 24100 Bergerac, Tel. 53 57 52 33. Komfortables ländliches Hotel mit großem Park, Swimming Pool und Restaurant. Klasse B.

Hotel de la France, 18, place Gambetta, 24100 Bergerac, Tel. 53 57 11 61. Moderne Einrichtung. Klasse B.

Château Mounet-Sully, Route de Mussidan, 24100 Bergerac, Tel. 53 57 04 21. Echtes Schloß mit modernen Zimmern, etwa 2 km von Bergerac. Klasse B.

Hotel du Château, 24150 Lalinde, Tel. 53 61 01 82. Kleines Château mit Terrasse am Fluß. Regionale Küche. Halbpension in der Saison obligatorisch. Klasse B.

La Forge, 24150 Lalinde, Tel. 53 24 92 24. Ziemlich neues Hotel und Restaurant. Lalinde liegt etwa 20 km westlich von Bergerac an der Dordogne. Klasse B.

Relais de la Diligence, 24240 Monba-

zillac, Tel. 53 58 30 48. Kleines Hotel nahe der D933 nach Eymet; schöne Aussicht über das Dordogne-Tal. Restaurant. Klasse B.
Manoir Le Grand Vignoble, 24140 St-Julien-de-Crempse, Tel. 53 57 92 44. Luxuriöse Anlage an der D107, 12 km nördlich von Bergerac, mit großem Park und Swimming Pool. Hotel Klasse A, Restaurant Klasse B.
Relais de Saussignac, 24240 Saussignac, Tel. 53 27 92 08. Freundliches Dorfgasthaus mitten in den Weinbergen. Anständige, manchmal etwas laute Zimmer; regionale Küche. Hotel Klasse B, Restaurant Klasse C.

RESTAURANTS

Le Cyrano, 2, boulevard Montaigne, 24100 Bergerac, Tel. 53 57 02 76. Das beste Restaurant in Bergerac mit ausgesprochen regionaler Küche. Meist stehen drei Menüs zur Wahl; reichliches Angebot an Weinen der Gegend. Klasse B.
La Grappe d'Or, 24240 Monbazillac, Tel. 53 28 27 67. In dem Dörfchen La Peyrat: von Bergerac auf der D933 Richtung Eymet und am ersten Hügel rechts. Regionale Küche in rustikaler Umgebung. Klasse B.
Château de Monbazillac, 24240 Monbazillac, Tel. 53 58 38 93. Nach einem Besuch im Château ist eine Rast im Restaurant nur zu empfehlen. Regionale Küche. Klasse C.
La Closerie St-Jacques, 24240 Monbazillac, Tel. 53 58 37 77. Kleines Restaurant. Spezialitäten: frischer Fisch und *escalope de foie de canard.* Preiswertes Mittagsmenü an Werktagen. Klasse B.
Auberge Lou Peyrol, 24510 St-Marcel-du-Perigord, Tel. 53 61 04 78. St-Marcel erreicht man von Bergerac aus auf der D32 nach 20 km Fahrt durch eine wunderschöne Landschaft. Freundliches Restaurant und regionale Küche. Bei schönem Wetter wird auf der Terrasse serviert. Klasse C.
La Vieille Grange, 24520 St-Nexans, Tel. 53 24 32 21.
Stilvolles Restaurant auf einem Bauernhof in La Petit Forêt an der D19 nach St-Nexans (auf der Karte noch als St-Naixent eingetragen). Ein stilles Plätzchen für ein feines Essen. Klasse B.

SEHENSWERTES

Bergerac Lebendige Provinzstadt mit einer romantischen Altstadt; ein Museum für Wein und Binnengewässer, ein interessantes Tabakmuseum (mit heimatgeschichtlicher Abteilung) und ein Museum für religiöse Kunst. Das Rathaus aus dem 18. Jh. war früher ein Konvent. La Maison du Vin befindet sich am Hafen.
Carsac-de-Curson Burgruine und romanische Kirche.
Les Eyzies-de-Tayac Ein Besuch dieses Orts ist ein interessanter Ausflug: Hier sind die weltberühmten prähistorischen Höhlen und das Nationalmuseum für Vorgeschichte zu besichtigen. Weitere 25 km nordwärts am Flüßchen Vézère entlang liegt Montignac mit einer Nachbildung der berühmten Höhle von Lascaux und ihren Höhlenmalereien; die Originalhöhle ist für Besucher nicht mehr zugänglich, weil sonst ihre Erhaltung gefährdet wäre.
Le Fleix Im Ort befindet sich eine große Winzergenossenschaft und eine Gasse mit alten Häusern.
Lalinde Ein früher befestigter Ort.
Lamothe-Montravel Hier gab es früher viele Küferwerkstätten. Ein vom früheren erzbischöflichen Palais übriggebliebener Turm dient als *mairie.*
Lanquais Das große, mitten im Wald gelegene Château de Lanquais wurde zwischen dem 14. und 16. Jh. erbaut.
Malfourat Der Ort südlich von Bergerac ist der höchste Punkt der Gegend und bietet eine entsprechend schöne Aussicht. Eine restaurierte Windmühle ermöglicht noch höheren Aufstieg.
Monbazillac Das Château de Monbazillac ist das Prunkstück der Region – eine schöne alte Feste aus dem 16. Jh., die heute als Museum dient. Am Eingang gibt es den Wein des Châteaus zu kaufen. Man tut gut daran, diese Chance zu nützen, denn woanders bekommt man ihn nicht.
Montastruc Das Château de Montastruc wurde im alten Stil wieder aufgebaut.
Montcaret Ausgrabungen aus der Römerzeit; herrliches Mosaik.
Montpeyroux Das Château de Montecoulon und die benachbarte Kirche lohnen einen Besuch.
Montréal Schloß aus dem 11. bis 16. Jh.; bemerkenswert die Kapelle Sainte-Epine.
St-Michel-de-Montaigne Der Essayist Montaigne wurde 1533 im Château Michel de Montaigne geboren. Sein Arbeitszimmer im Bibliotheksturm ist noch intakt, das übrige Schloß wurde 1885 durch Brand zerstört und dann wieder aufgebaut. Es gehört dem Weinhandelshaus Mähler-Besse in Bordeaux und wird noch immer als Weingut genutzt.
Saussignac Das Château des Weinorts Saussignac ist ein großes Gebäude unter 200jährigen Zedern; den schönsten Blick hat man von Westen her. Es wird zur Zeit restauriert.
Vélines Das Weinzentrum des Bereichs Montravel. Die Kirche ist eine Sehenswürdigkeit.

AKTIVITÄTEN UM DEN WEIN

In Sigoulès wird die *foire aux vins* regelmäßig am 3. Wochenende im Juli abgehalten; in Cénac (Ort südlich von Sarlat-la-Canéda) ein Weinmarkt am 2. Wochenende im August.

Die Weinbruderschaft le Consulat de la Vinée de Bergerac besteht seit 1954; sie wurde nach dem Muster eines älteren Vereins dieser Art gebildet, der 700 Jahre zurückliegt.

WEININFORMATIONEN

Bergeracs Maison du Vin lohnt einen Besuch nicht nur wegen der dort erhältlichen Informationen und der Weinprobierstube, sondern auch wegen der Lage: im Cloître de Recollets, einem Kloster aus dem 17. und 18. Jh. in der Altstadt. Eine beschilderte *route des vins* führt durch die Weinbaugegenden.

Bergerac bietet Wild in Hülle und Fülle aus der waldreichen Umgebung sowie Fisch und andere Meeresfrüchte aus dem nahen Atlantik. Die unter dem Namen Périgord bekannte Region ist berühmt für Trüffeln, Geflügel und Knoblauch.

Rechts: In Bergerac kann man ländliche Stille auch im Sommer genießen. Die vielen Touristen verlieren sich in der weiten Landschaft.

SW

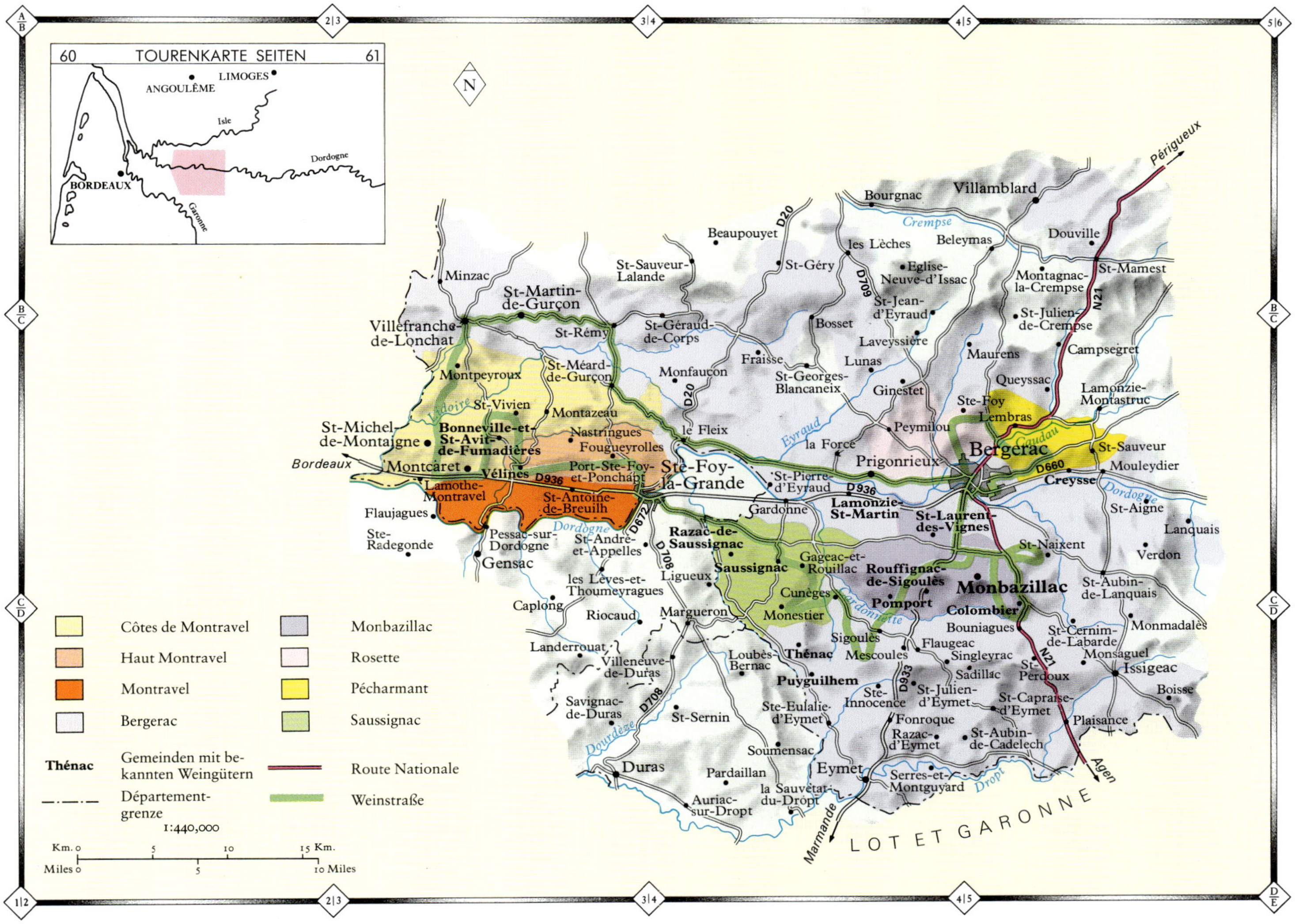

BEDEUTENDE WEINGÜTER

BERGERAC/PECHARMANT, Postleitzahl 24100 127 C5
Chartreuse de Peyrelevade, Domaine du Haut-Pécharmant

BONNEVILLE, Postleitzahl 24230, 127 C3
Château du Bloy

COLOMBIER, 24560, 127 D5
Château La Jaubertie*

CREYSSE, Postleitzahl 24100, 127 C5.
Château de Tiregand*

LE FLEIX, Postleitzahl 24130, 127 C4
Domaine de la Vaure
Genossenschaftsbetrieb

FOUGEYROLLES, Postleitzahl 33220, 127 C3
Château Bonnières, Château de Masburel

LAMONZIE-ST-MARTIN, Postleitzahl 24130, 127 C4
Domaine Constant

MONBAZILLAC, Postleitzahl 24240, 127 C5
Château La Borderie, Cave Coopérative, Château Monbazillac*, Château Poulvère, Château Theulet, Château du Treuil de Nailhac*, Vieux Vignoble du Repaire*

MONTPEYROUX, Postleitzahl 24610, 127 C3
Domaine de Fonfrède

POMPORT, Postleitzahl 24240, 127 C4
Château La Brie (Cave Coopérative), Château du Chayne, Château Le Fagé, Château Pion (Cave Coopérative), Château Septy (Cave Coopérative)

RAZAC-DE-SAUSSIGNAC, Postleitzahl 24240, 127 C4
Château Court-Les-Mûts*

ROUFFIGNAC, Postleitzahl 24240, 127 C4
Château Le Caillou

ST-LAURENT-DES-VIGNES, Postleitzahl 24100, 127 C4
Domaine Theylet Marsalet, UNIDOR

ST-MÉARD-DE-GURCON, Postleitzahl 24160, 127 C3
Domaine du Gouyat*

ST-MICHEL-DE-MONTAIGNE, Postleitzahl 24230, 127 C3
Château Michel de Montaigne*

SIGOULES, Postleitzahl 24240, 127 D4
Coopérative Château Le Mayne

THÉNAC, Postleitzahl 24240, 127 D4
Château Caillevet, Château de Panisseau*, Château Thénac

LOT-ET-GARONNE

Die grüne Landschaft, das milde Klima und das sanfte Licht im Département Lot-et-Garonne erinnerten den Dichter Stendhal an die Toskana. Es gibt in dieser Gegend, die im großen und ganzen dem früheren Agenais entspricht, wirklich Szenerien, die an Italien denken lassen. Im Osten ist das Land hügelig, im Westen stark bewaldet, und dazwischen dehnt sich das breite Tal der Garonne, der viele Nebenflüsse zuströmen, von denen einer Lot heißt. Auf ihrem Weg aus dem Massif Central haben sie viel fruchtbaren Boden ins Tal hinabgeschwemmt, so daß Obst und Gemüse hier herrlich gedeihen.

Das Tal der Garonne bildet einen höchst annehmlichen Korridor zum Mittelmeer, und deshalb ist die Region seit jeher ein wichtiges Bindeglied zwischen dem Süden und dem Atlantik. Seine reiche Geschichte, seine vielen alten Städte, Dörfer, Burgen und Kirchen legen davon Zeugnis ab. Die Geschichte des Weinbaus der Region ist allerdings kurz. Erst seit den 70er Jahren unseres Jahrhunderts haben sich vier Weinbaubereiche einen bisher noch bescheidenen Ruf geschaffen. Von Norden nach Süden sind dies die Côtes de Duras, Côtes du Marmandais, Buzet und die Côtes du Brulhois.

Die Côtes de Duras sind nach dem Bergstädtchen Duras an der Grenze zum Département Gironde und der Appellation Bordeaux benannt. Die dortigen Weine zeigen viel Ähnlichkeit mit Bordeaux, es werden auch dieselben Traubensorten angebaut. Am interessantesten ist der von Sauvignon Blanc gekelterte weiße Côte de Duras. Er ist in der von der Genossenschaftskellerei Duras maßgeblich beeinflußten Form frisch, duftig und ausgewogen. Diese bietet auch einen fruchtigen, angenehmen Rotwein an, der viel früher genußreif ist als der übliche Bordeaux.

Rund 20 km südlich von Duras liegt an der Garonne die Stadt Marmande. Hier wird auf beiden Seiten des breiten Tals Wein angebaut. Über 95 % der Erzeugung werden von zwei Genossenschaftskellereien verarbeitet; die in Cocumont ist moderner eingerichtet und experimentiert viel mit neuen Traubensorten. Der Côtes du Marmandais ist fast stets Rotwein von ziemlich leichter, gefälliger, einfacher Art.

In Buzet (früher Côtes de Buzet) verarbeitet eine einzige Genossenschaftskellerei rund 95 % der Ernte aus verstreuten Weinbergen mit modernen Ausrüstungen, wobei der Rotwein jedoch nach althergebrachter Weise in Eichenfässern ausgebaut wird. Alle benötigten Fässer – es sind über 5000 – werden in der eigenen Küferwerkstatt angefertigt. Der rote Buzet ist mit dem Bordeaux eng verwandt, ist aber gefälliger und hat dafür etwas weniger Finesse. Dank guter Qualität und vernünftiger Preise wächst die Rebfläche des 27 Gemeinden umfassenden Bereichs stetig an. Die Weinberge von Buzet liegen mit denen von Armagnac vermischt. Ein großer Teil der Appellation fällt zugleich in die Zone Haut-Armagnac, und ein anderer Teil überschneidet sich mit dem Armagnac-Bereich Ténarèze. Der Qualitätsstand hat sich stark verbessert. Besonders gut ist meist der Château de Gueyze. Der Spitzenwein nennt sich Baron d'Ardeuil (früher Cuvée Napoléon) – er ist eine Auslese aus den besten Lagen des Bereichs.

Wie Buzet befinden sich auch die Côtes du Brulhois auf dem Südufer der Garonne in der Gegend des Gers-Tals bei Agen. Die Genossenschaftskellerei Goulens-en-Brulhois spielt die beherrschende Rolle. Die Weine, vor allem Rotwein, sind frisch und einfach und werden in der Hauptsache an Ort und Stelle getrunken.

REISE-INFORMATIONEN

Marmande ist bekannt durch seine Tomaten, doch wachsen hier auch Spargel, Pfirsiche, Pflaumen, Melonen und manches andere. Agen ist berühmt durch seine Pflaumen, die frisch und getrocknet in vielen Rezepten eine Rolle spielen.

HOTELS

Atlantic-Hotel, 113, avenue Jean-Haurès, 47000 Agen. Tel. 53 96 16 56. Modernes Hotel, ohne besondere Atmosphäre, jedoch gut eingerichtet. Klasse B.
Résidence des Jacobins, place des Jacobins, 47000 Agen, Tel. 53 47 03 31. Trotz seiner zentralen Lage ein ruhiges Hotel mit schöner Atmosphäre. Klasse B.
Hotel Le Quercy, rue de la Grande-Horloge, 47000 Agen, Tel. 53 66 35 49. Angenehmer Familienbetrieb; die Küche wird mit größter Sorgfalt gepflegt. Hotel Klasse B; Restaurant Klasse C.
Hotel de la Tour, 47220 Astaffort, Tel. 53 67 11 96. Kleines, ruhiges und angenehmes Hotel mit Park und Restaurant. Der Ort liegt südlich von Agen. Klasse C.
Savary, 47120 Baleyssagues, Tel. 53 83 77 82. Kleines, ruhig gelegenes, freundliches Hotel mit Swimming Pool und Terrasse mit schöner Aussicht. Das Diner kann an einem mittelalterlichen Kamin eingenommen werden. Der Ort liegt westlich von Duras. Klasse B.
Hostellerie des Ducs, 47120 Duras, Tel. 53 83 74 58. Komfortabel, mit gutem Restaurant. Klasse B.
Le Capricorne, route d'Agen, 47200 Marmande, Tel. 53 64 16 14. Modernes Hotel und Restaurant mit Garten und Swimming Pool. Klasse B.
Auberge de Guyenne, 19, rue Martignac, 47200 Marmande, Tel. 53 64 01 77. Ruhiges Hotel mit Restaurant.

RESTAURANTS

L'Absinthe, 29 bis, rue Voltaire, 47000 Agen, Tel. 53 66 16 94. Gemütliches Bistro mit *plat du jour* als Mittagsmenü. Spezialität: *tarte aux poireaux* (Lauchtorte) und Steinbutt. Klasse B.
Le Voltaire, 36, rue Voltaire, 47000 Agen, Tel. 53 47 27 01. Gutes Bistro in einem Haus aus dem 16. Jh. Spezialität: *magret de canard au cassis.* Klasse B.
Les Cygnes, route de Villeneuve, 47190 Aiguillon, Tel. 53 79 60 02. Schöner Platz zum Ausruhen und zum Speisen; mit Garten und Terrasse. Klasse B.
La Table de Cœur, 47240 Bon-Encontre, Tel. 53 96 10 73. Ausgezeichnetes Restaurant in einem kleinen Ort östlich von Agen. Schöne Ein-

Agen, die belebte Hauptstadt des Département Lot-et-Garonne, besitzt einen schönen alten Stadtkern.

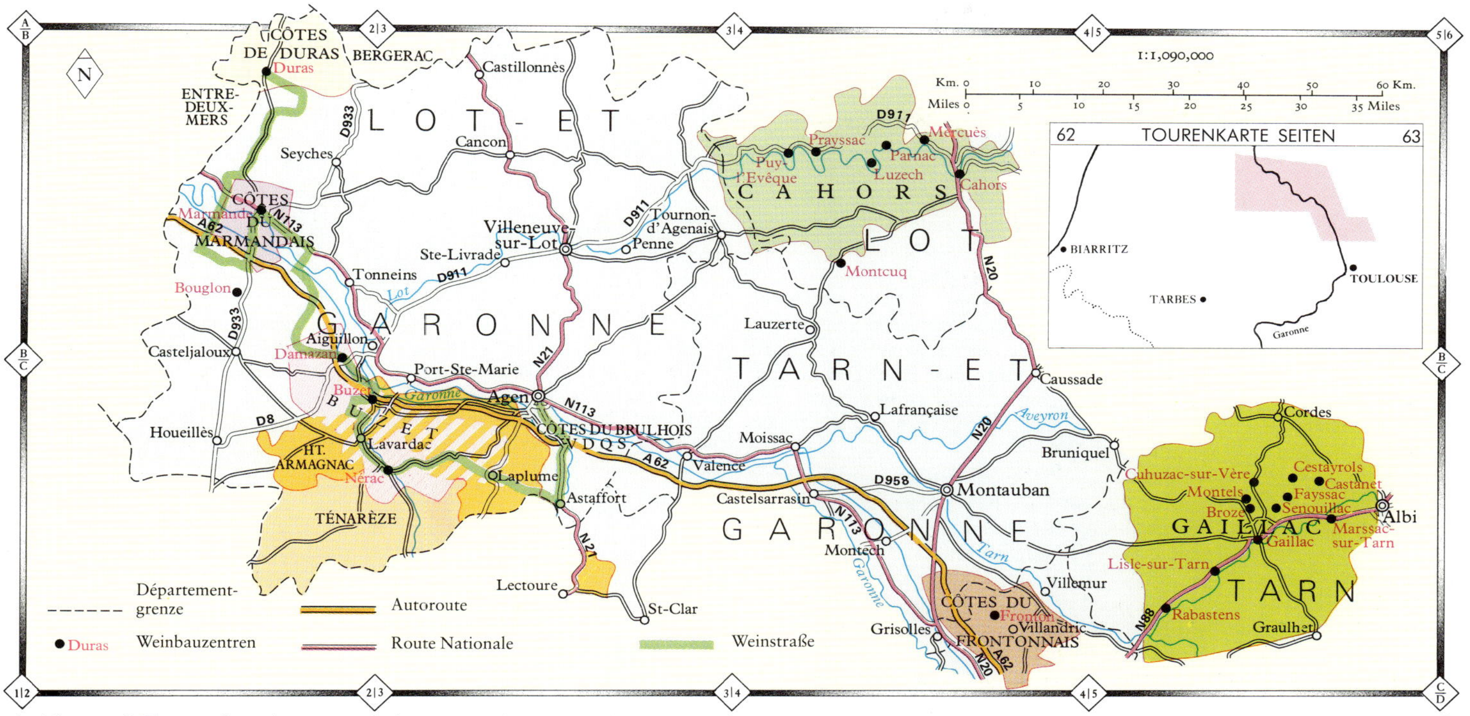

richtung mit Blumenschmuck; einfallsreiche Küche, z. B. Lachs mit Krebsen. Klasse A.
La Corne d'Or, 47450 Colayrac-St-Cirq, Tel. 53 47 02 76. An der Garonne, einige Kilometer westlich von Agen. Klassische und moderne Küche. Hotel angeschlossen. Klasse B.
Auberge du Château, 47120 Duras, Tel. 53 83 70 58. Einfache, gutbürgerliche Küche. Hotel angeschlossen. Klasse C.
Auberge des Quatre-Vents, 47190 Lagarrigue (östlich von Aiguillon), Tel. 53 79 62 18. Hoch über dem Dorf; schöner Blick von der großen Terrasse. Empfehlenswert die Salate. Gefällige Weine der Gegend. Klasse C.
La Chaumière d'Albert, route de Nérac, 47230 Laverdac, Tel. 53 65 51 75. Regionale Küche, reichliche Portionen zu vernünftigen Preisen. Großer Garten mit Terrasse. Klasse C.
Auberge du Moulin d'Ané, 47200 Virazeil, Tel. 53 20 18 25. Eine alte Mühle. Grillgerichte, aber auch Raffinierteres. Der Ort liegt östlich von Marmande. Klasse B.

SEHENSWERTES

Agen Das Quartier des Cornières, die Altstadt um die Kirche St-Capras, ist malerisch und voller Atmosphäre. Das Musée Municipal des Beaux-Arts kann mit Gemälden von Goya und einer griechischen Venus aus Marmor aufwarten.
Damazan Die „Stadt der hundert Türme".
Duras Das Château aus dem 14. Jh. ist heute ein Museum. Von hier aus hat man einen herrlichen Blick über das Dropt-Tal. In Duras gibt es schöne alte Gebäude, u. a. einen Uhrturm aus dem 13. Jh.
Marmande Kirche Notre-Dame (z. T. 13. Jh.).
Le Mas d'Agenais Der Ort wurde von den Römern gegründet. In der Kirche aus dem 12. Jh. (Schlüssel beim Pfarrer) hängt ein früher Rembrandt, eine Kreuzigung. Vor der Kirche hölzerne Markthallen aus dem 16. Jh.
Monteton Bergdorf im Bereich Duras mit einer herrlichen Aussicht: Bei schönem Wetter sieht man von hier aus 13 Dorfkirchtürme.
Nérac Bekannte kleine Stadt südlich von Buzet mit einem 1793 teilweise zerstörten Renaissance-Schloß; heute Museum. An der Garonne liegt die Altstadt Petit-Nérac.
Vianne Noch immer von der alten Stadtmauer aus dem 13. Jh. fast ganz umgeben. Rein romanische Kirche.
Xaintrailles Ein teilweise aus dem 15. Jh. stammendes Schloß mitten im Dorf. Ponton de Xaintrailles, der Gefährte von Jeanne d'Arc, wurde hier geboren.

AKTIVITÄTEN UM DEN WEIN

In Duras wird in der zweiten Julihälfte eine *foire aux vins* veranstaltet. In Buzet ist die Confrérie du Vin de Buzet aktiv.

WEININFORMATIONEN

Die kleineren Winzer an Lot und Garonne sind von Touristen kaum überlaufen, daher heißen sie Besucher gern willkommen. Auch die Winzergenossenschaften freuen sich, wenn man ihren Wein probiert und kauft.

BEDEUTENDE WEINGÜTER

CÔTES DU BRULHOIS, 129 C3

GOULENS-EN-BRULHOIS, Postleitzahl 47390
Cave Coopérative

BUZET, 129 C2

AMBRUS, Postleitzahl 47160
Château de Padère*

BUZET SUR BAISE, Postleitzahl 47610
Cave Coopérative*

CÔTES DE DURAS, 129 B2

DURAS, Postleitzahl 47120, 129 B2
Cave Coopérative*

ESCLOTTES, Postleitzahl 47120
Domaine de Ferrant*, Jean Paquier, Château Les Savignattes

LANDERROUAT, Postleitzahl 37390
Cave Coopérative

ST-COLOMBE, Postleitzahl 47120
Domaine des Cours*

ST-JEAN-DE-DURAS, Postleitzahl 47120
Domaine de Durand

CÔTES DU MARMANDAIS, 129 B2

BEAUPUY, Postleitzahl 47200
Cave Coopérative

COCUMONT, Postleitzahl 47250
Cave Coopérative

ST-MICHEL-DE-LAPUJADE, Postleitzahl 33190
Domaine des Geais*

CAHORS

Die alte, von den Galliern gegründete Stadt Cahors nimmt in einer Flußschleife des Lot eine geradezu spektakuläre Lage ein. Sie war früher nicht nur ein bedeutender Handelsplatz, sondern auch eine der größten Bankenstädte Europas. Im 13. Jahrhundert gab sie Königen, ja sogar dem Papst Kredit. Über 400 Jahre lang verfügte sie über eine eigene Universität, die von dem in Cahors gebürtigen Papst Johannes XII. im Jahr 1332 gegründet worden war. Er ließ sich auch Cahors-Wein in seine Residenz in Avignon liefern. Schon damals war die Weinbautradition um Cahors alt: Aus Urkunden geht hervor, daß sie mindestens bis ins 7. Jahrhundert zurückverfolgt werden kann.

Viele hundert Jahre hatte der Wein von Cahors einen so großen Ruf, daß König Franz I. Reben aus der Region nach Fontainebleau bringen ließ, um ihn dort zu ziehen. In der Mitte des 19. Jahrhunderts verfügte das Département Lot, dessen Hauptstadt Cahors ist, über eine Rebfläche von 60 000 ha, dann aber kam der Niedergang. Rebenkrankheiten und wirtschaftliche Schwierigkeiten ließen Qualität und Quantität schwinden, und viele Winzer gaben auf.

Der Wiederaufstieg begann erst nach dem 2. Weltkrieg. Er ist weitgehend der energischen Winzergenossenschaft in Parnac zu verdanken, die nach ihrer Gründung 1947 zunächst dem Niedergang Einhalt gebot. Der schwere Frost im Jahr 1956 erzwang dann einen Richtungswechsel. Die Genossenschaft setzte es durch, daß die vernichteten Bestände weitgehend durch Auxerrois ersetzt wurden – das ist der in Cahors übliche Name für Malbec, der ansonsten auch Cot genannt wird. Diese Rebsorte gedeiht gut auf den rauhen Kalksteinplateaux, den sogenannten *causses* beiderseits des Lot.

Die Neupflanzungen brachten deutliche Qualitätsverbesserungen, und 1971 wurde Cahors eine Appellation Contrôlée zuerkannt. Fast die Hälfte der Winzer arbeitet mit der Genossenschaft in Parnac zusammen.

Der klassische Cahors war ausgesprochen tiefdunkelrot – daher der legendäre Name „schwarzer Wein von Cahors", und manche Winzer streben heute wieder nach dieser Farbe. Ein guter, traditioneller Cahors zeichnet sich aber vor allem durch intensiven Geschmack und Gerbstoffreichtum aus. Der Auxerrois – die Vorschrift verlangt, daß mindestens 70 % dieser Sorte im Cahors enthalten sein müssen – erbringt einen sehr herben und strengen Wein, und deshalb wird versucht, ihn durch Beigabe einer kräftigen Portion Merlot abzurunden.

Neben dem traditionellen dunklen Cahors, der lange Reifezeit braucht, bringt der Bereich auch leichtere, nicht so konzentrierte, aber auch nicht so charaktervolle Weine hervor, die schon nach einigen Jahren genußreif sind.

Das Département Lot ist eine sehr ländliche Gegend, viel stiller und für einen geruhsamen Aufenthalt geeigneter als die bekannteren Touristenziele.

REISE-INFORMATIONEN

Einen besonders guten Ruf genießen Trüffel und foie gras aus Cahors. Beide spielen auf allen Speisekarten und auf dem Markt, der in Cahors samstags von Anfang November bis Ende März stattfindet, eine große Rolle. Auch Süßwasserkrebse (ecrevisses) sind äußerst beliebt.

HOTELS

Hôtel de la Bourse, 7, place Tousseau, 46000 Cahors, Tel. 65 35 17 78. Altes Hotel mit Restaurant. Klasse C.
Hôtel de l'Escargot, 5, boulevard Gambetta, 46000 Cahors, Tel. 65 35 07 66. Einfach und ordentlich. Klasse C.
France, 252, avenue Jean-Jaurès, 46000 Cahors, Tel. 65 35 16 76. Ein etwas nüchternes, aber komfortables, modernes Hotel nahe beim Bahnhof. Klasse B.
Terminus, 5, avenue Charles-de-Freycinet, 46000 Cahors, Tel. 65 35 24 50. Provinzhotel; das ausgezeichnete Restaurant ist separat. Klasse B.
Wilson, 72, rue Président-Wilson, 46000 Cahors, Tel. 65 35 41 80. Luxuriöses, modernes Hotel der mittleren Preisklasse (B).
Relais des Champs, 46140 Caillac, Tel. 65 30 92 35. Ein Hotelkomplex in den Weinbergen. Zimmer mit Kochgelegenheit. *Chez Nadal* gehört dazu: Halbpension in der Saison obligatorisch; gutes Restaurant mit regionaler Küche. Klasse A/B.
Château de Mercuès, 46090 Mercuès, Tel 65 20 00 01. Schloßhotel hoch oben auf einem Felsen, mit Park und Swimming Pool; sehr teuer. Gutes Restaurant, Spezialität: *œufs brouillés aux truffes.* Dem Besitzer, einem Winzer (Château de Haute-Serre in Cieurac), gehört auch das Hotel **Les Cèdres** nebenan, das etwas billiger und einfacher ist, aber auch in die Klasse A fällt.
Hôtel Bellevue, place de la Truffière, 46700 Puy-l'Evêque, Tel. 65 31 30 70. Schöne Aussicht und zuverlässige ländliche Küche. Klasse B.
Moulin de la Source-Bleue, 46700 Touzac, Tel. 65 36 52 01. Eine Mühle aus dem 14. Jh.; mit Restaurant. Klasse B.

RESTAURANTS

Le Balandre, 5, avenue Charles-de-Freycinet, 46000 Cahors, Tel. 65 35 01 97. Mit dem Terminus-Hotel verbunden; Einrichtung im Stil der Jahrhundertwende, moderne, einfallsreiche Küche. Klasse B.
Le Fénelon, 4, place Imbert, 46000 Cahors, Tel. 65 35 32 38. Nostalgisches Restaurant in der Altstadt. Zu empfehlen: frischer Fisch und Wachteln.
Restaurant de la Préfecture, 22, rue de la Préfecture, 46000 Cahors, Tel. 65 35 12 54. preiswert und gut, daher viele Stammgäste. Klasse C.
La Taverne, 1, rue J.-B.-Delpech, 46000 Cahors, Tel. 65 35 28 66. Regionale Küche. Sehr zu empfehlen: *truffe en croustade.* Umfangreiche Weinkarte. Klasse B.
Marco, 46000 Lamagdelaine, Tel. 65 35 30 64. Eines der besten Restaurants der Gegend; Speisesaal mit schönem Gewölbe; sehr gute Auswahl an Weinen. Klasse B.
Le Gindreau, 46150 St-Médard, Tel. 65 36 22 27. Zuverlässiges Gasthaus, 15 km von Cahors, abseits der D911. Spezialität: *foie gras de canard chaud aux cèpes.* Klasse B.

SEHENSWERTES

Château de Bonaguil Eine der größten Burgen Frankreichs, z. T. Ruine; sie stammt aus dem 13. Jh.
Cabrerets Der Ort liegt außerhalb des Weinbaugebiets, etwa 30 km östlich von Cahors. In der prähistorischen Pech-Merle-Höhle sind Abdrücke von Menschenhänden und Tiermalereien zu sehen.
Cahors Die geschichtsträchtige Stadt ist voll schöner alter Gebäude – im Office du Tourisme, 12, boulevard Clemenceau, gibt es einen Stadtplan, in dem alle Sehenswürdigkeiten besonders markiert sind. Zum Aussichtspunkt auf dem Mont St-Cyr südlich von Cahors ist es ein angenehmer Spaziergang.
Luzech Der Ort am Lot verfügt über ein prähistorisches und historisches Museum mit vielen Ausgrabungsfun-

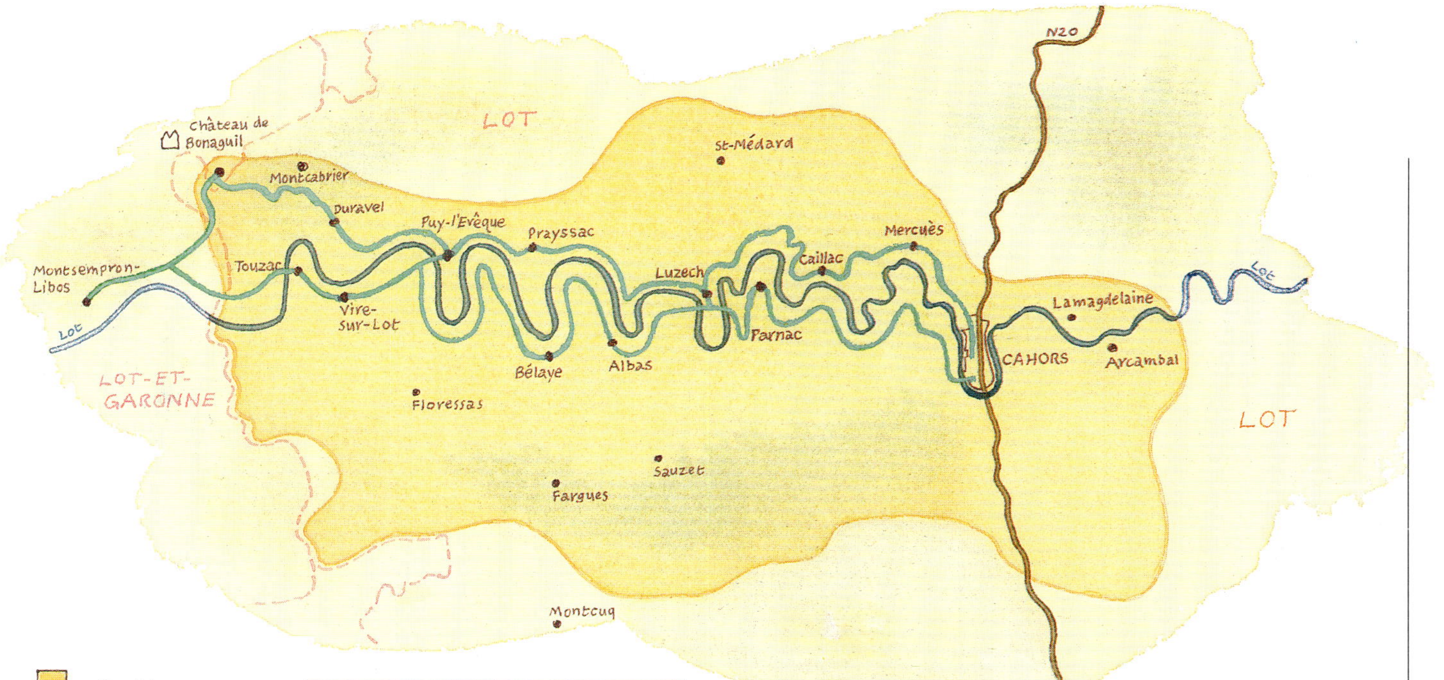

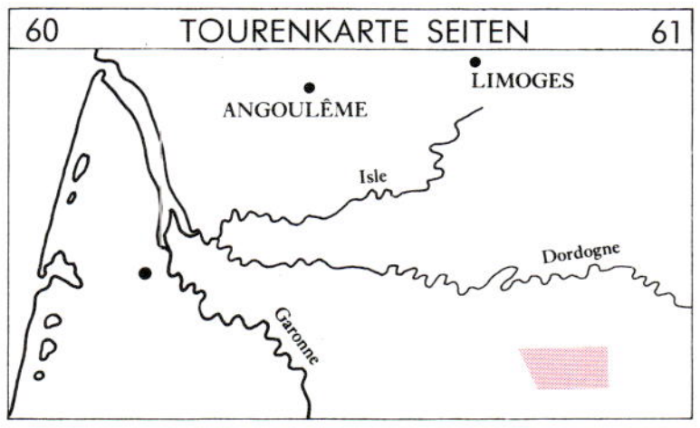

den aus der Römerzeit. Der Bergfried der Burg ist ein Wahrzeichen der Gegend. Bei Luzech liegt das Château de Caix aus dem 17. Jh. (es gehört der dänischen Königsfamilie).
Martignac Ein Dorf nördlich von Puy-l'Évêque; in der Kirche Fresken aus dem 16. Jh.

Links: Der Pont Valentre in Cahors. Unten: Blick vom Mont St-Cyr auf die Altstadt von Cahors.

Montcabier Der Ort besaß im 13. Jh. Befestigungen und hat eine schöne Kirche.
Puy l'Évêque Bedeutender Weinort, früher eine befestigte Stadt. Vom mittleren Turm hat man einen weiten Blick über die Umgebung sowie auf die Altstadt.
Sauzet Vom Dezember bis März findet hier donnerstags ein Trüffelmarkt statt.

AKTIVITÄTEN UM DEN WEIN

In Vire-sur-Lot wird die Fête des Vins de Cahors Ende Juli gefeiert. Die Weinbruderschaft der Region heißt La Confrérie du Vin de Cahors.

WEININFORMATIONEN

Cahors ist von Touristen nicht überlaufen, und deshalb begrüßen die Winzer Besucher gern. Auch die Genossenschaftskellerei in Parnac ist einen Besuch wert.

BEDEUTENDE WEINGÜTER

ALBAS, Postleitzahl 46140

Prieuré de Cénac* Eindrucksvoller Wein; Abfüller: Rigal & Fils im Château de St-Didier-Parnac in Parnac.

BAGAT-EN-QUERCY, Postleitzahl 46800

Domaine de Quattre

BOVILA-FARGUES, Postleitzahl 46800

Domaine de Bovila

CIEURAC, Postleitzahl 46003

Château de Haute-Serre: Dem Besitzer gehört auch das Luxus-Hotel Château de Mercuès mit Restaurant.

DOUELLE, Postleitzahl 46140

Domaine du Pic

FLORESSAS, Postleitzahl 46700

Château de Chambert*

PARNAC, Postleitzahl 46140, 129 B4

Cave Coopérative, Château de St-Didier-Parnac*

PRAYSSAC, Postleitzahl 46200, 129 B4

André Bouloumie, Métairie Grande du Théron

PRIEURÉ DE CÉNAC*: Dem Besitzer gehört auch das Luxus-Hôtel Château de Mercuès mit Restaurant.

PUY-L'ÉVÊQUE, Postleitzahl 46700, 129 B4

Clos des Batuts; Domaine de la Caminade; Château du Cayron*; Clos La Coutale; Clos du Gamot; Domaine de la Pineraie; Clos Triguedina*

GAILLAC

Westlich von Albi, der schönen Hauptstadt des Département Tarn, liegt Gaillac, eines der größten Weinbaugebiete Südwestfrankreichs. Seit rund zwei Jahrtausenden wird in dem Landstrich, der den Namen einer kleinen Stadt am Tarn trägt, schon Weinbau getrieben. Im 10. Jahrhundert ließen sich hier Benediktinermönche nieder, und wie überall, wo sie als Lehrmeister auftraten, nahm die Landwirtschaft einen großen Aufschwung. Bereits im 12. Jahrhundert wurde Wein aus Gaillac exportiert, und vom 14. Jahrhundert an garantierte der Hahn aus dem Stadtwappen als Brandzeichen auf den Fässern für die Echtheit. Lange Zeit waren die Weine aus Gaillac deshalb auch als *vins du coq* bekannt.

Von der Mitte des 19. bis zur Mitte des 20. Jahrhunderts lag dann der Weinbau in Gaillac aus mehreren Gründen darnieder. Zum Teil war die schwindende Nachfrage nach süßen Weißweinen, auf die Gaillac sich spezialisiert hatte, daran schuld. Während der 60er Jahre wurde unter der energischen Führung einiger Winzer (darunter auch Genossenschaften) darangegangen, dunkle Trauben zu pflanzen, die zumeist in der Region beheimatet waren, und daraus Rot- und Roséwein zu keltern. Der Rotwein ist ziemlich rustikal mit angenehmem Duft, vollaromatischem Geschmack sowie Spuren von Frucht und Tannin. Manche sind auch recht leicht, vor allem die *vins de primeur*. Die Weißweine von Gaillac lassen sich in vier Kategorien einteilen: trocken, lieblich, süß (aus 8 Gemeinden kommt hierbei eine feinere Art mit der Bezeichnung Premières côtes de Gaillac) sowie *perlé* (Perlwein). Außerdem werden hier noch Schaumweine in zwei Arten hergestellt – ein trockener nach dem Champagnerverfahren und ein lieblicher nach der *méthode gaillaçoise*, bei der die Gärung unterbrochen wird und dann in der Flasche weitergeht. Da nun jeder Erzeuger seine eigenen Versionen dieser verschiedenen Typen hervorbringt, ist es schwer, einen einigermaßen zutreffenden Überblick zu geben. Das mag auch der Grund dafür sein, daß sich der Export nur langsam entwickelt; jedenfalls werden alle diese Weine in der Region selbst mit Begeisterung getrunken.

Westlich von Gaillac erstreckt sich zwischen Montauban und Toulouse die relativ junge Appellation Côtes du Frontonnais. Sie fand erst 1975 amtliche Anerkennung, obwohl schon im Jahr 1119 eine päpstliche Urkunde den Wein von der „Négret"-Traube – heute nennt man sie Négrette – lobend erwähnt. Diese hier verbreitete Sorte braucht viel Sonne und reagiert empfindlich auf Regen; im warmen und trockenen Klima der Côtes gedeiht sie daher gut. Neben vielen kleinen Winzern arbeitet auch eine Winzergenossenschaft in diesem Bereich (eine zweite in Villaudric mußte aus finanziellen Gründen den Betrieb einstellen). Die Rotweine aus den Côtes sind früh genußreif und zeichnen sich durch milde Fruchtigkeit aus, doch gibt es auch langlebigere mit kräftigerer Farbe und mehr Gerbstoff. Weine, die aus bestimmten Gemeinden stammen, dürfen den Zusatz „Fronton" oder „Villaudric" führen. Der alte Ort Fronton, der dem Bereich den Namen gegeben hat, ist schon von weitem an dem viereckigen Backsteinturm seiner Kirche erkennbar.

Nordwestlich der Côtes du Frontonnais liegt der kleine Bereich Lavilledieu. Auch hier wird neben anderen Lokalsorten die Négrette angebaut. Die Verarbeitung liegt weitgehend bei der Genossenschaftskellerei in La Ville-Dieu-du-Temple. Der rote Lavilledieu kommt aus der Gegend um Montauban.

Ebenfalls nur von lokaler Bedeutung und anderswo unbekannt sind die Weine von Aveyron. Sie kommen aus drei kleinen, abgelegenen Teilbereichen, von denen Marcillac mit seinen 150 ha Rebfläche, nordwestlich der alten Stadt Rodez, der größte ist. Die beiden anderen, Estaing und Entraygues-et-du-Fel, haben zusammen ⅐ dieser Rebfläche; sie liegen weiter nördlich und sind nur auf sehr schmalen und kurvenreichen Straßen über Berge und Täler zu erreichen. Hier wachsen vor allem Rotweine, die mit ihrer etwas rauhen Art recht gut zur Schönheit dieser Bergwelt und dem hier hergestellten Roquefortkäse passen.

Rechts sowie Seite 133 oben: In den Bergen nördlich von Gaillac fließt der Aveyron, ein Nebenfluß des Tarn, durch sanfte, waldige Täler und wilde Schluchten.

REISE-INFORMATIONEN

Ein berühmtes Gericht aus diesem Teil Südwestfrankreichs ist cassoulet, *das aus Fleisch und Bohnen nach verschiedenen Rezepten zubereitet wird. Beliebte Spezialitäten sind ferner* foie gras *und* confit, *und auf den Märkten türmen sich die Früchte und das Gemüse der Region.*

HOTELS

AVEYRON

La Truyère, 12140 Entraygues-sur-Truyère, Tel. 65 44 51 10. Hotel und Restaurant mit Garten und Terrasse am Flüßchen Truyère. Klasse B.
Aux Armes d'Estaing, 12190 Estaing, Tel. 65 44 70 02. Typisches Provinzhotel. Klasse C.

FRONTONNAIS

Villa Les Pins, 31340 Vacquiers, Tel. 61 84 96 04. Ruhige Lage mitten im Wald. Komfortable Zimmer, gutes Restaurant. Klasse B.

GAILLAC

Le Vieux-Cordes, rue Voltaire, 81170 Cordes, Tel. 63 56 00 12. In einem jahrhundertealten Gebäude; das Restaurant Le Grand Ecuyer in derselben Straße gehört dem gleichen Besitzer. Klasse B.
La Réserve, 81000 Fonvialane, Tel. 63 60 79 79. Prestige-Hotel in schöner Lage, einige Kilometer von Albi entfernt an der D606 nach Cordes, mit Swimming Pool. Empfehlenswertes Restaurant. Klasse A.
L'Occitan, 81600 Gaillac, Tel. 63 57 11 52. Nicht sehr großes, ordentliches Hotel. Klasse B.
Auberge des Bartes, 81600 Técou, Tel. 63 33 02 43. Einfache Unterkunft und Küche. Südöstlich von Gaillac. Klasse C.

RESTAURANTS

AVEYRON

Restaurant La Gare, 12330 Nuces, Tel. 65 72 60 20. Modernes Restaurant und Hotel, 5 km westl. von Marcillac-Vallon. Gute Küche. Klasse B.

FRONTONNAIS UND LAVILLEDIEU

La Feuilleraie Lacourtensourt, 31140 Aucamville, Tel. 61 70 16 01. Bekannt

für freundlichen Service, gute Küche und vernünftige Preise. Klasse C.
Le St-Porquier, 82700 St-Porquier, Tel. 63 64 76 55. Schöne Terrasse und phantastisches *cassoulet.* Klasse C.
Auberge de la Braise, 31340 Villematier, Tel. 61 35 35 64. Auf der Speisekarte stehen *cassoulet* und Grillgerichte. Überdachte Terrasse. Klasse B.

La Ferme de Bernadou, 31340 Villemur-sur-Tarn, Tel. 61 09 02 38. Landgasthaus mit guten Weinen der Region. Klasse B.

GAILLAC

Hostellerie St-Antoine/Mapotel, rue St-Antoine, 81000 Albi, Tel. 63 54 04 04. Stilvoll; mit Wintergarten. Klasse B. Ferner ein komfortables Hotel (Klasse A).
Le Grand Ecuyer, rue Voltaire, 81170 Cordes, Tel. 63 56 01 03. Fast allein wegen des Desserts einen Umweg wert, aber auch die anderen Gerichte sind ausgezeichnet, und die Weinkarte ist reichhaltig. Klasse A.
La Taverne de Mordagne, rue St-Michel, 81170 Cordes, Tel. 63 56 13 64. Preiswertes Mittagessen. Klasse C.
Hostellerie du Parc, Route de St-Antoine, 81170 Cordes, Tel. 63 56 02 59. Vorzüglich zubereitete Gerichte ländlicher Art, z. B. *lapin aux choux.* Ferner ein Hotel mit Park. Klasse B.
Le Vieux-Cordes, rue de la République, 81170 Cordes, Tel. 63 56 00 12. Restaurant und Hotel mit Garten. Spezialität: *foie gras de Gaillac.* Klasse B.
Le Vigneron, 81600 Gaillac, Tel. 63 57 07 20. An der N88 am westlichen Ortsausgang. Preiswert. Klasse C.

Francis Cardaillac/Le Tilbury, 81150 Marssac-sur-Tarn, Tel. 63 55 41 90. Eines der besten Restaurants der Gegend, mit Swimming Pool und *vinothèque* mit Weinen der Gegend. Schöne Lage am Tarn. Klasse B.
Hostellerie du Pré-Vert, 81800 Rabastens-sur-Tarn, Tel. 63 33 70 51. Auch ein Hotel; in einem Bau aus dem 18. Jh. mit Garten und Terrasse. Restaurant Klasse C; Hotel Klasse B.
Auberge de St-Caprais, 81800 St-Caprais, Tel. 63 33 83 32. Geräumiges Gasthaus an der D18 nördlich von Rabastens. Besonders zu empfehlen: Gerichte der Gegend wie *confit de canard.* Klasse C.

SEHENSWERTES

AVEYRON

Entraygues-sur-Truyère Schöner Ort zwischen dem Flüßchen Truyère und dem Lot, wo es den seltenen roten Vin d'Entraygue-set-du-Fel gibt.
Estaing Malerischer alter Ort am Lot um einen Granitfelsen, auf dem eine Burg aus dem 15. und 16. Jh. steht. Die spektakulären Gorges du Lot befinden sich ganz in der Nähe.
Marcillac-Vallon Befestigter Ort und das Zentrum des Weinbaubereichs Marcillac. Die einzige Genossenschaftskellerei von Aveyron befindet sich hier.

FRONTONNAIS

Fronton Um die Kirche mit ausgemalter Gewölbedecke drängen sich alte Häuser.
Grisolles Museum für Heimatkunst und Trachten.

GAILLAC

Albi Außerhalb des Weinbaugebiets, aber dennoch einen Besuch wert. Nahe der imposanten Kathedrale steht das Geburtshaus des Malers Henri de Toulouse-Lautrec; eine einzigartige Sammlung seiner Werke ist im alten Palais de la Berbie ausgestellt.
Castelnau-de-Montmirail Das Château de Cayla, ein z. T. aus dem 15. Jh. stammendes romantisches Schloß.
Cordes Mittelalterliches Bergstädtchen, eine der großen Touristenattraktionen in diesem Teil Frankreichs. Es wurde 1222 gegründet und ist inzwischen großartig restauriert worden.
Gaillac Kirche St-Michel (11. bis 13. Jh.); der Parc de Foncaud wurde von Le Nôtre entworfen; Weinmuseum (Tour Pierre-de-Brens).
Labastide-de-Lévis Stadt mit Befestigungen *(bastide)* aus dem 12. Jh.
Lisle-sur-Tarn Die alten Befestigungen sind am Zentralplatz noch erkennbar; schöne Fachwerkhäuser und ein Museum mit Kunstwerken und archäologischen Funden aus der Umgebung.
Rabastens-sur-Tarn Das Schloß St-Céry hat ein monumentales Portal und eine Küche aus dem 14. Jh. Hier lebte einst Kardinal Richelieu.
St-Lieux-les-Lavaur Dampfeisenbahn als Touristenattraktion.

AKTIVITÄTEN UM DEN WEIN

Die Cocagne des Vins in Gaillac zieht Tausende von Besuchern an, denn zwei Tage lang können die Weine der Region ausgiebig probiert werden. Das Fest findet jeweils am Wochenende vor dem 15. August statt. Weitere Weinfeste in Lisle-sur-Tarn (am Sonntag um den 14. Juli) und in Amarens (Ende August).
Weinbruderschaften: L'Ordre de la Dive Bouteille de Gaillac und La Commanderie des Maîtres Vignerons du Frontonnais.

WEININFORMATIONEN

La Maison de la Vigne et du Vin befindet sich in der Abbaye St-Michel, Gaillac.

BEDEUTENDE WEINGÜTER

AVEYRON

ENTRAYGUES-SUR-TRUYERE, Postleitzahl 12140
Jean-Marc Viguier

ESTAING, Postleitzahl 12190
Pierre Rieu

MARCILLAC-VALLON, Postleitzahl 12330
Cave Coopérative

FRONTONNAIS & LAVILLEDIEU

CAMPSAS, Postleitzahl 82370
Domaine Bois d'Huguet

FRONTON, Postleitzahl 31620 129 C4
Domaine de Bel-Air*, Château Bellevue La Forêt, Cave Coopérative, Domaine de Laurou

VILLAUDRIC, Postleitzahl 31620
Domaine de la Colombière*

LA VILLE-DIEU-DU-TEMPLE, Postleitzahl 82290
Cave Coopérative

GAILLAC

BRENS, Postleitzahl 81600
Domaine de Pialentou

CAHUZAC-SUR-VERE, Postleitzahl 81140 129 C5
Jean Cros* (auch Château Larroze)

CASTANET, Postleitzahl 81150 129 C5
Domaine de Labarthe*

CASTELNAU-DE-MONTMIRAIL, Postleitzahl 81140
Domaine de Roucou-Cantemerle, Robert Plageoles

CORDES, Postleitzahl 81170
Château de Frauseilles

DONNAZAC, Postleitzahl 81170
Mas D'Aurel

GAILLAC, Postleitzahl 81600, 129 C5
Jacques Auque*, GAEC de Boissel-Rhodes, auch unter den Namen Château de Rhodes und René Rieux. Domaine Très-Cantoux*

LABASTIDE-DE-LÉVIS, Postlz. 81150
Cave Coopérative

LAGRAVE, Postleitzahl 81150
Domaine de Balagès

LISLE-SUR-TARN, Postleitzahl 81310, 129 C5
Domaine Clément Termes. Domaine de Mazou

ARMAGNAC

Nach dem Cognac ist wohl der Armagnac Frankreichs großartigste Spirituose und vermutlich auch das älteste französische Weindestillat: Aus einer Urkunde von 1411 im Musée de l'Armagnac in Condom geht hervor, daß in der Gascogne bereits damals Wein gebrannt wurde, das heißt Jahrhunderte früher als in Cognac, obwohl das *eau-de-vie* aus dieser Zeit anscheinend für medizinische Zwecke bestimmt war.

Der Armagnac kommt aus einem großen Teil der früheren Provinz Gascogne; einige hundert Hektar liegen in den Départements Landes und Lot-et-Garonne, aber 90 % der Rebfläche fallen nach Gers. Die freundliche Landschaft ist oft in ein weiches, fast gefiltert erscheinendes Licht getaucht und von Flüßchen und Bächen durchzogen. Alte Städte und Dörfer gibt es in Fülle, aber auch Keller und Küchen; die *cuisine* der Gascogne ist überaus gehaltvoll: *foie gras* und Geflügel werden auf verschiedenste Art und in ungeheuren Mengen zubereitet und verzehrt. Es heißt, im Département Gers gebe es mehr Gänse und Enten als Menschen. Die herzhafte Kost hat mit unbestreitbarer Logik zu einer begrüßenswerten Sitte geführt: den *trou gascon*, einem Glas Armagnac, das man mitten in einer ausgedehnten Mahlzeit zu sich nimmt, um Platz für das zu schaffen, was noch kommen soll.

Das Gebiet, das auf die Bezeichnung Armagnac Anspruch erheben darf, wurde 1905 festgelegt und dabei in drei Zonen unterteilt, von denen jede ihre eigenen charakteristischen Merkmale besitzt. Am weitesten westlich liegt Bas-Armagnac, seiner dunklen Wälder wegen auch Armagnac Noir genannt. Das Land ist hier ziemlich flach, der Boden besteht aus Lehm und Sand. Der nicht offizielle Bereich Grand Bas-Armagnac, der bei Kennern als der Gipfel allen Armagnacs gilt, umfaßt 16 Gemeinden.

Die mittlere Zone ist Ténarèze, seit eh und je Korridor zwischen den Pyrenäen und Bordeaux. Ihre Hauptstadt Condom ist neben Eauze in Bas-Armagnac und Auch in Haut-Armagnac einer der wichtigsten Handelsplätze der Region. Die sanft wellige Landschaft von Ténarèze ist von Obstbaupflanzungen, Reben, Wäldern und Mais- und Sonnenblumenfeldern geprägt. Der kalkreiche Lehmboden bringt aromatischen, charaktervollen Armagnac hervor.

Dagegen fehlt es dem Wein, der auf dem kalkhaltigen Boden der östlichen Zone, Haut-Armagnac oder Armagnac Blanc, wächst, am nötigen Charakter. Er ist weich und eignet sich besser zum Trinken als zum Brennen. Soweit er doch destilliert wird, geht er vor allem in die Likörfabrikation ein. Dieser Teil von Armagnac liegt überwiegend im Département Gers und erstreckt sich bis weit in den Süden.

Die wichtigsten Traubensorten von Armagnac sind Folle Blanche – sie führt hier den treffenden Namen Picpoule (Lippenbeißer) –, Ugni Blanc, Colombard und Baco Blanc. Alle diese Sorten bringen alkoholschwachen, säuerlichen und zum Destillieren geradezu idealen Wein hervor. Die Armagnac-Produktion nimmt übrigens stetig ab. 1976 betrug die Rebfläche der Region rund 21 500 ha, 1986 noch knapp 13 000 ha.

Ein großer Unterschied zwischen Armagnac und Cognac besteht in der Brennmethode. Der Cognac wird durch zweifaches Destillieren eines dünnen Weißweins gewonnen. Der Armagnac dagegen wird in einem besonderen Brenngefäß zwar zweimal erhitzt, aber nur einmal destilliert. Die Folge davon ist, daß reiner Armagnac weniger Alkohol enthält (zwischen 53 und 63 %) als frisch gebrannter Cognac (70 %), dafür aber sind in ihm weit mehr Duft- und Geschmacksstoffe erhalten geblieben. Auch ist er trockener, denn Zucker wird ihm nur selten beigefügt.

Unter dem Einfluß der Cognac-Häuser, die sich im Armagnac Beteiligungen erworben haben, sieht man in der Region immer häufiger die Brenngefäße aus Cognac. Zudem ist das in der Region gewachsene harte, dunkle Eichenholz, aus dem die Armagnac-Fässer hergestellt werden, inzwischen knapp geworden, und so muß Holz aus anderen Gegenden verwendet werden. Daher nähert sich mancher Armagnac im Stil immer mehr dem Cognac.

Während die Cognac-Produktion von großen Firmen beherrscht wird, ist das Armagnac-Brennen die Sache kleinerer Häuser, und viele Hersteller setzen ihre Erzeugnisse direkt an Privatkunden ab.

Oben: Condom am Flüßchen Baïse ist die bedeutendste Stadt von Ténarèze.
Unten: Der alte Ort Labastide d'Armagnac.

REISE-INFORMATIONEN

Die vielen Restaurants bewahren der regionalen Küche die Treue; foie gras, Gans und Ente beherrschen die Speisekarte.

HOTELS

Le Relais de Gascogne, 5, avenue de la Marne, 32000 Auch, Tel. 62 05 26 81. Solid und durchaus modern. Restaurant angeschlossen. Klasse B.
Auberge de Guinlet, 32800 Guinlet, Tel. 62 09 85 99. Nördlich von Eauze an der D43. Park, Swimming Pool und Restaurant. Halbpension in der Saison obligatorisch. Klasse B.
Viele Hotels verfügen über eigene Restaurants (siehe unten).

RESTAURANTS

Hôtel de France, Place de la Libération, 32000 Auch, Tel. 62 05 00 44. Zentral gelegenes, sehr komfortables Hotel (Klasse A) mit Restaurant (Klasse B). Die gute Küche der Gascogne ist mit *foie gras, lou magret* (Entenbrust) hervorragend repräsentiert. Eigentümer und Küchenchef ist André Daguin. Einfache Restaurants (Klasse C) sind angeschlossen.
Claude Laffitte, 38, rue Dessoles, 32000 Auch, Tel. 62 05 04 18. Gute Küche ohne viel Drumherum. Klasse B.
Le Florida, 32410 Castéra-Verduzan, Tel. 62 68 13 22. Gemütliches Gasthaus und Hotel in einer ruhigen Kleinstadt. Klasse C.
La Table des Cordeliers, rue des Cordeliers, 32100 Condom, Tel. 62 28 03 68. Einmalige Lage in einer Kapelle aus dem 14. Jh. Zeitgemäße Küche, modernes Hotel. Klasse B.
Restaurant de l'Armagnac, 32800 Eauze, Tel. 62 09 88 11. Freundlich und gemütlich. Klasse C.
Le Moulin du Pouy, 32800 Eauze, Tel. 62 09 82 58. Schönes Gartenlokal. Regionale Küche. Klasse C.
La Patte d'Oie, 32340 Flamarens, Tel. 62 28 66 28. 1985 eröffnetes Landgasthaus. Regionale Küche. Klasse C.
Le Fleurance, 32500 Fleurance, Tel. 62 06 07 70. Wein und Gerichte der Region. Angenehmes Hotel. Klasse B.
Château Larroque, 32200 Gimont, Tel. 62 67 77 44. Luxuriöses Schloßhotel. Während der Saison Halbpension obligatorisch. Sehr zu empfehlen: *soufflé au foie gras.* Farbenfroher Markt an Sonntagen. Restaurant Klasse B; Hotel Klasse A.
Auberge de Gascogne, 32300 l'Isle-de-Noé, Tel. 62 64 17 05. Speisen und Wein zu sehr mäßigen Preisen. Klasse C.
Le Relais d'Armagnac, 32110 Luppé-Violles, Tel. 62 09 04 54. Traditionelle regionale Küche. Hotel angeschlossen. Klasse B.
La Rapière, 32120 Mauvezin, Tel. 62 06 80 08. Charmantes, vielbesuchtes Restaurant. Spezialität u. a. *confit de canard.* Klasse C.
Hotel des Pyrénées, 32300 Mirande, Tel. 62 06 51 16. Hotel (Klasse B) und Restaurant (Klasse C); sorgfältig zubereitete Gerichte der Gegend, auch Fisch.
La Gare, 32250 Montréal-du-Gers, Tel. 62 28 43 37. Ein früherer Bahnhof. Fisch-Spezialitäten und regionale Gerichte. Klasse C.
Chez Simone, 32250 Montréal-du-Gers, Tel. 62 28 44 40. Traditionelle Küche, u. a. Wild. Klasse C.
Le Relais de Cardeneau, 32450 Ste-Christie, Tel. 62 65 51 80. Traditionelle Küche und Weine der Gegend. Klasse B.
La Ferme de Flaran, 32310 Valence-sur-Baïse, Tel. 62 28 58 22. Hotel mit Swimming Pool. Klasse B.
Le Relais des Postes, 32190 Vic-Fezensac, Tel. 62 06 44 22. Provinzhotel mit regionaler Küche. Wer den (unblutigen) Stierkampf zu Pfingsten sehen will, muß rechtzeitig buchen. Klasse C.

SEHENSWERTES

Auch Die größte Stadt der Region; die Altstadt steht hoch oben über dem Fluß auf einem Hügel. Die Kathedrale Ste-Marie hat schönes Chorgestühl und Kirchenfenster aus dem 16. Jh. 232 Stufen führen vom Quai de Gers hinauf zur Place Salinis mit Tour d'Armagnac; eine d'Artagnan-Statue erinnert an den berühmtesten der drei Musketiere aus der Gascogne, deren Abenteuer durch Alexandre Dumas unsterblich geworden sind.
Castelnau-Barbarens- Das Dorf schart sich um seine Kirche; schöne Aussicht vom Kreuzungspunkt der D349 mit der D626.
Condom Gothische Kathedrale und Armagnac-Museum.
Fources Befestigter Ort *(bastide)* in seltener Rundbauweise. Am Zentralplatz Häuser mit hölzernen Laubengängen. Außerdem eine gotische Brücke und ein Schloß aus dem 15. Jh.
Gimont Belebter Marktflecken mit einer Kirche aus dem 13. Jh.
Labastide d'Armagnac Weinbaumuseum im Château Garreau.
Mauvezin Ein achteckiger Turm, krumme Gassen, Markthallen und – für starke Geruchsnerven – ein Knoblauchfest am 3. Montag im August.
Montréal-du-Gers Eine der ältesten und schönsten *bastides* in der Gascogne.
St-Puy Im Château Monluc wird der Pousse Rapière, ein starker Likör, sowie ein weißer Schaumwein hergestellt.
Samatan Die große *Foire aux Foies Gras* findet hier am 4. Wochenende im August statt.
Seviac Schöne Römervilla mit bunten Mosaiken.
Termes d'Armagnac Im historischen Bergfried finden Ausstellungen statt.
Valence-sur-Baïse Die Zisterzienserabtei aus dem 12. Jh. dient als kulturelles Zentrum des Département Gers.

AKTIVITÄTEN UM DEN WEIN

Im Zentrum von Auch wird regelmäßig donnerstags ein Armagnac-Markt abgehalten. Die *foire aux eaux-de-vie d'Armagnac* findet Ende Mai/Anfang Juni statt.

WEININFORMATIONEN

Ende 1986 wurde in Eauze als Informationsstelle für eine Armagnac-Spezialität die Maison du Floc d'Armagnac eröffnet: Es handelt sich um weißen oder roten Traubenmost, gemischt mit Armagnac.

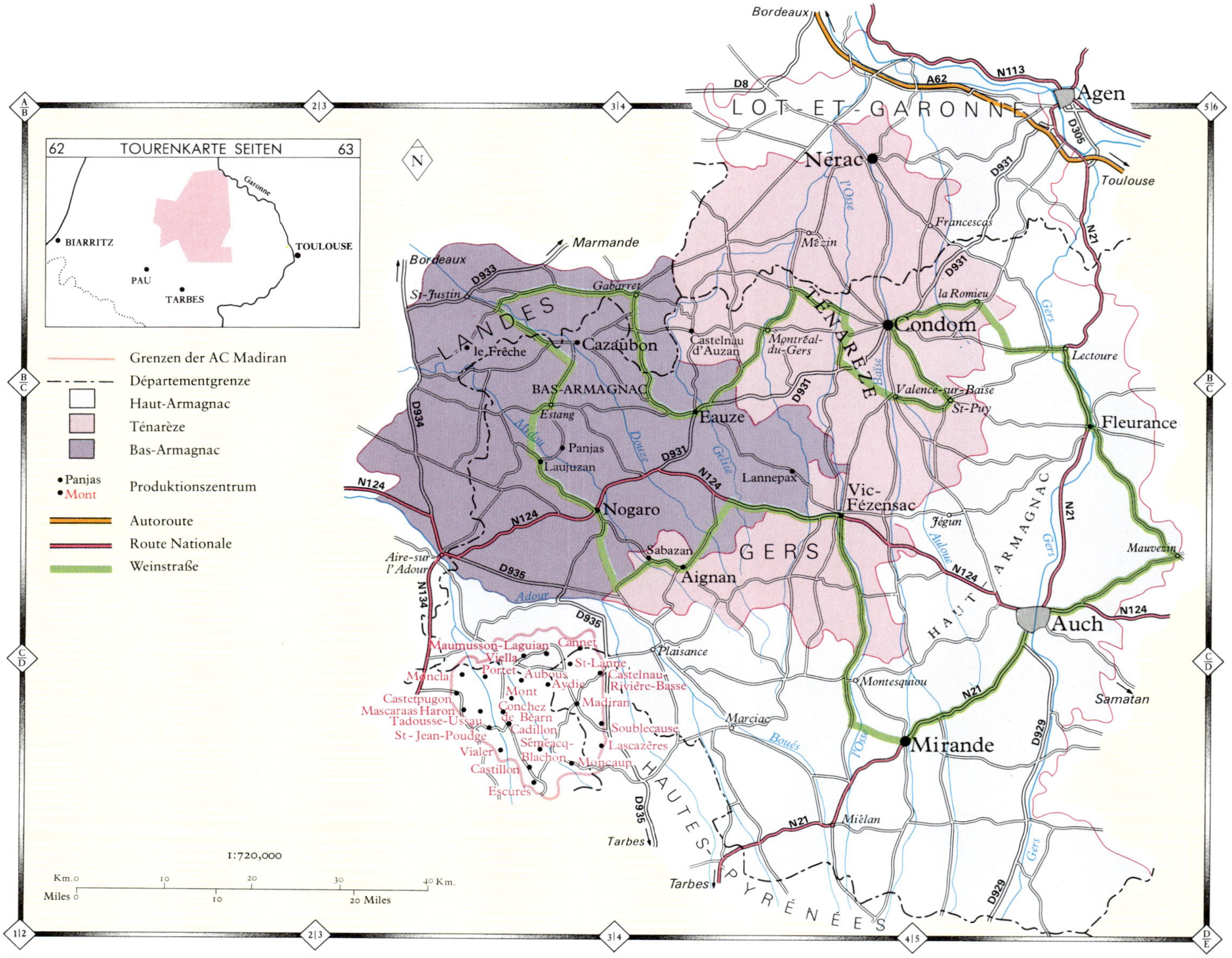

Aus den Weinbergen in der stillen Landschaft von Armagnac kommt heutzutage nicht nur dünner Weißwein für die Brennereien, sondern auch immer mehr Vins de Pays des Côtes de Gascogne. Er wird meist in moderner kühler Gärtechnik von der Colombard-Traube gewonnen und bietet ein würziges Aroma und erfrischenden Geschmack.

BEDEUTENDE ERZEUGER

AIGNAN-EN-ARMAGNAC, Postleitzahl 32290, 136 C4
Sempé

ARTHES-D'ARMAGNAC, Postleitzahl 40190
Domaine de Jouanda*

CASTELNAU D'AUZAN, Postleitzahl 32800, 136 B4
Compagnie des Grands Armagnacs

CAZENEUVE, Postleitzahl 32800
Domaine de Sans*

CONDOM, Postleitzahl 32100, 136 B4
Janneau, Etablissements Papelorey, Château Pomès-Péberère*, Jacques Ryst.

EAUZE, Postleitzahl 32800, 136 C4
Domaine du Tariquet: Ein bemerkenswerter weißer Vin de Pays.

LABASTIDE-D'ARMAGNAC, Postleitzahl 40240
Domaine Boignères*, Laberdolive*, Domaine Martine Lafitte*

LAUJUZAN, Postleitzahl 32110, 136 C3
Domaine Le Basque*, Armagnac Samalens*

MONTRÉAL-DU-GERS, Postleitzahl 32250, 136 B4
Ste-Fermière du Château de Maillac

NOGARO, Postleitzahl 32110, 136 C3
Dartigalonhue & Fils

ROQUEFORT, Postleitzahl 32390
Francis Darroze*

VIC-FEZENSAC, Postleitzahl 32190, 136 C4
Trépout*

DIE PYRENÄEN

Die dramatische und romantische Silhouette der westlichen Pyrenäen steht als Kulisse hinter den Weinbergen des kleinen, abgelegenen Weinbaubereichs Irouleguy. Hier pflanzten Mönche im 15. Jahrhundert die ersten Reben.

In den Ausläufern der westlichen Pyrenäen liegen die wohl am wenigsten bekannten Weinbaubereiche Frankreichs. Der nördlichste davon heißt Côtes de St-Mont, zu dem auch noch Teile von Armagnac gehören. Es schließen sich an: Madiran, Tursan, Béarn, Jurançon und, tief im Baskenland, Irouleguy. Die hier angebauten Trauben sind zum größten Teil Lokalsorten. Die bedeutendste dunkle Traube heißt Tannat; sie soll im 11. Jahrhundert von Mönchen aus Bordeaux mitgebracht worden sein; die weißen Trauben führen so ungewöhnliche Namen wie Arrufiac, Gros Manseng, Petit Manseng und Bourbu. Aber auch die vertrauteren Sorten Cabernet Sauvignon, Cabernet Franc, Sauvignon Blanc und Sémillon werden hier angebaut.

Manche dieser kleinen Bereiche waren schon so gut wie verschwunden und wurden nur im allerletzten Augenblick durch die Bemühungen einiger dynamischer Winzer gerettet. In Madiran beispielsweise waren 1953 nur noch 6 ha Weinberge übriggeblieben; um dieselbe Zeit lief auch Jurançon Gefahr, als Weinquelle völlig zu versiegen. Heute gewinnen die Weine aus den Pyrenäen in Frankreich und der Welt wieder stetig an Anerkennung.

Der jüngste Bereich ist Côtes du St-Mont. Der Status als VDQS (Vin Délimité de Qualité Supérieure) wurde ihm 1981 zuteil, und die Appellation Contrôlée wird nicht mehr lange auf sich warten lassen. Der große Distrikt mit fast 50 Gemeinden kann jedoch auf eine alte Weinbautradition zurückblicken. Vermutlich pflanzten die Römer hier die ersten Reben; seit 1050 pflegten dann die Mönche der Abtei St-Mont die Weinberge. Im 19. Jahrhundert war der Wein die bedeutendste Quelle des Wohlstands.

Der Niedergang nach dem Einfall der Reblaus nach 1870 konnte erst nach dem 2. Weltkrieg wettgemacht werden. Das ist vor allem drei Winzergenossenschaften zu verdanken, die seit 1976 unter dem Namen Union de Producteurs Plaimont eng zusammenarbeiten. Das Hauptquartier ist die Genossenschaftskellerei in St-Mont, die über sehr moderne Einrichtungen verfügt und rund zwei Drittel des Weins der Côtes de St-Mont abfüllt. Der Rotwein wird zum Teil im Faß ausgebaut; die Weißweine sind frisch und sauber.

An der Südgrenze der Côtes de St-Mont beginnt Madiran, früher Vic-Bilh genannt. Schon im 16. Jahrhundert gelangten Weine aus Madiran über Bayonne bis nach Finnland und Rußland. Der Hauptgrund für den Niedergang in unserem Jahrhundert war darin zu suchen, daß die unersetzliche Tannat-Traube so gut wie ausgestorben war. Erst in den 70er Jahren gelang es, diese Rebsorte wieder in ausreichendem Maßstab neu zu züchten. Jahrelang war die Winzergenossenschaft Crouseilles einziger Erzeuger von Madiran-Wein; inzwischen sind aber auch wieder private Weingüter entstanden. Zwei weitere Genossenschaften (darunter auch die in St-Mont) bemühen sich um den Madiran, der in seiner klassischen Form ein tiefgründiger und doch lebendiger Rotwein mit reichlich Gerbstoff ist. Er braucht gut fünf Jahre Reifezeit in der Flasche, dann aber zeigt er eine einzigartig seidige Geschmeidigkeit – durchaus also kein ungehobelter Landjunker! In seinem Aroma finden sich Anklänge an Kirschen und schwarze Johannisbeeren. Unter dem Namen Pacherenc du Vic-Bilh wird in kleineren Mengen auch Weißwein gekeltert; er ist meist frisch und trocken und hat ein etwas exotisches Bukett. In sonnenreichen Jahren bringen manche Winzer eine süße Variante heraus.

Westlich von Madiran liegt der VDQS-Bereich Tursan. Sein Rot-, Rosé- und Weißwein wird fast ausschließlich von der Genossenschaftskellerei in Geaune produziert. Der Rotwein ist angenehm, fruchtig und hat kräftige Farbe; der Weißwein ist frisch und saftig. In den 80er Jahren sind beide stetig besser geworden.

Die über drei Départements ausgebreitete Appellation Béarn wird von der Winzergenossenschaft in Bellocq bei Orthez beherrscht. Die Spezialität des Bereichs ist ein trockener, leicht fruchtiger Rosé von Cabernet-Trauben, ein oft ganz köstlicher Wein für den Durst. Aber auch roten und weißen Béarn gibt es.

Südlich von Pau erstreckt sich dann einer der schönsten Weinbaubereiche Frankreichs: Jurançon. Die Hügellandschaft ist üppig mit Bäumen bestanden, deren intensiv grünes Laub im Herbst eine goldbraune Färbung annimmt und im strahlenden Sonnenlicht herrlich leuchtet. Aus diesem kleinen Paradies kommt Weißwein, der in der klassischen Form aus überreifen, oft edelfaulen Trauben bereitet wird und daher süß und überaus konzentriert ist. Dabei hat er weniger Fülle als ein Sauternes, eine schöne Säure tritt deutlich hervor. Dieser oft schwere und sehr langlebige Wein paßt zu Hors-d'œuvres und Hauptgerichten besser als zu Desserts. Seit 1975 gibt es auch eine trockene Version, den Jurançon Sec.

Irouléguy, nicht weit von der spanischen Grenze und der Gebirgskette der Pyrenäen, ist mit rund 150 ha Rebfläche ein recht kleiner Weinbaubereich. Der rote Irouléguy paßt in der Art sehr gut zu der rauhen Landschaft und der kräftigen baskischen Küche.

REISE-INFORMATIONEN

Zu den Spezialitäten der Pyrenäen zählen Lachs, Forellen, Bergwild, Ente und Taube sowie der Schinken von Bayonne.

HOTELS

Climat de Franc, 40320 Eugénie-les-Bains, Tel. 58 51 14 14. Wer zwar bei Michel Guérard (s. unten) speisen, nicht aber in seinem teuren Hotel wohnen möchte, ist hier gut untergebracht. Klasse B.
Hostellerie de Canastel, Avenue Rausky, 64110 Jurançon, Tel. 59 06 13 40. An der Straße nach Oloron-Ste-Marie. Eigener Park und Swimming Pool; Restaurant angeschlossen. Klasse B.
Mapotel Continental, 2, rue Maréchale-Foch, 64000 Pau, Tel. 59 27 69 31. Großes, vornehmes Hotel. Vorzügliche Fischgerichte im Restaurant Le Conti. Klasse A.
Montpensier, 36, rue Montpensier, 64000 Pau, Tel. 59 27 42 72. Renoviert; zentrale Lage, Klasse B.
Hôtel Paris, 80, rue Emile-Ganot, 64000 Pau, 59 27 34 39. Zentral, aber ruhig gelegen. Klasse B.
Ronceveaux, 25, rue Louis-Barthou, 64000 Pau, Tel. 59 27 08 44. Komfortables Hotel; beim Boulevard des Pyrénées. Klasse B.
Hôtel Arcé, 64430 St-Etienne-de-Beïgorry, Tel. 59 37 40 14. Sehr angenehmes Hotel mit Terrasse am Fluß; im Restaurant Le Trinquet gibt es frische Forellen, Pyrenäen-Lamm, *marcassin* usw. Klasse B.
Le Beau Manoir, 64110 Uzos, Tel. 56 06 17 30. Von Jurançon auf der D209 südwärts. Ruhige Lage; Park, Swimming Pool und Restaurant. Klasse B.

RESTAURANTS

Chez l'Ahumat, 40800 Aire-sur-l'Adour, Tel. 58 71 82 61. Traditionelle regionale Küche. Auch Hotel. Im Sommer Halbpension. Klasse C.
Le Commerce, 40800 Aire-sur-l'Adour, Tel. 58 71 60 06. Regionale Gerichte, z. B. *jambon à l'Armagnac,* werden um ein offenes Feuer serviert. Hotelzimmer zur Straße hin sind laut. Klasse B.
Auberge Labarthe, 64290 Bosdarros, Tel. 59 21 72 03. Traditionell und populär. Klasse C.
Michel Guérard/Les Prés et les Sources d'Eugénie, 40320 Eugénie-les-Bains, Tel. 58 51 19 01. Gastronomischer Anziehungspunkt mit eindrucksvoller Weinkarte. Auch luxuriöse Hotelzimmer. Klasse A.
Le Tucq, 64290 Gan, Tel. 59 21 61 26. Geruhsame Atmosphäre; an den Wänden Jagdtrophäen. Klasse C.
Hôtel de France, 40320 Geaune, Tel. 58 44 51 18. Hier sollte man roten Tursan zu *filet de bœuf à Tursane* genießen. Hotelzimmer. Klasse C.
Chez Ruffet, 3, avenue Charles-Touzet, 64110 Jurançon, Tel. 59 06 25 13. Sehr zu empfehlen: frischer Lachs und dazu ein Jurançon. Klasse B.
Auberge St-Loup, 64300 Orthez, Tel. 59 69 15 40. Gute Küche. Klasse B.
Patrick Jourdan, 14, rue Latapie, 64000 Pau, Tel. 59 27 68 70. Ausgezeichnete Weine. Klasse B.
Chez Pierre, 16, rue Louis-Barthou, 64000 Pau, Tel. 59 27 76 86. Teuer, aber vorzüglich. Klasse A.
La Ripa-Alta, 32160 Plaisance-du-Gers, Tel. 62 69 30 43. Freundliches Restaurant mit Hotel am Hauptplatz. Feine Auswahl an z. T. sehr alten Armagnacs. Klasse B.
La Paix, 32400 Riscle, Tel. 62 69 70 14. Sehr zu empfehlen: Entengerichte und regionale Weine. Recht ruhiges Hotel. Klasse C.
Les Pyrénées, 64220 St-Jean-pied-de-Port, Tel. 59 37 01 01. Das beste Restaurant im Distrikt (empfehlenswert: Lachs). Auch Hotel. Klasse B.
Domaine de Bassibé, 32400 Ségos, Tel. 62 09 46 71. Kleines luxuriöses Hotel (Klasse A) und Restaurant (Klasse B).

SEHENSWERTES

Bellocq Die Genossenschaftskellerei ist der größte Erzeuger von Béarn-Wein.
Geaune Das Zentrum des Tursan-Weins.
Oloron-Ste-Marie Die Kirche Ste-Croix hat ein Portal aus Pyrenäenmarmor; bemerkenswerte Skulpturen, u. a. Lachsfischer und ein Weinbergarbeiter.
Orthez Schöner Marktflecken mit einer befestigten Brücke aus dem 13. Jh.
Pau Die Sage erzählt, die Lippen des im Château von Pau geborenen späteren Königs Henri IV seien bei seiner Geburt mit Knoblauch und Jurançon-Wein bestrichen worden. Der schöne Palast enthält heute zwei Museen. Westlich erstreckt sich der alte Parc National, und im Osten verläuft der Boulevard des Pyrénées mit seiner atemberaubenden Aussicht auf das oft schneebedeckte Gebirgspanorama.
St-Jean-Pied-de-Port Alte Raststätte der Pilger auf dem Weg nach Santiago de Compostela im Schutz einer Zitadelle aus dem 15. Jh. Die Jakobsmuschel, das Symbol des Heiligen, ist häufig zu sehen.
Salies-de-Béarn Kurort mit vielen Häusern aus dem 17. Jh. Salz aus Salies ist unerläßlich für den Bayonneschinken, der in Orthez und Sauveterre-de-Béarn bereitet wird.
Vielle-Tursan Panorama-Blick.

AKTIVITÄTEN UM DEN WEIN

Eine *fête des vins* findet Mitte August in Madiran, eine weitere Mitte Dezember in Aire-sur-l'Adour statt. Die herrliche Ausstellung *Vins et Fruits* wird in Monein (Jurançon) am ersten Sonntag im August veranstaltet. Es gibt drei Weinbruderschaften: Viguerie Royale de Jurançon, Viguerie Royale de Madiran und Commanderie des Chevaliers de Tursan.

WEININFORMATIONEN

La Maison du Vin in Monein/Jurançon wurde 1987 eröffnet. Die Winzergenossenschaften bieten Gelegenheit zum Probieren und zum Einkauf von Wein der Gegend.

Obstbäume und Wälder wechseln sich im üppigen Hügelland von Jurançon mit Weinbergen ab. Warme, neblige Herbstvormittage begünstigen die „Edelfäule", die für den klassischen süßen Weißwein der Gegend so wichtig ist.

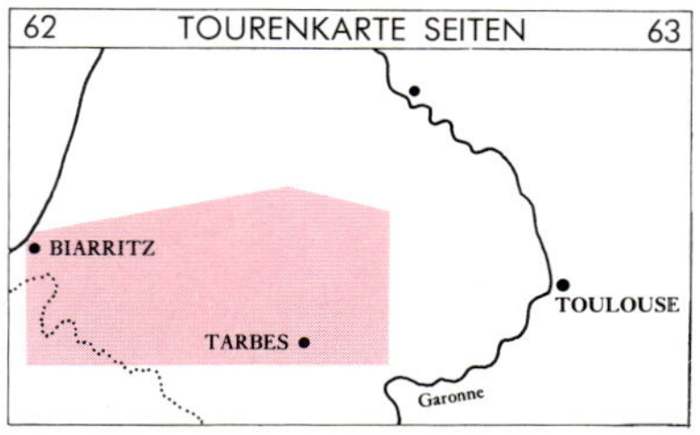

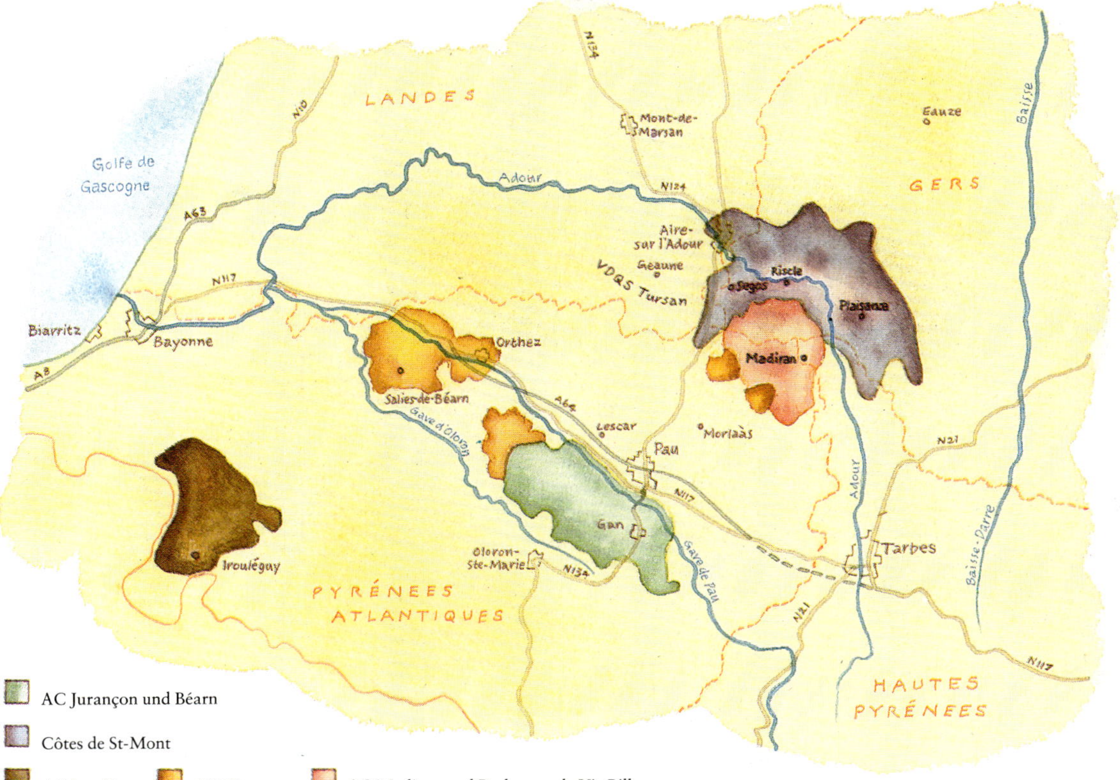

AC Jurançon und Béarn
Côtes de St-Mont
AC Irouléguy
AC Béarn
AC Madiran und Pacherenc de Vic Bilh
Départementgrenze

BEDEUTENDE WEINGÜTER

BÉARN

BELLOCQ, Postleitzahl 64270
Cave Coopérative* Beachtenswerter Cabernet Rosé

LA CHAPELLE DE ROUSSE, Postleitzahl 64110
Cru Lamouroux*

CÔTES DE ST-MONT

AURENSAN, Postleitzahl 32400
Domaine de la Bergalesse

ST-MONT, Postleitzahl 32400
Union de Producteurs Plaimont*. Hier wird auch der weiße und rote Vin de Pays des Côtes de Gascogne aus Meisterkoch Michel Guérards Domaine du Meunier abgefüllt.

IROULÉGUY

St-ÉTIENNE-DE-BAIGORRY, Postleitzahl 64430
Cave Coopérative

ST-JEAN-PIED-DE-PORT, Postleitzahl 64220
Etienne Brana Ertragsbeginn 1989

JURANÇON

GAN, Postleitzahl 64290
Cave Coopérative*, Château Jolies*, Domaine Moudinat

LAHOURCADE, Postleitzahl 64150
Alfred Barrère*

LASSEUBE, Postleitzahl 64290
Domaine Guirouilh

MONEIN, Postleitzahl 64360
Domaine Bru-Baché*, Clos Castéra, Domaine Cahaupé, Raymond Gaillot*, Vincent Labasse, Clos Uroulat

ST-FAUST, Postleitzahl 64110
Domaine Lasserre

MADIRAN

AURIONS-IDERNES, Postleitzahl 64350
Domaine de Crampilh

AYDIE, Postleitzahl 64330
Domaine Damiens, Vignobles Laplace*

CANNET, Postleitzahl 32400 136 C3
Jacques Achilli, Domaine de Fitère

CORBÈRES-ABÈRES, Postleitzahl 64350
Château Peyros

CROUSEILLES, Postleitzahl 64350
Cave Coopérative* Besonders beachtenswert: Château de Gayon und Rôt du Roy. Größter Erzeuger von Pacherenc du Vic Bilh.

GARLIN, Postleitzahl 64330
Domaine de Duisse

LASSERRE, Postleitzahl 64350
Domaine de la Motte

MADIRAN, Postleitzahl 65700
Château de Perron

MAUMUSSON, Postleitzahl 32400, 136 C3
Domaine Barréjat*; Domaine Bousacassé: Sehr guter Madiran; **Château Montus*, Domaine de Teston** Ebenfalls Pacherenc du Vic-Bilh.

ST LANNE, Postleitzahl 65700
Domaine Mamus/Cru du Paradis

ST-MONT, Postleitzahl 32400
Cave Coopérative

TURSAN

GEAUNE, Postleitzahl 40320
Cave Coopérative

VIELLE-TURSAN, Postleitzahl 40320
Domaine de la Castèle

DER NORDOSTEN

Das Land zwischen Paris und der deutschen Grenze ist so eng verknüpft mit Krieg und endlosen Schlachten, daß die Namen der Flüsse und Orte noch heute einen unheimlichen Klang haben. Reims, die Hauptstadt der Champagne, liegt im Herzen einer oft verwüsteten Region, die doch das berühmteste Erzeugnis dieser Himmelsgegend Frankreichs hervorbringt: den Champagner.

Drei Viertel der Weinberge, in denen diese Köstlichkeit wächst, drängen sich im Tal der Marne, nördlich davon bis Reims und südlich bis Epernay. Das vierte, nicht so weltberühmte, aber dennoch sehenswerte Viertel, liegt um die Stadt Bar-sur-Aube auf halbem Weg nach Chablis, dem nördlichen Vorposten Burgunds. Alle besseren Weine sind in der Nordostecke Frankreichs Weißweine, mit Ausnahme der an der nicht fernen Côte d'Or entstehenden großen Rotweine, die sich hier wie Abgesandte einer südlicheren Welt ausnehmen.

In der Nähe von Chablis stößt man um St-Bris auf die Reste der einst bedeutenden Weinbauregion Auxerre, die früher die Hauptstadt Paris mit einfachem Wein für den täglichen Verbrauch belieferte.

Noch weiter im Osten liegt zwischen Vogesen und Rhein das Elsaß, von der Gebirgskette gegen regenschwere Westwinde geschützt und durch längere Sonnenscheindauer verwöhnt als alle anderen Regionen Frankreichs. Der landschaftliche Kontrast zur Nachbarregion Champagne könnte gar nicht größer sein.

Am oberen Lauf der Mosel, der ja noch nach Frankreich fällt, wird nur sporadisch Weinbau getrieben. Erst in Luxembourg nimmt er größeren Umfang an, und erst ab Trier gewinnt der Moselwein größere Bedeutung.

Die nördliche Grenze des Weinbaus verläuft hier quer über die Landkarte von Orléans aus östlich an Paris vorbei bis zur Mosel in Deutschland. Paradox erscheint es, daß die Qualität des Weins um so höher ist, je näher er an dieser Nordgrenze wächst.

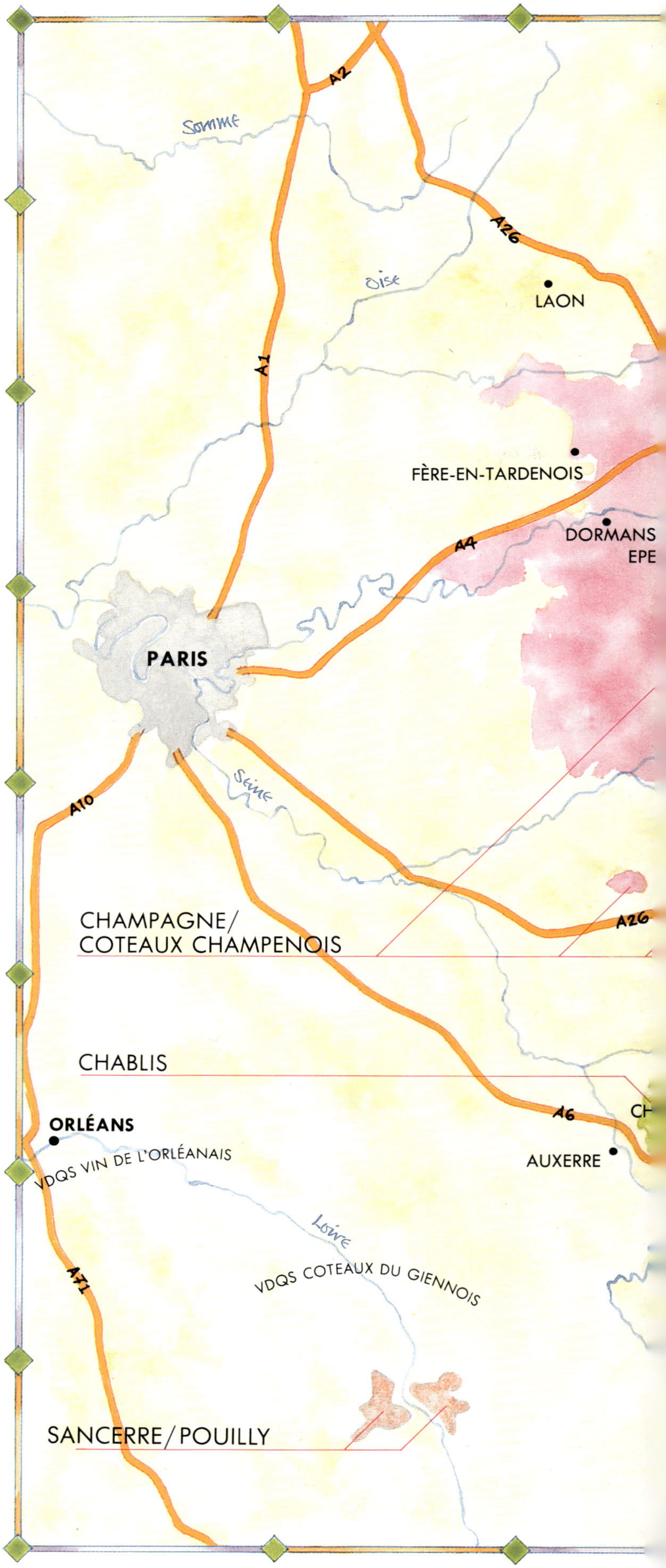

VINS DE PAYS

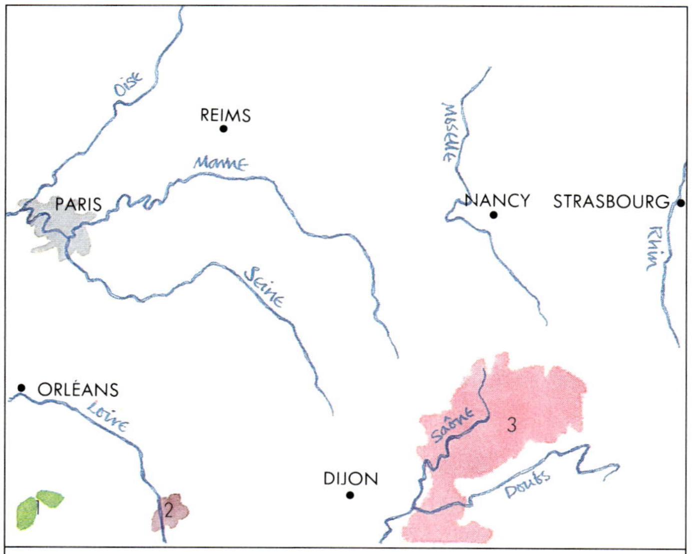

1 Coteaux du Cher et de l'Arnon
2 Coteaux Charitois
3 Franche-Comté

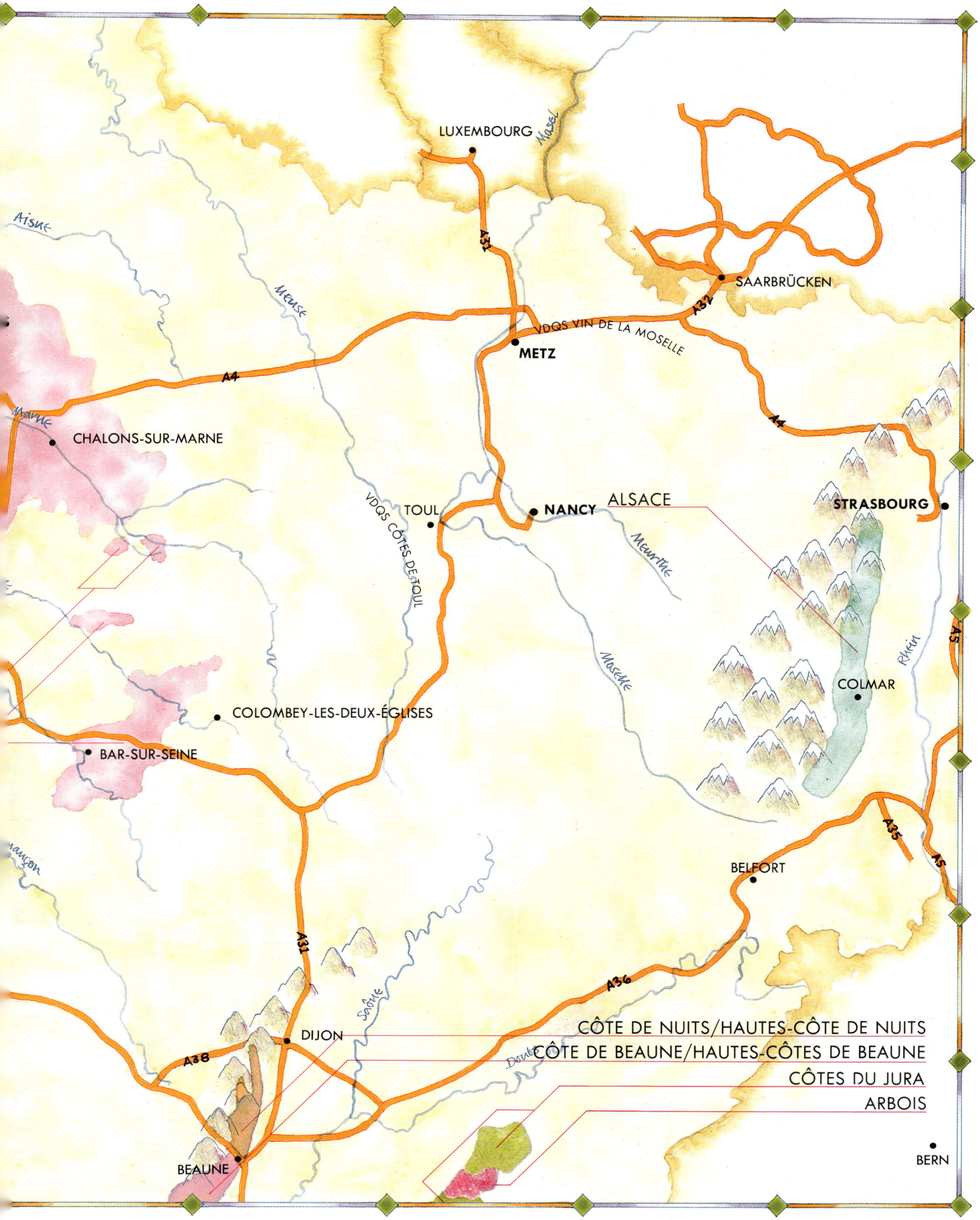
LUXEMBOURG
Mosel
Aisne
A31
SAARBRÜCKEN
A32
Meuse
VDQS VIN DE LA MOSELLE
METZ
A4
Marne
CHALONS-SUR-MARNE
A4
TOUL
NANCY
ALSACE
STRASBOURG
VDQS CÔTES DE TOUL
Meurthe
Moselle
Rhein
A5
COLMAR
COLOMBEY-LES-DEUX-ÉGLISES
BAR-SUR-SEINE
A35
A5
BELFORT
A31
A36
Saône
CÔTE DE NUITS/HAUTES-CÔTE DE NUITS
DIJON
CÔTE DE BEAUNE/HAUTES-CÔTES DE BEAUNE
Doubs
A38
CÔTES DU JURA
ARBOIS
BEAUNE
BERN

142
NO

BELGIQUE
LUXEMBOURG
LUXEMBOURG
Arlon
Aarlen
Longwy
ESCH-SUR-ALZETTE
Dudelange
THIONVILLE
METZ
Verdun
Ste. Menehould
Bar-le-Duc
ST. DIZIER
Toul
NANCY
Lunéville
Pont-à-Mousson
Commercy
St. Mihiel
Neufchâteau
Mirecourt
Charmes
Vouziers
Stenay
Montmédy
Carignan
Mouzon
Virton
Mont-St. Martin
Longuyon
Hayange
Woippy
Dombasle-sur-Meurthe
Joinville
Bologne
Bar-sur-Aube
Wassy
Ligny-en-Barrois
Vaucouleurs
Liverdun
Pompey
Frouard
Champigneulles
Rémerschen
Perl
Saulxures-Gaume

145

IDAR-
OBERSTEIN
KAISERSLAUTERN
NEUSTADT
LUDWIGSHFN.
MANNHM.
HEIDELBG.
WORMS
FRANKENTHAL
SPEYER
SAARBRÜCKEN
HOMBURG
PIRMASENS
ZWEI-
BRÜCKEN
LANDAU
KARLSRUHE
BRUCHSAL
PFORZHM.
RASTATT
BADEN-BADEN
GAGGENAU
STRAS-
BOURG
KEHL
OFFENBURG
LAHR
Haguenau
Saverne
Sarrebourg
Sarreguemines
ST. DIÉ
Naturpark
Pfälzer
Wald
B U N D E S R E P
D E U T S C H L

143
NO

144

NO

Louviers
Les Andelys
Gisors
Chaumont-en-Vexin
Neubourg
Vernon
Evreux
Mantes-la-Jolie
Pontoise
Chantilly
Creil
Senlis
Crépy-en-Valois
Lamorlaye
Gravigny
Aubergenville
Les Mureaux
Maisons-Laffitte
Goussainville
Poissy
St. Germain-en-Laye
Nanterre
Paris
Bobigny
Aulnay
Dreux
Versailles
Trappes
Vincennes
Lagny-sur-Marne
Créteil
Orsay
Rambouillet
Roissy
Ozoir-la-Ferrière
Bretigny-sur-Orge
Evry
Corbeil-Essonnes
Chartres
Melun
Etampes
Fontainebleau
Nemours
Pithiviers
Châteaudun
Orléans
Montargis
Châlette-sur-Loing
Beaugency
Olivet
Châteauneuf-sur-Loire

142

145
NO

146

145

ST.DIZIER
Toul
NANCY
Lunéville
Dombasle-sur-Meurthe
Neufchâteau
Châtenois
Mirecourt
Charmes
EPINAL
CHAUMONT
Langres
Vittel
Contrexéville
Remiremont
Luxeuil-les-Bains
Vesoul
Lure
Gray
DIJON
BESANÇON
Auxonne
Bar-sur-Aube
Wassy
Joinville
Bourbonne-les-Bains
Nogent-en-Bassigny
Montbéliard

146

NO

31

143

Sarrebourg
Saverne
Hochfdn.
Bischwiller
Brumath
GAGGENAU
BADEN-BADEN
Gernsb.
Herrenalb
Wildbad
Calw
Bühl
Achern
STRAS-BOURG
KEHL
Illkirch-Graffenstaden
Molsheim
Obernai
OFFENBURG
Baiersbronn
Freudenstadt
Nagold
HERREN-BERG
BUNDESREP.
Erstein
Gengenbach
LAHR
Friesenheim
Horb
Sulz
ST. DIÉ
Sélestat
Haslach
Schramberg
Oberndf.
BALINGEN
Kenzingen
Emmendingen
Waldkirch
Triberg
St. Georgen
Rottweil
DEUTSCHLAND
COLMAR
Breisach
Denzlingen
Furtwangen
SCHWENNINGEN
VILLINGEN-
Bad Dürrheim
Trossingen
FREIBURG
Donau-eschingen
TUTTLINGEN
Guebwiller
Bad Krozingen
Titisee-Neustadt
Ensisheim
MULHOUSE
Müllheim
Löffingen
Bonndorf
Blumberg
St.Blasien
SINGEN
SCHAFFHAUSEN
Neuhausen
LÖRRACH
Weil
Rhein-felden
Bad Säckingen
Waldshut
Tiengen
BASEL
Laufenburg
Liestal
Brugg
WINTER-THUR
Delémont
Baden
Olten
Aarau
ZÜRICH
Wohlen
SCHWEIZ
Moutier
Uster
Wetzikon

147
NO

CHAMPAGNE

NO

Bedenkt man das Image des Champagners als Getränk für festliche Gelegenheiten, dann könnte man meinen, seine Heimat müsse unbedingt eine von Blumen überquellende paradiesische Landschaft mit immer fröhlichen Bewohnern und einer glücklichen Vergangenheit sein. Die Realität ist freilich ganz anders. Die Champagne ist die nördlichste der großen Weinbauregionen Frankreichs. Die Durchschnittstemperatur beträgt, über das ganze Jahr verteilt, gerade 10 °C: Das deutet nicht auf günstige Wachstums- und Reifebedingungen für den Weinstock hin, und auch von überquellender Blütenpracht kann nur zeitweilig die Rede sein. In ihrer Art scheinen die Bewohner der Champagne mit denen von Bordeaux eher verwandt zu sein als mit den Nachbarn in Burgund; vielleicht ist es bezeichnend, daß in der Champagne viel Bordeaux und in Bordeaux viel Champagner getrunken wird. Die Geschichte der Champagne ist wahrhaftig keine glückliche gewesen.

Die Landschaft der Champagne ist zwar offen, aber gewiß nicht eintönig. Von der Nordseite des Marnetals aus eröffnen sich überraschende Fernblicke, die Orte an den Hängen der Montagne de Reims haben einen eigenen Charme, und im Frühherbst verleiht das weiche Sonnenlicht dem Rot und Gold der Weinberge eine romantische Atmosphäre. Die Menschen in der Champagne stellen ihre gastfreie Art immer wieder überzeugend unter Beweis: Viele Kellereien sind für Besucher geöffnet, und Jahr für Jahr nehmen Hunderttausende von Touristen die Gelegenheit zur Besichtigung wahr.

Allerdings hat es in der Geschichte der Region auch frohere Zeiten gegeben. So gut wie alle französischen Könige wurden in der Kathedrale zu Reims gekrönt, und schließlich darf auch die Erfindung des Champagners als ein historischer Höhepunkt gelten, wobei allerdings eher ein allmählicher Werdegang als eine plötzliche Entdeckung im Spiel war.

Lediglich die Vervollkommnung des Verfahrens der Champagner-Herstellung ist dem Erfindungsgeist einzelner zu verdanken. Besondere Ehre gebührt dem Mönch Dom Pierre Pérignon (1638–1715), Kellermeister in der Abtei Hautvilliers. Er ersann das Prinzip der *cuvée*, der sorgfältigen Mischung der Weine verschiedener Traubensorten aus verschiedenen Lagen, so daß dann das Ganze mehr ist als nur die Summe seiner Teile. Dom Pérignons Methode ist heute noch bei allen Champagnerfirmen in Gebrauch; die *cuvée* bestimmt den Stil des Hauses und die Klasse des Champagners. Auch andere Schaumweine werden nach dem Champagnerverfahren hergestellt, doch der echte Champagner ist immer etwas Einmaliges und Unvergleichliches. Der Grund hierfür liegt im Kreideboden der Champagne, der auch ideale Kellergewölbe für Millionen Flaschen Champagner abgibt: Unter Reims, Epernay und anderen Orten erstrecken sich mehr als 250 km unterirdische Gänge. Auch die Traubensorten tragen zum einzigartigen Charakter des Champagners bei: der dunkle Pinot Noir und Pinot Meunier und der weiße Chardonnay. Entscheidend für ihre Qualität ist zum Teil auch die Lage, die Gemeinde, wo sie wachsen. Es gibt 17 Grand-Cru-Orte, deren Wert mit 100 % angesetzt ist; es folgen 40 Premier-Cru-Orte mit einer Bewertung von 90 bis 99 % und anschließend die unteren Klassifizierungen.

Die dunklen Trauben werden gekeltert, als wenn es weiße wären, d. h. sie werden gepreßt und vergoren, ohne daß den Schalen Zeit gelassen wird, Farbstoffe an den Most abzugeben. Deshalb sind auch Champagner, die nur von Pinot Noir gewonnen werden, stets weiß. Nach dem Gärprozeß und der Zusammenstellung der *cuvée* wird der Wein in Flaschen abgefüllt und durch Zugabe von Hefe und Zucker zu erneuter Gärung angeregt. Hierbei entwickelt sich Kohlendioxid mit hohem Druck. Bei dieser Flaschengärung entsteht außerdem ein Bodensatz, der aus dem Champagner entfernt werden muß. Bei der klassischen Methode werden die Flaschen dazu mit dem Hals nach unten auf schräge Regale, sogenannte *pupitres*, gelegt. Zwei oder drei Monate lang müssen sie nun Tag für Tag geschüttelt, gedreht und etwas steiler gestellt wer-

Links und ganz links: Die Orangerie im Hauptquartier von Moët & Chandon in Epernay ist eine Kopie der Orangerie in Versailles. Nicht weit davon zieht die Marne geruhsam ihre Bahn.
Unten: In der Montagne de Reims.

den, bis sie endlich ganz auf dem Kopf stehen und der Bodensatz im Flaschenhals hinter dem Korken sitzt. Nun werden die Flaschen mit dem Hals in eine eiskalte Salzlösung gesteckt und dann geöffnet. Der Pfropfen aus gefrorenem Bodensatz schießt heraus, und nun wird mit einem Gemisch aus Wein und Rohrzucker aufgefüllt. Auf diese Weise erhält der Champagner den gewünschten Süßegrad. Selbst ein *brut* ist nie ganz trocken. Heute wird der *Remuage*-Vorgang (das Drehen, Rütteln und Kippen der Flachen) bei den meisten Firmen maschinell ausgeführt.

Die Qualität des Champagners ist von vielerlei abhängig. Ein wichtiger Punkt ist die Ruhezeit, die ihm nach der zweiten Gärung gegönnt wird. Für einfachen Champagner ist ein Jahr vorgeschrieben; die meisten großen Häuser halten jedoch in der Regel drei Jahre ein, denn je länger ein Champagner reift, desto feiner und beständiger ist die Bildung der Perlen und um so milder und harmonischer sein Geschmack.

Der Champagnerhandel wird von den großen „Häusern" beherrscht. Sie verfügen meist nicht über eigene Weinberge, oder ihr Besitz ist so klein, daß er den Bedarf der Produktion nicht decken kann. Deshalb müssen bei den über 14 000 Winzern der Region Trauben eingekauft werden. Das Produktionsprogramm einer großen Firma umfaßt meistens eine jahrgangslose Standardqualität (oft in den Versionen Brut und Demi-sec), einen Jahrgangs- oder Millésime-Champagner, einen Blanc de Blancs (nur von weißen Trauben), einen Rosé (meist durch Beimischen von etwas Rotwein) sowie eine Cuvée de Prestige (einen besonders hochwertigen, meist sehr teuren Champagner als Spitzenerzeugnis des Hauses). Nicht so bekannt ist der Crémant, der nur den halben Kohlensäuredruck hat und deshalb sanfter schäumt; ferner ganz oder doch fast ganz trockene Versionen (als Brut de Brut, Brut Sauvage, Brut Zéro usw. bezeichnet); der Coteaux Champenois, ein nicht schäumender Rot- oder Weißwein aus der Champagne; und Ratafia (Traubensaft mit Tresterschnaps gemischt).

REISE-INFORMATIONEN

Die Champagne genießt einen guten Ruf als gastfreundliches Land; ihre Hotels und Restaurants profitieren vom Ruhm der großen Champagner-Häuser ebenso wie von der Lage im Kreuzungspunkt der Nord-Süd- und Ost-West-Verkehrswege. Viele leider teure Restaurants bieten Gelegenheit, die Behauptung der Champagner-Erzeuger, ihre Produkte seien für alle Speisen gute Begleiter, zu prüfen.

HOTELS

La Maison du Champagne, 51400 Beaumont-sur-Vesle, Tel. 26 61 62 45. Kleines, einfaches, sauberes Hotel in einem Ort süd-östl. von Reims; mit Restaurant. Klasse B/C.

Royal Champagne, 51160 Champillon-Bellevue, Tel. 26 51 11 51. In schöner Lage mit herrlichem Blick auf das Marnetal. Renovierte Zimmer. Oft sehr gute Küche. Klasse A.

Les Berceaux, 13, rue des Berceaux, 51200 Epernay, Tel. 26 55 28 84. Die Einrichtungen des alten Hotels wurden inzwischen verbessert. Traditionelle Küche (z. B. *escargots au Champagne).* Les Berceaux hat in derselben Straße eine Bar mit Ausschank offener Weine. Klasse B.

Le Champagne, 30, rue Eugène-Mercier, 51200 Epernay, Tel. 26 55 30 22. Guter Komfort. Klasse B.

Aux Armes de Champagne, 51460 l'Epine, Tel. 26 68 10 43. Geschmackvoll eingerichtete Zimmer, gute Küche und Blick auf die Basilika. Klasse B/C.

Hostellerie du Château, 02130 Fère-en-Tardenois, Tel. 23 82 21 13. Luxuriöses Schloßhotel (16. Jh.), 50 km westlich von Reims. Herrliche Lage in einem Park. Gute Küche. Klasse A.

Hotel de la Paix, 9, rue Buirette, 51100 Reims, Tel. 26 40 04 08. Eines der besseren Hotels in Reims, nicht weit von der Kathedrale; mit gut eingerichteten Zimmern und einem Swimming Pool. Zimmer nach vorn ziemlich laut. Klasse B.

La Briqueterie, 51200 Vinay, Tel. 26 54 11 22. Einige Kilometer südlich von Epernay; idealer Platz für einen Aufenthalt in der Weinregion. Moderner Komfort, Garten – Ruhe und Frieden. Einfallsreiche Küche. Klasse A/B.

Cheval Blanc Sept-Saulx, 51400 Mourmelon-le-Grand, Tel. 26 61 60 27. Landgasthaus an einem Bach abseits der Straße nach Châlons. Bequeme Zimmer; sehr gute Küche. Klasse A/B.

RESTAURANTS

In vielen Restaurants der Region wird eine feine Küche gepflegt, wozu der Champagner einen vorzüglichen Partner abgibt und oft als Zutat dient. Es gibt aber auch regionale Spezialitäten einfacherer Art, z. B. *potée champenoise,* eine dicke Suppe aus Fleisch und Gemüse. Sie ist das traditionelle Essen währen der Weinlese. In dieselbe Kategorie gehören *andouillettes* (Würstchen), Schinken aus Reims und Oger, *pieds de cochon* oder *mouton* (Schweinshaxe bzw. Hammelkeule) sowie *tarte aux raisins* (Traubentorte).

Hotel d'Angleterre, 19, place Monseigneur-Tissier, 51000 Châlons-sur-Marne, Tel. 26 68 21 51. Sehr gutes Restaurant bei der Kathedrale; auch Hotel. Klasse B.

Le Relais de Cherville, 51150 Cherville, Tel. 26 69 52 76. Feines Lokal auf halbem Weg zwischen Epernay und Chalons. 1980 von einem Mitglied der Familie Trouillard (von der Champagnerfirma) eröffnet. Spezialitäten: *foie gras* und *rognons de veau à l'estragon.* Klasse B.

La Table-Sourdet, 51700 Dormans, Tel. 26 58 20 57. Die Familie Sourdet hat sich mit ihren Restaurants einen guten Ruf geschaffen. Klasse B.

Jean Burdin, 10, place Mendès-France, 51200 Epernay, Tel. 26 51 66 69. Regionale Küche (z. B. Austern in Champagner); Einrichtung in *Fin-de-siècle*-Stil. Klasse C.

Le Chapon-Fin, 2, place Mendès-France, 51200 Epernay, Tel. 26 55 40 03. Bei Einheimischen sehr beliebt; einfache Küche. Hotel angeschlossen. Klasse C.

Le Mesnil, 51190 Le-Mesnil-sur-Oger, Tel. 26 57 95 57. Fischspezialitäten und eine reiche Auswahl an Weinen im Herzen der Côte des Blancs. Klasse B.

Auberge du Grand-Cerf, 51500 Montchenot, Tel. 26 97 60 07. Gasthaus an der Straße Reims-Epernay; hier werden Gäste mit Freundlichkeit und Stil empfangen. Jahreszeitlich orientierte feine Küche; großer Weinkeller, Garten und Terrasse. Klasse B.

Le Chardonnay, 184, avenue d'Epernay, 51100 Reims, Tel. 26 06 08 60. Elegantes, gepflegtes Restaurant (früher Gérard Boyer's Chaumière; er ist jetzt im Crayères). Gute Küche; Garten. Klasse B.

Les Crayères, 64, boulevard Henri-Vasnier, 51100 Reims, Tel. 26 82 80 80. Hier zu speisen ist ein Erlebnis. Die Küche unter der Leitung von Gérard Boyer ist sublim, und die ganze Atmosphäre ist glanzvoll: ein sehr fein ausgestattetes Schlößchen in einem wunderschönen Park mit Blick auf Reims. Geschmackvoll eingerichtete Hotelzimmer. Klasse A.

Le Florence, 43, boulevard Foch, 51100 Reims, Tel. 26 88 12 70. Elegant ausgestattetes altes Gebäude; der Service hat Stil, die Küche Finesse. Klasse A/B.

Foch, 37, boulevard Foch, 51100

Reims, Tel. 26 47 48 22. Sehr angenehmes, zuverlässiges Restaurant. Sorgfältige Küche, freundliche Bedienung. Klasse B.
Le Vigneron, place Paul-Jamot, 51100 Reims, Tel. 26 47 00 71. Ein echtes Lokal der Champagne mit alten Plakaten, einer umfangreichen Weinkarte und einfacher regionaler Küche *(potée champenoise, canard au ratafia)*. Klasse B.
Le Relais de Sillery, 51500 Sillery, Tel. 26 49 10 11. Gemütliches Lokal in einem Weinort. Klasse B.
L'Assiette Champenoise, 40, avenue Paul-Vaillant-Couturier, 51430 Tinqueux, Tel. 26 49 34 94. Im Sommer 1987 zog das Restaurant von Châlons-sur-Vesle nach dem Vorort von Reims um. Sehr sorgfältige Küche. Klasse B.
La Touraine Champenoise, 51150 Tours-sur-Marne, Tel. 26 48 91 93. Charmantes Gasthaus an einem Kanal. Einfache Küche; Klasse C. Auch Hotelzimmer (Klasse B/C).

DIE CHAMPAGNER-STÄDTE

REIMS

Keller, Kirchen und Kunst sind die drei Attraktionen von Reims. Die großen Champagner-Häuser (s. Erzeuger) heißen Besucher stets willkommen. Die Stadtmitte wird beherrscht von der Kathedrale Notre-Dame, einem der großartigsten Kirchenbauten der Welt. Sie stammt aus dem 13. und 14. Jh.; die Türme wurden im 15. Jh. fertiggestellt. Nach der Beschießung im 1. Weltkrieg war das Dach eingestürzt, und die ganze Kathedrale mußte restauriert werden. Die reichgeschmückte Westfassade ist von besonderer künstlerischer Qualität; im Inneren beeindrucken die Orgel und die Kirchenfenster (einige davon aus der Hand von Marc Chagall). Fast alle französischen Könige wurden hier gekrönt. Neben der Kathedrale befindet sich im Palais du Tau ein Museum mit Skulpturen von der Kathedrale und mit religiösen Kunstwerken. Ebenfalls nicht weit von der Kathedrale steht eines der reichsten französischen Kunstmuseen, das Musée St-Denis (Tapisserien, Gemälde französischer Meister usw.). Die Basilika St-Rémi aus dem 11. und 12. Jh. sieht von außen karg aus, ist im Inneren aber prachtvoll und lohnt einen Besuch ebenso wie das Musée St-Rémi daneben (10 Gobelins mit Szenen aus dem Leben des Heiligen; archäologische Funde). Die Geschichte von Reims wird in Radierungen (z. T. von Dürer), Gemälden, Skulpturen und Möbeln im Musée Hôtel Le Vergeur lebendig (36, place du Forum – dort sind auch Überreste des römischen Forums). Ebenfalls zu erwähnen: die

Rechts: Freundlich wie das wettergebräunte Gesicht dieses Weinbergarbeiters ist auch die Landschaft der Champagne.
Unten: Bei Bouzy am Südrand der Montagne de Reims.

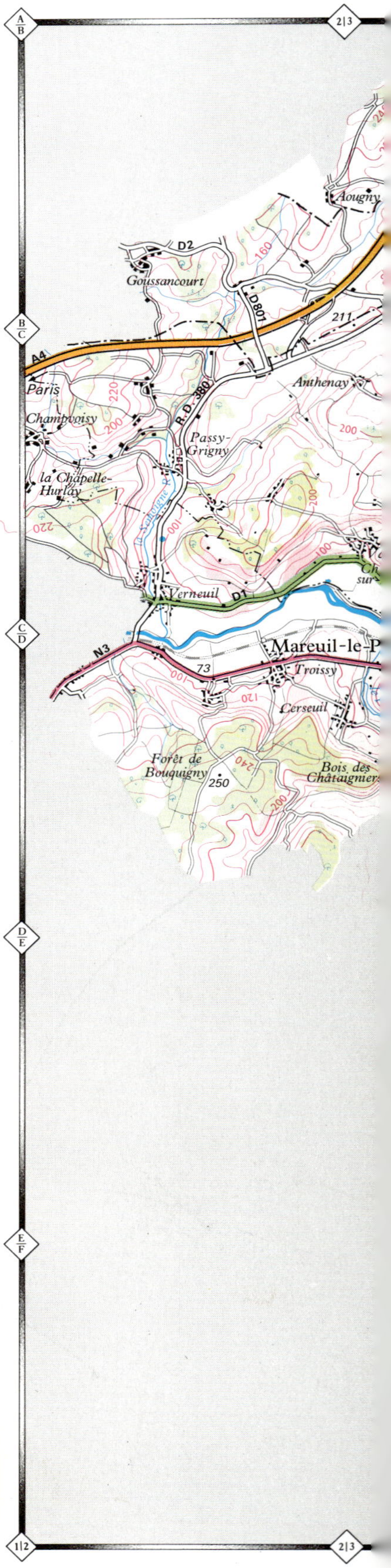

Reims
Tinqueux
Bethel
Cité Charbonneaux
Cormontreuil
Taissy
Canal de l'Aisne
SILLERY
PUISIEULX
BEAUMONT-SUR-VESLE
Chemin de la Barbarie
VERZENAY
VERZY
MAILLY
Châlons-sur-Marne
VILLERS-MARMERY
RILLY-LA-MONTAGNE
CHIGNY-LES ROSES
LUDES
VILLERS-ALLERAND
MONTBRÉ
Trois Puits
Champfleury
Villers-aux Noeuds
Mont Trouilly
Bezannes
les Mesneux
Ormes
Gueux
Janvry
Treslon
Vrigny
Méry-Prémecy
Coulommes la Montagne
Bouleuse
Tramery
Pargny-les-Reims
St. Euphraise et Clairizet
Jouy-les-Reims
Aubilly
Sarcy
Ville-Dommange
Sacy
Bouilly
Bligny
Courmas
le Bois de la Fosse
Ecueil
Chamery
Chambrecy
Chaumuzy
Marfaux
les Pâtis d'Ecueil
Pourcy
Courtagnon
Champlat et Boujacourt
Bois de Reims
Jonquery
Bois de la Cohérte
Cuchery
Belval sous Châtillon
Bois de Courton
Nanteuil la Fosse
Bois de St. Quentin
Bois de Nanteuil
Bois de Fleury
Bois de la Rodemat
Bois du Roi
Villers-sous-Châtillon
Fleury-la-Rivière
Cormoyeux
Romery
Etang de St Imoges
St. Imoges
Etang des Sentelles
FORÊT DE LA MONTAGNE DE REIMS
les Battis de Sermiers
le Bois de St. Rémy
Chemin de la Serre
les Battis
Ville-en Selve
Bois de Notre Dame
Germaine
Bois du Mont St. Hulin
Bois du Gouffre
Mont Hurlet
TRÉPAIL
Mont Tournant
Bois des Dames
LOUVOIS
TAUXIÈRES-MUTRY
Fontaine-sur-Ay
Mt. Ecouve
BOUZY
AMBONNAY
Vaudemanges
Reuil
Venteuil
HAUTVILLERS
Bois de St. Marc
CUMIÈRES
Damery
CHAMPILLON
Bois de Charlefontaine
DIZY-MAGENTA
MUTIGNY
AVENAY VAL D'OR
Canal latéral
Mardeuil
AY
MAREUIL-SUR-AY
Mont Charlier
BISSEUIL
TOURS-SUR-MARNE
Condé-sur-Marne
Boursault
Vauciennes
Etang d'Orléans
Etang Neuf
Forêt D'Epernay
Épernay
CHOUILLY
PIERRY
Cubry Ruisseau
Vinay
Moussy
Chavot
CUIS
CÔTE DES BLANCS
Butte de Saran
Monthelon
Mancy
CRAMANT
AVIZE
Morangis
Moslins
GRAUVES
B d'Avize
OGER
Forêt d'Oger
Forêt du Mesnil
LE MESNIL-SUR-OGER
Gionges
VERTUS
Bois de Cormont
Schloß Saran
151
NO
Départementgrenze
Arrondissementgrenze
Kantonsgrenze
MAILLY Gemeinde (Gemarkung) mit einer Lagenbewertung von mind. 99%
MONTBRÉ Gemeinde (Gemarkung) mit einer Lagenbewertung von 90 bis 98%
Weinberge
Wald
Höhenlinienabstand 20 m
Autoroute
Route Nationale
Weinstraße
1:157,000
Km. 0 1 2 3 4 5 6 Km.
Miles 0 1 2 3 4 Miles
N
144 TOURENKARTE SEITEN 145
REIMS
PARIS
ÉPERNAY
CHARTRES
ORLÉANS
TROYES
Seine
Marne
Aube

Kapelle Notre-Dame de la Paix, ausgemalt von Léonard Foujita (33, rue Camp-de-Mars); das frühere Jesuiten-Kolleg (Möbel, religiöse Kunst, Bibliothek, Planetarium – 1, place Museaux); die Porte Mars (römischer Triumphbogen, nördlich der Stadtmitte); die Salle de la Rendition (hier wurde am 7. Mai 1945 die Kapitulation Deutschlands unterzeichnet – 12, rue Franklin-Roosevelt); und das Musée de l'Automobile Française (84, avenue Georges-Clemenceau).

ÉPERNAY

Das unterirdische Epernay mit seinen kilometerlangen Weinkellern wird Jahr für Jahr von vielen tausend Touristen besucht. Aber auch über der Erde hat die belebte Stadt (30 000 Einwohner) einiges zu bieten. Zunächst ist hier das Musée Municipal in der Avenue de Champagne gegenüber Perrier-Jouët zu nennen. Es besteht aus drei Museen: Musée du Vin de Champagne (Geräte, Gläser, Flaschen, ein Diorama usw.), Musée des Beaux-Arts (Kunst) und Musée de Préhistoire et d'Archéologie Régional. Am Ende dieser Avenue hat das Champagner-Haus Mercier ein Museum mit 40 alten Weinkeltern eingerichtet. Zwischen der Avenue de Champagne und der Marne liegen die Keller von de Castellane mit einem bemerkenswerten Wasserturm (Tour de Castellane) als Wahrzeichen. Er enthält ein Weinmuseum mit Etiketten, Plakaten usw. und kann als Aussichtspunkt bestiegen werden.

SEHENSWERTES

Avenay-Val-d'Or Kirche mit Fassade im gotischen Flamboyant-Stil.
Avize Schöne Kirche mit romanischem Portal.
Ay Das Musée Champenois zeigt einen Überblick über die Entwicklung des Weinbaus. Die gotische Kirche hat eine reich geschmückte Fassade.
Boursault Oberhalb des Dorfs, das einem Käse den Namen gegeben hat, steht das Château, das sich die Witwe Clicquot 1842 bauen ließ. Heute gehört es einem Winzer im Ort.
Châlons-sur-Marne Alte Fachwerkhäuser und schöne Kirchen lohnen einen Besuch. Die älteste Kirche ist St-Jean (12. Jh.), die größte die gotische Kathedrale St-Etienne (prachtvolle Kirchenfenster) und die klangvollste ist Notre-Dame-en-Vaux mit ihrem aus 56 Glocken bestehenden Geläut. Im Musée de Notre-Dame-en-Vaux sind schöne mittelalterliche Skulpturen ausgestellt. Das Musée Garinet/ Musée Goethe-Schiller (3, rue Louis-Pasteur) pflegt das Andenken an die beiden Dichter und die Schlacht von Valmy. Das Musée Municipal (Place Godart) ist der Archäologie und der Malerei gewidmet. Das Musée d'Histoire Militaire befindet sich in der Rue Léon-Bourgeois 68. Am Marne-Ufer erstrecken sich ein Park und ein englischer Garten.
Châtillon-sur-Marne Geburtsort von Papst Urban II. (1042). Ihm ist eine Kolossalstatue errichtet worden; man kann im Inneren hinaufsteigen. Ferner ist eine Burgruine zu besichtigen.
La Cheppe Außerhalb des Orts (nordöstlich von Châlons) liegt das Tal, wo der Hunnenkönig Attila im Jahr 451 vor der Entscheidungsschlacht mit den verbündeten Heeren der Römer und Franken sein Lager aufgeschlagen hatte. Eine Million Krieger nahm an der Schlacht auf den Katalaunischen Feldern teil. Ein Fünftel von ihnen soll umgekommen sein. Die Römer trugen mit Mühe und Not den Sieg davon.
Cramant Am Ortseingang des Dorfs, wo nur Chardonnay-Reben kultiviert werden, steht eine riesige Flasche. Ein paar Kilometer weiter im Norden liegt das Château de Saran, wo die Firma Moët & Chandon ihre VIP-Gäste bewirtet.

Cuis Kirche aus dem 12. Jh.
Cumières Terrasse mit schönem Blick auf das Marne-Tal mit seinen Weinbergen.
Damery Besonders schöne Kirche aus dem 13. bis 16. Jh.
Dormans In beiden Weltkriegen schwer getroffen, aber aufs beste wieder aufgebaut. Neben der z. T. aus dem 13. Jh. stammenden Kirche und dem Schloß aus dem 17. Jh. besitzt Dormans die Chapelle de la Reconnaissance, die der Marschall Foch zum Gedenken an die Kämpfe an der Marne bauen ließ. Von dieser hochgelegenen Kapelle aus hat man eine schöne Aussicht.
L'Epine Die Basilika Notre-Dame aus dem 15. Jh. ist im gotischen Flamboyant-Stil erbaut. Im Musée Agricole de la Bertauge sind Geräte aus Landwirtschaft und Weinbau ausgestellt.
Germaine Forstmuseum.
Grauves In der Kirche eine Statue der Madonna auf einer alten Kelter.
Hautvillers Die Gebäude der früheren Benediktinerabtei (gegründet 650), in der Dom Pérignon arbeitete, sind von der Firma Moët & Chandon in ein Museum umgewandelt worden. Es enthält eine Nachbildung der Zelle und des Laboratoriums von Dom Pérignon. Dieser ist in der Kirche begraben, ebenso Dom Ruinart. Das Museum kann nur nach vorheriger Vereinbarung mit Moët & Chandon besucht werden. Hautvillers selbst hat viele schmiedeeiserne Zunftschilder aufzuweisen.
Louvois Vor dem für Besucher nicht geöffneten Château liegt ein Park von Le Nôtre. Im Ort befindet sich eine Kirche aus dem 12. Jh.
Mareuil-sur-Ay Eine romanische Kirche und das Château Montebello, nach dem ein Champagner benannt ist.
Le Mesnil-sur-Oger Romanische Kirche.
Puisieulx An der N44 liegt das Fort de la Pompelle mit einem Museum über den 1. Weltkrieg und die Geschichte des Forts.
Rilly-la-Montagne Lebhafter Weinort. Amüsante Schnitzereien am Chorgestühl der Kirche stellen Weinbauarbeiten dar.
Sacy Kirche St-Rémi aus dem 12. Jh.
Vertus Alte Häuser und eine interessante romanische und gotische Kirche über Quellen erbaut. Überreste der Stadtmauer.
Verzenay Hier steht eine der wenigen alten Windmühlen in der Champagne. Sie befindet sich im Besitz von Heidsieck Monopole und dient zur Bewirtung von Gästen.
Verzy Nicht weit von diesem Ort stehen die Faux de Verzy, seltsam verkrümmte Buchen mit schirmartigen Kronen; manche sind über 500 Jahre alt. Ebenfalls in der Nähe ist der höchste Punkt der Montagne de Reims mit dem Mont-Sinaï-Observatorium.
Ville-Dommange Nahe beim Ort die Kapelle St-Lié aus dem 15. Jh.; schöne Aussicht über die Umgebung.

AKTIVITÄTEN UM DEN WEIN

Weinmärkte werden nur im Département Aube veranstaltet (siehe S. 157). Neben den Festlichkeiten zum St-Vincent-Tag (22. Januar) sind lediglich noch die Ende Mai in Bouzy stattfindenden Heures Champenoises zu nennen.
Weinbruderschaften: l'Ordre des Coteaux de Champagne, l'Ordre des Pieds de Vigne Champenois und la Confrérie des Echevins de Bouzy.

WEININFORMATIONEN

Das Comité Interprofessionnel der Champagne (CIVC), 5, rue Henri-Martin, Epernay, verfügt über sehr umfassendes Informationsmaterial. Die Champagnerfirmen sind im allgemeinen besucherfreundlich und bieten Führungen, Werbeliteratur und Proben an. Besichtigungen sind meist zwischen 10 und 12 Uhr sowie 14 und 16 Uhr möglich. Manche Firmen haben im August geschlossen.

Rechts: Champagnerflaschen auf dem pupitre; der remueur macht mit einer Lampe den Satz im Flaschenhals sichtbar.
Unten: Das Haus Krug in Reims gehört zu den wenigen, die noch alle Weine in kleinen Eichenfässern gären lassen.

BEDEUTENDE ERZEUGER

AVIZE, Postleitzahl 51190, 151 E5

Bricout & Koch; Union Champagne: Gigantische moderne Genossenschaft; Marken: Pierre Vauson, St-Gall und St-Michel.

AY, Postleitzahl 51160, 151 D5

Ayala & Co*: Seriöse, traditionsbewußte Firma mittlerer Größe. Ihr gehört auch die Marke Montebello sowie Château La Lagune im Médoc. Sehr ansprechender Blanc de Blancs.
Bollinger*: Einer der großen Namen der Champagne; qualitätsbewußte Familienfirma. 70 % des Traubenbedarfs werden aus eigenen erstklassigen Weinbergen gedeckt. Bollinger-Champagner ist in Duft und Geschmack voll Charakter. Der Jahrgangs-Champagner RD *(récemment dégorgé)* lagert 7 bis 10 Jahre auf dem Sediment und erlangt dadurch große Fülle und Subtilität.
Raoul Collet: Tatkräftige Genossenschaft.
Deutz & Geldermann*: Dynamische kleine Firma mit rund 40 ha Weinbergbesitz und energischem Streben nach Vielfalt. Zweigbetriebe im Rhônetal, in der Touraine und in Kalifornien sowie ein Tochterunternehmen in Breisach. Spezialität: Jahrgangs-Champagner.
Gosset*: Die Firma Gosset (gegründet 1584) ist das älteste Champagner-Haus; seit vielen Generationen Familienbetrieb in Ay. Gute Jahrgangs-Champagner und ein vorzüglicher Rosé. 10 ha Weinbergbesitz.
Henri Goutorbe. Ivernel*: Stilvoll; besonders feine *mousse.*

BOUZY, Postleitzahl 51150, 151 D7

Paul Bara.
Barancourt: Etwa 90 % der Produktion stammen aus eigenen Trauben von 45 ha Weinbergbesitz (davon die Hälfte in Aube). Kräftige, langlebige Champagner.
Georges Vesselle; Jean Vesselle.

CHÂLONS-SUR-MARNE, Postleitzahl 51000 151 C8

Joseph Perrier*: Firma mit zunehmend gutem Ruf. Elegante, feste Champagner. Etwa ⅓ der Trauben kommen aus eigenen Weinbergen (20 ha). Spitzenerzeugnis: Cuvée Cent Cinquantenaire.

CHIGNY-LES-ROSES, Postleitzahl 51500, 151 B6

Cattier.

CHOUILLY, Postleitzahl 51200, 151 D5

Centre Vinicole de la Champagne: Genossenschaftskellerei; Marken u. a. Nicolas Feuillatte.
R. & L. Legras*: Sorgfältige Champagnerbereitung fast nur aus weißen Trauben. Berühmte Pariser Restaurants kaufen hier ihre Hausmarken. Der Weinbergbesitz der Familie Legras beträgt 22 ha.

CRAMANT, Postleitzahl 51200, 151 E5

Bonnaire-Bouquemont; Pertois-Lebrun.

CUMIÈRES, Postleitzahl 51200, 151 D5

René Geoffroy.

DIZY, Postleitzahl 51200, 151 D5

Jacquesson & Fils: Delikater, exquisiter Blanc de Blancs, aber auch einfachere Sorten.

ÉPERNAY, Postleitzahl 51200, 151 D5

Boizel.
De Castellane: Laurent Perrier erwarb 1984 eine Minderheitsbeteiligung. Zwar kein großartiger, aber sauberer, zuverlässiger Champagner. Auch Likörherstellung.
A. Charbaut & Fils.
Alfred Gratien*: Kleine Firma mit traditionellen Methoden, v. a. die Jahrgangs-Champagner sind exzellent. Zum Besitz gehört auch Gratien & Meyer in Saumur.
Mercier: Die Firma mit 210 ha Weinbergen in Ertrag beliefert v. a. den französischen Markt. Anständiger, milder Champagner. Kellerbesichtigung auf Elektrokarren. Mercier gehört zur Moët-Hennessy-Gruppe.
Moët & Chandon*: Mit einer Jahresproduktion von 18 Millionen Flaschen, mit 485 ha Weinbergbesitz und mit 28 km Kellergewölben ist dies die bei weitem größte Champagner-Firma. Die Qualitätspalette reicht von einfach und gut (der jahrgangslose Brut) bis exzellent (Cuvée de Prestige Dom Pérignon). Mit der Cognac-Firma Hennessy bildet das Haus die mächtige Moët-Hennessy-Gruppe, der auch Mercier und Ruinart sowie Beteiligungen in Kalifornien gehören. Enge Verbindungen bestehen zu Veuve Clicquot und Christian Dior.
Oudinot: Die Firma gehört zwei Brüdern aus der Familie Trouillard. 65 ha Weinbergbesitz liefern fast den ganzen Traubenbedarf. Weitere Marken: Jeanmaire, Beaumet.
Perrier-Jouët*: Wie Heidsieck Monopole und Mumm im Besitz von Seagram. Champagner mit großer Vitalität, am besten der Jahrgangs-Rosé, Blason de France (weiß und rosé) und Belle Époque (weiß und rosé; in prachtvoller *Art-nouveau*-Flasche).
Pol Roger*: Sehr gewissenhafte Familienfirma mit exquisiten klassischen Champagnern in stets feinster Qualität. Der Rosé und der weiße Chardonnay zählen zu den besten ihrer Art. Etwa 70 ha Weinbergbesitz liefern rund ⅓ des Traubenbedarfs.
De Venoge: Nach mehrfachem Besitzerwechsel verjüngt und künftig beachtenswert.

LUDES, Postleitzahl 51500, 151 C5

Canard-Duchêne: Im Besitz von Veuve Clicquot, Reims.
Victor Canard.

MAILLY-CHAMPAGNE, Postleitzahl 51500, 151 C6

Cave Coopérative.

LE MESNIL-SUR-OGER, Postleitzahl 51190, 151 F5

Guy Charlemagne;
Launois Père & Fils*.
Salon*: Kleine, prestigeträchtige Firma im Besitz der Pernod-Ricard-Gruppe, liefert ausschließlich hochwertige Champagner aus weißen Trauben. Weinbergbesitz 1 ha.
Julien Tarin.

OGER, Postleitzahl 51190, 151 F5

F. Bonnet & Fils*: Familienfirma mit 22 ha Weinbergen an der Côte des Blancs (⅔ des Bedarfs werden dadurch gedeckt). Elegante, mild-frische Champagner; am besten der Jahrgangs-Blanc de Blancs.

MAREUIL-SUR-AY,
Postleitzahl 51160, 151 D6

Billecart-Salmon*: Kühle, langsame Gärung verleiht den Champagnern des Hauses leichte, frische Art, bei kräftiger Substanz und Langlebigkeit.
Philipponat: Im Besitz von Gosset, Ay. Sehr korrekter Stil; am besten der Clos des Goisses.

REIMS, Postleitzahl 51100, 151 A6

Besserat de Bellefon (N51, Murigny): Sehr moderne Firma, Teil der Pernod-Ricard-Gruppe. 10 ha Weinbergbesitz; am besten der Crémant des Moines Rosé und der B de B (Cuvée de Prestige).
Charles Heidsieck* (3, place des Droits-de-l'Homme): Klassischer, langlebiger Champagner mit Frucht, Frische und feiner *mousse*. Die modern eingerichtete Firma gehört (wie Krug) seit 1985 zu Rémy-Martin. Ihr Gründer Charles-Camille Heidsieck war der berühmte „Champagner-Charlie".
Heidsieck & Co. Monopole * (83, rue Coquebert): Die zur Seagram-Gruppe gehörende Firma hat als bekannteste Marke den Dry Monopole im Programm, einen jahrgangslosen Brut von allerdings unsteter Qualität. Der Jahrgangs-Champagner und vor allem die Prestige-Cuvée Diamant Bleu sind besser. Rund 110 ha Weinbergbesitz dekken 1/3 des Traubenbedarfs.
Henriot* (12, rue du Temple): Nach starker Expansion wurde die Familienfirma 1985 von Veuve Clicquot-Ponsardin übernommen. Mindestens 40 % weiße Trauben ergeben relativ leichte, frische und fruchtige Champagner; die Jahrgangsversionen sind am besten. Trauben aus 110 ha Weinbergbesitz der Familie Henriot decken den Bedarf.
Jacquart (5, rue de Champ): Sehr dynamische Genossenschaft (Coopérative Régional des Vins de Champagne), im In- und Ausland sehr erfolgreich mit der Marke Jacquart. Die Fassade der Kellerei trägt berühmte Mosaiken mit einer Darstellung der Champagnerherstellung.
Krug* (5, rue Coquebert): Das kleine, zur Rémy-Martin-Gruppe gehörende Haus bietet ein Beispiel vollendeter Perfektion. Die Familie Krug kümmert sich um jedes Detail; Kompromisse gibt es nicht. Der Wein wird in kleinen Eichenfässern vergoren. Nach Klasse und Preis gehören alle Krug-Champagner in die Kategorie der Prestige-Cuvées: die brillante, komplexe, sehr trockene Grande Cuvée, der etwas kräftigere Vintage, der duftige, elegante Rosé und der sehr seltene Clos du Mesnil, ein Blanc de Blancs von höchster Finesse aus einer Einzellage. 15,5 ha Weinbergbesitz; Jahresabsatz 500 000 Flaschen.

Auf welch soliden Fundamenten das Haus Bollinger steht, spiegelt sich deutlich in der Architektur des Firmensitzes in Ay mit Büros, Empfangsräumen und Kellern.

Lanson Père & Fils* (12, boulevard Lundy): Die seit 1983 zum BSN-Konzern gehörende Firma ist durch ihren jahrgangslosen Black Label, einen zuverlässigen, duftigen, frisch-fruchtigen Champagner, am bekanntesten geworden, doch auch ihre Jahrgangs-Champagner, darunter zwei Cuvées de Prestige, sind hervorragend. 210 ha Weinbergbesitz. Zweitmarke: Massé.
Abel Lepitre (2–4, avenue Général-Giraud): Wie George Goulet, Henri Goulet, St-Marceaux und andere Marken gehört auch Abel Lepitre zu Les Grands Champagnes de Reims. Spezialität: Jahrgangs-Crémant Blanc de Blancs.
G. H. Mumm & Co* (29, rue du Champ-de-Mars) Der Bestseller der großen Firma (im Besitz von Seagram) ist der Cordon Rouge, ein sanft schäumender, fast milder Brut. Deutlich besser sind der Crémant de Crémant, der Jahrgangs-Rosé und die Cuvée de Prestige René Lalou. 225 ha Weinbergbesitz decken 1/5 der Produktion.
Bruno Paillard* (rue Jacques-Maritain): Noch junge, erst 1981 gegründete Firma; neben Traubenverkauf auch eigene Produktion. Hierzu gehören ein sehr guter Brut, charaktervoller Jahrgangs-Champagner und ein köstlicher Crémant Blanc de Blancs.
Piper-Heidsieck* (51, boulevard Henri-Vasnier): Technisch und kommerziell fortschrittliche Firma mit Beteiligungen in der Touraine, in Kalifornien, Indien usw. Der Stil des Hauses ist leicht und frisch. Besonders gut der Brut Sauvage, die Cuvée de Prestige Florens-Louis und der hochfeine Rare (der 1976er wurde aus 12 Grands Crus dieses Jahrgangs zusammengestellt).
Pommery & Greno* (5, place Général-Giraud): Die Gebäude und Keller dieser Firma (wie Lanson Teil der BSN-Gruppe) gehören zu den großartigsten in Reims. Pommery & Greno besitzt 320 ha Weinberge, die fast die Hälfte des Bedarfs an Trauben dekken. Nach vorübergehender Schwäche sind die Champagner des Hauses jetzt wieder auf gutem bis sehr gutem Stand. 1985 kam die Cuvée de Prestige Louise Pommery heraus.
Louis Roederer* (21, boulevard Lundy): Die Familienfirma bezieht etwa 80 % des Traubenbedarfs aus 185 ha eigenen Weinbergen. Die Produktion wird mit größter Sorgfalt und einem sicheren Gefühl für Tradition gehandhabt. Der Stil des Hauses zeichnet sich durch milde Reife und feste Struktur aus. An der Spitze stehen der Cristal und der Cristal Rosé mit üppiger Harmonie und Geschmacksfülle. Auch der robuste Jahrgangs-Champagner und der feinfarbige Jahrgangs-Rosé sind exquisit.
Ruinart Père & Fils* (4, rue de Crayère): Die modernen Gebäude beherbergen die älteste Champagner-Firma in Reims (Teil der Moët-Hennessy-Gruppe); die Keller stehen unter Denkmalschutz. Der Stil des Hauses ist leicht und frisch. Das Programm enthält zwei Cuvées de Prestige: Dom Ruinart Blanc de Blancs und Dom Ruinart Rosé. Weinbergbesitz: 15 ha.
Taittinger* (9, place St-Niçaise): Der hohe Chardonnay-Anteil in den Champagnern von Taittinger macht sich in einem eleganten Stil bemerkbar. Etwa die Hälfte der Produktion beruht auf Trauben aus 250 ha Weinbergbesitz. Zu den feinsten Taittinger-Champagnern gehören der völlig trokkene Brut Absolu, der Jahrgangs-Champagner Collection sowie der sublime Comtes de Champagne Blanc de Blancs. Zweitmarke: Irroy.
Veuve Clicquot-Ponsardin* (12, rue du Temple): Das Haus tut sich mit klassischen, höchst zuverlässigen und untadeligen Champagnern hervor. Stars im Programm sind der Jahrgangs-Rosé und die Cuvée de Prestige Grande Dame. Der Firmenname geht zurück auf Nicole-Barbe Ponsardin, die 1805 mit 27 Jahren Witwe wurde und das Geschäft mit größter Energie weiterführte. Der Weinbergbesitz beläuft sich auf 280 ha; die geschäftlichen Interessen sind weit verzweigt. In der Champagne gehören Canard-Duchêne und Henriot zum Haus Veuve Clicquot, das seinerseits 1986 von Louis Vuitton übernommen wurde; es bestehen enge Bindungen zu Moët-Hennessy.

TOURS-SUR-MARNE,
Postleitzahl 51150, 151 D7

Laurent Perrier*: Mit ihren sauberen, erfreulichen, bestens bereiteten Champagnern hat die Firma seit dem 2. Weltkrieg eine enorme Expansion geschafft und zählt heute zu den größten der Region. Die Trauben stammen größtenteils aus Lieferverträgen (über 500 ha fremde, 80 ha eigene Weinberge). Am besten sind der reife, feine Ultra Brut, der Rosé und die stilvolle Cuvée Grand Siècle.

AUBE

Die Besucher der Champagne strömen alle in Reims und Epernay und in der Umgebung dieser Städte zusammen, also im Département Marne, dem Herzen der Region. Ein großer Teil der Trauben für den Champagner, derzeit ist es ein Viertel und künftig wird es noch mehr sein, wächst jedoch außerhalb dieses Bereichs. Vor allem das Département Aube verfügt über eine bedeutende Anbaufläche, die nur dem Champagner zugute kommt: rund 5000 ha (die Gesamtrebfläche der Champagne beträgt 26 000 ha), und bis zur Jahrhundertwende sollen es noch einmal 2000 ha mehr sein. Der Weinbaubereich Aube liegt südwestlich von Troyes, nicht weit von der Grenze zum Département Côte d'Or (also zu Burgund) um die Städte Bar-sur-Aube und Bar-sur-Seine. Auch hier findet sich Kalkstein im Unterboden, doch zeigt er mehr Ähnlichkeit mit Chablis als mit Reims. Das Klima weist stärkere Temperaturextreme auf als an der Marne; es kommen ziemlich strenge Fröste vor, vor denen sich der Winzer nicht nur im späten Frühjahr, sondern auch im frühen Herbst fürchten muß. Auch hierin besteht Ähnlichkeit mit Burgund.

Die Pinot-Noir-Rebe beherrscht mit 80 % die Weinberge in diesem waldreichen Hügelland. Die hier entstehenden Champagner haben daher einen ausgeprägteren Geschmack und sind ziemlich viel fester in der Struktur, dabei auch milder als die aus den nördlicheren Gegenden. Ihre Farbe spielt zu einem hellen Strohgelb hin. Ein großer Teil der hier geernteten Trauben wird allerdings von den Firmen in Reims und Epernay mit verarbeitet, von denen einige an der Aube über Weinberge verfügen. Allerdings gibt es hier Winzergenossenschaften und Weingüter, die selbst Champagner produzieren. Die neuerdings weltweit steigende Nachfrage nach Champagner hat der Aube eine starke Stellung beschert, denn das Traubenangebot an der Marne ist knapp.

Die größte Rarität von der Aube ist freilich ein nichtschäumender Wein, der Rosé des Riceys; dieser ist relativ dunkel und trocken und hat ein ausgeprägtes Aroma – es ist von Stachelbeeren, Minze und Schokolade die Rede. Er wird von der Pinot-Noir-Traube in einem Bereich gekeltert, der aus der von drei Dörfern gebildeten Gemeinde Les Riceys besteht. Die Jahreserzeugung beträgt nur 10 000 bis 12 000 Flaschen.

Noch befahren nur wenige Touristen die Weinstraße an der Aube, doch das soll nach der Eröffnung der A26 anders werden. Diese neue Autobahn verbindet Reims mit Dijon und verläuft an Troyes vorüber mitten durch den Weinbaubereich Aube.

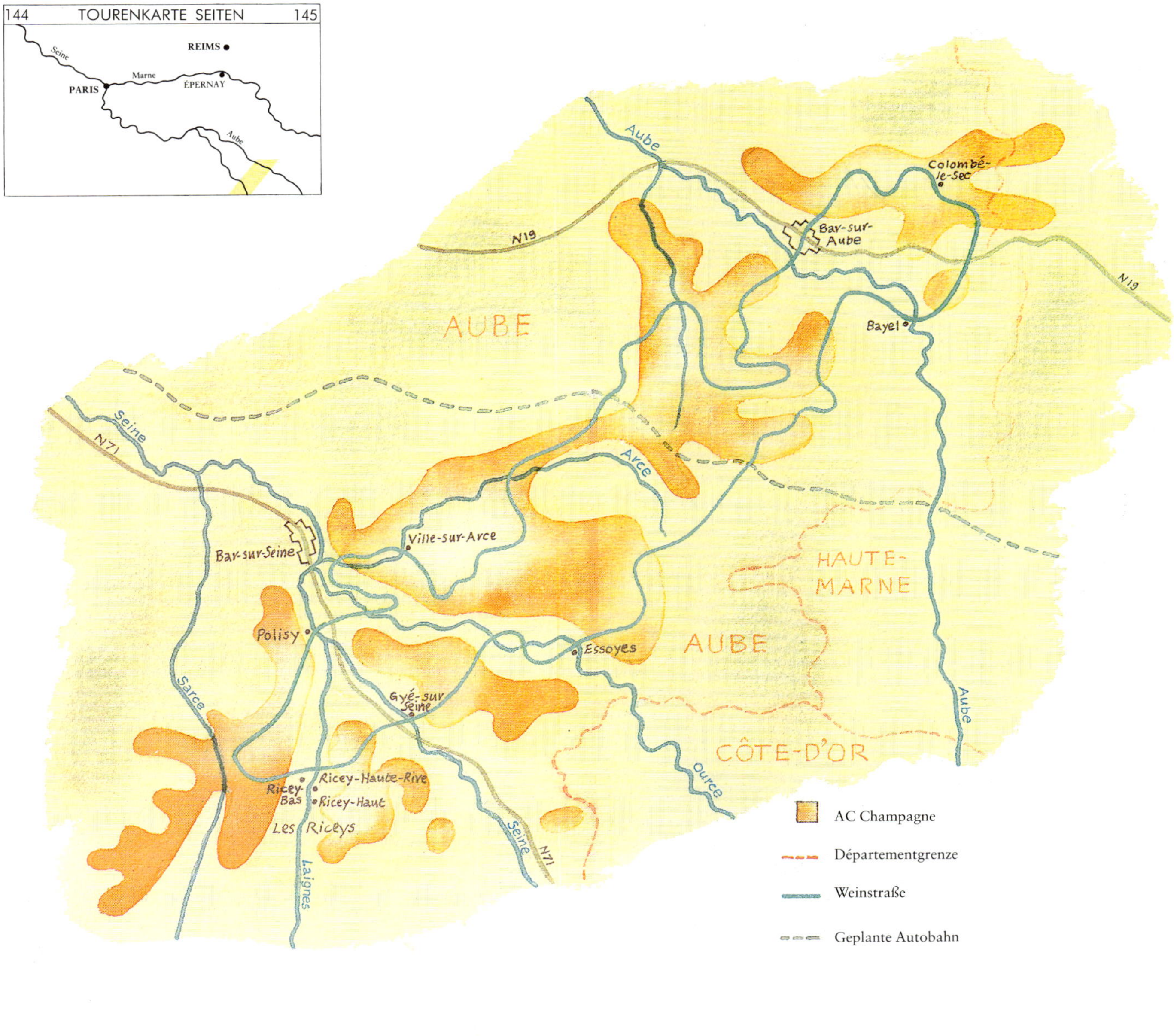

REISE-INFORMATIONEN

Das Land an der Aube bietet in seiner grünen ländlichen Abgeschiedenheit der Entdeckerlust viel Raum – wenigstens solange die Autobahn noch nicht fertig ist.

HOTELS

Le Commerce, 38, rue Nationale, 10200 Bar-sur-Aube, Tel. 25 27 08 76. Im Zentrum der kleinen Stadt. Gute Zimmer, bürgerliche Küche. Hotel Klasse B; Restaurant Klasse C.
Barsequanais, 6, avenue Généval-Leclerc, 10110 Bar-sur-Seine, Tel. 25 29 82 75. Einfaches Hotel mit Restaurant. Ruhige Lage. Klasse C.
Grand Hotel, 4, avenue Maréchal-Joffre, 10000 Troyes, Tel. 25 79 90 90. 100 Zimmer mit modernem Komfort und vier Restaurants; gegenüber dem Bahnhof. Klasse B.

RESTAURANTS

La Croix-Blanche, 7, avenue Louis-Pasteur, 10500 Brienne-le-Château, Tel. 25 92 80 27. Ruhiges Hotel und Restaurant mit Garten und Terrasse. Klassische Gerichte. Klasse C.
Hôtellerie de la Seine, 10110 Polisot, Tel. 25 39 54 41. Von Winzern empfohlen; regionale Küche. Klasse C. Hotel angeschlossen (Klasse B).
La Valentino, cour de la Rencontre, 10000 Troyes, Tel. 25 73 14 14. Erfreuliche Küche, besonders gute Fischgerichte und interessante Weine. Im Stadtzentrum, jedoch mit Garten. Klasse B.

SEHENSWERTES

Bar-sur-Aube Die kleine Stadt ist Mittelpunkt des Champagnergeschäfts an der Aube. Ihr interessantestes Baudenkmal, die Kapelle auf der Brücke, wurde leider 1940 zerstört. Sie war zum Andenken an die Hinrichtung des Bastards von Bourbon, der gegen die Krone rebelliert hatte und auf Befehl des Königs Charles VII in einen Sack eingenäht und im Fluß ertränkt wurde, im Jahr 1440 errichtet worden. Die Kirche St-Pierre aus dem 12. bis 14. Jh. besitzt ungewöhnliche Holzgalerien. Der Berg Ste-Germaine südlich der Stadt bietet eine schöne Aussicht. Im Sommer ist ein Chalet an der N19 östlich der Stadt für Weinproben geöffnet.
Bar-sur-Seine Die kleine Stadt zwischen Felsen und Fluß hat alte Fachwerkhäuser und als letzten Rest einer Burg den Uhrturm (Tour de l'Horloge); sie ist ferner der Sitz der größten Winzergenossenschaft an der Aube.
Bayel Große Glasfabrik (Besichtigung möglich) und eine z. T. aus dem 12. Jh. stammende Kirche mit interessanten Statuen.
Brienne-le-Château Das Städtchen, 25 km nordwestlich von Bar-sur-Aube, liegt einem Schloß zu Füßen. Zu besichtigen sind eine hölzerne Halle aus dem Jahr 1270 mit gewaltigem Dach und schönen Schnitzereien sowie Museen über Napoleon, die internationale Luftfahrt und Landwirtschafts- und Weinbaugeräte (letzteres ist nur freitags und sonntagnachmittags geöffnet).
Clairvaux Die alte Abtei wurde 1115 vom heiligen Bernhard gegründet. Nach der Revolution wurde sie in ein Gefängnis umgewandelt, wo ab 1880 der russische Anarchist Fürst Kropotkin gefangensaß.
Colombé-le-Sec Eine Winzergenossenschaft, ein gigantischer Keller aus dem Jahr 1154 und eine Kirche aus dem 12. Jh.
Colombey-les-Deux-Eglises Ab 1933 hatte General Charles de Gaulle ein Landgut hier. Der Staatsmann starb hier 1970 und liegt auf dem Kirchhof begraben. Zu seinem Gedenken steht auf einem 400 m hohen Hügel ein großes Lothringer Kreuz.
Essoyes Einer der schönsten Orte an der Weinstraße. La Maison de la Vigne et du Vin, ein kleines Museum mit einer Skulptur aus 300 Flaschen und die Gräber des Malers Auguste Renoir, seiner Frau und seiner zwei Söhne sind hier die Sehenswürdigkeiten.
Gyé-sur-Seine Burgruine aus dem 14. Jh., ein Freiheitsbaum von 1792 und eine Kirche, z. T. aus dem 12. Jh.
Neuville-sur-Seine Eine Winzergenossenschaft und auf einem Hügel eine moderne Statue der Notre-Dame-des-Vignes.
Polisy Im Château am Fluß ein glasierter Fliesenfußboden aus dem 16. Jh.
Les Riceys Die drei Dörfer der Gemeinde Les Riceys liegen südlich von Bar-sur-Seine. Ricey-Bas hat eine gotische und eine Renaissance-Kirche sowie ein Schloß, dessen älteste Teile aus dem Jahr 1088 stammen (Privatbesitz, Besichtigung nicht möglich) und zu dem eine schöne Platanenallee hinführt. Ricey-Haut hat eine Kirche aus dem 16. Jh. mit elegantem Schiff. Auch die Kirche von Ricey-Haut-Rive ist sehenswert.
Troyes Die frühere Hauptstadt der Champagne liegt an der Seine und am Haute-Seine-Kanal. Die Altstadt prangt mit der gotischen Kathedrale

Bar-sur-Aube hätte ohne den Fluß, an dessen Ufern es liegt, wohl weit weniger Charme. Die Aube ist ein Nebenfluß der Seine, und zwischen beiden liegt der Weinbaubereich Aube.

Ganz oben: An der Aube herrscht nicht wie in der Montagne de Reims oder an der Côte des Blancs reine Monokultur, vielmehr schieben sich Getreidefelder zwischen die Weinberge.
Oben: Weinbauernhof in Val Perdu.

St-Pierre-et-St-Paul (der einzige Turm kann bestiegen werden), der außerordentlich schönen Basilika St-Urbain (ein Meisterwerk der Gotik mit einer Statue der Madonna mit Trauben rechts am Chor), der Kirche St-Martin aus dem 12. Jh. (die älteste der Stadt) sowie mit vielen Fachwerkhäusern. Außerdem gibt es mehrere Museen zu besichtigen, darunter das Musée des Beaux-Arts (links der Kathedrale in einem ehemaligen Kloster) für Kunst, Früh- und Naturgeschichte mit einer großen Bibliothek; das Musée d'Art Moderne (rechts von der Kathedrale) mit Werken von Braque, Derain, Dufy, La Fresnaye; das Hôtel-Dieu-le-Comte mit Apotheke (Quai des Comtes-de-Champagne); und das Musée Historique de Troyes et Champagne (14, rue de Vauluisant): Gemälde und Skulpturen.
Ville-sur-Arce Sitz einer großen Winzergenossenschaft; schöne Aussicht über die Weinberge.

AKTIVITÄTEN UM DEN WEIN

Die Foire de Champagne wird in Troyes am 2. Wochenende im Juni veranstaltet. Bar-sur-Aube hält die Foire aux Vins de Champagne am 2. Wochenende im September ab. Die Winzer des Département Aube gründeten 1975 die Weinbruderschaft La Commanderie de Saulte-Bouchon Champenoise.

BEDEUTENDE ERZEUGER

BAR-SUR-SEINE, Postleitzahl 10110
Union Auboise des Producteurs de Vin de Champagne: Zusammenschluß mehrerer Winzergenossenschaften; verarbeitet den größten Teil der von über 700 Mitgliedern eingebrachten Ernte. Marken: Léonce d'Albe, Abel Jeannin, Maurice Leroy und Paul de Richebourg.

CELLES-SUR-OUZE, Postleitzahl 10110
Marcel Vezien.

RICEY-BAS, LES RICEYS, Postleitzahl 10340
Horiot Père & Fils: Champagner und Rosé des Riceys.

RICEY-HAUT, LES RICEYS, Postleitzahl 10340
Alexandre Bonnet*: Moderne Ausrüstung, ein ansehnlicher Weinbergbesitz (25 ha) und großer Nachdruck auf Qualität verschaffen diesem Weingut eine Führungsstellung an der Aube. Neben verschiedenen Champagnern erzeugt es auch Rosé de Riceys.
Morel Père & Fils: Nur Rosé de Riceys.

URVILLE, Postleitzahl 10200
Drappier.

DAS ELSASS

NO

Im Elsaß werden die Reben meist, wie auch hier bei Riquewihr, an Pfählen und Drähten erzogen. Der Horizont im Westen ist von den Waldbergen der Vogesen gesäumt.

Das Elsaß sieht ganz anders aus als die übrigen Weinregionen Frankreichs. Rund sieben Jahrhunderte lang war es deutsch, und trotz vieler Kriege hat es seine alten Bauten weitgehend bewahrt. Die großen und kleinen Weinorte im Elsaß haben oft noch jenen romantischen, ja märchenhaften Charme, der für das alte Mitteleuropa einst so charakteristisch war. Überall trifft man schöne Fachwerkhäuser, reich verzierte Renaissance-Gebäude, verträumte Brunnen, imposante Kirchen und alte Tore. Und fast alle Städte und Dörfer liegen in eine wunderbare Landschaft eingebettet – zwischen oder auf den mit Reben oder Wäldern überzogenen Hügeln, die den Vogesen vorgelagert sind. Das Gebirge verläuft parallel zum Rhein und schirmt das Elsaß gegen die regenbeladenen Westwinde ab: Colmar, wo lange Sommer hindurch die Häuser unter der Pracht ihres Blumenschmucks verschwinden, ist einer der trockensten und sonnenreichsten Orte in ganz Frankreich.

Doch das Elsaß verleiht noch auf andere Weise seiner unverwechselbaren Identität Ausdruck: Der alemannische Dialekt der Elsässer ist manchen deutschen Ohren fast ebenso unverständlich wie französischen. Die Region hat ihre eigenen Sitten und Gebräuche und ihre eigenen Trachten, und die Elsässer Küche verbindet deutsche Fülle mit französischer Finesse. Die Elsässer sind stolz auf ihr Land. In den Buchhandlungen in Straßburg und Colmar stehen kleine und große Bücher über das Elsaß zu Dutzenden in den Schaufenstern.

Die Elsässer Weine haben ihre eigene Persönlichkeit. Aus Trauben, wie sie zumeist auch im benachbarten Deutschland wachsen, entstehen hier ganz andere Weine: völlig trocken, fest, aromatisch. Elsässer Weine heißen ganz einfach nach den Traubensorten. So zahlreiche Appellationen und Klassifizierungen wie etwa in Bordeaux und Burgund trifft man hier nicht an. Die Erwähnung der Lage ist eher die Ausnahme als die Regel. Lediglich 25 Lagen haben Anspruch auf Grand-Cru-Status und erscheinen dann auch auf dem Etikett. In den nächsten Jahren sollen es allerdings mehr werden; es sind schon weitere 22 Lagen ausgewählt. Doch selbst dann stellen diese Grands Crus zusammen nur etwa 9 bis 10 % der gesamten Rebfläche dar. Die für Grand-Cru-Weine aufgestellten Anforderungen sind selbstverständlich auch viel höher, als sie für die üblichen Weine gelten. Sie dürfen nur aus den edlen Traubensorten gekeltert werden (Riesling, Gewürztraminer, Tokay/Ruländer, Muscat), und der zulässige Hektarertrag liegt fast um ein Drittel niedriger als für die einfache AC Alsace. Neben diesen Grands Crus sind noch einge andere Einzellagen mit besonderem Ruf auf Etiketten zu lesen. Als Beispiele mögen der Kaefferkopf in Ammerschwihr und das Gaensbroennel in Barr gelten. Alle Elsässer Weine gleich welcher Klasse müssen in der Region abgefüllt sein.

In einem warmen Sommer können die Trauben einen solchen Grad der Reife erlangen, daß die Weine auch voll ausgegoren noch eine gewisse natürliche Restsüße behalten. Sie werden als Vendange tardive, d. h. Spätlese, bezeichnet. Für Weine mit noch höherem Gehalt an Süße gilt die Bezeichnung Sélection des Grains Nobles. Manchmal sind die Trauben bei diesen teuren Auslesen auch von der Edelfäule befallen – was das bedeutet, ist im Kapitel Sauternes genauer erläutert.

Die im Elsaß am meisten angebaute Traubensorte ist der Riesling. Er erbringt ausgesprochen trockene Weine, deren Art von frisch, offen und elegant bis geschmeidig, fest und aromatisch reicht. Der Boden hat darauf großen Einfluß: Rieslinge von leichten Böden sind jung schon genußreif, dagegen brauchen solche von Kalksteinböden meist einige Jahre Reifezeit. Die Elsässer sind auf diesen Wein besonders stolz.

Die zweite für das Elsaß charakteristische Rebe ist der Gewürztraminer. Er wird fast so verbreitet angebaut wie der Riesling. Wie der Name schon sagt, hat sein Wein ein würziges Aroma. Manchmal ist es so überstark, daß der trockene Geschmack fast wie ein Schock wirkt. Guter Gewürztraminer kann außerordentlich langlebig sein und dabei ungeahnte Nuancen entfalten. Im Elsaß wird klassischer Gewürztraminer gern am Ende einer Mahlzeit genossen, vor allem paßt er wundervoll zum bekannten Münsterkäse; leichtere Gewürztraminer lassen sich aber auch zu den Hauptgängen gut trinken.

Die dritte große Traube im Elsaß ist der Pinot Gris – auch als Ruländer bekannt – er ist allerdings recht anfällig und wird deshalb nicht so viel angebaut. Sein hier gebräuchlicher Name Tokay d'Alsace hält sich hartnäckig, obwohl er seit 1980 durch eine EG-Regelung untersagt ist, weil Verwechslungen mit dem ungarischen Tokajer befürchtet werden. Typischer Tokay d'Alsace ist körperreich, fast schon dicklich in der Struktur und hat einen überaus einprägsamen und doch schwer zu definierenden Duft und Geschmack.

Das Elsaß ist eine der wenigen Gegenden, wo die Muskateller-Traube einen trockenen Wein liefert. Ein Muscat d'Alsace hat ein einschmeichelnd fruchtiges Aroma und ist besonders gut als leichter Aperitif. Leider wird von dieser Kostbarkeit nicht sehr viel produziert. Ihrer Empfindlichkeit wegen wird die Muscat-Traube nur auf etwa 3 % der Gesamtrebfläche gezogen.

Mit dem Weißburgunder ist es eine komplizierte Sache. Hinter ihm steckt nämlich nicht nur die Pinot-Blanc-Traube, sondern auch der Auxerrois Blanc. Allerdings werden beide offenbar auch durcheinandergebracht und obendrein noch als Klevner oder Clevner gehandelt. Gute Erzeuger wie Blanck in Kientzheim, Josmeyer in Wintzenheim, Rolly-Gassman in Rorschwihr, Louis Hauller in Dambach-la-Ville und Kuehn in Ammerschwihr beweisen jedoch, daß dieser Wein, ob er nun Weißburgunder, Pinot Blanc, Klevner oder Auxerrois heißen mag, außerordentlich angenehm, mild, frisch, leicht würzig und lebendig sein kann. Die Anbaufläche von Pinot Blanc und Auxerrois ist im Wachsen und nähert sich bereits dem Gewürztraminer, und zwar vor allem wegen der guten Frosthärte des Auxerrois. Ein weiterer Grund ist die zunehmende Popularität von Schaumwein, der hier in der Regel von der Weißburgundertraube gewonnen wird. 1979 belief sich die Produktion von Crémant d'Alsace noch auf knapp eine halbe Million Flaschen, 1987 waren es bereits 13 Millionen.

Eine weitere Traube, der im Elsaß große Bedeutung zukommt, ist der Sylvaner. Riesling, Gewürztraminer, Pinot Blanc und Sylvaner machen zusammen 80 % des Rebenbestands aus. Der Sylvaner-Wein ist frisch und unkompliziert, dabei oft angenehm saftig. Zum Teil wird er auch mit den ebenfalls einfachen Chasselas- und Knipperlé-Weinen zu Zwikker oder mit Riesling, Muscat und anderen edlen Trauben zu Edelzwikker verschnitten.

Eine große Rarität ist der Klevener de Heiligenstein. Sein Ursprungsgebiet ist Heiligenstein mit einigen Nachbarorten; die Traube, aus der er gekeltert wird, heißt Savagnin Rosé. Sie zeigt Ähnlichkeiten mit dem Savagnin Blanc im Jura und mit dem Gewürztraminer.

Das Elsaß zeigt seine wahre Stärke in den Weißweinen; dennoch sind rund 6 % der Rebfläche mit Pinot Noir, dem Blauen Spätburgunder, besetzt. Er wurde früher meist zu Rosé verarbeitet, inzwischen aber versuchen viele Winzer, auch richtigen Rotwein zu keltern, der zum Teil in kleinen Eichenfässern ausgebaut wird.

Die Weinbaufläche erstreckt sich in einem schmalen, nur an wenigen Stellen unterbrochenen, 110 km langen Band über das ganze Elsaß und wird durch eine hervorragend beschilderte Weinstraße erschlossen. Die meisten berühmten Weine wachsen im Département Haut-Rhin, aber auch in Bas-Rhin wird vielerorts, z. B. in Andlau, vorzüglicher Wein gekeltert.

Im äußersten Norden der Region liegt etwas abseits ein kleiner Weinbaubereich, der von der Winzergenossenschaft in Cléebourg, nahe der Grenzstadt Wissembourg, betreut wird. Überhaupt spielen die Winzergenossenschaften im Elsaß eine wichtige Rolle.

REISE-INFORMATIONEN

Die Elsässer genießen gern, was die Erde ihnen Gutes bietet, und ihre zahlreichen Besucher tun es ihnen ebensogern gleich. Daher ist das Elsaß auch reichlich mit Restaurants versehen. Sie reichen von der einfachen „Winstub", wo es zu ländlicher Kost die Weine der Gegend gibt, bis zu luxuriösen Lokalen mit zwei und drei Michelin-Sterne.

Die Elsässer Küche hat mancherlei Spezialitäten; am bekanntesten dürfte wohl die Gänseleberpastete sein, aber auch Zwiebelkuchen und der „Flammekueche", Forelle, „Baeckeoffe" (ein Gericht, das zwar auf verschiedene Arten geschrieben, immer aber mit Rind-, Schweine- und Hammelfleisch zubereitet wird), choucroute (Sauerkraut, reich mit Würsten garniert), „Schiefela" (geräucherte Schweineschulter, meist mit Meerrettichsauce), Wild, der kräftige Münsterkäse und „Gugelhopf" (Napfkuchen) sind durchaus nicht zu verachten.

HOTELS

L'Arbre Vert, 68770 Ammerschwihr, Tel. 89 47 12 23. Gasthaus mit ländlicher Küche. „Gugelhopf" am Sonntag nachmittag; Halbpension in der Saison obligatorisch. Klasse B.

Hotel Kastelberg, 67140 Andlau, Tel. 88 08 97 83. Ziemlich großes Hotel in einem alten Fachwerkhaus. Die modernisierten Zimmer zeigen rustikalen Chic. Restaurant angeschlossen. Klasse B.

Château d'Andlau 67140 Barr, Tel. 88 08 96 78. In ruhiger Lage, außerhalb des Orts, an der D854. Klasse B/C.

St-Martin, 38, Grand'Rue, 68000 Colmar, Tel. 89 24 11 51. Schönes kleines Hotel (ein Dutzend Zimmer) im Stadtzentrum. Klasse B.

Terminus-Bristol, 7, place de la Gare, 68000 Colmar, Tel. 89 41 10 10. Führendes Hotel (Klasse A). Das Restaurant (Rendezvous de la Chasse) ist ebenfalls ausgezeichnet. Spezialitäten: Wild und regionale Gerichte in modernem Stil. Klasse B.

Au Raisin d'Or, 67650 Dambach-la-Ville, Tel. 88 92 48 66. Angenehmes kleines Hotel, im Besitz eines Winzers. Restaurant angeschlossen. Klasse B/C.

Relais du Vignoble, 68420 Gueberschwihr, Tel. 89 49 22 22. Ziemlich neues Hotel in ruhiger Lage, etwa 10 km südlich von Colmar (Klasse B). Der Besitzer ist Winzer. Restaurant angeschlossen (Klasse C).

La Clairière, 68150 Ribeauvillé, Tel. 89 71 80 80. Ein Landhaus unter Bäumen, auf halben Weg zwischen Guémar und Illhaeusern. Gute Übernachtungsmöglichkeit nach einem Besuch in der Auberge de l'Ill. Klasse A.

Hotel au Moulin, 68420 Herrlisheim-près-Colmar, Tel. 89 49 31 20. Ein Architekten-Ehepaar hat die alte Mühle südlich von Colmar in ein komfortables, ruhiges Hotel umgewandelt. Klasse B.

Arnold, 67140 Itterswiller, Tel. 88 85 50 58. Angenehmes Hotel mit modernem (luxuriöserem) Anbau. Von manchen Zimmern aus hat man eine schöne Aussicht. Klasse A/B. Zugleich ein gemütliches elsässisches Restaurant („Baeckeoffe", *choucroute* usw.) Klasse B.

L'Abbaye d'Alspach, 68240 Kientzheim, Tel. 89 47 16 00. Recht kleine, aber saubere Zimmer in einem alten Gebäude. Klasse B. Im Restaurant einfach Küche. Klasse C.

A la Verte Vallée, 68140 Munster. Tel. 89 77 15 15. Moderner Komfort. Restaurant angeschlossen. Klasse B.

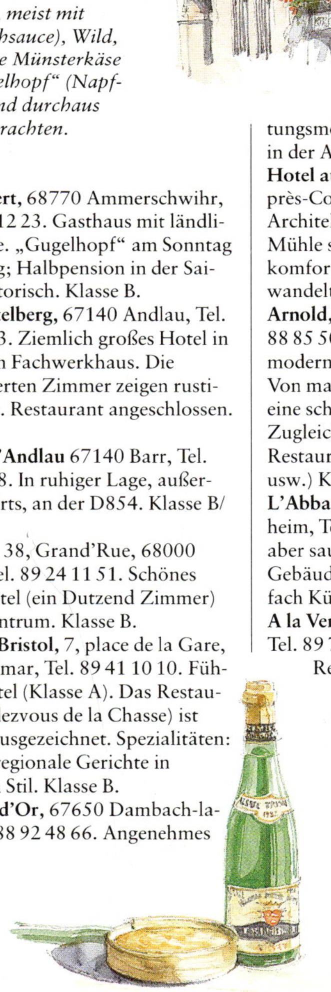

Hostellerie St-Barnabé, 68530 Murbach, Tel. 89 76 92 15. Chalet-ähnliches Hotel in einem Tal bei Guebwiller. Restaurant angeschlossen. Klasse B.

Le Parc, 67210 Obernai, Tel. 88 95 50 08. Echte Elsässer Atmosphäre; Klasse A/B. Das Restaurant ist sehr populär, vor allem zum Sonntagmittag. Empfehlenswert: Münster-

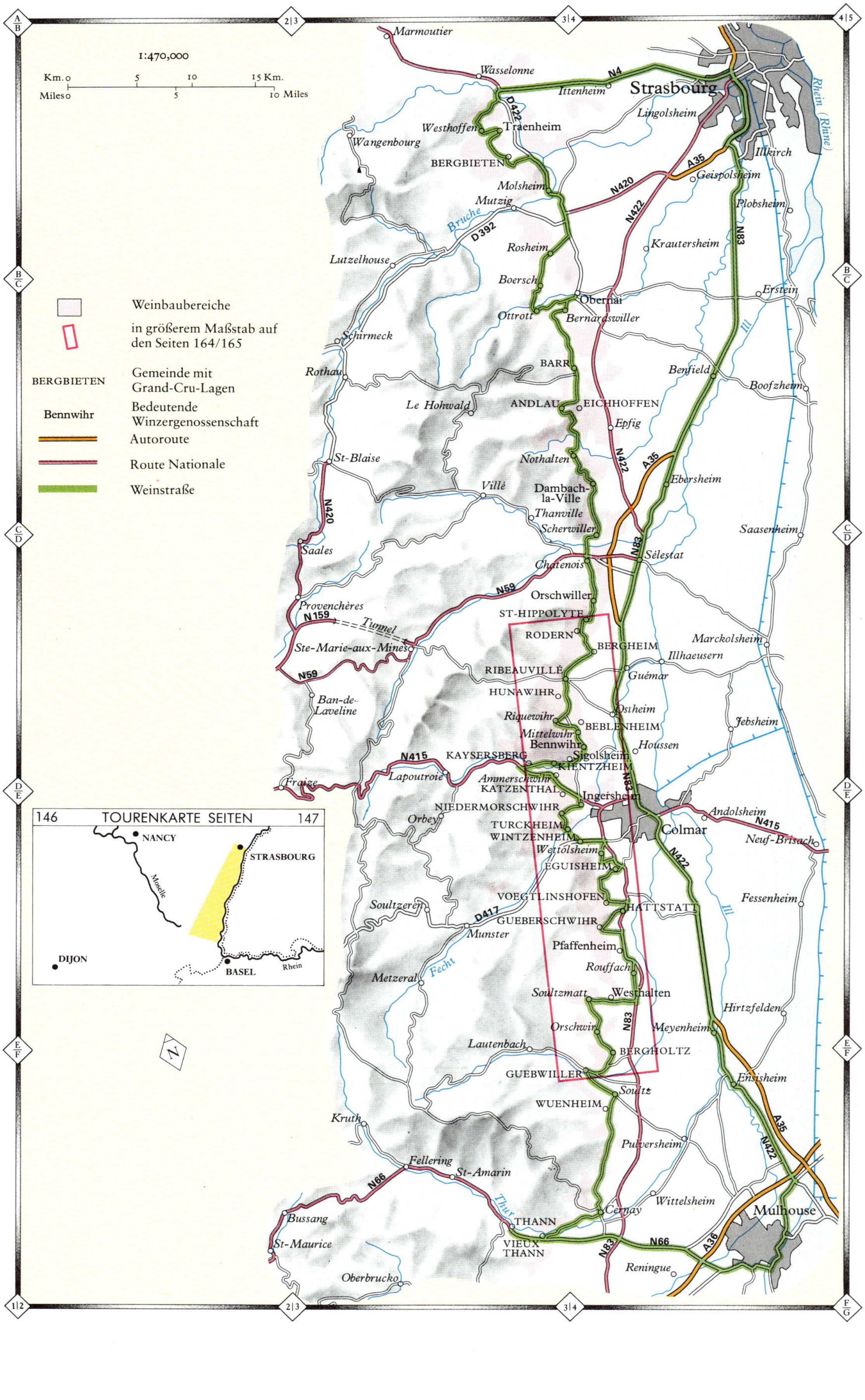

Das Elsaß als Weinbauregion. Ein kleiner Bereich liegt außerhalb dieser Karte im äußersten Norden bei Wissembourg an der Grenze zu Deutschland. Das hier durch eine rote Linie bezeichnete Kerngebiet ist auf den Seiten 164 und 165 in größerem Maßstab wiedergegeben.

käse direkt vom Bauern. Halbpension in der Saison obligatorisch. Klasse B.
Hostellerie des Seigneurs de Ribeaupierre. 68150 Ribeauvillé, Tel. 89 73 70 31. Schön eingerichtetes kleines Hotel in einem Gebäude aus dem 17. Jh. Klasse A/B.
Hôtel la Tour, 68150 Ribeauvillé, Tel. 89 73 72 73. Gut geführtes Hotel im Besitz einer Winzerfamilie (Klasse B) mit „Winstub" (Klasse C).
Le Riquewihr, 68340 Riquewihr, Tel. 89 47 83 13. Mitten in den Weinbergen; ziemlich geräumige Zimmer mit rustikaler Einrichtung. Klasse B.
Château d'Isenbourg, 68250 Rouffach, Tel. 89 49 63 53. Herrliche Lage über dem Städtchen. Luxuriöse Zimmer im Schloß und einem Erweiterungsbau. Park und Swimming Pool. Klasse A.
Hotel Hannong, 15, rue du 22-Novembre, 67000 Strasbourg, Tel. 88 32 16 22. Zentral gelegen, nüchterne Atmosphäre, jedoch schön mit Porzellan aus dem 18. Jh. und alten Gemälden dekoriert (Klasse A). Die Wyn'Bar um die Ecke (9, rue Hannong) gehört zum Hotel (einfaches Restaurant – Klasse C).
Hilton International, avenue Herrenschmidt, 67000 Strasbourg, Tel. 88 37 10 10. Große, etwas karge Zimmer mit Aussicht. Das Restaurant La Maison du Bœuf hat zu Recht einen guten Ruf. Die Brasserie Le Jardin bietet einfachere und preiswertere Küche. Hotel Klasse A; Restaurant Klasse B.
Monopole-Métropole, 16, rue Kuen, 67000 Strasbourg, Tel. 88 32 11 94. Behagliches, freundliches Hotel mit elsässischer Atmosphäre. Klasse A/B.
Hôtel de Rohan, 17, rue Maroquin, 67000 Strasbourg, Tel. 88 32 85 11. In der Altstadt, nahe beim Münster. Kleine, aber komfortable Zimmer. Klasse A/B.
Au Riesling, 68340 Zellenberg, Tel. 89 47 85 85. Modernes Hotel an der Weinstraße mit Blick über die Ebene zum Rhein. Im Besitz einer Winzerfamilie. Restaurant angeschlossen. Klasse B.

RESTAURANTS

Aux Armes de France, 68770 Ammerschwihr, Tel. 89 47 10 12. Hochberühmtes Restaurant. Ausgezeichnete Weinkarte; klassische Küche mit modernen Elementen (fantastische Gänseleberpastete). Hotelzimmer. Klasse A/B.
Au Bœuf Rouge, 67140 Andlau, Tel. 88 08 96 26. Geräumiger Speisesaal mit Balkendecke und Hirschgeweihen. Viele Fischspezialitäten und Wildgerichte. „Winstub" im Obergeschoß. Klasse B.
Winstub du Sommelier, 68750 Bergheim, Tel. 89 73 69 99. Sorgfältig zubereitete Gerichte der Region, gut ausgewählte Weine. Klasse B.
Au Fer Rouge, 52, Grand'Rue, 68000 Colmar, Tel. 89 41 37 24. Ein gelungener Kontrast: moderne Küche in einem schönen alten Haus. Klasse B.
Schillinger, 16, rue Stanislas, 68000 Colmar, Tel. 89 41 43 17. Großartiges, stilvolles Lokal. Den Weinkeller muß man gesehen haben! Klasse B.
Le Caveau d'Eguisheim, 68420 Eguisheim, Tel. 89 41 08 89. Echt Elsässer Küche; besonders empfehlenswert: *choucroute.* Klasse B.
Auberge de l'Ill, 68150 Illhaeusern, Tel. 89 71 83 23. Küche, Weinkarte und Interieur dieses Restaurants können nur mit Superlativen beschrieben werden. Die Familie Haeberlin hat es zu einem der besten und schönsten in Frankreich gemacht. Trotz ständiger Abwechslung bleiben bestimmte klassische Gerichte des Hauses immer auf der Karte, z. B. *foie gras* und *saumon soufflé.* Klasse A.
A l'Arbre Vert, 68240 Kaysersberg, Tel. 89 47 11 51. Immer gut besucht und doch mit gemütlicher Atmosphäre. Spezialitäten: Forelle sowie (in der Saison) Spargel und Wild. Klasse C. Hotel über den Platz (Klasse B).
Chambard, 68240 Kaysersberg, Tel. 89 47 10 17. Ausgezeichnete Küche (feine Saucen, Fisch, klassische Gerichte) und eine umfangreiche Weinkarte; Klasse A/B. Komfortable, ruhige Hotelzimmer (Klasse A).
Auberge St-Martin, 67600 Kintzheim, Tel. 88 82 04 78. Spezialität: *tarte flambée.* Klasse C.
Auberge du Kochersberg, 67490 Landersheim, Tel. 88 69 91 58. Mittagessen gibt es hier erst nach 13 Uhr, vorher ist das große Restaurant Werkskantine von Adidas. Die Küche ist ausgezeichnet, und im Felsenkeller lagern Zehntausende von Flachen Wein. Eine „Winstub" ist ebenfalls vorhanden. Klasse B.
Auberge Bouton d'Or, 68650 Lapoutroie, Tel. 89 47 50 95. Einfaches, gemütliches Restaurant mit herrlich frischem Münsterkäse. Klasse C.

Unten: Riquewihr ist eine Stadt voller Blumen und schöner alter Häuser. Ganz unten: Blick auf die Dächer von Kaysersberg. Die bekannteste Weinlage des Orts ist der Schlossberg (Grand Cru).

Hostellerie du Cerf, 67520 Marlenheim, Tel. 88 87 73 73. Die Familienfirma zieht Obst und Kräuter z. T. selbst. Traditionelle, aber auch modische Küche; viele Fisch-Spezialitäten (Klasse A). Gute Hotelzimmer um einen schönen Innenhof (Klasse B).
Winstub Gilg, 67140 Mittelbergheim, Tel. 88 08 91 37. *Pâté en brioche,* „Baeckeoffe", *choucroute,* aber auch modernere Gerichte. Ländliche Atmosphäre. Gästezimmer. Klasse B.
Auberge les Amandiers, 68630 Mittelwihr, Tel. 89 47 89 89. Dunkles, traditionelles Intérieur und regionale Küche. Klasse B.
Beau Site, 67530 Ottrott, Tel. 88 95 80 61. Zuverlässiges, behagliches Hotel und Restaurant mit sehr guter Küche, v. a. die bodenständigen Gerichte. Klasse B.
Zum Pfifferhüs, 68150 Ribeauvillé, Tel. 89 73 62 28. Echte alte „Winstub" mit ausgezeichnetem Ruf (besonders zu empfehlen: *choucroute*). Klasse C.
Le Clos St-Vincent, 68150 Ribeauvillé, Tel. 89 73 67 65. Herrliche Lage in den Weinbergen über dem Städtchen. Gewissenhaft geführte Küche; luxuriöses Hotel. Restaurant Klasse B; Hotel Klasse A.
Hôtel des Vosges, 68150 Ribeauvillé, Tel. 89 73 61 39. Einfallsreiche Küche (*foie gras,* Fischgerichte) und eine umfangreiche Weinkarte. Stilvolles Interieur. Restaurant Klasse A/B.
Auberge du Schœnenbourg, 68340 Riquewihr, Tel. 89 47 92 28. Vor der Stadtmauer. Frische Zutaten werden auf einfache und doch einfallsreiche Weise genutzt. Das nahegelegene moderne Hotel Le Schœnenbourg steht unter derselben Leitung. Klasse B.
Le Moulin du Kaegy, 68440 Steinbrunn-le-Bas, Tel. 89 81 30 34. Das Restaurant südlich von Mulhouse ist eine alte Mühle. Sublime Küche – von der Gänseleberpastete bis zu den erstaunlichen Desserts. Klasse B.
L'Ami Schutz, 1, Ponts-Couverts, 67000 Strasbourg, Tel. 88 32 76 98. Bodenständige Küche inmitten des Stadtviertels Petite France. Klasse C.
A l'Arbre de Vie, 14 rue Paul-Janet, 67000 Strasbourg, Tel. 88 35 58 40. Kleines Lokal, auf wiederentdeckte heimatliche Gerichte spezialisiert. Klasse B.
Buerehiesel, 4, parc de l'Orangerie, 67000 Strasbourg, Tel. 88 61 62 24. Altes Bauernhaus in einem schönen städtischen Park. Küche mit Finesse und orientalischem Anflug. Klasse B.
Le Crocodile, 10, rue de l'Outre, 67000 Strasbourg, Tel. 88 32 13 02. Führendes Restaurant. Kulinarische Meisterwerke; Gemälde aus dem 19. Jh. Attraktive Speisekarte. Klasse A/B.

Maison Kammerzell, 16, place de la Cathédrale, 67000 Strasbourg, Tel. 88 43 42 14. Herrliches historisches Gebäude gegenüber dem Münsterportal. Traditionelle Küche unten; moderne Küche in den oberen Stockwerken. Ferner eine reich dekorierte „Winstub". Klasse B.
Chez Yvonne/S'Burjerstuewel, 10, rue du Spanglier, 67000 Strasbourg, Tel. 88 32 84 15. Berühmte „Winstub", wo bodenständige Gerichte (wie *choucroute*) mit einem freundlichen Lächeln serviert werden. Nur Abendessen. Klasse V.
Hôtel des Vosges, 68230 Turckheim, Tel. 89 27 02 37. An einem der alten Stadttore. Gute regionale Küche (z. B. Spargel, *choucroute*). Hotelzimmer. Klasse B.
Auberge du Père-Floranc, 68920 Wettolsheim, Tel. 89 41 39 14. Von außen ein recht nüchterner Anblick, drinnen aber bekommt man gut zu essen (*tourte de cailles,* Fisch usw.). Ferner Hotel mit Park. Klasse B.
Au Bon Coin, 68000 Wintzenheim, Tel. 89 27 48 04. Solide Einfachheit. Klasse C.
Ange, rue de la République, 67160 Wissembourg, Tel. 88 94 12 11. Restaurant in einem Gebäude aus dem 16. Jh.; es hat in der nördlichsten Stadt im Elsaß den besten Ruf. Regionale Küche. Gästezimmer. Klasse C.

SEHENSWERTES

Ammerschwihr Obwohl der schöne Weinort aus dem 16. Jh. im Jahr 1944 stark mitgenommen wurde, hat er seinen Charme zum größten Teil bewahrt. Ein altes Stadttor und drei Türme sind erhalten geblieben. In der Kirche eine große Christusfigur aus Holz aus dem Jahr 1606. Auf einer kurvenreichen Straße bergauf gelangt man zu den Trois-Epis, einem Aussichtspunkt mit Hotels und Restaurants.
Andlau Die Abtei Ste-Richarde wurde 880 gegründet und 1049 neu gebaut. Allein schon die Abteikirche mit einem 30 m langen Fries mit eigenartigen Tierfiguren lohnt einen Besuch.
Avolsheim In einem Feld südlich des Orts steht für sich allein die Dompeterkirche mit befestigtem Kirchhof. Sie stammt aus dem 11. Jh. und ist die älteste Kirche im Elsaß.
Barr Ein von vielen krummen Gassen durchzogenes Weinstädtchen. Der Turm der Martinskirche ist unten romanisch und oben gotisch. Das Rathaus mit dem schönen Brunnen davor stammt aus dem 17. Jh. Im Musée de la Folie Marco sind Elsässer Fayencen, Zinngeschirr und Möbel ausgestellt.
Bergheim Die romantische Altstadt ist teilweise von einer Stadtmauer mit drei Türmen umgeben. Schöne Sandsteinkirche mit Fresken. Durch die Weinberge führt ein Lehrpfad *(sentier viticole).*
Boersch *Hôtel de ville* aus dem Jahr 1578, schöner Brunnen von 1617, malerische Häuser und drei mittelalterliche Tore.
Châtenois Die breite, von alten Häusern flankierte Hauptstraße ist fast schon ein Platz. Der romanische Kirchturm hat vier kleine Türmchen. In der Kirche Bas-Reliefs aus dem 16. Jh. Das *hôtel de ville* stammt vom Ende des 15. Jh.
Colmar Im Zentrum von Colmar ist viel zu sehen, u. a. das Pfisterhaus (1537, mit hölzerner Galerie), die Maison des Têtes (1608, mit einer mit Köpfen geschmückten Fassade), die Ancienne Douane (1480) und das Martinsmünster (13. und 14. Jh.); links im Chor steht die berühmte Madonna im Rosenhag von Schongauer. Eines der meistbesuchten Museen Frankreichs ist das Musée Unterlinden in einem Dominikanerkloster aus dem 13. Jh. Neben seiner großartigen Sammlung von Kunstwerken aus dem Mittelalter und der Renaissance, unter denen der Isenheimer Altar einen besonderen Platz einnimmt, hat es auch eine interessante, dem Weinbau gewidmete Abteilung. Das Musée Bartholdi (30, rue des Marchands) zeigt nicht nur Erinnerungsstücke an den Bildhauer Bartholdi, den Schöpfer der Freiheitsstatue, sondern ist auch historisches Museum.
Dambach-la-Ville Der größte Weinort im Département Bas-Rhin hat neben drei alten Stadttoren eine schöne Altstadt mit vielen Fachwerkhäusern. In den Weinbergen über der Stadt steht die 600 Jahre alte Kapelle St-Sébastien mit einem geschnitzten Barockaltar und einer Jungfrau Maria in Elsässer Tracht. Ein Weinwanderweg führt um den Ort herum.

Eguisheim Ein Gang durch den fotogenen Weinort und um seinen Kern auf der Rue des Remparts gehört zu den schönsten Erlebnissen im Elsaß. In der Mitte des Orts steht das Château d'Eguisheim. Seine achteckige Außenmauer stammt aus dem 8. Jh., doch das Château selbst (Geburtsort von Papst Leo IX.) wurde 1894 weitgehend wiederaufgebaut.
Epfig Die Kapelle Ste-Marguerite aus dem 11. Jh. steht neben dem Kirchhof. Schöner Weinwanderweg.
Gueberschwihr Neben der Kirche aus dem 19. Jh. ein romanischer Turm.
Guebwiller Sowohl die Industrie als auch der Weinbau des Orts sind von dem Namen Schlumberger beherrscht (siehe Erzeuger). Heimatgeschichte, mittelalterliche Kunst und Keramik bilden den Gegenstand des Musée du Florival in einer ehemaligen Kirche. Die Kirche St-Léger (12. Jh.; mit zwei Glockentürmen sowie mit Leitern, die von Belagerern im 15. Jh. zurückgelassen wurden) und Notre-Dame (18. Jh.) dienen dagegen noch dem Gottesdienst. Das Rathaus stammt aus dem Jahr 1514.
Haut-Kœnigsbourg Die Hohkönigsburg sitzt auf einer Bergspitze wie ein Adlerhorst. Der sehr imposante Bau wurde zu Anfang dieses Jahrhunderts im Auftrag von Kaiser Wilhelm II. neu errichtet und zieht Jahr für Jahr Hunderttausende von Touristen an.
Hunawihr Der Ort hat eine befestigte Kirche aus dem 14. bis 16. Jh., die eine dicke Mauer im Sechseck umgibt. Die Kirchenwände sind mit Fresken geschmückt, und die Zeiger der Uhr haben die Form von Trauben. Bei dem Ort ist eine Zuchtstation für die als Elsässer Wahrzeichen so beliebten Störche.
Kaysersberg Der Ort mit seinen Fachwerkhäusern und Renaissancebauten ist ein wahres Juwel. Außerdem machen das Rathaus, die Kirche (mit Altar von 1518), die zweistöckige Michaelskapelle, die Oberhofkapelle (mit einer Christusfigur mit Traube aus dem 15. Jh.) und die befestigte Brücke über die Weiss einen Besuch des Städtchens zum Erlebnis. Auf zwei steilen Pfaden gelangt man zur Burgruine mit schöner Aussicht. Die Erinnerung an Albert Schweitzer, der 1875 in Kaysersberg geboren wurde, wird in seinem Geburtshaus und in einem Museum gepflegt.
Kientzheim Das Château gehört der Confrérie St-Etienne. Diese Weinbruderschaft veranstaltet hier Feste; außerdem ist darin das Musée du Vignoble et des Vins d'Alsace untergebracht. Es ist von Juni bis Ende September geöffnet und zeigt u. a. die Nachbildung eines alten Weinkellers, eine Kelter von 1716, Geräte, Flaschen, Gläser und Trachten.

Kintzheim La Volerie des Aigles bei der Burgruine ist eine Raubvogelstation. Weiter bergauf gelangt man zur Montagne des Singes, wo sich in den Wäldern 300 Affen frei bewegen. Im Osten des Orts ist ein kleiner Freizeitpark eröffnet worden.
Lapoutroie Ein Destilleriemuseum mit vielen Brennapparaten und einer Sammlung französischer Liköre aus den 20er Jahren.
Marlenheim Weinwanderweg.
Mittelbergheim Weinort auf einem Hügel, mit schmalen Gassen, Häusern aus dem 16. und 17. Jh. und einem Kirchturm, der z. T. aus dem 12. Jh. stammt.
Molsheim In der 1. Etage der prachtvollen Metzig (Zunfthaus der Metzger) aus dem Jahr 1525 befindet sich ein historisches Museum. Molsheim hat eine große Kirche aus dem 17. Jh. und ist Wallfahrtsort für Bugatti-Liebhaber, denn hier wurden die Autos dieser legendären Marke gebaut.
Mont Ste-Odile Jedes Jahr kommen Tausende von Touristen und Pilger hierher auf den Odilienberg mit dem im 7. Jh. gegründeten Odilienkloster. Die Kirche, die Grabkapelle der heiligen Odilia, der Kreuzgang mit Fresken und die Aussichtsterrasse laden zur Besichtigung ein.
Mulhouse Die Stadt hat viele Museen und ist deshalb ideal für einen verregneten Tag. Das Musée National de l'Automobile (192, avenue de Colmar) enthält die größte Automobilsammlung Europas. Ferner gibt es hier das schönste Eisenbahnmuseum auf dem europäischen Kontinent und gleich daneben ein Feuerwehrmuseum (2, rue Alfred-de-Glehn); des weiteren: la Maison de la Céramique (25, rue José-Hofer), das Musée des Impressions sur Etoffes (eine riesige Sammlung bedruckter Stoffe aus aller Welt – 3, rue des Bonnes-Gens); das Musée des Beaux-Arts (4, place Guillaume-Tell); das Musée Historique (im Rathaus aus dem 16. Jh. – Place de la Réunion), und das Musée de la Chapelle St-Jean (Grand'Rue). Der Zoo befindet sich in einem Park mit seltenen Bäumen.
Mutzig Bekannter durch Bier als durch Wein. Das Museum mit einer großen Waffensammlung befindet sich im Château de Rohan.
Niedermorschwihr Kirchtum aus dem 13. Jh.; Rathaus mit überdachter hölzener Außentreppe.
Obermorschwihr Eine vergoldete Madonnenstatue wacht über den Dorfbrunnen. Kirchturm mit Fachwerk.
Obernai Der Marktplatz ist von schönen Gebäuden umgeben: Rathaus (16. Jh.), Tour de la Chapelle (15. und 16. Jh.), Halle aux Blés (16. Jh.; Museum). Weinwanderweg.
Pfaffenheim Tiefe Rillen in der Kirchenmauer sollen daher stammen, daß hier die Bauern abends den Teufel aus ihren Rebmessern schliffen. Weinwanderweg.
Ribeauvillé Schönes Städtchen mit Fachwerkhäusern und anderen alten Bauten. Das Rathaus aus dem 18. Jh. enthält ein Museum mit Gold- und Silberschmiedearbeiten. Von den drei Burgruinen ist St-Ulrich am größten und schönsten. In Ribeauvillé wurde 1895 die erste Winzergenossenschaft Frankreichs gegründet.
Riquewihr Der ganze Ort Riquewihr steht unter Denkmalschutz. Mit seinen herrlichen Häusern, von denen die meisten vor 1640 entstanden sind, ist er ein einziges großes Museum. Trotzdem gibt es hier noch zwei Museen, ein historisches im „Dolder", einem Fachwerkturm von 1291, sowie ein weiteres im Diebsturm (Gefängnis und Folterkammer). Vor allem an Wochenenden ist Riquewihr mit seinen Läden, Weinstuben und Restaurants von Touristen überschwemmt.
Rosheim Hier steht das älteste Haus im Elsaß, das Heidenhüss aus dem 12. Jh. Drei Stadttore und die romanische Kirche St. Peter und Paul sind ebenfalls sehenswert. Von Mitte Juli bis Mitte August fährt zwischen Rosheim und Ottrott eine Dampfeisenbahn.
Rott Ort im Nordelsaß bei Wissembourg. Befestigter Kirchhof.
Rouffach An der großen Place de la République stehen die romanische und frühgotische Kirche Notre-Dame, ein Kornspeicher mit Treppengiebel (15./16. Jh.), das frühere Rathaus (16./17. Jh.) und der „Hexenturm" (13./15. Jh.).
Scherwiller Weinwanderweg.
Sélestat Die einzigartige Humanistenbibliothek aus dem 15./16. Jh. ist unweit der gotischen Kiche St. Georg.
Sigolsheim Hier fanden im 2. Weltkrieg schwere Kämpfe statt. Auf einem weiten Hügel über den Weinbergen zeugt ein Soldatenfriedhof davon. Die Pfarrkirche hat ein besonders interessantes romanisches Portal.
Straßburg Universitätsstadt und Sitz des Europarats. Die Altstadt drängt sich um das vom 12. bis 15. Jh. erbaute herrliche Münster Unserer Lieben Frau; darin als besondere Touristenattraktion die astronomische Uhr aus dem 16. Jh. Ein besonders schönes Viertel Straßburgs ist La Petite France mit seinen Fachwerkhäusern und Kanälen. Beim Münster steht das Rohan-Schloß aus dem 18. Jh., in dem sich drei Museen befinden: das Musée des Beaux-Arts (viele Stilleben), das Musée des Arts Décoratifs (bemerkenswerte Porzellan- und Fayancensammlung) und das Musée Archéologique ((prähistorische und römische Funde). Mit dem Weinbau befaßt sich das Musée Alsacien (23, quai St-Nicolas); das Musée Historique (3, place de la Grande-Boucherie) besitzt u. a. eine Reliefkarte von Straßburg aus dem Jahr 1727, und das Musée d'Art Moderne (1, rue du Vieux-Marché-aux-Poissons) ist der Malerei nach den Impressionisten gewidmet. Im Frauenhausmuseum beim Münster sind zahlreiche Plastiken, Gemälde, aber auch Trachten und u. a. ein Puppenhaus aus dem 17. Jh. zu sehen. Der schöne Orangeriepark wurde 1692 von Le Nôtre entworfen. In Straßburg wurde auch die Marseillaise zum ersten Mal gesungen (Gedenktafel: 4, place Broglie), und Gutenberg arbeitete hier von 1434 bis 1444 an der Erfindung der Buchdruckerkunst. Sein Denkmal auf dem Gutenbergplatz trägt als Inschrift den Text der amerikanischen Unabhängigkeitserklärung.

Thann Das Münster St. Theobald im gotischen Flamboyantstil ist ein Meisterwerk. Sehenswert sind auch das historische Museum und der Hexenturm aus dem 13./15. Jh.
Traenheim Weinwanderweg.
Turckheim Fachwerkhäuser, drei Stadttore aus dem 14. Jh. und ein Weinwanderweg. Im Sommer geht abends um 10 Uhr ein Nachtwächter mit Hellebarde und Laterne durch das Städtchen und ruft die Stunde aus.
Ungersheim Hier wurde ein *écomusée* mit einer Nachbildung eines Elsässer Dorfs mit 20 Fachwerkhäusern errichtet.
Wissembourg Die Pfarrkirche St. Peter und Paul, der nördlichsten Stadt im Elsaß, ist neben dem Straßburger Münster die größte gotische Kirche der Region. Im von Kanälen durchzogenen Stadtzentrum sind schöne alte Häuser zu bewundern. Das Musée Westerkamp enthält Waffen, Uniformen und Möbel.

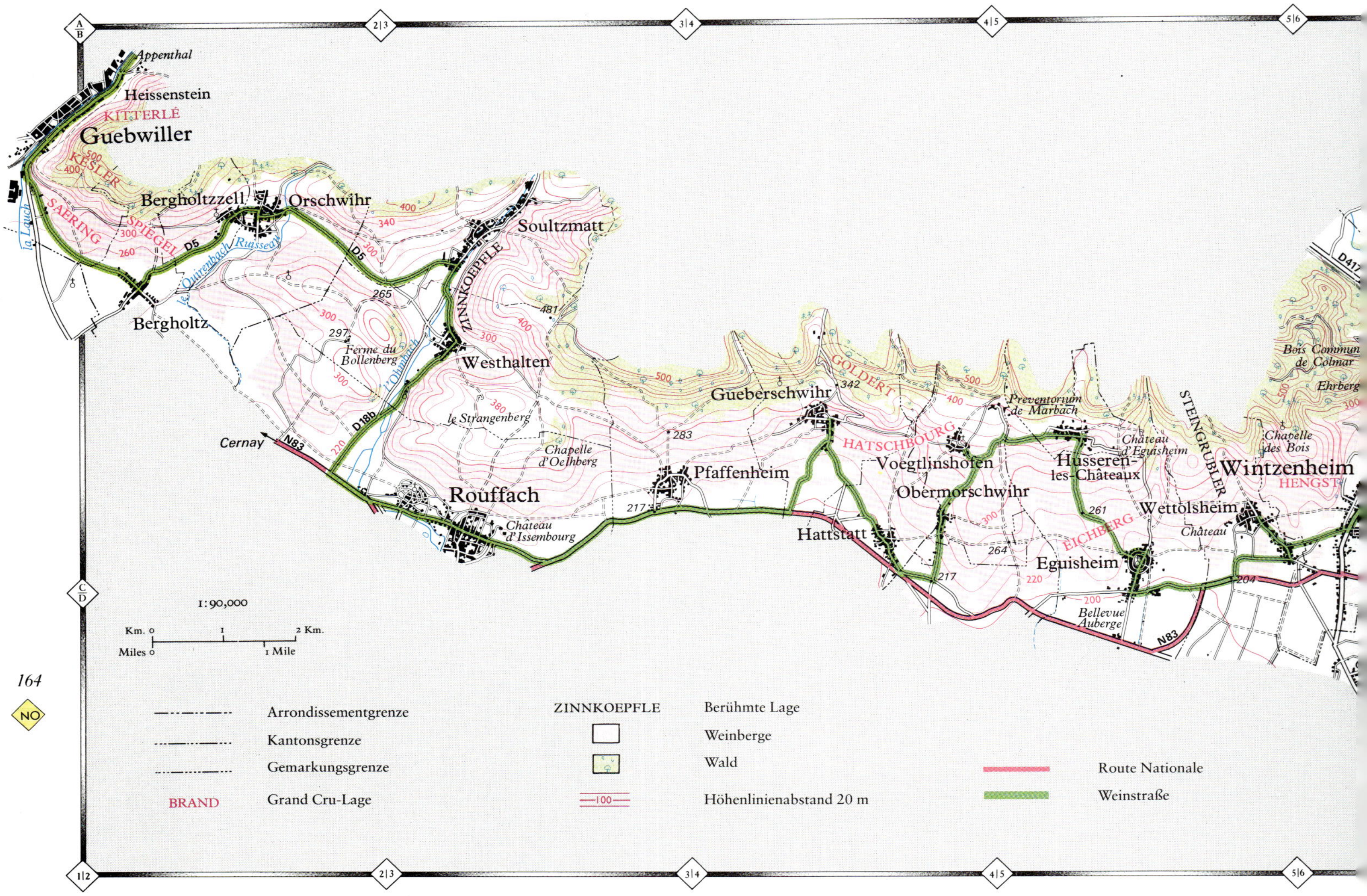

WEINFESTE UND -MÄRKTE

1. Sonntag im März: Vorstellung neuer Weine in Eguisheim. Ende April: Weinmarkt in Ammerschwihr.
1. Mai: Weinmarkt in Molsheim.
Letztes Wochenende im Mai: Weinfest in Dorlisheim.
Himmelfahrt: *Foire aux vins* Guebwiller.
Samstag um den 25. Mai: Fête de St-Urbain in Kintzheim
1. Samstag im Juli: „Tag der offenen Keller" in Dambach-la-Ville
1. Wochenende im Juli: Fête du Crémant in Orschwihr.
1. Sonntag im Juli: Weinmarkt in Nothalten.
14. Juli: Weinmarkt in Barr.
Sonntag nach dem 14. Juli: Fête des Guinguettes d'Europe in Husseren-les-Châteaux.
3. Wochenende im Juli: Fête du Pinot Noir in Rodern.
Vorletztes Wochende im Juli: Weinmarkt in Ribeauvillé, Fête du Riesling in Riquewihr, Fête du Sonnenglanz in Beblenheim.
Ende Juli: Weinfest in Wettolsheim.
Letztes Wochenende im Juli: Weinfeste in Kientzheim und Mittelbergheim.
1. Wochenende im August: Weinfeste in Turckheim und Westhalten
1. Sonntag im August: Fête du Gewürztraminer in Bergheim, Fête des Amandiers in Mittelwihr.
Die ersten zwei Wochen im August: Die große Foire Régionale des Vins d'Alsace in Colmar.
2. Wochenende im August: Weinfest in Bennwihr; Fête du Kaefferkopf in Ammerschwihr.
2. Sonntag im August: Fête du Klevener in Heiligenstein.
14. und 15. August: Fête des Vins de France in Dambach-la-Ville.
15. August: Mariage de l'Ami Fritz in Marlenheim; „Tag der offenen Keller" in Orschiller.
Wochendende um den 15. August: Mini-Weinmarkt in Obernai.
Vorletztes Wochenende im August: „Tag der offenen Keller" in Gueberschwihr; Art, Artisanat et Riesling in Scherwiller.
Letztes Wochenende im August: „Tag der offenen Tür" bei der Winzergenossenschaft Turckheim.
Letzter Sonntag im August: Fête des Vignerons in Eguisheim.
1. Sonntag im September: Fête des Ménétriers (Spielleute) in Ribeauvillé.
Anfang September: Fête du Riesling in Wolxheim.
Letztes Wochenende im September: Weinfeste in Dahlenheim und Wuenheim.
Die ersten zwei Wochen im Oktober: Weinlesefeste in Barr, Hunawihr, Itterswiller, Katzenthal, Molsheim, Niedermorschwihr, Rosheim u. a.
3. Sonntag im Oktober: Weinlesefest in Marlenheim und Obernai.

WEINBRUDERSCHAFTEN

Die tatkräftige Weinbruderschaft für das ganze Elsaß ist die Confrérie St-Etienne, der das Château de Kientzheim gehört. Daneben bestehen La Confrérie des Hospitaliers du Haut-Andlau (Andlau), La Confrérie des Rieslinger (Scherwiller), La Confrérie des Rois-Mages (Ribeauvillé) und La Confrérie St-Sébastian (Bergheim).

WEININFORMATION

La Maison du Vin d'Alsace (12, avenue de la Foire aux Vins) befindet sich in moderner Umgebung im Norden von Colmar. Hier gibt es sehr gute Informationsunterlagen.

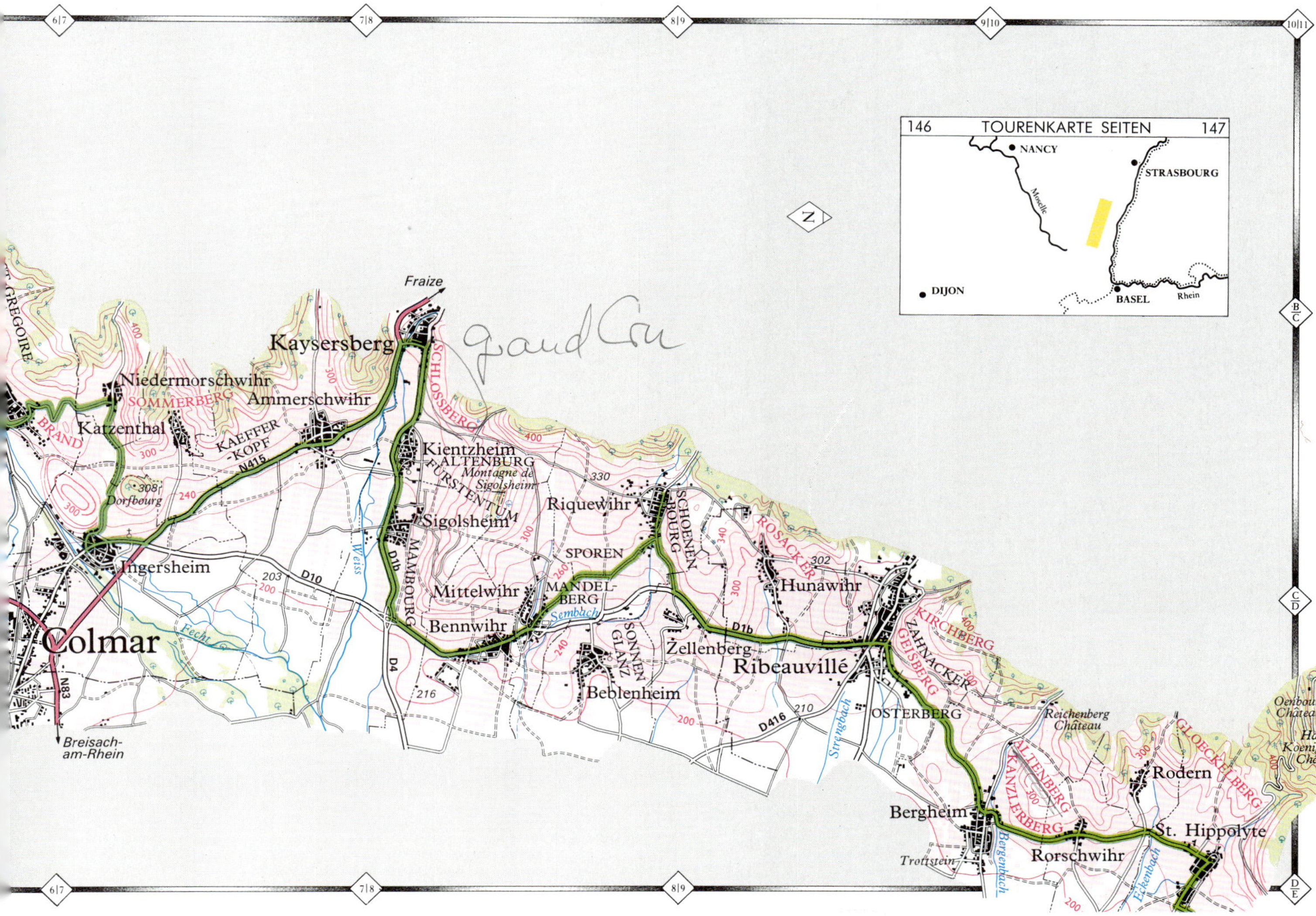
146 TOURENKARTE SEITEN 147
NANCY
STRASBOURG
Moselle
DIJON
BASEL
Rhein
N
Fraize
Kaysersberg
grand Cru
Niedermorschwihr
Ammerschwihr
SOMMERBERG
Katzenthal
BRAND
KAEFFER-KOPF
N415
SCHLOSSBERG
Kientzheim
ALTENBURG
FURSTENTUM
Montagne de Sigolsheim
Dorfbourg
Sigolsheim
Ingersheim
Colmar
Riquewihr
SCHOENENBOURG
ROSACKER
Hunawihr
SPOREN
MANDELBERG
Mittelwihr
Bennwihr
MAMBOURG
Sembach
SONNENGLANZ
Zellenberg
Ribeauvillé
Beblenheim
KIRCHBERG
GEISBERG
ZAHNACKER
OSTERBERG
D10
D1b
D4
D416
N83
Weiss
Fecht
Strengbach
Breisach-am-Rhein
Reichenberg Château
Oenbourg Château
Haut Koenigsbourg Château
NO
ALTENBERG
KANZLERBERG
GLOECKELBERG
Rodern
Bergheim
St. Hippolyte
Rorschwihr
Trottstein
Bergenbach
Eckenbach

Gewitterwolken über dem Rheintal – ein Blick aus den Weinbergen am Osthang der Vogesen über das berühmte Weinstädtchen Riquewihr.

NO

BEDEUTENDE ERZEUGER

AMMERSCHWIHR, Postleitzahl 68770, 160 D3, 165 D7

J. B. Adam: Einfache, saubere Weine aus einem Handelshaus; **Henri Ehrhart; Jérôme Geschickt & Fils*:** Kaefferkopf Gewürztraminer usw.; **H. & J. Heitzmann; Kluehn*:** Qualitätsbewußtes Haus mit alten Kellergewölben, einem kleinen eigenen Weingut und sehr sauberen Weinen (u. a. einem nuancenreichen Kaefferkopf-Riesling). Mehrheitlich im Besitz der Genossenschaft Ingersheim. **André & Pierre Mercklé*:** Kaefferkopf-Riesling und Gewürztraminer sowie faßgereifter Pinot Noir; **J. Schaetzel; René Schneider; Sick-Dreyer*:** Familiengut mit hervorragenden Weinen, u. a. Kaefferkopf-Riesling und Gewürztraminer sowie Tokay.

ANDLAU, Postleitzahl 67140, 160 C3

André Gresser*: Weingut unter der energischen Leitung von Rémy Gresser mit bemerkenswerten Weinen, darunter mehrere Grands Crus; **Marc Kreydenweiss/Domaine Fernand Gresser*:** Ausnehmend tüchtiger und engagierter Weinerzeuger; seine Etiketten verleihen dem Stil eines jeden Jahrgangs künstlerischen Ausdruck. Seine Frau betreibt ein Weingeschäft und Handelshaus unter dem Namen Catherine Lacoste.

BARR, Postleitzahl 67140, 160 C3

Klipfel: Ansprechende Gutsweine und ein Riesling Primeur. Große Probierstube mit alten Keltern; **Alsace Willm:** Die Firma gehört der Winzergenossenschaft Eguisheim. Guter Kirchberg Riesling sowie Clos Gaensbroennel Sylvaner und Gewürztraminer; **Ch. Wantz:** Handelshaus mit Klevener de Heiligenstein u. a.

BEBLENHEIM, Postleitzahl 68980, 160 D4 165 D8

Bott-Geyl: Kleine Familienfirma mit stetig zunehmender Weinqualität; beachtenswert; **Cave Coopérative.**

BENNWIHR, Postleitzahl 68630, 160 D4, 165 D8

Cave Coopérative: Große Genossenschaft mit eigenem Restaurant, Chez Hansi.

BERGHEIM, Postleitzahl 68750, 160 D4, 165 D9

Marcel Deiss*: Modern geführtes Weingut (Altenberg Gewürztraminer und Riesling); **Louis Freyburger & Fils; Lorentz:** Die unter zwei Namen (Gustave Lorentz, Jérôme Lorentz) arbeitende Firma hat in den letzten Jahren große Qualitätsfortschritte gemacht. Weinbergbesitz 30 ha. Feiner Altenberg Gewürztraminer und Riesling.

BERGHOLTZ, Postleitzahl 68500, 160 F4, 164 C2

Jean-Pierre Dirler*: Sehr naturreine Weine in hoher Qualität: Sylvaner Vieilles Vignes, Riesling aus den Lagen Kessler und Spiegel.

CLEEBOURG, Postleitzahl 67160

Cave Coopérative

COLMAR, Postleitzahl 68000, 160 E4, 165 D6

Robert Schoffit (27, rue des Aubépines).

DAHLENHEIM, Postleitzahl 67310

Jean-Pierre Bechtold*; André Pfister

DAMBACH-LA-VILLE, Postleitzahl 67650, 160 C4

Maison Louis Gisselbrecht; Willy Gisselbrecht & Fils: Gute Firma mit regelmäßig prämierten Weinen (Sylvaner, Pinot Blanc, Riesling, Gewürztraminer); **J. Hauller & Fils:** Ehemalige Küferei, heute Handelshaus; **Louis Hauller*:** Klevner und Gewürztraminer mit großer Klasse; **Hubert Metz; Jean Maurer.**

EGUISHEIM, Postleitzahl 68420, 160 E4, 165 C5

Léon Beyer*: Leistungsfähige Familienfirma mit ausgezeichnetem Ruf; beliefert Spitzenrestaurants. Feste Weine, darunter volle Gewürztraminer und Tokays; **Cave Coopérative:** Die größte und meistbesuchte Winzergenossenschaft im Elslaß. Die Genossenschaften in Dambach-La-Ville und Wuenheim sind mit ihr verbunden, ebenso Alsace Willm. Gute Weine in großer Auswahl, darunter besondere *cuvées* und etwa die Hälfte der gesamten Crémant-d'Alsace-Produktion. Spirituosen und Delikatessen runden das Programm ab; **Paul Ginglinger; Bruno Sorg*:** Pfersigberg und Florimont Riesling sowie Gewürztraminer; **Antoine Stoffel.**

EPFIG, Postleitzahl 67680

Patrick Beyer; Domaine Ostertag*: Sylvaner, Munchberg-Riesling, Tokay.

GUEBERSCHWIHR, Postleitzahl 68420, 160 E4, 164 C4

Maurice Schueller

GUEBWILLER, Postleitzahl 68500, 160 F4, 164 B2

Domaines Viticoles Schlumberger*: Mit 135 ha größtes Weingut im Elsaß. Viele terrassierte Steillagen erbringen volle, runde, kräftige Weine, v. a. Grands Crus Kitterlé, Kessler und Særing.

HEILIGENSTEIN, Postleitzahl 67140

Jean Heywang*: Klevener de Heiligenstein, Kirchberg Gewürztraminer; **Gilbert Hutt & Fils.**

HUNAWIHR,
Postleitzahl 68150, 160 D3, 165 C9
Cave Coopérative; Frédéric Mallo & Fils: Rosacker Riesling; **Mittnacht Frères.**

HUSSEREN-LES-CHÂTEAUX,
Postleitzahl 68420, 164 C5
Kuentz-Bas*: Sehr bekanntes Handelshaus, eine Familienfirma mit ausgewogenen, hervorragenden Weinen; vor allem die Rieslinge sind brillant. Weine aus eigenen Weinbergen werden als „Cuvée personnelle" bezeichnet.

KAYSERSBERG,
Postleitzahl 68240, 160 D3, 165 C8
Domaine Dietrich*; Faller Frères/ Domaine Weinbach*: Mme Colette Faller bringt von knapp 25 ha eine Reihe ausnehmend guter und lebendiger Weine hervor; **Thomann-Saltzmann.**

KATZENTHAL,
Postleitzahl 68230, 160 E3, 165 C7
Jean-Paul Ecklé.

KIENTZHEIM,
Postleitzahl 68240, 160 D3, 165 C8
Blanck/Domaine des Comtes de Lupfen*: Die Familie Blanck stimmt Rebsorten und Bodenarten sorgfältig aufeinander ab. Die Weinbereitung ist höchst gewissenhaft. So entstehen saubere, kräftige und äußerst zuverlässige Weine. Der Einkauf für das Handelshaus Blanck Frères wird ebenfalls mit bester Sachkenntnis gehandhabt; **Cave Coopérative.**

MARLENHEIM, Postleitzahl 67250
Laugel: Dynamisches Handelshaus; **Mosbach.**

MITTELBERGHEIM, Postleitzahl 67140
E. Boeckel: Traditionsverhafteter Weinhändler und Winzer; **Armand Gilg & Fils; A. Seltz & Fils*:** Familienfirma mit ausgezeichneter „Réserve" und „Réserve Particulière". Spezialität: Zotzenberg Sylvaner.

MITTELWIHR,
Postleitzahl 68630, 160 D3, 165 D8
Frédéric Berger; Alfred Burghoffer Père & Fils; Preiss-Henny*: Vorzügliche Gutsweine, z. B. Mandelberg Riesling und Gewürztraminer; **J. Siegler Père & Fils; Patrick Schaller*:** Großer Erfolg mit Crémant d'Alsace, Muscat und Riesling.

NIEDERMORSCHWIHR,
Postleitzahl 68230, 160 E3, 165 C7
Albert Boxler & Fils*: In der Gegend führendes Weingut; **Marcel Mullenbach*:** Muscat, Riesling, Tokay, Gewürztraminer.

NOTHALTEN,
Postleitzahl 67680, 160 C3,
Madame Julien Meyer & Fils

OBERMORSCHWIHR,
Postleitzahl 68420, 164 C4
Stempfel

OBERNAI, Postleitzahl 67210, 160 C4
Domaine du Clos Ste-Odile

ORSCHWIHR,
Postleitzahl 68500, 160 E4
Lucien Albrecht; Paul Reinhart

ORSCHWILLER,
Postleitzahl 67600, 160 D4
Louis Siffert & Fils

PFAFFENHEIM,
Postleitzahl 68250, 160 E4, 164 C4
Cave Coopérative: Einem talentierten Kellermeister hat die Winzergenossenschaft ihre führende Stellung im Elsaß zu verdanken; **Pierre Frick & Fils; Joseph Rieflé & Fils.**

RIBEAUVILLE,
Postleitzahl 68150, 160 D3, 165 D9
Bott Frères; Cave Coopérative; Robert Faller & Fils; Henri Fuchs & Fils; André Kientzler*: Familienbetrieb mit einer großen Auswahl an sorgfältig bereiteten Weinen. **Metz Frères; Jean Sipp*:** Großes Weingut (20 ha). Sämtliche Weine zeichnen sich durch beste Qualität aus; **Louis Sipp:** Gutes Handelshaus; **F. E. Trimbach*:** Das Haus hat sich in Europa und vor allem auch in Amerika mit duftigen, sauberen, charaktervollen Weinen einen großen Namen gemacht. Manche stammen aus eigenen Weinbergen, z. B. Clos Ste-Hune Riesling und Cuvée des Seigneurs de Ribeaupierre Gewürztraminer.

RIQUEWIHR,
Postleitzahl 68340, 160 D3, 165 C8
Jean-Jacques Baumann; Dopff & Irion: Nach einiger Zeit finanzieller Probleme wurde die große Exportfirma neu geordnet. Erhalten blieb der Weinbergbesitz von 30 ha, woraus die besten Weine stammen, u. a. Les Murailles Riesling, Les Sorcières Gewürztraminer, Les Marquisards Tokay und Les Amandiers Muscat; **Dopff „au Moulin":** Firma mit großem Weinbergbesitz (75 ha) und Weinen verschiedener Qualitätsklassen. An der Spitze stehen die Gutsweine (Schoenenbourg Riesling, Eichberg Gewürztraminer) und einige Crémants; **Hugel & Fils*:** eine im Exporthandel berühmt gewordene Familienfirma mit Führungsstellung im Elsaß.

Unten: Alte Ziegeldächer, umrahmt von Reben – ein malerisches Bild, das man im Elsaß häufig zu sehen bekommt.
Unten rechts: Die Altstadt von Colmar gehört zu den schönsten im Elsaß.

La Petite France ist ein idyllisches altes Viertel von Straßburg, wo man der Betriebsamkeit einer großen Industrie- und Hafenstadt völlig entrückt.

Mit Wein befassen sich die Hugels seit 1639. Der Stil des Hauses ist voll, geschmeidig, rund, nicht übermäßig trocken. Die einfachste Qualität bilden Markenweine, an der Spitze stehen Spät- und Auslesen; **Preiss & Zimmer:** saubere, trockene Weine sind charakteristisch für diese Firma; **René Schmidt.**

RODERN,
Postleitzahl 68590, 160 D4, 165 D10

Koeberlé-Kreyer; Charles Koehly & Fils*: Christian Koehly bringt feine, stilvolle Weine, z. B. aus der Grand-Cru-Lage Gloeckelberg hervor.

RORSCHWIHR,
Postleitzahl 68590, 165 D10

Rolly-Gassmann*: Würzige, manchmal fast üppige Weine (Auxerrois, Tokay, Gewürztraminer).

ROUFFACH,
Postleitzahl 68250, 160 E4, 164 C3

Clément Bannwarth & Fils; Muré/Clos-St-Landelin

SIGOLSHEIM,
Postleitzahl 68240, 160 D3, 165 C8

Cave Coopérative; Maison Ringenbach-Moser; Pierre Sparr & Ses Fils: Weine mit mehr Wucht als Finesse

SOULTZMATT,
Postleitzahl 68570, 160 E4, 164 B3

Kandmann-Ostholt; Paul Kubler*

TRAENHEIM, Postleitzahl 67310, 160 B3

Frédéric Mochel

TURCKHEIM,
Postleitzahl 68230, 160 E3, 165 C6

Cave Coopérative*: Die Weine dieser Winzergenossenschaft können es mit den Erzeugnissen der besten Weingüter aufnehmen. Die faßgereifte Pinot Noir Cuvée à l'Ancienne ist etwas Außergewöhnliches; die Weißweine stammen u. a. aus den Grand-Cru-Lagen Brand, Hengst und Sommerberg; **Armand Hurst*; Charles Schleret*:** Jahr für Jahr exzellente Weine.

VOEGTLINGSHOFFEN,
Postleitzahl 68420, 160 E4, 164 C4

Gérard Hartmann & Fils; Joseph Cattin & Ses Fils: Spezialitäten: Muscat, Tokay und Gewürztraminer aus der Lage Hatschbourg.

WESTHALTEN,
Postleitzahl 68111, 160 E4, 164 C3

Cave Coopérative; A. Heim*: Négociant mit sauberen, frischen Weinen. Besonders zu empfehlen: Clos du Strangenberg Pinot, Les Eglantiers Riesling sowie der Crémant.

WETTOLSHEIM,
Postleitzahl 68000, 160 E4, 164 C5

A. Gaschy – F. Brucker: Eines der größten Handelshäuser.

WINTZENHEIM,
Postleitzahl 68000, 160 E3, 164 C6

Josmeyer & Fils*: Unter der Leitung von Jean Meyer bessert sich die Qualität der Weine stetig. Vorzüglicher Pinot Blanc, Pinot Auxerrois, Hengst Riesling, Hengst Gewürztraminer; **Domaine Zind-Humbrecht*:** Léonard Humbrecht glaubt fest an die Individualität von Boden und Mikroklima und richtet die Wahl der Rebsorte danach. Als erster im Elsaß hat er mit kühler Gärtechnik gearbeitet. Seine Bemühungen um die Wiederbepflanzung der Lage Rangen in Thann sind höchst anerkenneswert. Die Zind-Humbrecht-Weine besitzen viel Persönlichkeit und brauchen Zeit zum Reifen.

ZELLENBERG,
Postleitzahl 68340, 165 D9

J. Becker: Viele prämierte Wein sind der Beweis dafür, daß die alte kleine Familienfirma mit Eifer und Sachkenntnis geführt wird.

NO

LOTHRINGEN

Zwischen dem Elsaß und der Champagne liegt Lothringen. Bis zur Jahrhundertwende gab es hier noch eine Rebfläche von mehreren tausend Hektar, am Anfang dieses Jahrhunderts jedoch begann ein Rückgang, und heute ist kaum noch etwas davon übrig. Zwei kleine VDQS-Bereiche gibt es noch in Lothringen: Côtes de Toul und Vins de Moselle. Zusammen bringen sie rund 4000 hl (44 400 Kisten) im Jahr hervor. Über 90 % dieser Produktion kommen aus den Côtes de Toul, die sich nördlich und südwestlich der alten Festungsstadt Toul bei Nancy erstrecken. Eine beschilderte Weinstraße führt durch diesen Bereich. Jahrhundertelang beherrschten die Bischöfe von Toul den Weinbau der Gegend, und alle Trauben mußten an sie abgeliefert werden. Daher kommt es, daß es beispielsweise in dem Weinort Lucey kaum Weinkeller gibt. Die Spezialität des Gebiets ist der Vin Gris, ein meist von der Gamay-Traube gekelterter Rosé. Er ist leicht und frisch und schmeckt vorzüglich zu einer *quiche lorraine*. Auch die Rotweine von den Côtes de Toul können sehr angenehm sein, vor allem wenn sie von gut ausgereiften Pinot-Noir-Trauben gekeltert sind. Die Weißweine sind dagegen oft allzu säurereich.

Der Bereich Vins de Moselle ist sehr weit gefaßt und reicht von der Grenze zu Luxembourg und Deutschland im Norden bis Vic-sur-Seille bei Nancy im Süden. Die kleine Produktion konzentriert sich jedoch vorwiegend auf die Gegend südlich von Metz.

ERZEUGER

CÔTES DE TOUL

BRULEY, Postleitzahl 54200
Gabriel Demange; Michel Laroppe; Fernand Poirson

BULLIGNY, Postleitzahl 54170
Yves Masson; Claude Vosgien; Michel Vosgien

VINS DE MOSELLE

LAQUENEXY, Postleitzahl 57530
Centre d'Expolitation Fruitière

VEZON, Postleitzahl 57420
Gabriel et Georges Gaspard; Jean Gaspard.

Wie im Elsaß wird auch in Lothringen auf gutes Essen viel Gewicht gelegt. Hier wird wohl kaum Brei gekocht werden, den die vielen Köche verderben könnten.

REISE-INFORMATIONEN

Die goldgelben Mirabellen aus Lothringen werden nicht nur zu dem berühmten „Mirabelle" gebrannt, sondern spielen auch in vielen Rezepten eine Rolle.

HOTELS

Hôtel de l'Europe, 35, avenue Victor-Hugo, 54200 Toul, Tel. 83 43 00 10. Einfaches, anständiges Provinzhotel. Klasse B.

RESTAURANTS

La Belle Epoque, 31, avenue Victor-Hugo, 54200 Toul, Tel. 83 43 23 71. Die Atmosphäre des kleinen Restaurants macht dem Namen alle Ehre. Viele Fischspezialitäten. Klasse B.

Le Dauphin, Route de Villey-St-Etienne, 54200 Toul, Tel. 83 43 13 46. Empfehlenswert nicht etwa wegen der Lage (in einem Industriegelände) oder wegen der Atmosphäre (modern und etwas nüchtern), die Küche jedoch ist äußerst einfallsreich. Klasse B.

SEHENSWERTES

Blénod-lès-Toul Die Kirche steht in einem ehemaligen Burghof. Südlich des Orts liegt das Château de Tumejus aus dem 16./18. Jh.

Metz Industriestadt, im letzten Weltkrieg stark beschädigt. Sehenswert u. a. die gotische Kathedrale St-Etienne mit herrlichen Kirchenfenstern, die Porte des Allemands (13./16. Jh.) und das Musée d'Art et d'Histoire (2, rue du Haut-Poireu).

Nancy Universitäts- und Industriestadt mit sehr schönem barockem Zentrum. Vor allem die Gebäude an der Place Stanislas sind äußerst prachtvoll. Der frühere Herzogspalast, die Kirche und das Kloster der Franziskaner und die Porte de la Graffe dienen heute als Museen.

Toul Die ehemals bedeutende Stadt liegt in einer Moselschleife. Eine Stadtmauer aus dem 17. Jh. mit vier Toren umgab die Altstadt. Toul hat im 2. Weltkrieg stark gelitten, doch konnte die Kathedrale St-Etienne restauriert werden. Die gotische Fassade im Flamboyantstil stammt aus dem Jahr 1496; sie ist von zwei achteckigen Türmen flankiert. Zu beiden Seiten des prachtvollen Kirchenschiffs sind Renaissance-Kapellen angebaut, der Kreuzgang stammt aus dem 13. und 14. Jh. Der Kreuzgang bei der Kirche St-Gengoult ist noch schöner. Ferner gibt es in Toul sehenswerte alte Bürgerhäuser.

WEINBRUDERSCHAFT

An der Côtes de Toul sind die Compagnons de la Capucine aktiv.

DER OSTEN

Das Tal der Saône bildet gewissermaßen das Rückgrat Ostfrankreichs. Von Osten her strömt ihr zunächst der Doubs zu, und bei Lyon vereinigt sie sich mit der aus den Gletschern der Alpen und durch den Genfersee herbeifließenden Rhône. Gebirge drängten den gesamten Nord-Süd-Verkehr durch Frankreich in das Rhônetal hinein. Die Bedeutung dieser uralten Straße erklärt mindestens zum Teil auch die Entstehung der großen Weinbaugebiete, die sie begleiten – von der Côte d'Or um Beaune über Mercurey bei Châlon-sur-Saône und das Land um Mâcon bis hin zum weiten Beaujolais. Von da aus über die Weinberge um Lyon bis ins Rhônetal hinein, bis dort, wo es sich verengt und die mühsam angelegten Terrassen bei Tournon an der nördlichen Rhône beginnen und die frische, süffige Art des Beaujolais der Tiefe und Konzentration der Côte Rôtie und des Hermitage weicht.

Neben dieser Massierung großer Namen nehmen sich die übrigen Weinbaubereiche des Ostens recht bescheiden aus. Sie tragen keine großen Mengen an Wein, wohl aber einige überaus eigenwillige und charmante Lokalcharaktere Frankreichs bei.

Der Jura hat zwar insgesamt nur wenig Wein zu bieten, darunter jedoch den einmaligen „gelben" Wein sowie milde Rotweine und burgunderähnliche Weißweine.

Die verstreuten Weinberge von Savoyen, die sich bis zu den Skipisten hinauf erstrecken, bringen prickelnd frische Weißweine sowie kraftvolle Rotweine von der seltenen gewordenen Mondeuse-Traube hervor.

In letzter Zeit sind in den Bergen westlich von Lyon einige kleinere Weinbaubereiche wieder aufgelebt: Die Côtes du Forez und die Côte Roannaise sind (dank der Hilfe eines berühmten französischen Restaurants) keine Unbekannten mehr. St-Pourçain ist der Überrest eines ehemals berühmten klösterlichen Weinbaubezirks, der sich durch die Jahrhunderte behauptet hat. Entdeckungsfreudige Weinliebhaber bringen auch diesem kleinen Bereich inzwischen wieder bescheidenen Wohlstand.

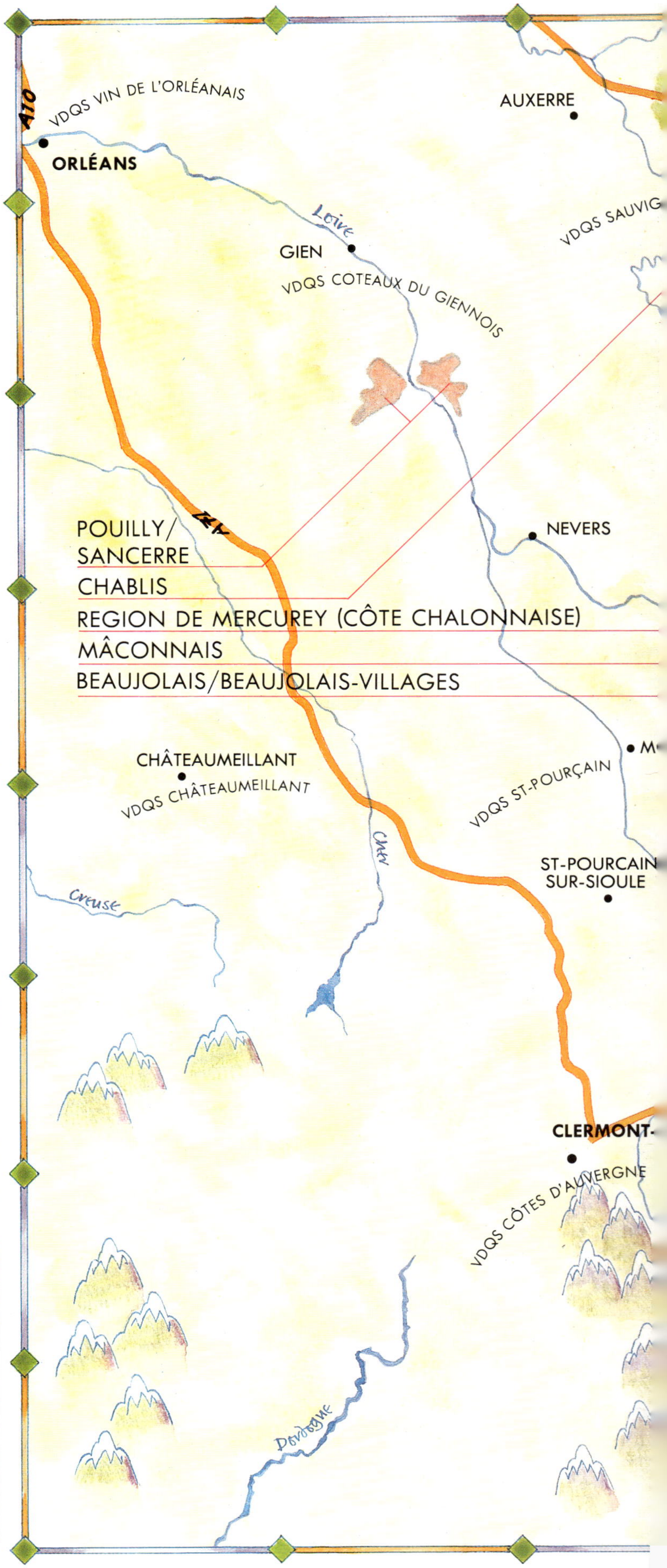

VINS DE PAYS

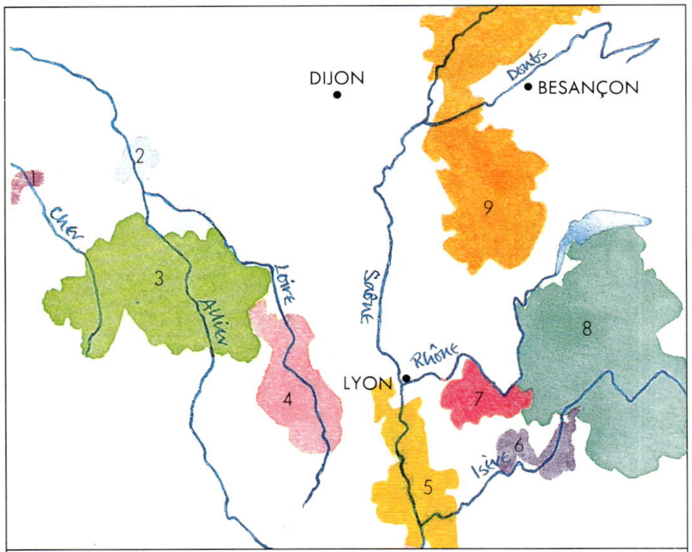

1 Coteaux du Cher et de l'Arnon
2 Coteaux Charitois
3 Bourbonnais
4 Urfé
5 Collines Rhodaniennes
6 Coteaux du Grésivaudan
7 Balmes Dauphinoises
8 Allobrogie
9 Franche-Comté

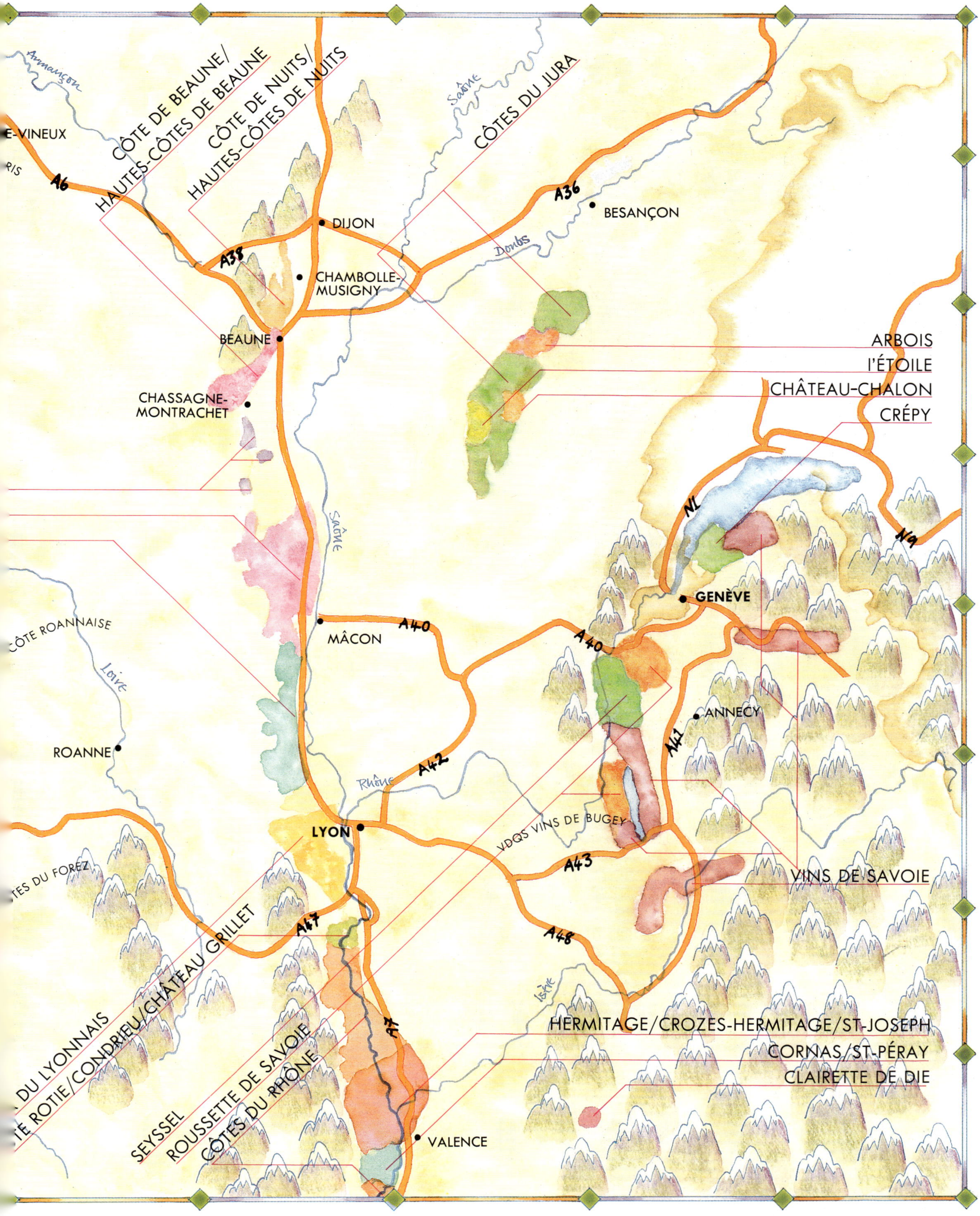
CÔTE DE BEAUNE/
HAUTES-CÔTES DE BEAUNE
CÔTE DE NUITS/
HAUTES-CÔTES DE NUITS
CÔTES DU JURA
E-VINEUX
A6
A38
A36
DIJON
BESANÇON
CHAMBOLLE-
MUSIGNY
BEAUNE
CHASSAGNE-
MONTRACHET
ARBOIS
l'ÉTOILE
CHÂTEAU-CHALON
CRÉPY
Saône
Doubs
N1
N9
GENÈVE
CÔTE ROANNAISE
Loire
MÂCON
A40
ANNECY
A41
ROANNE
A42
Rhône
LYON
VDQS VINS DE BUGEY
A43
VINS DE SAVOIE
TES DU FOREZ
A47
A48
A7
Isère
HERMITAGE/CROZES-HERMITAGE/ST-JOSEPH
CORNAS/ST-PÉRAY
CLAIRETTE DE DIE
DU LYONNAIS
TE ROTIE/CONDRIEU/CHÂTEAU GRILLET
SEYSSEL
ROUSSETTE DE SAVOIE
CÔTES DU RHÔNE
VALENCE

145

30

172

Joigny
Migennes
St. Florentin
Tonnerre
Chablis
AUXERRE
Toucy
Clamecy
Vézelay
Avallon
Montbard
Châtillon-sur-Seine
Semur-en-Auxois
Saulieu
Corbigny
Château-Chinon
Autun
Beaune
Nuits-St. Georges
DIJON
Chenôve
Longvic
Seurre
Chagny
CHALON-S.-SAÔNE
LE CREUSOT
MONTCEAU-LES-MINES
Montchanin
Luzy
Bourbon-Lancy
Gueugnon
Decize
Auxonne
Genlis
Is-sur-Tille
Selongey
Arnay-le-Duc
Vitteaux
Epinac
St. Vallier
Autoroute du Soleil

142

147

173

174

146
31
173
174

33
175

174

33

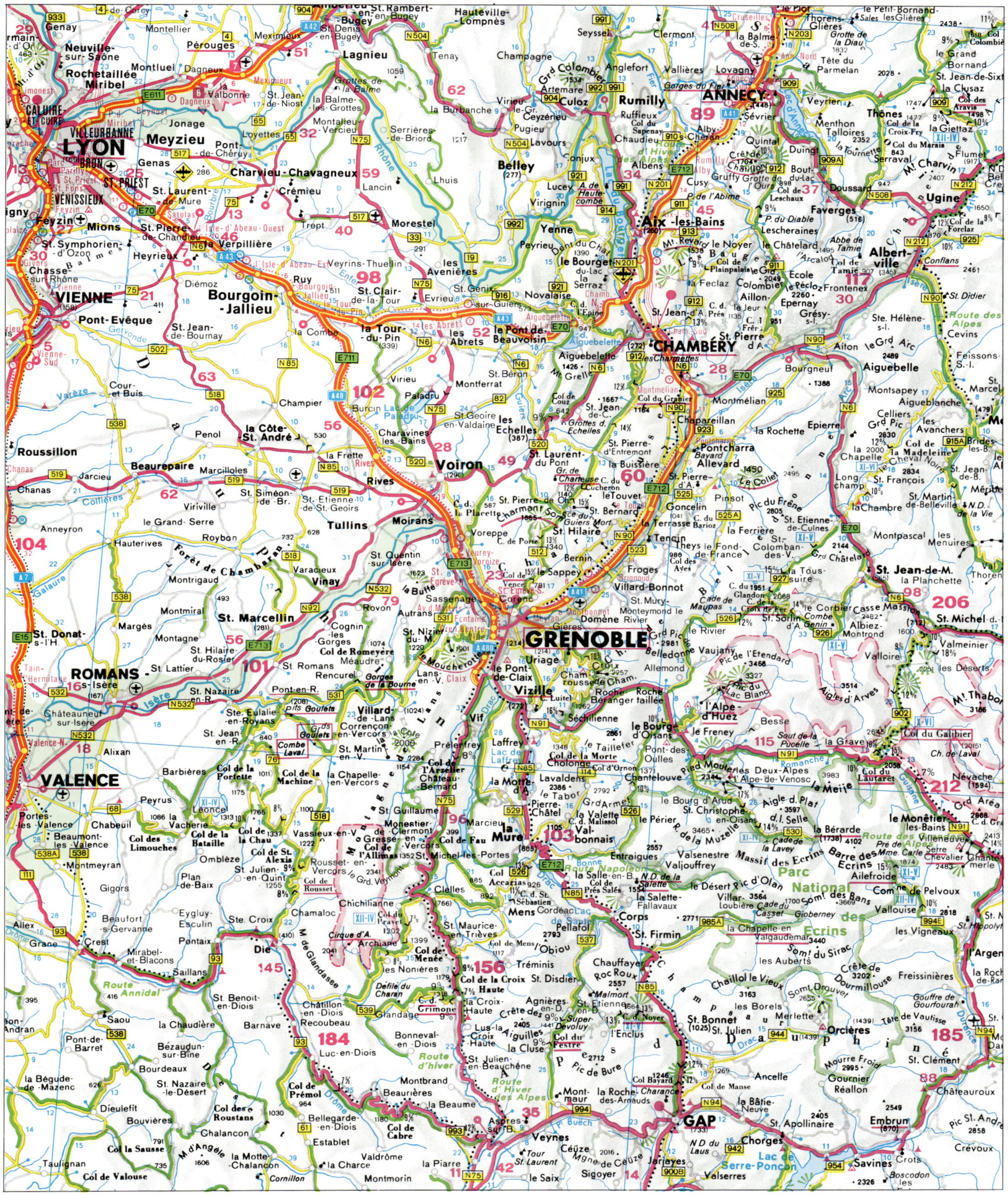

175

219

222

BURGUND

Man kan durch Burgund reisen, ohne zu bemerken, daß man sich in einem Land des Weins befindet, und dabei ist es doch die berühmteste Weinregion Frankreichs. Die *autoroute* von Paris nach Lyon schwingt sich achtlos aus den Bergen von Morvan vorüber an den Reben von Beaune und weiter nach Süden durch die Ebene entlang der Saône – die Hügel, die so viele berühmte Weinberge tragen, sind am westlichen Horizont kaum zu entdecken.

In Burgund drängt sich die Rebe nicht in den Vordergrund – kein Vergleich mit den Monokulturen im Médoc und im Midi. Zwar reiht sich im Beaujolais ein rebenbedeckter Hügel an den anderen, doch die Gestalt der Landschaft, die Dörfer, Gehölze, Bäche, Steilhänge und die weiten Blicke nach Osten bis zu den Alpen sorgen stets für Abwechslung.

Auffälliger tritt der Weinbau an der Côte d'Or in Erscheinung, aber auch dort nur auf einem schmalen Streifen. Die Côte ist ein felsiger Hang, auf dem sich Weinberge auf einer Breite von 1 bis 2 km hinziehen. An anderen Stellen der alten Provinz gliedert sich die Rebe unauffällig in eine Landschaft ein, die ganz und gar zu gefallen bemüht scheint.

Die offizielle Hauptstadt Burgunds ist Dijon, seine Weinhauptstadt jedoch ist Beaune. Hier, auf halbem Weg zwischen Chablis und dem Beaujolais, ist denn auch der logische Angelpunkt für eine genauere Betrachtung der Region. Die alten Befestigungswerke der Stadt sind noch intakt und haben die Altstadt von Beaune vor den häßlichen Trivialitäten bewahrt, die den Kern so mancher schönen alten Stadt verschandeln. Es kommt noch immer eine Art Wallfahrergefühl auf, wenn man das Hôtel-Dieu – das unter dem Namen Hospices de Beaune besser bekannte Hospital und Kloster – besucht. Fünfhundert Jahre im Dienst der Alten- und Krankenpflege, wobei der Wein in den Kellern für alle Kosten aufkommt, machen diese Einrichtung zu einem Monument praktizierter Frömmigkeit.

Beaune ist so sehr mit Kellern unterhöhlt, daß es kaum eine Überraschung wäre, wenn man feststellte, daß man von einem Ende zum anderen gelangen könnte, ohne je ans Tageslicht hinaufzusteigen.

Beaune hat den großen Vorteil, daß sich alle seine Sehenswürdigkeiten mit nur wenigen Schritten von jedem beliebigen der vielen Hotels aus erreichen lassen. Berühmte Restaurants gibt es hier zwar keine, doch ist für gutes Essen auch so reichlich gesorgt. Der dritte Sonntag im November ist im übrigen der größte Feiertag in Beaune: An diesem Tag findet die öffentliche Versteigerung des neuen Weinjahrgangs aus den Weinbergen der Hospices statt. Bei dieser Auktion dabei zu sein, die noch rohen Jungweine in den Kellern der Hospices probieren zu dürfen (man braucht dazu eine besondere Einladung) und dann schließlich in der eigenartigen, mit echt französischer Theatralik aufgezogenen Versteigerung mitzubieten, ist ein Privileg, um dessentwillen Weinhändler, Restaurateure und Liebhaber aus aller Welt angereist kommen. Das Wochenende wird als die *Trois Glorieuses* – die „drei glanzvollen Tage" – bezeichnet. Am Abend vor der Auktion halten die Chevaliers de Tastevin im Château de Vougeot ein Festbankett ab, und am Tag nach der Versteigerung veranstalten die Bürger von Meursault ein gewaltiges Gelage.

Diese drei Tage bilden den Glanzpunkt, um den sich in Burgund alles dreht, doch bilden sie nur die feiertägliche Seite des Bildes. Die werktägliche Seite kann man dagegen in unzähligen Kellern beobachten, die zumeist – ganz anders als die ansehnlichen *chais* im Médoc – engen und dumpfen Werkstätten gleichen, oder auch in den Weinbergen, wo sich Männer und Frauen bei Wind und Wetter inmitten ihrer Reben mühen.

Hier ist das Land der kleinen Grundstücksbesitzer. Den meisten Winzern gehören nur ein oder zwei Hektar, aufgesplittert in 10 und mehr winzige Fleckchen Weinberge an ebensovielen verschiedenen Stellen. Wer in Burgund 10 ha sein Eigen nennen kann, ist in seinem Dorf ein hochangesehener Mann. Die kleinen Maßstäbe Burgunds sind das Ergebnis geschichtlicher Entwicklung, der Erbgesetze und der Tradition. Diese Faktoren sind natürlich überall in Frankreich am Werk, doch haben sie sich hier offenbar mit einer besonders hartnäckigen Art von Individualität verbündet, um den Weinbergbesitz in viele tausend Fragmente zu zerschlagen. Das Ergründen des Burgunder Weins ist wie sein Kauf mit größten Komplikationen verbunden. Hier haben die Namen mindestens ebensoviel Gewicht wie die geografische Lage. Die Reputation der Winzer wie auch der Weinhändler steigt und fällt.

Burgund hat über 100 verschiedene Appellationen aufzuweisen. Die meisten konzentrieren sich an der Côte d'Or, dem gesegneten Land zwischen Dijon und Santenay. Hier wird jedes Stück Weinberg von den Autoritäten gewogen, beurteilt und in ein Rangschema eingeordnet, das übrigens auch im abgelegenen Chablis gilt. Weiter im Süden werden die Dinge einfacher gehandhabt. Im Beaujolais werden neun „Crus" besonders herausgestellt, im Mâconnais bestimmte Ortschaften. In der ganzen Region können die Winzer allgemeine Appellationen, wie Bourgogne, Bourgogne Grand Ordinaire, Passe-Tout-Grains und Bourgogne Aligoté, in Anspruch nehmen. Hierunter fallen die einfacheren Lagen in den Weinorten Côte d'Or sowie die Weinberge in den Randgebieten, aber auch z. B. im Mâconnais. Diese regionalen Appellationen machen einen relativ kleinen und auch stetig abnehmenden Teil des gesamten Weinbaus in Burgund aus.

Erfreulicherweise steht es um die Traubensorten in Burgund sehr einfach. Alle großen Rotweine werden von Pinot Noir und alle großen Weißweine von Chardonnay gewonnen. Der Gamay hat seinen besonderen Platz als die Traube des Beaujolais, und die Aligoté-Rebe liefert an manchen Stellen eigenständigen Weißwein. Ein paar Hektar Pinot Blanc gehen im Bourgogne Blanc auf, und an der Yonne gibt es noch die selten gewordenen Rotweintrauben César und Tressot. Nur ein Außenseiter hat diese burgundische Solidarität an einer Stelle durchbrechen können: der Sauvignon Blanc in St-Bris, das näher an Sancerre liegt als an Beaune.

Die verwirrende Fülle an Umweltfaktoren, die den Wein an der Côte d'Or beeinflussen, bestätigt sich in seiner Subtilität. Vielleicht besitzen diese Hänge Eigenschaften, die anderswo nicht vorzufinden sind, vielleicht aber hat auch der Ruhm dieses Weins dazu geführt, daß die Menschen besonders genau auf feinste Nuancen in Lage und Boden achten. Die Umwelt ist nun einmal wie sie ist, und die Weine sind nun einmal großartig. Zusammenhänge, Ursachen und Wirkungen jedoch sind nur schwer zu entwirren. Die Côte ist vorwiegend nach Osten und ein wenig nach Süden geneigt. Seitentäler und abgelegener Hänge bringen eine Vielfalt von Variationen ins Bild.

Unter dem bewaldeten oder mit Reben bedeckten Boden liegt eine Kalksteinschicht, gewissermaßen die abgebrochene Kante einer großen, nach Westen hin sanft abfallenden Platte.

Auf der Abbruchkante liegen denn auch die verschiedenen Gesteinsschichten wie die Füllung eines Tortenstücks zutage. An der Oberfläche sind die Bodenarten durch Erosion vermischt, wodurch das Bild unklar wird, doch hat gerade die Kombination aus Kalkstein und verwittertem Mergel die besten Weinberglagen entstehen lassen. So kann es gut sein, daß hier die Geologie die beherrschende und das Mikroklima die untergeordnete Rolle spielt. Wahrscheinlicher aber ist, daß beide mit noch vielen anderen Faktoren zusammenwirken, z. B. mit der so wichtigen Wahl des richtigen Klons, dem Rebschnitt, dem Alter der Weinstöcke, um ein ganz besonderes und unnachahmliches Qualitätsgleichgewicht herauszubilden. Und es darf festgestellt werden, daß es weder in Frankreich noch sonstwo in der Welt irgendeinen Wein gibt, der mit einem wahrhaft großen Burgunder in Konkurrenz treten könnte.

Doch bei allem Tüfteln und Vergleichen sollte man nicht vergessen, daß der Wein doch nur ein Teil dessen ist, was Burgund ausmacht. Die alte Provinz, einst ein stolzer und reicher Staat für sich selbst, hat nicht weniger Kunstschätze in seinen Grenzen als irgendeine andere Region Frankreichs. Die Mönche der großen Klöster, zum Beispiel die von Cluny, förderten nicht nur den Weinbau, sondern vor allem auch die Bildung und die Religion. Als weithin bekannte Hochburg der Gastronomie hat Burgund das Erbe Philipps des Kühnen bewahrt, der eine große achteckige Küche zum Mittelpunkt seines Palasts in Dijon machte. Sie ist noch heute dort zu sehen und setzt einem fürstlichen Hof, der die Gastfreundschaft für so bedeutend hielt wie die Politik, ein hohes Denkmal. Der Palast beherbergt das Musée des Beaux Arts mit einer wundervollen Sammlung burgundischer Kunst.

St-Romain liegt am Ende eines Tals, das die Hänge der Côte d'Or durchbricht. Der Blick geht auf die Weinberge von Auxey-Duresses und Meursault, und dahinter dehnt sich das fruchtbare Tal der Saône. Unten links: Gevrey-Chambertin. Unten: Das Flüßchen Serein bei Chablis.

CHABLIS

Rechts: Typisch für das Bild der sanften Landschaft von Chablis sind die in die Wälder eingesprengten Weinberge. In den letzten 20 Jahren ist viel Weinbauland wieder neu bepflanzt worden, nachdem es in der Zeit des Niedergangs aufgeforstet worden war.
Chichée (unten), ein Dorf im Sérein-Tal.

Von den fünf Weinbaubereichen Burgunds liegt Chablis am weitesten nördlich und auch am weitesten von den anderen getrennt. Von Beaune ist es genauso weit entfernt wie von Paris. 1477 wurde Chablis dem damals selbständigen Herzogtum Burgund einverleibt. Hätte die Geschichte einen anderen Gang genommen, dann wäre Chablis wahrscheinlich der Champagne zugefallen, denn die zur Champagne gehörende Aube ist Chablis näher als das Herz des burgundischen Weinbaus, die Côte d'Or, und das Klima ist in Chablis ähnlich wie in der Champagne. Im Boden beider Landschaften spielt der Kalkstein die beherrschende Rolle, und der Chardonnay, die einzige in Chablis angebaute Traube, die dort übrigens Beaunois heißt, ist auch in der Champagne stark verbreitet. Weil es aber die Geschichte so wollte, gehört Chablis zu Burgund, und sein Wein schäumt nicht.

Sicherlich waren es die Römer, die in Chablis den Weinbau einführten. Doch erst die Mönche förderten ihn ernsthaft, wobei sich die Abtei von Pontigny, 15 km von Chablis entfernt, besonders auszeichnete. Schon die Lage von Chablis war dem Weinbau günstig: Bis Paris ist es nicht weit, und schon früher waren Transporte dorthin auf dem Wasserweg einfach zu bewerkstelligen. Die Weinfässer mußten über Land nur bis Auxerre gefahren werden, von dort aus ging es mit dem Schiff die Yonne und die Seine abwärts zur Hauptstadt. Der Wein brachte Wohlstand nach Chablis. Zu Anfang des 15. Jahrhunderts konnte sich das Städtchen Ringmauern und Wälle leisten. Deutlich sichtbare Überreste dieser Befestigung sind die Türme der Porte Noël, des damaligen südlichen Stadttors. Am Ende des 15. Jahrhunderts hatte Chablis über 4000 Einwohner – heute sind es nur noch 2400.

Eine ganze Serie von Katastrophen machte im 19. Jahrhundert mit dem Wohlstand ein Ende. Um 1866 trat der gefürchtete Mehltau auf, und nicht lange danach erschien die Reblaus. Die Eisenbahn zwischen Paris und Südfrankreich brachte Ströme von billigem Wein auf die Märkte der Hauptstadt und tat damit dem Chablis ungeheuren Abbruch. Dann forderte der 1. Weltkrieg seinen traurigen Zoll – nicht nur unter den Männern, sondern auch unter den für die Feldarbeit benötigten Pferden. Nach einer kurzen Wiederbelebung Ende der 20er Jahre brach schließlich die Weltwirtschaftskrise herein, und bald folgte der 2. Weltkrieg. Diese und andere Widrigkeiten ließen die Weinberge von Chablis und Umgebung zusammenschrumpfen. Im 19. Jahrhundert betrug die Rebfläche im Département Yonne 40 000 ha, um 1950 waren es nur noch knapp 1000 ha.

Chablis hat alle diese Schicksalsschläge überlebt und sich sogar wieder erholen können, weil sein Wein so einzigartig ist. Seine Farbe ist hellgelb, oft mit einem leichten grünlichen Anflug. Sein Geschmack ist sehr trocken, mineralisch kühl und trotz kräftiger Säure oft mild und auch fruchtig. Der Boden – Lehm mit viel Kalk in den besseren Lagen – hat großen Einfluß auf die besondere Persönlichkeit des Chablis. Die dicke Kalksteineinlage in den tieferen Bodenschichten wurde in der Urzeit von unzähligen Muscheltieren, in der Hauptsache *Ostrea virgula*, eine kleine kommaförmige Auster, gebildet. Diese Kalkart wird nach

REISE-INFORMATIONEN

Wie in vielen Weingegenden nimmt auch in Chablis die Küche ihren besonderen Charakter durch die Verwendung des Weins der Region an. In den Restaurants trifft man häufig Weinbergschnecken, Flußkrebse und andouillettes *(Kaldaunenwürstchen) an, und auch der herrliche Schinken aus dem benachbarten Morvan steht oft auf der Speisekarte.*

HOTELS

Hostellerie des Clos, 89800 Chablis, Tel. 86 42 10 63. Das Hotel und Restaurant wurde 1986 eröffnet. Komfortable, moderne Zimmer. A-la-carte-Gerichte sind teuer und variabel, die Menüs sind zuverlässiger. Hotel Klasse B, Restaurant Klasse A.
l'Etoile, 89800 Chablis, Tel. 86 42 10 50. Ländliches Hotel ohne besonderen Charakter und mit begrenztem Komfort. Ordentliche, aber nicht weiter bemerkenswerte Küche; die Weinkarte ist dagegen sehr interessant. Klasse B/C.
Le Relais St-Vincent, 89144 Ligny-le-Châtel, Tel. 86 47 53 38. Etwa 10 km von Chablis. Kleines, ruhiges Hotel; gute Auswahl zum Frühstück. Klasse B. Restaurant Klasse C.
l'Abbaye St-Michel, 89700 Tonnerre, Tel. 86 55 05 99. Etwa 15 km von Chablis. Sehr luxuriöses Hotel und Restaurant; mittelalterliches Intérieur, Blick über ein Flußtal, tadellose Küche. Hotel und Restaurant Klasse A.
Hôtel du Centre, 89700 Tonnerre, Tel. 86 55 10 56. Etwa gegenüber dem Ancien Hôpital. Klasse C.

RESTAURANTS

Au Vrai Chablis, 89800 Chablis, Tel. 86 42 11 43. Am Marktplatz; einfach und zuverlässig. Klasse C.
Auberge du Bief, 89144 Ligny-le-Châtel, Tel. 86 47 84 56. Etwa 10 km von Chablis. Gute Küche und angenehme Atmosphäre. Bei Einheimischen sehr beliebt. Klasse B.
Le St-Bris, 89350 St-Bris-le-Vineux, Tel. 86 53 84 56. Preiswertes Menü und Weine der Gegend in einem schönen alten Haus oder auf der Terrasse. Klasse C.

La Petite Auberge, 89290 Vaux, Tel. 86 53 80 08. Etwa 25 km von Chablis. Ein hochtalentierter Küchenchef aus Paris überrascht seine Gäste immer wieder mit raffinierten Gerichten. Klasse B.

WEINSTRASSE

Eine besonders ausgeschilderte Weinstraße hat Chablis nicht aufzuweisen, doch die hier beschriebene Route gewährt einen guten Einblick in die Gegend. Beginn in Chablis; über die Brücke zum Ostufer des Serein, dann auf der D91 am Flußufer entlang nordwärts. Zur Rechten steigen die Grand Crus, die Spitzenlagen von Chablis, auf, und zwar bis zur D216. An der Kreuzung geht es weiter auf der D91 nach Norden. Der langgestreckte Weinberg, der nun zur Rechten in Sicht kommt, ist die Premier-Cru-Lage Fourchaume. In Maligny ist das Château einen Besuch wert. Es ist eine der wenigen alten Burgen (12. Jh.), die nicht auf einem Berg, sondern im Tal gebaut wurden. Es wurde im 18. Jh. umgebaut und befindet sich heute in einem kläglichen Zustand. Allerdings ist der Weingutbesitzer Jean Durup inzwischen dabei, es nach und nach zu restaurieren. 179

Von Maligny aus geht es weiter auf der D35 nach Westen über den Fluß. In Villy ist die Besichtigung der Kirche mit romanischem Portal zu empfehlen. Anschließend zurück zur Kreuzung mit der D131 und von hier aus nach Süden bis La Chapelle-Vaupelteigne, einem klassischen Weinort mit

C

dem Ort Kimmeridge an der englischen Küste, wo sie ebenfalls zu finden ist, Kimmeridgium genannt.

Das Comeback von Chablis ist aber auch der Tatsache zu verdanken, daß es in den 60er Jahren gelang, wirksame Mittel gegen die in dieser Gegend besonders große Frostgefahr zu finden, nicht nur im Frühjahr gab es oft empfindliche Fröste, sondern auch im September gefroren die Trauben manchmal zu Eis. Zunächst wurde diese Gefahr durch Öfen gebannt, die zwischen den Reben aufgestellt wurden, später versuchte man es mit einer Art Flammenwerfer. Inzwischen hat sich als wirksamstes Mittel das Versprühen eines Wassernebels erwiesen, der die Reben einhüllt und auf diesen gefriert, wobei die empfindlichen Pflanzenteile vor der schlimmsten Kälte geschützt sind. Hin und wieder aber ist der Frost zu streng, daß auch die moderne Technik nicht mehr helfen kann – so im Februar 1985.

Wirksamer Schutz gegen den Frost machte es immerhin lohnend, die lange aufgegebenen Weinberge neu zu bestocken. Die Rebfläche der 20 Gemeinden, die zur Appellation Chablis gehören, ist von 500 ha Anfang der 60er Jahre inzwischen auf 2000 ha angewachsen. Auch hat der Durchschnittsertrag je Hektar zugenommen.

Die gesetzlichen Vorschriften unterscheiden beim Chablis vier Kategorien. An der Spitze steht der Chablis Grand Cru aus sieben Lagen auf den Hängen nördlich und östlich des Orts (am gegenüberliegenden Ufer des Flüßchens Serein), zusammen 100 ha. Ihre Namen sind: Blanchots, Les Clos, Valmur, Grenouilles, Vaudésir, Les Preuses und Bougros. Ein guter Chablis Grand Cru zeichnet sich durch große Geschmacksintensität, Kraft und charakteristische Art aus. Seine Subtilität entfaltet sich in der Regel erst nach einigen Jahren Flaschenreife. Die Premiers Crus sind meist leichter und weniger ausgeprägt im Charakter; nichtsdestoweniger aber sind sie Weine von eindeutiger Identität. Sie kommen aus rund 580 ha Weinbergen, die sich auf 30 Lagen verteilen. Ein Chablis Premier Cru darf entweder den Namen einer Einzellage oder einer Gruppe von Lagen tragen. Meist wird von der letzteren Möglichkeit Gebrauch gemacht, daher ist die Anzahl der Namen in der Praxis nicht groß. Seit 1987 lauten sie in alphabetischer Reihenfolge mit Angabe der Anzahl der darin zusammengefaßten Lagen: Les Beauregards (2), Beauroy (3), Berdiot (1), Chaume de Talvat (1), Côte de Jouan (1), Fourchaume (5), Les Fourneaux (3), Côte de Léchet (1), Mont de Milieu (1), Montée de Tonnerre (4), Montmains (2), Vaillons (8), Côte de Vaubarousse (1), Vaucoupin (1), Vaudevey (2), Vauligneau (1) und Vosgros (2). Rund 1200 ha bringen den einfachen Chablis hervor. Er ist in der Qualität recht unterschiedlich, von sauber und fruchtig bis flach und säuerlich.

Chablis ist allerdings nicht der einzige Weinbaubereich im Département Yonne. Etwa 18 km weiter südwestlich liegt St-Brisle-Vineux, wo ein ganz andersartiger Weißwein wächst. Er wird von der Sauvignon-Blanc-Traube gekeltert, die im Loire-Tal vorherrscht. Der Sauvignon de St-Bris ist ein duftiger, frischer und erfrischender Wein, der durchaus Beachtung verdient. Aus dem Bereich St-Bris kommt außerdem recht guter Bourgogne Aligoté.

einigen Dutzend Weingütern. Die Kirche stammt aus dem 12./13. Jh.

In Poinchy, dem nächsten Ort, geht es zunächst seitwärts ab nach Milly, wo in der mittelalterlichen Kapelle eine schöne Statue eines knienden Mönchs zu bewundern ist. Auch das Château stammt aus dem Mittelalter. Milly liegt am Fuß der Premier Cru-Lage Côte de Léchet. Ein Spaziergang durch den Weinberg wird mit einem herrlichen Blick über Chablis belohnt. Die Rundfahrt endet mit der Rückkehr zunächst nach Poinchy und von dort aus nach Chablis.

SEHENSWERTES IN CHABLIS

Leider wurde das Zentrum von Chablis 1940 durch Artilleriebeschuß weitgehend zerstört. Immerhin blieben einige alte Straßen, z. B. die rue des Moulins, erhalten; sie sind von alten Winzerhäusern, manche mit Kellern aus dem 13. Jh., flankiert. Die Kirche St-Martin besitzt schmiedeeiserne Türbeschläge und im Innern viele Kunstschätze. Etwas außerhalb von Chablis steht die Kirche St-Pierre aus dem 12. Jh.

La Maison du Vigne et du Vin bietet Informationen über die Region. Ein Fußpfad am Flüßchen Serein entlang ist ein angenehmer Spazierweg.

SEHENSWERTES IN DER UMGEBUNG

Auxerre Eine Stadt mit vielen Kirchen. Die Kathedrale entstand zwischen dem 13. und 16. Jh. an der Stelle einer romanischen Kirche, deren Krypta noch erhalten ist (11. Jh.). In der Altstadt gibt es Fachwerkhäuser und im Torturm eine große Uhr, die den Gang von Sonne und Mond zeigt.
Irancy Reizender Weinort in einem idyllischen Tal mit Weinbergen und Kirschbäumen.
Ligny-le-Châtel Überreste der Stadtmauer, Häuser aus dem 13. bis 16. Jh. und eine Kirche aus dem 12. Jh.
Noyers Schön erhaltene alte Stadt mit mittelalterlichen Befestigungen, etwa 25 km südöstlich von Chablis. In viele Weinkeller gelangt man direkt von der Straße aus.
Pontigny Die Klosterkirche aus dem 12. und 13. Jh. ist eines der schönsten Zeugnisse für die Baukunst der Zisterzienser in Burgund. Die Mönche in Pontigny trieben im Mittelalter Weinbau.
St-Bris-le-Vineux Ein große Schaumweinfirma in Bailly besitzt eine gewaltige „Weinkathedrale", einen Keller mit einer Million Flaschen in einem ehemaligen Kalksteinbruch, aus dem die Bausteine für das Panthéon in Paris stammen. Im Ort befindet sich eine interessante Kirche (z. T. 13. Jh.)
Tanlay Das Château von Tanlay, 8 km östlich von Tonnerre, stammt vorwiegend aus dem 17. Jh. und ist eines der schönsten Renaissance-Schlösser in Burgund.
Tonnerre Das alte Hospital wurde am Ende des 13. Jh. erbaut. Es hat ein imposantes Dach und eine 80 m lange eichengetäfelte Halle.

AKTIVITÄTEN UM DEN WEIN

La Fête du Sauvignon findet in St-Bris-le-Vineux am Wochenende vor dem 11. November statt. Die Fête du Chablis wird am 4. Sonntag im November abgehalten.

Die Weinbruderschaft Piliers Chablisiens wurde 1960 gegründet; die Confrérie des Trois Ceps (in St-Bris, Irancy usw.) besteht seit 1965.

Ähnlicher Kalkboden, wie er in diesem Weinberg bei Fleys zu sehen ist, kommt auch bei Sancerre an der Loire und in Kimmeridge (England) vor.

BEDEUTENDE WEINGÜTER

CHABLIS,
Postleitzahl 89800, 181 E3
Cave Coopérative La Chablisienne, René & Vincent Dauvissat*, Jean-Paul Droin*, Domaine Laroche*: Besichtigung lohnt sich. **Domaine de la Maladière (William Fèvre)*, Domaine des Malantes,** früher Domaine Rottiers-Clotilde, **Louis Michel & Fils*, Moreau & Fils** (Weinhändler), **Domaine Pinson*, François & Jean-Marie Raveneau*, A. Régnard & Fils** (Weinhändler)*, **Simonnet-Febvre** (Weinhändler), **Domaine de Vauroux, Domaine Robert Vocoret & Ses Fils*.**

BEINES, Postleitzahl 89800
Alain Geoffroy

LA CHAPELLE-VAUPELTEIGNE,
Postleitzahl 89800, 181 C3
GAEC de Chantemerle*

FLEYS, Postleitzahl 89800, 181 E6
André Philippon

FONTENAY, Postleitzahl 89800
GAEC du Colombier

LIGNORELLES,
Postleitzahl 89800, 181 B1
Roland Lavantureux

MALIGNY, Postleitzahl 89800, 181 B3
Domaine de l'Eglantière (Jean Durup)*

MILLY, Postleitzahl 89800, 181 E3
Domaine des Courtis; Domaine Jean Defaix

POINCHY, Postleitzahl 89800, 181 D3
Gérard Tremblay (Domaine des Iles)

PREHY, Postleitzahl 89800
Domaine des Maronniers*; Domaine Ste-Claire

COULANGES-LA-VINEUSE,
Postleitzahl 89580
Raymond Dupuis*, GAEC du Clos du Roi

IRANCY, Postleitzahl 89290
Léon Bienvenue*, Bernard Cantin*, Robert Colinot, Roger Delaloge*, Jean Podor

ST-BRIS-LE-VINEUX,
Postleitzahl 89530
Caves de Bailly* (in Bailly), **Bersan & Fils*, Robert & Philippe Defrance*, Hugues Goisot*, Domaine des Remparts*, Luc Sorin***

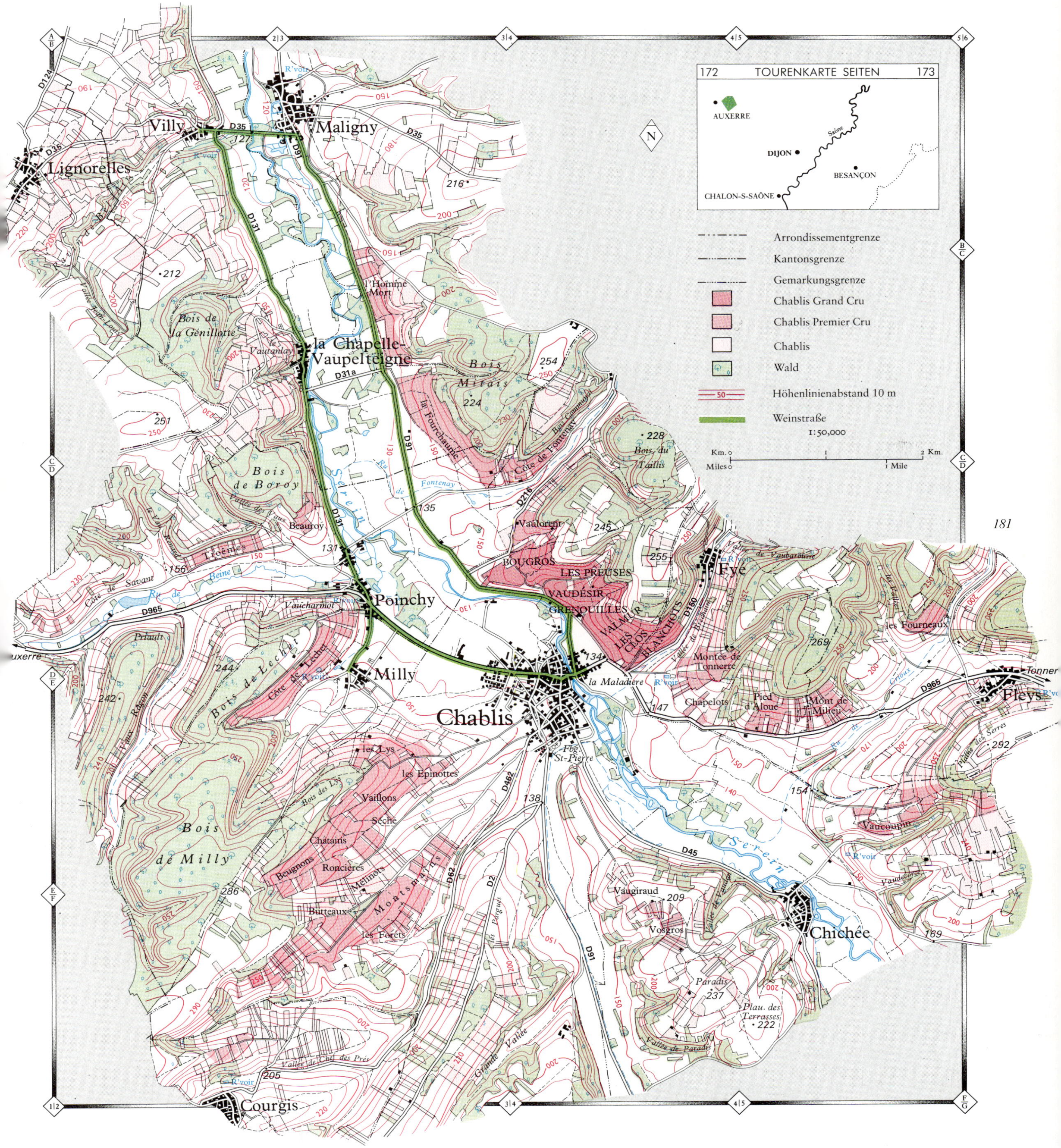
172 TOURENKARTE SEITEN 173
AUXERRE
DIJON
BESANÇON
CHALON-S-SAÔNE
Saône
Arrondissementgrenze
Kantonsgrenze
Gemarkungsgrenze
Chablis Grand Cru
Chablis Premier Cru
Chablis
Wald
Höhenlinienabstand 10 m
Weinstraße
1:50,000
Km.
Miles
1 Mile
2 Km.
Villy
Maligny
Lignorelles
la Chapelle-Vaupelteigne
Poinchy
Milly
Chablis
Fye
Fleys
Chichée
Courgis
Homme Mort
Bois de la Génillotte
Vautanlay
Bois Mitais
la Fourchaume
Côte de Fontenay
Bois du Taillis
Bois de Boroy
Beauroy
Troêmes
Côte de Savant
Vaucharmot
Vaulorent
BOUGROS
LES PREUSES
VAUDÉSIR
GRENOUILLES
VALMUR
LES CLOS
BLANCHOTS
la Maladière
Montée de Tonnerre
Chapelots
Pied d'Aloue
Mont de Milieu
les Fourneaux
Vaucoupin
Côte de Léchet
Bois de Léchet
Bois de Milly
Vaux Ragon
les Lys
les Epinottes
Vaillons
Sêche
Chatains
Beugnons
Roncières
Mélinots
Montmains
Butteaux
les Forêts
Vaugiraud
Vosgros
Paradis
Plau. des Terrasses
Vallée de Paradis
Grande Vallée
Vallée de Chel des Prés
Fbg St-Pierre
Serein
Beine
Fontenay
R'voir
D35
D91
D131
D31a
D216
D150
D965
D45
D62
D2
D462
D124
216
212
254
224
251
228
245
255
156
131
135
134
147
244
242
269
292
154
138
209
237
222
286
205
169
Tonner
uxerre
181

DIE CÔTE D'OR

Das Herz Burgunds ist die Côte d'Or, eine langgestreckte, unregelmäßige Hügelkette, die südlich von Dijon beginnt und 50 km weiter südwestlich bei Santenay endet. Die berühmten Weinorte liegen aufgereiht an der Route National 74 von Dijon nach Chagny. Seit Jahrhunderten werden die großen Weinlagen an den sonnigen Osthängen kultiviert, die unterhalb einer bewaldeten Abbruchkante gegen die feuchten Westwinde geschützt liegen. Der Boden auf diesen Hängen ist von einer Gemeinde zur anderen, ja manchmal von einem Weinberg zum anderen, unterschiedlich. Diese Verschiedenheit wird noch verstärkt durch die extreme Zersplitterung des Weinbergbesitzes in Burgund. Es gibt nur selten einen Weinberg, der ganz einem einzigen Eigentümer gehört. Die meisten Winzer hier beackern viele kleine, weit über die verschiedensten Lagen verstreute Parzellen. Daher haben sie auch fast stets nur kleine Mengen ganz unterschiedlicher Weine anzubieten. Deshalb spielen die Weinhändler hier eine so bedeutende Rolle: Sie kaufen die kleinen Mengen aus den Lagen auf, die sie herausbringen möchten, und stellen marktgängige Quantitäten zusammen. Diese sogenannten *négociants-éleveurs* beherrschen aber nicht etwa den Markt, denn es gibt eine beträchtliche Zahl von Winzern, die ihren eigenen Wein mit gutem Erfolg abfüllen und verkaufen.

Eine weitere Folge der übermäßigen Zersplitterung des Weinbergbesitzes ist, daß jedes Jahr ganz unterschiedliche Weine aus ein und derselben Lage entstehen, weil die verschiedenen Besitzer aus ihrer Parzelle jeweils einen ganz anderen Burgunder gewinnen. Es ist deshalb an der Côte d'Or mindestens ebenso wichtig, den Ruf des Winzers wie den Namen des Weins und die Qualitätseinstufung der Lage zu kennen. Ein „Village"-Wein, der lediglich den Namen seiner Gemeinde trägt, kann, wenn er von einem tüchtigen Winzer stammt, besser sein als ein Premier Cru aus einem nicht genügend gewissenhaften Weingut.

Die Weine der Côte d'Or werden in vier amtlich festgelegte Qualitätsklassen eingeteilt. Die Spitzenklasse heißt Grand Cru, u. a. Chambertin, Musigny, Clos Vougeot und Montrachet. Die Weine aus diesen Lagen werden nur unter dem eigenen Namen ohne Erwähnung der Gemeinde, zu der sie gehören, angeboten.

Die nächste Klasse darunter heißt Premier Cru. Hierzu gehören über 300 Lagen, die über die ganze Côte d'Or verteilt sind. Die Weine dieser Klasse werden stets unter dem Namen der betreffenden Gemeinde, gefolgt vom Lagennamen – oder einfach der Bezeichung „Premier (oder 1er) Cru", wenn ein Wein aus mehreren Lagen stammt – verkauft.

Die dritte Klasse umfaßt die sogenannten „Villages", also z. B. Gevrey-Chambertin. Die Weine dieser Kategorie dürfen auch die Bezeichnung einer Lage tragen, sie muß jedoch in kleinerem Druck angegeben sein als der Ortsnamen. Die Appellationen Côte de Nuits-Villages und Côte de Beaune-Villages gehören ebenfalls in diese Kategorie; sie werden von zwei Gruppen von Gemeinden mit weniger bekannten Namen benützt.

Die vierte Kategorie gilt für die regionalen Weine – Bourgogne, Bourgogne Aligoté usw. Sie kommen oft aus dem flacheren Land östlich der N74. Hochwertige Weine dieser Kategorie entstehen in den Hautes-Côtes, dem bergigen Hinterland westlich der Côte d'Or. Sie dürfen die Appellationen Bourgogne Hautes-Côtes de Nuits oder Bourgogne Hautes-Côtes de Beaune führen. Die Preise an der eigentlichen Côte d'Or sind so hoch, daß die Weine der Hautes-Côtes eine willkommene Möglichkeit bieten, echte, gute Burgunder auch ohne exklusiven Anlaß zu trinken.

Die Côte d'Or selbst ist zweigeteilt. Der südliche Teil nennt sich Côte de Beaune, der nördliche Côte de Nuits. Alle großen Weißweine der Côte d'Or wachsen an der Côte de Beaune, zusammen mit vielen guten Rotweinen. An der Côte de Nuits liegt der Schwerpunkt auf Rotwein – Weißwein ist selten.

Die Côte d'Or ist auf den folgenden Seiten von Süden nach Norden in Detailkarten erfaßt. Es kommt hier mehr als anderswo in Frankreich auf geografische Details an. In den Karten sind deshalb die Einzellagen und die Qualitätsstufen, denen sie angehören, verzeichnet.

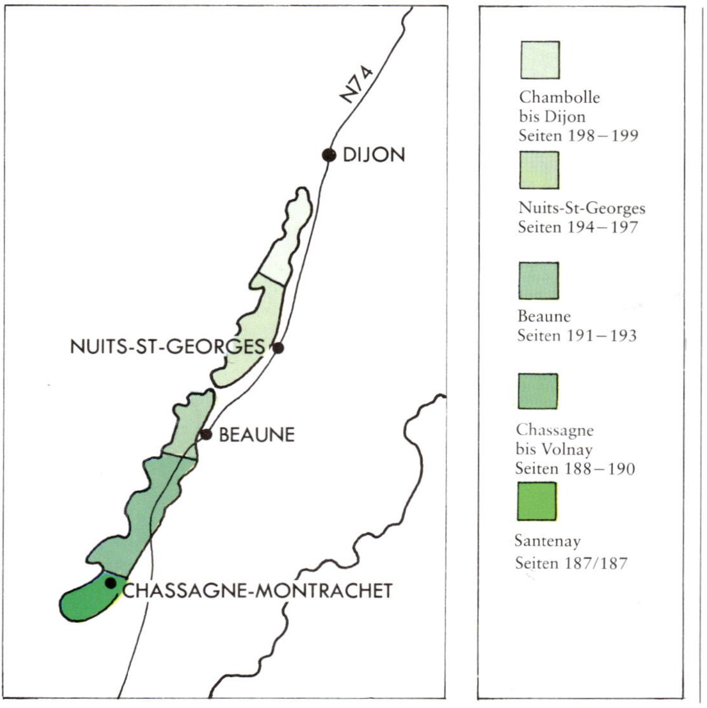

Oben: Dämmerung zur Lesezeit an der Côte de Beaune.
Unten: Unter der Stadt Beaune liegt ein Weinkeller am anderen.

Mittelpunkt des Ortes Aloxe-Corton am Fluß des Corton-Bergs ist das Château Corton-André. Das schöne Landhaus mit seinen bunten Dachziegeln gehört der Firma La Reine Pédauque.

REISE-INFORMATIONEN

Zwei verkehrsreiche Straßen nach dem Süden treffen an der Côte d'Or zusammen, die eine kommt aus Paris, die andere aus dem Nordosten. Diese Routen sind schon Jahrhunderte alt, und so können Beaunes Hotels und Restaurants auf eine große Tradition zurückblicken. Die Küche der Region bietet u. a. escargots; jambon persillé *(Schinken in einer aus Weißwein und Petersilie bereiteten Sülze); Ei oder Fisch* en meurette *(einer Rotweinsauce);* pauchouse *oder* pochouse *(ein Fischgericht);* écrevisses *(Krebs);* coq au vin; bœuf bourguignon *(mit Rotwein, Zwiebeln, Pilzen und Speckstücken). Hotels und Restaurants siehe auch Côte de Nuits und Chalonnais (Seiten 195, 200).*

HOTELS

Hôtel Clarion, 21420 Aloxe-Corton, Tel. 80 26 46 70. Kleines Hotel mit gutem Ruf. Die Zimmer sind im Stil der 30er bis 50er Jahre eingerichtet. Chassagne-Marmor in Bädern und Hotelhalle. Klasse A.
Belle Époque, 15, faubourg Bretonnière, 21200 Beaune, Tel. 80 24 66 15. Ostern 1986 eröffnet. Zimmer und Appartements. Klasse A.
Hotel Bellevue, 5, route de Seurre, 21200 Beaune, Tel. 80 22 26 95. Einfach, aber mit sauberen Zimmern. Restaurant angeschlossen. Klasse C.
Bourgogne, Avenue Général-de-Gaulle, 21200 Beaune, Tel. 80 22 22 00. Modernes Hotel mit Restaurant. Klasse B.
Hostellerie de Bretonnière, 43, fau-

Hotel Abbaye de Maizières } alt
Rue de Maizières } und sehr schön

bourg Bretonnière, 21200 Beaune, Tel. 80 22 15 77. Anständiges Hotel mit Garten; um einen Parkplatz gebaut. Klasse B.
Le Cep, 27, rue Maufoux, 21200 Beaune, Tel. 80 22 35 48. Stilvolle, luxuriöse Zimmer. Erweiterung u. a. durch ein Restaurant geplant. Klasse A.
La Closerie, 61, route de Pommard, 21200 Beaune, Tel. 80 22 15 07. Einfacher Komfort. Viel von Weinhändlern und ihren Geschäftsfreunden frequentiert. Klasse B.
Hotel Le Grillon, 21, route de Seurre, 21200 Beaune, Tel. 80 22 44 25. Ruhige Lage am Rand des Zentrums. In der Saison wird Zimmerreservierung manchmal von Tischbestellungen im mittelmäßigen Restaurant abhängig gemacht. Klasse B.
Hotel Henri-II, 12–14, faubourg de Nicolas, 21200 Beaune, Tel. 80 22 83 84. Ziemlich neues Hotel in einem historischen Gebäude. Angenehme Zimmer. Klasse A/B.
Hotel de la Poste, boulevard Clemenceau, 21200 Beaune, Tel. 80 22 08 11. An einer Umgehungsstraße in der Nähe von Verkehrsampeln: Ein Zimmer auf der Rückseite ist zu empfehlen. Ausgezeichnetes Frühstück, auch sonst gutes Essen im eleganten Restaurant. Spezialitäten u. a. Krebs, *tartare de saumon,* und *civet de lotte aux pâtes fraîches.* Große Weinkarte. Klasse A.
Samotel, route de Pommard, 21200 Beaune, Tel. 80 22 35 55. Sehr anständige Zimmer mit Blick auf die Weinberge; das Restaurant ist nicht sehr zu empfehlen. Klasse B.
Hotel du Parc, 21200 Levernais, Tel. 80 22 22 51. Einige Kilometer von Beaune, östlich der Autoroute. Klasse B.
L'Ouvrée, 21420 Savigny-lès-Beaune, Tel. 80 21 51 52. Angenehme Unterkunft und gute Küche. Halbpension in der Saison obligatorisch. Klasse B.

RESTAURANTS

La Cremaillière, 21190 Auxey-Duresses, Tel. 80 21 22 60. Das Lokal war in mancher Hinsicht angenehmer, als es noch nicht so vornehm (und teuer) war. Die Küche ist immer noch gut. Klasse B.
Alain Billard/Dame Tartine, 3, rue Nicolas Rolin, 21200 Beaune, Tel. 80 22 64 20. Kleines Restaurant mit kreativer Küche. Bei billigen Menüs sind die Portionen leider oft klein. Klasse B.
Au Bon Accueil, La Montagne, 21200 Beaune, Tel. 80 22 08 80. Hier essen die Franzosen auf der Montagne de Beaune. Regionale Küche, sehr preiswert. Eingeweihte nennen es „Chez Nono". Im Sommer wird im Freien serviert. Man fährt auf der D970 aus Beaune heraus und hält sich dann rechts und bergauf. Klasse C.
Le Bistrot Bourguignon, 8, rue Monge, 21200 Beaune, Tel. 80 22 23 24. Offene und Flaschenweine; *pâtés,* Salate, Käse und andere leichte Gerichte. Klasse C.
Central Hotel, 2, rue Victor-Millot, 21200 Beaune, Tel. 80 24 77 24. Beide Speisesäle sind stets vollbesetzt; vernünftige Preise, zuverlässige Küche. Klasse B.
Hostellerie de l'Ecusson, place Malmédy, 21200 Beaune, Tel. 80 22 83 08. Das billigste Menü ist bereits recht gut, und die teureren sind auch annehmbar. Köstlicher *jambon persillé.* Lange Weinkarte. Klasse B.
Ermitage de Corton, route de Dijon, 21200 Beaune, Tel. 80 22 85 28. Nördlich von Beaune an der N74. Das Interieur ist grandios wie in einem kleinen Palast. Die Küche ist ausgezeichnet, v. a. *filet de Saint-Pierre au basilic.* Luxuriöses Hotel. Klasse A.
Jacques Lainé, 10–12, boulevard Foch, 21200 Beaune, Tel. 80 24 76 10. Würdiges altes Haus. Sehr gepflegte Küche; ausgezeichnetes Lamm. Terrasse. Klasse B.
Grand Café de Lyon, 36, place Carnot, 21200 Beaune, Tel. 80 22 23 00. Der beste Treffpunkt in Beaune für ein Gläschen und ein Plauderstündchen. Klasse C.
Rôtisserie de la Paix, 47, faubourg Madelaine, 21200 Beaune, Tel. 80 22 33 33. Etwas versteckt gelegen. Sehr einfallsreiche Küche (u. a. *ravioli de langoustines aux truffes* und *fricassé de pigeon au vinaigre).* Preiswerte Menüs. Klasse B.
Au P'tit Pressoir, 15, place Fleury, 21200 Beaune, Tel. 80 22 07 31. Einfaches, gemütliches Lokal. Die Menüs sind zu empfehlen. Klasse C.
Le Relais de Saulx, 6, rue Louis-Véry, 21200 Beaune, Tel. 80 22 01 35. In der Umgebung sehr bekannt. Kleiner Speisesaal mit Fliesenboden und Balkendecke. Neben Spezialitäten à la carte, z. B. *feuilleté de bar en Crémant de Bourgogne* und *volaille de Bresse farcie,* auch attraktive Menüs. Klasse B.
Auberge St-Vincent, place de la Halle, 21200 Beaune, Tel. 80 22 42 34. Rustikal, recht unbequeme Stühle, aber gutes Essen und nicht zu teuer (im Menü kann *magret de canard au baies de cassis* usw. enthalten sein). Klasse B.
Hostellerie du Vieux-Moulin, 21420 Bouilland, Tel. 80 21 51 16. Hotel mit einigem Charme; die preiswerten Menüs sind oft besser als die teuren. Lange Weinkarte mit ziemlich hohen Preisen. Klasse A/B.
Le Bareuzai, route de Dijon, 21200 Chorey-lès-Beaune, Tel. 80 22 02 90. Sieht von außen wie ein Möbelladen aus, innen aber hat es Atmosphäre. Annehmbare Qualität zu annehmbaren Preisen. Klasse B.
Hotel du Chevreuil, 21190 Meursault, Tel. 80 21 23 25. Nichts Besonderes, aber gute *escargots* und warme *pâtés.* Hotel angeschlossen. Klasse B.
Le Relais de la Diligence, 21190 Meursault, Tel. 80 21 21 32. Nicht im Ort selbst, sondern ein Stück weit außerhalb an der *route nationale.* Gute, traditionelle Küche. Klasse C.
Le Montrachet, 21190 Puligny-Montrachet, Tel. 80 21 30 06. Das Restaurant ist einen Umweg wert; die Küche ist ausgezeichnet und die Auswahl an Weinen sehr groß. Hotel angeschlossen. Klasse B.
Le Moulin d'Hauterive, 71350 St-Gervais-en-Vallière, Tel. 85 91 55 56. Außerhalb des Weinbaugebiets, südöstlich von Beaune. Kleines Hotel in ruhiger Lage an einem Fluß. Halbpension in der Saison obligatorisch. Restaurant Klasse B, Hotel Klasse A.
Au Petit-Truc, 21200 Vignolles, Tel. 80 22 01 70. Sehr kleines Lokal in einem Dorf östlich von Beaune. Qualitätsvolle, ländliche Küche (z. B. *poulet au vinaigre).* Klasse A.
Auberge des Vignes, Nationale 74, 21190 Volnay, Tel. 80 22 24 48. Rustikales Interieur mit Fliesenboden und Holzstühlen. Erstklassiger Küchenchef und preiswerte Menüs (u. a. *la caille* rôti *à la grume de raisin).* Auf der Weinkarte sind die Weingüter angegeben, was in Burgund gar nicht so oft vorkommt. Klasse C.

SEHENSWERTES: CÔTE DE BEAUNE

Aloxe-Corton Das Château Corton André aus dem 15. Jh. gehört einer Weinhandelsfirma. Gelegenheit zur Weinprobe.
Auxey-Duresses Die Kirche aus dem 14./15. Jh. birgt ein Triptychon aus dem 16. Jh.
Beaune Siehe Seite 192.
Ladoix-Serrigny Die Kapelle Notre-Dame-du-Chemin (12. Jh.) war jahrhundertelang Ziel von Wallfahrern. In Serrigny befindet sich ein Schloß aus dem 18. Jh.
Meursault Die Keller von Château de Meursault sind imposant und sehenswert. In den Gewölben ist Gelegenheit zu Weinproben. Das sehr schön restaurierte Gebäude aus dem 15./19. Jh. beherbergt die Weinhandelsfirma Patriarche Père & Fils. Die Besitzer (Familie Boisseaux) veranstalten gelegentlich Gemäldeausstellungen zum Thema Wein. Die Paulée de Meursault wird hier jedes Jahr in der *cuverie* abgehalten. Sehenswert ist ferner das Rathaus und die gotische Kirche St-Nicolas.
Nolay Malerischer Ort mit Fach-

werkhäusern und einer Markthalle aus dem 14. Jh.
Le Rochepot Der Ort wird beherrscht vom Schloß (15. Jh.) mit farbigem Dach; im Innern ein schöner Speisesaal. Im Ort selbst eine Benediktinerkirche aus dem 12. Jh.
St-Romain Weinort in zwei Teilen (oben und unten). Ein markierter Fußweg führt zu einer mittelalterlichen Burg. In der *mairie* sind von Juli bis September archäologische Funde ausgestellt.
Santenay Zu Beginn des 13. Jh. wurde hier eine der ersten gotischen Kirchen der Region, St-Jean-de-Narosse, am Fuß des Mont de Sène erbaut. Auf dem 521 m hohen „Mont" befindet sich ein Aussichtspunkt. Das Schloß hat einen Bergfried aus dem 14. Jh. und gewaltige Kellergewölbe. In Santenay gibt es außerdem Heilquellen und ein Casino.
Savigny-lès-Beaune Im Château ein Automuseum. Bemerkenswert die über vielen Haustoren eingemeißelten Sprüche.
Volnay Die Kirche aus dem 14. Jh. ist mit Sorgfalt restauriert worden. An der N74 steht eine Kapelle aus dem 16. Jh. und über dem Ort die Statue Notre-Dame-des-Vignes.

WEINBRUDERSCHAFTEN

La Confrérie des Chevaliers du Tastevin ist die wahrscheinlich bekannteste Weinbruderschaft Frankreichs. Sie fördert den Wein der Côte d'Or auf vorbildliche Weise. Die „Ritter" sind Eigentümer des Château de Vougeot, wo jährlich mehrere Bankette und Inthronisationen stattfinden. Außerdem werden zweimal im Jahr „Weinprämierungen" abgehalten: Ein Wein, der von der Jury akzeptiert wird, erhält die Ehrenbezeichnung *tastevinée* und ein besonderes, numeriertes Etikett. Savigny-lès-Beaune hat mit der Cousinerie der Bourgogne eine eigene Weinbruderschaft.

WEINAUKTIONEN

Jährlich findet in Beaune die größte wohltätige Versteigerung der Welt statt, wobei Weine aus den Besitzungen der Hospices de Beaune unter den Hammer kommen. Im Lauf der Jahrhunderte hat das auf eine alte Stiftung zurückgehende Hospital Weinberge in guten Lagen der Côte d'Or als Schenkung erhalten. Unter den Augen der Weltpresse werden die noch jungen Burgunderweine im Faß zu außerordentlich hohen Preisen abgesetzt, und der Erlös dient dem Betrieb des modernen Krankenhauses, das sich hinter dem mittelalterlichen Bau verbirgt. Die Auktion, die am 3. Sonntag im November stattfindet, bildet den Höhepunkt von drei Festtagen (Les Trois Glorieuses). Am vorangehenden Samstag werden Weinproben und Bankette veranstaltet; ganz Beaune ist mit Blumen geschmückt.
Auch Nuits-St-Georges hält eine Auktion ab, und zwar am Sonntag vor Palmsonntag in den Hospices de Nuits.

WEINFESTE

Am Samstag nach dem 22. Januar findet Jahr um Jahr abwechselnd in den verschiedenen Weinorten das Fest Saint-Vincent Tournant statt. Delegationen aus der ganzen Umgebung ziehen zu Ehren des Schutzheiligen der Winzer herbei. Trotz der Winterkälte wird es allen bei dieser Gelegenheit stets warm, nicht zuletzt, weil der Wein in Strömen fließt.
Am Freitag vor Palmsonntag stellt Morey-St-Denis seine Weine in der dortigen *salle des fêtes* zur Schau. Das Fest trägt den Namen Carrefour de Dionysos.
Die Paulée de Meursault findet so großen Zuspruch, daß jedes Jahr viele Bewerber um die Teilnahme abgewiesen werden müssen. Daher wurde eine zweite Festivität derselben Art geschaffen, die unter dem Namen Banée de Meursault Anfang September stattfindet.

WEININFORMATION

Das CIB in Beaune (Rue Henri-Dunant) gibt Besuchern nützliche Informationen und Unterlagen.

Ganz links: Die flachen Weinberge nördlich von Beaune passen nicht recht in die gängigen Vorstellungen von der Côte d'Or.
Links: Ein Herbstnachmittag bei Nuits-St-Georges. Die Berge im Hintergrund – so bescheiden sie auch aussehen – halten doch den feuchten Westwind ab.

SANTENAY UND UMGEBUNG

Westlich und südwestlich von Santenay liegen die einzigen Weinberge, die in den Weinbaubereich Côte d'Or, nicht aber in das gleichnamige Département fallen. Cheilly-lès-Maranges, Dezize-lès-Maranges und Sampigny-lès-Maranges gehören verwaltungstechnisch in das Département Saône-et-Loire, ihre Weine aber haben Anrecht auf die Appellation Côte de Beaune-Villages. Die Weingüter sind hier meist klein, und das Terrain ist ziemlich hügelig. In den drei Dörfern finden sich selbst in der Hochsaison nur wenige Touristen ein. Die Weine, die hier entstehen, sind oft leicht, doch mitunter sehr ansprechend. Die meisten Winzer haben aber auch Land in Santenay, den Hautes-Côtes de Beaune und an anderen Stellen, so daß in ihren Kellern manche Überraschung verborgen liegt. Von den drei Maranges-Dörfern ist Cheilly am ertragreichsten und Sampigny am kleinsten.

Santenay selbst ist nicht nur durch Wein, sondern vor allem durch Wasser bekannt geworden: Zur Zeit der Römer wurden hier Heilquellen entdeckt, die noch heute genutzt werden. Das französische Gesetz erlaubt Spielcasinos nur in Badeorten – und deshalb hat auch Santenay eines. Es mag zum Teil an den Heilquellen liegen, daß in Santenay (früher führte es den Beinamen les Bains) viele wohlhabende Leute einen Zweitwohnsitz unterhalten. Der Ort besteht aus einem oberen und einem unteren Teil (Santenay Haut und Bas); dazwischen dehnt sich ein 1 km breites Band von Weinbergen. Der geologische Aufbau dieses Teils der Côte ist recht komplex. Die saubere Trennung der Gesteinsschichten ist durch Verwerfungen aufgebrochen, und daher ist der Boden in Santenay ziemlich unterschiedlich. Hieraus ergeben sich wiederum unterschiedliche Weine – die meisten davon übrigens Rotweine. Eine Redensart in Santenay besagt, daß die besten Lagen „östlich vom Kirchturm" zu finden sind. Dort liegen denn auch die meisten Premiers Crus, u. a. Les Gravières, La Comme und Clos de Tavannes. Am bekanntesten ist Les Gravières mit seinem schweren, steinigen Boden; der Clos de Tavannes an der Grenze zu Chassagne hat sich mit soliden, verschlossenen Weinen einen Namen gemacht. La Comme, ein große Lage weiter bergauf, hat dagegen leichteren Boden und bringt entsprechenden Wein.

Der rote Santenay ist überhaupt ein schwer zugänglicher Burgunder mit festem Gefüge und wenig mit Finesse und Komplexität gesegnet. Dennoch können die besseren Vertreter sehr schön heranreifen. Manche Weißweine sind überraschend gut; ein Beispiel hierfür ist der Clos des Gravières der in Santenay beheimateten Firma Prosper Maufoux. Die Weine aus Remigny südwestlich von Santenay fallen unter die Appellation Santenay.

Rechts: Hinter solchen Kellereingängen in Chambolle-Musigny liegen die feinsten und delikatesten Weine der Côte de Nuits.
Ganz rechts: In Burgund verwendet man bei Weinproben den tastevin, *eine silberne Schale, die das wenige Licht eines dunklen Kellerraums reflektiert. Nach diesem nützlichen Gegenstand hat sich die Weinbruderschaft der Region den Namen Confrérie des Chevaliers du Tastevin gegeben.*

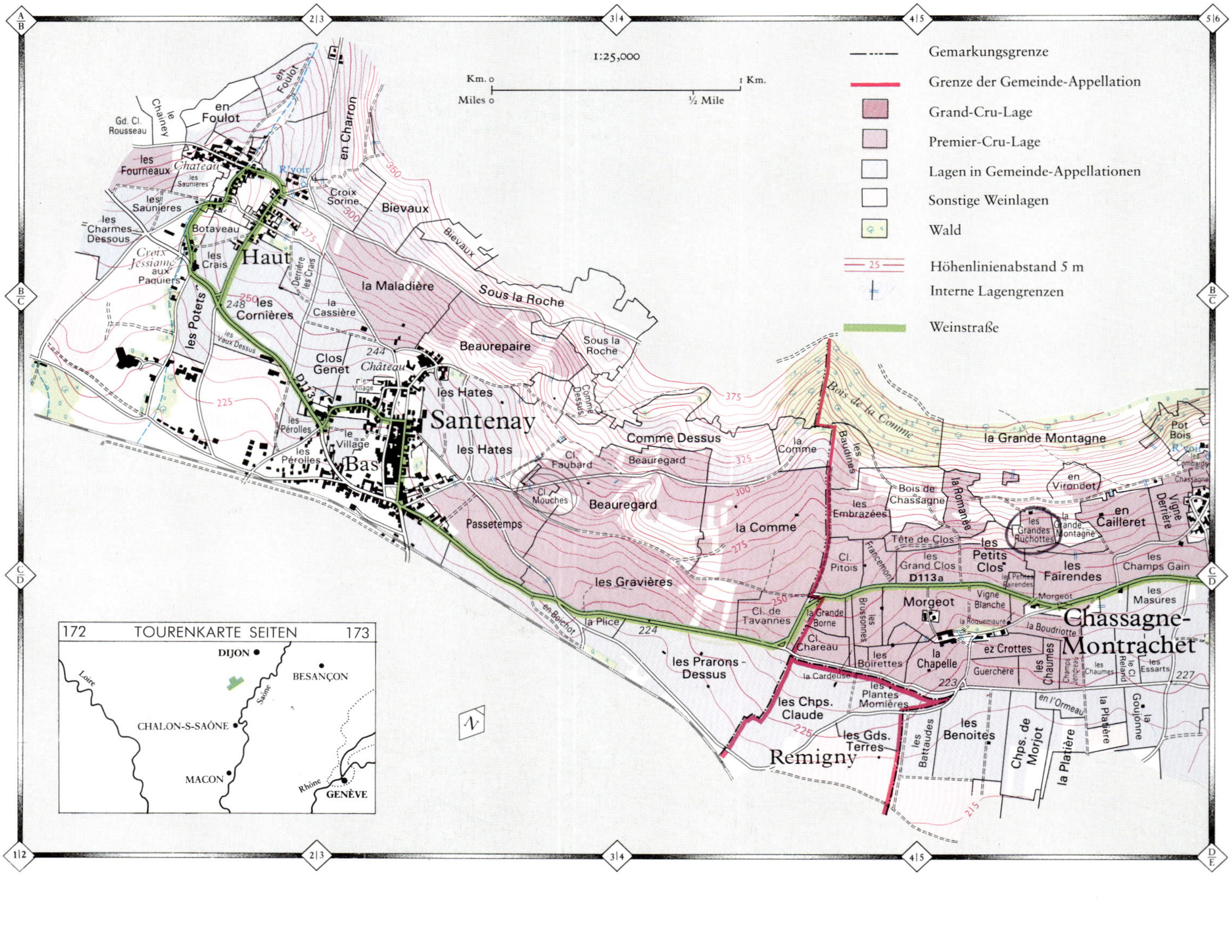

BEDEUTENDE WEINGÜTER

SANTENAY UND UMGEBUNG UND HAUTES-CÔTES DE BEAUNE

CHEILLY-LES-MARANGES, Postleitzahl 71150

Domaine Paul Chevrot; Yvon & Chantal Contat-Grange; René Martin; Domaine du Château de Mercey*; Manoir de Mercey/Domaine Gérard Berger-Rive & Fils.

DEZIZE-LÈS-MARANGES, Postleitzahl 71150

Domaine B. Bachelet & Ses Fils*: Mehr als 15 verschiedene Weine. Zweiter Keller in Chassagne-Montrachet; **Maurice Charleux.**

ECHEVRONNE, Postleitzahl 21420

Jean Féry; Domaine Lucien Jacob*.

MELOISEY, Postleitzahl 21190

Guillemard Dupont & Ses Fils*: Enge Verbindung mit André Guillemard-Pothier; **Mazilly Père & Fils; Parigot Père & Fils.**

Fässer bilden den gemeinsamen Nenner aller Weinkeller in Burgund, denn sowohl die Weißweine als auch die Rotweine werden in Fässern ausgebaut.

NANTOUX, Postleitzahl 21190

François Charles*; Jean Joliot & Fils.

NOLAY, Postleitzahl 21340

Domaine des Vignes des Demoiselles.

REMIGNY, Postleitzahl 71150, 186 D4

Château de Remigny.

SANTENAY, Postleitzahl 21590, 186 C3

Adrien Belland; Domaine Joseph Belland*; Château de la Charrière; Michel Clair; Domaine Fleurot-Larose: Sitz im Château du Passe-Temps mit eindrucksvollen Kellern. Korrekte Weine; **Jessiaume Père & Fils; Domaine Lequin-Roussot*; Prosper Maufoux:** Große Weinhandelsfirma; **Jean Moreau*; Mestre Père & Fils*:** Gute Premiers Crus aus Santenay; **Château Philippe-le-Hardi; Domaine Prieur-Brunet.**

SAMPIGNY-LÈS-MARANGES, Postleitzahl 71150

Joseph Martin; Maurice Prieur.

VON CHASSAGNE NACH VOLNAY

Das Dörfchen Chassagne mit seinen um wenige krumme Gassen gescharten Häuser und Höfen sonnt sich im Ruhm des großen Namens Montrachet: Auf 8 ha Weinbergen wachsen hier die feinsten weißen Burgunder, majestätische Weine mit einem vollen Bukett und einem edlen, komplexen Geschmack, beides in herrlichster Konzentration. Fast die Hälfte der Lage Le Montrachet, die von einer niedrigen Mauer umgeben und mit steinernen Toren versehen ist, fällt in die Gemarkungsgrenzen von Chassagne. Doch auch an dem Grand Cru Bâtard-Montrachet, wo ganz ähnliche Weißweine entstehen, hat Chassagne einen Anteil. Ganz in die Gemarkung Chassagne-Montrachet fällt die kleine Grand-Cru-Lage Criots-Bâtard-Montrachet, die im Durchschnitt jährlich nur 70 hl – 5000 Flaschen – hervorbringt. Neben diesen Grands Crus hat die Gemeinde aber auch noch Premiers Crus von großer Charaktertiefe aufzuweisen. Chassagne-Montrachet erzeugt sehr viel mehr Rotwein als Weißwein. Zwar kommen die Rotweine an die erhabene Größe der Weißweine kaum heran, aber ein großer Genuß sind auch sie. In der Art reichen sie von tief dunkel und fest bis hell und gefällig.

In Puligny-Montrachet, dem nächsten Ort in Richtung Norden, herrscht Weißwein vor. In diesem recht langweilig anzusehenden Dorf entstehen wundervolle weiße Burgunder, unter anderem aus den Grand-Cru-Lagen Le Montrachet, Bâtard-Montrachet, Bienvenues-Bâtard-Montrachet, Chevalier-Montrachet sowie aus etwa zehn Premier-Cru-Lagen.

Die besten Weine aus Puligny zeichnen sich durch honigduftiges Aroma und kräftige Frucht aus: Pfirsiche, Aprikosen. Der subtile stilvolle Geschmack ist oft rassiger und hat mehr saftige Säure und Spannkraft aufzuweisen als die Weine von Meursault.

In dem Tal, das hinter Chassagne und Puligny in die Berge hinaufführt, liegt St-Aubin mit dem dazugehörigen Dörfchen Gamay. In den 70er und 80er Jahren ist hier dank neuer Anpflanzungen die Weinerzeugung stark gestiegen. Weißer St-Aubin ist ein oft köstlicher, dabei noch preiswerter Burgunder, immer schön abgerundet und manchmal mit einiger Finesse ausgestattet. Der Rotwein dagegen ist meist rustikaler in der Art. Am bekanntesten ist die Premier-Cru-Lage Les Frionnes mit Rot- und Weißwein.

In den meisten Orten in Burgund macht es ziemlich viel Mühe, einen bestimmten Winzer zu finden, so gleichartig sehen die Gehöfte aus, aber in Meursault kann das nicht passieren, denn dort sind große Schilder an den Fassaden angebracht. Man findet sie an so gut wie allen Gebäuden entlang der Straße, die von Puligny hereinführt. Das ist bezeichnend für Meursault, denn die Gemeinde gehört zu den rührigsten an der Côte d'Or, wie schon die jährliche Paulée de Meursault und viele andere Festivitäten (siehe Seite 184) beweisen. Hier ist es auch relativ einfach, direkt bei den Winzern einzukaufen. Sie sind, wenn auch in unterschiedlichem Ausmaß, darauf vorbereitet; in manchen Kellern bekommt man den Wein sogar erst zu probieren, wenn man sich auf einen Kauf festgelegt hat.

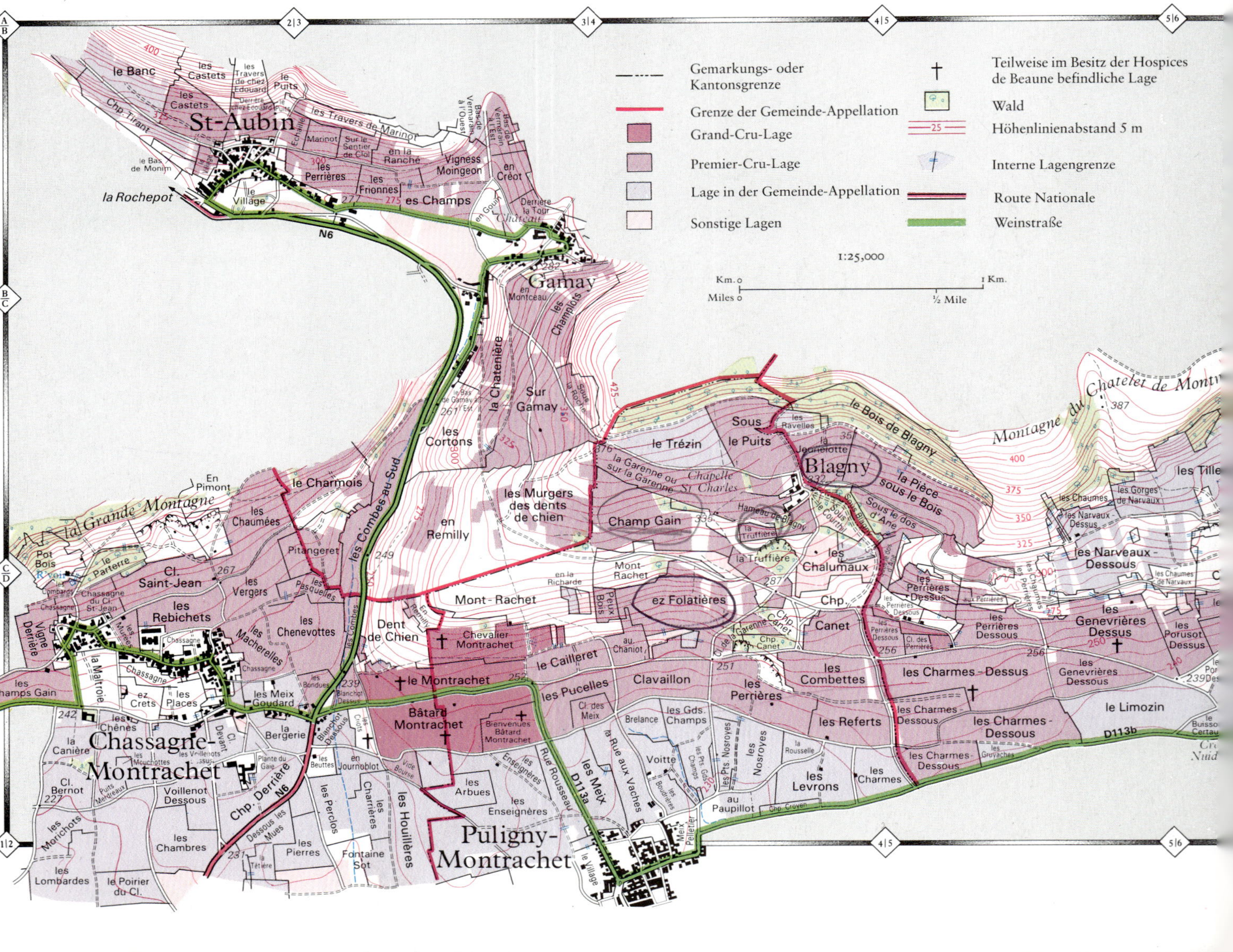

Der Wein von Meursault ist grundsätzlich weiß. Grand-Cru-Lagen gibt es in der Gemarkung nicht, wohl aber sehr gute Premiers Crus. Am bekanntesten sind Charmes, Genevrières und Perrières, alle auf der Südseite von Meursault, an der Grenze zu Puligny-Montrachet. Die klassische Art zeichnet sich durch einen butterzarten Geschmack aus, der auf den hohen natürlichen Glyzeringehalt zurückzuführen ist. Hinzu kommen Untertöne von Frucht, Nüssen und Toast. Ein guter Meursault braucht eine gewisse Zeit der Reife und kann selbst nach Jahrzehnten noch durch große Vitalität in Erstaunen versetzen. Auch roten Meursault gibt es, doch ist er selten wirklich überzeugend; die beste Art wird übrigens unter dem Namen Volnay-Santenots und nicht als Meursault verkauft.

Fährt man von Meursault westwärts das Tal hinauf, dann erreicht man bald Auxey-Duresses. Die oft recht strengen Rotweine, die hier wachsen, laufen unter der Bezeichnung Côte de Beaune-Villages. Die Weißweine haben mehr Charme und Qualität, aber es gibt weniger davon als vom Rotwein, der auf den West- und Südwesthängen an der Grenze zu Volnay wächst, während die andere Seite des Tals nach Meursault hin vorwiegend dem Weißwein vorbehalten ist.

Auch in St-Romain, das aus einem oberen und einem unteren Teil besteht und von Auxey-Duresses aus über eine schmale, kurvenreiche Straße zu ereichen ist, gibt es recht interessanten Weißwein, der frisch und fruchtig, dabei ziemlich leicht und ansprechend ist, ebenso wie auch der Rotwein mit seinem Kirscharoma und seinem erdigen Unterton.

Monthélie grenzt an Auxey-Duresses, Meursault und Volnay. Die Weine aus dem kleinen, auf einem Berg gelegenen Ort ähneln am stärksten dem Volnay. Oft ist dieselbe Anmut in ihnen zu finden, doch meist in schlankerer Form. Die besten Lagen sind die Premiers Crus Les Champs Fulliot und Sur la Velle, die beide an Volnay grenzen. Am anderen Ende des Ortes teilt sich Monthélie mit Auxey in die Premier-Cru-Lage Les Duresses. Weißer Monthélie ist eine Rarität.

Die Rotweine von Volnay, wo die Herzöge von Burgund einst eine Burg hatten, zählten zu den feinsten der Côte d'Or. Vor ein paar Jahrhunderten genossen sie bei den Königen Frankreichs große Beliebtheit, und Camille Rodier schrieb, am auffallendsten sei ihre Eleganz, ihr milder Geschmack, ihre vollendete Harmonie und ihr zartes Bukett. Heutzutage haben nicht alle Winzer hier diese anmutige Art zu bieten; es gibt so manchen harten, gerbstoffreichen Volnay. Zu den besten Lagen gehören die Premiers Crus Clos de la Bousse d'Or, Caillerets, Champans, Clos des Chênes, Clos des Ducs und Fremiets.

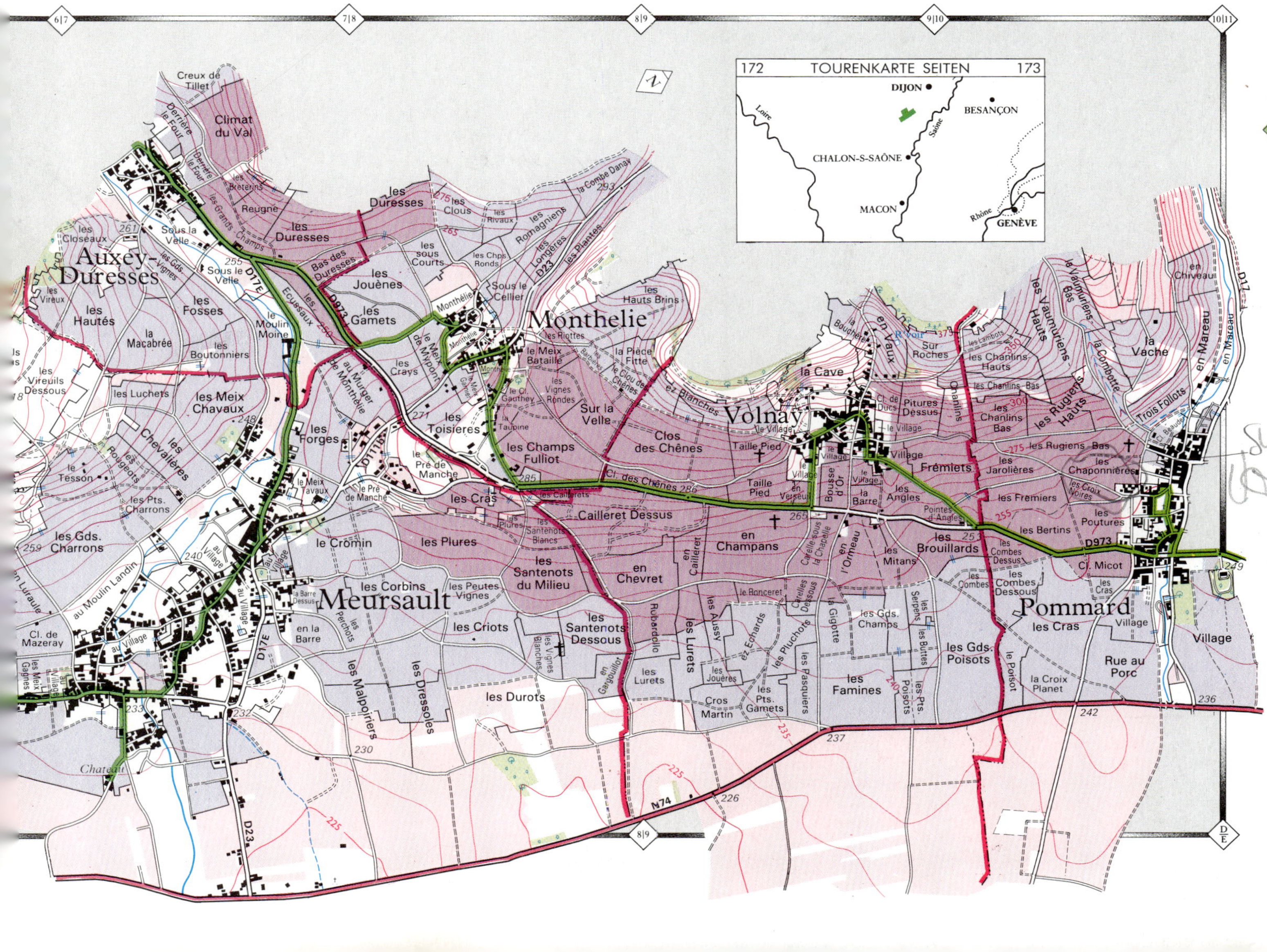

BEDEUTENDE WEINGÜTER DER CÔTE DE BEAUNE

Die Weingüter sind unter den Orten eingeordnet, wo sie ihren Sitz haben. Die meisten verfügen über Weinberge in mehreren Gemarkungen.

ALOXE-CORTON,
Postleitzahl 21420, 193 C8

Maurice Chapuis; Max Quenot Fils & Meuneveaux; Caves de la Reine Pédauque: Große Weinhandelsfirma, die unter mehreren Namen arbeitet; ihr gehört das schöne Château Corton-André; **Domaine Daniel Senard*; Domaine Michel Voarick*.**

AUXEY-DURESSES,
Postleitzahl 21190, 189 B6

Jean-Pierre Diconne; Domaine André & Bernard Labry: Im Ortsteil Melin; **Henri Latour*; Leroy*:** Feine, teure Burgunder, meist reife Jahrgänge; **Michel Prunier*; Roger Prunier; Roy Frères.**

BEAUNE, Postleitzahl 21200, 192 D5

Domaine Besancenot-Mathouillet*; Albert Bichot: Sehr große Weinexportfirma mit mehreren Markennamen. Spitzenburgunder aus der Domaine du Clos Frantin (Vosne-Romanée) und der Domaine Long-Depaquit (Chablis); **Bouchard Aîné & Fils:** Handelshaus der Mittelklasse mit größerem Weinbergbesitz in Mercurey; **Bouchard Père & Fils*:** Sehr gewissenhaftes Handelshaus mit über 80 ha Weinbergbesitz. Harmonische, charaktervolle Weine. Sitz im Château de Beaune in der Stadtbefestigung – der Besuch ist ein Erlebnis; **J. Calvet & Cie; Domaine Cauvard Père & Fils; Champy Père & Cie:** Kleine, altmodische Firma; **Chanson Père & Fils:** Gute Weißweine und helle, langlebige Rotweine. Fast 45 ha Weinbergbesitz. Keller in der Stadtbefestigung; **Coron Père & Fils:** Zuverlässige kleine Weinhandelsfirma; **Joseph Drouhin*:** Stilvolle, subtile Burgunder mit kräftigem Rückgrat. Das eigene Weingut hat rund 60 ha, davon 36 ha in Chablis; **Les Caves de Hautes-Côtes** (Genossenschaftskellerei); **Domaine des Hospices de Beaune*:** Die Weine aus der wohltätigen Stiftung werden am 3. Sonntag im November versteigert; **Jaboulet-Vercherre; Louis Jadot:** Ausgewogene weiße und rote Burgunder mit Stil, Saft und Kraft. Spitzenklasse; **Jaffelin:** Tochterfirma von Joseph Drouhin; viele ansprechende Weine; **Louis Latour*:** Ausgezeichnetes Handelshaus mit 43 ha Weinbergbesitz; **Lycée Agricole & Viticole; P. de Marcilly Frères; Albert Morot; Patriarche Père & Fils:** Umsatzbetontes Handelshaus – jedoch auch mit einigen sehr feinen Weinen, z. B. aus dem Château de Meursault. Die schönen Keller sind stets gastfreundlich geöffnet; **Domaine des Pierres Blanches*; Remoissenet Père & Fils:** Bescheidenes kleines Handelshaus mit guter Auswahl, v. a. an Weißwein; **Domaine des Terregelesses*.**

CHASSAGNE-MONTRACHET,
Postleitzahl 21190, 186 D5, 188 D2

Pierre Amiot; Domaine Bachelet-Ramonet Père & Fils*; Ch. Bader-Mimeur; Blain Gagnard*; Georges Déléger*; Jean-Noël Gagnard*; Gagnard-Delagrange*; René Lamy; Domaine Duc de Magenta: Seit 1987 im Mehrheitsbesitz von Louis Jadot; **Bernard Moreau; Bernard Morey*; Jean-Marc Morey*; Marc Morey*; Michel Niellon*; Paul Pillot; Jean & Fernand Pillot; Domaine Ramonet*:** Großartige weiße Grands und Premiers Crus; auch sehr gute Rotweine.

CHOREY-LÈS-BEAUNE,
Postleitzahl 21200

Domaine Jacques Germain: Mit Sitz im Château de Chorey; **Domaine Maillard Père & Fils; Tollot-Beaut & Fils*:** Harmonische Weine mit Finesse, Corton und Nachbarlagen.

LADOIX-SERRIGNY,
Postleitzahl 21550

Capitain-Gagnerot; Chevalier Père & Fils; Edmond Cornu; Domaine Michel Mallard & Fils; Prince Florent de Mérode*; Domaine André Nudant & Fils; Gaston & Pierre Ravaut.

MEURSAULT,
Postleitzahl 21190, 189 D7

Robert Ampeau & Fils*; 15 verschiedene Weißweine sowie exquisite Rotweine; **Raymond Ballot-Millot Père & Fils*:** Einschl. Veuve Ch. Dancer-Lochardet und Ballot & Dancer; **Domaine de Blagny; Pierre Boillot*; Hubert Bouzereau-Gruyère; A. Buisson-Battault*; Jean François Coche-Dury*; Domaine des Comtes Lafon*; Domaine Darnat; Domaine Gabriel Fournier; Château Génot-Boulanger; Henri Germain*; Maison Jean Germain*:** Auf Weißwein spezialisiertes Handelshaus; **Domaine Albert Givault; Patrick Javillier; François Jobard*; Domaine Latour-Giraud*; Domaine Joseph Matrot; Château de Meursault*:** Das Prunkstück des Orts, besuchenswert wegen seines Kellers und seines Weins; **Michelot-Buisson*:** Vier weitere Michelot-Namen sind in Gebrauch; **Raymont Millot & Fils*; Patrick Millot-Battault*; Domaine René Monnier*; Domaine Jean Monnier & Fils*; Pierre Morey*; Pierre Perrin-Ponsot; Pitoiset-Urena*; Domaine Jacques Prieur*; Domaine Rougeot*; Domaine Guy Roulot*.**

MONTHELIE,
Postleitzahl 21190, 189 C8

Xavier Bouzerand*; Marcel & Louis Deschamps; Potinet-Ampeau; Eric de Suremain*: Im Château de Monthélie.

PERNAND-VERGELESSES,
Postleitzahl 21420, 193 A9

Domaine Bonneau du Martray*: Spitzenerzeuger von Corton-Charlemagne; **Denis Père & Fils; Domaine P. Dubreuil-Fontaine Père & Fils*:** Berühmtes Weingut mit duftigen Weinen; **Domaine Laleure-Piot; Gabriel Muskovac; Domaine Pavelot; Domaine Rapet Père & Fils.**

POMMARD,
Postleitzahl 21630, 189 D10, 192 C2

Comte Armand*; Domaine Billard-Gonnet*; Domaine de Madame Bernard de Courcel*; Domaine Michel Gaunoux*; Domaine Lahaye Père & Fils; Domaine Lejeune*; Domaine Mussy; Domaine Parent*; Jean-Luc Joillot-Porcheray; Château de Pommard*: Sehr gute und sehr teure Weine; **Pothier-Rieusset*; René Virely-Arcleain; Bernard Virely-Rougeot.**

PULIGNY-MONTRACHET,
Postleitzahl 21190, 188 D3

Louis Carillon & Fils*; Domaine Jean Chartron*; Domaine Henri Clerc & Fils*; Domaine Leflaive*: Gilt allgemein als bester Weißwein-Erzeuger der Côte d'Or. Stilvoller Wein der absoluten Spitzenklasse; **Olivier Leflaive Frères*:** 1985 gegründetes Handelshaus; **Veuve Henri Moroni; Domaine Jean Pascal & Fils; Paul Pernot & Fils; Domaine Etienne Sauzet*.**

ST-AUBIN, Postleitzahl 21190 188 B2

Jean-Claude Bachelet; Raoul Clerget: Gute Firma mit 16 ha Weinbergbesitz; **Marc Colin; Hubert Lamy; Larue; Domaine Roux Père & Fils; Gérard Thomas.**

ST-ROMAIN, Postleitzahl 21190

Alain Gras; Taupenot Père & Fils; Domaine René Thévenin-Monthelie & Fils*: Gefällige, saubere Weiß- und Rotweine.

SAVIGNY-LÈS-BEAUNE,
Postleitzahl 21420 193 A7

Simon Bize & Fils*: Saubere Weine mit schönem Bukett. **Bannot-Lamblot; Capron-Manieux*; Lucien Camus-Bruchon; Domaine Chandon de Briailles*:** Kleines Château aus dem 18. Jh. mit Statuenschmuck im Garten. Charmante, reichhaltige Weine; **Maurice Ecard & Fils; Maurice & Jean-Michel Giboulet; Girard-Vollot & Fils; Pierre Guillemot:** Weiterer Name: Anne-Marie Guillemot. **Domaine Antonin Guyon*:** Weingut mit fast 50 ha; subtile, sorgfältig ausgebaute Burgunder; **Parigot & Richard:** Schaumweinhersteller; **Pavelot-Glantenay; Domaine du Prieuré; Henri de Villamont:** Große Firma mit mehreren Marken.

VOLNAY, Postleitzahl 21190, 189 C9

Domaine Marquis d'Angerville*: Fast satinzarte Volnays in Spitzenqualität; **Bitouzet-Prieur; Domaine Henri Boillot*:** Gehaltvolle Rot- und Weißweine, rund 20 verschiedene Abfüllungen; **Domaine Yvon Clerget; Bernard Glantenay; Domaine Michel Lafarge*; Hubert de Montille; Domaine de la Pousse d'Or:** Gutshaus mit Garten in wundervoller Lage. Anmutige Premiers Crus der Spitzenklasse hier und in Santenay; **Joseph Voillot.**

BEAUNE UND UMGEBUNG

Unten: Beaune, die alte Hauptstadt der Côte d'Or.
Ganz unten: Pernand-Vergelesses mit der kleinen Kapelle am Berg liegt am Ende eines schmalen, in den Berghang des Corton eingeschnittenen Tals.

Pommard, das als Ort keinen großen Eindruck macht, hat trotz der engen Nachbarschaft zu Volnay ganz andersartige Weine. Die Finesse weicht der kräftigen Substanz – wenn die Weine von Volnay als feminin und anmutig bezeichnet werden dürfen, dann muß man den Pommard maskulin und robust nennen. Die beste Lage ist der Premier-Cru-Weinberg Les Rugiens mit seinem eisenhaltigen rötlichen Boden. Auch aus der Lage Les Epenots kommt mancher großer Pommard und aus einigen weniger bekannten Premier-Cru-Weinbergen ebenfalls. Das Château de Pommard mit seinem ummauerten 20 ha Weinberg beweist, daß ein Pommard von *Village*-Niveau eindrucksvolle Klasse haben kann. Im Keller gibt es Wein zu kaufen, aber die Preise sind hoch. Überhaupt muß man bei der Wahl eines Pommard sehr sorgfältig vorgehen – es hat schon manche Enttäuschung gegeben.

In Beaune beherrschen die Handelshäuser weitgehend die Weinproduktion: Schon die Firma Bouchard Père & Fils zeichnet allein für rund die Hälfte der gesamten Erzeugung in der Stadt verantwortlich. Neben dieser sehr großen Firma gibt es in Beaune aber auch Dutzende von *négociants-éleveurs* verschiedenen Formats.

Auf der Montagne de Beaune, einem bescheidenen Hügel nordwestlich der Stadt, liegen die berühmtesten Premiers Crus, darunter Grèves (Vigne de l'Enfant Jésus), Cent Vignes, Marconnets, Bressandes und Teurons. Aber auch in der südlichen Hälfte der Appellation Beaune bringen einige Premier-Cru-Lagen wundervollen Wein hervor. Beispielsweise genießen der Clos des Mouches und Vignes Franches einen ausgezeichneten Ruf. Der größte Teil der Produktion von Beaune entfällt auf Rotwein, doch auch der Weißwein ist nicht zu verachten.

Östlich der N74 von Beaune nach Dijon liegen die flachen Weinfelder von Chorey-lès-Beaune. Das interessanteste Gebäude in diesem bescheidenen Ort ist das Château, das zu einem Weingut gehört. In Chorey wachsen fast nur Rotweine, die entweder unter dem Ortsnamen oder unter der Appellation Côte de Beaune-Villages auf den Markt kommen. Sie sind oft sehr charmant und vor allem preiswert.

Westlich der *route nationale* bedecken Reben ein breites Plateau und beide Seiten eines immer schmaler werdenden Tals bis Savigny-lès-Beaune. Der Boden hier ist sehr unterschiedlich, die Weine – fast immer Rotweine – sind daher einmal eher fest, ein andermal wieder „geschmeidig".

Die Landschaft im Nordosten von Beaune wird von dem breiten Corton-Berg beherrscht. Sein bewaldeter Rücken steigt auf fast 400 m Meereshöhe auf. Auf seinen Hängen trägt er über 200 ha Weinberge, beinahe alle mit Grand-Cru-Status. Ein kleiner Teil dieser Lagen fällt in die Gemarkung Pernand-Vergelesses, ein Dorf mit steilen, krummen Gassen, das vor allem großartige Weißweine aufzuweisen hat, an deren Spitze der Corton-Charlemagne steht (Pernand-Vergelesses teilt sich mit Aloxe-Corton in diese Lage). Die Rotweine sind oft sehr wuchtig und für lange Flaschenreifezeit dankbar.

Der größte Teil des Corton-Bergs gehört jedoch nach Aloxe-Corton, einem Dörfchen, das an der Kreuzung zweier Römerstraßen entstand. Seine Gemarkung ist die einzige an der Côte de Beaune, in der es mehr Grands Crus gibt als Premiers Crus und andere Lagen zusammengenommen. Der üppige Corton-Charlemagne mit seinem kräftigen Gefüge zählt zu den großartigsten Weißweinen der Welt. Der Rotwein von dem berühmten Berg heißt einfach Corton – ein dunkler, gehaltvoller Burgunder mit großem Charakter. Sowohl der weiße Corton-Charlemagne als auch der rote Corton müssen oft 7 bis 8 Jahre Reifezeit in der Flasche hinter sich bringen, bis sie zu voller Entfaltung gelangen. Die größten Besitzungen am Corton-Berg hat die Firma Louis Latour – ihr gehören 9 ha Corton-Charlemagne und 17 ha Corton (der rote Corton von Latour wird größtenteils als Château Corton Grancey verkauft).

Als dritte Gemeinde hat Ladoix-Serrigny einen Anteil am Corton-Berg, und hier entstehen kleinere Mengen Corton-Charlemagne und Corton Grands Crus. Einige weitere Lagen dürfen die Bezeichnung Aloxe-Corton Premier Cru führen, und es besteht noch eine Appellation Ladoix für Rot- und Weißweine, die sehr respektabel und dazu preiswert sein können. Die Weine aus Ladoix dürfen auch die Bezeichnung Côte de Beaune-Villages tragen.

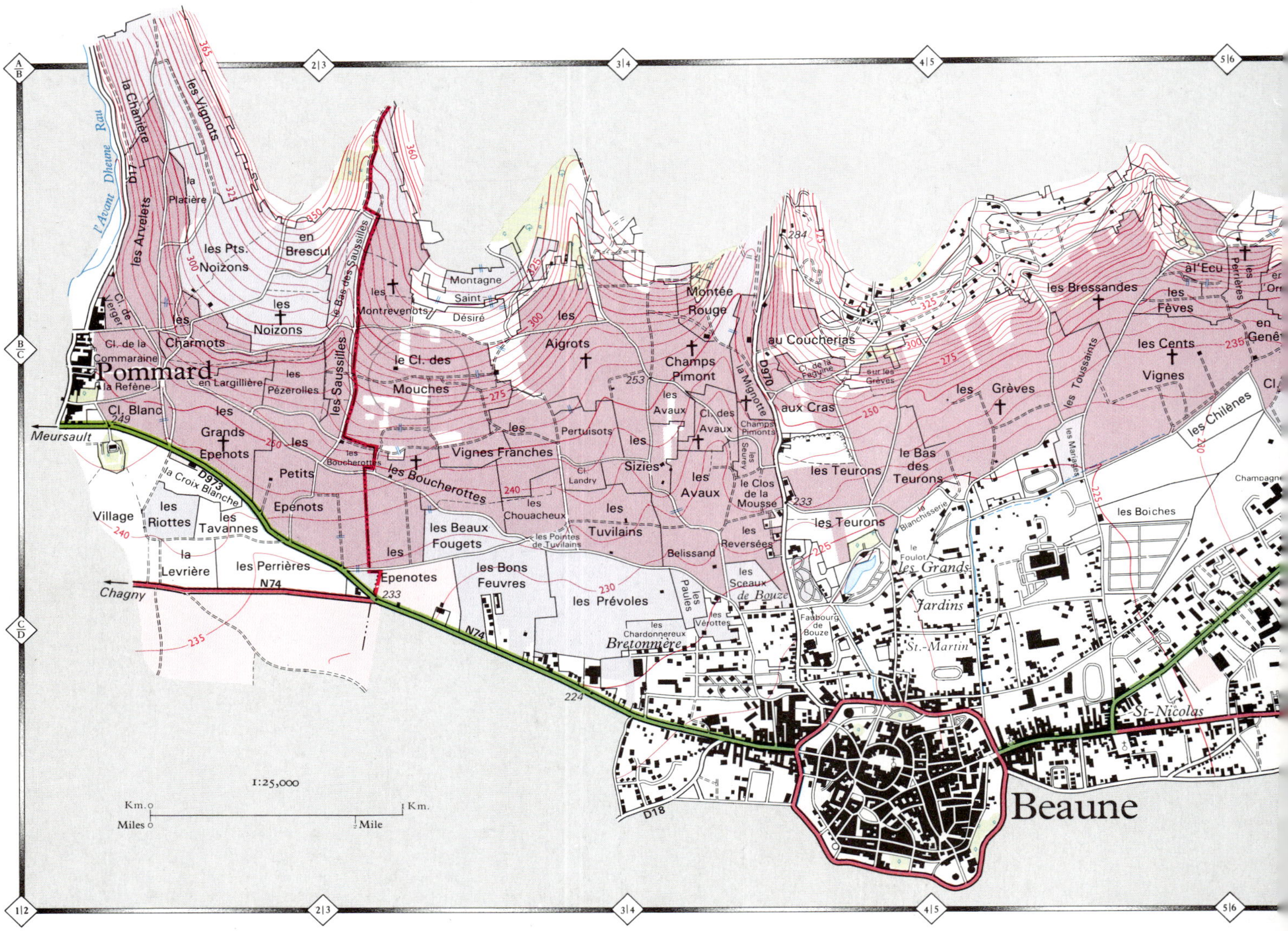

REISE-INFORMATIONEN: BEAUNE

In Beaune, der Hauptstadt von Burgund, sind Kunst und Wein eng miteinander verflochten. Am besten lernt man die wunderschön erhaltene Altstadt auf einem kleinen Rundgang kennen. Er beginnt auf dem Hauptplatz, der place Carnot (hier gibt es Parkplätze), und führt zunächst auf der rue Carnot – der bedeutendsten Einkaufsstraße – nach Norden. An der Ecke der place Carnot und der rue Carnot befindet sich ein ausgezeichnetes Weingeschäft, Denis Perret. Auf der rue Carnot gelangt man zur place Monge mit einem Glockenturm aus dem 14. Jh. der ein bemerkenswertes Holzdach trägt; nach rechts geht es nun in die rue des Tonneliers (Küfergasse) mit vielen würdigen Bürgerhäusern aus dem 18. Jh. An ihrem Ende wendet man sich nach links und dann geradeaus und wieder links in die rue Rousseau-Deslandes. Die Hausnummer 10 ist eines der bemerkenswertesten Gebäude in Beaune, das frühere Hôtel de Cîteaux vom Ende des 12. Jh. An der Ecke der nach rechts führenden rue de Lorraine steht das Hospice de la Charité mit Hof und Kapelle.

Unser Rundgang führt nun entlang der rue de Lorraine, dann rechts ab durch eine kleine Seitenstraße zum Hôtel de Ville in einem früheren Ursulinen-Konvent aus dem 17. Jh.

Wir gehen zurück zur rue de Lorraine. Am Ende der Straße steht rechts das schönste Stadttor von Beaune, die Porte St-Nicolas. Ganz in der Nähe befindet sich die Chapelle de l'Oratoire, wo manchmal Kunstausstellungen zu sehen sind, sowie die bei Touristen beliebte Kellerei der Firma La Reine Pédauque. Der Rundgang führt nun weiter nach links, entlang der alten Stadtmauer. Die runde Bastion des Filles (oder de l'Oratoire) am Boulevard Foch dient heute der Firma

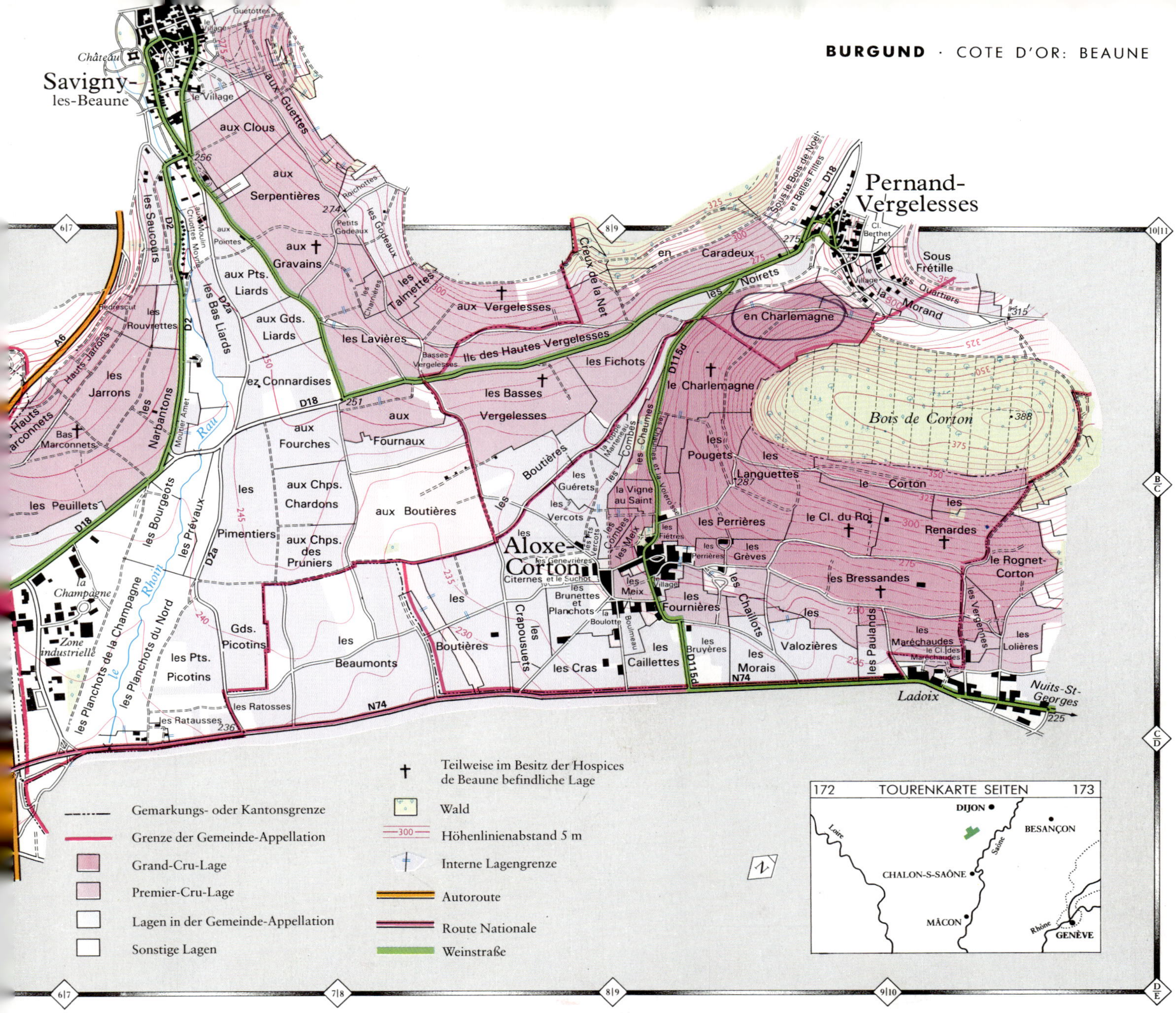

Chanson Père & Fils als Weinlager. Nun geht es wiederum nach links auf der rue Paul-Chanson (auch rue du Collège) in die Altstadt zurück. Rechts befindet sich der Eingang zu Bouchard Père et Fils. Die Weinkeller des Hauses mit der großen Auswahl, die es dort zu probieren gibt, lohnen einen Besuch (gegen ein Eintrittsgeld zugunsten wohltätiger Zwecke).

Nunmehr geht es nach rechts entlang der rue Gandelot zur Basilica Notre-Dame, die trotz vieler Umbauten noch deutliche Spuren der romanischen Architektur Burgunds aufweist. Von April bis September werden hier herrliche Tapisserien mit Darstellungen aus dem Leben der Jungfrau Maria zur Schau gestellt.

Nur eine Minute zu Fuß ist es von hier bis zum Musée du Vin de Bourgogne. Es beherbergt in der früheren Residenz der Herzöge von Burgund aus dem 15. und 16. Jh. eine reiche Sammlung von Gerätschaften und Kunstwerken, die mit dem Wein zu tun haben.

Durch die schmale rue d'Enfer (Nr. 7 ist der Sitz der Firma Joseph Drouhin) gelangt man zur avenue de la République. Von hier aus links und dann die erste Straße rechts führt zu einem Platz mit vielen Läden, der Auktionshalle der Hospices de Beaune (siehe Seite 176), dem Office du Tourisme und zum Höhepunkt unseres Rundgangs, dem Hôtel-Dieu. Das 1451 fertiggestellte Gebäude ist ein großartiges Beispiel der flämisch-burgundischen Architektur. Es wurde im Auftrag von Nicolas Rolin, dem Kanzler des Herzogs Philippe le Bon, als wohltätige Stiftung erbaut und war bis 1971 als Alten- und Siechenheim in Betrieb. Die Hauptgebäude dienen heute als Museum – inzwischen ist ein modernes Krankenhaus gebaut worden. Ihre bunten Mosaikdächer aus glasierten Ziegeln, der gepflasterte Innenhof mit Brunnen, der hohe Krankensaal mit Raum für 28 Betten, eine gewaltige Küche, eine Apotheke, ein zweiter Innenhof mit den Statuen von Nicolas Rolin und seiner Gemahlin Guigone de Salins sowie die Ausstellung von Tapisserien und Möbeln und schließlich das wundervolle Altarbild von Rogier van der Weyden: „Das jüngste Gericht" (1443), gemalt im Auftrag der Hospices und weithin bewundert als Meisterwerk flämischer Kunst – sind allein schon Grund genug für eine Reise nach Beaune.

NUITS-ST-GEORGES UND UMGEBUNG

Nördlich von Beaune, jenseits von Ladoix am Corton-Berg folgt ein Pianissimo im hohen Lied von der Côte d'Or. Drei Orte zwischen Ladoix und Nuits-St-Georges haben zwar auch Wein, ihre Namen aber sind kaum bekannt.

Corgoloin, Comblanchien und Prémeaux-Prissey fallen in die Appellation Côte de Nuits-Villages. In der besten Lage von Corgoloin, dem ummauerten Clos des Langres, steht ein Schild, das die Grenze zwischen der Côte de Beaune und der Côte de Nuits bezeichnet. Comblanchien, der nächste Ort, verdankt seinen Wohlstand nicht den Weinbergen, sondern seinen Steinbrüchen. Hier wird ein rosafarbener Stein aus den Felswänden herausgesägt – man kann dabei zusehen –, der poliert wie Marmor aussieht. Er wurde unter anderem beim Bau der Opéra in Paris verwendet. Die Weine aus Prémeaux-Prissey kommen manchmal unter der Appellation Côte de Nuits-Villages auf den Markt, zumeist aber als Nuits-St-Georges oder Premier Cru Nuits-St-Georges.

Das Städtchen Nuits-St-Georges ist ein bedeutendes Zentrum des Weinbaus und Weinhandels in Burgund und Sitz einer ganzen Reihe bekannter Handelshäuser. Seine Geschichte ist lang, dafür zeugen viele Funde aus der gallisch-römischen Zeit; seiner äußeren Erscheinung nach aber ist Nuits-St-Georges viel nüchterner als Beaune. Gebäude von besonderer Schönheit gibt es hier so gut wie überhaupt nicht.

Grand-Cru-Lagen hat die Gemarkung nicht vorzuweisen, wohl aber eine beträchtliche Anzahl guter Premiers Crus. Viele davon haben eine große Reputation, vor allem Les Vaucrains, Les Perrières, Les Pruliers, Les Porrets sowie die Lage, die den zweiten Teil des Namens von Nuits geliefert hat – Les St-Georges. Nuits-St-Georges bringt fast nur Rotweine hervor, und sie sind gerbstoffreich, hart und streng. Manchmal haben sie ein flüchtiges wildes Aroma, das an bittere Frucht oder rauchiges Eichenholz erinnert. Diese klassische Art verlangt Geduld. Aber in Nuits-St-Georges gibt es doch auch leichtere Weine, auf die man nicht so lange zu warten braucht.

Fährt man weiter nach Norden, dann kommt man nach Vosne-Romanée, einem unauffälligen Dorf, dem man es durchaus nicht ansieht, daß hier einige der großartigsten Weine von Burgund wachsen. Seine Gemarkung hat nicht weniger als fünf Grand-Cru-Lagen aufzuweisen. Am berühmtesten ist La Romanée-Conti, deren Wein einen geradezu exotischen Duft und einen satinzarten, reich nuancierten Geschmack hat, der unendlich lang auf der Zunge bleibt. Der Weinberg mit seinem kieshaltigen rötlichen Boden und einem einfachen steinernen Kreuz ist ausschließlicher Besitz der Domaine de La Romanée-Conti, der auch die gesamte Grand-Cru-Lage La Tâche sowie Anteile an Le Richebourg und La Romanée-St-Vivant gehören. Mit weniger als 1 ha ist La Romanée, die fünfte der Grand-Cru-Lagen, die kleinste Appellation Frankreichs; ihr Wein ist exklusiv bei Bouchard Pére & Fils zu haben. Ganz allgemein ist das Einmalige an den Weinen aus Vosne-Romanée, daß sie samtige Finesse und natürliche Ausgewogenheit mit einer solchen Fülle des Aromas verbinden, wie es eben nur bei großen Klassikern vorkommt.

Östlich der N74 liegt der Ort Flagey-Echézeaux, der keine eigene Gemeinde-Appellation besitzt, dafür aber zwei Grand-Cru-Lagen: Echézeaux und Grands-Echézeaux, beide westlich der *route nationale*, zwischen Vosne-Romanée und Vougeot. Die hier entstehenden Weine sind im Charakter mit den besseren Vosne-Romanées verwandt. Deshalb gelten in der Regel die Echézeaux und Grands Echézeaux einfach als Vosne-Romanées, um so mehr, als auch die übrigen Weine aus Flagey-Echézeaux unter der Bezeichnung Vosne-Romanée oder Premier Cru Vosne-Romanée in die Welt hinausgehen.

Vougeot, ein wirklich winzig kleiner Ort, hat durch die mit einer Mauer umgebene, etwa 50 ha große Lage Clos de Vougeot weltweiten Ruhm erlangt. Die Geschichte des einstigen Klosterweinbergs überspannt 700 Jahre. Mönche erbauten im 16. Jh. auch das Château, ein überaus nüchtern aussehendes Gebäude mitten in den Reben.

Das Land innerhalb der Mauern von Vougeot verteilt sich auf etwa 70 Winzer, von denen jeder im Durchschnitt nicht ganz einen Hektar besitzt. Bei dieser starken Zersplitterung und der sich daraus ergebenden Unterschiedlichkeit der Weine kann man den Clos de Vougeot geradezu als repräsentativ für ganz Burgund ansehen. Der Name Clos de Vougeot allein kann nicht für Qualität bürgen, man muß schon den Winzer selbst oder wenigstens seinen Ruf kennen, sonst kann man Enttäuschungen erleben. Guter Clos de Vougeot ist jedoch ein überaus erfreulicher, wuchtiger und gehaltvoller Wein. In Vougeot gibt es aber auch noch Premiers-Crus- und Village-Weine, von denen der weiße Clos Blanc de Vougeot (Premier Cru) besondere Erwähnung verdient.

Oben links: Die „Bordeaux-Brühe", eine Mischung aus Kupfersulphat, Löschkalk und Wasser, dient als Spritzmittel gegen Rebenkrankheiten; ihr verdanken diese Rebpfähle ihre hellblaue Färbung.
Oben rechts: Vosne-Romanée, seiner großen Weine wegen zu Recht als „Perle von Burgund" bezeichnet, hat sich seinen ländlichen Charme bewahrt. Das altehrwürdige Haus gehört dem Winzer Robert Sirugue.
Rechts: Vor den Gartenmauern am Rand von Nuits-St-Georges beginnen die Weinberge.

REISE-INFORMATIONEN

Siehe auch Seiten 182/183.

HOTELS

Hôtel Les Grands Crus, 21200 Gevrey-Chambertin, Tel. 80 34 34 15. Komfortables Hotel, 1976 in ruhiger Lage beim Schloß erbaut. Stilvolle Zimmer, schöner Garten. Klasse B.
Hostellerie La Gentilhommière, 21700 Nuits-St-Georges, Tel. 80 61 12 06. Geräumiges altes Gebäude in friedlicher Lage, westlich von Nuits an der Straße nach Meuilley. Gute, traditionelle Küche. Klasse B.

RESTAURANTS

Chez Jeanette, 21220 Fixin, Tel. 80 52 45 49. Rustikale Ausstattung und traditionelle Küche; ein einfaches Hotel ist angeschlossen. Klasse C.
Balvay, 21640 Flagey-Echézeaux, Tel. 80 62 88 10. Wegen seiner guten, bodenständigen Küche bei Einheimischen sehr beliebt. Klasse C.
Rôtisserie du Chambertin, 21200 Gevrey-Chambertin, Tel. 80 34 33 20. In einem luxuriös umgebauten Keller aus dem 18. Jh. *Escargots* und *coq au vin;* Küche mit Finesse. Klasse A.
Les Millésimes, 21200 Gevrey-Chambertin, Tel. 80 51 84 24. Familienbetrieb; man fühlt sich in dem zum Speisesaal umgebauten Kellergewölbe freundlich aufgenommen. Klassische, gehaltvolle Gerichte. Klasse B.

Maison des Hautes-Côtes, 21700 Marey-lès-Fussey, Tel. 80 62 91 29. Südwestlich von Nuits an der D115. Weine aus den Hautes-Côtes zu einfachen Gerichten der Region. Klasse C.
Les Gourmets, 21160 Marsannay-la-Côte, Tel. 80 52 16 32. Schöne Atmosphäre, interessante Gemälde an den Wänden. An Werktagen preiswerte Menüs. Zuverlässig. Klasse B.
La Côte d'Or, 1, rue Thurot, 21700 Nuits-St-Georges, Tel. 80 61 06 10. Vielleicht das beste Restaurant an der Côte d'Or. Raffinierte Küche (*les escargots de Bourgogne en cocotte lutée, le rognon de veau aux morilles,* wunderbare Desserts) und freundliche Bedienung. Lange Weinkarte. Gästezimmer. Klasse A.
La Ferme de Rolle, Hameau de Rolle, 21200 Ternant, Tel. 80 61 40 10. An der D35 hinter Villars-Fontaine. Gemütliches Lokal, mit Enthusiasmus in einem alten Bauernhof betrieben. Regionale Küche, z. B. *agneau en meurette, lapin à la moutarde,* Grillgerichte und interessante Käseauswahl. Klasse C.
La Toute Petite Auberge, 21700 Vosne-Romanée, Tel. 80 61 02 03. Ein wahrhaftig kleines Lokal an der N74, jedoch mit treuer Stammkundschaft. Besonders empfehlenswert: *bœf bourguignon.* Klasse C.
Les Gastronomes, 21640 Vougeot Tel. 80 62 85 10. Regionale, recht klassische Gerichte, schöne Weinkarte. 1983 eröffnet. Klasse B.

SEHENSWERTES

Arcenant (westlich von Nuits-St-Georges) Wehrhaftes Kloster aus dem 13. Jh.
Bévy Das Kunst- und Kulturzentrum der Hautes-Côtes.
Brochon Schloß im Neo-Renaissance-Stil, dient jetzt als Schule.
Chambolle-Musigny Eine Kirche aus dem 16. Jh. mit getrennt stehendem Kirchturm; im Kirchhof eine uralte hohle Linde. Ferner ein für Henri IV errichteter Triumphbogen.
Chenôve (südlich von Dijon) An der steilen Dorfstraße stehen zwei mächtige jahrhundertealte Keltern.
Collonges-lès-Bévy (Hautes-Côtes) Ein Römerkastell, eine romanische Kirche und ein Schloß aus dem 17. Jh.
Corgoloin Das Château de Cussigny aus dem 18. Jh. ist gut erhalten.
Curtil-Vergy (Hautes-Côtes). Ruinen der Abtei St-Vivant aus dem 9. Jh.
L'Etang-Vergy (nordwestlich von Nuits) Mauern einer 1609 geschleiften Burg.
Fixin Im Parc Noiset ein Napoleon-Museum und die 1846 von dem in Dijon geborenen Bildhauer François Rude geschaffene Monumentalplastik „Reveil de Napoleon". Hier befindet sich auch das Grab von Noiset, einem Hauptmann der kaiserlichen Garde.
Gevrey-Chambertin Die im 13. Jh. von Mönchen aus Cluny wiederaufgebaute Burg aus dem 10. Jh. hat herrliche Kellergewölbe. Die Kirche stammt aus dem 13./15. Jh.
Gilly-lès-Citeaux (östlich von Nuits) Kulturelles Zentrum in der ehemaligen Residenz der Äbte von Cîteaux.
Marey-lès-Fussey (südwestlich von Nuits) Eine Kirche aus dem 11. Jh., die Reste der Abtei Lieu-Dieu des Champs und La Maison des Hautes-Côtes mit Probierstube und Restaurant.
Nuits-St-Georges Bei Les Bolards gemachte Ausgrabungsfunde aus der Römerzeit sind im Glockenturm aus dem 17. Jh. ausgestellt. Die Kirche St-Symphorien ist spätromanisch.
Ternant (nordwestlich von Nuits) Château von 1670. Westwärts in Richtung Rolle stehen zwei schöne Dolmen aus der Zeit um 2000 v. Chr.
Villers-la-Faye (westlich von Comblanchien) Kirche aus dem 11. Jh. und ein Schloß aus dem 15. Jh.
Vougeot Kein Burgunder-Liebhaber darf hier vorüberfahren, ohne im Château de Vougeot die monumentale Küche und die Weinkeltern aus dem 14. Jh. angesehen zu haben.

AKTIVITÄTEN UM DEN WEIN

Die Weinauktion der Hospices de Nuits findet jedes Jahr im Frühjahr am Sonntag vor Palmsonntag statt. An diesem Tag und am Samstag davor wird eine große Weinprobe veranstaltet.

WEININFORMATIONEN

Auskunft beim Syndicat d'Initiative in der rue Sonays, Tel. 80 61 22 47, Nuits-St-Georges.

195

BEDEUTENDE WEINGÜTER

Die Weingüter sind unter den Orten eingeordnet, wo sie ihren Sitz haben. Die meisten verfügen über Weinberge in mehreren Gemarkungen.

HAUTES-CÔTES DE NUITS

ARCENANT, Postleitzahl 21700
Alain Verdet.

CURTIL-VERGY, Postleitzahl 21220
Yves Chaley*.

MAGNY-LÈS-VILLERS, Postleitzahl 21700
Claude Cournu; Jayer-Gilles*: Eindrucksvoller Echézeaux; **Henri Naudin-Ferrand*:** Die Weißweine sind besonders köstlich.

MAREY-LÈS-FUSSEY, Postleitzahl 21700
Simon Fils; Domaine Thévenot-Le-Brun & Fils*: Eines der größten Weingüter in den Hautes Côtes; angebaute Rebsorten: Pinot Blanc, Pinot Beurot und Chardonnay.

VILLARS-FONTAINE, Postleitzahl 21700
Domaine Bernard Hudelot-Verdel.

VILLERS-LA-FAYE, Postleitzahl 21700
Domaine Marcel & Bernard Fribourg.

CÔTES DE NUITS

CHAMBOLLE-MUSIGNY, Postleitzahl 21220, 198 A2
Gaston Barthod-Noëllat; Domaine Bertheau; Daniel Moine-Hudelot*: Charaktervolle Grands und Premiers Crus; **Domaine Jacques-Frédéric Mugnier:** Bedeutender Besitzanteil an Le Musigny; **Domaine G. Roumier:** Schönes Gut mit denkwürdigen Weinen, **Hervé Roumier*; Servelle-Tachot; Domaine Comte Georges de Vogüé*:** Das Weingut hat den größten Anteil an Le Musigny; der Musigny Cuvée Vieilles Vignes ist der Gipfel an Finesse.

COMBLANCHIEN, Postleitzahl 21700
André Chopin & Fils.

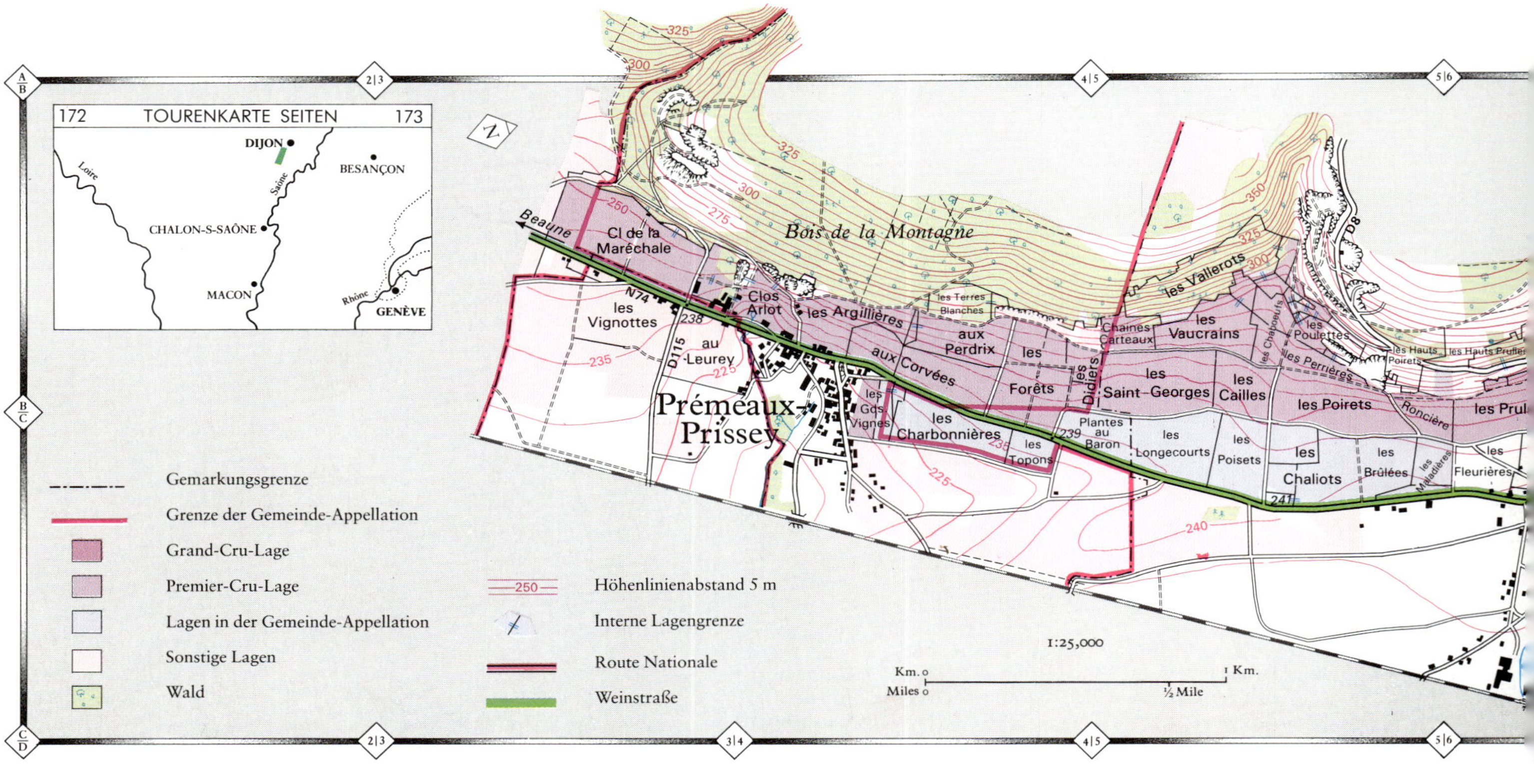

CORGOLOIN, Postleitzahl 21700

Paul Reitz: Kleines Handels- und Maklerhaus.

FIXIN, Postleitzahl 21220, 199 B9

Vincent & Denis Berthaut; Jacques Durand-Roblot*; Philippe Joliet*: Alleinbesitzer des Clos de la Perrière; **Domaine Pierre Gelin*:** Kräftige Grands und Premiers Crus aus Fixin und Gevrey-Chambertin.

FLAGEY-ECHÉZEAUX,
Postleitzahl 21640

Cocquard-Loison-Fleurot.

GEVREY-CHAMBERTIN,
Postleitzahl 21200, 199 B7

Domaine Bachelet*; Philippe Batacchi*; Lucien Boillot & Fils; Pierre Bourrée & Fils: Kleines Handelshaus mit langlebigen Burgundern; **Alain Burguet*:** Saubere, ausgewogene Village-Weine; **Camus Père & Fils*:** Eindrucksvolle Auswahl an Grands Crus; **Domaine Pierre Damoy*:** Größter Anteil an Chambertin Clos de Bèze; **Domaine Drouhin-Laroze*;** Leichte, duftige, saubere und vitale Weine; **Geantet-Pansiot*; Laurent Goillot-Bernollin; Frédéric Humbert; Philippe Leclerc*; Domaine René Leclerc; Henri Magnien*:** Kleines Weingut; seine Erzeugung reicht nie für die Nachfrage; **Domaine Maume*; Naigeon-Chauveau:** Zuverlässige Firma; **Domaine Pernot-Fourrier*; Domaine les Perrières*; Domaine Henri Rebourseau; Philippe Rossignol*; Joseph Roty*:** Äußerst gewissenhafter Winzer; **Domaine Armand Rousseau Père & Fils:** Großer Ruf, aber variable Qualität; **Domaine Tortochot; Louis Trapet Père & Fils; G. Vachet-Rousseau; Domaine des Varoilles*:** Reiche Palette an Rotweinen, u. a. Premier Cru Clos des Varoilles; **André Ziltener Père & Fils:** Schweizer Handelshaus.

GILLY-LES-CITEAUX,
Postleitzahl 26140 198 C2

Bernard Munier.

MARSANNAY-LA-CÔTE,
Postleitzahl 21160

André Bart; René Bouvier: Einer von wenigen Winzern mit Weinbergen in Genôve; **Domaine Philippe Charlopin-Parizot*; Bruno Clair; Domaine Clair-Daü*:** Ausgezeichnetes Weingut, seit 1986 im Besitz der Firma Louis Jadot; **Cave Coopérative; Domaine Huguenot Père & Fils.**

MOREY-ST-DENIS,
Postleitzahl 21200, 198 C4

Domaine Pierre Amiot & Fils*: Feste, elegante Weine mit Milde und Tiefe; **Domaine Arlaud Père & Fils*:** Klassische rote Burgunder, darunter vier Grands Crus; **Bryczek Père & Fils:** Ausdrucksvolle, konzentrierte Weine; **Domaine Dujac*:** Morey-St-Denis in Bestform, vom Grand Cru bis zum Village-Wein; Weinbergbesitz auch in anderen Gemarkungen; **Domaine Robert Groffier; Domaine des Lambrays*:** Besitzer der Lage Clos des Lambrays (bis auf ¼ ha), Grand Cru seit 1981; **Georges Lignier & Fils*:** Große Domaine der Spitzenklasse; **Hubert Lignier*; Michel Magnien*:** Charmante ungefilterte Weine; **Henri Perrot-Minot; Domaine Ponsot*:** Intensive Rotweine und eine Rarität: weißer Morey-St-Denis; **Jean Raphet & Fils; Domaine Louis Rémy; Domaine B. Serveau & Fils*; Clos de Tart*:** Die gesamte Grand-Cru-Lage ist im Besitz der im Mâconnais beheimateten Firma Mommessin; **J. Taupenot-Merme*:** Feine Rotweine aus einem modern ausgerüsteten Weingut; **J. Truchot-Martin.**

NUITS-ST-GEORGES,
Postleitzahl 21700, 197 C7

Marcel Bocquenet*; Jean Claud Boisset: Eines der größten Handelshäuser in Burgund, z. T. durch Übernahme von Firmen wie Lionel J. Bruck, Pierre Ponnelle, Thomas Bassot und Charles Viénot; verschiedene Marken; **F. Chauvenet:** Rührige Firma mit Weinen der Mitteklasse und 50 %iger Beteiligung an Louis Max; **Jean Chauvenet*:** Untadelige Gutsweine; **Robert Chevillon*;** Eines der besten Weingüter in Nuits-St-Georges, gleichmäßige Qualität; **Dufouleur Père & Fils:** Zu den von dieser Firma vertriebenen Weinen gehören die aus der Domaine Guy Dufouleur sowie mehrere aus der Domaine Liger-Belair; **Joseph Faiveley*:** Über 100 ha Weinbergbesitz. Volle, feste Weine der Spitzenklasse. Besonders beachtenswert: Côte de Nuits und Mercurey; **Geisweiler &**

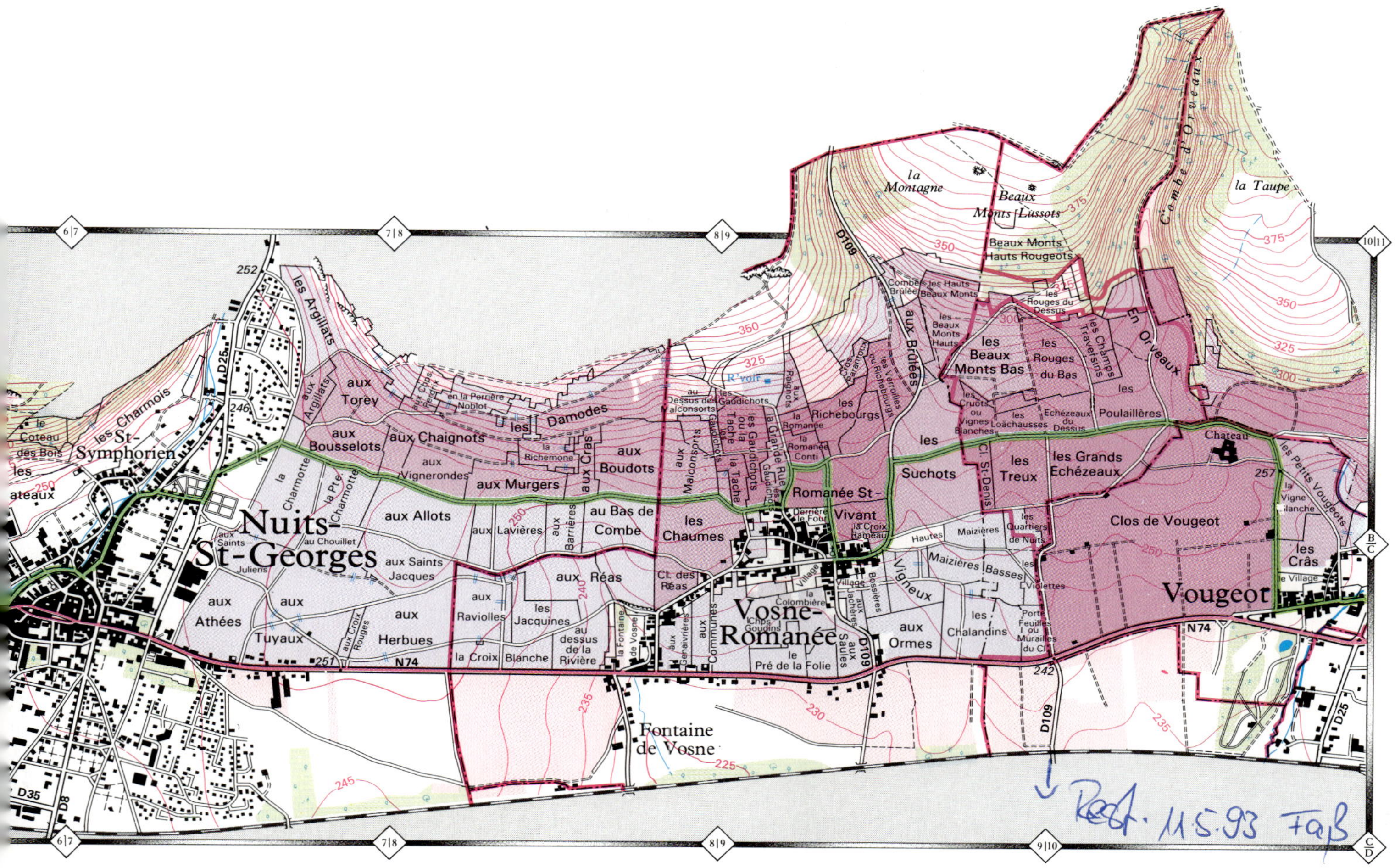

Fils: 70 ha in den Hautes Côtes; **Domaine Henri Gouges***: Fruchtige Rotweine aus Nuits und eine Rarität, weißer La Perrière; **Hospices de Nuits***: Die Weine der wohltätigen Stiftung, eine kleinere Ausgabe der Hospices de Beaune, werden zwei Wochen vor Ostern versteigert; **Labouré-Roi***: Ziemlich kleine Firma mit sorgfältig ausgebauten Rot- und Weißweinen; **Alain Michelot***: Spezialist für Premiers Crus aus Nuits; **Moillard**: Die Weinqualität der großen Firma hat sich im Durchschnitt deutlich gebessert. **Henri Remoriquet.**

PRÉMEAUX-PRISSEY,
Postleitzahl 21700, 196 B3

Robert Dubois & Fils; Domaine Machard de Gramont*: Ansehnliches Weingut mit über 20 Weinen, vorwiegend Rotwein; **Domaine des Perdrix; Domaine Daniel Rion & Fils***: Fruchtige, duftige Weine.

VOSNE-ROMANÉE,
Postleitzahl 21700, 197 C9

Robert Arnoux*: Insbesondere die Grands und Premiers Crus sind sehr verlockend; **Jacques Cacheux-Blée & Fils; Domaine René Engel; Forey Père & Fils; Domaine François Gerbet; Jean Grivot***: Ausgewogene Weine mit Persönlichkeit; besonders fein sind Clos de Vougeot und Echézeaux; **Jean Gros***: Ansprechende Weine aller Kategorien von Hautes Côtes bis Grands Crus; **Domaine Gros Frère & Sœur; Henri Jayer***: Begabter Kellermeister, er baut seine Weine in neuen Fässern aus; **Jacqueline Jayer***; **Domaine Lamarche***: Spezialität: La Grande-Rue; **Domaine Méo-Camuzet; Mongeard-Mugneret***: Auch unter dem Namen Mugneret-Gibourg; **Gérard & René Mugneret***: Gediegene Rotweine, u. a. Les Suchots; **Domaine Charles Noëllat; A. Pernin-Rossin; Domaine de la Romanée-Conti***: Das berühmteste aller Weingüter in Burgund; fast 90 % der 30 ha Weinbergbesitz bestehen aus Grands Crus: La Romanée-Conti, La Tâche, Richebourg, Romanée-St-Vivant, Grands Echézeaux, Echézeaux, Montrachet und Bâtard-Montrachet. (Eine Einladung zu einem Besuch ist nur schwer zu bekommen, doch manchmal erhalten Gruppen Einlaß); **Robert Sirugue.**

VOUGEOT,
Postleitzahl 21640, 197 C10, 198 C2

Domaine Bertagna*: Seit der Übernahme durch einen deutschen Besitzer hat sich die Qualität stark gebessert; **Georges Clerget*; Michel Clerget*; Alain Hudelot-Noëllat***: Vollmundige und zugleich feine Weine; **Domaine Jean Grivot*: Fast 2 ha Besitz im Clos de Vougeot (ein ziemlich großer Anteil); feine, charaktervolle Weine; Domaine Jean Gros***: Weingut in Vosne-Romanée mit kleinem Anteil am Clos de Vougeot; **Domaine Mongeard-Mugneret***: Einer aus einem halben Dutzend Gütern mit dem Namen Mugneret (siehe Vosne-Romanée); gute Lagen in Vougeot; **Domaine des Varoilles***: Siehe Gevrey-Chambertin. Ein Vougeot für längere Flaschenlagerung; **Château de la Tour.**

VON CHAMBOLLE NACH DIJON

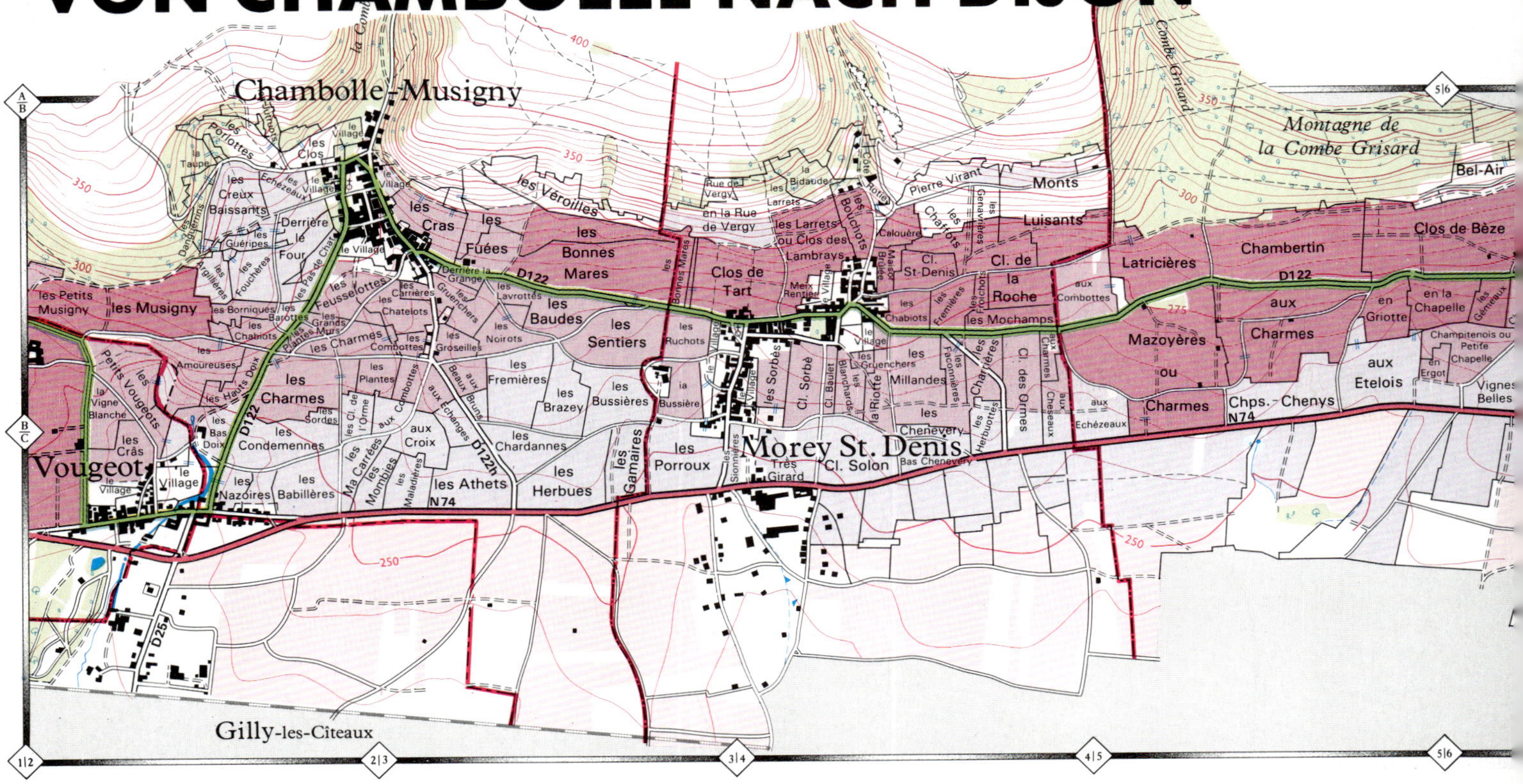

In Chambolle-Musigny, dem nächsten Ort nördlich von Vougeot, beginnt der Boden leichter zu werden, denn er enthält weniger Lehm und dafür mehr Kalkstein. Die Folge davon ist, daß hier die feinsten und delikatesten Weine der ganzen Côte de Nuits wachsen. Die Grand-Cru-Lage Le Musigny bietet außergewöhnliche Finesse. Gaston Roupnel fand für diesen Wein die poetische Beschreibung, er sei „ganz aus Seide und Spitzen", und sein Duft erinnerte ihn an „einen feuchten Garten", an „eine Rose und ein Veilchen im morgendlichen Tau". Es gibt auch einen weißen Musigny, aber er erreicht die große Klasse des roten nicht. Die zweite Grand-Cru-Lage hier ist Bonnes Mares (ein kleiner Teil davon fällt in die Nachbargemarkung Morey-St-Denis). Diese Lage bringt einen runderen Wein, der in der Jugend verschlossener ist als der Musigny. Aber auch dieser großartige Burgunder nimmt mit den Jahren an Delikatesse und Milde zu. Daß auch die Premiers Crus von Chambolle-Musigny reizvoll und verlockend sein können, beweisen die Namen Les Amoureuses und Les Charmes. Der Ort Chambolle selbst lädt mit seiner Atmosphäre ruhigen Wohlstands zu gemütlichem Spaziergang ein.

Die Weine von Morey-St-Denis bilden die goldene Mitte zwischen der eleganten Art von Chambolle-Musigny und dem wuchtigen Charakter von Gevrey-Chambertin. Im Chor der Côte de Nuits stellen sie den Tenor neben dem Sopran des Musigny und dem Bariton des Chambertin dar. Hier sind die Weine aller Kategorien wundervoll. Die Qualität ist im Durchschnitt hoch, und oft ist eine milde Fruchtigkeit herauszuschmekken. Die Grand-Cru-Lagen heißen Clos de la Roche (sie bringt die festesten Weine), Clos St-Denis (charakteristisch milde und doch gehaltvolle Weine), Clos de Tart (ausschließlicher Besitz der Firma Mommessin) und Clos des Lambrays (erst 1981 zum Grand Cru erhoben). Die Premier-Cru-Lage Monts Luisants bringt einen ansprechenden Weißwein hervor.

Gevrey-Chambertin ist die bei weitem größte Weinbaugemeinde der Côte de Nuits. Das Zentrum des Orts liegt ein paar hundert Meter westlich der *route nationale,* aber auch an der Hauptstraße hat sich eine ansehnliche Zahl von Häusern angesammelt. Die Qualität der hier entstehenden Weine ist recht unterschiedlich, denn unter die Appellation Gevrey-Chambertin fällt auch ziemlich viel flaches Land östlich der N74 (siehe Karte). Die Grand-Cru-Lagen, an ihrer Spitze Chambertin und Chambertin Clos de Bèze, genießen jedoch hohes Ansehen. Aus beiden ungefähr gleich großen Weinbergen kommen wuchtige Burgunder, die lange Reifezeit in der Flasche brauchen, um sich voll zu entfalten. Sechs weitere Grands Crus dürfen den Namen Chambertin an den eigenen anfügen: Chapelle-Chambertin, Charmes-Chambertin (die Lage produziert mehr Wein als die anderen fünf zusammen), Griotte-Chambertin, Latricières-Chambertin, Mazis-Chambertin und schließlich Ruchottes-Chambertin. Eine der besten Premier-Cru-Lagen ist Clos St-Jacques.

Der nächste Ort in Richtung Norden ist Brochon. Obwohl seine Lage der von Gevrey in nichts nachsteht, führt er doch keine eigene Gemeinde-Appellation; vielmehr dürfen die südlichen Weinberge von Brochon den Namen Gevrey-Chambertin annehmen, während der Rest sich mit der Appellation Côte de Nuits-Villages begnügen muß.

Die Weingüter in Fixin haben die Wahl, ihren Wein entweder unter dem Gemeindenamen oder als Côte de Nuits-Villages zu verkaufen. Fixin ist ein hübscher Ort mit einer schönen Kirche, einem Napoleon-Museum in einem Park und mit guten Weinlagen. Die Weine sind eng mit denen von Gevrey-Chambertin verwandt, nur fehlt es ihnen ein wenig am Glanz. Ihre Farbe ist meist tief und ihr Gefüge fest. Clos du Chapitre und Clos de la Perrière gelten als die besten Premiers Crus.

Nach Marsannay-la-Côte, der nördlichsten Weinbaugemeinde an der Côte de Nuits, gelangt man über Couchey. In diesen beiden Orten wird der ausgezeichnete trockene Rosé de Marsannay von der Pinot-Noir-Traube gekeltert. Erfunden wurde er 1919 von einem neuerungsfreudigen Winzer namens Joseph Clair. Auch rote und weiße Burgunder gibt es aus Marsannay, doch beiden fehlt der Charme, der diesem Rosé eigen ist.

Von Marsannay-la-Côte bis Dijon folgt ein Vorort dem anderen. Im vorigen Jahrhundert erstreckten sich hier noch rund 3000 ha Reben, doch die Stadt hat sie fast ganz verschlungen. Nur in Genôve gibt es noch ein paar Weinberge; am bekanntesten davon ist der Clos du Roy. Sie fallen alle unter die Appellation Marsannay.

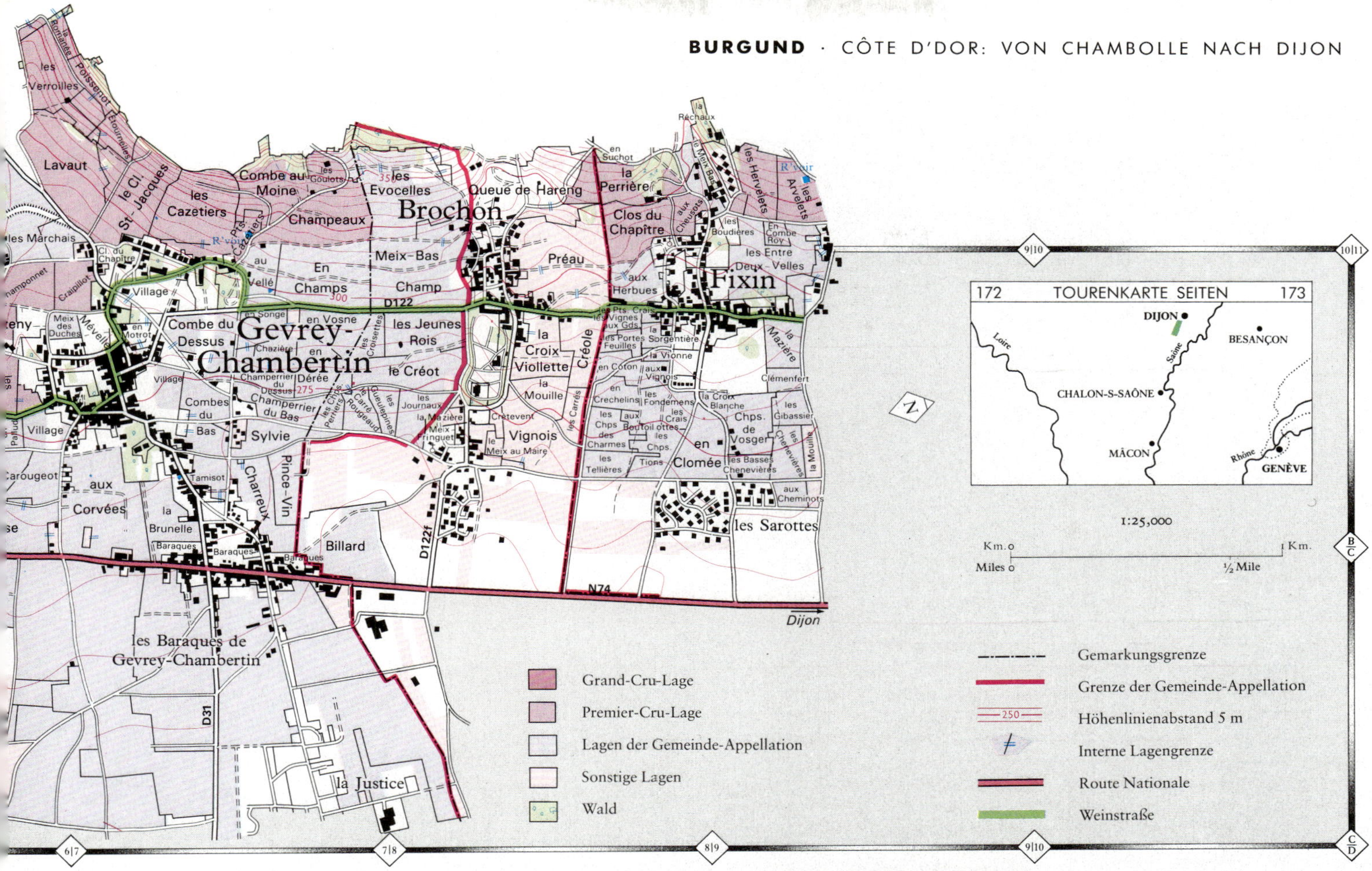

Links: Im Jahr 1257 erteilte der Abt von Cluny den Bürgern von Gevrey die Erlaubnis, ihre kleine Burg zu einem veritablen Schloß auszubauen. Dieses Château wäre 1976 beinahe einem Brand zum Opfer gefallen. Unter ihm befinden sich mächtige mittelalterliche Kellergewölbe.
Unten ganz links: Manche Winzer bekunden ihren Stolz auf ihre Grand-Cru-Lagen an der Côte d'Or, indem sie als Eingang ein richtiges Portal bauen. Hier proklamiert ein M. Rémy sein Besitzrecht auf ein Stück Latricières in Chambertin. Im Hintergrund die Montagne de la Combe Grisard. Man hat diesen Blick von der D122 aus.
Unten links: Burgund ist auf Besucher eingestellt. Schilder mancherlei Art laden dazu ein, Wein zu probieren und selbstverständlich auch zu kaufen.

DAS CHALONNAIS

Von Santenay, wo die Côte d'Or zu Ende ist, über das Tal hinweg südwärts beginnt ein weiterer Weinbaubereich. Er ist nach der Stadt Chalon benannt, und an seinem nördlichen Ende liegt Chagny, wo es nicht viel zu sehen, aber das einzige 3-Sterne-Restaurant an der Côte d'Or zu besuchen gibt. Die Landschaft im Chalonnais ist nicht so einheitlich wie an der Côte d'Or. Die scharfe Grabenbruchkante ist stärker mit Wald überwachsen, und zwischen die Weinberge schieben sich andere landwirtschaftliche Flächen.

Fünf Gemeinden verfügen über eigene Appellationen. Es wird aber auch viel Wein unter den regionalen Appellationen, also als Bourgogne Blanc oder Rouge, angeboten. Außerdem wird im Chalonnais in größeren Mengen Schaumwein hergestellt.

Die kleinste und nördlichste der Gemeinde-Appellationen ist Bouzeron. Dort erreicht der Bourgogne Aligoté einen so hohen Qualitätsstand, daß er seit 1979 den Ortsnamen auf dem Etikett tragen darf. Die nächste Appellation in Richtung Süden ist Rully, wo seit den 70er Jahren viele Neupflanzungen vorgenommen worden sind. Der rote Rully ist meist recht einfach und leicht, nur aus manchen Weingütern kommt eine dunklere und gehaltvollere Art. Der weiße Rully dagegen verdient fast immer Beachtung, nicht nur weil er sehr preiswert angeboten wird, sondern wegen seines kühlen, saftigen Geschmacks und seines angenehmen, leicht fruchtigen Aromas. In Rully sind auch einige Schaumweinhersteller beheimatet, u. a. die bedeutende Firma André Delorme. Der Crémant de Bourgogne ist immer beachtenswert. Die meisten Weine, die in Rully zu Sekt verarbeitet werden, stammen aus anderen Gemeinden im Chalonnais, und auch manche Weingüter an der Côte d'Or lassen hier ihren Schaumwein herstellen.

In den Weinbergen von Givry wächst fast nur Rotwein.

Der bekannteste Ort im Chalonnais ist Mercurey. Hier wird zu 95 % Rotwein angebaut. Eine Reihe von Handelshäusern und Weingütern von der Côte d'Or verfügen über größere Besitzungen in Mercurey und seiner Umgebung, darunter Château Philippe-le-Hardi in Santenay mit 75 ha, Faively in Nuits-St-Georges mit knapp 60 ha, Bouchard-Aîné in Beaune mit über 20 ha und Château Genot-Boulanger in Meursault mit fast 13 ha. Ein großer Teil des Weins von Mercurey wird also außerhalb verarbeitet. Der rote Mercurey ist meist fest und wohlschmeckend, hat selten Finesse oder große Art, oft aber Frucht, Tannin und Geschmeidigkeit. Der weiße Mercurey befriedigt nicht immer, es fehlt ihm manchmal an Rasse und Vitalität.

Der kleine Ort Givry liegt westlich von Chalon-sur-Saône, und er wird immer größer, weil sich viele Städter hier niederlassen. Glücklicherweise sind die besten Lagen vor der drohenden Urbanisierung bewahrt geblieben. Früher war Givry der Mittelpunkt des Weinbaus im Chalonnais, nicht zuletzt weil der französische Hof und Adel diesen Wein so schätzte. Vor allem Henri IV. mochte ihn sehr, was immer noch auf vielen Etiketten rühmend erwähnt wird. Heute kommt aus Givry viel weniger Wein als auch Mercurey, aber auch hier liegt der Schwerpunkt auf Rotwein, der in Givry schwer und rund ausfällt und für eine Reifezeit in der Flasche dankbar ist. Die besseren Weißweine sind fein nuanciert und fruchtig.

Die letzte Gemeinde-Appellation im Chalonnais heißt Montagny, doch gehören auch die Orte Buxy, Jully-lès-Buxy und St-Vallerin dazu. Hier wächst nur Weißwein; er ist meist fest, hat leichten Nußgeschmack, jedoch weniger Lebendigkeit als der weiße Rully. Einer seltsamen Regelung verdankt es der Montagny, daß er sich Premier Cru nennen darf, sofern er mindestens 11,5 % Alkohol hat.

REISE-INFORMATIONEN

Siehe auch Côte d'Or und Mâconnais.

HOTELS

Hostellerie du Château de Bellecroix, 71150 Chagny, Tel. 85 87 13 86. In ruhiger Lage südlich der Stadt an der N6. Komfortable Zimmer, sehr gute Küche. Hotel Klasse A, Restaurant Klasse B.

Auberge du Camp Romain, 71150 Chassey-le-Champ, Tel. 85 87 09 91. In ruhiger, schöner Umgebung mit wunderbarer Aussicht. Einfache, aber gemütliche Zimmer. Das Restaurant ist im Winter geschlossen. Klasse B.

Le Dracy, 71640 Dracy-le-Fort, Tel. 85 41 55 88. Nüchterne, moderne Übernachtungsmöglichkeit auf halbem Weg zwischen Givry und Chalon-sur-Saône, mit Restaurant. Klasse B.

RESTAURANTS

Lameloise, place d'Armes, 71150 Chagny, Tel. 85 87 08 85. Ausgezeichnetes, berühmtes und teures Restaurant; regionale Küche mit großer Finesse. Hervorragende Weinkarte. Auch Hotel mit stilvollen Zimmern. Klasse A.

Hotel de Paris, 6, route de Beaune, 71150 Chagny, Tel. 85 87 08 38. Anständige Küche. Klasse C.

Auberge des Fontaines, 71150 Fontaines, Tel. 85 43 07 35. Hotel und Restaurant mit bodenständiger Küche. Klasse C.

La Halle, 71640 Givry, Tel. 85 44 32 45. Küche nach Burgunderart. Hotel angeschlossen. Klasse C.

Les Templiers de Mercure, 71640 Mercurey, Tel. 85 45 23 63. Restaurant der klassischen Art über einer Weinprobierstube. Klasse B.

Hostellerie du Val-d'Or, 71640 Mercurey, Tel. 85 47 13 70. Gut geführtes Dorfgasthaus mit sehr feiner Küche und ausgezeichneter Weinkarte. Hotelzimmer. Klasse B.

Auberge du Moulin de la Chapelle, 71940 Messey-sur-Grosne, Tel. 85 44 00 58. Empfehlenswertes Restaurant an einem Fluß. Auch ein einfaches Hotel. Klasse C.

Le Commerce, 71150 Rully, Tel 85 87 20 09. *Escargots, coq au vin* und andere traditionelle Gerichte. Auch Hotel. Klasse C.

SEHENSWERTES

Buxy Teile der alten Stadtmauer sind noch erhalten, ebenso zwei Türme. Häuser aus dem 15. Jh. und eine romanische Kirche.

Chalon-sur-Saône Früher ein bedeutender Weinhafen: bei Baggerarbeiten im Fluß wurden Zehntausende von römischen Amphoren gefunden.

Givry Schöne Häuser aus dem 18. Jh.

Mercurey Der Ort besteht nur aus einer langen Straße. Touches, südlich von Mercurey, hat eine Kirche aus dem 12. Jh.

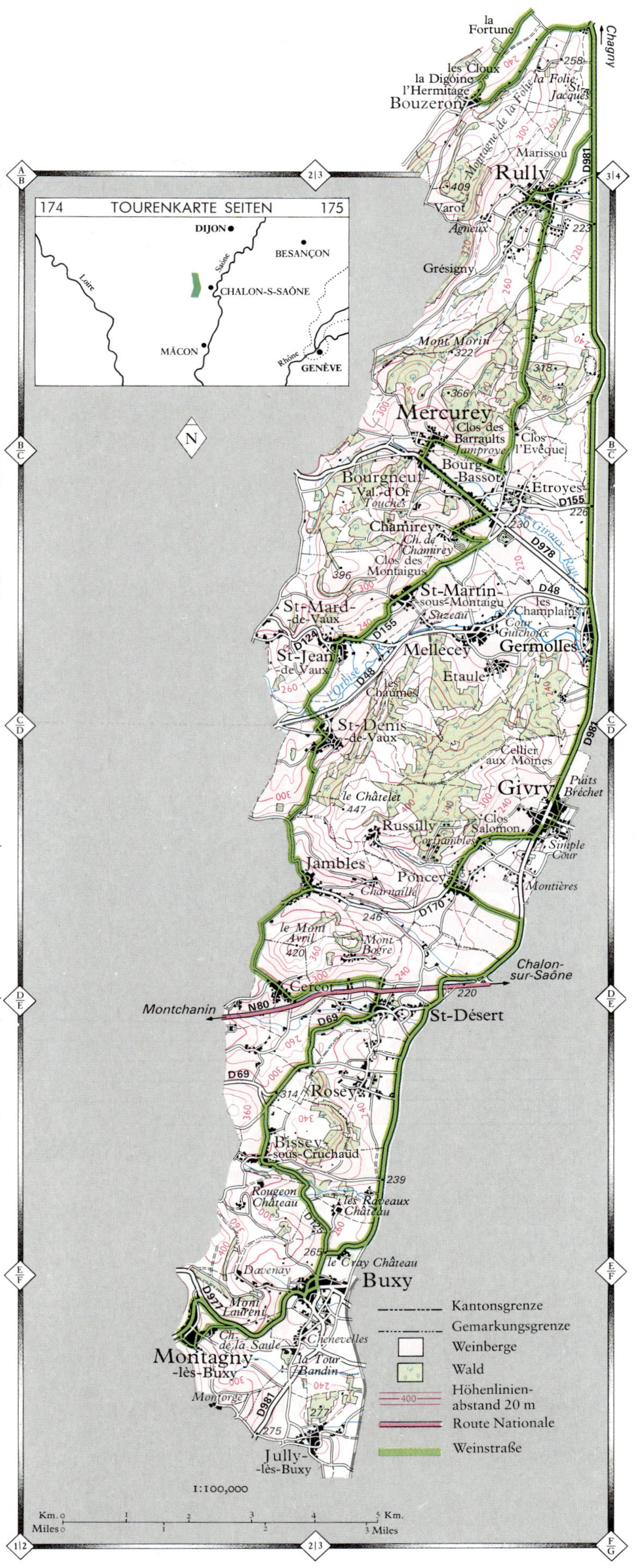

Rully Das Château de Rully aus dem 13./16. Jh. steht etwas außerhalb und hat einen eigenen Weinberg.

AKTIVITÄTEN UM DEN WEIN

Die *foire des vins* in Chagny findet um den 15. August statt und dauert einige Tage.

Die Confrérie des Vignerons de la Chanteflûte widmet sich der Förderung der Weine von Mercurey und Umgebung, und zwar nicht nur durch Sitzungen und eine *Paulée* im November (nach dem Vorbild von Meursault), sondern auch durch die Prämierung von Weinen. Dies geschieht zweimal jährlich bei der *Chanteflûtage* (Weinprobe); für gut befundene Weine erhalten das Recht, ein numeriertes Etikett mit dem Vermerk „*chanteflûté*" zu führen.

WEININFORMATION

La Maison des Vins de la Côte Chalonnaise befindet sich in der Promenade Ste-Marie, 71100 Chalon-sur-Saône, Tel. 85 41 64 00. Degustation ist hier möglich.

BEDEUTENDE WEINGÜTER

BOUZERON, Postleitzahl 71150, 201 A3

Chanzy Frères/Domaine de l'Hermitage*: Häufig preisgekrönte Weine, darunter Aligoté aus Bouzeron sowie Rot- und Weißweine aus Rully und Mercurey; **A. & P. de Villaine*:** Würzige, mild-fruchtige Weine vom Mitinhaber der Domaine de la Romanée-Conti.

BUXY, Postleitzahl 71390, 201 F3

Cave Coopérative*: Gut ausgestattete Genossenschaftskellerei. Spezialitäten: Montagny Premier Cru, Bourgogne Aligoté und ein in kleinen Fässern ausgebauter Bourgogne Pinot Noir.

CHAGNY, Postleitzahl 71150

Domaine de la Folie*: Ansehnliches Gut mit vorzüglichen Weiß- und Rotweinen; **André l'Héritier.**

FONTAINES, Postleitzahl 71150

Emile Chandesais: Négociant; insbesondere mit guten Rotweinen der Region.

GIVRY, Postleitzahl 71640, 201 D3

Lumpp Frères*: Feine Weine; **Domaine Ragot; Clos Salomon*:** Nach einer Zeit der Schwäche ist der rote Givry des Hauses wieder auf dem alten Qualitätsstand; **Domaine Thénard*:** Das größte Weingut in Givry; hat auch Besitzungen in Grand-Cru-Lagen an der Côte d'Or.

JAMBLES, Postleitzahl 71640, 201 D2

René Bourgeon: Givry- und andere Weine der Region.

JULLY-LÈS-BUXY, Postleitzahl 71390, 210 F2

Pierre Bernollin*: Vorzüglicher Montagny und Crémant de Bourgogne.

MERCUREY, Postleitzahl 71640, 201 B3

Domaine Bordeaux-Montrieux; Luc Brintet & Frédéric Charles; Domaine du Château de Chamilly; Jeannin-Naltet Père & Fils; Michel Juillot*: Ausgezeichnete rote und weiße Mercureys aus einem der größten Weingüter der Gegend; **Yves de Launay/Domaine du Meix-Foulot; Domaine de la Monette*:** Festgefügter roter Mercurey. Besitzer Paul Jean Granger; **Jean Maréchal; Louis Menand Père & Fils; Antonin Rodet:** Dynamischer, qualitätsbewußter Négociant. Am besten die roten und weißen Mercureys aus dem eigenen Gut Château de Chamirey; **Domaine Fabien & Louis Saier:** Mitbesitzer der Domaine des Lambrays in Morey-St-Denis. **Domaine de Suremain*:** Komplexe, edle Mercureys.

MONTAGNY, Postleitzahl 71390, 201 F2

Château de la Saule*: Höchster Qualitätsstand; **Veuve Steinmaier & Fils.**

PONCEY, Postleitzahl 71640, 201 D3

Propriété Desvignes: Givry Clos du Vernoy ist die Spitzensorte.

RULLY, Postleitzahl 71150, 201 B3

Jean-Claude Brelière*: Saftiger weißer Rully Les Margotey und ein stetig besser werdender Rotwein; **Michel Briday; Domaine du Chapitre/Madame H. Niepce; André Delorme/Domaine de la Renarde*:** Erstklassige Schaumweine, eine gute Alternative zu Champagner. Die firmeneigene Domaine de la Renarde bringt ziemlich leichte Weine hervor, am besten sind der weiße Rully und der Aligoté aus Bouzeron; **Château de Rully** wird von Antonin Rodet bewirtschaftet.

ST-DESERT, Postleitzahl 71390, 201 E3

Michel Goubard.

ST-VALLERIN, Postleitzahl 71390

Jean Vachet*: Feine Montagnys und guter Bourgogne Rouge.

DAS MÂCONNAIS

Der Übergang vom Chalonnais zum Mâconnais ist eigentlich nicht wahrnehmbar. Die Landschaft verändert sich nicht, ihre landwirtschaftliche Nutzung durch Acker- und Weinbau zeigt kein unterschiedliches Bild. Erst weiter im Süden erhebt sich eine kleine Hügelkette, es folgen breitere bewaldete Berge. Nun erkennt man auch die ersten Anzeichen des mediterranen Südens: Häuser, deren Dächer provenzalisch aussehen, und ein spürbar milderes Klima, das die Trauben ein wenig früher zur Reife gelangen läßt als im Chalonnais. Seinen Namen hat das Mâconnais von der Stadt Mâcon an der Saône. Die Römer begründeten den Weinbau hier, und die Mönche brachten ihn im 11. und 12. Jahrhundert zu hoher Blüte – die Stadt Cluny, wo die Benediktiner ihr Hauptkloster hatten, liegt im Mâconnais. Zum typischen Bild dieser Gegend und der über sie verstreuten Städtchen und Dörfer gehören die romanischen Kirchen.

Jahrhundertelang hatte der Wein von Mâcon nur lokale Bedeutung, bis er etwa um 1600 am französischen Hof bekannt wurde. Der Sage nach war dies einem unternehmungsfreudigen Winzer namens Claude Brosse zu verdanken, der den schlechten Wegen und allen Straßenräubern Trotz bot und mit zwei Fässern voll Wein nach Paris fuhr.

Auf der Landkarte sieht das Mâconnais wie eine Weintraube aus: oben breit, unten zugespitzt, mit unregelmäßigen Grenzlinien. Der größte Teil der Weinproduktion – 90 % – entfällt hier auf die Kellereien der Winzergenossenschaften. Heute hat der Weißwein in Qualität und Quantität den Rotwein aus der früheren Führungsstellung verdrängt. In fast zwei Dritteln aller Weinberge wird inzwischen die Chardonnay-Traube angebaut. Die größte Appellation ist Mâcon bzw. Mâcon Supérieur (1 % Alkohol mehr), die sowohl für Weißwein als auch für Rotwein, der zum größten Teil in die Kategorie Supérieur fällt, Geltung hat. Die Haupttraube für den roten Mâcon ist der Gamay, der hier einen etwas dünneren und weniger fruchtigen Wein erbringt als im Beaujolais. Es gibt allerdings Ausnahmen: Mehrere Genossenschaftskellereien und Weingüter bringen roten Mâcon hervor, der an ein Beaujolais-Cru heranreicht. Aus dem Mâconnais kommt auch viel Wein unter den regionalen Appellationen Bourgogne Blanc, Bourgogne Rouge, Bourgogne Passe-Tout-Grains und Crémant de Bourgogne (Schaumwein).

Die besseren Weißweine kommen von der Südspitze des Mâconnais, aus drei kleinen, dicht beieinanderliegenden Appellationen. Die Heimat des Pouilly-Fuissé kann als Erkennungszeichen die steilen Felsklippen von Solutré und Vergisson vorweisen, die jeweils wie ein Schiffsbug aus einem grünen Meer von Reben herausragen. Der Pouilly-Fuissé ist ein Mâcon-Villages der Superlative. Seine besten Vertreter – denn leider sind nicht alle so gut – sind grün-goldene Burgunder mit angenehmem, fruchtigem, manchmal leicht blumigem Bukett und mit vollmundigem, saftigem Geschmack, in dem sich oft ein Unterton von Nüssen und wiederum von Früchten (beispielsweise Pfirsichen) findet.

Bedauerlicherweise ist der Pouilly-Fuissé sehr teuer. Für den Pouilly-Vinzelles – einen nahen Verwandten mit meist etwas leichterem Gefüge – zahlt man weniger. Zu dieser Appellation gehört auch der Pouilly-Loché, doch der Umfang der Erzeugung beträgt nur 10 % der Produktion von Pouilly-Fuissé. Sehr viel mehr bringt dagegen der Bereich St-Véran hervor – etwa halb soviel wie Pouilly-Fuissé. In der Appellation St-Véran wurden 1971 die Gemarkungen von acht Gemeinden zusammengefaßt, die zuvor ihren Wein als Mâcon-Villages oder Beaujolais Blanc verkauften. Es dauerte einige Jahre, bis der junge Bereich Anerkennung fand, heute aber kann er seinen Wein, der sich durch einen schlankeren Körperbau und frischeren Geschmack als Pouilly-Fuissé auszeichnet, ohne Schwierigkeiten absetzen. Wird auf dem Etikett eine Lage angegeben, dann muß der Wein mindestens 12 % Alkohol haben, wodurch er fülliger wird. Übrigens gehört zur Appellation St-Véran der Ort St-Vérand, was sicherlich zur Verwirrung schlichter Gemüter gedacht ist.

REISE-INFORMATIONEN

Alles in allem ist das Mâconnais in kulinarischer Hinsicht echt burgundisch, nur sind die Zutaten vielleicht, wenn überhaupt möglich, noch reichlicher und gehaltvoller. Man denke nur an Geflügel aus dem nahen Bresse und Rindfleisch aus dem Charolais. Gastronomische Empfehlungen sind auch den Kapiteln Chalonnais und Beaujolais zu entnehmen.

HOTELS

Château de Fleurville, 71260 Fleurville, Tel. 85 33 12 17. Etwa 15 km nördlich von Mâcon. Angenehmer Aufenthalt; ein altes Gebäude in einem Park; mit Restaurant. Klasse B.
Château d'Igé, 71960 Igé, Tel. 85 33 33 99. Kleines Schloß aus dem 13. Jh. mit ausgezeichneten Zimmern und mittelalterlicher Atmosphäre. Die Küche ist eher klassisch. Hotel Klasse A. Restaurant Klasse B.
Mapotel Bellevue, 416, quai Lamartine, 71000 Mâcon, Tel. 85 48 05 07. Komfortables Hotel mit gutem Restaurant. Klasse B.
Frantel, 26, rue de Coubertin, 71000 Mâcon, Tel. 85 38 28 06. Moderner Komfort. Stets marktfrische Gerichte auf der Speisekarte. Klasse B.
Hôtel de Genève, 1, rue Bigonnet, 71000 Mâcon, Tel. 85 38 18 10. Nahe beim Bahnhof. Klasse B.
Terminus, 91, rue Victor-Hugo, 71000 Mâvon, Tel. 85 39 17 11. Sehr geschmackvoll hergerichtete Zimmer mit schallisolierenden Fenstern. Mit Restaurant. Klasse B.
Relais de Solutré, 71960 Solutré, Tel. 85 35 80 81. Stille Lage, nahe den Weinbergen. Klasse B. Mit Restaurant, Klasse C.

RESTAURANTS

Relais Lamartine, 71960 Bussières, Tel. 85 38 64 71. Regionale Küche: *andouillette au vin blanc,* Geflügel usw. Klasse C.
Hotel Le Moderne, Le Pont de l'Étang, 71250 Cluny, Tel. 85 59 05 65. Qualitätsvolle Küche, z. B. *charolais au jus de truffe,* zu vernünftigen Preisen. Auch Hotel; im Sommer Halbpension obligatorisch. Klasse B.
Relais du Mâconnais, 71960 La Croix-Blanche, Tel. 85 36 60 72. Bei Sologny. Kreative, leichte Küche. Auch Hotel. Klasse B.
Le Fleurville, 71260 Fleurville, Tel. 85 33 10 65. Gutbürgerliche Küche und billiges Hotel. Klasse C.
Relais du Beaujolais-Mâconnais, 71570 Leynes, Tel. 85 35 11 29. Einfache regionale Gerichte. Das Restaurant liegt am schönen Hauptplatz des zur Appellation St-Véran gehörenden Orts. Klasse C.
Caveau St-Pierre, 71620 Lugny, Tel. 85 33 20 27. Weinstube und einfaches Restaurant, geöffnet von März bis

Mâcon, die betriebsame Hauptstadt des Mâconnais, liegt an den Ufern der Saône; die St-Laurent-Brücke, von der aus man einen schönen Blick auf die Altstadt hat, stammt aus dem 14. Jh.

Ende Oktober. Panoramablick. Klasse C.

Auberge Bressane, 114, rue du 28-Juin, 71000 Mâcon, Tel. 85 38 07 42. Berühmtes Lokal. Spezialitäten u. a. *feuilleté d'escargots à la crème d'ail, matelote d'anguille au Mâcon rouge.* Klasse B.

Maison Mâconnais des Vins, avenue de Lattre-de-Tassigny, 71000 Mâcon, Tel. 85 38 36 70 (s. a. Weininformationen). Einfaches, geräumiges Restaurant (Zwiebelsuppe, Geräuchertes, *choucroute,* Käse usw.). Klasse C.

Au Rocher de Cancale, 393, quai Jean-Jaurès, 71000 Mâcon, Tel. 85 38 07 50. Preiswerte, gut zubereitete Menüs mit mindestens einem Fischgericht. Klasse C.

Auberge de la Grange du Bois, 71960 Solutré, Tel. 85 37 80 78. Sehr rustikal. Klasse C.

SEHENSWERTES

Azé Prähistorische Höhlen mit zugehörigem Museum (nur in der Saison geöffnet).

Berzé-la-Ville Die romanische Kapelle im Château des Moines hat byzantinisch anmutende Wandmalereien aus dem 12. Jh.

Berzé-le-Châtel Große Burg, früher Sitz der Grafen von Mâcon.

Bray Römische Mauern und eine Kirche aus dem 11. Jh.

Burgy Romanische Kirche (11. Jh.) auf dem Hügel über dem Ort.

Bussières Neben der Kirche aus dem

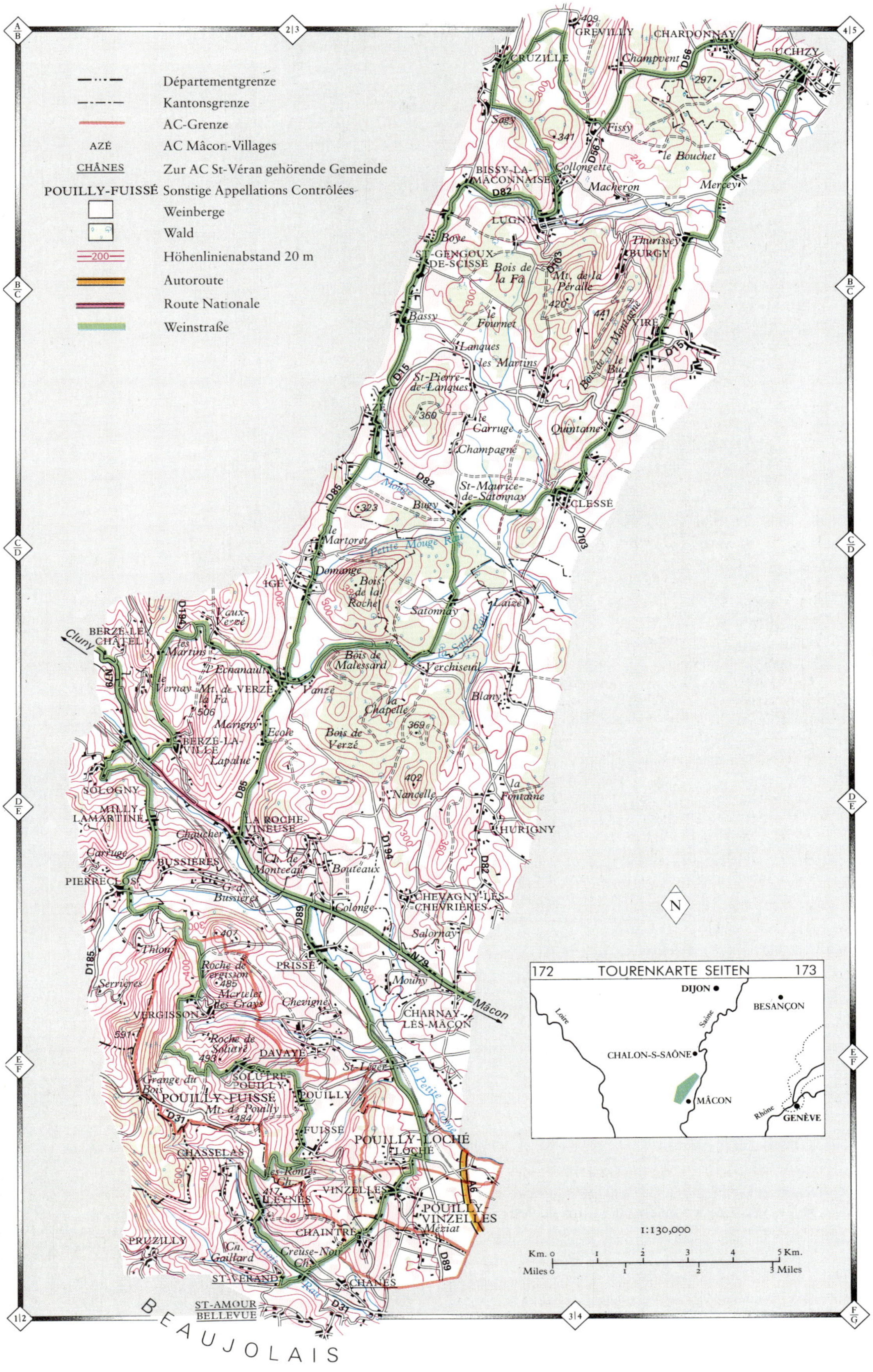

12. Jh. liegt das Grab von Pater Dumont, der Lamartine zu seinem „Jocelyn“ inspirierte.
Chaintré Schloß aus dem 15. Jh.
Chardonnay Dolmen und ein Schloß aus dem 16. Jh.
Chasselas Kirche aus dem 12. Jh. und Schloß aus dem 15. Jh.
Clessé Die Kirche aus dem 11. Jh. mit ihrem achteckigen Turm hat lombardische Elemente.
Cluny 910 wurde hier eine Abtei gegründet, die 200 Jahre später den Mittelpunkt für rund 2000 Benediktinerklöster in ganz Europa bildete. Bis zum Bau der Peterskirche in Rom war die Kirche von Cluny die größte in Europa. Sie hatte 7 Türme, war 30 m

hoch und 187 m lang. Heute sind nur noch einige Reste erhalten. Ein Modell der ursprünglichen Anlage ist im Musée Ochier zu sehen. Die Stadt Cluny kann mit schönen alten Gebäuden, Resten ihrer Stadtmauer und mit einem zweiten Museum (frühe Bildhauerkunst) aufwarten.
Cruzille-en-Mâconnais Landwirtschaftliches Museum mit rund 35 000 Ausstellungsstücken.
Farges-lès-Mâcon Kleine romanische Kirche mit mediterranem Einschlag (Anfang des 11. Jh.).
Fuissé Kirche aus dem 12. Jh.
Grévilly Romanische Kirche (12. Jh.).
Igé Weinmuseum und Probierstube in einer romanischen Kapelle.
Leynes Kirche aus dem 12. Jh.
Loché Eine Kirche aus dem 12. Jh. und – als Kontrast dazu – ein Bahnhof für den TGV, den Hochgeschwindigkeitszug Paris–Lyon, mit dem man bequem an einem Tag zur Hauptstadt und wieder zurück gelangen kann.
Lugny Burgruine.
Mâcon Der Dichter und Politiker Alphonse Prat de Lamartine wurde 1790 in der durch Gewerbefleiß und Handel großgewordenen Stadt an der Saône geboren. Ein Museum ist allein ihm gewidmet (21, rue Sigrogne), und auf dem Circuit Lamartine kann man eine Rundfahrt um die Stadt machen. Im Musée des Ursulines (5, rue des Ursulines) sind prähistorische Funde sowie Kunstwerke aus verschiedenen Epochen ausgestellt. In der Apotheke des Hôtel-Dieu (Cours Moreau) sind u. a. Fayencen aus der Zeit von Louis XV zu sehen.
Milly-Lamartine Das Haus, in dem Lamartine (siehe Mâcon) aufwuchs; eine Kirche aus dem 12. Jh.
Pierreclos Schloß aus dem 15. Jh.
Prissé Château de Montceau (13. Jh.).
La Roche Vineuse Ein Glockenturm aus dem 12. Jh., eine Burgruine, ein afrikanisches Dorf („Au Bout du Monde“) und eine schöne Aussicht über das Charolais.
St-Gengoux-de-Seissé Alte Häuser und eine Kirche aus dem 11. Jh.
St-Véran Sehr alter Ort mit romanischer Kirche. In der Weinprobierstube steht eine Kelter aus dem 16. Jh.
Sologny Kirche aus dem 11. Jh.
Solutré Am Fuß eines hohen Kalksteinfelsens; hier wurden die Knochen von Zehntausenden von Wildpferden gefunden, die in prähistorischer Zeit von Jägern über den Rand des Felsens getrieben worden waren. Im Ort befindet sich ein kleines vorgeschichtliches Museum.
Tournus Eine schöne alte Abtei und die Kirche St-Philibert sowie ein angesehenes Restaurant (Greuz).
Uchizy Schöne Kirche aus dem 12. Jh. mit Fresken und einem fünfgeschossigen Turm.
Vergisson Hier gibt es einen Felsen wie bei Solutré sowie einen Menhir.
Verzé Kapelle aus dem 12. Jh.
Vinzelles Eine Burg und eine romanische Kirche.
Viré Kleines Weinmuseum.

WEINSTRASSE

1986 wurde die Route des Vins Mâconnais–Beaujolais eröffnet. Sie ist 450 km lang und führt den Touristen mit vielen Schildern und Markierungen kreuz und quer durch die beiden Weinregionen. Informationen über die Route sind im Cellier-Expo in Crèches-sur-Saône, einem Ort an der N6 südlich von Mâcon, erhältlich.

AKTIVITÄTEN UM DEN WEIN

In Lugny findet die Foire des Vins du Haut-Mâconnais am Palmsonntag-Wochenende statt. Ein weiterer Weinmarkt wird an 10 Tagen um den 20. Mai in Mâcon veranstaltet.

WEININFORMATIONEN

La Maison Mâconnaise des Vins in Mâcon (avenue de Lattre-de-Tassigny, Tel. 85 38 36 70) bietet Informationen, Weinverkauf und ein einfaches Restaurant.

BEDEUTENDE WEINGÜTER

BRAY, Postleitzahl 71250
Henri Lafarge*: Saubere, gediegene Rot- und Weißweine.

CHAINTRE, Postleitzahl 71570, 203 F3
Domaine des Granges; Cave Coopérative*: Größter Erzeuger von Pouilly-Fuissé; **Roger Dubœuf & Fils*:** Weißwein, einschließlich Pouilly-Fuissé und Beaujolais Blanc mit viel Charme; **Domaine Mathias.**

CHARNAY-LÈS-MÂCON, Postleitzahl 71000, 203 E3
Auvigue-Burrier-Revel: Kleine, auf Weißwein spezialisierte Firma; **Cave Coopérative; Mommessin:** Bedeutendes Handelshaus mit stets guten, korrekten Weinen. Die besseren stammen z. T. aus dem familieneigenen Clos de Tart in Morey-St-Denis; **Trénel Fils*:** Feste, gehaltvolle Weine aus dem Beaujolais und dem Mâconnais; auch ausgezeichnete Fruchtliköre. Familienbetrieb.

CHASSELAS, Postleitzahl 71570, 203 F2
Domaine des Pierres-Rouges.

CLESSÉ, Postleitzahl 71260, 203 C4
Cave Coopérative.

DAVAYE, Postleitzahl 71960, 203 E2
Henry-Lucius Gregoire*: Guter St-Véran und feiner Crémant de Bourgogne; **Lycée Agricole de Mâcon-Davaye; Maurice Martin.**

Berzé-le-Châtel im Mâconnais. Das bewaldete Hügelland ist reich an historischen Stätten. Nicht weit von hier liegt beispielsweise die 910 gegründete Abtei Cluny.

FUISSÉ, Postleitzahl 71960, 203 F3
Château de Beauregard*: Jacques Bourrier läßt seinen Pouilly-Fuissé (eine einfache und eine Spezial-Cuvée) sowie seinen St-Véran in Fässern gären und lagern; **Louis Curveux*:** Kleiner, qualitätsbewußter Winzerbetrieb; **Domaine Corsin; J. A. Ferret; Château Fuissé*:** Inoffizielles „Premier Cru“ von Pouilly-Fuissé. Großes Gut mit erstklassigen Weiß- und Rotweinen, darunter der berühmte Pouilly-Fuissé Vieilles Vignes; **Roger Luquet; Gilles Noblet*:** Sehr guter Pouilly-Fuissé mit feinen Nuancen.

IGE, Postleitzahl 71960
Cave Coopérative.

LEVIGNY, Postleitzahl 71850
Domaine Maciat-Poncet*: Saftige, nach moderner Art bereitete Weißweine. Der Ort liegt bei Charnay-lès-Mâcon.

LEYNES, Postleitzahl 71570, 203 F2
Château des Courreaux; Georges Chagny/Domaine de la Maison.

VINZELLES; Postleitzahl 71145, 203 F3
Cave Coopérative*: Die rührige, hochangesehene Genossenschaftskellerei verarbeitet fast 90 % der gesamten Erzeugung von Pouilly-Vinzelles (und Pouilly-Loché).

VIRÉ, Postleitzahl 71260, 203 C4
Domaine André Bonhomme*: Sauberer, fester Mâcon-Viré; **Cave Coopérative*:** Gut geführte Genossenschaft; beliefert u. a. die Firma Piat mit Mâcon-Viré; **Domaine de Roally*:** Begrenzte Produktion, hohe Qualität; **Château de Viré:** Sehr gut bereitete Weine.

BEAUJOLAIS UND LYONNAIS

Ein rebenbedeckter Hügel bei Fleurie. Zwischen die Weinberge im Beaujolais schieben sich immer wieder Wälder und Granitfelsen. Hier im Norden der Region wachsen um Fleurie und einige andere Orte die begehrten Beaujolais-Crus.

Über die Hälfte der Rebfläche Burgunds liegt im Beaujolais, das damit den bei weitem größten Anteil am Weinbau der Region hat. Das Beaujolais ist auch der landschaftlich schönste Teil Burgunds. Es besteht aus einer langen Reihe von Granithügeln, den Ausläufern bewaldeter Berge, die sich bis zu 700, ja 1000 m und mehr erheben. Sie schirmen das Land gegen den Westwind ab und sorgen für ein mildes Klima. Verschlungene, oft enge Straßen durchziehen das Beaujolais, vorüber an grünen Hügeln, durch stille Täler und verträumte Dörfer. Aus gutem Grund hat Gabriel Chevallier den Ort Vaux-en-Beaujolais als Vorbild für sein Buch „Chlochemerle" gewählt.

In den sandigen, steinigen und schiefrigen Böden dieser Gegend gedeiht die Traubensorte Gamay Noir à Jus Blanc (um sie einmal mit ihrem vollen Titel zu nennen). Im Verein mit dem Klima verhelfen diese Böden dem Wein zu einer Tiefe und Geschmacksfülle, wie die Gamay-Traube sie sonst kaum erreicht. In der Welt am bekanntesten geworden ist das Beaujolais allerdings nicht durch seine Spitzenweine, die Crus, sondern gerade durch den einfachen, fruchtigen, frischen Beaujolais Primeur bzw. Nouveau, der jedes Jahr am dritten Donnerstag im November seinen kurzlebigen Triumph beginnt. Der Beaujolais Primeur ist kommerziell ein derartiger Erfolgsschlager, daß inzwischen auf ihn rund die Hälfte der gesamten Weinerzeugung im Beaujolais entfällt.

Einfacher Beaujolais kommt jeweils einen Monat nach dem Primeur auf den Markt; er stammt zumeist aus den südlichen Bereichen. Eine bessere Version darf die Bezeichnung Beaujolais-Villages bzw. Beaujolais- mit angehängtem Ortsnamen tragen. Der Gesetzgeber hat für diese Kategorie 39 vorwiegend in den nördlichen Bereichen gelegene Gemeinden ausgewählt. Der Beaujolais-Villages ist meist voller und kräftiger als der einfache Beaujolais.

Die Spitzenweine sind jedoch die sogenannten Crus. Sie kommen aus mehreren Orten im Norden des Beaujolais; ein Teil der Appellation St-Amour liegt sogar im Mâconnais. Der Charakter des St-Amour ist recht zurückhaltend, dennoch sind Frucht, Charme und Geschmeidigkeit fast immer deutlich wahrnehmbar. Wie alle Beaujolais-Crus muß auch er einen Mindestgehalt von 10,5 % Alkohol aufweisen; falls die Lage auf dem Etikett genannt wird, müssen es sogar 11 % sein. Als nächstes Cru schließt südlich davon Juliénas an. Der Wein unter diesem Namen zeichnet sich durch festen Bau und gute Farbe aus, und er besitzt genug Lebenskraft für einige Jahre Lagerzeit.

Zwischen den Gemeinden Juliénas und Chénas liegt ein bewaldeter Hügel (Chénas kommt von *chêne* = „Eiche"). Zwei Drittel der zur Appellation Chénas gehörenden Rebfläche, der kleinsten unter den Crus, entfallen auf die Gemarkung von La-Chapelle-de-Guinchay. Die meisten Weine aus der Gemeinde Chénas selbst werden dagegen verwunderlicherweise unter dem Namen der Nachbar-Appellation Moulin-à-Vent verkauft. Allerdings ist die Verwandtschaft zwischen dieser und Chénas auch nicht zu verkennen: Substanz und Kraft sind bei beiden die markanten Eigenschaften.

Eine Gemeinde Moulin-à-Vent gibt es nicht. Die Weine dieser Appellation kommen aus Romanèche-Thorins und – wie schon gesagt – zum Teil aus Chénas. Die Appellation Moulin-à-Vent wurde 1936 geschaffen und nach der einzigen Windmühle benannt, die es im Beaujolais noch gibt. Das über 300 Jahre alte Bauwerk bei Romanèche-Thorins steht unter Denkmalschutz, gleich daneben wurde eine Weinprobierstube eingerichtet. Dank seines robusten Körpers, seines reichhaltigen Geschmacks, seines kräftigen Gerbstoffgehalts und seines Buketts, das manchmal einige Jahre zur Entfaltung braucht, hat sich der Moulin-à-Vent den größten Ruf unter den Beaujolais-Crus erobert. Er wird auch stets zuletzt serviert, wenn mehrere Beaujolais ein Essen begleiten.

In Fleurie weicht die maskuline Kraft, die der Moulin-à-Vent verkörpert, einer eher femininen Eleganz. Sein spielerischer Charakter und seine frische Fruchtigkeit haben diesem Cru viele Freunde gewonnen.

Am weitesten im Westen und am höchsten liegt Chiroubles. Seine Südost-Lagen auf verwittertem Granit erbringen leichte, sanfte Weine, die meist im ersten Jahr am besten schmecken.

Der Morgon wächst auf dem schieferhaltigen Boden der Gemarkung von Villié-Morgon, der ihm – wie es heißt – die „Frucht eines Beaujolais und die Wucht eines Burgunders" verleiht. Im Geschmack eines klassischen Morgon spielen Wildkirschen eine Rolle, und die Alkoholstärke ist oft beachtlich.

Die ertragsstärkste Appellation ist Brouilly. Sie besteht aus Teilen der Gemeinden Cercié, Charentay, Odenas, Quincié, St-Étienne-la-Varenne und St-Lager. Unterschiedliche Böden und die große Zahl der Erzeuger führen dazu, daß der Brouilly recht unterschiedlich ausfallen kann. Seine markantesten Charaktereigenschaften sind Festigkeit und Fruchtigkeit. Mitten in der Appellation Brouilly erhebt sich abrupt der Mont Brouilly, ein 483 m hoher erloschener Vulkankegel, dessen blaue Granithänge mit Reben besetzt sind – sie dürfen die Appellation Côtes de Brouilly benützen. Die Weine aus diesen Lagen haben bei vollmundigem Geschmack eine beträchtliche Alkoholstärke (an den Bergflanken ist der Sonneneinfallswinkel optimal) und zugleich ein raffiniertes Bukett, in dem sich manchmal Veilchen und Himbeeren entdecken lassen. Ein guter Côte de Brouilly muß ein paar Jahre liegen.

Es sieht ganz danach aus, daß den neun bestehenden Crus in absehbarer Zeit ein zehntes hinzugefügt werden wird, nämlich Regnié. Dieser Wein wird aus Regnié-Durette, einer Gemeinde westlich von Morgon und Brouilly, kommen, und er gleicht dem Brouilly sehr.

Obwohl das Beaujolais überwiegend eine Rotweinregion ist, gibt es hier auch Weißwein in bescheidenen Mengen, vor allem an der Nordgrenze. In der Qualität ist er meist mit einem St-Véran oder Mâcon-Villages vergleichbar; auf jeden Fall verdient er Beachtung.

Der Herrschaftsbereich der Gamay-Traube endet noch nicht an der Südgrenze des Beaujolais. Hier beginnen die Coteaux du Lyonnais, ein weiter Bereich mit jedoch nur geringer Weinproduktion. Der Status einer Appellation Contrôlée wurde ihm 1984 zuerkannt. Um 1900 gab es in den Bergen westlich von Lyon mehr Weinberge als im Beaujolais; der seitherige Rückgang ist auf verschiedene Ursachen zurückzuführen. Die besseren Weine aus dem Lyonnais haben viel Ähnlichkeit mit Beaujolais, nur sind sie vielleicht nicht ganz so rund im Geschmack. Gut geschulte und qualitätsbewußte Erzeuger sorgen jedoch für stetige Verbesserung, und auch die Produktionsmengen steigen allmählich.

Die kleineren Winzer im Beaujolais können sich eine eigene Abfüllanlage nicht leisten, deshalb fährt im Frühjahr eine mobile Abfüllstation von Keller zu Keller.

REISE-INFORMATIONEN

Zum Teil bringt es die Nähe von Lyon und anderen größeren Städten mit sich, daß in der ganzen Umgebung Restaurants aller Art, vom einfachen Dorfgasthaus bis zum Luxusbetrieb mit drei Michelin-Sternen, reichlich gedeihen. Die traditionellen Spezialitäten bestehen in verschiedenen charcuteries (andouillette, cercelas, Jésus de Lyon, rosette de Lyon, saucisse), fritures *(Süßwasserfisch in Butter fritiert), Geflügel aus Bresse und Rindfleisch aus dem Charolais. Der allseits beliebte* coq au *vin wird in jedem Beaujolais-Dorf mit dem heimischen Wein zubereitet.*
Die nachstehend beschriebenen Lokale sind in geografischer Reihenfolge von Norden nach Süden geordnet.

HOTELS

Hôtel des Vignes, 69840 Juliénas, Tel. 74 04 43 70. Ziemlich modern; ruhige Lage. Klasse B.
Les Maritonnes, 71570 Romanèche-Thorins, Tel. 85 35 51 70. Gutes Hotel mit Garten, Swimming Pool und einem angesehenen Restaurant *(andouillette au vin blanc, poulet de Bresse au Beaujolais,* Charolais-Rindfleisch, *soufflé glacé). Klasse B.*
Hôtel des Grands Vins, 69820 Fleurie, Tel. 74 69 81 43. 1985 eröffnet; mit Swimming Pool. Klasse B.
Anne de Beaujeu, 69430 Beaujeu, Tel. 74 04 87 58. Kleines, ruhiges Hotel mit bodenständigem Restaurant *(coq au vin* usw.). Klasse C.
Château de Pizay, 69430 Pizay, Tel. 74 66 51 41. Sehr schönes Schloßhotel zwischen Pizay und Villié-Morgon. Appartements, Swimming Pool, Park und ein gutes Restaurant. Klasse A.
Le Rivage, 01090 Montmerle-sur-Saône, Tel. 74 69 33 92. Nahe am Ostufer der Saône. Recht modern, überdurchschnittliches Restaurant. Klasse B.
Hôtel-St-Romain, 69480 Anse, Tel. 74 67 01 12. Angenehmer Aufenthalt in einem großen alten Gebäude. Klassische Küche, aber auch fantasievollere Gerichte, z. B. *salade tiède d'escargots poêlés aux lardons.* Hotel Klasse B, Restaurant C.

RESTAURANTS

Georges Blanc, 01540 Vonnas, Tel. 74 50 00 10. Mitten in Vonnas, südöstlich von Mâcon, befindet sich eines der besten Restaurants Frankreichs. In eleganter Umgebung kann man hier *crêpe parmentière au saumon, volaille de Bresse à la crème, agneau marine rôti à la fleur de sel* und herrliche Weine genießen. Ein luxuriöses Hotel ist angeschlossen. Klasse A.
Auberge du Paradis, 71570 St-Amour, Tel. 85 37 10 26. Ländliche Küche. Klasse C.
Le Coq au Vin, 69840 Juliénas, Tel. 74 04 41 98. Nach seiner Spezialität benanntes Restaurant. Reichliche Portionen. Auch Hotel. Klasse C.
Chez la Rose/La Petite Auberge, 69840 Juliénas, Tel. 74 04 41 20. Regionale Küche. Hotelzimmer. Klasse C.
Daniel Robin, 69840 Chénas, Tel. 85 36 72 67. Empfehlenswerte regionale Küche in bester Qualität *(andouillette de Chénas),* schattige Terrasse. Klasse B.
La Poularde, 71570 Pontaneveaux, Tel. 85 36 72 41. Ländliche Küche, vernünftige Preise. Klasse C.
La Maison-Blanche, N6, 71570 Romanèche-Thorins, Tel. 85 35 50 53. Es mangelt etwas an Atmosphäre, aber die Küche ist gut. Klasse C.
Auberge Le Cep, 69820 Fleurie, Tel. 74 04 10 77. Einfallsreiche Küche, aber nicht billig. Klasse A.
Restaurant des Sports, 69820 Fleurie, Tel. 74 04 12 69. Schmackhafter *coq au vin* usw. Klasse C.
Au Chapon Fin, 01140 Thoissey, Tel. 74 04 04 74. Gut geführtes Hotel und traditionelle Küche. Gute Weinkarte. Restaurant Klasse B, Hotel A/B.
Le Relais de Caveux, 69910 Villié-Morgon, Tel. 74 02 21 77. Regionale Küche. Klasse C.
La Maison des Beaujolais, N6, 69220 St-Jean-d'Ardières, Tel. 74 66 16 46. Preiswerte Menüs bei regionaler Küche. Auch Weininformationsstelle. Klasse C.
Le Relais Beaujolais, 69220 Cercié, Tel. 74 66 19 51. Traditionelles Restaurant. Feine Auswahl an Brouilly-Weinen. Klasse C.
Le Beaujolais, 40, rue Maréchal-Foch, 69220 Belleville, Tel. 74 66 05 31. Bürgerlich und regional ausgerichtete, gut zubereitete Gerichte. Auch Hotel. Klasse C.
Christian Mabeau, 69460 Odenas, Tel. 74 03 41 79. Kleines, preiswertes Restaurant. Klasse C.
Castel de Valrose, 01090 Montmerle-sur-Saône, Tel. 74 69 30 52. Klassische Küche in einem ruhigen Hotel und Restaurant auf dem Ostufer der Saône. Klasse B.
Le Beaujolais, 69830 Blaceret, Tel. 76 67 54 75. Café und Restaurant in regionaler Art. Klasse C.
Hostellerie St-Vincent, 69460 Salles-Arbuissonnas, Tel. 74 67 55 50. Schöne Atmosphäre; der Inhaber versteht sich auf Wein und schmackhafte, würzige Gerichte. Auch Hotel mit Park und Swimming Pool. Klasse B.

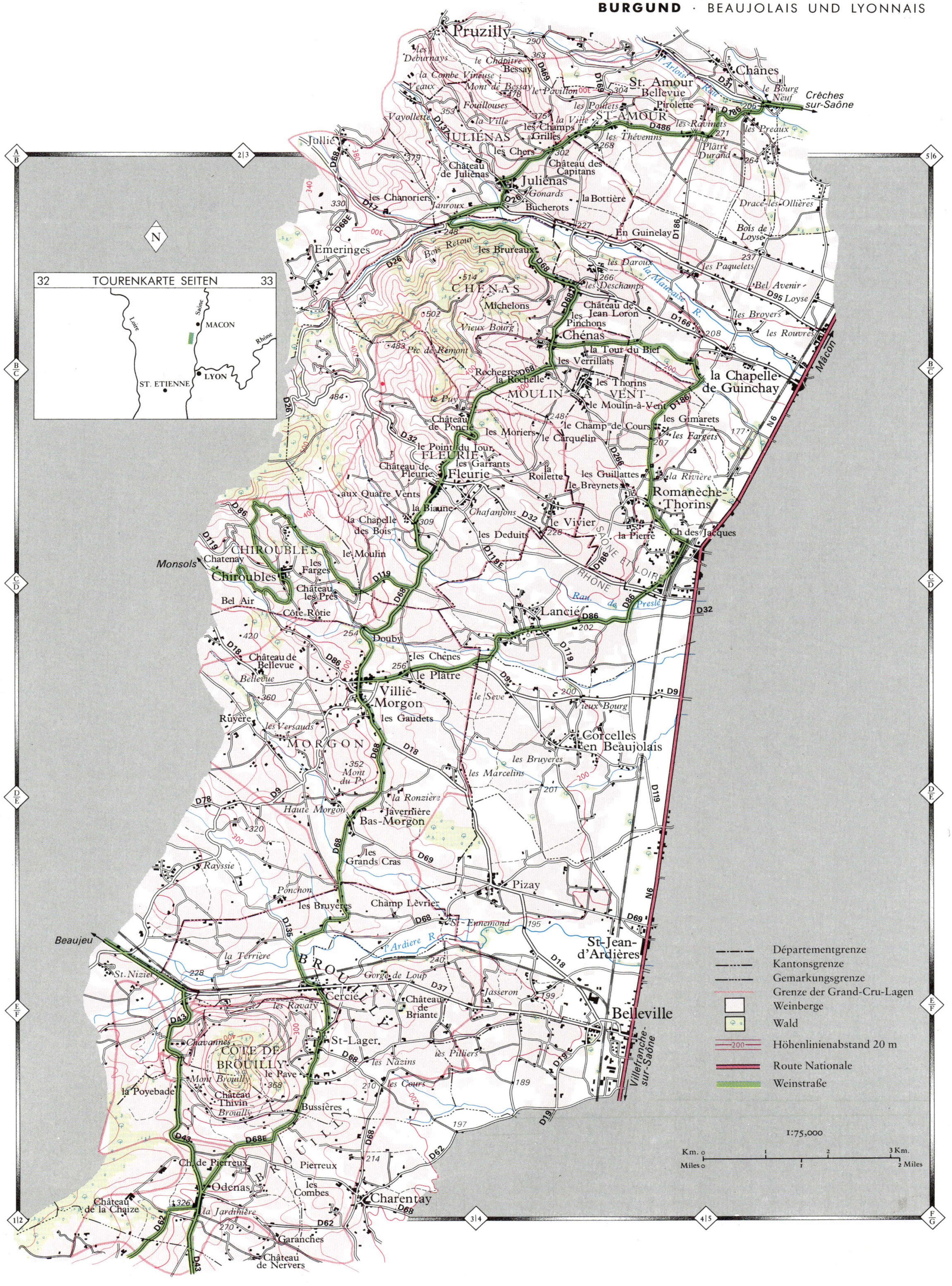
TOURENKARTE SEITEN
32
33
MACON
LYON
ST. ETIENNE
Loire
Saône
Rhône
N
Pruzilly
Chânes
Crêches sur-Saône
St. Amour Bellevue
ST-AMOUR
Juliénas
JULIÉNAS
Jullié
Château de Juliénas
Château des Capitans
la Bottière
En Guinelay
Emeringes
les Brureaux
CHÉNAS
Michelons
Château de Jean Loron
Chénas
Pic de Rémont
la Tour du Bief
la Chapelle de Guinchay
MOULIN À VENT
le Moulin-à-Vent
Château de Poncié
FLEURIE
Fleurie
Romanèche-Thorins
Ch des Jacques
CHIROUBLES
Chiroubles
Monsols
Lancié
Villié-Morgon
MORGON
Corcelles en Beaujolais
Bas-Morgon
Pizay
Beaujeu
St-Jean-d'Ardières
BROUILLY
Cercié
St-Lager
Belleville
Villefranche-sur-Saône
CÔTE DE BROUILLY
Mont Brouilly
Odenas
Charentay
Château de la Chaize
Château de Nervers
Mâcon
Départementgrenze
Kantonsgrenze
Gemarkungsgrenze
Grenze der Grand-Cru-Lagen
Weinberge
Wald
Höhenlinienabstand 20 m
Route Nationale
Weinstraße
1:75,000
Km.
Miles

Jean Fouillet, 01480 Jassans-Riottier, Tel. 74 67 91 94. Am Ostufer der Saône. Jean Fouillet kocht auf zeitgemäße Art. Bei schönem Wetter wird im Garten serviert. Klasse B.
La Terrasse du Beaujolais, Buisante, 69840 Pommiers, Tel. 74 65 05 27. *Spécialités beaujolaises.* Klasse C.
La Vieille Auberge, 69620 Oingt, Tel. 74 71 21 14. Rustikale Ausstattung, anständige Qualität. Klasse C.
L'Espérance, 69260 Theizé, Tel. 74 71 22 26. Gutbürgerliche Küche *(entrecôte Charolaise)* und schöne Aussicht. Klasse C.
Le Vieux Moulin, 49380 Alix, Tel. 78 43 91 66. Ordentliche, gut zubereitete Gerichte. Terrasse. Klasse C.
Les Maronniers, 69830 Lozanne, Tel. 78 43 70 15. An der Südspitze des Beaujolais. Gutes, aber nicht gerade billiges Restaurant. Klasse C.
Paul Bocuse, 69660 Collonges-au-Mont-d'Or, Tel. 78 22 01 40. Weltberühmtes Restaurant mit Gerichten im klassischen und im modernen Stil (*soupe aux truffes, volaille de Bresse en vessie, loup farci à la mousse de homard* usw.). Bocuse ist ein weitgereister Botschafter für die französische Gastronomie – und für sich selbst. Collonges liegt nördlich von Lyon auf dem Westufer der Saône. Klasse A.
Hôtel San Be, 69210 Sain-Bel, Tel. 74 01 24 05. Begabter, kreativer Küchenchef. Klasse C.
Auberge de la Brévenne, 69690 Bessenay, Tel. 74 70 80 01. Einfaches Lokal mit wenigen Räumen. Empfehlenswert: *poulet aux morilles.* Klasse C.
Le Gigandon, 5, avenue Charles-de-Gaulle, 69620 Charbonnières-les-Bains, Tel. 78 87 15 51. Traditionelle Küche. Klasse B.
Die guten Restaurants in Lyon aufzählen zu wollen, wäre zu langwierig. Hier stellvertretend nur zwei Lokale, die demselben Küchenchef unterstehen:
Léon de Lyon, 1, rue Pleney, 69001 Lyon, Tel. 78 28 11 33. Sehr behagliches Interieur, vollendet zubereitete Spezialitäten der Gegend zu sehr anständigen Preisen. Klasse B.
Le Bistrot de Lyon, 64, rue Mercière, 69002 Lyon, Tel. 78 37 00 62. Gefällige Art-Deco-Einrichtung, regionale Spezialitäten zu vernünftigen Preisen. Bis nach Mitternacht geöffnet. Klasse C.
Auberge Labeye, 69440 Taluyers, Tel. 78 48 73 06. Angenehmes Lokal im Süden der Coteaux du Lyonnais. Klasse C.

SEHENSWERTES

Das Beaujolais ist ein großes Gebiet, darum wird es hier in eine Nord- und eine Südhälfte geteilt, wobei der bei Villefranche in die Saône mündende Nizerand als Trennungslinie gilt.

NÖRDLICHES BEAUJOLAIS

Beaujeu Die frühere Hauptstadt der Region. Im Musée Audin sind u. a. ein Bas-Relief aus dem 11. Jh., alte Interieurs und Puppen ausgestellt. La Maison du Pays bei der Kirche St-Nicolas (1130) zeigt regionale Kunst. Markierte Wanderwege.
Corcelles-en-Beaujolais Guterhaltenes Schloß aus dem 15. Jh., heute Weingut. Utrillo war mehrmals hier und malte es.
Fleurie Die Aussicht von der Kapelle über dem Ort aus lohnt die Fahrt.
Juliénas Das z. T. aus dem 14. Jh. stammende Château de Juliénas hat schöne Weinkeller aus dem 18. Jh., die noch immer genutzt werden.
Odenas *Cuvier* und Kellergewölbe im Château de la Chaize sind zur Besichtigung geöffnet.
Quincié Das Château de Varennes stammt aus dem 15. Jh.
Romanèche-Thorins Die über 300 Jahre alte Windmühle hat der Appellation Moulin-à-Vent den Namen gegeben. Eine Weinprobierstube ist angeschlossen.
St-Amour Schöne romanische Christus-Figur in der Kirche.
St-Georges-de-Reneins Die Kirche aus dem 12. Jh. zählt zu den schönsten im Beaujolais. Hübscher kleiner Hafen an der Saône.
Salles-Arbuissonnas Schöner Ort; herrlicher, mit Linden bestandener Platz; eine Kirche aus dem 11./12. Jh.; ein Kreuzgang aus dem 12. Jh. und ein monumentales Stadttor.
Vaux-en-Beaujolais Der große Weinort diente als Vorbild für „Chlochemerle", den humoristischen Roman von Gabriel Chevallier.

SÜDLICHES BEAUJOLAIS

Die Gegend trägt den schönen Beinamen *pierres dorées* („vergoldete Steine"), weil hier viele Häuser, Kirchen und Schlösser aus einem ockergelben Stein gebaut sind. Es gibt zwei als *Circuits des Pierres Dorées* markierte Touristenrouten.
Anse Mosaiken aus der Römerzeit sind im Château de Tours (12./13. Jh.) ausgestellt. Auf dem Ostufer der Saône liegt das Château de St-Bernard, wo von 1923 bis 1935 André Utten, Suzanne Valadon und Maurice Utrillo lebten.
Bagnols Alte Häuser und ein Château aus dem 15. Jh.; bei Le Bois d'Oingt.
Bully Schön restauriertes Schloß aus dem 15. Jh.; altes Ortszentrum.
Charnay Große Burg; romanische Kirche.
Châtillon-d'Azergues Großes, z. T. restauriertes Schloß aus dem 12. Jh. oberhalb des Orts; darin eine Kapelle mit Wandgemälden.
Lacenas Im *cuvage*, einer gewaltigen Halle über einem Kellergewölbe im Château Montauzon, halten die Compagnons du Beaujolais ihre Sitzungen ab. Der Ort liegt bei Villefranche.
Lachassagne Ort bei Asne; schöne Aussicht.
Oingt Mittelalterlicher Ort mit Wehrkirche.
Ternand Der früher befestigte Ort war Sommerresidenz der Bischöfe von Lyon. Häuser aus dem 14. und 15. Jh. Fresken in der Krypta der Kirche aus dem 15. Jh.
Villefranche-sur-Saône Alte sehenswerte Häuser in der rue National. Die Kirche Notre-Dame-des-Marais hat eine spätgotische Fassade.

LYONNAIS

L'Arbresle Teile der alten Befestigung (Torhaus, zwei Türme, Bergfried) und alte Häuser, u. a. das von Jacques Cœur (1395–1456).
Eveux Der Couvent de la Tourette wurde von Le Corbusier gebaut.
Lyon Die zweitgrößte Stadt Frankreichs ist schon des alten Zentrums sowie der vielen Museen und sonstigen Sehenswürdigkeiten wegen einen Besuch wert. Ausführliche Informationen sind beim Syndicat d'Initiative, place Bellecourt (auf der Halbinsel zwischen Rhône und Saône), erhältlich.
Millery Der bedeutendste Weinort des südlichen Lyonnais liegt hoch über der Rhône.
Mornant Gotische Kirche mit schönem Holzschnitzwerk. Nördlich des Orts der einzige übriggebliebene Bogen eines römischen Aquädukts.
Riverie Mittelalterlicher Ort südwestlich von Mornant. Künstlerkolonie.
Savigny Westlich von Sain-Bel. Alte Abtei.
Soucien-en-Jarrest Reste eines römischen Aquädukts über den Pilat bei dem Ort nördlich von Mornant.

WEINPROBEN

Wie in allen Weinbaugebieten sind auch im Beaujolais in vielen Kellern Besucher willkommen. Was es anderswo nicht gibt, sind die *caveaux de dégustation*, die in vielen Orten von den dort ansässigen Winzern unterhalten werden und vor allem an Wochenenden viele Kunden anziehen. Es folgt eine vollständige Liste:
Beaujeu Le Temple de Bacchus, variable Öffnungszeiten.
Châtillon-d'Azergues Le Pavillon des Pierres Dorées, an Wochenenden geöffnet.
Chénas Caveau du Cru Chénas, von der Winzergenossenschaft betrieben; von Mitte Juli bis Mitte Oktober täglich, sonst nur an Wochenenden geöffnet.
Chiroubles Die Terrasse de Chiroubles liegt hoch über dem Ort; in der Saison nachmittags geöffnet.
Cogny Le Caveau des Côtes, variable Öffnungszeiten.
Fleurie Le Caveau de Dégustation des Viticulteurs, täglich geöffnet.
Gleizé Le Caveau de Gleizé, in der Winzergenossenschaft; an Wochenenden und Feiertagen nachmittags geöffnet.
Juliénas Le Cellier de la Vieille Eglise, täglich geöffnet. Die Winzergenossenschaft hat eine Probierstube im Château du Bois de la Salle aus dem 17. Jh.
Jullié Caveau de Jullié, sonntags geöffnet.
Leynes Le Relais Beaujolais-Mâconnais, hauptsächlich ein einfaches Restaurant (s. a. Mâconnais). Mittwochs geschlossen.
Pommiers La Terrasse de Beaujolais, über dem Ort bei der Kapelle Notre-Dame-de-Buissante. Auch Restaurant. Im Winter mittwochs geschlossen.
Regnié-Durette Le Caveau des Deux-Clochers, von Ostern bis Mitte September an Wochenenden nachmittags geöffnet.

Romanèche-Thorins Le Caveau de l'Union des Viticulteurs du Moulin-à-Vent, an der N6; auch einfache Speisen erhältlich. Eine weitere Probierstube, Le Caveau du Moulin-à-Vent, befindet sich in der berühmten Windmühle; donnerstags geschlossen.
St-Amour Le Caveau du Cru St-Amour, variable Öffnungszeiten.
St-Jean-d'Ardières La Maison des Beaujolais, an der N6, repräsentativ für den ganzen Bereich. Auch Restaurant. Mittwoch abend und donnerstags geschlossen.
St-Jean-des-Vignes Le Refuge des Pierres Dorées, an Sonn- und Feiertagen geöffnet.
St-Lager Le Cuvage de Brouilly, täglich außer Dienstag morgen geöffnet.
St-Vérand Le Caveau de l'Union des Viticulteurs de St-Vérand, variable Öffnungszeiten.
Salles-Arbuissonnas La Tassée du Chapitre ist von Mai bis Oktober an Wochenenden und Feiertagen geöffnet.
Vaux-en-Beaujolais Le Caveau de Clochemerle, variable Öffnungszeiten.
Villié-Morgon Le Caveau des Morgon, variable Öffnungszeiten.

AKTIVITÄTEN UM DEN WEIN

Eine der großen Freuden im Beaujolais ist ein Besuch bei einem Winzer zur Lesezeit, wenn der duftende Most in den Fässern gärt. Die Arbeiter genehmigen sich hie und da einen Schluck vom halbfertigen Wein. Der Federweiße heißt hier „paradis".
Formellere Veranstaltungen wie große Weinproben, Bankette u. dgl. gibt es fast an jedem Wochenende im Herbst. Höhepunkte sind die Freigabe des *primeur* am 3. Donnerstag im November und die Weinauktion der Hospices de Beaujeu am 2. Sonntag im Dezember. Näheres siehe Seiten 11–13.
Im Beaujolais sind drei Weinbruderschaften aktiv: Les Compagnons du Beaujolais (im ganzen Bereich); La Confrérie des Cosiers Secs (v. a. in Vaux-en-Beaujolais); La Confrérie des Grapilleurs des Pierres Dorées (südliches Beaujolais).

WEININFORMATIONEN

Die sehr rührige Union Interprofessionnelle des Vins du Beaujolais, 210, boulevard Vermorel, 69400 Villefranche-sur-Saône, vereinigt alle offiziellen Weinbauverbände im Beaujolais unter ihrem Dach. La Maison des Beaujolais an der N6 zwischen St-Jean-d'Ardières und Belleville-sur-Saône bietet neben Informationen auch ein Restaurant (siehe Restaurants).

Ein schattiges Plätzchen ist hier im Sommer begehrt. Die robusten Häuser sind aus dem blauen Granit vom Mont Brouilly gebaut.

BEDEUTENDE WEINGÜTER

BEAUJOLAIS UND BEAUJOLAIS-VILLAGES

BELLEVILLE, Postleitzahl 69220, 207 F4
Pierre Ferraud & Fils: Solide Weine in verschiedenen Qualitäten; **Robert Sarrau/Caves de l'Ardière:** Spezialität Beaujolais Crus.

BLACE, Postleitzahl 69460
Paul Gauthier.

BLACERET, Postleitzahl 69460
Gobet: Zuverlässiges Handelshaus.

LE BREUIL, Postleitzahl 69620
Jean-Marc Charmet*: Familienweingut mit exzellenten Rot- und Weißweinen.

CHÂTILLON-D'AZERGUES,
Postleitzahl 69380
Les Vins Mathelin*: Kleine, sehr zuverlässige Familienfirma.

JARNIOUX, Postleitzahl 69640
Château de Boisfrane

LANCIE, Postleitzahl 69220, 207 D4
Paul Sapin: Feste Weine.

LANTIGNIE, Postleitzahl 69430
Château du Basty.

PIZAY, Postleitzahl 69220, 207 E4
Château de Pizay*: Hotel mit gutem Wein aus eigenem Weinberg u. a. (ein weißer Beaujolais und ein Morgon).

PONTANEVAUX, Postleitzahl 71570
Paul Beaudet: Fruchtige, feste Rotweine; Familienbetrieb seit 1869; **Loron & Fils:** Faßweine sowie charaktervolle Crus; **Thorin:** Erfolgreiches Handelshaus mit exklusiven Beaujolais- und Mâconnais-Weinen.

REGNIÉ-DURETTE, Postleitzahl 69430
Desplace Frères/Dom. du Crêt des Bruyères*: preisgekrönte Weine; **Jean & Yves Durand; Domaine de la Gérarde*; Joël Rochette; Château de la Tour Bourdon.**

ST-ÉTIENNE-DES-OULLIÈRES,
Postleitzahl 69460
Domaine des Grandes Bruyères.

ST-JEAN-D'ARDIÈRES,
Postleitzahl 69220, 207 E4
Vins Dessalle*: Rühriges, qualitätsbewußtes Haus; **Vins Fessy:** Klein, aber seriös.

SALLES-ARBUISSONNAS,
Postleitzahl 69460
René & Christian Miolane*: Guter Beaujolais-Villages.

VILLEFRANCHE-SUR-SAÔNE,
Postleitzahl 69400
Jacques Dépagneux: Der Spitzenwein des Handelshauses ist der Mâcon-Viré Clos du Chapitre.

DIE CRUS

CERCIÉ, Postleitzahl 69220 207 E3
AC Brouilly und Côte de Brouilly
Jean Lathuilière*: Vielgelobter Brouilly Pisse Vieille; **Domaine Ruet*:** Kräftig, fruchtig, frühe Abfüllung.

LA CHAPELLE-DE-GUINCHAY,
Postleitzahl 71570, 207 C5
Zum Teil in der AC Chénas
Château Bonnet*: Pierre Perrachons bester Wein ist Chénas; **Hubert Lapierre*:** Fast jeder Jahrgang wird preisgekrönt.

CHÉNAS, Postleitzahl 69840, 207 B4
AC Chénas
Domaine des Brureaux: Gehört dem Restaurantbesitzer Daniel Robin; **Cave Coopérative; Domaine Champagnon*; Amédée Degrange.**

CHIROUBLES,
Postleitzahl 69115, 207 C3
AC Chiroubles
Domaine Bouillard; Domaine Cheysson-les-Fargues*: Typisch eleganter Chiroubles; **Bernard Méziat; Alain Passot*; Château de Raousset; Francis Tomatis & Fils*:** Beliefert Spitzenrestaurants in Frankreich.

FLEURIE, Postleitzahl 69820, 207 C3
AC Fleurie
Domaine Bernard*: Ausgezeichneter Fleurie; **René Berrod/Les Roches du Vivier; Cave Coopérative; Michel Chignard*; Domaine de la Grande Cour*; Château des Labourons; Quinson:** Handelshaus, variable Qualität; **Michel Tribolet.**

JULIÉNAS, Postleitzahl 69840, 207 B4
AC Juliénas
Domaine de la Boittière; Cave Coopérative; Château de Juliénas*: Größter Erzeuger am Ort; **Raymond & Michel Tête*:** Feinster Juliénas.

ODENAS, Postleitzahl 69460, 207 F2
AC Brouilly und Côte de Brouilly
Château de la Chaize: Großes Gut mit überdurchschnittlichem Wein; **Alain Bernillon; Bernard Champier*:** Kräftiger, saftiger Côte de Brouilly; **Guy Cotton; Claudius Guérin*:** Erstklassiger Côte de Brouilly; **Château de Pierreux; Château Thivin*:** Beide Crus.

QUINCIE, Postleitzahl 69430
AC Brouilly und Côte de Brouilly
Cellier des Samsons: Abfüllung und Vertrieb von Weinen von 10 Genossenschaften; **Claudius Geoffray.**

ROMANÈCHE-THORINS,
Postleitzahl 71570, 207 C4
AC Moulin-à-Vent
Domaine de la Bruyère*: Konzentrierter, kräftiger Wein; **Chanut Frères:** Rustikale, korrekte Weine; **Georges Dubœuf*:** Großes Haus mit hohem Qualitätsstand; **Château des Jacques*:** Saubere, feine Weine, u. a. ein weißer Beaujolais (Grand Clos de Loyse); **Jacky Janodet; Jean Mortet; Château du Moulin-à-Vent*:** Großes Gut; die Weine werden in kleinen Fässern ausgebaut; **Michel Gaidon:** Spitzenwein: Moulin-à-Vent Château Portier.

ST-AMOUR, Postleitzahl 71570, 207 A4
AC St-Amour
Domaine des Ducs*: Absolut saubere, köstliche Weine; **Raymond Durand; Domaine de la Cave Lamartine*:** Charmanter St-Amour; **Francis Saillant; Georges Trichard*:** Hochangesehenes Gut.

ST-ÉTIENNE-LA-VARENNE,
Postleitzahl 69830
AC Brouilly
Domaine du Levant; G. F. A. de Combiaty*: Kleines Gut, Besitzer Dominique Piron; **Albert Sothier; Château des Tours:** Großes, sehr zuverlässiges Gut.

ST-LAGER, Postleitzahl 69220, 207 F3
AC Brouilly und Côte de Brouilly
Alain Bernillon; L'Ecluse/Lucien & Robert Verger*: Exquisiter Côte de Brouilly; **Pasquier-Desvignes.**

VILLIÉ-MORGON,
Postleitzahl 69110, 207 D3
AC Morgon
Domaine de la Chanaise*: Würzige, geschmeidige, nicht zu schwere Weine; **Louis Claude Desvignes; Georges Passot*:** Ausgezeichneter Chiroubles und Fleurie; **Domaine des Pillets; Domaine Savoye*:** Körperreicher Morgon Côte du Py mit Kirschen im Aroma; **Domaine de Ruyère.**

Tourenkarten siehe Seite 32/33. Übersichtskarte siehe Seite 207.

DER JURA

Auf halbem Weg zwischen Beaune und Genf liegt Arbois, das Weinzentrum des Département Jura. Der Weinbau auch dieses Landstrichs wurzelt tief in der Vergangenheit – die hier gefundenen römischen Amphoren bezeugen es. Die Rebfläche im Jura konzentriert sich auf einen etwa 10 km breiten Streifen, der nördlich von Arbois beginnt und südlich von Lons-le-Saunier endet. Sorgfältig gepflegte Weinberge bilden einen eigenartigen Kontrast zur umgebenden Landschaft, die sich in ungezähmter Urwüchsigkeit präsentiert. Etwa ein Drittel des Département ist mit Wäldern bedeckt, die nur von Seen und schroffen Felsformationen unterbrochen sind.

Die Weinbaufläche des Jura ist in der ersten Hälfte dieses Jahrhunderts stark zurückgegangen. Im 19. Jahrhundert gab es hier noch 18 500 ha, heute sind es rund 1500 ha. Kurz vor dem 2. Weltkrieg war die Rebfläche sogar noch kleiner: nur etwa 500 ha. Es war der Winzer und Weinhändler Henri Maire, der in den 50er und 60er Jahren den Weinbau im Jura belebte und ihm neue Anerkennung erkämpfte.

Es gibt hier einige Rebsorten, die in Frankreich sonst nirgendwo zu finden sind. Eine davon ist der dunkle Poulsard, der einen ziemlich zarten und hellen Wein abgibt und oft mit dem Wein der Trousseau-Traube gemischt wird, die dem Ganzen mehr Kraft und Farbe verleiht. Unter den Weißweintrauben ist der Savagnin besonders bemerkenswert. Er ist mit dem Gewürztraminer verwandt und wird zu dem einzigartigen *vin jaune* verarbeitet. Außerdem werden die aus dem nahen Burgund bekannten Traubensorten Pinot Noir, Chardonnay und Pinot Blanc angebaut.

Arbois ist die größte Appellation im Jura; auf sie entfällt rund die Hälfte der gesamten Rebfläche. Die Weinberge liegen zumeist auf sanften Hängen, deren Boden aus Kalk, Kies und Lehm zusammengesetzt ist. Typisch für den Jura ist die große Vielfalt der hier entstehenden Weine. In Arbois haben die meisten Winzer weißen und roten Wein sowie Rosé, Schaumwein und *vin jaune* zu bieten. Die nichtschäumenden Weine sind überwiegend leicht, ob sie in der traditionellen Weise (im Faß gereift und ziemlich streng) oder in moderner Form (mit Nachdruck auf Frucht und Frische) ausgebaut werden. Im allgemeinen sind die Weißweine von Arbois besser als die Rotweine, und auch die weißen Schaumweine sind oft ein Genuß.

Die große Spezialität des Juras ist der *vin jaune*. Er muß, so besagt es die Vorschrift, ausschließlich von der Savagnin-Traube gekeltert werden und mindestens 6 Jahre lang in Eichenfässern reifen. Die Fässer werden nicht bis obenhin gefüllt, und der natürliche Schwund darf nicht durch Nachfüllen ergänzt werden. Wenn die Natur mitspielt, bildet auf der Oberfläche der Flüssigkeit ein Hefepilz eine runzlige Schicht, ähnlich dem *flor del vino*, der dem Sherry sein charakteristisches Nußaroma verleiht. Nach 6 Jahren ist der *vin jaune* noch voller Lebenskraft; die Schicht aus Hefezellen absorbiert Sauerstoff und schützt den Wein dadurch vor Oxidation. Nach dem Abfüllen – dazu wird eine spezielle 62-cl-Flasche, der sogenannte *clavelin*, benutzt – bleibt der *vin jaune* oft jahrzehntelang haltbar. Er ist einem Fino-Sherry in ungespriteter Form nicht unähnlich. In seiner Heimat liefert er die besondere Note für *coq* bzw. *poulet au vin jaune* und schmeckt vorzüglich zum Comté-Käse der Region. Eine eigene Version des *vin jaune* entsteht in Château-Chalon und einigen Nachbarorten.

Die Côtes-du-Jura-Weine sind denen von Arbois ähnlich, meist aber etwas leichter. Ein weiterer in die Appellation Côtes du Jura eingesprengter Bereich ist L'Étoile, wo neben *vin jaune* auch frische schäumende und nichtschäumende Weißweine entstehen.
Die größte Rarität des Juras ist der *vin de paille*, der von vorgetrockneten Trauben gewonnen wird. Früher wurden sie dazu auf Stroh (= *paille*) ausgebreitet, heute jedoch werden sie in gut durchlüfteten Räumen in kleine Holzkisten gelegt. Auf diese Weise geht ein Teil des Wassergehalts durch Verdunstung verloren, während der Süßegrad relativ steigt. Ein *vin de paille* zeichnet sich durch milden, aber zugleich frischen und lebendigen Geschmack aus und hat Nüsse und Feigen im Aroma. Mit mindestens 14,5 % Alkohol ist er kein Schwächling.

REISE-INFORMATIONEN

Im friedlichen Dörfchen L'Étoile und in einigen Nachbargemeinden wird der gleichnamige Jura-Wein gekeltert. Er ist eine ausgesprochene Rarität und in der weißen Version, von der Chardonnay-Traube gewonnen, einem einfachen weißen Burgunder ähnlich.

Die stillen Wälder und Berge des Jura laden zum Verweilen ein. Hecht, Forelle und andere Süßwasserfische machen den Aufenthalt ebenso zu einem kulinarischen Genuß wie coq au vin jaune *und Wild aller Arten.*

HOTELS

Hôtel de Paris, 9, rue de l'Hôtel-de-Ville, 39600 Arbois, Tel. 84 66 05 67. Provinzhotel mit guter Küche und Weinen der Region. Sehr zu empfehlen: *poularde au vin jaune,* dazu ein *vin jaune* oder Château-Chalon. Klasse B.

Hostellerie des Monts de Vaux, 39800 Barretaine, Tel. 84 37 12 50. Südöstlich von Poligny. Gutes Restaurant (in der Saison Halbpension obligatorisch). Hotel Klasse A, Restaurant B.

Hôtel du Cheval Rouge, 47, rue Lecourbe, 39570 Lons-le-Saunier, Tel. 84 47 20 44. Seit vier Generationen Familienbetrieb. Bescheidener Komfort; zuverlässige Küche. Klasse B.

Le Moulin de la Mère Michelle, 39600 Les Planches-en-Arbois, Tel. 84 66 08 17. Modernisiertes Hotel mit Restaurant in einer alten Mühle. Spezialität: Forelle. Hotel Klasse B, Restaurant C.

Hôtel de Paris, 39800 Poligny, Tel. 84 37 13 87. Hinter einer rauhen Steinfassade ein behagliches Hotel mit Swimming Pool und einem Restaurant mit regionalem Einschlag. Hotel Klasse B, Restaurant C.

Hostellerie St-Germain, 39210 St-Germain-lès-Arlay, Tel. 84 44 60 91. Einfaches, ruhiges Hotel im Herzen der Côtes du Jura. Garten, Terrasse und ein gemütliches altes Restaurant. Hotel Klasse B, Restaurant C.

RESTAURANTS

La Finette, 22, avenue Pasteur, 39600 Arbois, Tel. 84 66 06 78. Ländliche Gerichte wie Fondue, Omelette, Wurst usw. Klasse C.

Auberge de Chavannes, 39570 Courlans, Tel. 84 47 05 52. Gute Küche: z. B. Geflügel aus Bresse mit weißem l'Étoile; gute Fischgerichte. Schöner Garten. Klasse B.

SEHENSWERTES

Arbois Die geschäftige, verkehrsreiche Provinzstadt ist die Heimat von Louis Pasteur (1822–1895). Das Elternhaus des großen französischen Wissenschaftlers ist heute ein Museum, und etwas nordwärts liegt an der N83 sein ehemaliger Weinberg, der jetzt von Henri Maire bewirtschaftet wird. Im Rathauskeller befindet sich das Musée de la Vigne et du Vin.

Arlay Das im 17. Jh. erbaute Château d'Arlay war ursprünglich ein Kloster; es wurde 1774 umgebaut und 1830 renoviert. Heute ist es sowohl Museum als auch Spitzenweingut.

Baume-le-Messieurs Der Ort im Schnittpunkt von drei Tälern (eines davon der imposante Cirque de Baume, eine steile Schlucht mit Höhlen) besitzt eine alte Abtei mit Handwerksmuseum und eine Kirche mit vielen Kunstschätzen.

Château-Chalon (siehe S. 212) Die Mauern einer alten Burg stehen noch. Die Kirche St-Pierre stammt aus dem 10. Jh. Ende Juli und Anfang August wird in *Son-et-lumière*-Vorstellungen die Eroberung der Region durch Ludwig XIV. nachgespielt.

L'Étoile Das Panorama lohnt den Aufstieg auf den Berg über dem Ort.

Hier steht auch das Château de l'Étoile, das bedeutendste Weingut der Gegend.
Lons-le-Saunier Die Krypta der Kirche St-Désiré stammt aus dem 11. Jh. In der rue de Commerce sehr schöne Arkaden. Auch die Küche und die Apotheke des Hospitals aus dem 18. Jh. sind sehenswert. In die Altstadt gelangt man durch den Tour d'Horloge.
Le Pin Nördlich von Lons-le-Saunier; vom Bergfried der Burg aus hat man einen Panoramablick.
Poligny Alte Stadt voller Schätze. Die Winzergenossenschaft ist in einer gotischen Kirche untergebracht.

AKTIVITÄTEN UM DEN WEIN

Die Fête des Vins d'Arbois findet Mitte Juli statt, und Ende Juli wird in Maynal die Foire des Vins du Sud-Revermont abgehalten. Am 1. Sonntag im September feiert Arbois die Fête du Biou; dabei tragen Winzer ein mächtiges Traubengebinde durch die Straßen zur Kirche St-Just.

WEININFORMATIONEN

Die Anschrift der Société de Viticulture lautet: BP 396, avenue du 44 RI, 39016 Lons-le-Saunier, Tel. 84 24 21 70.

BEDEUTENDE WEINGÜTER

ARBOIS, Postleitzahl 39600, 212 B3
Fruitière Vinicole d'Arbois; Henri Maire*: Niemand hat für das Wiederaufleben des Weinbaus im Jura mehr getan als Henri Maire. Unter seiner tatkräftigen Leitung entstand das größte Weingut und Handelshaus des Juras, in dessen Keller mehr *vin jaune* und Château-Chalon ruht als irgendwo sonst. **Domaine de la Pinte; Jacques Tissot:** Mit anderen Tissots nicht zu verwechseln. Anschrift: 39, rue de Courcelles.

LONS-LE-SAUNIER, Postleitzahl 39570, 212 D2
Lycée Agricole du Jura.

MÉNÉTRU-LE-VIGNOBLE, Postleitzahl 39210, 212 C2
Jean-Claude Peltier*: Château-Chalon in hervorragender Qualität.

MONTIGNY-LES-ARSURES, Postleitzahl 39600, 212 B3
Lucien Aviet; Roger et Frédéric Lornet; Jacques Puffeney; Rolet Père & Fils*: Eines der größten und modernsten Weingüter der Gegend.

ARLAY, Postleitzahl 39140, 212 D2
Château d'Arlay*: Schönes Gut mit ausgezeichneten Weinen. Der rote Côtes du Jura ist einem eleganten leichten Burgunder sehr ähnlich; der Rosé heißt Corail, und der Weißwein besteht zu 90 % aus Chardonnay; **Christian Bourdy.**

CHÂTEAU-CHALON, Postleitzahl 39210, 212 D2
Jean Macle*: Exzellenter Château-Chalon.

DOMBLANS, Postleitzahl 39210, 212 C2
Domaine de la Muyre.

L'ÉTOILE, Postleitzahl 39570, 212 D2
Cave Coopérative; Château d'Étoile*: Größter Erzeuger im Bereich Étoile. Gute Qualität, v. a. der weiße l'Étoile (98 % Chardonnay); **Domaine de Montbourgeau/Jean Gros.**

NEVY-SUR-SEILLE, Postleitzahl 39210
Jean-Marc Courbet.

POLIGNY, Postleitzahl 39800, 212 C3
Bernard Badoz; Christian Dupuis; GAEC Reverchon.

PUPILLIN, Postleitzahl 39600, 212 C3
Cave Coopérative; **Désiré Petit & Fils***: Regelmäßig preisgekrönte Weine.

ROTALIER, Postleitzahl 39190
Guy Boudet; Château Gréa/Pierre de Boissieu.

LE VERNOIS, Postleitzahl 39210, 212 D2
GAEC Clavelin.

VOITEUR, Postleitzahl 39210, 212 D2
Marius Perron*: Château-Chalon in Spitzenqualität.

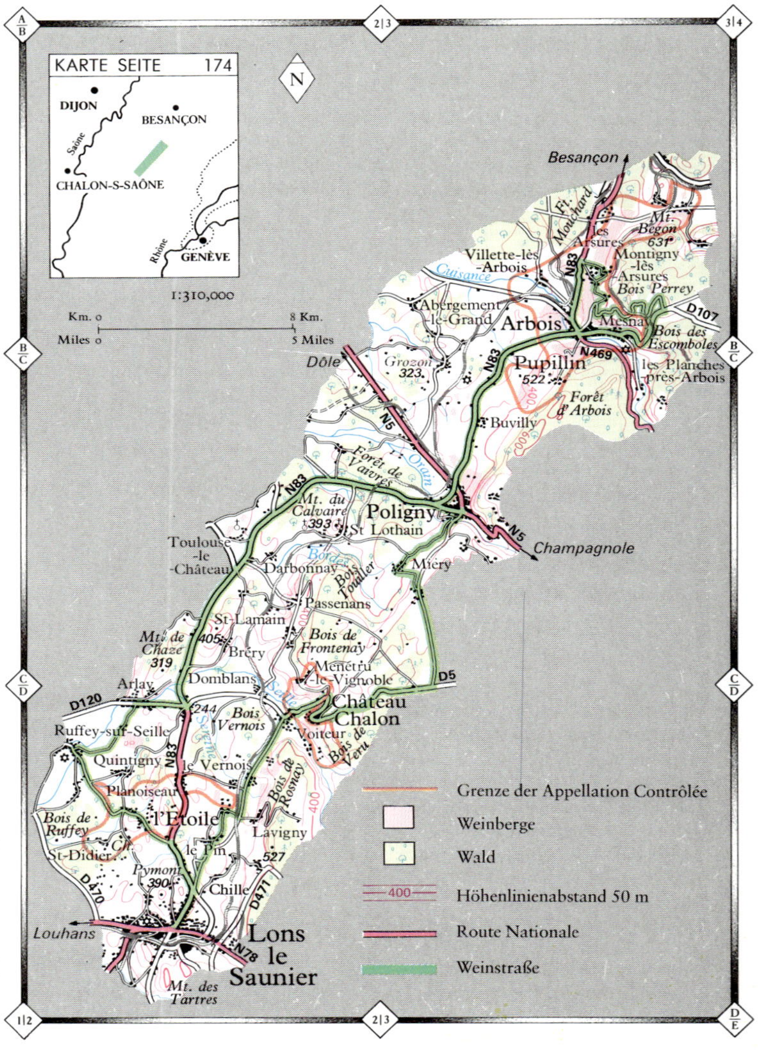

SAVOYEN

Die Domaine de la Violette, ein Weingut in der Appellation Cru Abymes, liegt in die Berglandschaft des südlichen Savoyen eingebettet.

Das Weinbaugebiet Savoyen besteht aus vielen kleinen, wie Inseln über vier Départements verstreuten Bereichen. Der größte Teil der Rebfläche liegt in Savoie und Haute-Savoie; auch in Ain und Isère wird etwas Wein angebaut. Die Entfernung zwischen den nördlichsten Bereichen (am Genfer See) und den südlichsten (unterhalb von Chambéry, bei Ste-Marie-d'Alloix) beträgt über 100 km. Die Nähe der Alpen wirkt sich auf das ganze Gebiet aus; die Landschaft ist gebirgig und wasserreich. In Savoyen gibt es auch mehrere Seen, einer davon, der Lac du Bourget, ist der größte in Frankreich. Hier wachsen vor allem Weißweine. Ihr Geschmack ist leicht, frisch und rein wie in Flaschen gefüllte Bergluft.

Für ein Weinbaugebiet mit nur 1500 ha Rebfläche ist die Zahl der Weine erstaunlich groß. Es sind zwei Hauptgruppen zu unterscheiden: Vin de Savoie und Roussette de Savoie; beide können aus einer bestimmten Cru-Appellation stammen, von denen es im Rahmen des Vin de Savoie 15 und beim Roussette vier gibt.

Das Gesetz unterscheidet ferner Bereiche, so beispielsweise Crépy, auf einem Berg 15 km vom Genfer See entfernt. Dieser Wein war schon fast ausgestorben, wurde aber durch die Bemühungen von Léon Mercier aus Douvaine und seines Sohnes Louis wiederbelebt. Der Crépy wird von der Chasselas-Traube (in der Schweiz oft Fendant genannt) gekeltert. Die besseren Versionen werden *sur lie* abgefüllt wie der Muscadet; die in ihm gelöste Kohlensäure macht ihn schön spritzig.

Der Seyssel ist nach der gleichnamigen Stadt benannt, die von der Rhône in zwei Teile geteilt wird, so daß die westliche Hälfte in Haute-Savoie, die östliche aber in Ain liegt. Es gibt den Seyssel in nichtschäumender Version als festen, trockenen Weißwein, aber auch als delikaten Schaumwein von hohem Qualitätsstand. Der nichtschäumende Seyssel darf nur aus der Roussette- (oder Altesse-)Traube, die mit der ungarischen Furmint identisch sein soll, gewonnen werden. Sie wird in Savoyen viel angebaut, und ihr Wein wird allgemein unter der Appellation Roussette des Savoie verkauft; am angesehensten sind die Crus Frangy (aus 11 Dörfern nördlich von Seyssel) und Marestel (vom Westufer des Lac du Bourget).

Für die mengenmäßig bedeutendste Appellation, Vin de Savoie, wird vor allem die weiße Jacquère-Traube verwendet. Sie gedeiht auf kalk- und kieshaltigem Boden gut und erbringt herrlich erfrischende, lebendige, trockene Weine. Weißer Vin de Savoie darf aber auch von anderen Traubensorten gekeltert werden, z. B. von der Roussanne (die auch im Rhône-Tal wächst und in Savoyen manchmal Bergeron genannt wird) oder vom Grignet (mit dem Savagnin im Jura identisch), von Chasselas und von Chardonnay. Die besten Crus im weißen Vin de Savoie sind von Norden nach Süden: Ripaille, Marignan, Ayze (würzig und leicht *pétillant,* aus der Gegend von Bonneville), Apremont, Abymes, Chignin und Montmélian (die letzten vier liegen südlich von Chambéry).

Obwohl Savoyen vor allem Weißwein hervorbringt, sollten die dortigen Rotweine nicht unbeachtet gelassen werden. Die dunkle gerbstoffreiche Mondeuse-Traube liefert ausgezeichnete Landweine mit höchst charaktervollem, lebendigem Geschmack. Besonders gute Weine dieser Art kommen aus Frangy, Chignin und Arbin. Auch angenehme Gamay-Weine werden hier gekeltert, vor allem in Chautagne, zwischen Seyssel und Aix-les-Bains.

Der Bereich Vin du Bugey (VDQS) westlich von Savoyen hat eine Rebfläche von nur 250 ha. Hier wachsen verschiedene Weine, von denen der Chardonnay am besten ist: leichter und frischer als ein weißer Burgunder, aber sehr gefällig. Auch in Bugey gibt es mehrere Crus; am bemerkenswertesten ist Cerdon mit seinem Rosé-Schaumwein.

REISE-INFORMATIONEN

Savoyen ist nicht nur Wintersportgebiet, auch im Sommer kommen viele Touristen, um in Wald und Gebirge Erholung zu suchen. In den Flüssen und Seen gibt es viele Fische, die man dann auf den Speisekarten der Restaurants wiederfindet: Barsch, Forelle, Lachsforelle, Hecht und auch Krebse. Andere Spezialitäten sind Geflügel aus Bresse, fondue savoyarde, raclette, charcuterie *und die Walnüsse aus Grenoble.*

HOTELS

Hostellerie Château de Coudrée, 74140 Douvaine, Tel. 50 72 62 33. In einem mittelalterlichen Schloß beim Genfer See. Stilvolle Zimmer, schöner Park, beheizter Swimming Pool, Restaurant. Klasse A.
Hôtel de la Couronne, 74140 Douvaine, Tel. 50 94 10 62. Genießt bei Einheimischen wegen seiner guten Küche großes Ansehen. Klasse B.
Hôtel Bellevue, 74130 Ayse, Tel. 50 97 20 83. Die Zimmer mit Balkon bieten eine schöne Aussicht, was über einen Mangel an Atmosphäre hinwegtröstet. Ruhige Lage. Restaurant; in der Saison Halbpension obligatorisch. Klasse C.
Hôtel du Rhône, 01420 Seyssel, Tel. 50 59 20 30. Auf dem Westufer der Rhône. Traditionelles Hotel mit bürgerlicher Küche. Gemütlicher Speisesaal. Klasse B.
Lille, Le Grand Port, 73100 Aix-les-Bains, Tel. 79 35 04 22. In ruhiger Lage beim Seehafen. Das Restaurant mit regionaler Küche hat eine treue Stammkundschaft. Klasse B.
Les Princes, rue de Boigne, 73000 Chambéry, Tel. 79 33 45 36. Schallisolierte Räume mit modernem Komfort. Gutes Restaurant; viele Fischgerichte. Klasse B.
Château de Challes, 73190 Challes-les-Eaux, Tel. 79 85 24 15. Kurort südlich von Chambéry. Ruhig gelegenes Schloßhotel in einem Park, mit Swimming Pool. Restaurant. Klasse B.
Château de Trivier, 73190 Challes-les-Eaux, Tel. 79 85 07 27. Hotel mit ruhiger Umgebung in einem Château. Geräumige, rustikale Zimmer. Park und Restaurant. Klasse B.

RESTAURANTS

Auberge de la Porte d'Yvoire, 74140 Yvoire, Tel. 60 72 80 12. Empfehlenswert: frischer Barsch und der Weinkeller mit Savoyer Raritäten. Klasse C.
Auberge Gourmande, 74140 Massogny, Tel. 50 94 16 97. Großes, mit Gemälden dekoriertes Anwesen. Sorgfältige Küche mit ländlichen Gerichten; attraktive Menüs, viele Weine der Region. Klasse C.
Hotel Sapeur, place de l'Hôtel-de-Ville, 74130 Bonneville, Tel. 50 97 20 68. Empfehlenswert die *grillades* und regionalen Gerichte im Grill La Vivandière im Keller. Gut geführtes Hotel. Klasse B.
Rôtisserie du Fier, 74190 Seyssel, Tel. 50 59 21 64. Im Ostteil von Seyssel. Gutbürgerliche Küche *(volaille de Bresse au Seyssel).* Klasse C.
Château de Collonges, 73310 Ruffieux, Tel. 79 54 27 38. Kleines Restaurant mit guter, bürgerlicher Küche. Auch ein kleines Luxushotel. Schöner Park. In der Saison ist Halbpension obligatorisch. Restaurant Klasse B, Hotel A.
Colombié, 73310 Chindrieux, Tel. 79 54 20 13. Ruhiges Gasthaus. Fisch auf der Speisekarte. Klasse C.
Le Bateau Ivre, 73370 Le Bourget-du-Lac, Tel. 79 25 02 60. In einem Salzhaus aus dem 17. Jh. am See. Auf der Speisekarte raffinierte Gerichte neben einfacheren. Gute Weinkarte. Klasse A/B.
Roubatcheff, 6, rue du Théâtre, 73000 Chambéry, Tel. 79 33 24 91. Neben französischen Gerichten auch solche mit russischem Akzent. Gute Auswahl an Savoyer Weinen. Eines der besten Restaurants der Stadt. Klasse B.
Le Chignerain, 73800 Chignin, Tel. 79 28 10 01. Restaurant in einer der besten Weinbaugemeinden (Fondues, *faux filet chignerain*). Empfehlenswerte Rotweine. Klasse C.
Les Cinq Voûtes, 73800 Montmélian, Tel. 79 84 05 78. Alter Speisesaal mit Deckengewölbe. Spezialität: *côte de bœef à la Mondeuse.* Klasse B.

SEHENSWERTES

Aix-les-Bains Die Heilquellen beim Lac du Bourget sind seit der Römerzeit bekannt. Die römischen Bäder sind noch zu besichtigen.
Belley Die Stadt im Bereich Bugey hat Befestigungen aus der Römerzeit und ein mittelalterliches Zentrum. Hier wurde Anthelme Brillat-Savarin 1755 geboren (62, Grande-Rue). Seine Meditationen über Essen und gutes Leben (*La Physiologie du Goût,* 1825) werden heute noch viel gelesen und beachtet. Ebenfalls sehenswert sind die Kathedrale St-Jean mit ihrem Chor aus dem 15. Jh. sowie das ehemalige bischöfliche Palais.
Le Bourget-du-Lac Der ehemalige Sitz des Hauses Savoyen hat eine restaurierte Klosterkirche aus dem 13. Jh. mit schönen Statuen. Daneben ein Kreuzgang aus dem 15. Jh. und ein Park im italienischen Stil.
Bonneville Die Stadt im Arve-Tal hat das Musée de la Résistance zu bieten. Östlich von Bonneville wachsen die seltenen *Pétillant*-Weißweine des Cru Ayze.
Chambéry Obwohl die Stadt im 2. Weltkrieg und 1946 teilweise zerstört wurde, sind noch viele alte Gebäude, darunter das Schloß der Herzöge von Savoyen (im 13. bis 15. Jh. erbaut und im 19. Jh. restauriert und erweitert) erhalten geblieben. Die Ste-Chapelle weist *Trompe-l'œil*-Malereien auf. Bis 1578 wurde hier das Grabtuch Christi (le Saint Suaire) aufbewahrt; es befindet sich heute in Italien.
Südöstlich der Stadt steht Les Charmettes, das Haus, wo der Philosoph Jean-Jacques Rousseau von 1736 bis 1742 lebte und das er in seinen *Confessions* unsterblich gemacht hat. Er sang auch das Lob des Savoyer Weins. In der Altstadt gibt es schöne Häuser, z. B. in der rue Croix-d'Or, und Gassen mit Bogengängen. Die Fontaine des Éléphants ist sicher das meistfotographierte Monument. Die gotische Kathedrale St-François-de-Sales aus dem 15./16. Jh. ist aus einer älteren Kapelle entstanden.
Culoz Ort im Bereich Bugey; hier wurde Henri Dunant, der Gründer des Roten Kreuzes, geboren. In der Nähe liegt das Château de Montvéran; Weinberge hoch oben auf den Hängen.
Hautecombe Abtei am Westufer des Lac de Bourget bei Ontex. Es wurde 1125 an einsamer Stelle gegründet; in ihm befinden sich die Gräber der Prinzen von Savoyen.
Thonons-les-Bains Badeort am Genfer See mit mehreren interessanten Kirchen (z. B. die Basilika St-François-de-Sales und die Kirche St-Hippolyte); Heimatmuseum für das Chablais. Unmittelbar nördlich liegt Château de Ripaille, das ehemalige Jagdschloß des Hofs von Savoyen (15. Jh.). In der Nähe wächst die Weinrarität Cru de Ripaille.
Yvoire Malerischer mittelalterlicher Ort am Genfer See. Neben alten Häusern gibt es hier eine Burgruine, Reste der Stadtmauer und zwei Stadttore.

AKTIVITÄTEN UM DEN WEIN

In der 1. oder 2. Maiwoche findet in Annecy der Salon des Vins statt. Die Weinbruderschaft Savoyens nennt sich Compagnie du Sarto.

BEDEUTENDE WEINGÜTER

NÖRDLICHES SAVOYEN

AYSE, Postleitzahl 74130, 215 B3
(Der Ort heißt Ayse, die Appellation jedoch Ayze)

Bernard Caillier; Jean-Marie & Justin Gantin; Louis & Paul Gantin.

BALLAISON, Postleitzahl 74140, 215 B3
Appellation Crépy

Goy*: Ziemlich großes Familienweingut. Der Crépy wir *sur lie* abgefüllt.

CHENS-SUR-LÉMAN,
Postleitzahl 74140

Fichard*: Aus diesem Haus kommt u. a. der Château de Ripaille als einziger Vertreter des Cru-Bereichs Ripaille.

LA CÔTE D'HYOT, Postleitzahl 74130

Michel Ménétrey*: Spezialität: Ayze.

DOUVAINE, Postleitzahl 74140, 215 B2
Appellation Crépy

Mercier*: Die Familie Mercier hat hier den größten Grundbesitz sowie ein Handelshaus. Der Crépy ist untadelig; **François Rossiaud.**

LOISIN, Postleitzahl 74140
Appellation Crépy

Jean & Jacques Métral*: Preisgekrönter Crépy.

MARIGNIER, Postleitzahl 73130
v. a. Appellation Ayze

Marcel Fert.

MARIN, Postleitzahl 74200

Claude Delalex*: Erzeuger der Rarität Marin, eines vorwiegend von Chasselas-Trauben gekelterten charaktervollen Weißweins.

SCIEZ, Postleitzahl 74140, 212 B3

Caves de la Tour Marignan*: Nur Bernard Canelli-Suchet bringt Cru Marignan auf den Markt.

THONON-LES-BAINS,
Postleitzahl 74200, 212 A3

Château de Ripaille*: Lohnt einen Besuch wegen seines seltenen Weißweins, der von Fichard in Chens-sur-Léman bereitet und verkauft wird.

ZWISCHEN FRANGY UND CHAMBÉRY

AIX-LES-BAINS,
Postleitzahl 73100, 215 C2

Cavaillé SA*: Auf Gutsweine aus Savoyen spezialisierte Firma (88, avenue du Petit-Port).

CHEVIGNEUX, Postleitzahl 73310

Fernand Ducruet: u. a. Gamay de Chautagne.

CORBONOD,
Postleitzahl 01420, 215 B2

Mollex*: Vorzüglicher Seyssel aus eigenen Weinbergen (u. a. Clos de la Céclette) und gute Weine anderer Erzeuger.

JONGIEUX, Postleitzahl 73170, 215 C2

Gute Erzeuger von Roussette-Marestel: **Noël Dupasquier; Edmond Jacquin; Henri Jeandet/Château de la Marre.**

PLANAZ, Postleitzahl 74270

GAEC Les Aricoques/Jean-Paul Neyrou*: Ausgezeichneter Roussette aus dem Cru-Bereich Frangy.

RUFFIEUX, Postleitzahl 73310, 215 C2

Cave Coopérative mit Gamay de Chautagne.

ST-ALBAN LEYSSE, Postleitzahl 73230

Château Monterminod: Das Château erhebt sich über sehr steilen Weinbergen, aus denen u. a. ein Roussette Cru Monterminod stammt.

SEYSSEL, Postleitzahl 01420, 215 B2

Varichon & Clerc*: Handelshaus mit ausgezeichneten Seyssel-Schaumweinen, u. a. Diners und Royal Seyssel.

SÜDLICH VON CHAMBÉRY

APREMONT, Postleitzahl 73190, 215 C2

Coopérative Le Vigneron Savoyard: Kleiner Betrieb mit gutem Apremont und Abymes.

ARBIN, Postleitzahl 73800, 215 C2

Louis Magnin: Robuster Mondeuse.

CHIGNIN, Postleitzahl 73800, 215 C2

François Cartier; GAEC le Cellier des Tours/Les Fils René Quenard; Lucien Gonnet; André Quenard & Fils*: Ausgezeichnete Weiß- und Rotweine; **Raymond Quenard*.**

CRUET, Postleitzahl 73800, 215 C2

Cave Coopérative.

LES MARCHES, Postleitzahl 73800

Gaston Maurin; Domaine de la Violette/Daniel Fustinoni: Kleines Gut mit vorzüglichem Abymes.

MONTMÉLIAN,
Postleitzahl 73800, 215 C2

Cave Coopérative.

ST-ANDRÉ-LES MARCHES,
Postleitzahl 73800

Pierre Boniface/Domaine des Rocailles*: Sauberer, saftiger, ausgezeichneter Apremont; **Jean-Claude Perret*:** Probierstube und kleines Museum.

BUGEY

CULOZ, Postleitzahl 01350

Cellier de Bel-Air*: Hochgelegener Weinberg, bringt ausgezeichneten Chardonnay hervor.

FLAXIEU, Postleitzahl 01350

Camille Crussy.

GROSLÉE, Postleitzahl 01680

Duport Frères.

MAGNIEU, Postleitzahl 01300

Raymond Vallet.

MARIGNIEU, Postleitzahl 01300

Maxime Angelot.

MERIGNAT, Postleitzahl 01450

Philippe Balivet: Quelle für klassischen Rosé de Cerdon.

VOGNES, Postleitzahl 01350

Caveau Bugiste; Eugène Monin & Fils*: Hochangesehenes Familienweingut mit umfangreichem Programm. Der duftige Chardonnay wird meist *sur lie* abgefüllt.

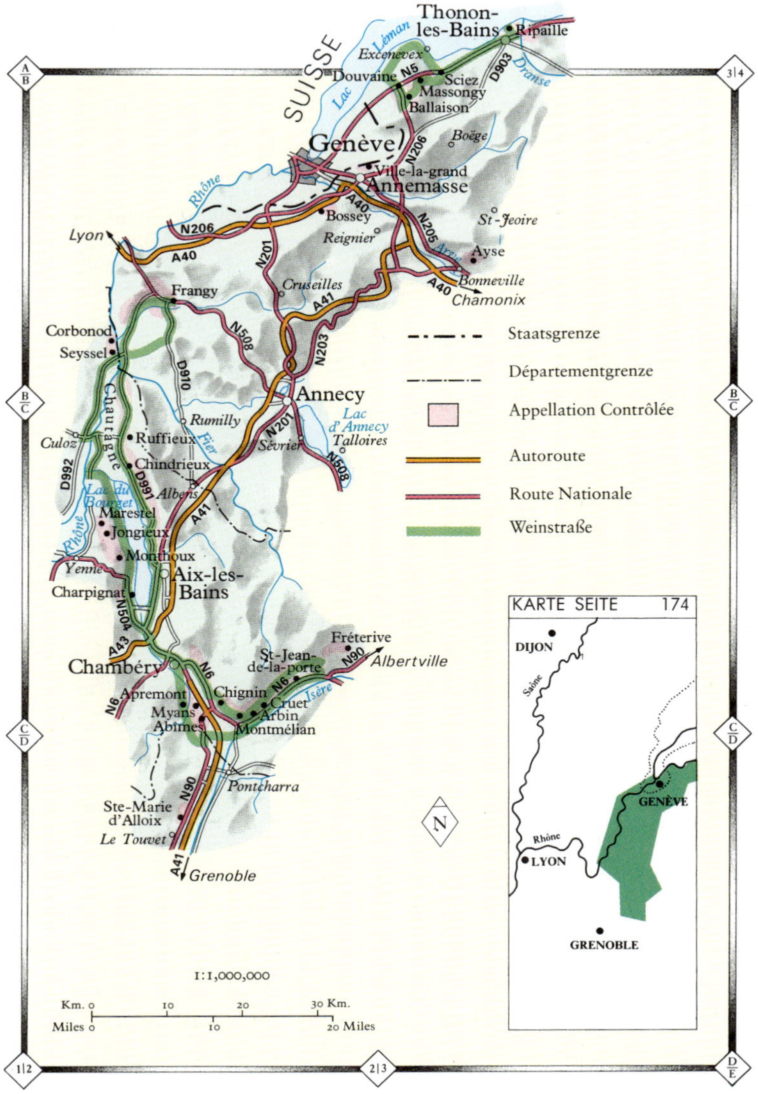

DER SÜDOSTEN

Der Reisende im Rhônetal muß, sobald er Avignon auf seinem Weg nach Süden passiert hat, eine schwere Entscheidung treffen: Soll er sich nach links zur Provence oder nach rechts zum Languedoc wenden, oder soll er weiter der Rhône selbst folgen.

Ob es nun die Phöniker oder die Griechen waren, die als erste die Rebe ins Land brachten – hier im Midi sind sie gelandet, und hier wurde der französische Wein geboren.

Im Département Hérault wachsen mehr Reben als in irgendeinem anderen in Frankreich. Hier ist das Land des schwächlichen *vin ordinaire*, gewonnen auf fruchtbarem Boden von mittelmäßigen Rebsorten in unaufhörlicher Überproduktion. In den Hügellagen allerdings erhebt sich der Weinbau über dieses niedere Niveau. Heute kommen hier aus Neupflanzungen schon gute Weine, viele davon aus Appellations Contrôlées.

Nach den Pyrenäen hin entstehen südlich der Aude in Corbières und Roussillon Rotweine von beachtlichem Charakter. Das überraschendste Produkt dieser Gegend ist jedoch vielleicht der Schaumwein Blanquette de Limoux aus der Nähe der Museumsstadt Carcassonne. In Frankreich bekommt man kaum noch Preiswerteres.

Noch vor 25 Jahren war die Küste zwischen Perpignan und der Rhône nichts als malariaverseuchtes Sumpfland. Inzwischen haben Badestrände und Ferienhotels eine überfüllte Urlaubsgegend daraus gemacht. Unmittelbar am Meer liegen hier zwei ungewöhnliche Weinbaubereiche: das Kalksteinmassiv von La Clape an der Aude-Mündung und die Strandweinberge von Listel nahe der Camargue.

Der einzige klassische Weinbaubereich der Region ist Châteauneuf-du-Pape. Weiter nördlich im enger werdenden Rhône-Tal liegen die Côtes du Rhône – ein schönes Reiseland, vor allem im Nordosten bei den Dents-du-Midi und Vaison-la-Romaine.

Aix-en-Provence ist von einem immer weiter sich dehnenden Kreis ausgezeichneter Weingüter umgeben. Die Weinstraße windet sich durch die Provence, die dank neuer Rebsorten und Weinbereitungstechniken heute für den entdeckungsfreudigen Weinliebhaber ein ebenso lohnendes Terrain ist wie andere Gegenden Südfrankreichs.

VINS DE PAYS

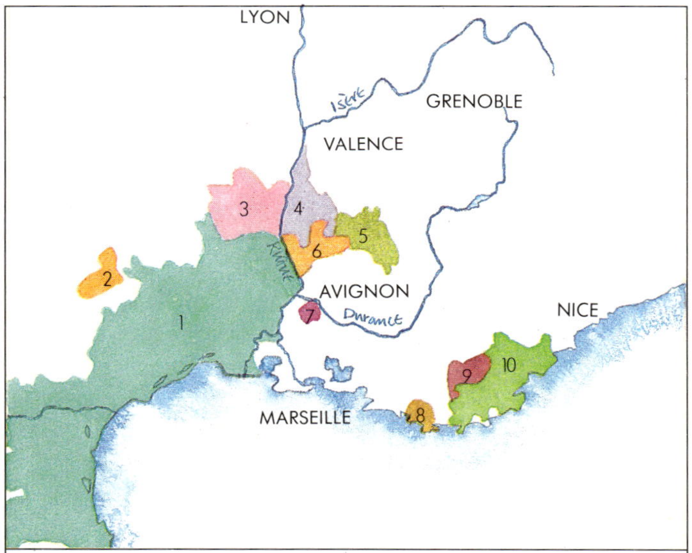

Detaillierte Vin-de-Pays-Karten: Südliche Rhône S. 238 und Languedoc-Roussillon S. 256

1 Languedoc und Roussillon
2 Gorges und Côte de Millau
3 Coteaux de l'Ardèche
4 Comté de Grignan
5 Coteaux des Baronnies
6 Principauté d'Orange
7 Petite Crau
8 Mont Caume
9 Argens
10 Les Maures

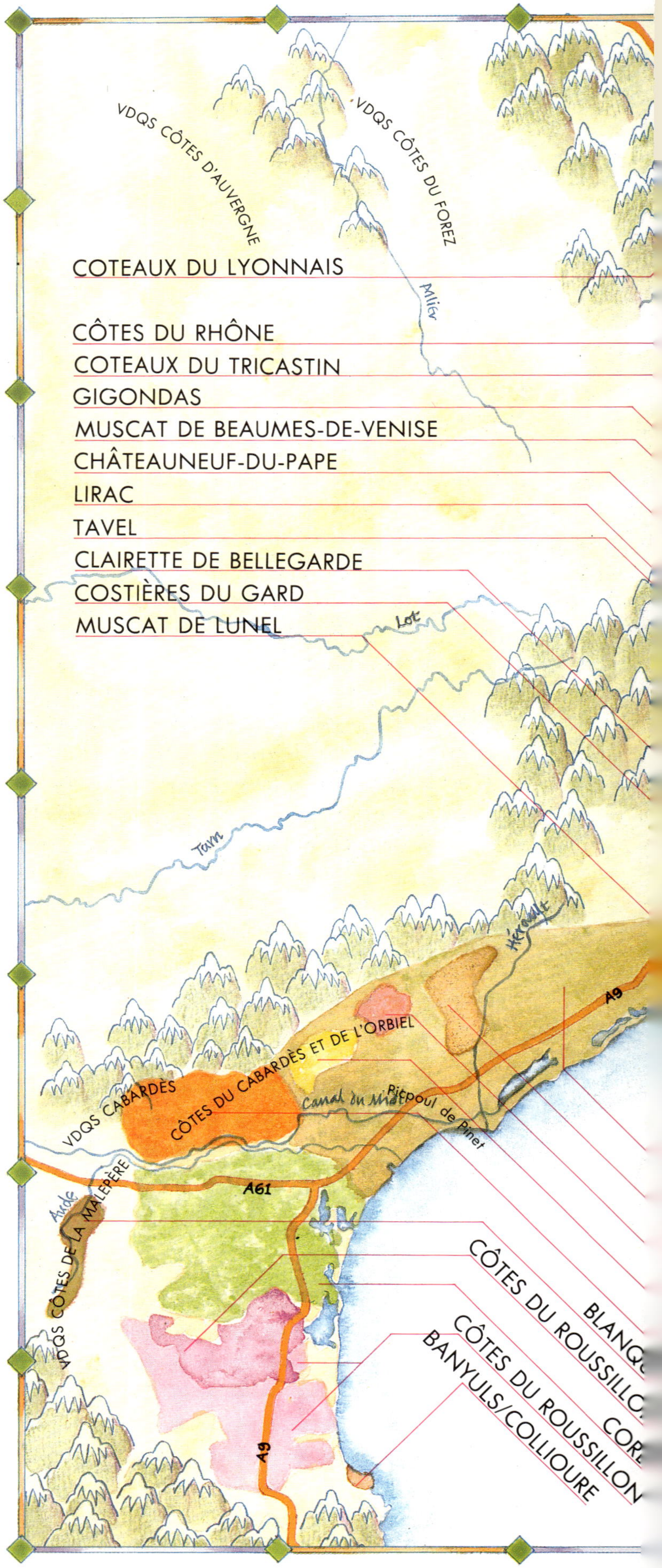

VIN DE SAVOIE
CÔTE RÔTIE/CONDRIEU/CHÂTEAU-GRILLET
HERMITAGE/CROZES-HERMITAGE/ST-JOSEPH
CORNAS/ST-PÉRAY
CLAIRETTE DE DIE
RASTEAU
CÔTES DU RHÔNE
CÔTES DU VENTOUX
COTEAUX D'AIX-EN-PROVENCE/PALETTE
CÔTES DE PROVENCE
CÔTES DE PROVENCE/BANDOL
LYON
LES-ROCHES-DE-CONDRIEU
SERRIÈRES
VALENCE
DIE
Isère
Rhône
S-CÔTES DU VIVARAIS
OMS
AVIGNON
Durance
VDQS COTEAUX DE PIERREVERT
VDQS CÔTES DU LUBERON
VDQS COTEAUX VAROIS
COTEAUX D'AIX-EN-PROVENCE
MOTTE
MARSEILLE
VILLECROZE
Argens
Var
NICE
ILES D'HYÈRES
PATRIMONIO
VIN DE CORSE
A43
A48
A41
A7
A51
A52
A55
A50
A8
COTEAUX DU LANGUEDOC
CASSIS
AIRETTE DU LANGUEDOC
FAUGÈRES
ST-CHINIAN
RVOIS

61

218
SO

BRIVE-LA-GAILLARDE
AURILLAC
Figeac
Capdenac-Gare
Decazeville
Villefranche-de-Rouergue
RODEZ
Carmaux
ALBI
Gaillac
Graulhet
Millau
St. Affrique
Espalion
Marvejols
St. Flour
Murat
Salers
Argentat
Beaulieu-s.-Dordogne
St. Céré
Gramat
Rocamadour
Martel
Gouffre de Padirac
Monts du Cantal
Plomb du Cantal
Puy Mary
Lioran
Réservoir de Montézic
Barrage de Sarrans
Conques
Laguiole
Aubrac
St. Chély-d'Apcher
Sévérac-le-Château
Roquefort-s.-Soulzon
Réquista
Naucelle
Rignac
Cordes
St. Antonin-Noble-Val
Najac
Caylus
Causse de Gramat
Causse de Limogne
St. Cirq-Lapopie
Cajarc
Lot
Aveyron
Tarn
Dordogne
Truyère
Viaduc de Garabit
Aven Armand
Montpellier-le-Vieux
Gorges de Dargilan
Realmont
Lavaur
St. Sulpice
Lisle-sur-Tarn
Montredon-Labessonie
Salles-Curan
Lac de Pareloup
Pont-de-Salars
Villefranche-de-Panat
Belmont-s.-Rance
St. Sernin-sur-Rance
Camarès
Cornus
Nant
St. Jean-du-Bruel
Pierrefort
Chaudes-Aigues
Entraygues-sur-Truyère
Estaing
Bozouls
Marcillac-Vallon
Onet-le-Château
Luc
Baraqueville
Rieupeyroux
Sauveterre-de-Rouergue
Laguépie
Monestiés
Valence-d'Albigeois
Alban
Villefranche-d'Albigeois
St. Juéry
Lescure
Cagnac-les-Mines
Blaye-les-Mines
Cantobre
Causse du Larzac
Causse de Sauveterre

63

175

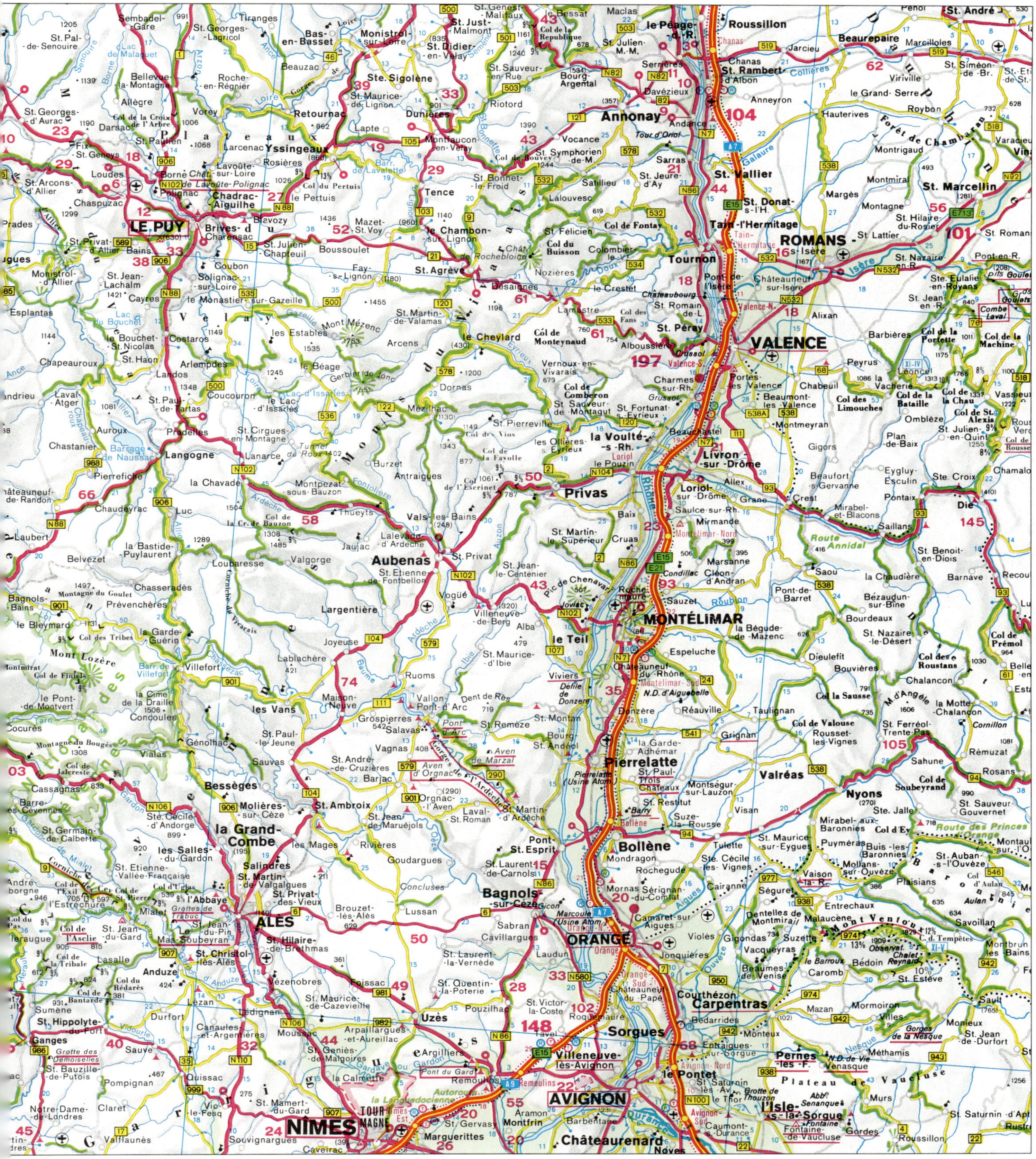

219
SO

222

63

Graulhet
Réalmont
Lavaur
Castres
Mazamet
Revel
Castelnaudary
Carcassonne
La Cité
Limoux
Pamiers
Mirepoix
Foix
Lavelanet
Quillan
Narbonne
Béziers
Lézignan-Corbières
Perpignan
Rivesaltes
Prades
Céret
Argelès-sur-Mer
Port-Vendres
Banyuls-sur-Mer
Collioure
Canet-Plage
Port-la-Nouvelle
Leucate-Plage
Port-Leucate
Port-Barcarès
Sigean
Gruissan
Valras-Plage
Sérignan
Bédarieux
Lacaune
Puylaurens
St. Pons-de-Th.
Olargues
Capestang
Coursan
Villefranche-de-Lauragais
Fanjeaux
Bram
Trèbes
Espéraza
Couiza
Axat
Ax-les-Thermes
Font-Romeu
Mont-Louis
Villefranche-de-Conflent
Ille-sur-Tet
Thuir
Elne
Le Boulou
Le Perthus
La Junquera
Puigcerdà
Llívia
Andorra
Soldeu
Ripoll
Camprodon
Massanet de Cabrenys
Figueres
Montagne Noire
Monts de Lacaune
Corbières
Fenouillèdes
Conflent
Roussillon
Canigou
Côte Vermeille
Chaîne des Albères
Étang de Leucate
Étang de Bages et de Sigean
Autoroute des Deux Mers
Autoroute la Catalane
Route des Corniches
Route des Pyrénées
La Garrotxa
Sierra de Cadí
M

SO

219

222

221
SO

219

222
SO

221

Cap Corse
ITALIA
FRANCE
Centuri-Port
Rogliano
Macinaggio
Pino
Luri
Ste Seve
Sisco
Marine d'Albo
Nonza
Erbalunga
Miomo
Golfe de St Florent
BASTIA
Désert des Agriates
St Florent
Oletta
l'Ile-Rousse
Algajola
Calvi
Lumio
Belgodère
Calenzana
Pnta de la Revellata
Etang de Biguglia
Murato
Pietralba
Casamozza
Vescovato
Ponte-Nuovo
Ponte Leccia
Morosaglia
la Porta
Folelli
Moriani-Plage
Cervione
Galéria
Col de Palmarella
Golfe de Girolata
Col de la Croix
Golfe de Porto
Porto
Evisa
Piana
Capo Rosso
Calacuccia
Mte Cinto
Corte
Venaco
Mte Rotondo
Vivario
Vezzani
Moita
Corsicana
Aléria
Cateraggio
Etang de Diane
Cargèse
Vico
Sagone
Golfe de Sagone
Vizzavona
Bocognano
Ghisoni
Mte Renoso
Ghisonaccia
Prunelli-di-Fiumorbo
Bastelica
AJACCIO
Capo di Feno
Porticcio
Iles Sanguinaires
Golfe d'Ajaccio
Zicavo
Ventiseri
Travo
Solenzara
Mte Incudine
Col de Bavella
Favone
Aullène
Zonza
Petreto-Bicchisano
Sollacaro
Olmeto
Propriano
Golfe de Valinco
Levie
Ste Lucie de Tallano
l'Ospédale
Ste Lucie de Porto-Vecchio
Pinarello
Sartène
Porto-Vecchio
Golfe de Porto-Vecchio
Piccovaggia
Belvédère-Campomoro
Tizzano
Cap de Zivia
Sotta
Figari
Pianottoli-Caldarello
Golfo di Sant'Amanza
Sant'Amanza
Bonifacio
Capo Pertusato
Iles Lavezzi
Bocche di Bonifácio
FRANCE
ITALIA
I. Razzoli
I. S. Maria
I. Budelli
S. Teresa
Marseille 8h
Toulon 6½h
Nice 5h
Savona 5½h
San Remo 7h
Génova 7h
Livorno 4h
La Spezia 5h
Piombino 3h
1:900 000
0 5 10 20 30 km
0 5 10 15 20 miles

SO

DAS RHÔNE-TAL

Sonne, felsige Hänge und alte Häuser mit römischen Dachziegeln bestimmen das Bild des Rhône-Tals.

Rechts: Grignan, ein Dorf hoch oben in den Coteaux du Tricastin; das Schloß über dem Ort beherbergt ein Museum.

Unten rechts: Westlich der Rhône liegen die neuen Weinberge von Ardèche zwischen bewaldeten Hügeln. Die klassischen Rebsorten Chardonnay und Cabernet Sauvignon erbringen hier erstaunlich guten Wein.

Unten: In Cornas entsteht einer der besten Weine von der mittleren Rhône. Schon Karl der Große soll ihn gewürdigt haben, und in Urkunden aus dem 9. Jh. ist der Wein von Cornatico oder Cornatis erwähnt.

Die Rhône in ihrem engen Tal zwischen dem Massif Central und den Alpen ist eine der großen natürlichen Verkehrsadern vom nördlichen Europa zum Mittelmeer. Jahr für Jahr strömen Touristen und andere Reisende zu Hunderttausenden auf der A7, der Autoroute du Soleil, durch das Tal.

Solcher Massenverkehr ist der Rhône nichts Neues. Vor dreieinhalbtausend Jahren zogen die Ligurer auf ihrem Weg von Italien herauf hier durch. Ihnen folgten die Kelten, die Phöniker und schließlich die Griechen – sie waren es auch, die an der Rhône-Mündung Marseille gründeten, und vermutlich brachten sie die Rebe in das Tal der Rhône (allerdings meinen manche Historiker, die Syrah-Rebe sei schon mit den Phönikern hierhergekommen). Die Römer jedenfalls trieben hier Weinbau in größerem Maßstab, wie viele Amphoren, Bacchus-Statuen und Mosaiken mit Weinmotiven bezeugen. Im Jahr 121 v. Chr., volle zwei Generationen bevor Cäsar das übrige Gallien eroberte, erreichten die Römer bereits Vienne im nördlichen Rhône-Tal. Das großartige Musée de la Civilisation Gallo-Romaine in Lyon enthält eindrucksvolle Zeugnisse der Anwesenheit der Römer in der Region.

Nachdem die Römer gegangen waren, dauerte es einige Jahrhunderte, bis der Weinbau erneut zu Ehren gelangte. Der Wiederaufstieg begann mit der Einrichtung von Klöstern und Kirchen im 9. Jahrhundert. Seither ist die Bedeutung der Rhône-Region als Quelle guten Weins stetig gewachsen. In unserem Jahrhundert hat das Erscheinen des Traktors einen beträchtlichen Beitrag hierzu geleistet: Um 1950 belief sich die Rebfläche auf 16 000 ha, heute sind es unter Einschluß des Nachbarbereichs Ardèche über 60 000 ha. Damit ist das Rhône-Tal nach Bordeaux und dem Languedoc die drittgrößte Qualitätsweinregion Frankreichs.

Die Weinberge erstrecken sich von Vienne bis Avignon, rund 200 km weiter im Süden, und an manchen Stellen greifen sie nach Osten oder Westen aus, so zum Beispiel im Drôme-Tal, wo der Clairette de Die wächst, und an den Flanken des Mont Ventoux, wo der Côtes du Ventoux herkommt. Im Norden ist das Tal ziemlich eng, und der Wein wächst meist auf schmalen Terrassen an Steilhängen mit schiefrigem Boden, wo ein Höchstmaß an Sonneneinstrahlung herrscht. Nach Süden hin wird das Tal dann immer weiter, und breite Plateaux dehnen sich zwischen Hügeln. Hier fallen dunkle Zypressenwände um Häuser und Felder auf; sie sollen dem heftigen Mistral wehren, dem harten, kalten, trockenen Wind, der aus dem Nordwesten mit Geschwindigkeiten bis 100 km/h daherstürmt. Schon mancher Urlauber hat es am eigenen Leib erfahren, daß der oft tagelang wehende Mistral bis zur provenzalischen Küste zu spüren ist.

Im Gegensatz zum Loire-Tal, wo vor allem Weißwein wächst, ist die Spezialität der Rhône der Rotwein. Auf Weißwein entfällt nur ein geringer Anteil der Gesamterzeugung, doch er besitzt große Vielfalt – von trocken bis ausgesprochen süß und auch als Schaumwein verschiedenster Art kommt er vor. Auch der Rhône-Rotwein hat für jeden Geschmack etwas zu bieten, vom einfachen und billigen Alltagswein bis hin zu komplexen Kostbarkeiten, die jahrzehntelanger Reife bedürfen.

Für den Weinliebhaber und für den Touristen ist das Rhône-Tal, wie auf den folgenden Seiten zu sehen ist, ein wahres Füllhorn.

REISE-INFORMATIONEN

Seit Jahrhunderten ist das Rhône-Tal Durchgangsstraße für Reisende aller Art, die ja auch mit allem Lebensnotwendigen versorgt werden mußten. Das hat die Gastronomie der Region zu hoher Leistungsfähigkeit angespornt.

Vor der Eisenbahn war das Schiff Hauptverkehrsmittel, und die Reihe der Flußhäfen als Anlege- und Rastpunkte macht noch heute das gastronomische Gerüst des Tals aus.

Lyon darf als das gastronomische Herz Frankreichs bezeichnet werden. Wer sich auf einer kulinarischen Pilgerfahrt befindet, kann es keinesfalls links liegenlassen. Eine ununterbrochene Kette bemerkenswerter Restaurants – zusammengenommen ein ganzes Firmament voller Michelin-Sterne – spannt sich von Lyon das Rhône-Tal abwärts bis in den Süden. In Valence gibt es ein Vielsterne-Restaurant von geradezu legendärem Ruf, und in Les Beaux am anderen Ende des Tals findet sich ein ebensolches. Avignon, Condrieu, Châteauneuf und ein Dutzend anderer Orte haben nicht weniger an Versuchung zu bieten.

Die kulinarische Bandbreite der Region reicht von der „nördlichen" Küche Lyons bis zu den von Olivenöl, Kräutern und Fisch geprägten Köstlichkeiten der Provence.

SPEZIALITÄTEN DER REGION

Obwohl in manchen Gegenden (beispielsweise in Châteauneuf-du-Pape und Vacqueyras) fast alles kultivierbare Land mit Reben bepflanzt ist, bleibt vor allem auf der fruchtbaren Talsohle noch genügend Raum für den Gemüse- und Obstbau. Es wachsen hier Kartoffeln, Artischocken, Spargel, Kohl, Salat, Tomaten (Carpentras ist ein bedeutendes Zentrum) und Zwiebeln, Aprikosen, Äpfel, Himbeeren, Kirschen, Melonen (auch die kleinen, duftigen von Cavaillon), Birnen, Pfirsiche, Pflaumen, schwarze Johannisbeeren und vieles andere.

Oliven werden ganz großgeschrieben, vor allem in Nyons, wo es ein Olivenfest und eine Oliven-Bruderschaft gibt. Wie in ganz Südfrankreich wird auch hier *tapenade* hergestellt, der „Kaviar des armen Mannes", ein schwarzes Püree aus Oliven, Anchovis, Thunfisch und Kapern.

Nicht vergessen werden dürfen auch Nüsse, vor allem Mandeln, die Grundlage für Nougat aus Montélimar, Geflügel (man denke an die berühmte Drossel-Pastete), Süßwasserfisch, Krebse und Honig.

HOTELS UND RESTAURANTS

Ausführliche Angaben in den Reise-Informationen für die nördliche, mittlere und südliche Rhône und Châteauneuf-du-Pape.

WEININFORMATIONEN

La Maison du Tourisme et du Vin für das Rhône-Tal befindet sich im Herzen der alten Papststadt Avignon (41, cours Jean-Jaurès). Es gibt hier interessante Unterlagen, u. a. Karten der verschiedenen Weinstraßen; weitere Reise-Informationen erhält man beim Syndicat d'Initiative in den einzelnen Orten.

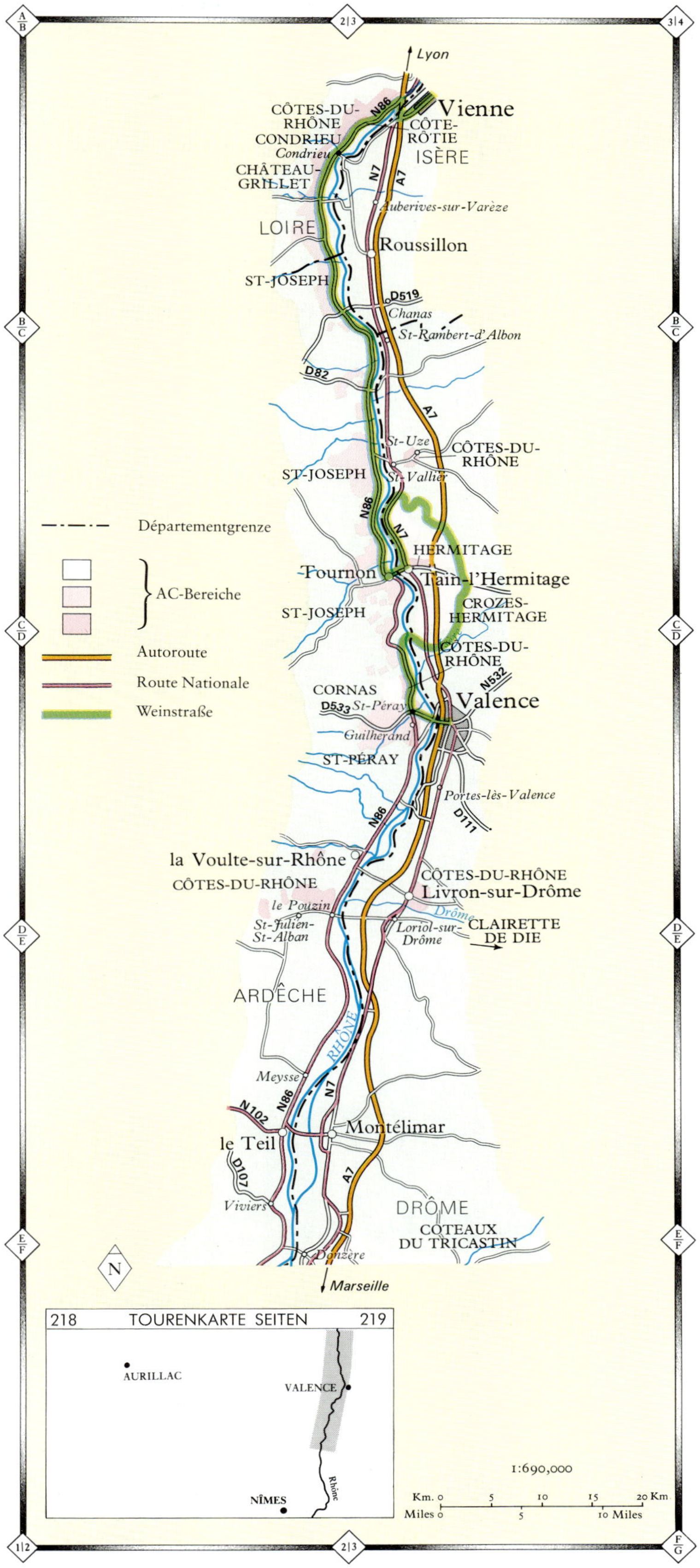

DIE NÖRDLICHE RHÔNE

Schon die Römer trieben im nördlichen Rhône-Tal Weinbau, doch sie waren nicht die ersten. Auf den Hängen der Côte Rôtie wachsen wahrscheinlich bereits seit 24 Jahrhunderten Reben. Wenn man die überaus steilen, nach Südosten geneigten Hänge der Berge bei Ampuis und seinen Nachbarorten gesehen hat, versteht man sofort, weshalb hier schon so lange Zeit Trauben angebaut werden. Es sind wahre Sonnenscheinsammler, die den Namen Côte Rôtie – „geröstete Hänge" – nicht umsonst tragen. Der Neigungswinkel dieser Hänge beträgt an manchen Stellen halsbrecherische 65 Grad, daher wachsen die Reben vorwiegend auf schmalen Terrassen.

Das Herz der Côte Rôtie bilden zwei besondere Hänge, die Côte Brune und die Côte Blonde. Um den Ursprung dieser beiden Namen ranken sich wunderschöne Sagen, die zumeist mit der Haarfarbe zweier Schwestern zu tun haben, die einst Erbinnen dieser Weinberge gewesen sein sollen. Die Realität sieht viel prosaischer aus. Die Côte Brune hat dunkelbraunen Boden mit einem gewissen Eisengehalt, die Côte Blonde dagegen helleren, kalkreicheren Boden. Manche Winzer halten die Weine von den beiden Hängen getrennt, oft werden sie aber gemischt.

Die Traubensorte Côte Rôtie ist die Syrah; sie erbringt einen dunklen, konzentrierten, zugleich fruchtigen und gerbstoffreichen Wein. Die Vorschriften gestatten die Beimischung von etwa 20 % weißem Viognier, um einen sanfteren, eingängigeren Wein zu erzielen; in der Praxis aber wird dies nie voll ausgenutzt. Die meisten Winzer mischen nur 3 bis 4 % bei, andere wieder haben überhaupt keinen Viognier.

Erst seit den 60er Jahren hat der Côte Rôtie Anerkennung als einer der großen Rhône-Weine gefunden. Vorher wurde er meist billig in Restaurants und Cafés der Gegend ausgeschenkt. Ein guter Côte Rôtie vereint Kraft mit Finesse und braucht lange Reifezeit, oft zehn Jahre und mehr. Erst dann erschließt er sein bezauberndes Bukett, in dem Veilchen und andere Blumen neben Himbeeren eine Rolle spielen. Leider stehen nicht alle Côte-Rôtie-Weine auf so hohem Standard, denn seit 1966 wurde die kleine Appellation um rund 20 ha erweitert, die auf Plateaux oberhalb der Hänge liegen und die Qualität der Hanglagen nicht erreichen.

Die Côte Rôtie hat eine Rebfläche von nur 100 ha, aber der südlich daran anschließende Bereich Condrieu ist noch kleiner – rund 20 ha. Auf den Steilhängen und Terrassen von Condrieu wächst einer der exklusivsten Weine Frankreichs: der weiße Viognier. Die seltene Rebsorte bringt nur einen dürftigen Ertrag; sie wird häufig von Fäule und der sogenannten *coulure* (Durchrieseln) befallen. Daß sie in Condrieu trotzdem so herrlichen Wein liefert, ist dem Mikroklima zuzuschreiben. Hier weht fast immer ein trockener Wind, daher gibt es keine stehende Luft, in der Pilzkrankheiten gedeihen könnten. Der Condrieu ist ein sanfter, eigentümlich würziger Wein, der – wie manche behaupten – nach Maiglöckchen duftet. Sehr jung und frisch ist er von verführerischer Süße – man kann ihm nicht wiederstehen, doch leider ist er nicht billig zu haben.

Im Bereich Condrieu und etwas südlich von Vérin gibt es eine Lage mit eigener Appellation: Château Grillet. Sie ist mit nur 3 ha nach La Romanée in Burgund die kleinste Appellation Contrôlée in Frankreich. Das Château und seine Weinberge liegen in einem natürlichen, sonnendurchglühten Amphitheater. Die Viognier-Traube liefert hier einen Wein, der dem Condrieu sehr ähnlich ist, aus alter Tradition aber für lange Reifezeit ausgebaut wird.

REISE-INFORMATIONEN

SO

Die hier genannten Lokale befinden sich außerhalb der größeren Städte. Siehe auch Reise-Informationen für die mittlere Rhône.

HOTELS

Domaine de Clairefontaine, 38121 Chonas-l'Amballan, Tel. 74 58 81 52. Hotel mit meist geräumigen Zimmern in einem schönen Park; mit Restaurant. Klasse B.

La Marais de St-Jean, 38121 Chonas-l'Amballan, Tel. 74 58 83 28. Kleines, ruhig gelegenes Hotel und Restaurant in einem restaurierten Gebäude. Gute, manchmal gewagte Küche. Hotel Klasse A, Restaurant B.

RESTAURANTS

Alain Charles, 42410 Chavanay, Tel. 77 87 23 02. Regionale Küche, u. a. *pâté chaud de canard aux truffes.* Chavanay ist ein Ort im Bereich Condrieu. Klasse B.

Beau-Rivage, 69420 Condrieu, Tel. 74 59 52 24. Restaurant und Hotel mit Blick auf die Rhône. Klassische Küche mit hohem Standard *(matelote d'anguille)* und umfangreiche Weinkarte. Die Zimmer und Lokalräume sind voller Antiquitäten – die richtige Atmosphäre, um Condrieu zu genießen. Klasse A/B.

Hôtel Bellevue, 38370 Les Roches-de-Condrieu, Tel. 74 56 41 42. Das nüchtern wirkende Hotel bietet einen schönen Blick auf Condrieu, seine Weinberge und auf die Rhône. Sorgfältige, gutbürgerliche Küche und guter Wein. Klasse B.

La Diligence, 42410 St-Pierre-de-Bœuf, Tel. 74 87 12 19. Zuverlässiges Restaurant mit vernünftigen Preisen. Umfangreiche Weinkarte. Klasse C.

SEHENSWERTES

Ampuis Es ist durchaus der Mühe wert, eine der schmalen, kurvenreichen Straßen der Côte Brune oder Côte Blonde hinaufzufahren; von oben erhält man einen starken Eindruck von der Terrassenlandschaft dieser Weinberge, und man hat einen herrlichen Panoramablick über das auch durch Aprikosen berühmte Ampuis und das Rhône-Tal.

Condrieu In der Altstadt befindet sich die Maison du Gabelle, wo früher die Salzsteuer eingenommen wurde. Die graue Steinfassade ist mit Medaillons geschmückt. Bei Condrieu steht eine Burgruine mit einem Turm namens Tour Garon. Wenn man durch Condrieu und rebenbesetzte Hänge hinauffährt, wird man durch einen herrlichen Blick über die Rhône belohnt. Ein Flußturnier findet in Condrieu jedes Jahr am 1. Sonntag im August statt.

Malleval Ort im Bereich Condrieu. Häuser aus dem 16. Jh. und eine Burgruine. Westlich von Malleval liegt eine Schlucht mit Wasserfall.

Château Grillet in seinem sonnigen Tal voll Reben ist ein Weingut mit eigener Appellation Contrôlée für den teuren, raren weißen Viognier.

St-Romain-en-Gal Bei großen Ausgrabungen wurden seit dem Ende der 60er Jahre u. a. schöne Mosaiken gefunden.

Vienne Die Stadt ist Mittelpunkt eines Obstbaugebiets (kein Weinbau) und ihrer Sehenswürdigkeiten und Museen wegen einen Abstecher wert. Die römische Vergangenheit lebt weiter in einem der größten Amphitheater des Imperiums, im Tempel des Augustus und der Livia (1. Jh.), vielen im Musée Lapidaire (in einer der ältesten Kirchen Frankreichs, aus dem 4. Jh.) zusammengetragenen Funden und in der 23 m hohen „Pyramide" in einer früheren Arena. In der Nähe dieses Obelisk-ähnlichen Monuments befindet sich das legendäre, sehr teure Restaurant La Pyramide. Die prachtvolle Kathedrale St-Maurice (12. bis 15. Jh.) hat reiche Deckengemälde aufzuweisen. Bei der Kirche St-André-le-Bas stehen ein viereckiger römischer Turm und ein Kreuzgang aus dem 12. Jh. Von der Terrasse aus hat man einen Blick über den Fluß. Vienne hatte früher als Rhône-Übergang strategische Bedeutung. Das Musée des Beaux Arts et d'Archéologie besitzt schöne Sammlungen aus verschiedenen Epochen, und das Musée d'Art Chrétien zeigt religiöse Kunst, u. a. Sarkophage.

AKTIVITÄTEN UM DEN WEIN

In Chavenay findet meist Ende November ein *marché aux vins* statt. Die Weinbruderschaft der Côte Rôtie und von Condrieu ist L'Ordre de St-Romain.

WEININFORMATIONEN

Das große Rhône-Tal besitzt nur ein Zentrum für Weininformationen: La Maison du Tourisme et du Vin, 41, cours Jean-Jaurès, Avignon. Die örtlichen Syndicats d'Initiative geben ebenso Auskunft wie das freundliche Hotelpersonal.

BEDEUTENDE WEINGÜTER

AMPUIS, Postleitzahl 69420, 227 B3
Appellation Côte Rôtie

Bernard Burgaud: in Champin, nordwestlich von Ampuis. **Emile Champet; Gentaz-Dérivieux; Guigal*:** Traditionelles, qualitätsbewußtes Handelshaus und Weingut mit kleineren Parzellen an der Côte Brune und Côte Blonde. Die Weine aus diesen Lagen, La Londonne bzw. La Mouline, sind außergewöhnlich gut. Die Familienfirma hat Anfang der 80er Jahre Vidal Fleurie (s. unten) übernommen; **Robert Jasmin*:** Kleiner Erzeuger von strengen, aber feinen Weinen, die nie gefiltert werden; **Vidal-Fleury*:** Handelshaus mit dem größten Grundbesitz an der Côte Brune und Côte Blonde – 8 ha. Gehört jetzt zu Guigal. Der reine Côte Blonde aus dem eigenen Weingut heißt Chatillonne und ist einfach köstlich.

CHAVANAY,
Postleitzahl 42410, 227 C2
Appellation Condrieu

De Bosseyt/Chol & Fils*: Vorzüglicher, ausgewogener Côte Rôtie. Auch der rote St-Joseph hat viel Erfolg; **Antoine Guilleron.**

CONDRIEU, Postleitzahl 69420, 225 B2, 227 B3

Jean Pinchon*: Duftiger, charmanter Condrieu. Leider gibt es nur sehr wenig davon; **Château du Rozay*:** Auf einem Plateau nordwestlich von Condrieu. Sauberer, eleganter Wein; **Georges Vernay & Fils*:** Bei weitem das größte Weingut in Condrieu mit Probier- und Verkaufsraum an der N86. Die Qualität der Weine ist untadelig.

LIMONY, Postleitzahl 07340, 227 E2
Appellation Condrieu

Pierre Dumazet.

LE VERENAY,
Postleitzahl 69420, 227 A3
Appellation Côte Rôtie

Albert Dériveux*: Zuverlässiges Weingut mit Côte Rôtie in verschiedenen Stilen. Am besten ist La Garde von der Côte Blonde, gefolgt von einem reinen Côte Brune.

VÉRIN, Postleitzahl 42410, 227 B2

Château Grillet*: 227 C2: Das auf mittelalterlichen Fundamenten erbaute Château ist seit 1830 im Besitz der Familie Neyret-Gachet, ist aber nicht ständig bewohnt. Es liegt inmitten seiner Rebenterrassen in einer geschützten Senke mit Blick auf den Fluß. Der in schlanke braune Flaschen abgefüllte Weißwein hat eine eigene Appellation und ist meist nach 5 bis 6 Jahren am besten – eine (über-) teure Rarität.

DIE MITTLERE RHÔNE

Folgt man der Rhône von Condrieu aus nach Süden, dann gelangt man in den großen Weinbaubereich St-Joseph, der sich über rund 55 km auf dem Westufer erstreckt (siehe Karte auf Seite 255). Bis 1969 bestand die Appellation St-Joseph aus einem halben Dutzend Gemeinden um Tournon, dann aber wurde der Bereich um 20 weitere Orte vergrößert, und dadurch wurden in ihm Bodentypen und Hanglagen verschiedenster Art zusammengefaßt. Der ursprüngliche Kern besteht aus Granithügeln mit Sand- und Lehmauflage; seit der Erweiterung ist jedoch auch flacheres Land ohne den förderlichen Granituntérboden hinzugekommen. Infolge dessen fehlt es den Weinen an Einheitlichkeit.

Der St-Joseph ist überwiegend Rotwein und wird wie der Côte Rôtie und Hermitage nur von der Syrah-Traube gekeltert, doch erreicht er nie die Klasse und Tiefe seiner illustren Nachbarn. Zum großen Teil ist er ausgesprochen rustikal; nur wenigen Winzern gelingt es, ihm Charme und Stil abzugewinnen. Das gilt auch für den weißen St-Joseph, der in kleinen Mengen bereitet wird.

Etwa bei 45° nördlicher Breite stellt sich der Rhône der massive Granitklotz des Hermitage, an dessen Fuß das Städtchen Tain-l'Hermitage liegt, in den Weg. Auf den Südhängen dieses Bergs liegt einer der ältesten Weinberge Frankreichs. Die Historiker glauben, daß hier die Phöniker schon 400 v. Chr. Reben angepflanzt haben, und es besteht kein Zweifel daran, daß die Römer an diesem Berg Wein bauten. Der Name Hermitage leitet sich offenbar von der Eremitenbehausung des Kreuzfahrers Henri Gaspard de Sterimberg (1224) her. Seine kleine Kapelle steht noch auf dem Besitz des Weinguts und Handelshauses Paul Jaboulet Aîné.

Auf 126 ha der steilen, unregelmäßigen Südflanke des Bergs sind Reben angepflanzt. Diese Hänge haben Sonne in Hülle und Fülle, und der Granit speichert die Wärme. Fäule tritt hier kaum auf, denn das Regenwasser versickert rasch im porösen Boden, und der Mistral sorgt dafür, daß die Reben trocken bleiben. Daher bringt der Hermitage selbst in nassen Jahren Weine von hoher Qualität. Auf drei Vierteln der Fläche wächst die dunkle Syrah-Traube, der Rest ist mit den weißen Sorten Marsanne und Roussanne besetzt, die nicht nur zu weißem Hermitage verarbeitet, sondern auch mit bis zu 15 % dem Rotwein zugesetzt werden. Der rote Hermitage ist einer der ausdrucksvollsten Weine der Welt: dunkel in der Farbe, breit und kräftig im Geschmack, reich an Gerbstoff und mit einer Nachhaltigkeit ausgestattet, die minutenlang auf der Zunge verweilt. Es kann Jahrzehnte dauern, bis ein roter Hermitage wirklich genußreif ist. Aber auch der weiße Hermitage kann sehr eindrucksvoll und langlebig sein. Manchmal weist er ein fast exotisches Bukett von Gewürzen, Sommerblumen und Feuerstein und dazu einen breiten, wuchtigen Geschmack, jedoch gelegentlich mit überraschend zarten Nuancen auf.

Die Weinberge von Crozes-Hermitage liegen in breitem Band um den Hermitage-Felsen. Zu diesem Bereich gehören 11 Gemeinden, und die Produktion wächst stetig. Die Rebsorten sind dieselben wie beim Hermitage, doch die Weine erreichen nicht denselben Adel: sie sind leichter, weicher, haben nicht so viel Tiefe. Auch sind sie in der Qualität unterschiedlich, aber dennoch stellen die besseren roten und weißen Crozes-Hermitages einen guten Gegenwert für ihren Preis dar.

Einer der am stärksten unterbewerteten Weine des Rhône-Tals ist der Cornas aus dem Ort gleichen Namens und dem ihn umgebenden Bereich, 6 km nördlich von Valence. Guter Cornas – gekeltert nur von der Syrah-Traube – schmeichelt den Sinnen mit seiner wundervollen roten Farbe, seinem Beerenduft, in dem sich manchmal eine Spur Bitterschokolade findet, und mit seinem männlich-kräftigen, vollmundigen, gerbstoffherben Geschmack. Anfänglich weist er auch eine gewisse Säure auf, die sich aber mit den Jahren verflüchtigt. Dieser Wein verdankt seine Klasse den oft terrassierten Hanglagen mit Granit und Kalkstein im Unterboden sowie dem relativ trockenen und warmen Mikroklima. Der Name Cornas leitet sich von einem keltischen Wort her, das „gebrannte Erde" bedeutet.

Im Süden grenzt Cornas an der Bereich St-Péray, wo nur Weißweintrauben wachsen, die aus alter Tradition zumeist zu Schaumwein verarbeitet werden. Richard Wagner ließ sich 1877 per Eilpost 100 Flaschen St-Péray nach Bayreuth schicken, wo er gerade an seinem „Parsifal" arbeitete. Heute ist die Schaumweinproduktion von St-Péray sehr viel kleiner als damals.

Ganz oben: Der Bereich Crozes-Hermitage erstreckt sich nördlich des Hermitage-Bergs.
Oben: Blick vom Hermitage-Berg nach Südwesten auf Tain-l'Hermitage und die alte Brückenstadt Tournon über dem Fluß.

Unterhalb von Valence mündet das Flüßchen Drôme in die Rhône, und wenn man das Drôme-Tal aufwärts fährt, gelangt man zur Appellation Clairette de Die. Den Schaumwein dieses Namens gibt es in zwei Stilen: Der „Tradition" wird von mindestens 50 % Muscat-Trauben (in der Praxis 75 bis 100 %) nach der *méthode dioise* hergestellt. Er wird auf Flaschen gezogen, bevor er ganz ausgegoren ist, und so entsteht in ihm Kohlensäure, die für Perlen und Schaum sorgt. Hinzugefügt wird ihm nichts. Dieser traditionelle Clairette de Die (Muscat de Die wäre ein angemessenerer Name) ist sehr rein, ziemlich mild und leicht schäumend. Der andere Stil wird von mindestens 75 % Clairette-Trauben nach dem Champagner-Verfahren bereitet. Im allgemeinen reicht er in Qualität und Eigenständigkeit an den traditionellen Stil nicht heran. Zentrum der Produktion ist die Stadt Die, wo auch eine große Winzergenossenschaft ihren Sitz hat.

Das Drôme-Tal ist, zumindest östlich von Crest, enger als das Rhône-Tal, und es ist mit seinen alten Dörfern auch landschaftlich schöner. Die Römer bauten hier bereits Wein. Im Jahr 77 n. Chr. nannte der Geschichtsschreiber Plinius der Ältere den Wein von Dea Augusta (dem heutigen Die) den besten natursüßen Wein des Imperiums.

REISE-INFORMATIONEN

Die Hotels und Restaurants sind in der Reihenfolge von Norden nach Süden geordnet.

HOTELS

Schaeffer, 07340 Serrières, Tel. 75 34 00 07. Altes Hotel, wiederbelebt von einem jungen Paar. Freundliche Aufnahme, angenehmes Restaurant. Klasse C.
Hôtel du Commerce, 69, avenue Jean-Jaurès, 26600 Tain-l'Hermitage, Tel. 75 08 65 00. Komfortables Hotel mit Garten und Restaurant (Pintadeau de la Drôme). Klasse B.
Hôtel des Deux-Coteaux, 81, rue Joseph Péala, 26600 Tain-l'Hermitage, Tel. 75 08 33 01. Gut geführtes Hotel, nicht weit vom Fluß. Klasse B.
L'Abricotine, 26600 Mercurol, Tel. 75 08 42 00. Kleines, ruhiges Hotel in einem Ort im Bereich Crozes-Hermitage. Angenehmes Restaurant. Klasse B.
Hôtel du Château, 07300 Tournon, Tel. 75 08 60 22. Schönes Hotel mit großen Zimmern und einem ordentlichen Restaurant. Klasse B.
Le Manoir, 07300 Tournon, Tel. 75 08 20 31. Kleines, ruhiges Hotel an der Straße nach Lamastre. Mit Swimming Pool. Klasse C.
Château du Besset, 07130 St-Romain-de-Lerps, Tel. 75 58 52 22. Sehr schönes Hotel in einem großen Park. Jedes Zimmer ist ein kleines Kunstwerk. Swimming Pool. Gute Küche. Klasse A.
Hôtel Les Bains, 07130 St-Péray, Tel. 75 40 30 13. Ruhiges Provinzhotel auf einem großen Grundstück. Unterschiedlich komfortable Zimmer. Hotel Klasse B, Restaurant C.
Hôtel St-Domingue, 26150 Die, Tel. 75 22 03 08. Einfaches Ferienhotel. Restaurant mit regionaler Küche. Klasse C.

RESTAURANTS

Terminus, 26240 St-Vallier, Tel. 75 23 01 12. Attraktive Menüs und viele Weine der Gegend. Auch Hotel. Klasse B.
Hôtel Les Voyageurs, 26240 St-Vallier, Tel. 75 23 04 42. Traditionelle Küche. Auch Hotel (besser, als es von außen scheint). Klasse C.
Restaurant Reynaud, 82, avenue Président-Roosevelt, 26600 Tain-l'Hermitage, Tel. 75 07 22 10. Zeitgemäße Küche, reichhaltige Weinkarte. Höchst empfehlenswertes Speiserestaurant mit Terrasse über dem Fluß. Klasse C.
La Grappe d'Or, 13, avenue Jean-Jaurès, 26600 Tain-l'Hermitage, Tel. 75 08 28 52. Gemütlich und meist gut besucht. Klasse C.
Chabran, 26600 Pont-de-l'Isère, Tel. 74 84 60 09. Ausgezeichnetes Restaurant mit hervorragender Weinkarte. Auch Hotel. Klasse A.
Restaurant Ollier, 07130 Cornas, Tel. 75 40 32 17. Gasthaus in einem Weinort; ländliche Gerichte, z. B. *estouffade de bœuf au Cornas.* Klasse C.
Pic, 15, avenue Félix-Faure, 26000 Valence, Tel. 75 43 23 19. Eines der gastfreundlichsten 3-Sterne-Restaurants in Frankreich. Ausgezeichnete Küche, hervorragende Auswahl an Rhône-Weinen. Auch einige luxuriöse Hotelzimmer. Klasse A.
La Vieille Auberge, 07800 Charmes-sur-Rhône, Tel. 74 60 80 10. In einem Ort hoch oben am Westufer der Rhône. Gute, traditionelle Küche. Klasse B.
Giffon, 26400 Grane, Tel. 75 62 60 64. Angenehmes Restaurant an der Straße nach Die. Klasse B.
La Porte de Montségur, 26400 Crest, Tel. 75 25 41 48. Am Nordufer der Drôme. Feine Küche mit frischen Zutaten. Klasse B.
La Petit Auberge, 13, avenue Sadi-Carnot, 26150 Die, Tel. 75 22 05 91. Preiswert; reichliche Portionen. Auch Hotel. Klasse C.

SEHENSWERTES

Crest Das Schloß über Crest ist eines der größten in Frankreich. Weiter östlich wird das Drôme-Tal enger, und die Appellation Clairette de Die beginnt.
Die Eine römische Gründung, wie das St-Marcel-Tor und Funde im Musée d'Histoirie et d'Archéologie beweisen.
Mauves Der Wein von Mauves ist in Victor Hugos *Les Misérables* erwähnt. Die Gemeinde gehört zum Bereich St-Joseph, dessen Name von einem rebenbesetzten Hügel nördlich des Orts stammt, der durch eine von der Firma Chapoutier aufgestellte Reklametafel bezeichnet wird.
St-Péray Die gewaltige Ruine von Château de Crussol, einer schon im 10. Jh. erwähnten Burg, liegt in der Nähe. Unterhalb der Ruine liegt das noch intakte, in Privatbesitz befindliche Château de Beauregard.
St-Vallier-sur-Rhône Von mehreren Stellen am Ost- und Westufer hat man einen schönen Blick über das Défilé de St-Vallier, einen reizvollen Teil des Rhône-Tals. Beim Ort liegt das Schloß von Diane de Poitiers mit einem von Le Nôtre entworfenen Garten.
Serrières Ein Museum in einer früheren Kirche ist der Rhône-Schiffahrt und den Flußschiffern gewidmet.
Serves 1642 überquerte Ludwig XIII. hier die Rhône und machte mit seinem Gefolge auf einem großen flachen Felsen mitten im Strom Rast. Dem König wurde Hermitage kredenzt, und seither heißt der Felsen La Table du Roi. Bei Serves liegt eine Burgruine und eine weitere auf dem Ufer gegenüber bei Arras.
Tain-l'Hermitage Von hier aus kann man auf den Hermitage-Berg hinauffahren und dann zur Kapelle des Eremiten gehen. Der Blick auf Tain, Tournon und das Rhône-Tal ist außerordentlich schön. In Tain steht ein granitener *taurobole* aus dem Jahr 184 v. Chr.; auf ihm wurden Stiere geopfert.
Tournon Von der Terrasse des Schlosses aus dem 15./16. Jh. hat man einen schönen Blick auf Tain und den Hermitage-Berg. Im Inneren befindet sich ein kleines Rhône-Tal-Museum. Das *lycée* in Tournon (gegründet 1536) ist das älteste Gymnasium in Frankreich. In der Touristensaison fährt jeden Morgen ein Dampfzug nach Lamastre; die Fahrt dauert 4 Stunden und führt durch das romantische Doux-Tal.
Valence Eine Stadt mit etwa 70 000 Einwohnern. François Rabelais studierte an der 1452 gegründeten Universität. La Maison des Têtes aus dem Jahr 1532 (57, Grand-Rue) ist mit Reliefköpfen in Medaillons geschmückt. Die Kathedrale St-Apollinaire ist im Ursprung romanisch, wurde jedoch im 17. Jh. umgebaut.

AKTIVITÄTEN UM DEN WEIN

Ein großer Markt für Rhône-Weine findet Anfang September in St-Péray statt; in Cornas wird der *marché aux vins* meist im Dezember veranstaltet. Die Confrérie des Chevaliers de la Syrah et Roussette ist für die Bereiche Cornas, Hermitage, St-Joseph und St-Péray aktiv. Der Bereich Crozes-Hermitage hat eine eigene Weinbruderschaft, die Confrérie de Crozes-Hermitage.

Die Atmosphäre des Midi kündigt sich schon weit rhôneaufwärts an.

BEDEUTENDE WEINGÜTER

BARSAC, Postleitzahl 26150
Appellation Clairette de Die
Claude-Marcel Achard; Jean Claude Vincent.

BEAUMONT-MONTEUX, Postleitzahl 26600
Appellation Crozes-Hermitage
Caves des Clairmonts.

CHANOS-CURSON, Postleitzahl 26600
Domaine des Entrefaux*: Faßgereifter roter sowie ein weißer Crozes-Hermitage; **Domaine Pradelle.**

CORNAS, Postleitzahl 07130, 225 D2
Guy de Berjac*: Kleines Weingut mit hochangesehenem Cornas; **Auguste Clape*:** Spitzen-Cornas: brillant, konzentriert, langlebig; **Marcel Juge; Robert Michel*:** Ungefilterter, ungeschönter Wein; **Alain Vogue*:** Ausgewogener tiefroter Wein; **Noël Verset:** Wein mit Tiefe.

DIE, Postleitzahl 26150
Appellation Clairette de Die
Cave Coopérative*: Moderne Kellerei, produziert etwa ¾ des gesamten Clairette de Die.

ÉROME, Postleitzahl 26600
Appellation Crozes-Hermitage
Robert Roussett*: Feste, klassische Weine.

GERVANS, Postleitzahl 26600
Appellation Crozes-Hermitage
Jules Fayolle & ses Fils; Raymond Roure*: Sein Rotwein Les Picaudières ist konzentriert und verlangt Geduld.

MAUVES, Postleitzahl 07300
Appellation St-Joseph
Gérard Chave*: Gehört zu den besten roten und weißen Hermitages; **Pierre Gonon; Bernard Gripa*:** Vorbildliche Rot- und Weißweine; **Marsanne Frères.**

SAILLANS, Postleitzahl 26340
Appellation Clairette de Die
Jean-Claude Raspail*: Außerordentlich erfolgreicher Schaumwein nach dem Champagner-Verfahren.

ST-DÉSIRAT-CHAMPAGNE, Postleitzahl 07340
Appellation St-Joseph
Cave Coopérative.

ST-PÉRAY, Postleitzahl 07130, 225 D3
Jean-François Chaboud*: Gute schäumende und nichtschäumende Weißweine; **Cotte-Vergne Fils; Pierre Darona; Milliand Frères; Jean Teysseire.**

SERVES, Postleitzahl 26600
Appellation Crozes-Hermitage
Albert Bègot.

STE-CROIX, Postleitzahl 26150
Appellation Clairette de Die
Domaine Achard-Vincent.

TAIN-L'HERMITAGE, Postleitzahl 26600, 225 C3, 230 C2
Cave Coopérative; M. Chapoutier*: Gediegene, sehr traditionelle Firma mit großem Weinbergbesitz; **Paul Jaboulet Aîné*:** Bedeutende Familienfirma mit hochwertigen Weinen; **Henri Sorrel*.**

TOURNON, Postleitzahl 07300, 225 C3, 230 C2
Appellation St-Joseph
Delas Frères: Im Besitz von Deutz (Champagne). Die besten Weine kommen aus eigenen Weinbergen (u. a. Condrieu, Hermitage). **Jean-Louis Grippat*:** Hochwertiger roter und weißer St-Joseph und Hermitage.

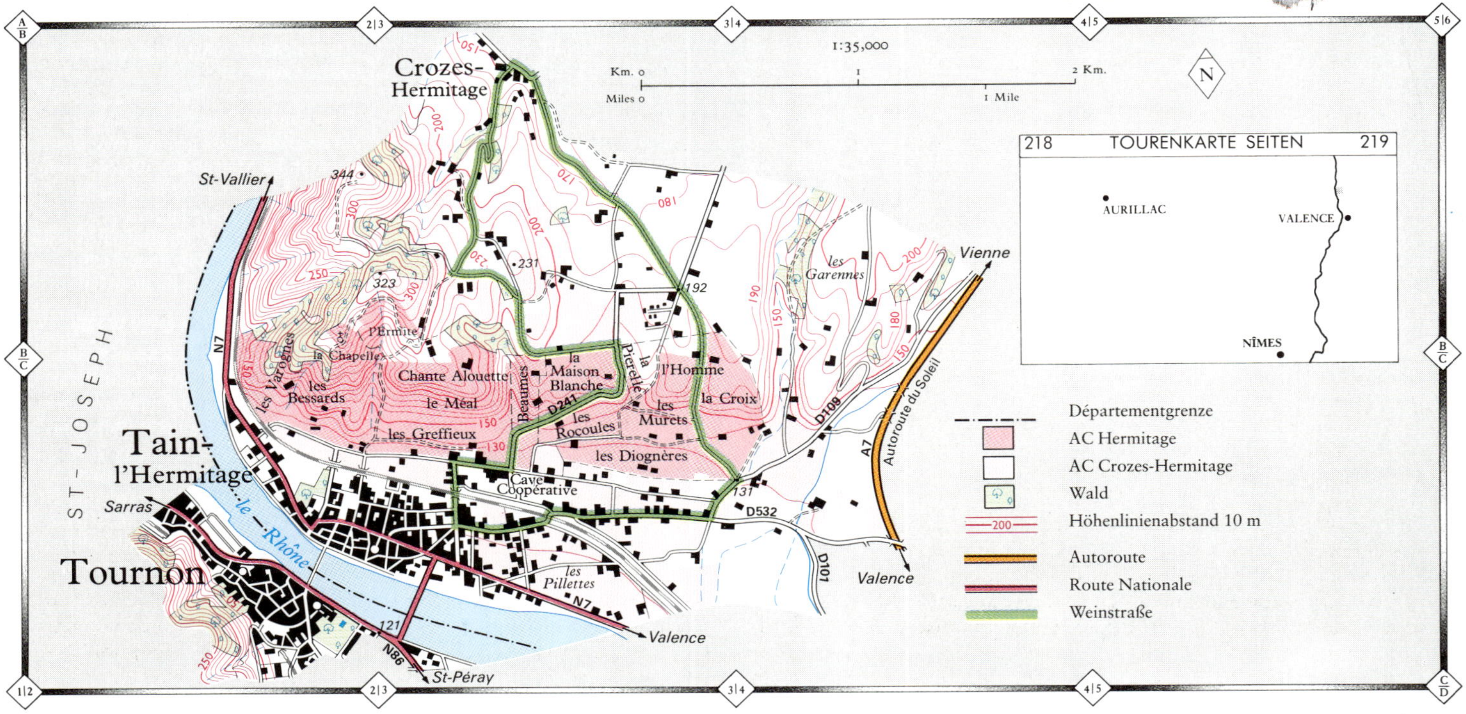

DIE SÜDLICHE RHÔNE

Auf der Karte stellt sich das Rhône-Tal in groben Umrissen wie eine Karaffe dar: oben schmal und unten breit. Man sieht auf den ersten Blick, daß der südliche Teil bei weitem den meisten Wein hervorbringen muß. Folgt man dem Rhône-Lauf nach Süden, dann gelangt man nach der Stadt Montélimar zunächst in den Weinbaubereich Coteaux du Tricastin. Er liegt östlich der Rhône zwischen Donzère (mit dem großen Staudamm) und Bollène.

Der Weinbau hat hier in den 60er Jahren einen gewaltigen Aufschwung genommen, als französische Rücksiedler aus Algerien große Flächen Brachland in Weinberge umwandelten. Die Landschaft mit ihren flachen Hügeln und weiten Plateaux ähnelt an vielen Stellen der Gegend von Châteauneuf-du-Pape. Aber in Tricastin wachsen nicht nur Wein, Gemüse und Obst, sondern vor allem auch Trüffeln; man sieht viele *chênes truffiers* (Eichen, in deren Nähe Trüffeln gefunden werden). Es ist nicht leicht, die meist roten Weine aus den Coteaux du Tricastin von denen aus der Appellation Côtes du Rhône zu unterscheiden. In der Regel sind beide geschmeidig, leicht fruchtig und angenehm vollmundig.

Im Osten und Süden geht der große Bereich Coteaux du Tricastin fast unmerklich in die Côtes du Rhône über, zu denen über 100 Gemeinden in 6 Départements gehören: Ardèche, Drôme, Gard, Loire, Rhône und Vaucluse. Unter ihnen produziert Vaucluse bei weitem den meisten Wein (etwa die Hälfte), gefolgt von Gard und Drôme. In den letzten Jahren ist die Produktion von Côtes du Rhône gewaltig angeschwollen; ihr liegen inzwischen 40 000 ha Rebfläche zugrunde. Die Qualität ist dank besserer Weinbereitungstechniken und anderer Faktoren im Durchschnitt ebenfalls gestiegen. Die meisten Côtes du Rhône sind Rotweine und werden in Genossenschaftskellereien bereitet; sie sind sehr preiswert und stellen ein angenehmes Getränk für jeden Tag dar.

Neben diesem Standard-Côtes-du-Rhône entstehen aber auch Weine in aufregenderer Qualität. Viele Weingüter bemühen sich mit Erfolg um Côtes-du-Rhône-Weine mit beachtlichem Charakter, und seit 1953 hat der Gesetzgeber bestimmte Gemeinden im Bereich Côte du Rhône dadurch besonders ausgezeichnet, daß sie ihren Wein als Côtes du Rhône-Villages bezeichnen dürfen. Dieses Recht steht inzwischen 65 Gemeinden mit insgesamt 5000 ha zu. Weitere 17 Gemeinden dürfen darüber hinaus an die Appellation Côtes du Rhône den eigenen Ortsnamen anfügen. Es sind dies in Drôme: Rochegude, Rousset-les-Vignes, St-Maurice-sur-Eygues, St-Pantaléon-les-Vignes und Vinsobres; in Gard: Chusclan, Laudun, St-Gervais; in Vaucluse: Beaumes-de-Venise, Cairanne, Rasteau, Roaix, Sablet, Séguret, Valréas, Vacqueyras und Visan. Eigentlich hätten einige von ihnen, z. B. Vacqueyras, sogar eine eigene Appellation verdient, denn ihre Weine zeigen jene saubere Art, die Qualität beweist, und können auch Finesse besitzen. Bukett und Geschmack erinnern oft an Gewürze, Frühlingsblumen und milde Frucht. Auch Chusclan hätte dank seiner ausgezeichneten Genossenschaftskellerei, bei der die gesamte Produktion liegt, eine Aufwertung verdient. Wie der Rotwein in verschiedenen *cuvées* ist auch der Rosé sehr gefragt, und der Weißwein steht weit über dem Durchschnitt. Auch in Rasteau und Sablet entsteht hochwertiger Wein.

Zwei führende Weinorte an den Côtes du Rhône, Beaumes-de-Venise und Rasteau, haben neben ihren üblichen Weinen eine bemerkenswerte Spezialität: Vin Doux Naturel, „VDN“. Ihm wird während des Gärprozesses Weingeist beigemischt und dadurch die Gärung abgestoppt, so daß eine unvergorene natürliche Restsüße verbleibt. In Beaumes-de-Venise wird der VDN nur von Muscat-Trauben bereitet. Ein guter Muscat de Beaumes-de-Venise zeichnet sich durch ein wundervolles Aroma von frischen, saftigen Früchten, insbesondere Aprikosen und Pfirsichen, aus. Der VDN aus Rasteau ist ganz anders. Er wird fast ausschließlich von der dunklen Grenache-Traube in zwei verschiedenen Versionen bereitet. Die üblichere Art ist der orangebraune *doré*, gewonnen von Grenache-Most ohne Schalen. Der mit den Schalen vergorene *rouge* gilt bei Kennern als die bessere und authentische Version.

Zwischen Rasteau und Beaumes-de-Venise liegt eine Bergkette mit Namen Dentelles de Montmirail, deren gezackte Umrisse fantasiereiche Gemüter an Klöppelspitzen erinnern mögen. Die Römer bauten an ihrem Fuß Iocunditas („die fröhliche Stadt“); daraus ist im Lauf der Zeit Gigondas geworden. Fast 20 Jahre lang gehörte der Ort zur Appellation Côtes du Rhône-Villages, bis er 1971 seine eigene Appellation Contrôlée zugesprochen erhielt. Der Wein von Gigondas ist vielleicht der kraftvollste im ganzen Rhône-Tal. Ein Alkoholgehalt von 13 bis 14 % ist bei ihm teilweise wegen des hohen Grenache-Anteils normal. Sein Geschmack ist warm und so vollmundig, daß man ihn fast kauen kann.

Östlich von Gigondas erstrecken sich die Côtes du Ventoux, ein großer Weinbaubereich, dem der Status der Appellation Contrôlée 1973 zuerkannt wurde. Seinen Namen hat er vom „Giganten der Provence“, dem 1912 m hohen Mont Ventoux. Die Weinerzeugung liegt hier weitgehend in den Händen der Winzergenossenschaften. Nicht einmal 1 % der rund 4000 Winzer bauen ihre Weine selbst aus. Besserer Côtes du Ventoux ist ein Rotwein mit festem, würzigem, vollmundigem Geschmack, der an sonnengedörrte Früchte erinnert. Allerdings sind die meisten Weine des Bereichs nur einfach süffig und recht leicht.

Der berühmteste Name auf dem Westufer der Rhône ist Tavel mit seinem bekannten Rosé. Auf dem Dach der Genossenschaftskellerei steht mit großen Buchstaben das überaus selbstbewußte Motto „Tavel 1er Rosé de France“. Tavel Rosé kann auf zwei Arten von nicht weniger als 9 Traubensorten gekeltert werden. Bei der besseren und auch üblicheren Methode bleiben die Traubenschalen einige Stunden im Most eingemaischt und geben dabei Farbstoff ab. Die andere, ebenfalls zur Gewinnung einer kräftigen Farbe bestimmte Methode besteht darin, die Trauben sehr fest zu pressen. Die besseren Tavels zeichnen sich durch einen massiven, fast öligen Geschmack, 12,5 bis 13 % Alkoholgehalt, bescheidene Fruchtigkeit, milde Frische und eine pfefferig-würzige Note aus. Komplexität oder Finesse erlangt der Tavel allerdings nie, und die Qualität ist je nach Erzeuger sehr unterschiedlich. Meist schmeckt er nach zwei bis drei Jahren am besten.

An den Bereich Tavel grenzt im Norden der Bereich Lirac an. Hier kommt dem Rotwein wieder die Hauptrolle zu (ein Drittel der Erzeugung entfällt auf Rosé). Roter Lirac aus bestimmten Weingütern kann durch besondere Leichtigkeit und Zartheit sowie durch Untertöne von Kirschen, schwarzen Johannisbeeren, Pflaumen und Erdbeeren überraschen. Ein Winzer nannte den Lirac einmal – durchaus nicht zu Unrecht – den „Margaux des Rhône-Tals“. Die Rosés sind fast durchweg delikater, frischer und fruchtiger als die Tavels. Weißwein wird ebenfalls in kleinen Mengen erzeugt: Er kann gelegentlich recht gut ausfallen, meist aber fehlt es ihm an Rasse, und auch seine Säure ist zu schwach, als daß man ihn erfrischend nennen könnte. Zur Appellation Lirac gehören Roquemaure, St-Geniès-de-Comolas und St-Laurent-des-Arbres und natürlich Lirac selbst.

Der Weinbaubereich Côtes du Vivarais gehört zwar eigentlich nicht zur Rhône-Region, liegt aber so nahe dabei, daß man ihn hier gleich mit einbeziehen kann. Er bildet einen verschobenen Kreis um den Fluß Ardèche, der bei Pont-St-Esprit in die Rhône mündet. Die Traubensorten sind die gleichen wie an den Côtes du Rhône.

Die beste Weinqualität kommt aus drei Cru-Bereichen, Orgnac, St-Montant und St-Remèze, in denen jeweils mehrere Gemeinden zusammengefaßt sind. Die Produktion liegt bei Genossenschaftskellereien, die im Gegensatz zu manchen anderen äußerst progressiv sind. Sie haben eine gemeinsame, hochmoderne Abfüll- und Marketing-Organisation aufgebaut und experimentieren intensiv mit hochwertigen Traubensorten wie Chardonnay und Cabernet Sauvignon. Die Versuche haben bereits bemerkenswert guten Vin de Pays erbracht.

Die Karte auf Seite 232 zeigt die südliche Rhône insgesamt, einschließlich einiger Bereiche, die erst in den folgenden Kapiteln besprochen werden. Châteauneuf-du-Pape ist auf den Seiten 239–241 wiedergegeben; die Coteaux des Baux-de-Provence (inzwischen vom VDQS zur AC befördert und in Coteaux d'Aix-en-Provence-les-Baux umbenannt) und Côtes du Lubéron (Anwärter auf baldige Beförderung) werden im Kapitel Provence (Seiten 242–249) besprochen, und die Bereiche um Nîmes im Kapitel Languedoc (Seiten 250–258). Eine Aufstellung der Vins de Pays von der südlichen Rhône befindet sich auf Seite 238.

DIE SÜDLICHE RHÔNE

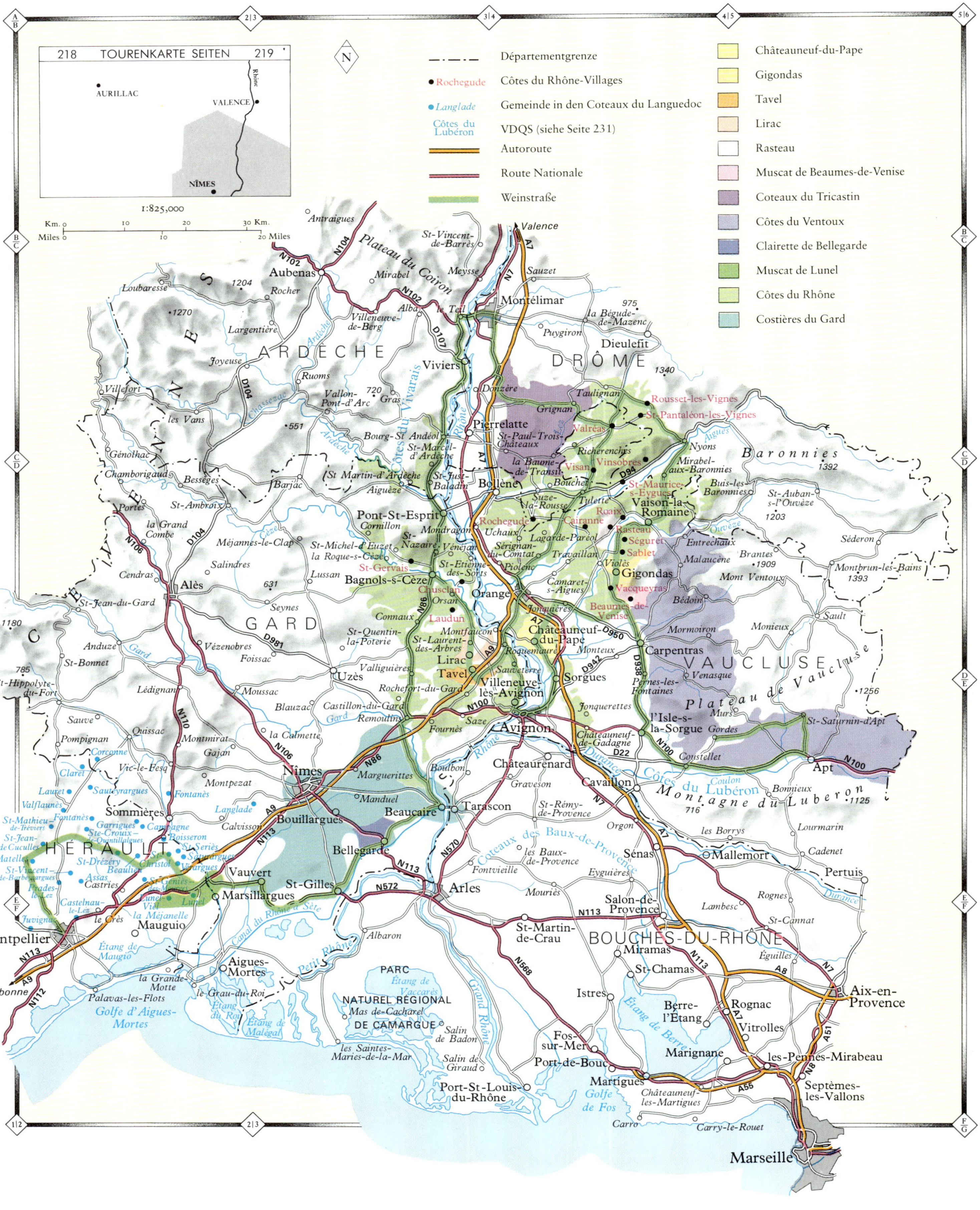

Die schroffen Steilwände der Dentelles de Montmirail üben unwiderstehliche Anziehungskraft auf Bergsteiger aus.

REISE-INFORMATIONEN

Die südliche Rhône ist wegen ihres sonnigen Klimas und ihrer natürlichen Schönheit bei Touristen sehr beliebt. Die hier ungefähr in der Reihenfolge von Norden nach Süden aufgeführten Adressen bilden nur eine kleine Auswahl dessen, was auf beiden Seiten der Rhône zu finden ist.

HOTELS

Hôtel Sévigné, 26230 Grignan, Tel. 74 46 50 97. Einfaches Hotel mit von Zimmer zu Zimmer unterschiedlicher Installation. Klasse B/C.

Savel, 01720 Ruoms, Tel. 75 39 60 02. Standardhotel in einem Park. Restaurant mit guter Weinkarte. Klasse C.

La Picholine, 21220 Nyons, Tel. 75 26 06 21. Ruhige Umgebung; Swimming Pool, Restaurant. Hotel Klasse B, Restaurant C.

Relais de Château, 26130 Suze-la-Rousse, Tel. 75 04 87 07. Modernes Hotel mit Swimming Pool und Restaurant. Klasse B.

Château de Rochegude, 26790 Rochegude, Tel. 75 04 81 88. Schloß mit Ursprung aus dem 12. Jh. (auch römische Funde, u. a. eine Bacchusstatue). Großer Komfort, gute Küche, schöner Park, Swimming Pool, Kellergewölbe. Klasse A.

Burrhuss, 84110 Vaison-la-Romaine, Tel. 90 36 00 11. Ziemlich modernes Hotel im Stadtzentrum. Aufmerksame Bedienung. Auch Restaurant. Klasse B.

Hostellerie Le Beffroi, 84110 Vaison-la-Romaine, Tel. 90 36 04 71. In der Altstadt gelegen, wirklich ausgezeichnete Unterkunft und Verpflegung. In der Saison Halbpension obligatorisch. Klasse A/B.

La Bellerive, 84110 Rasteau, Tel. 90 46 10 20. Modernes Hotel in den Weinbergen. Swimming Pool und Restaurant. Hotel Klasse B, Restaurant C.

Domaine de Cabasse, 84110 Séguret, Tel. 90 36 91 12. Freundliches Hotel, Teil eines Weinguts. Swimming Pool; gutes Restaurant. In der Saison Halbpension obligatorisch. Hotel Klasse B, Restaurant C.

Le Manoir, 84420 Morans, Tel. 90 37 00 79. Untadelige Zimmer; Restaurant unterhalb einer Burgruine. Klasse B.

Château de Coulorgues, route d'Avignon, 30200 Bagnols-sur-Cèze, Tel. 66 89 52 78. Kleines Château in einem Park mit Swimming Pool und Restaurant. Klasse B.

Les Florets, 84190 Gigondas, Tel. 90 65 85 01. Sehr friedliche, ländliche Umgebung; große Terrasse, Restaurant. Hotel Klasse B, Restaurant C.

Hotel Arène, place de Langes, 84100 Orange, Tel. 90 34 10 95. Trotz zentraler Lage ruhiges Hotel (bequemer Spaziergang zum großen römischen Theater). Klasse B.

Fiacre, 153, rue Vigne, 84200 Carpentras, Tel. 90 63 03 15. Gebäude aus dem 18. Jh. im Herzen der Stadt. Ruhige Lage. Klasse B.

Univers, place Aristide-Briand, 84200 Carpentras, Tel. 90 63 00 05. Hotel für Geschäftsleute, solider Ruf. Klasse B.

Château de Cubières, 30150 Roquemaure, Tel. 66 50 29 33. Schloßhotel mit Chalets im umgebenden Park. Restaurant. Klasse B.

La Genestière, 84170 Monteux, Tel. 90 62 27 04. Hotel in romantischer Lage unter Bäumen; komfortable Zimmer; Swimming Pool; traditionelles Restaurant. Klasse B.

l'Atelier, 5, rue de la Foire, 30400 Villeneuve-lès-Avignon, Tel. 90 25 01 84. Komfortables Hotel in der Altstadt. Klasse B.

La Magnaneraie, 37, rue Champ-de-Bataille, 30400 Villeneuve-lès-Avignon, Tel. 90 25 11 11. Große Zimmer mit modernem Komfort in einem schönen alten Landhaus; Swimming Pool, Garten, Restaurant *(feuilleté aux truffes du Ventoux)*. Hotel Klasse A, Restaurant B.

Les Frênes, 84140 Montfavet, Tel. 90 31 17 93. Luxuriöses, ruhig gelegenes Hotel mit Park in einem Vorort im Osten von Avignon. Hotel Klasse A. Restaurant Klasse B.

RESTAURANTS

Le Manoir du Raveyron, 07150 Vallon-Pont-d'Arc, Tel. 75 88 03 59. Angenehmer, schattiger Platz zum Mittagessen in Ardèche. Traditionelle Küche. Klasse C.

Ferme Champ-Rond, 84600 Valréas, Tel. 90 37 31 68. Charmantes altes Bauerngehöft; hier gibt es moderne

Interpretationen klassischer Gerichte zu genießen. Klasse B.
Le Petit Caveau, 26110 Nyons, Tel. 75 26 20 21. In der Altstadt; ziemlich moderne Küche. Klasse C.
Le Prieuré, 26110 Vinsobres, Tel. 75 27 63 32. Landgasthaus (*coq au vin* usw.). Klasse C.
Les Troubadours, 84820 Visan, Tel. 90 41 92 55. Im Keller eines Schlosses; gutbürgerliche, regionale Küche. Klasse C.
Le Relais, 84920 Ste-Cécile-les-Vignes, Tel. 90 30 84 39. Sehr gemütliches Restaurant mit hohem Standard. Klasse B.
La Beaugravière, 84430 Mondragon, Tel. 90 30 13 40. Lange Weinkarte mit alten Jahrgängen zu vernünftigen Preisen. Auch gute Küche *(saumon au Châteauneuf-du-Pape)*. Das tröstet über das mittelmäßige Lokal und den Mangel an Atmosphäre hinweg. Auch Hotel. Klasse C.
St-Hubert, 84340 Entrechaux, Tel. 90 36 07 05. Idealer Platz zum Mittagessen beim Besuch des nahegelegenen Vaison-la-Romaine (s. Sehenswertes); einladende schattige Terrasse und preiswerte, aber gute, regionale Küche. Klasse C.
La Table du Comtat, 84110 Séguret, Tel. 90 46 91 49. In einem malerischen Weinort mit einem herrlichen Blick über die Umgebung, ausgezeichnete Küche und viele Weine der Region: Herz, was begehrst du mehr? Auch Hotel mit Swimming Pool. Klasse B.
Le Mas du Belier, 30200 La Roque-sur-Cèze, Tel. 66 82 78 73. Gutes, billiges Restaurant am unteren Ortsende (nordwestlich von Bagnols-sur-Cèze). Der nahegelegene Sautadet-Wasserfall ist sehenswert. Klasse C.
Le Mas de Bouvan, 84150 Violès, Tel. 90 70 84 08. Sorgfältig zubereitete regionale Gerichte (z. B. *lapin au Côtes du Rhône). Klasse C.*
L'Oustau de Baumo, 84190, Beaumes-de-Venise, Tel. 90 62 95 19. Ländliche Gerichte wie *cotelette de porc au Muscat de Beaumes-de-Venise;* mit gemütlicher Terrasse. Klasse C.
Les Géraniums, Le Barroux, 84330 Caromb, Tel. 90 62 41 08. Provenzalische Gerichte in reichlichen Portionen. Auch Hotel mit 10 modernen und 12 älteren Zimmern und einer schattigen Terrasse. In jeder Hinsicht preiswert. Restaurant Klasse C, Hotel B/C.
L'Oustau d'Anaïs, 84410 Bédoin, Tel. 90 65 67 43. Gute ländliche Küche am Fuß des Mont Ventoux (pâté mit Zwiebelgemüse, Lammbraten). Klasse C.
Restaurant des Halles, rue Gallone, 84200 Carpentras, Tel. 90 63 24 11. Bodenständige Küche zu angemessenen Preisen. Klasse C.
L'Orangerie, 26, rue Duplessis, 84200 Carpentras, Tel. 90 67 27 23. Von außen nicht besonders auffällig, innen aber ganz ausgezeichnete Küche und viele gut gewählte Weine der Region. Schöner Garten. Klasse C.
Le Saule Pleurier, Quartier Beauregard, 84170 Monteux, Tel. 90 61 01 35. Gute Küche; Terrasse. Klasse B.
Auberge de Tavel, 30126 Tavel, Tel. 66 50 03 41. Brillante Weinkarte und passende Gerichte. Auch Hotel mit Swimming Pool. Klasse B.
Hostellerie du Seigneur, 30126 Tavel, Tel. 66 50 04 26. Mitten im Ort. Weine und Menüs zu annehmbaren Preisen. Auch Hotel. Klasse C.
Auberge de Cassagne, 84130 Le Pontet, Tel. 90 31 04 18. Sehr gutes Restaurant in einem Luxushotel bei Avignon. Swimming Pool; regionale Küche. In der Saison Halbpension obligatorisch. Restaurant Klasse B, Hotel A.
Hiély-Lucullus, 5, rue de la République, 84000 Avignon, Tel. 90 82 56 01. Renommiertes Restaurant mit großer Auswahl klassischer und modernerer Gerichte. Enttäuschung ist kaum möglich. Klasse B.
Brunel, 46, rue de la Balance, 84000 Avignon, Tel. 90 85 24 83. Einfallsreiche, leichte Küche *(ravioli de palourdes au safran)*, feine Desserts. Klasse A.
La Fourchette, 17, rue Racine, 84000 Avignon, Tel. 90 82 56 01. Bei Einheimischen sehr beliebt; Küche mit regionalem Akzent. Preiswert. Klasse C.
Le Vernet, 58, rue Joseph-Vernet, 84000 Avignon, Tel. 90 86 64 53. Großer Garten, im Inneren romantische Gemälde; marktfrische Zutaten. Klasse C.
Les Trois Clefs, 26, rue des Trois-Faucons, 84000 Avignon, Tel. 90 86 51 53. Gute Küche in gediegener Umgebung. Klasse B.
Le Bistrot d'Avignon, 1, place Jean-Vilar, 84000 Avignon, Tel. 90 88 06 45. Nahe beim päpstlichen Palast. Hier werden rund 50 Rhône-Weine ausgeschenkt. Klasse C.
L'Ermitage Meissonnier, 30400 Les Angles, Tel. 90 25 41 68. Die Küche ist besser als die Atmosphäre; große Auswahl an Weinen. Auch Hotel. Klasse B.
David, 84220 Roussillon, Tel. 90 05 60 13. In den Côtes du Ventoux: provencalische Küche, interessante Weinkarte und eine schöne Aussicht. Klasse C.
Le Val des Fées, 84220 Roussillon, Tel. 90 75 64 99. Kleines Restaurant, schwungvolle Küche. Klasse B.

SEHENSWERTES

Avignon Das bedeutendste Gebäude der betriebsamen Stadt ist das Palais des Papes; eigentlich sind es zwei Paläste, beide in der ersten Hälfte des 14. Jh. entstanden. Das Palais Vieux sieht nüchtern und fast streng aus, das Palais Nouveau ist ansehnlicher. Große Hallen, lange Korridore und viele Kapellen vermitteln einen Eindruck von der Größe der päpstlichen Hofhaltung in jener Zeit. Hier sind Gemälde, Fresken und Tapisserien zu sehen. Neben dem Palais befindet sich die Kathedrale Notre-Dame-des-Doms (12. Jh., später umgebaut) mit dem Grabmal von Papst Johannes XXII.; hinter der Kathedrale befindet sich der Rocher des Doms mit Garten und schöner Aussicht.

Der Pont St-Bénézet („Sur le pont d'Avignon") überquert den Fluß nur zur Hälfte, es sind noch 4 von ehemals 22 Bogen erhalten (die Rhône war damals breiter). Auf der Brücke eine kleine Kapelle. Avignon besitzt viele Museen. Das Musée Calvet (65, rue Joseph-Vernet) zeigt Funde aus der Vorgeschichte und der griechischen Antike, Beispiele der Schmiedekunst

sowie Gemälde aus dem 16. bis 20. Jh. (u. a. zwei Utrillos). Das Musée Requin nebenan ist der Heimatgeschichte gewidmet. Gegenüber dem Palais des Papes liegt das Petit Palais, heute Museum mit rund 300 Gemälden und Skulpturen. Im Musée Lapidaire (in einer früheren Jesuitenkapelle, 27, rue de la République) sind ebenfalls Skulpturen gesammelt, darunter ein Bacchustorso. Das Musée Théodore-Aubale (7, place St-Pierre) befaßt sich mit der Kunst des Druckens und das Musée Vouland (17, rue Victor-Hugo) mit Möbeln aus dem 18. Jh. Zwei sehenswerte Kirchen sind St-Didier und St-Pierre.
Beaumes-de-Venise Außer Wein hat der Ort die Reste mittelalterlicher Befestigungen, verschiedene Höhlen (u. a. die Ambrosi) und eine prähistorische Grabkammer aufzuweisen. Die hübsche kleine Kapelle Notre-Dame-d'Aubune außerhalb des Orts hat einen romanischen Turm.
Bouchet Die große Firma Cellier des Dauphins lagert ihren Côtes du Rhône und -Villages hier in einer alten Abtei.
Cairanne Die alten Stadtmauern und -tore stehen teilweise noch. Neben der Winzergenossenschaft befindet sich die 1962 zum Gedenken an die deutsche Besetzung erbaute Kapelle Notre-Dame-de-la-Vigne mit beachtenswerten modernen Kirchenfenstern.

Caromb In der Genossenschaft St-Marc haben Winzer Erinnerungsstücke an die alten Zeiten gesammelt.
Carpentras Betriebsame Provinz- und Ferienstadt; der Triumphbogen stammt aus der Römerzeit, die Synagoge aus dem 14. Jh., das Palais de Justice aus dem 17. Jh. und das Hôtel-Dieu mit Apotheke aus dem 18. Jh. Das 1976 gegründete Musée de Poésie ist einmalig in Frankreich. Werke des im 18. Jh. hier ansässigen Porträtmalers Joseph-Siffrein Duplessis sind im Musée Duplessis ausgestellt; dort befindet sich auch ein Museum für Heimatkunst und -geschichte. Zimmereinrichtungen aus verschiedenen Stilepochen bilden die Attraktion im Musée Sobirats. In der Kirche St-Siffrein aus dem 15. Jh. befindet sich eine Sammlung religiöser Kunst.
Fontaine-de-Vaucluse Ein Ausflugsziel. Die „Fontaine" ist eine Quelle am Fuß eines Felsens, zu der ein schöner Fußweg führt. Ein Museum ist dem italienischen Dichter Petrarca (14. Jh.) gewidmet, der als erster urkundlich festgehaltener Bergsteiger den Mont Ventoux bezwang. Eine hohe Säule im Ort wurde als Monument für ihn errichtet. Das Musée de Restrictions dient dem Gedenken an die Besatzungszeit. Im Sommer *Son-et-lumière*-Vorführungen.
Gigondas Schöner Weinort am Fuß der Dentelles du Montmirail mit Resten alter Befestigungen und holzgeschnitzten Figuren in der Kirche, vor der sich eine Terrasse mit schöner Aussicht befindet. In einer Probierstube im Ort kann man Weine von rund 30 Winzern versuchen.
Gordes Ein von Künstlern vor dem Aussterben bewahrtes Bergdorf. Es hat zwei Museen, eines für Archäologie und die Vasaléry für moderne Kunst.
Grignan Das imposante Schloß über dem Ort wurde bekannt durch die Briefe der Marquise de Sévigné, deren Tochter und Schwiegersohn hier lebten. Im Schloß befindet sich das Musée Faure-Cabrol (Tapisserien und Möbel). Im Sommer finden Konzerte auf der Orgel aus dem 17. Jh. in der Kirche St-Sauveur statt.
Mornas Oberhalb des Orts befinden sich die Reste der einstmals stärksten Befestigung im Rhône-Tal. In Mornas ist eine romanische Kapelle zu sehen.
Nyons Die Stadt ist durch Wein, Oliven, Konfitüre und Trüffeln bekannt geworden. Sie hat aber auch eine schöne Altstadt, das Quartier des Forts; ein kleines Museum für Archäologie befindet sich im Tour Sarrazaine, und Gemälde aus dem 16. und 17. Jh. sind in der Kirche St-Vincent zu besichtigen.
Orange In der Römerzeit war Orange mit 100 00 Einwohnern viel größer als heute. Das römische Theater ist das schönste noch erhaltene. Seiner einzigartigen Akustik wegen wird es im Sommer noch benutzt. Hier steht eine Statue des Kaisers Augustus und in der Nähe ein römischer Tempel und ein Gymnasium. Hinter dem Theater führt eine Straße zu einem Park und einer Burgruine. Im Norden der Stadt steht ein großer Triumphbogen, auf dem die Siege Cäsars dargestellt sind. Das Musée Municipal beim Theater besitzt Erinnerungsstücke an die Römer und die Fürsten von Nassau-Oranien.
Orgnac-l'Aven Riesige Tropfsteinhöhlen.
Rasteau An der Straße nach Roaix liegt die Domaine du Beaurenard mit einem Musée du Vigneron.
Richerenches In dem von Mauern und Türmen umgebenen Ort wurde im 12. Jh. die mächtige *commanderie* der Tempelritter gegründet. Heute befindet sich hier ein Trüffelmarkt.
Roussas Alter Ort im Tricastin mit einem Château.
Rousset-les-Vignes Am Fuß eines 800 m hohen Bergs. Château aus dem 16. Jh.
Roussillon Auf einem Berg im Bereich Côtes du Ventoux. Hier leben viele Künstler. Die Ockervorkommen in der Nähe werden für Malfarben abgebaut (in einem kleinen Museum dargestellt). Vom Castrum aus eine schöne Aussicht.
Sablet Stufenweise einen Berghang hinaufgebaut, mit den Resten alter Befestigungen: Mauern, Tore, Türme. Oben auf dem Berg eine kleine Kirche. (Probierenswerter Wein!)
St-Gervais Romantische Altstadt. Die Kirche soll am Platz eines Jupiter-Tempels stehen.
St-Laurent-des-Arbres Alte Türme und eine Wehrkirche aus dem 13. Jh.
St-Paul-Trois-Châteaux Die Kathedrale besitzt eine herrliche Westfassade; das Musée Municipal ist der Vorgeschichte der Region gewidmet. Reste der Stadtmauer sind noch erhalten. Drei Châteaux hat es hier nie gegeben; „Trois-Châteaux" ist eine Verballhornung von Tricastin.
St-Restitut Der größte natürliche Felsenkeller in Frankreich (im Besitz der Firma Cellier des Dauphins).
Séguret Fast ganz erhaltener mittelalterlicher Ort an einem Berghang. Er steht unter Denkmalschutz.
Suze-la-Rousse 1977 wurde hier im völlig restaurierten Château, einem ehemaligen Jagdschloß der Fürsten von Oranien, eine Wein-Universität eingerichtet. Die Studien erstrecken sich auf den gesamten französischen Wein. Regelmäßig finden Ausstellungen zum Thema Wein statt, und alle Rhône-Weine werden hier einer Geschmacksprüfung unterzogen, ehe sie ihre Appellation zuerkannt erhalten.
Le Thor Die Tropfsteinhöhle Touzon liegt wenige Kilometer nördlich des Orts.
Vaison-la-Romaine Hier wurden umfangreiche Reste aus der Römerzeit entdeckt: ein Theater, große Wohnbauten, eine ganze Straße mit Läden, Statuen, eine öffentliche Toilette. Die schönsten Kunstwerke, darunter die silberne Büste eines römischen Patriziers aus dem 3. Jh., sind in einem Museum ausgestellt. Die Kirche Notre-Dame-de-Nazareth, früher Kathedrale, stammt aus dem 6./7. Jh. (mehrfach umgebaut); daneben ein Kreuzgang. Im ältesten Teil der Stadt, Haute Ville, Häuser aus dem 14. Jh. und eine Burgruine. Man gelangt über eine 2000 Jahre alte Brücke dorthin.
Vallon-Pont-d'Arc. Hier spannt sich ein Felsenbogen, der Pont d'Arc, über die Ardèche. Die D290 von Vallon nach Pont St-Esprit bietet schöne Blicke auf die Ardèche-Schlucht.
Valréas Eine Platanenallee folgt dem Umriß der alten Stadtmauer. Im Stadtzentrum viele alte Häuser, das Rathaus aus dem 18. Jh. (früher ein Palast), eine romanische Kirche und die Chapelle des Pénitents-Blancs aus dem 15. Jh. (mit späteren Umbauten).
Villeneuve-lès-Avignon Als die Päpste in Avignon ihren Sitz hatten, bauten viele Kardinäle hier Sommerresidenzen. Zu den Sehenswürdigkeiten gehören das Fort St-André aus dem 14. Jh. mit Terrassen und italienischem Garten, ein Kartäuserkloster mit imposantem Portal und der Aussichtsturm Tour de Philippe le Bel; im Musée de l'Hospice die „Krönung der Jungfrau" des Malers Enguerrand Quarton aus dem 15. Jh.
Visan Befestigter Ort mit Burgruine. Jährlich findet Ende August/Anfang September eine Wallfahrt zur Kapelle Notre-Dame-des-Vignes (13. Jh.) statt; am Chorbogen die Inschrift: *Posuerunt me custodem in vineis* („Ich bin hier eingesetzt als Hüterin der Reben").
Viviers-sur-Rhône Kleine mittelalterliche Stadt (nach ihr ist der Bereich Vivarais benannt) mit einer Kathedrale aus dem 12. Jh.

Die Apellation Gigondas wird für ihren Rotwein geschätzt, der den Standard der Côtes du Rhône-Villages noch übertrifft.

WEINFESTE UND -MÄRKTE

Anfang März Côtes-du-Rhône-Fest und Weinprämierung in Vinsobres.
Um den 20. April Fête de St-Marc in Villeneuve-lès-Avignon.
Um den 1. Mai Fête des Vins in Bagnols-sur-Cèze.
Um den 20. Mai Prämierung von Tricastin-Weinen in La Baume-de-Transit.
Um den 15. Juni Côtes-du-Rhône-Fest und „Héritage" in St-Victor-la-Coste.
1. Juli-Woche Fête des Vins et des Vignerons in Violés.
Mitte Juli Fête des Vins in Visan.
Um den 14. Juli Fête des Côtes du Ventoux in Gordes; Fête des Côtes du Rhône-Villages in Vacqueyras.
14. Juli Fête des Vins Canton de

Bourg-St-Andéol in St-Marcel d'Ardèche.
Um den 20. Juli Fête des Vins des Côtes du Ventoux in Carpentras; Fête des Vins in Buisson sowie in Mondragon.
Ende Juli Fête des Vins des Côtes du Rhône Gardoises in Pont-St-Esprit; ein Weinfest in Vairanne.
Anfang August Fête des Vins de l'Enclave und ein Lavendel-Corso in Valréas.
Um den 10. August Fête des Vignerons du Mont Ventoux in Bédoin; Weinfest in St-Maurice-sur-Eygues; Fête des Vignerons Ardèchois in Ruoms.
Um den 15. August Wein- und Olivenfest in Mirabel-aux-Baronnies; eine Fête des Vins und ein provenzalisches Fest in Séguret.
Ende August/Anfang September Weinfest in Visan.
Mitte November Weinmarkt und Fête des Vins Primeurs in Vaison-la-Romaine.
Um den 20. November Wein- und Musikfest in Ste-Cécile-les-Vignes.

WEINBRUDERSCHAFTEN

La Commanderie des Costes du Rhône (Côtes du Rhône); La Compagnie de la Côte du Rhône Gardoise (Côtes du Rhône in Gard; La Commanderie de St-Vincent des Vignerons de Visan (Visan); La Confrérie de Vacqueyras (Vacqueyras); La Confrérie des Chevaliers du Gouste-Séguret (Séguret); Les Compagnons de Beaumes-de-Venise (Beaumes-de-Venise); La Commanderie de Tavel (Tavel); und La Confrérie des Vignerons des Côtes du Ventoux (Côtes du Ventoux).

WEININFORMATIONEN

La Maison du Tourisme et du Vin befindet sich in Avignon (41, cours Jean-Jaurès). In St-Paul-Trois-Châteaux gibt es in der Maison de la Truffe et du Tricastin Wein und andere Produkte aus den Coteaux du Tricastin zu kaufen und eine Trüffelausstellung zu besichtigen.

Die Trauben für den Clairette-de-Die-Schaumwein wachsen östlich der Rhône in den Ausläufern der Alpen.

BEDEUTENDE WEINGÜTER

CÔTES DU RHÔNE UND CÔTES DU RHÔNE-VILLAGES

AUBIGNAN, Postleitzahl 84190

Domaine de St-Sauveur: Neben gutem Côtes du Rhône bringen die Geschwister Lisette und Guy Rey feinen Muscat de Beaumes-de-Venise und Côtes du Ventoux hervor.

AVIGNON, Postleitzahl 84000, 232 E4

Étienne Bellicard: Schwesterfirma von Gilbey de Loudenne (Bordeaux) und Piat (Beaujolais). Im Besitz von International Distiller & Vintners; große Auswahl an Rhône-Weinen.

BOURG-ST-ANDÉOL, Postleitzahl 07700, 232 C3

Domaine des Amoureuses; Domaine de l'Olivet*: Rudolph Goosens' ungefilteter, faßgereifter Côtes du Rhône ist mustergültig.

CADIGNAC, Postleitzahl 30200

Domaine de la Reméjeanne.

CAIRANNE, Postleitzahl 84290, 232 D4

Cave Coopérative; Domaine Brusset; Domaine de l'Oratoire St-Martin: Bezeichnung: Réserve des Seigneurs de St-Martin.

CHUSCLAN, Postleitzahl 30200, 232 D3

Cave Coopérative*: Qualitätsbewußte Genossenschaft mit moderner Ausrüstung.

LAUDUN, Postleitzahl 30290, 232 D3

Domaine Pélaquié; Les Vignerons des Quartre-Chemins.

ORANGE, Postleitzahl 84100, 232 D4

Domaine Michel Bernard: Gediegene Weine aus eigenen und exklusiv genutzten fremden Weinbergen; **La Vieille Ferme*:** Handelshaus, gegründet von Jean-Pierre Perrin, mit vorbildlichem rotem Côtes du Ventoux und weißem Côtes du Lubéron.

PUYMÉRAS, Postleitzahl 84110

Cave Coopérative*: Eine der führenden Genossenschaften im Rhône-Tal.

ROCHEFORD-DU-GARD, Postleitzahl 30650, 232 E3

Domaine du Père Rocha.

ROCHEGUDE, Postleitzahl 26130, 232 D4

Cave Coopérative.

SABLET, Postleitzahl 84110, 232 D4

Domaine de Verquière*: Die Familie Chamford bietet einen feinen Sablet und einen sehr guten Côtes du Rhône an.

ST-CÉCLIE-LES-VIGNES, Postleitzahl 84290

Cave Coopérative; Domaine de la Grand'Ribe*: Sauberer, charmanter, fruchtiger Wein von Abel Sahuc; **Domaine de la Présidente.**

ST-GERVAIS, Postleitzahl 30200, 232 D3

Domaine Ste-Anne*: Ansprechende, leicht würzige Rotweine und sehr gute Weißweine. Das abgelegene Gut gehört der Familie Steinmaier.

ST-MAURICE-SUR-EYGUES, Postleitzahl 26650, 232 D4

Cave Coopérative.

ST-MICHEL-D'EUZET, Postleitzahl 30200, 232 D3

Domaine des Riots.

ST-PANTALÉON-LES-VIGNES, Postleitzahl 26230, 232 C4

Cave Coopérative.

SAZE, Postleitzahl 30650, 232 E3

Domaine de la Cabanon.

SÉGURET, Postleitzahl 84110, 232 D4

Domaine de Cabasse*: Faßgereifter Séguret und Sablet. Inhaberin Nadine Latour betreibt auf dem Gut auch ein Hotel mit Restaurant (siehe Reise-Informationen).

SUZE-LA-ROUSSE, Postleitzahl 26130, 232 D4

Cave Coopérative; Château de l'Estagnol.

TULETTE, Postleitzahl 26130, 232 D4

Cellier des Dauphins: Gigantische Abfüll- und Vertriebsfirma, verarbeitet fast die gesamte Produktion von 9 Winzergenossenschaften. Spitzenweine u. a. Côtes du Rhône „Carte Noire" und Côtes du Rhône-Villages „Réserve".

UCHAUX, Postleitzahl 84100, 232 D4

Château St-Estève*: Eindrucksvolles Gut mit reicher Auswahl an Rot- und Weißweinen. Große, romantische Kellergewölbe. Das Gut wird von Marc Français betrieben.

VACQUEYRAS, Postleitzahl 84190, 232 D4

Cave Coopérative; Domaine de la Fourmone*: :Im Besitz der Familie Combe. Vacqueyras und Gigondas (l'Oustau) in erstklassiger Qualität; **Domaine des Lambertins*:** Schöner, typischer Vacqueyras von den Gebrüdern Lambert; **Château de Montmirail*:** Vacqueyras- und Gigondas-Weine für lange Reifezeit, gepflegt von Jacques Bouteiller; **Domaine de Montvac; Pascal*:** Kleines Handelshaus mit ausgezeichneten Weinen aus dem südlichen Rhône-Tal, u. a. Gigondas aus der eigenen Domaine du Grand Montmirail.

VALRÉAS, Postleitzahl 84600, 232 C4

Romain Bouchard; Domaine des Grands Devers: Außerhalb von Valréas; **Union des Vignerons de l'Enclave des Papes:** Abfüll- und Vertriebsorganisation für drei Winzergenossenschaften und zwanzig Weingüter.

VÉNÉJAN, Postleitzahl 30200, 232 D3

Cave Coopérative.

VINSOBRES, Postleitzahl 26490, 232 D4

Cave Coopérative; Château de Deurre; Claude et Nicole Jaume.

VISAN, Postleitzahl 84820, 232 D4

Cave Coopérative.

BEAUMES-DE-VENISE UND RASTEAU

BEAUMES-DE-VENISE, Postleitzahl 84190, 232 D4

Domaine des Bernardins*: Fester, fruchtiger Muscat de Beaumes-de-Venise; **Cave Coopérative*:** Aromatischer Muscat in einer unverwechselbaren flachen Flasche; **Domaine de Coyeux*:** Einer der elegantesten Muscat-Weine des Bereichs, aus dem Gut von Yves und Cathérine Nativelle; **Domaine de Durban*:** Ein Muscat de Beaumes-de-Venise mit viel Frucht und Klasse.

RASTEAU, Postleitzahl 84100, 232 D4

Cave Coopérative; Domaine du Charà-Vin: Maurice Charavin hat u. a. einen vielbegehrten Rasteau *doré* (Grenache ohne Schalen vergoren); **Domaine des Coteaux du Travers; Domaine de la Grange Neuve.**

GIGONDAS

GIGONDAS, Postleitzahl 84190, 232 D4

Pierre Amadieu: Familienfirma mit dem größten Grundbesitz in Gigondas; auch Handelshaus. Der Wein lagert in einem 160 m langen Tunnel; **Cave Coopérative; Le Mas de Collines; Domaine de la Mavette; Etablissements Meffre:** Firma mit sehr großem Grundbesitz – 950 ha, davon 110 ha in Gigondas. Der Gigondas aus dem renovierten Château Raspail ist einer der Spitzenweine; **Domaines Les Pallières; Domaine du Pesquier*:** Schwerer, fast übervoller Gigondas; wird im Faß ausgebaut. Das Gut gehört der Familie Boutière; **Domaine Raspail-Ay*:** Edler, klassischer Gigondas, wird weder geschönt noch gefiltert. Das Gut gehört François Ay; **Domaine St-Gayan*:** Konzentrierter, eindrucksvoller Gigondas und ein meisterlicher Côtes du Rhône. Das Gut gehört Roger und Jean-Pierre Meffre; **Château du Trignon*:** André Roux' Weine stehen auf sehr hoher Qualitätsstufe, v. a. der Gigondas, der Sablet und der Rasteau.

COTEAUX DU TRICASTIN

LES GRANGES-GONTARDES, Postleitzahl 26290

Domaine de la Tour l'Élysée: Verschiedene *cuvées;* am besten ist der Syrah. Der Namensbestandteil „la Tour" bezieht sich auf den modernen Turm, der als Kelterhaus dient.

ROUSSAS, Postleitzahl 26320

Domaine de Grangeneuve*: Fortschrittliches Familienweingut (Mme Bour, Töchter und Schwiegersöhne) mit sauberen, charmanten Weinen.

LIRAC UND TAVEL

LIRAC, Postleitzahl 30126, 232 D3

Château de Ségriès.

ROQUEMAURE, Postleitzahl 30150, 232 D4

Jean-Claude Assémat*: Tatkräftiger, tüchtiger Winzer mit fruchtigen, sauberen und geschmeidigen Lirac- und Côtes-du-Rhône-Weinen. Assémat benützt die Namen mehrerer Weingüter, u. a. Domaine des Causses & St-Eynes und Domaine des Garrigues; **Domaine de Castel Oualou*:** Ein hervorragender roter Lirac, ein duftiger Rosé und ein erfrischender Weißwein. Das Gut gehört Marie Pons-Mure. **Domaine du Château de St-Roch.**

ST-LAURENT-DES-ARBRES, Postleitzahl 30126, 232 D3

Domaine du Devoy*: Eleganter, aber fester roter Lirac in bester Qualität. Das Gut gehört den Gebrüdern Lombardo; **Charles Pons-Mure.**

Das restaurierte Château in Suze-la-Rousse an den Côtes du Rhône. Es beherbergt eine Wein-Universität und Ausstellungen zum Thema Wein, ferner dient es als Zentrale für die amtliche Geschmacksprüfung von Weinen aus dem ganzen Rhône-Tal.

TAVEL, Postleitzahl 30126, 232 D3

Château d'Auqéria*: Erfrischender, ziemlich eleganter Rosé. Das Château gehört Paul Bez; **Cave Coopérative; Domaine de la Genestière*:** Georges Bernard bietet konzentrierten, milden und fruchtigen Tavel sowie einen ziemlich kräftigen roten Lirac an; **Domaine Maby; Prieuré de Montézargues; Château de Trinquevedel:** Kraft- und stilvoller Tavel von François Dumoulin, einem führenden Winzer der Gegend; **Domaine le Vieux Moulin*:** Fester, recht fruchtiger Rosé, der jung am besten schmeckt. Das Gut gehört der Familie Roudil.

CÔTES DU VENTOUX

LE BARROUX, Postleitzahl 84330

Domaine de Champaga.

BÉDOIN, Postleitzahl 84410, 232 D4

Cave Coopérative.

MORMOIRON, Postleitzahl 84570, 232 D4

Domaines des Anges; Cave Coopérative.

VILLES-SUR-AUZON, Postleitzahl 84570

Cave Coopérative.

ARDÈCHE

LAGORCE, Postleitzahl 07150

Domaine de Vignier.

ORGNAC-L'AVEN, Postleitzahl 07150

Cave Coopérative.

RUOMS, Postleitzahl 07120

UCOVA*: Der moderne Betrieb übernimmt Abfüllung und Verkauf nahezu der gesamten Produktion von 19 Genossenschaften im südlichen Ardèche. Neben vielen einfachen Weinen bietet er erstaunliche Vins de Pays an, darunter ausgezeichneten Chardonnay und Cabernet Sauvignon.

ST-MONTANT, Postleitzahl 07220

Domaine Gallety.

ST-REMÈZE, Postleitzahl 07700

Domaine du Belvezet*: Gehaltvoller, intensiver Rotwein, einer der besten der Gegend.

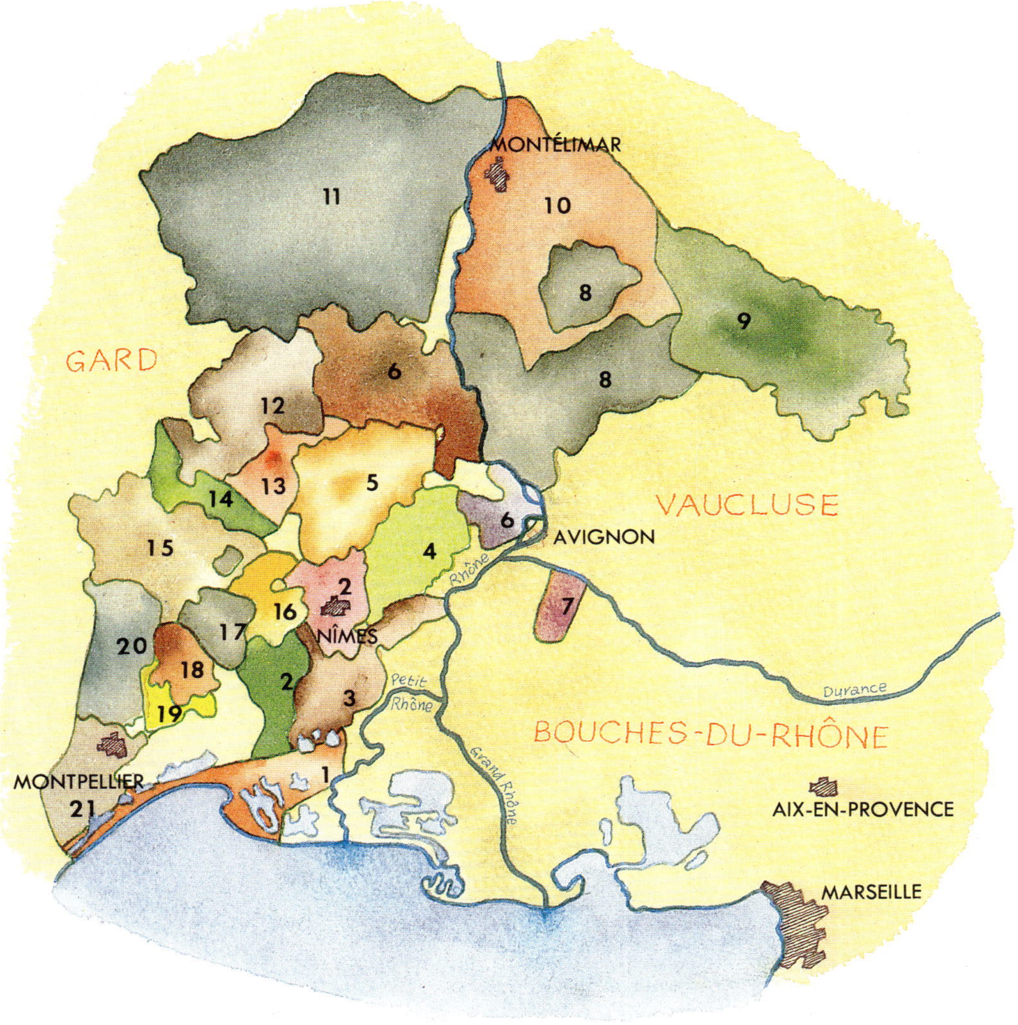

1 Sables du Golfe de Lion
2 Vistrenque
3 Coteaux Flaviens
4 Coteaux du Pont du Gard
5 Uzège
6 Coteaux de Cèze
7 Petite Crau
8 Principauté d'Orange
9 Coteaux des Baronnies
10 Comté de Grignan
11 Coteaux de l'Ardèche
12 Coteaux Cévenols
13 Mont Bouquet
14 Serre du Coiran
15 Coteaux du Salavès
16 Vaunage
17 Côtes du Vidourle
18 Bénovie
19 Bérange
20 Val de Montferrand
21 Collines de la Moure

DIE VINS DE PAYS VON DER SÜDLICHEN RHÔNE

Der Vin de Pays – er repräsentiert inzwischen mit rund 5,5 Millionen Hektoliter im Jahr (über 61 Millionen Kisten) ein enormes Weinvolumen – erhielt in den 70er Jahren einen legalen Status zugesprochen. In einer Reihe von Verordnungen wurden die Anforderungen und Qualitätsmaßstäbe für die Produktion definiert, und es wurden Dutzende von Namen festgesetzt.

Die für den Vin de Pays geltenden Vorschriften sind nicht so streng wie die für den VDQS (Vins Délimités de Qualités Supérieure), nützlich sind sie aber auf jeden Fall; das bezeugen die verschiedenen Vins de Pays, die inzwischen zum VDQS, der Vorstufe zur begehrten Appellation Contrôlée, erhoben worden sind. Die Bestimmungen beziehen sich u. a. auf die zulässigen Traubensorten, den Ertrag (70 bis 90 hl/ha), den Mindestalkoholgehalt und auf das Ursprungsgebiet. Außerdem werden die Weine einer Analyse und Geschmacksprüfung unterzogen.

Im Weingesetz sind drei Arten von Vin de Pays vorgesehen: der regionale Wein (z. B. Vin de Pays d'Oc), der aus einer mehrere Départements übergreifenden Gebietseinheit stammt; der Départementwein (z. B. Vin de Pays de Vaucluse); und der zonale Wein (z. B. Vin de Pays de la Principauté d'Orange). Der Erzeuger darf auf dem Etikett verschiedene Angaben machen, z. B. Jahrgang, Traubensorte (bei sortenreinen Weinen), Abfüllungsort, Erzeugungsmethode oder Art des Weins (*sur lie, vin de primeur* usw.), Auszeichnungen sowie den Namen des Weinguts, der Winzergenossenschaft oder des Händlers. Die Ausdrücke „Château" und „Clos" sind nicht zulässig.

Der weitaus größte Teil aller Vins de Pays – rund 85 % – kommt aus den Départements am Mittelmeer. Zudem wird die Mehrzahl dieser Weine von Winzergenossenschaften produziert. Die südliche Rhône ist reich an Vins de Pays. Bei manchen liegt der eigentliche Charme im poetischen Namen, andere wieder überraschen durch große Qualität. Derzeit kommen die besten Vins de Pays dieser großen Region aus dem Département Ardèche. Hier erzeugt eine dynamische Gruppe von Winzergenossenschaften, an ihrer Spitze die UCOVA in Ruoms, ganz vorzügliche Weine von der burgundischen Chardonnay-Traube und vom Cabernet Sauvignon aus Bordeaux sowie von anderen Sorten.

Südlich von Nîmes wächst auf dem flachen Sandstrand am Mittelmeer der bemerkenswerte Vin de Pays des Sables du Golfe du Lion. Unter ganz unwahrscheinlich anmutenden Voraussetzungen bringt dort ein Salzgewinnungsunternehmen (Salins du Midi), das sich schon im vergangenen Jahrhundert als Weinbaupionier betätigte und inzwischen zum größten Weingut Frankreichs geworden ist, einen unter dem Markennamen Listel bekanntgewordenen, überraschend angenehmen Wein hervor. Dabei werden „landfremde" Traubensorten wie Chardonnay, Sauvignon, Cabernet Sauvignon und Merlot mit Erfolg eingesetzt.

In der Produktionsmenge steht der Vin de Pays du Gard an der südlichen Rhône mit jährlich 200 000 bis 300 000 hl an der Spitze. Es folgen der Vin de Pays des Coteaux de l'Ardèche mit knapp 200 000 hl sowie der Vin de Pays des Sables du Golfe du Lion und der Vin de Pays des Bouches du Rhône mit je 100 000 bis 150 000 hl.

CHÂTEAUNEUF-DU-PAPE

Die Geschichte von Châteauneuf ist eng mit Religion und Weinbau verwoben. 1309 wurde Klemens V. (Bertrand de Goth, Erzbischof von Bordeaux und Begründer des heutigen Château Pape Clément in Graves) in Avignon als Papst eingesetzt. Ihm folgten weitere sechs Päpste im Palast von Avignon, darunter auch Johannes XXII. Er wollte dem Trubel der Stadt entgehen und schaute sich deshalb in der Umgebung nach einem Platz um, wo er in Frieden meditieren konnte. Er entschied sich für das vernachlässigte Schloß Châteauneuf, das im Laufe der folgenden 15 Jahre restauriert und als Sommerresidenz genutzt wurde.

Der päpstliche Hof entwickelte einen beträchtlichen Durst, und so nahmen die Weinberge im Châteauneuf rasch zu. Als Johannes XXII. im Jahr 1333 starb, gab es in der Umgebung vermutlich über drei Millionen Weinstöcke; unter seinen Nachfolgern wurden noch mehr gepflanzt.

Damals wurde das Land für die Schafzucht sowie für den Wein- und Olivenanbau genutzt; im 18. Jh. verschob sich dann der Schwerpunkt immer mehr zum Weinbau hin. 1727 gab es bereits die Vorschrift, daß nur Trauben, die innerhalb der Grenzen von Châteauneuf gewachsen waren, dort auch verarbeitet werden durften. Sie war der Vorläufer späterer, viel strenger gefaßter Bestimmungen, die 1923 auf Initiative des Barons Le Roy de Boiseaumarié, Besitzer von Château Fortia, erlassen wurden und auf denen die heutige Gesetzgebung über die Appellations Contrôlées für ganz Frankreich weitgehend beruht.

Der Wein von Châteauneuf-du-Pape (dieser Name kam erst im 19. Jahrhundert auf) darf nur von 13 zugelassenen Traubensorten gekeltert werden: von 8 dunklen und 5 hellen. Die dunklen Trauben sind Grenache, Syrah, Cinsaut, Mourvèdre, Muscardin, Vaccarèse, Counoise und Terret Noir; bei den hellen Trauben handelt es sich um Clairette, Bourboulenc, Roussanne, Picardan und Picpoul. Die weißen Trauben werden im roten Wein mitverwendet, zum Teil aber dienen sie auch zur Erzeugung von weißem Châteauneuf-du-Pape, von dem es aber nicht viel gibt. Der Rebbestand ist von Weingut zu Weingut allerdings unterschiedlich. Manche Winzer pflanzen nur vier der genannten Rebsorten an, die Domaine de Nalys dagegen hat alle dreizehn in ihren Weinbergen. Es besteht übrigens auch die Vorschrift, daß bei der Weinlese etwa 5 % der Trauben am Stock verbleiben müssen.

Die sanften Hänge und weiten Plateaux der Landschaft um Châteauneuf-du-Pape weisen als Eigenheit einen rötlichbraunen Boden auf, der stark mit Lehm vermischt und mit einer dicken Lage Steine bedeckt ist. Tagsüber nehmen die Steine die Sonnenwärme in sich auf und strahlen sie dann nachts wieder ab, was dazu beiträgt, den Trauben zu vollster Reife zu verhelfen. Ferner gibt es in dem 3000 ha großen Bereich auch Sand-, Kies- und Lehmböden. Die Unterschiede in den Bodentypen, den gepflanzten Rebsorten und den Bereitungstechniken bringen es mit sich, daß der Wein von Châteauneuf-du-Pape in sehr verschiedenen Stilen angeboten wird. Klassischer Châteauneuf ist stämmig und alkoholstark. Besonders gute Weine zeigen subtile Nuancen von Lorbeeren und Veilchen, Trüffeln und Pflaumen, Zimt, Kräutern und frisch geröstetem Kaffee; ihre wahre Klasse erweisen sie aber erst nach 8 bis 10 Jahren. Andere, durch Kohlensäuremaischung bereitete Châteauneufs ähneln dem Beaujolais: Nach 10 Monaten sind sie abfüllfertig und innerhalb von 2 bis 3 Jahren genußreif.

Auf den weißen Châteauneuf entfallen nur 3 % der Gesamterzeugung. Heute kann er eine gute Alternative zu weißem Burgunder darstellen. Da der Châteauneuf zum großen Teil durch Handelshäuser vertrieben wird, haben sich einige Weingüter, die ihren Wein selbst abfüllen, zusammengetan und eine eigene charakteristische *bouteille écussonnée* geschaffen: eine Flasche mit den gekreuzten Schlüsseln Petri am Hals.

Châteauneuf-du-Pape drängt sich um die Ruinen der alten päpstlichen Sommerresidenz. In den noch intakten Kellergewölben hält die Weinbruderschaft ihre Feste ab. Weit und breit erstrecken sich Weinberge, deren Boden mit Steinen übersät ist.

Das Handelshaus Père Anselme unterhält in Châteauneuf ein Weinmuseum. Es lohnt sich durchaus, die Stadt mit den vielen Erinnerungen an ehemaligen päpstlichen Glanz in Muße zu durchwandern. Die ortsübliche Kopfbedeckung (unten) ist dabei kein Muß.

REISE-INFORMATIONEN

Hotels und Restaurants in der weiteren Umgebung siehe auch „Südliche Rhône".

HOTELS

Hostellerie du Château des Fines Roches, 84230 Châteauneuf-du-Pape, Tel. 90 83 70 23. Ein Schloß mit zinnengekrönten Türmen und sieben luxuriösen Zimmern, kleiner Terrasse, zwei Speisesälen (einer im Louis-XIII-Stil) und mit einer Bibliothek. Ausgezeichnete Küche mit frischen Zutaten *(magret de canard au vinaigre de Châteauneuf-du-Pape)* eine Weinkarte mit guter Auswahl an Châteauneuf-Weinen. Das Weingut im Château hat andere Besitzer als das Hotel, das jedoch vom schönen Blick über die Weinberge profitiert. Hotel Klasse A, Restaurant Klasse B.
Le Logis d'Arnavel, 84230 Châteauneuf-du-Pape, Tel. 90 83 73 22. Modernes, komfortables Hotel, westlich von Châteauneuf. Es gehört einem Winzer und hat ein gutes Restaurant und einen Swimming Pool. Klasse C.
La Mère Germaine, 84230 Châteauneuf-du-Pape, Tel. 90 39 70 72. Einfaches Hotel mit Terrasse und Restaurant. Klasse C.

RESTAURANTS

La Garbure, 84230 Châteauneuf-du-Pape, Tel. 90 82 75 08. Preiswerte, ordentliche ländliche Küche. Klasse C.
La Mule du Pape, 84230 Châteauneuf-du-Pape, Tel. 90 83 73 30. Im Obergeschoß eines Gebäudes im Stadtzentrum. Sorgfältige Küche in provenzalischer Art. Klasse B.
Le Pistou, 84230 Châteauneuf-du-Pape, Tel. 90 39 71 75. Traditionelle Gerichte der Region. Klasse C.
La Porte des Princes, avenue de la République, 84350 Courthézon, Tel. 90 70 70 26. Gutes, einfaches Restaurant (Lammkoteletts); das Hotel ist nicht zu empfehlen. Klasse C.

SEHENSWERTES

Châteauneuf-du-Pape Der frühere päpstliche Sommerpalast oberhalb der Weinberge wurde 1562 weitgehend zerstört und 1944 nochmals beschädigt. Trotzdem lohnt sich der Aufstieg zu den Ruinen, deren gewaltige Ausmaße noch immer beeindrucken. Intakt geblieben ist das große Kellergewölbe, das von der Weinbruderschaft für Bankette und Feste genutzt wird. Von der Ruine aus hat man eine weite Aussicht über Châteauneuf und die Umgebung. In der Stadtmitte haben mehrere Erzeuger ihre Keller und Probierstuben; auch einige einfache Restaurants gibt es hier. Am unteren Ortsende befindet sich das Handelshaus Père Anselme, das ein Weinmuseum eingerichtet hat. Eines der bedeutendsten unter den 500 Ausstellungsstücken ist ein mittelalterliches Faß mit 4000 l Inhalt.

AKTIVITÄTEN UM DEN WEIN

Die Fête de St-Marc findet um den 25. April und die Fête de la Véraison am 1. August-Wochenende statt; in der 2. Septemberhälfte wird der Ban de Vendanges, d. h. der Lesebeginn, feierlich verkündet.
1967 wurde als Weinbruderschaft die Echansonnerie des Papes gegründet.

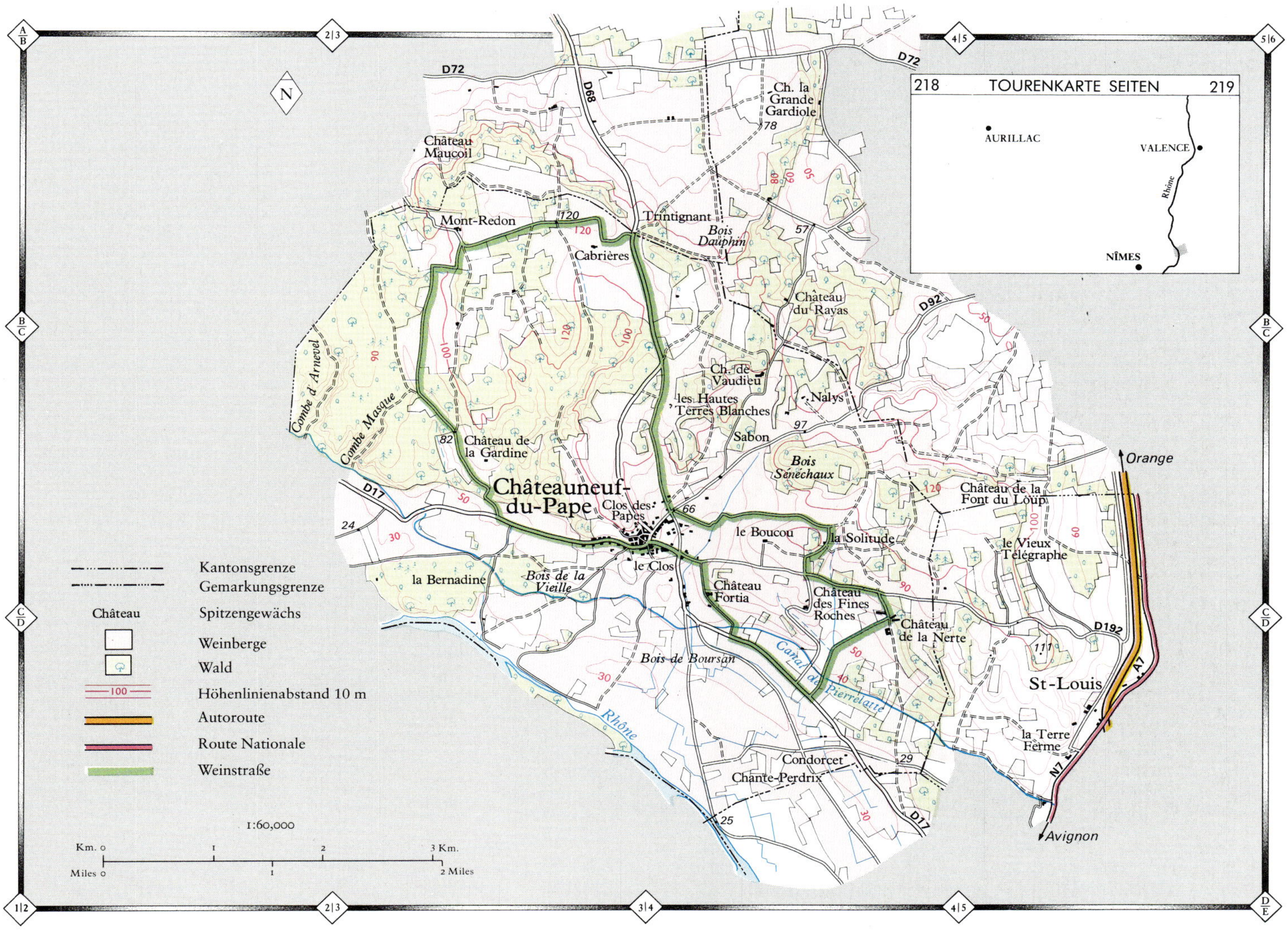

SO

BEDEUTENDE WEINGÜTER

BEDARRIDES, Postleitzahl 84370

Bérard Père & Fils*: Handelshaus mit großem Weingut namens Terre Ferme in Châteauneuf-du-Pape. Der Rotwein ist konzentriert und voll Aroma im alten Stil.

CHÂTEAUNEUF-DU-PAPE, Postleitzahl 84230, 232 D4, 241 C3

Domaine de Beaurenard/Paul Coulon; Domaine de Cabrières*, 241 B3: Die Familie Arnaud garantiert, daß ihr Rotwein mindestens 20 Jahre lang hält; **Domaine Chante Cigale*:** Aristokratischer, seriöser Wein für lange Lebensdauer von Noël Sabon und Christian Favier; **Domaine Chante Perdrix/Frères Nicolet,** 241 D4; **Domaine Jean Deydiers & Fils/Les Clefs d'Or; Domaine Font de Michelle; Château Fortia*,** 241 C4: Charaktervoller Rotwein, manchmal mit beachtlicher Eleganz. Der Weißwein ist nicht ganz so gut. Der Besitzer ist Baron Pierre Le Roy de Boiseaumarié, der Sohn des Schöpfers der AC-Vorschriften für Châteauneuf-du-Pape; **Château de la Gardine,** 241 C3; **Domaine du Grand Tinel; Domaine du Haut des Terres Blanches,** 241 C4; **Château Maucoil,** 241 B3; **Clos du Mont-Olivet/Frères Sabon; Domaine de Mont-Redon*,** 241 B3: Weingut mit fast 100 ha; klassischer Rotwein und duftiger, fruchtiger Weißwein; **Louis Mousset*:** Handelshaus mit mehreren ausgezeichneten Châteauneuf-Weinen. Der beste stammt aus dem eigenen Château des Fines Roches, ein monumentaler, aber durchaus nicht schwerfälliger Wein; **Domaine de Nalys*,** 241 C4: Der Weißwein ist besser als der jung zu trinkende Rotwein; **Château La Nerte*,** 241 D4: Das Weingut hat als erstes seine Weine selbst abgefüllt (1785). Traditioneller, voller Rotwein; **Clos de l'Oratoire des Papes; Clos des Papes/Paul Avril*,** 241 C3: Sehr guter, ausgewogener roter Châteauneuf mit Finesse und Individualität. Die Familie Avril baut hier seit drei Jahrhunderten Wein; **Père Anselme:** Handelshaus mit verschiedenen Weinqualitäten unter mehreren Namen. Der Châteauneuf-du-Pape ist allgemein gut; **Domaine du Père Caboche*:** Köstlicher, charmanter Weißwein und ein überzeugender Rotwein. Besitzer des Guts: Jean-Pierre Boisson; **Caves St-Pierre:** Quantität steht im Vordergrund, doch der Châteauneuf St-André ist gut; **Domaine de la Serrière/Michel Bernard; Domaine de la Solitude/Famille Lançon,** 241 C4; **Château Rayas/Jacques Reynaud*:** 241 B4: Gut strukturierter, stilvoller Wein in meist sehr hoher Qualität von zum Teil alten Reben auf sandigem Boden. Auch der bemerkenswerte Côtes du Rhône von Château de Fonsalette wird hier gekeltert; **Domaine Trintignant,** 241 B4; **Château de Vaudieu/Gabriel Meffre,** 241 C4; **Domaine du Vieux Lazaret*:** Gehaltvoller runder Rotwein; das Gut gehört dem tatkräftigen Jérôme Quiot; **Domaine de Vieux Télégraphe*,** 241 C5: Dem Gärprozeß in Edelstahltanks folgt meist ein einjähriger Ausbau im Faß. Breiter, komplexer Rotwein mit großer Nachhaltigkeit.

COURTHÉZON, Postleitzahl 84350

Château de Beaucastel*: Mit allen 13 zulässigen Traubensorten und genialen Bereitungstechniken bringen die Gebrüder Perrin einen der Spitzenweine der Gegend hervor. Ein Châteauneuf-du-Pape für betuchte Leute.

PROVENCE

Seit dem 2. Weltkrieg ist keiner Gegend Frankreichs mehr Aufmerksamkeit zuteil geworden als der Provence. Sommer für Sommer ergießen sich Touristenströme aus dem Norden in Ferienwohnungen, Hotels und Campingplätze. Die große Anziehungskraft ist auf eine einzigartige Kombination vieler natürlicher Faktoren zurückzuführen: Das Klima ist mild und angenehm und die Landschaft außerordentlich schön. Die Côte d'Azur bietet eine wundervolle Szenerie aus Stränden, Buchten, Flußmündungen und Felsgruppen. Im Landesinnern wechseln schroffe Gebirgsmassive mit Hochflächen, Tälern und spektakulären Schluchten. Die Vegetation ist üppig. Hügel und Berghänge sind oft mit Wäldern bedeckt. Aus diesem irdischen Paradies ist der Wein nicht wegzudenken. Schon im 6. Jahrhundert v. Chr. pflanzten die Griechen hier Reben. Die Römer, die nach ihnen kamen und sechs Jahrhunderte blieben, trieben ebenfalls Weinbau und exportierten sogar nach Rom.

Das Erbe der Römer ist in der Provence noch immer deutlich; mancher Bauernhof steht auf den Grundmauern einer römischen Villa, und in den Städten gibt es antike Bauten, die sich in Italien sehen lassen könnten. Auch in den dunkelsten Zeiten bewahrte sich die Provence ihr zivilisiertes Wesen. Im frühen Mittelalter gab es hier eine kulturelle Blüte wie nirgendwo sonst in Europa. Troubadoure bereicherten die provenzalische Sprache, und die höfische Minne begünstigte eine kultivierte Lebensart, die kraß von den barbarischen Sitten des Nordens abstach. Heute noch fühlt die Provence die eigene Besonderheit, die in jahrhundertelanger Eigenständigkeit wurzelt – offizieller Bestandteil Frankreichs wurde die Region erst 1481.

Der Wein war damals und ist heute tief im zivilisierten Erbe der Provence verankert, doch seltsamerweise hat der Weinbau hier nie hervorragende Leistungen zuwege gebracht. In Kalifornien, wo die klimatischen Bedingungen ganz ähnlich sind, heißt es, für das Entstehen eines verfeinerten Weinbaus sei das Vorhandensein einer wohlhabenden und anspruchsvollen Clientèle unerläßlich. Nun hat die Provence sicherlich die Wohlhabenden und Anspruchsvollen, am verfeinerten Wein aber fehlt es noch immer. Dagegen blüht die Gastronomie – großartige Restaurants greifen die Traditionen der Olive und der Meeresfrüchte auf und wandeln sie nach den Grundsätzen der *nouvelle cuisine* in superbe Köstlichkeiten um. Doch leider muß der Gast noch immer zu den Erzeugnissen aus Bordeaux, Burgund und anderen Gegenden Frankreichs Zuflucht nehmen, wenn er einen Wein sucht, der diesen guten Dingen gerecht wird.

Die über 20 km lange Schlucht des Verdon mit ihrer wildromantischen Szenerie ist durch zwei Straßen erschlossen; eine unten neben dem grünen Fluß, die zweite oben am Felsenrand.

Aber es gibt Anzeichen dafür, daß im Weinbau der Provence ein neuer Geist erwacht ist. Wie anderswo in Frankreich – und in der Neuen Welt – übernehmen kleine Winzer die Schrittmacherdienste. Mit modernen Ausrüstungen, edlen Reben und technischem Know-how bringen sie vorzügliche Weine hervor.

Dem Weintouristen bietet die Provence die Chance zum Besuch von Weinbaugebieten mit gleichzeitigem Urlaub am Strand. Ein weiterer Genuß ergibt sich daraus, daß das klare Licht und das milde Klima manche Giganten der modernen Kunst hierhergelockt hat; ihr Erbe zeigt sich in einer Reihe beachtenswerter Museen. In Nizza ist eines Marc Chagall und ein zweites Henri Matisse gewidmet, und Cocteaus Fresken in der Uferkapelle in Villefranche werden weithin gepriesen.

Die Provence (von Provincia Romana) besteht aus den Départements Alpes de Haute-Provence, Alpes-Maritimes, Bouches-du-Rhône, Var und Vaucluse. Als Weinbaubereich fällt Vaucluse zum größten Teil in das Anbaugebiet Rhône. Aber ohnedies bleibt das Territorium noch umfangreich genug und wurde deshalb in 10 Bereiche unterteilt.

Die größte Appellation heißt Côte de Provence. Sie umfaßt 85 Gemeinden um das Massif des Maures, das von Toulon aus nordostwärts an der Küste entlang verläuft. Jahrzehntelang waren die Côtes de Provence lediglich durch schweren, trockenen, ziemlich langweiligen Rosé bekannt, der meist an Ort und Stelle von anspruchslosen Touristen konsumiert wurde. Er war dem Wein-Image der Provence nicht gerade förderlich, und so hat es seit den 70er Jahren großer Anstrengungen bedurft, um Qualität und Quantität des dortigen Rotweins zu heben. In beiderlei Hinsicht dürfen deutliche Verbesserungen verzeichnet werden. Etwa ein Drittel der Gesamterzeugung entfällt inzwischen auf Rotwein von oft überraschend hoher Qualität. Aber auch einige Rosés stehen jetzt über dem Durchschnitt. Es wird auch weiter Côtes de Provence erzeugt, doch fehlt es ihm zumeist an Frische und Lebendigkeit.

Westlich der Côtes de Provence schließen zwei kleinere Appellationen an, die erste nach der eleganten Stadt Aix-en-Provence und die zweite nach dem malerischen, auf einen Felsen gebauten Ort Les Baux-en-Provence benannt. Beide sind in mancher Hinsicht den Côtes de Provence voraus, obwohl sie den AC-Status erst viel später erlangten. Hier spielt der Rotwein eine größere Rolle, wobei dem Cabernet Sauvignon viel Bedeutung zukommt. Die Bordeaux-Traube verleiht diesen Weinen eine Qualität, die in den Côtes de Provence nur selten zu finden ist. Georges Brunet auf Château Vignelaure (in Rians, Coteaux d'Aix-en-Provence) leistet auf diesem Gebiet Pionierarbeit.

Nördlich der Coteaux d'Aix-en-Provence erstrecken sich am Fuß der 1100 m hohen Montagne de Lubéron die Weinberge der Côtes du Lubéron. Hier wachsen vor allem süffige, unkomplizierte Rotweine, die zu 90 % von Genossenschaftskellereien verarbeitet werden, aber einige Weingüter haben auch bessere Qualität zu bieten. Der Bereich Coteaux de Pierrevert schließt im Osten an. Er ist noch recht unerschlossen – bisher entstehen hier einfache, leichte Weine, doch besteht ein unbezweifelbares Qualitätspotential.

1984 wurden die Coteaux Varois auf Betreiben einiger ehrgeiziger Winzer vom Vin de Pays zum VDQS aufgewertet. Auch hier wurden mit Cabernet Sauvignon beachtliche Ergebnisse erzielt, aber die meisten Weine (nur rot und rosé) sind eng mit den Côtes de Provence verwandt.

Als erste in der Provence wurden die vier kleinen Appellationen Palette, Cassis, Bandol und Bellet geschaffen. Palette ist winzig klein und besteht fast ausschließlich aus den Weinbergen von Château Simone. Hier entstehen Rot-, Rosé- und Weißweine.

Die kleine, von steilen Bergen umschlossene Hafenstadt Cassis hat ein besonders warmes Mikroklima. Hier reifen die Trauben der vorwiegend weißen Rebsorten auf kalkhaltigem Boden voll aus und liefern einen körperreichen Wein, der wundervoll zu *bouillabaisse* und anderen kräftig gewürzten Speisen paßt. Die besseren Cassis sind eher blumig als fruchtig, die Rot- und Roséweine dagegen oft ziemlich rauh.

Der Bereich Bandol liegt etwa 20 km weit östlich ebenfalls an der Küste. Er besteht aus 8 Gemeinden oder Gemarkungen und ist die größte der vier kleinen Appellationen. Schroffe Bergketten wechseln hier mit flachem Land. Bandol ist als Rotweinbereich bekannt, aber es gibt auch viel Rosé und etwas Weißwein hier. Der rote Bandol muß mindestens zu 50 % von der Mourvèdre-Traube gewonnen sein, die ihm Kraft, tiefe Farbe, gerbstoffherben Charakter und oft ein schönes Brombeerenaroma verleiht. In der Jugend schmeckt er sehr streng, daher verlangt die Vorschrift mindestens 18 Monate Reifezeit im Faß.

Bellet, der vierte Bereich, versteckt sich in den Bergen hinter Nizza. 1947 wäre ihm fast der AC-Status aberkannt worden, weil die wachsende Stadt ihn einengte. Der Familie Bagnis auf Château de Crémat ist es zu verdanken, daß der Weinbau hier gerade noch rechtzeitig wiederbelebt wurde. Dennoch, mit weniger als 50 ha ist dieser Bereich wahrhaftig klein geblieben. Er bringt Weiß-, Rosé- und Rotweine in etwa gleichen Mengen hervor. Der Weißwein ist im allgemeinen am besten – sanft erfrischend, elegant und subtil – aber auch manche Rot- und Roséweine können recht erfreulich sein.

REISE-INFORMATIONEN

Die traditionelle provenzalische Küche verwendet viel Fisch aus dem Mittelmeer: Anchovis, Barbe, Brassen, Sonnenbarsch usw.; Schalentiere, Gemüse, Kräuter und Knoblauch spielen ebenfalls eine bedeutende Rolle. Am berühmtesten ist die bouillabaisse *geworden, die der Gastronom Curnonsky zum Teil wegen des darin verwendeten Safrans als „die goldene Suppe" bezeichnet. Bekannt sind auch die Fischsuppe* bourride *und die mit Knoblauch, Basilikum und Käse bereitete Gemüsesuppe* soupe au pistou *sowie der Zwiebelkuchen* pissaladière *mit Anchovis-Pürée und schwarzen Oliven;* ratatouille *oder* ratatouia *und* salade niçoise. *Es können nur relativ wenige Restaurants angegeben werden, und es sind auch nur solche in Weinbaubereichen berücksichtigt.*

HOTELS

Le Ventoux, 67, avenue Victor-Hugo, 84400 Apt, Tel. 90 74 07 58. Gut geführtes Hotel der Mittelklasse mit Restaurant. Klasse B.

Hotel Ile Rousse, 83150 Bandol, Tel. 94 29 46 86. Luxus-Strandhotel mit guter Küche. In der Saison Halbpension obligatorisch. Hotel Klasse A, Restaurant B.

Bautezar, 13520 Les-Baux-de-Provence, Tel. 90 97 32 09. Angenehmes kleines Hotel. Terrasse mit Aussicht. Restaurant. Klasse A/B.

Mas de la Bertrande, 13100 Beaureceuil, Tel. 42 28 90 09. 10 km von Aix-en-Provence in guter Lage bei der Montagne Ste-Victoire. Terrasse und Swimming Pool. Regionale Küche mit klassischen und modernen Gerichten. Klasse B.

L'Aiguebrun, 84480 Bonnieux, Tel. 90 74 04 14. An der D943, in einem Flußtal, inmitten von Blumen und Bäumen. Gute Küche. Klasse A.

Hostellerie Bérard, 83740 La Cadière-d'Azur, Tel. 94 90 11 43. Eines der besten und elegantesten Hotels um Bandol, hoch gelegen mit schöner Aussicht und überdachter Terrasse. Die Küche lohnt einen Abstecher. Klasse B.

La Galinière, 13790 Châteauneuf-le-Rouge, Tel 42 58 62 04. Hotel und Restaurant in einem großen Park an der N7. Reitunterricht. Klasse B.

Hostellerie de la Fuste, 04210 La Fuste, Tel. 92 72 05 95. Eines der besten Lokale in den Coteaux du Pierrevert. Blumengeschmückte Terrasse, feine Küche, luxuriöser Speisesaal. Hotel Klasse A, Restaurant B.

Hostellerie du Coteau Fleurie, 83360 Grimaud, Tel. 94 43 20 17. Schönes Hotel am Stadtrand mit Blick über ein Tal. Das „menu du marché" bietet gutes Essen zu niedrigen Preisen. Hotel Klasse B, Restaurant C.

Sevan, 84120 Pertuis, Tel. 90 79 19 30. Moderner Komplex mit Chalets in einem Park; Swimming Pool. Gute Küche bei angemessenen

Rechts: Kirche in Méounes-les-Montrieux, zwischen Toulon und Brignoles.
Unten: Die kleine Stadt La Garde Freinet an den Côtes de Provence.

Preisen; in der Saison Halbpension obligatorisch. Hotel Klasse B, Restaurant C.
La Bastide de Tourtour, 83690 Tourtour, Tel. 94 70 57 30. Grand-Hotel in einer alten Burg. Schöne Aussicht, Park und Swimming Pool. Ausgezeichnetes Restaurant; Halbpension während der Saison obligatorisch. Hotel Klasse A, Restaurant B.
Les Lavandes, 83690 Tourtour, Tel. 94 70 57 11. Schönes Hotel mit Swimming Pool in einer Waldlandschaft. Während der Saison Halbpension obligatorisch. Klasse B.
Le P'tit Hôtel, 83690 Villecroze, Tel. 94 70 65 65. Bescheidenes, gemütliches Hotel. Klasse C.

RESTAURANTS

Arbaud, 19, cours Mirabeau, 13100 Aix-en-Provence, Tel. 42 26 66 88. Das Restaurant (und Tearoom) wurde von einem Antiquitätenhändler entworfen und eingerichtet; das Interieur allein ist schon sehenswert – aber auch die Küche ist gut. Klasse B.
Le Clos de la Villette, 10, avenue Violette, 13100 Aix-en-Provence, Tel. 42 23 30 71. Hochtalentierter Koch. Schöner Garten. Die Preise sind mittags günstiger als abends. Klasse A/B.
Le Logis du Guetteur, 83460 Les Arcs-sur-Argens, Tel. 94 73 30 82. Hotel und Restaurant in ruhiger Lage mit komfortablen Zimmern. Gutes Essen in einem gewölbten Speisesaal. Klasse B.
Auberge du Port, 83150 Bandol, Tel. 94 29 42 63. Fisch und Schalentiere. Terrasse mit Blick über den Hafen. Klasse A.
La Réserve, 83150 Bandol, Tel. 94 29 42 71. Angenehmes Restaurant mit Terrasse; unkomplizierte Küche. Klasse C.
La Cabro d'Or, 13520 Les Beaux-de-Provence, Tel. 90 97 33 21. Gleiche Besitzer wie l'Oustaû de Baumanière. Das Hotel und Restaurant ist mit soliden alten Möbeln eingerichtet und steht in einem schönen Garten. Ausgezeichnete Küche *(noisettes d'agneau).* Restaurant Klasse B, Hotel Klasse A.
l'Oustaû de Baumanière, 13520 Les Baux-en-Provence, Tel. 90 54 33 07. Provenzalische Küche mit höchster Vollendung. Viele Zutaten stammen aus dem eigenen Garten. Spezialitäten u. a. *filets de rougets au vin rouge* und *gigot d'agneau en croûte.* Schöne Terrasse. Eindrucksvolle Weinkarte. Auch Luxushotel. Klasse A.
La Tonnelle des Délices, 83230 Bormes-les-Mimosas, Tel. 94 71 34 84. Sehr populäres Restaurant mit moderner regionaler Küche und guten Weinen der Gegend. Klasse B.
Chez Gilbert/Restaurant le Port, 13260 Cassis, Tel. 42 01 71 36. Hafenrestaurant. Klasse C.

244

SO

Le Flibustier, 13260 Cassis, Tel. 42 01 02 73. Am Hafeneingang. *Terrine de pêcheur,* gegrillte *rougets* und *filet de morue.* Klasse B/C .
La Presqu'île, 13260 Cassis, Tel. 42 01 03 77. Westlich der Stadt. Mittelmeerfisch in kreativer Zubereitung. Klasse B.
Castel Lumière, 83330 Le Castellet, Tel. 94 32 62 20. Küche mit regionalem Akzent *(daube d'agneau au Bandol Blanc)* und schöner Blick von der Terrasse. Einige Zimmer (während der Saison Halbpension obligatorisch). Klasse B.
La Pergola, 83240 Cavalaire-sur-Mer, Tel. 94 64 06 86. Gepflegte italienische Küche. Klasse B.
Grand Hotel Bain, 83840 Comps-sur-Artuby, Tel. 94 76 90 06. Idealer Platz für ein Mittagessen auf dem Weg zu den Gorges du Verdon. Lamm und Trüffelpastete zählen zu den Spezialitäten des Hotels mit Ursprung aus dem Jahr 1737. Terrasse. Klasse C.
La Brigantine, 83420 La Croix-Valmer, Tel. 94 79 67 16. Eines der Restaurants des Hotels des Moulins de Paillas nahe beim Strand. Erfreuliche Küche zu günstigen Preisen. Halbpension in der Saison obligatorisch. Restaurant Klasse C, Hotel Klasse A.
La Calèche, 83300 Draguignan, Tel. 94 68 13 97. Nicht weit vom Bahnhof; recht zuverlässige provenzalische Küche. Klasse C.
Auberge Provençale, 13810 Eygalières, Tel. 90 95 91 00. Sehr gut zubereitete, einfache Gerichte. Terrasse. Auch einige schöne Zimmer. Klasse C.
Auberge du Vieux-Four, 57, rue Grisolle, 83600 Fréjus, Tel. 94 51 56 38. Kleines Lokal mit feiner Küche und interessanter Weinkarte. Der *patron* kocht selbst, und seine Frau serviert. Klasse C.
Bello Visto, 83580 Gassin, Tel. 94 56 1 30. Das bekannteste der sechs Restaurants an der Promenade in Gassin. Fischgerichte und eine herrliche Aussicht. Klasse C.
Au Café de France, 83360 Grimaud, Tel. 94 43 20 05. Angenehmes Restaurant mit Terrasse am Hauptplatz. Anständige bis gute Küche (aber eilig darf man es nicht haben). Klasse C.
La Réserve, 83380 Les Issambres, Tel. 94 96 90 41. Provenzalische Küche und günstige Preise (viel Basilikum). Große Terrasse. Zimmer. Klasse B.
Auberge Josse, 83510 Lorgues, Tel. 94 73 73 55. Fisch und Lammkoteletts vom Grill. Klasse C.
Hostellerie du Parc, 83340 Le Lux, Tel. 94 60 70 01. Schön eingerichtetes Hotel und Restaurant mit Terrasse. Gute, traditionelle Küche. Klasse B.
Les Pignatelles, 83290 La Motte, Tel. 94 70 25 70. Kreative Küche in rustikaler Umgebung. Terrasse mit Blick auf Weinberge. Klasse C.

Les Sarments, 13114 Puyloubier, Tel. 42 29 32 07. Provenzalische Küche mit Flair und Inspiration. Klasse C.
Café des Arts, 83990 St-Tropez, Tel. 94 97 02 25. An der place de Lices, wo Boule gespielt wird. Einfache regionale Küche. Beliebter Treffpunkt für Filmstars. Klasse C.
Le Chabichou, 83990 St-Tropez, Tel. 94 54 80 00. Beliebt bei wohlhabenden Einheimischen (und Filmstars). Bemerkenswerte Küche mit Fischspezialitäten, aber auch dementsprechend teuer. Klasse A.
La Romana, 83990 St-Tropez, Tel. 94 97 15 50. Italienische Küche; *très Tropézien,* am besten geht man vor 9 oder 10 Uhr abends gar nicht hin. Klasse A.
Les Chênes-Verts, 83690 Tourtour, Tel. 94 70 55 06. Kleines Restaurant unter Bäumen an der Straße von Tourtour nach Villecroze. Raffinierte Gerichte mit frischen Zutaten. Klasse B.
L'Oustau du Vin, 13530 Trets, Tel. 42 61 51 51. Attraktive Speisekarte mit Gerichten der Saison. Hervorragend zusammengestellte Weinkarte. Klasse C.
Le Concorde, 83550 Vidauban, Tel. 94 73 01 19. Gute Küche, freundliche Bedienung, umfangreiche Weinkarte und ein schöner Blick auf den Hauptplatz. Klasse C.
Au Bien-Être, 83690 Villecroze, Tel. 94 70 67 47. Von der Straße (nach Lorgues) nicht zu sehen. Talentierter Koch (der Chef selbst). Auch einige Hotelzimmer. Restaurant Klasse C, Hotel B.

SEHENSWERTES

Hier sind nur Sehenswürdigkeiten innerhalb der Weinbaubereiche aufgeführt. Aber auch die anderen Gegenden der Provence sind reich an Denkmälern der Kunst und Geschichte; zum Beispiel gibt es Werke großer Künstler in Antibes (Musée National Pablo Picasso), in Cagnes-sur-Mer (Musée Renoir) und Nizza (Musée National Marc Chagall, Musée Matisse) zu sehen. Die Hafenstadt Marseille und das einst so elegante Cannes sind selbstverständlich ebenfalls einen Besuch wert.
Aix-en-Provence Der cours Mirabeau, eine lange Platanenallee, verläuft geradewegs durch die Universi-

Die Herbstfarben der Reben in einem provenzalischen Weinberg wiederholen sich in den Farbtönen der Gewürze – Safran und Cayennepfeffer – auf dem Markt in Port Grimaud und in der Angebotstafel eines Cafés in Nizza. In Klima, Kultur und Gastronomie ist die Provence dem Mittelmeer verbunden.

tätsstadt. Im Zentrum ein Brunnen, dessen Wasser 34° hat. Diesen heißen Quellen, die von den Römern entdeckt wurden, verdankt Aix seine Entstehung. Neben Läden und Cafés (v. a. das berühmte, von Zola und Cocteau besuchte Les Deux-Garçons) sind prachtvolle *hôtels particuliers* (Privatwohnhäuser) aus dem 17. und 18. Jh. zu bewundern. Der Maler Paul Cézanne (1839–1906) wurde in Aix geboren, verbrachte dort einen großen Teil seines Lebens und starb auch dort. Sein Atelier (avenue Paul-Cézanne) ist für Besucher geöffnet. Einige seiner Gemälde sowie Werke anderer provenzalischer Maler sind im Musée Granet bei der Kirche St-Jean-de-Malte (13. Jh.) zu sehen. Das Musée des Tapisseries (Place des Martyrs de la Résistance) beherbergt Tapisserien aus dem 17. und 18. Jh.; das Musée du Vieil-Aix (17, rue Gaston-de-Saporta) ist auf die Stadtgeschichte spezialisiert; und im Rathaus aus dem 16. Jh. sind die 300 000 Bände der Bibliothek Méjanes untergebracht. Neben der Kathedrale Saint-Sauveur (5. bis 16. Jh.) sind ein Baptisterium und ein Kreuzgang zu finden. Die Kathedrale selbst beherbergt viele Kunstschätze, u. a. ein Triptychon des brennenden Buschs sowie 15 flämische Gobelins. Als Kontrast hierzu kann eine Sammlung moderner Kunst in der Fondation Vasarely (11, avenue Marcel-Pagnol) gelten. 3 km nördlich von Aix liegt Entremont an der Stelle einer keltisch-ligurischen Siedlung (3. bis 1. Jh. v. Chr.)

Apt Betriebsame Stadt im Lubéron mit Kathedrale Ste-Anne, die zwei Krypten übereinander besitzt. In Apt gibt es ferner ein Museum der Archäologie.

Les Arcs-sur-Argens Mittelalterlicher Turm, Burgruine aus dem 12. Jh. und ein Altarbild aus dem frühen 16. Jh. in der Kirche St-Jean-Baptiste.

Aubagne Berühmt durch ein Töpfereimuseum und das Denkmal der Fremdenlegion. Schöne Altstadt.

Aups Rund 300 Gemälde, u. a. von Van Dongen und Dufy, sind in einer ehemaligen Kapelle zu besichtigen.

Bandol Typischer Ferienort: Im Winter beträgt die Einwohnerzahl nur 7000, im Sommer schwillt sie auf 40 000 an. Sehenswert ist der botanische Garten.

Barjols Der Ort ist voller Brunnen und hat die größte Plantane der Provence (bei der Mairie).

Les Baux-de-Provence Jahrhundertelang herrschte hier bis 1632 eine mächtige Familie von der Burg aus. Die Ruine zieht Jahr für Jahr Tausende von Touristen an. Vom Turm (13. Jh.) und vom Denkmal für Charloun Rieu (einen provenzalischen Dichter) hat man eine schöne Aussicht. Nach Les Baux ist das 1622 hier entdeckte Bauxit benannt, aus dem Aluminium gewonnen wird.

Ile de Bendor Kleine Insel gegenüber Bandol mit einem provenzalischen Dorf, ein paar Hotels, einem Zoo, einem kleinen meereskundlichem Museum und einer ständigen Ausstellung mit über 10 000 Wein- und Spirituosenflaschen aus aller Welt. (Leider liegen leere Flaschen auch überall sonstwo in der Gegend herum.)

Bonnieux Ort an einem Berghang im Lubéron. 1983 wurde hier ein Bäckereimuseum eröffnet. Bei Bonnieux steht der Pont Julien, die einzige noch intakte römische Brücke zwischen Nîmes und Turin.

Bormes-les-Mimosas Malerische alte Stadt mit steilen Gassen und Blumen überall sowie mit einer Burgruine aus dem 13.. Jh.

Brignoles Das Musée du Pays Brignolais befindet sich im Palast der Comtes du Provence; u. a. sind hier das älteste christliche Grabmal Frankreichs, der Sarkophag von Gayole (3. Jh.) und eine alte provenzalische Küche zu sehen. Auch über Bauxit wird man informiert.

Cassis Viel besuchte Hafen- und Weinstadt; hier lebten und arbeiteten viele große Maler. Östlich von Cassis erhebt sich das Cap Canaille 362 m über dem Meer (Panoramablick); nach Westen hin kommt man an mehreren *calanques* (Felsbuchten) vorüber.

Le Castellet Ort in den Bergen von Bandol. Hier arbeiten Kunsthandwerker. Herrlicher Blick.

Cogolin Außer Wein produziert die kleine Stadt Teppiche, Korkartikel, Blattmundstücke für Blasinstrumente sowie Pfeifen. 8000 Stück sind in der Pfeifenfabrik Courieu ausgestellt. Die höher am Hang gelegene Altstadt von Cogolin lohnt den Aufstieg.

Draguignan Geschäftige Stadt mit Markt (mittwochs und samstags morgens) mit mittelalterlichem Kern. Das Café des Négociants am Marktplatz ist ideal für eine Rast. Hier stehen auch die Tour de l'Horloge aus dem 17. Jh. und das Stadtmuseum u. a. mit einem Gemälde von Parrocel (1676) „Die Schlacht von Maastricht".

Entrecasteaux Das Schloß über dem Ort gehört seit 1974 der schottischen Familie McGarvie-Munn, die es seither mit viel Mühe und Geschmack restauriert hat. Die vielen Räume sind mit schönen modernen Gemälden ausgestattet. Das von Ian McGarvie-Munn entworfene Weingläser-Service wird jeden Weinliebhaber faszinieren; im Stiel eines jeden Weinglases ist ein Vogel eingraviert.

Flayose Typischer provenzalischer Ort mit mittelalterlichen Gebäuden, einem alten Brunnen und einer großen Kirche (mit einem Gemälde aus dem 18. Jh.).

Fréjus Die Umgebung der Küstenstadt ist etwas allzu schnell erschlossen worden; deshalb gibt es hier häufig Verkehrsstauungen. Im Stadtzentrum befindet sich eine Gruppe kirchlicher Bauten, u. a. eine Kathedrale (13. Jh.), ein Kreuzgang (12. Jh.), ein Baptisterium vom Ende des 4. Jh. (und damit eines der ältesten in Frankreich) sowie das bischöfliche Palais mit Archäologie-Museum. Auch viele Ruinen aus der Römerzeit gibt es hier: eine Arena, ein Theater, Reste eines Aquädukts, ein Stadttor und die Lanterne d'Auguste, ein Turm mit achteckiger Haube am Hafen. Zu Cäsars Zeiten waren die Kais 2 km lang.

Gassin Der Ort auf der Halbinsel St-Tropez liegt 200 m über dem Meer. Die Ortsmitte ist Fußgängerzone; herrliche Aussicht.

Grimaud Heute vorwiegend von Künstlern bewohnt; der Ort liegt an einem Berghang zu Füßen einer Burgruine. Die Kirche ist eine romanische Basilika (11. Jh.); außerhalb des Orts steht die hübsche Chapelle des Pénitents Blancs (1482).

Iles d'Hyères Drei von der Küste (z. B. von Le Lavandou und Cavalaire-sur-Mer) aus sichtbare Inseln; alle drei sind Naturschutzgebiet. Auf der größten, der Ile des Porquerolles, wächst etwas Wein.

Lorgues Sehr eindrucksvoll sind die Eglise Collégiale St-Martin (12. Jh.) und die Kapelle Notre-Dame-de-Benva mit Fresken aus dem 15./16. Jh.; ferner eine schöne schattige Platanenallee.

Pertuis Eigenartiges Ortszentrum mit alten Häusern und Schloßturm. Die Kirche St-Nicolas enthält viele Kunstwerke; die Orgel ist besonders wertvoll. Pertuis wird auch als das „Tor des Lubéron" bezeichnet.

Port Grimaud Geschmackvoller, mit Absicht auffallender Hafenort mit einem Anlegeplatz für praktisch jedes Haus. Autos sind verbannt. Den besten Blick auf dieses moderne Venedig hat man vom Turm aus.

Ramatuelle Charmanter Ort auf einem Berg hinter St-Tropez. Hier haben sich viele Künstler und Kunsthandwerker niedergelassen. Die Straße von Ramatuelle nach La Croix-Valmer bietet mehr als nur einen Panoramablick.

St-Maximin-la-Ste-Baume Früher ein Wallfahrtsort. Der Baubeginn der Kathedrale liegt im 13./14. Jh. Im 16. Jh. wurde das 29 m hohe Armenspital mit Kreuzgang, aber ohne Turm, erbaut.

St-Tropez Die Stadt übt auf Zehntausende von Touristen (und auf Filmstars) unwiderstehliche Anziehungskraft aus. Die Straßen nach St-Tropez sind oft verstopft, und der Hafen liegt voller Luxusjachten. Im Musée de l'Annonciade befindet sich eine eindrucksvolle Gemäldesammlung aus der Zeit von 1890 bis 1940 (Van Dongen, Dufy, Matisse, Utrillo usw.). Die Zitadelle über St-Tropez beherbergt das Musée de la Marine mit einer griechischen Galeere.

Oben: Diese Korkeichen standen früher im Dienst des Weinbaus. Heute werden die Flaschenkorken meist importiert. Rechts: Die alte Tracht wird an Festtagen noch getragen.

Salernes Hier werden Boden- und Wandfliesen hergestellt. Außerdem gibt es in Salernes eine romanische Kirche, drei alte Kapellen, einen schönen Brunnen und eine Burgruine aus dem 13. Jh.

Abbaye du Thoronet Romanische Abtei, 9 km von Lorgues.

Toulon Großer Marinestützpunkt mit mehreren Museen, z. B. Musée de Toulon (113, boulevard Maréchal-Leclerc), v. a. mit moderner Kunst; Musée Naval (Place Ingénieur-Monsenergue) mit Schiffsmodellen u. a.; Musée National du Débarquement mit Rekonstruktionen der Alliierteninvasion 1944 (auf dem Mont Faron, erreichbar über eine kurvenreiche Straße oder eine Seilbahn).

La Tour-d'Aigues Burgruine aus dem 16. Jh. mit zwei regionalen Ausstellungen. In der später vergrößerten romanischen Kirche eine schöne Statuengruppe und ein Thron, auf dem Ludwig XIII. saß.

Tourtour Die „Stadt am Himmel" liegt oben auf einem Berg. Postamt in einem ehemaligen Schloß.

Gorges du Verdon Die Steilwände dieser gut 20 km langen Schlucht sind zwischen 200 und 1500 m hoch.

Ancienne Chartreuse de la Verne 1174 gegründetes Kloster mit Gebäuden aus dem 16. und 18. Jh. Es liegt tief im Massif des Maures in der Nähe einer Quelle. Seit 1983 wieder als Kloster.

Villecroze Höhlen mit Touristenführung. Im Ort eine romanische Kapelle, ein alter Glockenturm und ein Park.

Villeneuve-Loubet Im Stadtzentrum ein 1966 gegründetes, dem legendären Küchenchef Auguste Escoffier gewidmetes Museum mit einer provenzalischen Küche und einem kleinen Weinkeller sowie zahlreichen Andenken an den Meisterkoch.

AKTIVITÄTEN UM DEN WEIN

April Weinmarkt in Brignoles.
Mitte Juni Weinmarkt in Pourrières.
Juli oder August Fête du Vin in Vidauban.
1. Sonntag nach dem 6. August Fête du Raisin in Fréjus.
August Weinfest in St-Tropez.
Ende August oder Anfang September Weinfeste in Cogolin und La Motte.
Anfang September Weinlesefest in Cassis.

Die Provence hat drei Weinbruderschaften: L'Ordre Illustre des Chevaliers de Méduse (Côtes de Provence), La Confrérie des Echansons de Vidauban und La Confrérie des Comtés de Nice et de Provence (Bellet).

WEININFORMATION

La Maison des Vins Côtes de Provence befindet sich in Les Arcs-sur-Argens.

Château Vignelaure
Varages
Tavernes
Seillans
Tourrettes
St-Marc-Jaumegarde
Vauvenargues
COTEAUX D'AIX-
Aix-en-Provence
le Tholonet
Puyloubier
PALETTE
Châteauneuf-le-Rouge
Pourrières
Meyreuil
Rousset
Gardanne
EN-PROVENCE
Pourcieux
Bouc-Bel-Air
Peynier
Trets
Simiane-Collongue
Mimet
Septèmes-les-Vallons
Cadolive
la Bouilladisse
St-Zacharie
Plan-de-Cuques
Roquevaire
Allauch
Marseille
Plan-d'Aups
Aubagne
la Penne-sur-Huveaune
la Bédoule
Roquefort-la-Bédoule
Cuges-les-Pins
le Camp
CASSIS
Ceyreste
la Ciotat
la Cadière d'Azur
le Castellet
le Beausset
St-Anne d'Evenos
St-Cyr-sur-Mer
le Plan
Evenos
BANDOL
Ollioules
Sanary-sur-Mer
la Sèyne-sur-Mer
Six-Fours-les-Plages
Toulon
St-Mandrier-sur-Mer
la Valette-du-Var
Barjols
Brue-Auriac
Seillons-Source-d'Argens
Châteauvert
St-Maximin-la-Ste-Baume
Bras
Montfort-sur-Argens
le Val
Tourves
Brignoles
la Celle
la Roquebrussanne
Forcalqueiret
Garéoult
Néoules
Signes
Méounes-lès-Montrieux
Belgentier
Cuers
Solliès-Pont
la Farlède
la Crau
la Garde
le Pradet
Carqueiranne
Hyères
Salernes
Cotignac
Entrecasteaux
Correns
Carcès
Argens
le Thoronet
Cabasse
Lorgues
Taradeau
Vidauban
les Arcs
Flayosc
Draguignan
Figanières
Callas
le Chemins
St-Paul-en-Forêt
Bagnols-en-Forêt
Trans-en-Provence
la Motte
le Muy
Puget-sur-Argens
ESTEREL
Fréjus
St-Raphael
Agay
Roquebrune-sur-Argens
Aille
le Luc
le Cannet-des-Maures
la Basse Verrerie
COTES DE PROVENCE
Besse-sur-Issole
Flassans-sur-Issole
Gonfaron
Carnoules
Pignans
Puget-Ville
Plan-de-la-Tour
la Garde-Freinet
les Mayons
St-Aygulf
Val d'Esquières
Ste-Maxime
Grimaud
St-Pons-les-Mûres
St-Tropez
Capelude
Cogolin
la Foux
Collobrières
Pierrefeu-du-Var
Camp-Long
MASSIF DES MAURES
les Campaux
Gassin
Ramatuelle
la Croix-Valmer
Valcros
la Môle
Cavalaire-sur-Mer
Bormes-les-Mimosas
la Londe les Maures
le Lavandou
Rayol-Canadel-sur-Mer
Mauvanne
les Salins d'Hyères
A8
A51
A52
A50
A57
N7
N8
N96
N97
N98
N560
Départementgrenze
Cogolin Gemeinde mit Cru Classé
BANDOL Appellation Contrôlée
Tourves VDQS-Gemeinde
VDQS Coteaux Varois
AC Côtes de Provence
Autoroute
Route Nationale
Weinstraße
1:660,000
Km. 0 5 10 15 Km.
Miles 0 5 10 Miles
N
KARTE SEITE 222
Durance
MARSEILLE

BEDEUTENDE WEINGÜTER

BANDOL

LE BEAUSSET,
Postleitzahl 83330, 247 C3

Domaine de l'Hermitage; Domaine du Val d'Arenc*: Gute, langlebige Rotweine. Besonders empfehlenswert „Cuvée de la Gravière".

LA CARDIÈRE-D'AZUR,
Postleitzahl 83740, 247 C3

Domaine Lafran-Veyrolles; Moules des Costes*: Die von den Gebrüdern Bunan bei ihrem roten, weißen und rosé Bandol erreichte Qualität bringen andere nicht oft zuwege; **Domaine de la Noblesse; Domaine de Pibarnon*:** Das höchstgelegene Weingut in Bandol. Henri de Saint-Victor bringt charaktervolle, oft preisgekrönte Weine hervor; **Domaine des Salettes; Château Vannières.**

LE CASTELLET, Postleitzahl 83330

Domaine de l'Olivette

LE PLAN-DU-CASTELLET,
Postleitzahl 83330, 247 C3

Le Galantin; Domaine Ray-Jane; Domaine Tempier: Ein Rotwein mit Charakter und charmantem Fruchtaroma; ferner ein belebender, köstlicher Rosé.

STE-ANNE-DU-CASTELLET,
Postleitzahl 83330, 247 C3

La Bastide Blanche

STE-ANNE-D'EVENOS,
Postleitzahl 83330, 247 C3

La Laidière; Château Ste-Anne

ST-CYR-SUR-MER,
Postleitzahl 83270, 247 C3

Domaine du Cagueloup; Domaine de Frégate; Château Pradeaux: Traditionelle Weine von alten Reben; vier Jahre Faßreife.

BELLET

BELLET-DE-NICE, Postleitzahl 06200

Château de Crémant*: Führendes Gut im Besitz der Familie Bagnis (sie hat die Appellation Bellet gerettet). Sanft erfrischende Weiß-, Rot- und Roséweine.

ST-ROMAN-DE-BELLET,
Postleitzahl 06200

Château de Bellet*: Weißwein mit großer Klasse; auch der Rot- und der Roséwein sind sehr gut; **Lou Clot de la Touré/Jacques Schneider; Clos St-Vincent/René Gomez.**

CASSIS

CASSIS, Postleitzahl 13260, 247 C2

Domaine du Bagnol; Clos Boudard; La Ferme Blanche*: Ansprechender, erfrischender Weißwein aus vier verschiedenen Traubensorten; **Mas de Fontblanche; Château de Fontcreuse*:** Das Spitzenprodukt des Weinguts ist der weiße Coteaux Cassidains; **Domaine du Paternel*:** Ein eleganter Cassis; **Clos Ste-Magdeleine*:** Kräftiger, gehaltvoller Cassis von François Sack.

COTEAUX D'AIX-EN-PROVENCE

LANÇON-DE-PROVENCE,
Postleitzahl 13680

Château de Calisanne*: Sehr gute „Cuvée Prestige", aber auch einfachere Weine.

PUYRICARD, Postleitzahl 13540

Château Grand Seuil

LE PUY-STE-RÉPARADE,
Postleitzahl 13610

Domaine Les Bastides*: Gediegene rote „Cuvée Spèciale" mit Faßreife; **Château La Coste*; Château de Fonscolombe*:** Großes Gut im Besitz der Familie De Saporta. Sehr begehrte Rot-, Weiß- und Roséweine, v. a. die „Cuvée Speciale".

RIANS, Postleitzahl 83560, 247 B3

Château Vignelaure*: Georges Brunet hat hier Pionierdienste geleistet, z. B. durch Anpflanzung von Cabernet Sauvignon. Sein eleganter, kraftvoller Rotwein steht in der Provence mit an der Spitze. Im Château und im Keller sind moderne Kunstwerke zu bewundern. 1986 erwarb ein amerikanischer Konzern die Mehrheit der Anteile; **Château Pigoudet.**

ST-CANNAT, Postleitzahl 13760, 232 F5

Château de Beaupré*: Baron Double hat u. a. einen sauberen, köstlichen Rosé anzubieten; **Commanderie de la Bargemone.**

VERNÈGUES, Postleitzahl 13116

Château Bas*: Seit 1970 produziert George de Blanquet Rotwein in immer besserer Qualität; vor allem die „Cuvée Temple" verdient Beachtung. Auf seinem Besitz befinden sich Ruinen eines römischen Tempels sowie eine romanische Kapelle.

COTEAUX D'AIX-EN-PROVENCE-LES-BAUX (früher VDQS Coteaux des Baux-de-Provence)

LES BAUX-DE-PROVENCE,
Postleitzahl 13520, 232 E4

Mas de la Dame; Mas Ste-Berthe

MOURIÈS, Postleitzahl 13890

Domaine de Lauzières

ST-ÉTIENNE-DU-GRÉS,
Postleitzahl 13150

Domaine de Trévallon*: Rotwein voller Subtilität, der beste im Bereich, bereitet von Eloi Dürrbach.

ST-RÉMY-DE-PROVENCE,
Postleitzahl 13210, 232 E4

Terres Blanches/Noël Michelin

COTEAUX DE PIERREVERT

PIERREVERT, Postleitzahl 04100

La Blaque/Charles Pons-Mure; Domaine de Régusse

COTEAUX VAROIS

BRUE-AURIAC,
Postleitzahl 83119, 247 B3

Domaine de St-Estève

GAROULT, Postleitzahl 83136, 247 C3

Domaine des Chaberts

LA ROQUEBRUSSANNE,
Postleitzahl 83136, 247 C3

Domaine du Loou

ST-MAXIMIN-LA-STE-BAUME,
Postleitzahl 83470, 247 B3

Domaine du Déffends/Clos de la Truffières*; Exquisiter Rot- und Roséwein (u. a. „Rosé d'une Nuit").

VILLECROZE, Postleitzahl 83690

Domaine de St-Jean*: Hervorragend ausgestattetes Weingut; der Amerikaner Alain Hirsch bringt hier vorbildliche Rot- und Roséweine von Cabernet Sauvignon und anderen Trauben hervor.

CÔTES DU LUBÉRON

APT, Postleitzahl 84400 232 E5

Domaine de l'Isolette*: Der Besitzer Luc Pinatel gewinnt mit seinen Rot- und Weißweinen regelmäßig Medaillen.

BONNIEUX, Postleitzahl 84480, 232 E5

Château La Canorgue*: Spitzengut im Lubéron; Besitzer Jean-Pierre Margan.

MIRABEAU, Postleitzahl 84120

Clos Murabeau (sic!)

PERTUIS, Postleitzahl 84120, 232 E5

Château Val-Joanis*: Großes Musterweingut, seit 1978 von Jean-Louis Chancel aus dem Nichts gezaubert. **La Vieille Ferme:** Sauberer Lubéron-Wein von Jean-Pierre Perrin.

LA TOUR D'AIGUES, Postleitzahl 84240

Union des Vignerons des Côtes du Lubéron: Verschnitt-, Abfüll- und Vertriebszentrale für 17 Winzergenossenschaften.

Château Simone

CÔTES DE PROVENCE

ANTIBES, Postleitzahl 06600

Domaines Ott*: Hauptquartier der sehr erfolgreichen Familie Ott, die mehrere Weingüter besitzt bzw. leitet, u. a. Clos Mireille und Château de Selle in den Côtes de Provence und Château Romasson in Bandol (22, boulevard Aiguillon).

LES ARCS-SUR-ARGENS, Postleitzahl 83460, 247 B5

Domaine des Hauts de St-Jean*: Henri Pawlowskis Weine haben die vielen Medaillen redlich verdient; **Château St-Pierre; Château Ste-Roseline*:** Das Weingut ist ein unter Denkmalschutz stehender Konvent. Voller Rotwein in einer auffälligen Flasche.

BORMES-LES-MIMOSAS, Postleitzahl 83230, 247 C4

Domaine des Campaux; Domaine de la Malherbe

LE CANNET-DES-MAURES, Postleitzahl 83340, 247 B4

Domaine Colbert; Châteaux de Roux

COGOLIN, Postleitzahl 83310, 247 C5

Château des Garcinières

CUERS, Postleitzahl 83390, 247 C4

Château de Gairoird: Comte Deydier de Pierrefeu bringt einen süffigen, erfrischenden Weißwein und viele andere hervor.

FLASSANS, Postleitzahl 83340, 247 C4

Commanderie de Peyrassol: Yves und François Rigord produzieren eine reiche Auswahl an Weinen, u. a. ausgezeichnete *cuvées spéciales*.

FRÉJUS, Postleitzahl 83600, 247 B5

Domaine de Curebéasse*: Jacques Paquettes Weißwein gehört zu den besten in der Provence, und auch sein Rot- und Roséwein ist gut.

GASSIN, Postleitzahl 83990, 247 C5

Château Barbeyrolles; Domaine de Berthaud; Les Maîtres-Vignerons de la Presqu'île de St-Tropez: Vereinigung qualitätsbewußter Weingüter und Winzergenossenschaften; **Château Minuty.**

LA LONDE-LES-MAURES, Postleitzahl 83250, 247 C4

Domaine de Maravenne; Domaine St-André de Figuière*: Intensiv duftige, lebendige rote „Cuvée Spéciale"; **Domaine de la Source Ste-Marguerite.**

LORGUES, Postleitzahl 83510, 247 B4

Castel Roubine*: Ein Däne namens Hallgren kaufte 1979 das Weingut, erweiterte die Weinberge und verbesserte die Qualität.

LE LUC, Postleitzahl 83340, 247 B4

Domaine de la Bernarde*: Modern ausgerüstetes Gut mit bewundernswertem Rosé und guten Rotweinen; **Domaine Gavoty.**

LA MOTTE, Postleitzahl 83920, 247 B5

Domaine du Jas d'Esclans; Domaine de St-Roman-d'Esclans.

PIERREFEU-DU-VAR, Postleitzahl 83390, 247 C4

Domaine de l'Aumérade; Vignobles Kennel; Château Montaud

PIGNANS, Postleitzahl 83790, 247 C4

Domaine de Rimauresq*: Das Weingut ist seit drei Jahrhunderten im Besitz der Familie Isnard.

PUYLOUBIER, Postleitzahl 13114, 247 B3

Domaine Richeaume*: Ein sowohl wegen seiner Architektur als auch wegen seines Weins bewundernswertes Gut; Besitzer Henning Hoesch.

ROQUEBRUNE-SUR-ARGENS, Postleitzahl 83520, 247 B5

Domaine des Planes*: Christophe und Ilse Rieder produzieren mustergültige Weine. Ihr roter Côte de Provence ist in zwei Stilen erhältlich.

ROUSSET, Postleitzahl 13790, 247 B2

Château de la Bégude

ST-JULIEN, Postleitzahl 83550

Château St-Julien-d'Aille

TRETS, Postleitzahl 13530, 247 B3

Château Ferry Lacombe; Château Grand'Boise; Mas de Cadenet

LE VAL, Postleitzahl 83143, 247 B4

Château Réal Martin

VIDAUBAN, Postleitzahl 83550, 247 B4

Domaine de Féraud*: Eines der Spitzenweingüter; ausgezeichnete Weiß-, Rot- und Roséweine; **Domaine Peissonel*:** Pierre Lemaître ist ein glühender Förderer der Provence-Weine. Sein eigener Rotwein steht weit über dem Durchschnitt.

PALETTE

MEYREUIL, Postleitzahl 13590, 247 B2

Château Simone*: Aus einer ganzen Reihe von Traubensorten gewinnt die Familie Rougier einen Rotwein, der in guten Jahren eine wahre Symphonie von Geschmacksnuancen entfaltet. Das Weingut bringt außerdem einen Rosé und zwei verschiedene Weißweine hervor.

LANGUEDOC

Zwischen den südlichen Ausläufern des Massif Central und den Sandstränden am Mittelmeer dehnt sich Frankreichs größte Weinbauregion, das Languedoc. Fast ein Drittel der Rebfläche Frankreichs ist auf diese sonnigen, fruchtbaren Ebenen konzentriert. Die Region setzt sich aus drei großen Départements zusammen: Aude, Gard und Hérault. Die meisten Weinbaubereiche in diesen Départements gehören zum Languedoc. Nur in der Nordwestecke des Département Gard fallen die Bereich Lirac und Tavel in das Anbaugebiet an der Rhône.

Dem Weinbau kam jahrhundertelang nur regionale Bedeutung zu, und die Produktion war viel geringer als heute. Das wurde im 17. Jahrhundert anders, nachdem der Canal du Midi zwischen dem Mittelmeer und dem Atlantik gebaut worden war und den Handel belebte. Noch größere Auswirkungen hatte dann der Bau der Eisenbahn im 19. Jahrhundert. Nun konnte der Languedoc-Wein billig nach Paris und andere Städte des Nordens gebracht werden. Als Folge davon stieg die Nachfrage; das tägliche Glas Wein wurde zur Norm. Zwischen 1840 und 1900 stieg der Verbrauch allein in der Region Paris von jährlich 2 auf 5 Millionen Hektoliter. Das Languedoc wurde zu Frankreichs „Weinreservoir“. Quantität war alles.

In unserem Jahrhundert wandelte sich das Bild. Der Weinverbrauch in Frankreich ging zurück, und die Konkurrenz anderer Länder wurde stärker. Es entstand ein unverkäuflicher Überschuß im Languedoc, und er besteht noch immer. Die Winzer protestierten. Die einzige Lösung bestand in der Umstellung von Quantität auf Qualität, doch dazu waren jahrelange intensive Anstrengungen nötig. Organisationen wie die Comités Interprofesionnels für die Coteaux du Languedoc, Corbières und das Minervois haben viel für die Qualitätsförderung getan, und die Universität Montpellier bildete eine neue Generation von Weinbauern heran. Die Behörden ermutigten zur Rodung von Weinbergen auf flachem, übermäßig ertragreichem Land: In Aude und Hérault wurden zwischen 1976 und 1984 ganze 30 000 ha minderwertiger Weinpflanzungen ausgeschieden. Den Winzern wird empfohlen, sich auf die Hanglagen zu konzentrieren.

SO

Es ist symptomatisch für diese Trends, daß mehrere Bereiche im Languedoc in den 80er Jahren den Status der Appellation Contrôlée erlangten: 1982 waren es Faugères und St-Chinian; 1985 Coteaux du Languedoc, Corbières und Minervois; 1986 Costières du Gard. Der bei weitem größte Bereich, Coteaux du Languedoc, erstreckt sich zwischen Narbonne und Nîmes und umfaßt 121 Gemeinden. Verschiedene Gemeinden und Gemeindegruppen sind in den Cru-Status erhoben worden und dürfen den Ortsnamen auf dem Etikett führen. Hierzu gehören:

Cabrières am Fuß des Pic de Vissous. Spezialität: milder, heller Rosé, aber auch guter Rotwein.

La Clape zwischen Narbonne und dem Mittelmeer. Elegante, körperreiche Rotweine, köstliche Weißweine und gute Rosés.

(Coteaux de) La Méjanelle südöstlich von Montpellier. Oft recht leichte, jung zu trinkende Rotweine, aber auch kräftigere Gewächse.

Montpeyroux im Norden des Languedoc. Kräftige Rotweine.

Picpoul de Pinet südlich von Pézenas. Erfrischende, herbe Weißweine.

Pic St-Loup nach einem hohen Berg benannt. Leichte und fruchtige, aber auch dunkle und körperreiche Rotweine.

Quatourze südwestlich von Narbonne. Solide, langlebige Rotweine.

(Coteaux de) St-Christol zwischen Montpellier und Nîmes. Angenehme, recht feste Rotweine und milde Rosés.

St-Drézéry Zwischen Montpellier und Nîmes. Der kleinste Cru-Bereich. Einerseits leichte und anderseits dunkle, vollmundige, eichenfaßgereifte Rotweine mit kräftiger Frucht.

St-Georges-d'Orques nordwestlich von Montpellier. Meist robuste Rotweine. Im 17. Jahrhundert wurden sie nach Rußland exportiert.

St-Saturnin im nördlichen Languedoc. Körperreiche Rotweine sowie Weiß- und Roséweine einer ausgezeichneten Winzergenossenschaft als einzigem Erzeuger.

(Coteaux de) Vérargues bei Lunel, zwischen Montpellier und Nîmes. Elegante Rotweine und erfrischende Rosés.

Oben: Weite Sandstrände und Lagunen an der Küste des Languedoc bilden die Szenerie für futuristische Ferienanlagen.
Rechts: Viel Wein aus dem Midi wird zu Aperitifs verarbeitet.

Rund die Hälfte des großen Bereichs St-Chinian (20 000 ha) produziert Wein unter der Bezeichnung Coteaux du Languedoc, die andere Hälfte unter dem Namen St-Chinian. Es wird erzählt, daß im vorigen Jahrhundert vielen Patienten in Hospitälern in Paris Wein aus St-Chinian zur Stärkung verabfolgt wurde. Das erscheint nicht abwegig: Der St-Chinian ist kräftig, würzig und meist tiefrot. Ähnlich ist der Wein aus dem Nachbarort Faugères.

In die Appellation Coteaux du Languedoc hineingeflochten ist der Bereich Clairette du Languedoc nördlich von Pézenas. Hier wird von der Clairette-Traube in einigen Fällen mit modernen Techniken fruchtiger, stilvoller Wein gekeltert, wenn auch das meiste noch recht nichtssagend ist. Ähnlich steht es mit Clairette de Bellegarde, einer Enklave im Bereich Costières du Gard mit 24 Gemeinden. Die besseren Rotweine zeigen gute Farbe, Klasse und Tannin. Es gibt auch saubere, erfrischende Rosés und Weißweine, aber den meisten fehlt es an Charakter.

Im Westen des Languedoc liegt das Hügelland Corbières, einer der interessantesten Bereiche im Midi. In den 70er und 80er Jahren sind hier Verbesserungen im Rebsortenbestand und in der Bereitungstechnik vor

sich gegangen, die einen gewaltigen Aufschwung in der Qualität vieler Rotweine und mancher Weißweine gebracht haben. Weite Teile des großen Bereichs, der sich von Narbonne und der Küste über 50 km landeinwärts erstreckt, sind noch still und unberührt. Friedliche Dörfer schmiegen sich in die abwechslungsreiche Landschaft, und hinter den schmucklosen Häuserfassaden vermutet man kaum die eleganten Interieurs mit schönen Fliesenböden, Stuckdecken, imposanten Kaminen und antiken Möbeln, die man hier oft antrifft: Man merkt deutlich, daß Spanien nicht weit ist. Eng verwandt mit dem Corbières ist der Fitou, ein Rotwein aus zwei Enklaven in diesem Bereich.

Im Minervois ist wie in Corbières eine Weinbau-Renaissance geschehen. Zwischen den beiden Bereichen liegt das Tal des Aude; im Minervois ist das Gelände rauher, das Klima trockener, und der Wein fällt meist magerer, dafür oft lebendiger aus. Die Weinberge liegen inmitten von mit dichtem Gestrüpp, Wildblumen und duftenden Kräutern bewachsenen Hügeln und Plateaux; die Stille ist hier noch tiefer als in Corbières. Die vielen sehr guten Rotweine von Winzergenossenschaften und Weingütern lohnen aufmerksame Beachtung. Auch die Rosés und Weißweine können gut sein.

Im Schatten von Corbières und Minervois stehen der VDQS Côtes du Cabardès et de l'Orbiel (Bereichsbezeichnung auch einfach Cabardès) und die Côtes de la Malepère um Carcassone.

Im Rotweinland Languedoc nimmt Limoux eine Sonderstellung ein. Hier und in etwa 40 Gemeinden der Umgebung wird der hochwertige Schaumwein Blanquette de Limoux produziert. Er wird von der Mauzac-Traube gewonnen, die hier nach der weißlich bestäubten Blattunterseite Blanquette genannt wird. Kleinere Beimischungen von Clairette, Chardonnay und Chenin verleihen dem Ganzen zusätzliche Finesse, Frucht und Lebendigkeit. Wie beim Champagner entsteht auch beim Blanquette de Limoux der Schaum durch eine zweite Gärung in der Flasche. 80 bis 85 % der Erzeugung entfallen auf die große moderne Genossenschaftskellerei in Limoux. Es wird hier auch ein nichtschäumender Weißwein, der Limoux Nature, produziert, doch der Schaumwein ist weit besser; dagegen ist der rote Limoux, Anne des Joyeuses, schon eher interessant.

Muskatellerwein wird im Languedoc schon seit über 2000 Jahren gekeltert – schon dem römischen Geschichtsschreiber Plinius d. J. schmeckte der Muskateller aus Frontignan. Die einzige heute dafür zugelassene Traube ist der Muscat à Petits Grains. Der Gärprozeß wird durch Hinzufügen von 5 bis 10 % Weingeist unterbrochen. Infolgedessen bleibt im Wein eine hohe Restsüße von 125 g/l erhalten, und der Vorschrift nach muß der Alkoholgehalt mindestens 15 % betragen. Auf diese Weise entsteht ein Vin Doux Naturel. In Frankreich wird der Muscat gern als Aperitif oder als Begleiter zum Dessert genommen.

Es gibt vier Muscat-Bereiche. Der größte davon ist der für zuverlässige Qualität bekannte Muscat de Frontignan. Der Muscat de Lunel ist etwas feiner – die Stadt Lunel führt stolz den Beinamen Cité du Muscat. Der stärkste und süßeste ist der Muscat de Mireval, und der Muscat de St-Jean-de-Minervois übertrifft meist alle anderen an Finesse und Eleganz. Er wird vorwiegend von Winzergenossenschaften produziert.

Dem Vin de Pays kommt ebenfalls große Bedeutung zu. Er wird in rund 60 Bereichen in den Départements Aude, Gard und Hérault hervorgebracht, weitere 5 Bereiche liegen in den Pyrénées-Orientales (Roussillon). Dem Volumen nach stehen der Vin de Pays de l'Aude und de l'Hérault mit 700 000 bzw. 800 000 hl an der Spitze. Als Kontrast sei der Vin de Pays de Monts de la Grage mit einer Jahreserzeugung von 1000 hl erwähnt.

Auch die Qualität der Weine ist unterschiedlich. Die meisten sind einfach in der Art, manche Winzer aber bringen Erstaunliches zuwege. Dadurch, daß die Vorschriften für den Vin de Pays großzügiger sind als für VDQS- und AC-Weine, besteht die Möglichkeit, hochwertige nichteinheimische Traubensorten zu verwenden. Der Cabernet Sauvignon beispielsweise bringt sehr gute Ergebnisse, und der Merlot ist im Kommen. Manche Vins de Pays können sich inzwischen ohne weiteres mit Appellation-Contrôlée-Weinen aus der Umgebung messen.

252
SO

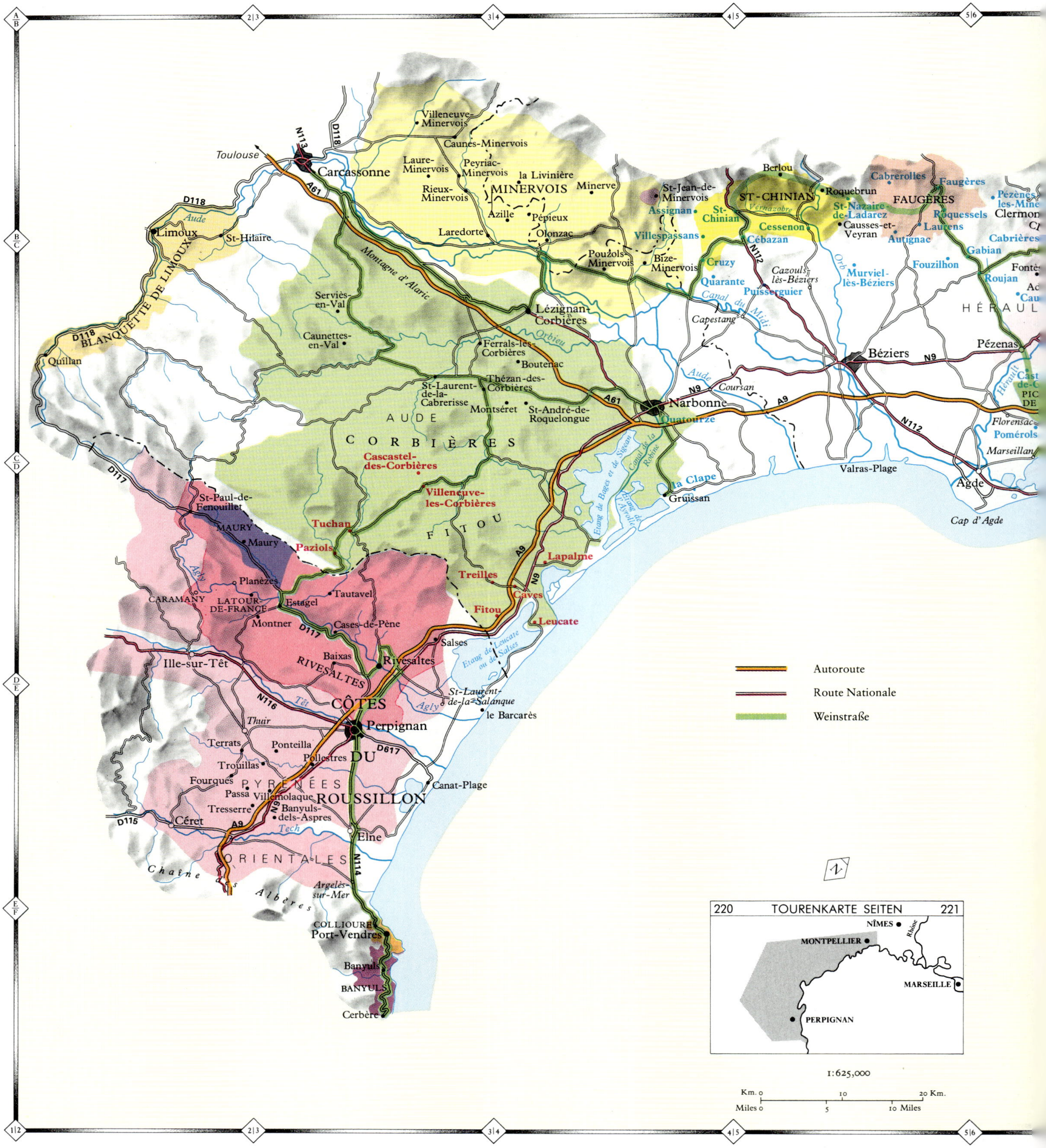
Toulouse
Carcassonne
Villeneuve-Minervois
Caunes-Minervois
Laure-Minervois
Peyriac-Minervois
la Livinière
Rieux-Minervois
MINERVOIS
Minerve
Azille
Pépieux
Laredorte
Olonzac
Pouzols-Minervois
Bize-Minervois
St-Jean-de-Minervois
Assignan
Villespassans
St-Chinian
ST-CHINIAN
Berlou
Roquebrun
Vernazobre
Cessenon
Cébazan
Cruzy
Quarante
Puisserguier
Cazouls-lès-Béziers
Capestang
Canal du Midi
Cabrerolles
Faugères
FAUGÈRES
St-Nazaire-de-Ladarez
Causses-et-Veyran
Roquessels
Laurens
Autignac
Murviel-lès-Béziers
Fouzilhon
Gabian
Roujan
Cabrières
Clermon
Pézenas
HÉRAULT
Béziers
N9
N112
Orb
Limoux
St-Hilaire
Aude
D118
BLANQUETTE DE LIMOUX
Quillan
Montagne d'Alaric
Serviès-en-Val
Caunettes-en-Val
Lézignan-Corbières
Orbieu
Ferrals-les-Corbières
Boutenac
St-Laurent-de-la-Cabrerisse
Thézan-des-Corbières
Montséret
St-André-de-Roquelongue
AUDE
CORBIÈRES
Cascastel-des-Corbières
Villeneuve-les-Corbières
A61
Narbonne
Quatourze
Coursan
A9
Valras-Plage
Agde
Cap d'Agde
Florensac
Pomérols
Marseillan
La Clape
Gruissan
Etang de Bages et de Sigean
Canal de la Robine
FITOU
Tuchan
Paziols
Lapalme
Treilles
Caves
Fitou
Leucate
Etang de Leucate ou de Salses
D117
St-Paul-de-Fenouillet
MAURY
Maury
Agly
Planèzes
CARAMANY
LATOUR-DE-FRANCE
Estagel
Tautavel
Montner
Cases-de-Pène
Baixas
RIVESALTES
Rivesaltes
Salses
Ille-sur-Têt
N116
Têt
CÔTES
DU
ROUSSILLON
Perpignan
Thuir
St-Laurent-de-la-Salanque
le Barcarès
Terrats
Ponteilla
Pollestres
D617
Trouillas
Fourques
Passa
Villemolaque
Banyuls-dels-Aspres
Tresserre
PYRÉNÉES
ORIENTALES
Canat-Plage
Céret
D115
Tech
Elne
N114
Chaîne des Albères
Argelès-sur-Mer
COLLIOURE
Port-Vendres
Banyuls
BANYULS
Cerbère
Autoroute
Route Nationale
Weinstraße
220
TOURENKARTE SEITEN
221
NÎMES
Rhône
MONTPELLIER
MARSEILLE
PERPIGNAN
1:625,000
Km. 0 10 20 Km.
Miles 0 5 10 Miles

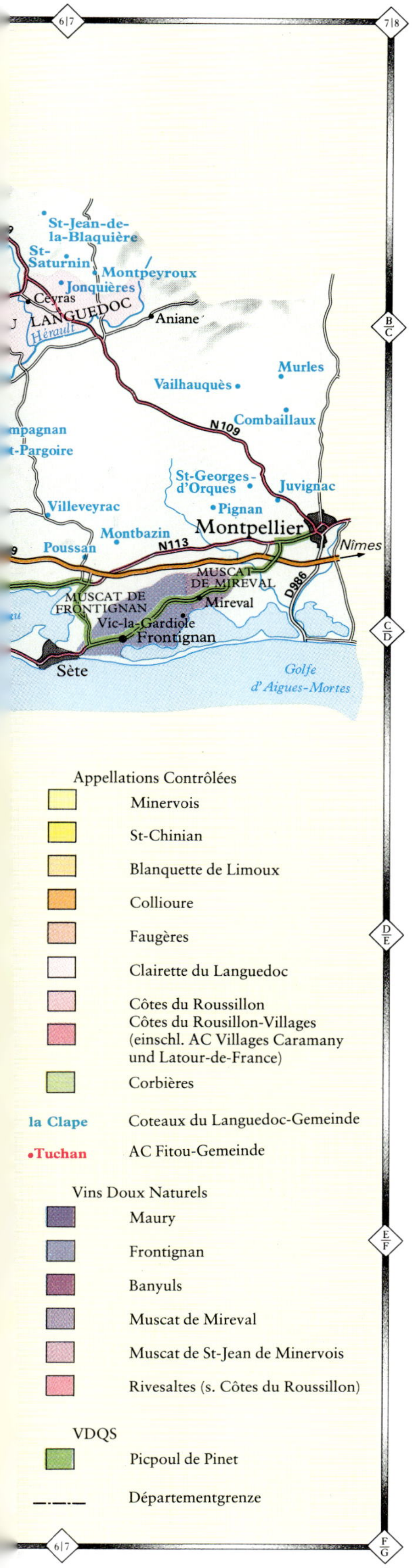

REISE-INFORMATIONEN

Confits *und* cassoulets *sind wie in ganz Südwestfrankreich auch im Languedoc herzhafte Spezialitäten, die es in allen Restaurants gibt. Aber auch mit Fischen aller Art ist das Languedoc gut versehen, und aus dem Bassin de Thau kommen Austern und Muscheln in großen Mengen. Fischsuppen wie* bouillabaisse *und* bourride *stehen auf vielen Speisekarten.* Charcuteries *(Wurstwaren) und Lammfleisch sind sehr beliebt. Mancherorts gibt es ganz eigene Spezialitäten: in Nîmes die* brandade *(getrockneter, gesalzener Kabeljau, zerstoßen und mit Milch, Öl, Knoblauch und Zitronensaft vermischt) und in Pézenas die* petits pâtés *(gehacktes und mit braunem Zucker gesüßtes Hammelfleisch als Pastete).*

HOTELS

Hostellerie de l'Evêché, 11580 Alet-les-Bains, Tel. 68 69 90 25. In ruhiger Lage bei der Ruine der Kathedrale. Regionale Küche. Hotel Klasse B/C, Restaurant C.
Hôtel Lou Tamarou, Route de Pézenas, 34500 Béziers, Tel. 67 30 12 76. Sehr komfortables, modernes Hotel am Ortseingang. Keine Parkplatzprobleme. Klasse B.
Résidence des Aubuns, 30132 Caissargues, Tel. 66 70 10 44. An der Straße zum Flughafen Nîmes. Moderner Komfort, Swimming Pool und Restaurant. Klasse B.
Domaine d'Auriac, 11000 Carcassone, Tel. 68 25 72 72. Luxushotel in einem von Weinbergen umgebenen Park; Swimming Pool. Ausgezeichnetes Restaurant. Hotel Klasse A, Restaurant B.
Pont-Vieux, 32, rue Trivalle, 11000 Carcassonne, Tel. 68 25 24 99. Einfaches, kleines Hotel, nicht weit von der Oberstadt. Klasse B.
Le Tassigny, 11200 Lézignan-Corbières, Tel. 68 27 11 51. Zimmer mit klassischer Einrichtung. Klasse B. Das Restaurant Le Tournedos wird viel von Einheimischen besucht. Klasse C.
La Résidence, 6, rue de 1er-Mars, 11100 Narbonne, Tel. 68 32 19 41. Sehr angenehmes Hotel im Zentrum. Freundliches Willkommen. Klasse B.
Hôtel du Cheval-Blanc, 30000 Nîmes, Tel. 66 67 20 03. Renoviertes Hotel nahe der römischen Arena. Restaurant mit interessanter Speisekarte. Klasse B.
Le Relais de Val d'Orbieu, 11200 Ornaisons, Tel. 68 27 10 27. Sehr ruhiges Hotel der Spitzenklasse mit guter Küche. Swimming Pool. Hotel Klasse A/B, Restaurant B.
Château de Violet, 11160 Peyrac-Minervois, Tel. 68 78 10 42. Schön eingerichtetes Schloßhotel mit Park, Swimming Pool und Restaurant. Hotel Klasse A/B, Restaurant Klasse B.
Hôtel Genieys, 34120 Pézenas, Tel. 67 98 13 99. Hotel in einer Kleinstadt, ländliche Küche. Während der Saison Halbpension obligatorisch. Klasse C.
Auberge de la Tour, 34290 Valros, Tel. 67 98 52 01. Die Zimmer auf der Rückseite gehen auf Weinberge hinaus. Ordentliche Küche. Hotel Klasse B, Restaurant C.
Le Balajan, 34110 Vic-la-Gariole, Tel. 67 48 13 99. Gutgeführtes Hotel (Klasse B/C). Der weiße Anstrich kontrastiert schön mit dem Grün der Weinberge von Frontignan. Auch ein Restaurant (Klasse C).

RESTAURANTS

Au Petit-Voilier, 11100 Bages, Tel. 68 41 38 63. Mit Blick auf den Etang de Bages südlich von Narbonne. Viel Fisch auf der Speisekarte; typisches regionales Gericht: *bourride d'anguilles* Klasse C.
L'Olivier, 12, rue Boildieu, 34500 Béziers, Tel. 67 28 86 64. Kleines Restaurant im Bistrostil. Kreative Küche. Klasse B.
La Madrague, 34140 Bouzigues, Tel. 67 78 32 34. Speisekarte mit viel Fisch und Schalentieren. Klasse C.
Le Languedoc, 32, allée d'Iéna, 11000 Carcassonne, Tel. 68 25 22 17. Reiche Speisekarte mit regionalen Gerichten *(cassoulet au confit de canard).* Innenhof Klasse C.

Logis de Trencavel, 286, avenue Général-Leclerc, 11000 Carcassonne, Tel. 68 71 09 51. Gute Küche und große Auswahl an Weinen der Region. Auch Hotel. Klasse B.
Auberge du Pont-Lévis (nahe der Oberstadt), 11000 Carcassonne, Tel. 68 25 55 23. Ausgezeichnetes Restaurant (im Obergeschoß); *feuilleté de coguilles St-Jacques, foie gras.*
Klasse B.
l'Art du Feu, 34160 Castries, Tel. 67 70 05 97. Gute, regionale Küche zu annehmbaren Preisen. Klasse C.
Le Ste-Anne, 11190 Couiza, Tel. 68 74 26 50. Gemütlich. Das billige Menü ist empfehlenswert. Klasse C.
Auberge de la Corneille, 11300 Cournanel, Tel. 68 31 17 84. Gute Küche zu angemessenen Preisen. Klasse C.
Auberge de Cucugnan, 11350 Cucugnan, Tel. 68 45 40 84. Spezialität: *coq au vin.* Klasse C.
Chez Odette, 11560 Fitou-Village, Tel. 68 45 72 89. Regionale Gerichte: *gigot d'agneau au Fitou, poulet au Muscat.* Klasse C.
Chez Léonce, 34510 Florensac, Tel. 67 77 03 05. Altes Haus mit moderner Küche, u. a. viele Fischgerichte. Klasse B. Auch Hotel, Klasse C.
Capion, 34150 Gignac, Tel. 67 57 50 83. Regionale Küche (zwei Menüs) und gute Auswahl an Weinen der Gegend. In der Saison Halbpension obligatorisch. Hotel. Klasse B.
Le Remise, 34800 Lacoste, Tel. 67 96 35 76. Regionale Küche, u. a. *terrines* und *confits* nach Hausmacherart. Klasse C.
Maison de la Blanquette, 11300 Limoux, Tel. 68 31 01 63. Winzerfrauen servieren den Wein der Winzergenossenschaft und u. a. *cassoulet maison en fricassée de Limoux. Klasse* C.
Hostellerie du Palais, 34400 Lunel, Tel. 67 71 11 39. Traditionelle Küche in rustikaler Umgebung. Garten und Hotel. Restaurant Klasse C, Hotel B/C.
Relais Chantovent, 34210 Minerve, Tel. 68 91 22 96. Schöne Atmosphäre und ausgezeichnete Küche; günstige Preise. Hotelzimmer. Klasse C.
Hôtel Montpellierain des Vins du Languedoc, 7, rue Jacques-Cœur, 34000 Montpellier, Tel. 67 60 42 41. Werbungs- und Informationszentrum der Region mit Restaurant.
l'Alsace, 2, avenue Pierre Semard, 111000 Narbonne, Tel. 68 65 10 24. Keine Elsässer Spezialitäten, jedoch ausgezeichnete *bouillabaisse* sowie *langoustine* vom Grill. Klasse C.

Le Floride, 66, boulevard Frédéric-Mistral, 11100 Narbonne, Tel. 68 32 05 52. Behagliche Atmosphäre; Spezialität: Meeresfrüchte *(coquilles St-Jacques à la Provençale),* aber auch *cassoulet* und Wild. Klasse B.
Le Réverbère, 4, place des Jacobins, 11100 Narbonne, Tel. 68 32 39 18. Hochangesehenes Restaurant im Stil der *belle époque* mit einfallsreicher, sehr guter Küche. Klasse B.
In Narbonne gibt es auch ein sehr gutes chinesisches Restaurant, das von einheimischen Winzern gern besucht wird. Am besten erkundigt man sich bei ihnen danach.
Mapotel Imperator/l'Enclos de la Fontaine, quai de la Fontaine, 30000 Nîmes, Tel. 66 21 90 30. Schönes restauriertes altes Haus mit wunderbarem Garten. Gute Küche mit marktfrischen Zutaten. Klasse B. Auch Hotel (Klasse A/B).
La Tour Sarraisne, 34310 Poilhes-la-Romaine, Tel. 67 93 41 31. Ehemalige Schmiede, moderne Gemälde, leichte und stilvolle Küche. Klasse B.
Lou Flambadou, 34360 St-Chinian, Tel. 67 38 13 02. Gasthaus mit regionaler Küche und Weinen der Gegend. Klasse C.
La Palangrotte, 1, rampe Paul-Valéry, 34200 Séte, Tel. 67 74 80 35. Wahrscheinlich das beste Fischrestaurant der Gegend.

SEHENSWERTES

Aigne Ort im Minervois; die Gassen verlaufen wie ein Schneckenhaus um die Kirche aus dem 12. Jh.
Aigues-Mortes Die ganz von Türmen und Mauern umschlossene Stadt „der toten Wasser" wurde am Ende des 13. Jh. inmitten von Salzmarschen erbaut. Vor der Stadtmauer steht die Tour de Constance; darin befindet sich eine Kapelle, und früher war er ein Gefängnis. Die großen Keller der Salz- und Weinfirma Salin du Midi (Listel) liegen außerhalb der Stadt.
Alet-les-Bains Künstlerdorf südlich von Limoux.
Béziers Die wohlhabende Stadt, Weinhandelszentrum von Hérault und Aude, hat eine tragische Geschichte: 1209 wurden die Einwohner von einem Kreuzfahrerheer niedergemacht. Das Musée du Bitterois (7, rue Massol) ist der Heimatgeschichte gewidmet (manche Ausstellungsstücke haben mit Wein zu tun); daneben befindet sich das Musée des Beaux-Arts. Die alte Kathedrale St-Nizaire (13.–15. Jh.) hat eine eindrucksvoll befestigte Fassade. Das Kloster dient als Museum der Bildhauerei. Neben der durch Stierkämpfe berühmten Arena aus dem 19. Jh. liegen die Reste eines römischen Amphitheaters. Die Gärten auf dem Plateau des Poètes sind sehr schön. Pierre-Paul de Riquet, geboren 1606 in Béziers, ist der Erbauer des Canal du Midi, der das Mittelmeer mit dem Atlantik verbindet; er entwarf auch die Hafenstadt Sète.
Cabrières Prähistorische Höhlen, ein Bergarbeitergrab aus der Bronzezeit und gallo-römische Ausgrabungen.
Carcassonne Die Stadt besteht aus zwei Teilen. Die „Unterstadt" stammt aus dem 13. Jh. und besitzt zwei interessante Kirchen: die Kathedrale St-Michel (13. Jh.) mit bemerkenswerten Kunstschätzen und die Kirche St-Vincent (Anfang 14. Jh.). Im Musée des Beaux-Arts befinden sich Werke einheimischer und italienischer Maler sowie auch von Salvador Dalí. Der berühmtere Teil, die alte Cité, ist auf einem Berg als doppelt ummauerte Befestigungsanlage erbaut. In der Mitte des 19. Jh. begann der Mittelalterforscher Viollet-le-Duc mit der Restaurierung der alten Cité. In einer Burg aus dem 12. Jh. ist ein archäologisches Museum untergebracht. Die Kirche St-Nazaire soll aus dem 8. Jh. stammen; die Fenster im gotischen Chor sind eindrucksvoll. Den gewaltigsten Eindruck jedoch machen die Stadtmauern, Türme und Wälle – selbst Walt Disney hätte keine imposantere mittelalterliche Szenerie zustande gebracht als diese – besonders bei Nacht im Licht der Scheinwerfer.
Castries Das Château (16./17. Jh.) oberhalb von Castries ist das größte im Languedoc. Es ist von Gärten und Terrassen umgeben, die von Le Nôtre entworfen wurden, und besitzt einen 7 km langen, von Pierre-Paul de Riquet (s. Béziers) erbauten Aquädukt.
Caunes-Minervois Befestigter Ort am Ende der Gorges de l'Argent-Double mit Häusern aus dem 16. und 17. Jh. Aus den nahen Steinbrüchen stammt der Marmor für die Säulen im Trianon von Versailles.
Clermont-l'Hérault Alte Stadt mit mittelalterlichen Mauern, Toren, acht Türmen, einer Burgruine aus dem 12. Jh. und drei großen Kirchen. Die Kirche St-Paul (13.–15. Jh.) hat die schönste Rose im Languedoc.
Cucugnan Weinort auf einem Berg; Alphonse Daudet schrieb über ihn. Nicht weit von hier liegt das Château de Quéribus (13./14. Jh.) mit Mauerresten und vieleckigem Bergfried – dieses Juwel ist den mühsamen Aufstieg wahrhaftig wert.
Duilhac-sous-Peyrepertuse Das Château de Peyrepertuse oberhalb von Duilhac ist ein großartiges Beispiel für die Befestigungsbaukunst in dieser Gegend. Die Ruine stammt größtenteils aus dem 13. Jh.
Oppidium d'Ensérune Ausgrabungsstelle westlich von Béziers mit Funden aus dem 6. Jh. v. Chr. Sie befindet sich an einer Bergkuppe mit herrlichem Blick in die Ebene.
Faugères Tempelruine und eine Kapelle aus dem 12. Jh..
Fitou Die Kapelle St-Aubin-du-Pla aus dem 9. Jh. steht an einer öden Stelle nordöstlich von Fitou.
Abbaye de Fontfroide Zisterzienserabtei (12./13. Jh.; später umgebaut) aus hellrötlichem Sandstein mit wunderschönem Garten. Gut erhalten; gehört zu Corbières.
Frontignan Das Stadtmuseum in einer ehemaligen Kapelle enthält auch Ausstellungsstücke zum Thema Wein. Die Kirche St-Paul stammt vorwiegend aus dem 14. Jh. In Frontignan-Plage befindet sich die für Besucher geöffnete Kellerei des Wermut-Herstellers Nœilly Prat.
Gallician Im Musée du Vignoble Boissy d'Anglas ist eine Kelter aus dem 16. Jh. und Küferwerkzeug zu besichtigen. Die Sammlung wurde von einem Winzer zusammengetragen.
La Grande Motte In den 70er Jahren erbaute Touristenstadt. Sie wird von pyramidenartigen Appartementblocks beherrscht.
Laurens Die vielleicht älteste Gemeinde in Frankreich. Zentrum der Appellation Contrôlée Faugères; berühmt durch Marmor.
Lézignan-Corbières Hochinteressantes Musée de la Vigne et du Vin mit Kellerausrüstungen, Trachten, Kunstwerken zum Thema Wein usw.
Limoux Von Januar bis März findet jedes Wochenende eine Art Karneval statt; alles verkleidet sich, und der Schaumwein fließt in Strömen. Das Musée Petiet befaßt sich mit der *belle époque,* bietet aber auch moderne Kunst. Eine bunte Fliesenwand mit Weinmotiven steht an einer Zufahrtsstraße.
Le Livinière Malerischer Ort im Minervois mit römischen Backöfen, Ölmühlen und einem Dolmen. Ausgezeichnete Winzergenossenschaft.
Mailhac Aus Ausgrabungen am Oppidium du Cayla verfügt das Museum über eine große Sammlung prähistorischer Objekte.
Minerve Auf einer schmalen Kante aus rotem Felsen über dem Zusammenfluß von zwei Flüssen; mit Ruinen der Stadtmauern und Tore sowie einer Burg. Kleines Museum u. a. mit prähistorischen Funden. In der romanischen Kirche ein Altar aus dem 5. Jh. Minerve war im frühen 13. Jh. eine Hochburg der Ketzerei; 1210 wurden über 100 Einwohner auf dem Scheiterhaufen verbrannt.
Montpellier Die Betriebsamkeit der überfüllten Innenstadt kontrastiert seltsam mit der Stille und Eleganz der Promenade Le Peyrou im oberen Teil der Stadt, der ein graziöser Wasser-

turm (Château d'Eau) und eine Reiterstatue Ludwigs XIV. zur Seite stehen. Es schließt sich ein herrlicher botanischer Garten an. Ihm gegenüber liegt das Benediktinerkolleg aus dem 14. Jh., das die älteste medizinische Fakultät Frankreichs beherbergt (sie entstand aus der maurischen Schule Andalusiens) sowie das Musée Atger (Zeichnungen, Stiche usw.). Ebenfalls interessant sind das Musée Fabre (boulevard Bonne-Nouvelle) mit vielen französischen und italienischen

Im Midi wird nicht nur Wein, sondern – wie hier am Pic St-Loup – auch Lavendel angebaut.

Meistern und das naturhistorische Museum (place Eugène-Bataillou). Die Kathedrale St-Pierre stammt aus dem 16. Jh. Die Universität von Montpellier ist die für den Weinbau wichtigste in Frankreich.
Narbonne Die hoch über die Stadt aufragende Kathedrale St-Just (13. Jh.) birgt viele Kunstschätze. Neben ihr steht das alte bischöfliche Schloß mit drei massiven Türmen; heute dient es als Rathaus und beherbergt das Musée d'Art et d'Histoire (französische und flämische Meister). La Maison Vigneronne (8, rue Flatters) ist der Geschichte des Weinbaus im Département Aude gewidmet.
Nîmes hat den reichsten Bestand an römischen Bauten in ganz Südfrankreich, u. a. ein Amphitheater mit Platz für über 20 000 Personen (im Sommer finden hier noch immer Stierkämpfe statt). In der Maison Carrée, einem schönen Tempel – vielleicht Vorbild der Madeleine in Paris? –, befindet sich das Musée des Antiquités. Der Diana-Tempel im Jardin de la Fontaine am Fuß des Mont Cavalier, der achteckige Tour Magne (Aussichtsturm), das Castellum Divisorium (Wasserreservoir), die Ruinen eines Forums und zwei Stadttore gehören ebenfalls dazu. Sehenswert sind in der verkehrsreichen und staubigen Stadt auch die Kathedrale St-Castor (12. und 17. Jh.), daneben das Musée du Vieux-Nîmes, ein archäologisches Museum (13, boulevard de l'Amiral Courbet) und das Musée des Beaux-Arts (rue Cité-Foule) mit Werken von Breughel, Rubens, Rodin und mit einem römischen Mosaikfußboden, die „Hochzeit des Admetos" darstellend. Den Jardin de la Fontaine muß man auf jeden Fall gesehen haben. Etwas ähnlich Originelles gibt es vielleicht nur noch in Persien oder Indien.
Pézenas Das Zentrum von Pézenas mit seinen prachtvollen Patrizierhäusern ist geradezu ein Freilichtmuseum. In einem dieser Gebäude ist das Musée Valloid-St-Germain untergebracht. Durch Urkunden und andere Ausstellungsstücke wird daran erinnert, daß Jean-Baptiste Poquelin, besser bekannt unter dem Namen Molière, von 1650 bis 1656 hier lebte.
Pinet In der Kirche eine Krippe, an der alle Einwohner des Weinorts mitgewirkt haben.
Remoulins Nahe der „Hauptstadt der Kirschen" steht der Pont du Gard, eines der großartigsten Denkmäler römischer Baukunst mit drei Bogenreihen aus Steinblöcken mit einem Gewicht von je 6 Tonnen. Die Brücke war Teil eines Aquädukts, auf dem Wasser von der Eure nach Nîmes geleitet wurde.
Rieux-Minervois Weinort mit einer ungewöhnlichen siebenseitigen Kirche.
St-Chinian Reste eines Klostergebäudes aus dem 9. Jh.
St-Guilhem-le-Désert Ort in einem Felsental mit Resten eines Klosters aus dem 8. Jh.; frühromanische Kirche mit zwei Marmorsarkophagen aus dem 7. Jh. Die Gorges de l'Hérault, eine hinreißend schöne Felsenschlucht mit Stromschnellen, liegt in der Nähe, ebenso die Grotte de Glamouse mit schönen Kristallformationen und der Pont du Diable (eine Brücke aus dem 11. Jh.).
Sète Georges Brassens singt das Lob von Sète, einem Hafen, in den sich Wein, Fischerei und Plaisir teilen; sein Zentrum besteht aus Kanälen und Hafenbecken. Von der Mole am Vieux Bassin hat man einen schönen Blick auf die Stadt. In dem nach dem hier geborenen Dichter benannten Musée Paul-Valéry sind Gemälde von Cézanne, Monet und Renoir zu sehen. Zu verschiedenen Zeiten war Sète für seinen Handel mit gepanschtem Wein berüchtigt.
Sigean Einer der Räume im Musée des Corbières ist dem Wein gewidmet.
Sommières Malerischer Ort mit einer römischen Brücke über den Fluß Vidourle.
Tuchan Ein Weinzentrum des Bereichs Fitou. Über dem Ort die Ruine des 1569 aufgegebenen Château d'Aiguilar (12. Jh.).
Abbaye de Valmange Zisterzienserabtei aus dem 12. Jh. Alle dem Orden gehörenden Gebäude hatten einen Brunnen, doch nur der in Valmange gibt noch Wasser. In der riesigen Kirche stehen Fässer, in denen der Wein aus der Umgebung reift.

WEINFESTE UND -MÄRKTE

Mitte Juli Weinfest in Lézignan-Corbières.
Ende Juli Minerve 1210, ein Fest mit Singen, Tanzen, Essen und Trinken in Minerve.
August Foire aux Vins in Narbonne und Fête du Muscat in Frontignan.
2. Augusthälfte Weinfest in St-Chinian.
September/Oktober Erntefest in Carcassonne.
Oktober Fête du Vin Nouveau in Béziers.
1. Wochenende im November Weinmarkt in Nîmes.
Märkte und Feste werden auch in vielen anderen Städten und Dörfern des Languedoc veranstaltet, vor allem in den Sommermonaten.

WEINBRUDERSCHAFTEN

Im Languedoc gibt es viele solcher Organisationen, doch sind sie nicht alle aktiv:
Antica Confraria de St-Andui de la Galiniera (Béziers und Umgebung); Capitoul des Fins Gosiers de Limoux (Blanquette de Limoux); Les Chevaliers de la Belle Aude et du Languedoc; Les Compagnons du Minervois; La Confrérie des Ambassadeurs des Coteaux du Languedoc; La Confrérie de St-Adrien-d'Adissan (Hérault); La Confrérie des Tastevins du St-Chinian; Le Consulat de la Septimanie (Narbonne und Umgebung); Illustre Cour des Seigneurs de la Corbière; Ordre de la Boisson de la Stricte Observance des Costières du Gard.

WEININFORMATIONEN

Informationen über die Weine der Region sind an verschiedenen Stellen erhältlich, u. a. in Béziers (Maison Régionale des Vins, 18, rue du 4-Septembre); in Carcassonne (Caveau des Vins d'Origine in der Porte Narbonnaise in der Cité); in Lézignan-Corbières (Les Coteaux Occitans an der N113); in Montpellier (Hotel Montpellierain des Vins du Languedoc, 7, rue Jacques-Cœur, auch Restaurant); in Olonzac (Maison du Minervois, boulevard Blazin); und in St-Chinian (Maison de Vins).

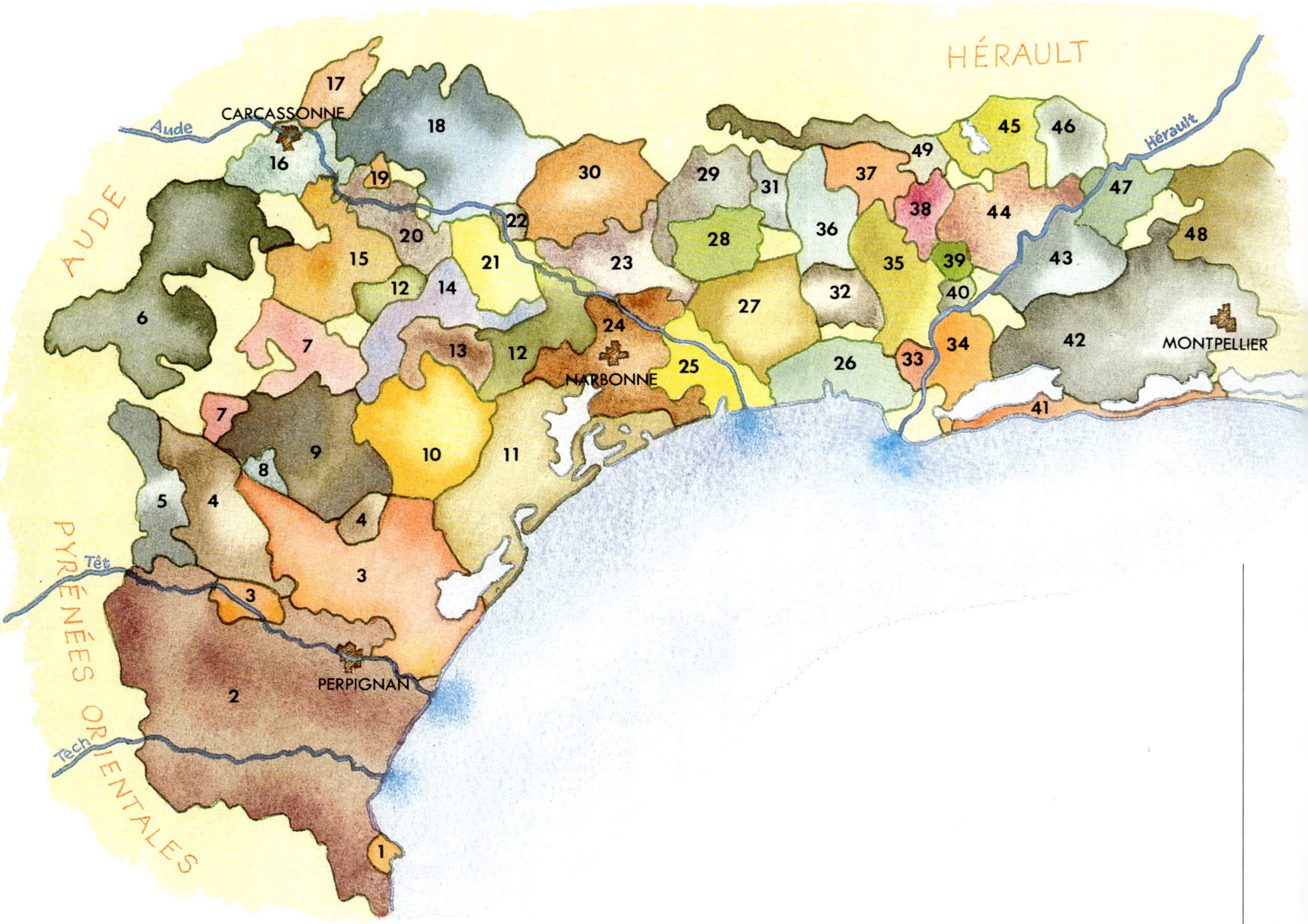

VINS DE PAYS IN LANGUEDOC UND ROUSSILLON

1 Vin de Pays de la Côte Vermeille
2 Vin de Pays Catalan
3 Côtes Catalanes
4 Vals d'Agly
5 Coteaux des Fenouillèdes
6 Haute Vallée de l'Aude
7 Coteaux du Termenès
8 Cucugnan
9 Coteaux Cathares
10 Vallée du Paradis
11 Coteaux du Littoral Audois
12 Val d'Orbieu
13 Coteaux de la Cabrerisse
14 Hauterive en Pays d'Aude
15 Val de Dagne
16 Coteaux de la Cité de Carcassonne
17 Côtes de Lastours
18 Coteaux de Peyriac
19 Hautes de Badens
20 Coteaux de Miramont
21 Coteaux de Lézignanais
22 Hauterive
23 Val de Cesse
24 Coteaux de Narbonne
25 Côtes de Pérignan
26 Ardailhou
27 Coteaux d'Enserune
28 Coteaux de Fontcaude
29 Monts de la Grage
30 Côtes du Brian
31 Cessenon
32 Coteaux du Libron
33 Bessan
34 Côtes de Thau
35 Côtes de Thongue
36 Coteaux de Murviel
37 Coteaux de Laurens
38 Cassan
39 Caux
40 Pézenas
41 Sables du Golfe du Lion
42 Collines de la Moure
43 Vicomté d'Aumelas
44 Côtes du Céressou
45 Coteaux du Salagou
46 Mont Baudile
47 Gorges de l'Hérault
48 Val de Montferrand
49 Haute Vallée de l'Orb

BEDEUTENDE WEINGÜTER

BLANQUETTE DE LIMOUX

LIMOUX, Postleitzahl 11300, 252 B2
Georges & Roger Antech/Domaine de Flassian; Pierre-Jacques Astruc; Cave Coopérative*: Moderne Ausrüstungen und konsequentes Bemühen um Qualität haben dem Blanquette de Limoux dieser Winzergenossenschaft weltweit einen guten Ruf geschaffen.

PIEUSSE, Postleitzahl 11300
Domaine de Fourn/G. F. A. Robert

CORBIÈRES

BIZANET, Postleitzahl 11200
Domaine de Cave Neuve; Château Gaussan

BOUTENAC, Postleitzahl 11200, 252 C4
Domaine de Fontsainte: Kraftvoller Rotwein von Yves Labourcarie. **Domaine de la Voulte Gasparets***: Corbières mit großer Klasse.

CAMPLONG-D'AUDE,
Postleitzahl 11200
Cave Coopérative: Sehr gute Weißweine.

EMBRES-ET-CASTELMAURE,
Postleitzahl 11360
Cave Coopérative: Bemerkenswert gute, nach ein bis zwei Jahren trinkreife Rotweine.

FABREZAN, Postleitzahl 11200
Château de la Boutignane; Domaine de Jérémie

An der Küste des Midi wird der Feinschmecker mit Fisch verwöhnt.

GRUISSAN, Postleitzahl 11430, 252 D4
Château le Bouïs*: Hochwertiger Rotwein, ein vielbegehrter Weißwein und ein perlender Rosé. Pierre Clément.

LAGRASSE, Postleitzahl 11200
Château St-Auriol*

LÉZIGNAN-CORBIÈRES,
Postleitzahl 11200, 252 C4
Château Etang des Colombes*: Ausgezeichnete Rot- und Weißweine; **Château du Grand-Caumont**

MONTSERET,
Postleitzahl 11200, 252 C4
Château Surbéry-Cartier (früher Château les Ollieux)

PORTEL-DES-CORBIÈRES,
Postleitzahl 11490
Château de Lastours

RIBAUTE, Postleitzahl 11200
Domaine de Pecht-Latt*: Die roten und weißen Corbières von Jean Vialade sind gleichermaßen empfehlenswert.

ST-ANDRÉ-DE-ROQUELONGUE,
Postleitzahl 11200, 252 C4
Domaine de Villemajou*: Corbières der Spitzenklasse von Georges Bertrand.

ST-LAURENT-DE-LA-CABRERISSE,
Postleitzahl 11220, 252 C3
Château de Caraguilhes; Cave Coopérative; Domaine de Montjoie; Château les Palais

COSTIÈRES DU GARD UND CLAIRETTE DE BELLEGARDE

BELLEGARDE,
Postleitzahl 30127, 232 E3
Domaine de l'Amarine*: Aromatischer Weißwein; **Mas Carlot***: Bestes Allround-Weingut der Gegend; **Domaine St-Louis-la-Perdrix.**

CAISSARGUES, Postleitzahl 30132
Château de Belle-Coste*: Eine Reihe preisgekrönter Weine.

MANDUEL, Postleitzahl 30129, 232 E3
Château de Campuget; Domaine de Rozier*: Wundervoller Rotwein.

NÎMES, Postleitzahl 30000, 232 E3
Domaine de Mourier; Châteaude la Tuilerie*: Köstlicher Rosé und guter Rotwein.

FAUGÈRES

FAUGÈRES, Postleitzahl 34480, 252 B5

LAURENS, Postleitzahl 34480
Cave Coopérative; Château de Grézan*: Burg aus dem 12. Jh.; die Familie Luvac bringt hier einen guten Faugères hervor.

LA LIQUIÈRE, Postleitzahl 34480
Château de la Liquiére*: Jean Vidal ist ein engagierter und qualitätsbewußter Winzer; sein Wein beweist es; **Domaine de St-Aimé***: Kräftiger, charaktervoller Faugères; **Bernard & Claudie Vidal:** Ein mit Faugères sehr erfolgreiches Ehepaar.

COTEAUX DU LANGUEDOC UND CLAIRETTE DU LANGUEDOC

BEAULIEU, Postleitzahl 34160, 232 E2
Château de Beaulieu

CABRIÈRES, Postleitzahl 34800, 252 B6
Cru Cabrières

Cave Coopérative; Domaine du Temple*

CLARET, Postleitzahl 34270, 232 E2
Domaine de Lavabre*: Weingut im Besitz der Firma Bonfils in Sète. Milder, fruchtiger roter Coteaux du Languedoc.

CAUSSES-ET-VEYRAN,
Postleitzahl 34490, 252 B5
Domaine de Guiraud-Boyer

FONTANES, Postleitzahl 34270, 232 E2
Cru Pic St-Loup

Domaine de la Roque

Der Etang de Bages ist eine typische Küstenlagune.

GRUISSAN, Postleitzahl 11430, 252 D4
Cru La Clape

Château Rouquette sur Mer*: Hervorragendes Weingut. Jacques und Dominique Boscary haben mit ihren Rot-, Rosé- und Weißweinen schon viele Medaillen gewonnen.

LAVERUNE, Postleitzahl 34880

Château de l'Engarran

MONTPELLIER,
Postleitzahl 34000, 232 F2, 253 C7
Cru Coteaux de la Méjanelle

Château de Flauguergues*: Schönes Château an der Straße nach Mauguio mit guten Rotweinen, **Château Rastouble.**

NARBONNE,
Postleitzahl 11100, 252 C4
Crus La Clape und Montpeyroux

Château Moujan (La Clape); **Château Notre-Dame*:** Yvon und Georges Ortola bringen den besten roten und rosé Quatourze hervor; **Château de Pech-Redon*:** Außerordentlich zuverlässiger roter und rosé La Clape mit vollem Geschmack. Chardonnay bringt Klasse in den schon interessanten Weißwein; **Vignerons du Val d'Orbieu*:** Qualitätsbewußte Gruppe, die vielen Winzern und Genossenschaften im Languedoc als Berater zur Seite steht, aber auch eigenen Wein abfüllt und vertreibt; **Domaine de Vires.**

NIZAS, Postleitzahl 34320

Château Carrion-Nizas*: Bernard Gaujal setzt seinem roten Coteaux du Languedoc 20 % Merlot zu.

PAULHAN, Postleitzahl 34230, 253 C6

Château de la Condamine Betrand*: Vollendeter Clairette du Languedoc und köstliche Rot- und Roséweine. Bernard und Marie-José Jany.

PÉZENAS, Postleitzahl 34120, 252 C6

Château St-André*: Duftiger, belebender Clairette du Languedoc und guter Coteaux du Languedoc aus der Meisterhand von Jean-Louis Randon.

PINET, Postleitzahl 34850, 252 C6
Cru Picpoul de Pinet

Domaine Gaujal*: Empfehlenswerter Weißwein, aber auch Merlot (Domaine de la Rouquette, ein Vin de Pays).

ST-CHRISTOL,
Postleitzahl 34400, 232 E2
Cru St-Christol

Cave Coopérative

ST-DRÉZERY,
Postleitzahl 34160, 232 E2
Cru St-Drézéry

Domaine du Mas de Carrat

ST-GEORGES-D'ORQUES,
Postleitzahl 34680, 253 C7
Cru St-Georges-d'Orgues

Cave Coopérative

ST-SATURNIN,
Postleitzahl 34150, 253 B7
Cru St-Saturnin

Cave Coopérative*: Einziger Erzeuger dieses Cru-Bereichs; gute Rot- und Roséweine.

SALLES-D'AUDE, Postleitzahl 11110
Cru la Clape

Château Pech de Céleyran

CÔTES DU CABARDES UND DE L'ORBIEL

CONQUES-SUR-OBRIEL,
Postleitzahl 11600

Domaine de Rayssac

CÔTES DE LA MALEPÈRE

MALVIES, Postleitzahl 11300

Château de Malvies-Guilhem

FITOU, 252 D3

TUCHAN, Postleitzahl 11350, 252 D3

Cave Coopérative; Château de Nouvelles*: Fitou und Muscat de Rivesaltes mit großer Klasse.

MINERVOIS, 252 B4

AZILLANET, Postleitzahl 34210

Domaine du Pech-d'André

BAGNOLES, Postleitzahl 11600

Château du Donjon

BIZE-MINERVOIS,
Postleitzahl 11120, 252 C4

Château de Cabezac*

BLOMAC, Postleitzahl 11700

Château de Blomac*: Ein reiner Carignan und ein interessanter Rosé.

CAUNES-MINERVOIS,
Postleitzahl 11160, 252 B3

Cave Coopérative; Château de Villerambert-Julien*: Konzentrierter Wein in klassischer Machart; Château de Villerambert-Moreau*: Minervois mit großer Klasse.

GINESTAS, Postleitzahl 11120

Château de Vergel

LAURE-MINERVOIS,
Postleitzahl 11800, 252 B3

Cave Coopérative

LA LIVINIÈRE,
Postleitzahl 34210, 252 B4

Cave Coopérative*: Bestens ausgestatte Winzergenossenschft. Die Weine (z. T. faßgereift) fallen entsprechend aus; **Domaine St-Eulalie*:** Köstlicher, überaus fruchtiger Minervois.

OLONZAC, Postleitzahl 34210, 252 C4

Château de Gourgazaud

PARAZA, Postleitzahl 11200

Château de Paraza*: Ausgezeichneter Rosé- und Rotwein (Cuvée Spécial).

POUZOLS, Postleitzahl 11120, 252 C4

Domaine Meyzonnier*: Jacques Meyzonnier hat schon mehrfach den „besten Minervois des Jahres" produziert. **Château de Pouzols.**

RIEUX-MINERVOIS,
Postleitzahl 11160, 252 B3

Domaine des Homs; Cave Coopérative

TRAUSSE-MINERVOIS,
Postleitzahl 11160

Daniel Domergue*: Ein Minervois, der sogar zu Wild als Begleiter gelten kann; **Château de Paulignan*:** Die Spezialität der Familie Tallavignes ist weißer Minervois.

MUSCAT

FRONTIGNAN,
Postleitzahl 34100, 253 D7

Cave Coopérative: Fester Muscat de Frontignan von einer der ersten Winzergenossenschaften Frankreichs; **Château de la Peyrelade*:** Einer der besten *vins doux naturels*.

LUNEL, Postleitzahl 34400, 232 E2

Domaine de Belle Côte*: Üppiger, fast übervoller Muscat de Lunel von Reben aus den höchsten Hängen des Orts.

MIREVAL, Postleitzahl 34840, 253 C7

Cave Coopérative*: Ziemlich kleine Winzergenossenschaft mit robustem, süßem Muscat de Mireval.

ST-JEAN-DE-MINERVOIS,
Postleitzahl 34360, 252 B4

Cave Camman*: Wundervoll duftiger Muscat de St-Jean-de-Minervois; **Cave Coopérative*:** Zuständig für 90 % der örtlichen Produktion.

VÉRARGUES,
Postleitzahl 34400, 232 E2

Cave Coopérative*: Ausgewogener, drei Jahre lang ausgebauter Muscat de Lunel; **Domaine du Grés St-Paul:** Auch roter Coteaux du Languedoc.

ST-CHINIAN

BERLOU, Postleitzahl 34360, 252 B4

Cave Coopérative*: Volle, tiefe Rotweine in traditioneller Art von drei Traubensorten.

CAZEDARNES, Postleitzahl 34460

Domaine des Calmette

CEBAZAN, Postleitzahl 34360, 252 B5

Union des Caves Coopératives du Secteur de St-Chinian: Vertrieb der Weine von drei Genossenschaften.

MURVIEL-LES-BEZIERS,
Postleitzahl 34490, 252 C5

Château Coujan

PRADES-SUR-VERNAZOBRE,
Postleitzahl 34360

Jean-Claude Grasset; Domaine des Jougla*: Führendes Familiengut mit vorbildlichen Weinen.

ST-CHINIAN,
Postleitzahl 34360, 252 B5

Clos Bagatelle*: Kräftiger St-Chinian und köstlicher Muscat de St-Jean-de-Minervois.

VINS DE PAYS
(siehe auch Karte auf Seite 256)

ANIANE, Postleitzahl 34150, B7

Mas de Daumas Gassac*: Berühmtes Weingut mit Côte-d'Or-ähnlichem Boden und Bordeaux-ähnlichen Techniken. Auf diese Weise entsteht superber Wein, der „Latour des Midi". Ferner ein ausgezeichneter Rosé und ein rarer, faszinierender Weißwein.

AIGUES-MORTES,
Postleitzahl 30220, 232 F2

Listel/Salins du Midi*: Hier befindet sich die größte Kellerei des größten Weinguts Frankreichs, der Salzfirma Salins du Midi. Im Süden bringt sie v. a. Vins de Pays der Marke Listel hervor. Besonders interessant sind sortenreine Weine (Cabernet, Chardonnay, Chenin Blanc, Sauvignon).

LÉZIGNAN-LA CEBE,
Postleitzahl 34120

Domaine d'Ormesson*: Charmanter, faßgereifter Rotwein von 7 Traubensorten.

MARSEILLAN, Postleitzahl 65350

Domaine de la Fadèze*: Hervorragender Syrah.

PÉZENAS, Postleitzahl 34120, 252 C6

Prieuré de Saint-Jean de Bébian*: Duftiger Rotwein von Alain Roux.

STE-ANASTASIE, Postleitzahl 30190

Domaine Gournier

SERVIAN, Postleitzahl 34290

Domaine du Prieuré d'Amilhac*: Sehr ansprechende Weine von Chardonnay/Sauvignon und Cabernet Sauvignon.

THEZAN-LES-BEZIERS,
Postleitzahl 34490

Domaine de Ravanes*: Fester, duftiger Cabernet Sauvignon.

VIAS, Postleitzahl 34500

Domaine du Bosc

ROUSSILLON

Von Fourques im Bereich du Roussillon aus sieht man das Massif du Canigou in den Pyrenäen hinter den herbstlich bunten Weinbergen aufsteigen. Die Menschen hier sprechen katalanisch – Spanien beginnt am Horizont.

Vier Jahrhunderte lang, bis 1642, war das Roussillon Teil des Königreichs Mallorca. Spanische Einflüsse sind noch immer deutlich spürbar. Die Sprache dieser Gegend (heute Département Pyrénées-Orientales) ist das Katalanische, und die frühere Grenze zu Frankreich läßt sich an alten befestigten Orten nachzeichnen.

Um die Hauptstadt Perpignan und hinter der langen sandigen Küste erstreckt sich eine weite Ebene, in der Obst und Gemüse wachsen: Spargel, Erdbeeren, Aprikosen und Äpfel, Himbeeren, Kirschen, Birnen und Pfirsiche. Und natürlich Weintrauben – sie sind die meistangebaute Frucht in Roussillon und nehmen 40 % der Gesamtfläche ein.

In den 60er Jahren, also schon viel früher als im benachbarten Languedoc, begannen sich die Winzer auf Qualität zu besinnen. Ihre Anstrengungen wurden 1977 belohnt, als dem Côtes du Roussillon und seiner höherwertigen Version, Côtes du Roussillon-Villages, der Status der Appellation Contrôlée zuerkannt wurde. Es handelt sich überwiegend um reife, volle, kräftige Rotweine. Ein großer Teil der Trauben, vor allem die Carignan, werden durch *macération carbonique* verarbeitet – das ist die im Beaujolais übliche Methode, bei der die Trauben ungepreßt und mit den Stielen vergoren werden, wobei Frucht und Geschmacksstoffe in höchstem Maß erhalten bleiben. Der Ausbau des Weins im Faß gewinnt an Boden.

Zwei der angesehensten Orte sind Caramany und Latour-de-France. In 86 der 118 Gemeinden der Côtes du Roussillon wird auch Rivesaltes produziert. Tatsächlich wird hier der meiste Vin Doux Naturel erzeugt, ein gespriteter Aperitif und Dessertwein in drei Versionen: eine weiße, eine rote sowie eine nur aus Muscat-Trauben. Die dritte, unter der Bezeichnung Muscat de Rivesaltes bekannt, ist die weitaus beste; sie paßt vorzüglich zu Obst, süßem Dessert und Blauschimmelkäse.

Der Banyuls, ebenfalls ein Vin Doux Naturel, kommt aus einem abgelegenen Bereich an der felsigen Küste. Steile, schieferige Hanglagen und eine vorgeschriebene Reifezeit tragen zum besonderen Charakter dieses Weins bei, den man etwa zwischen Madeira und Port einordnen könnte. Am besten und reifsten ist der meist süße, aber auch in einer trockeneren Version vorkommende Banyuls Grand Cru.

Der aus demselben Bereich stammende Collioure ist eine Art ungespriteter, fester, runder Banyuls (Faßreifezeit von mind. 9 Monaten).

REISE-INFORMATIONEN

Die Küche des Roussillon bietet Fisch aus dem Meer, Wild aus den Wäldern und Bergen und Obst aus der fruchtbaren Ebene. Die Auswahl an Spezialitäten ist reich, die meisten mit unverkennbar spanischer Note. Am bekanntesten ist die cargolade: *über Rebholz gebratene Weinbergschnekken, dazu* aïoli *(eine kräftige Knoblauch-Mayonnaise).*

HOTELS

Le Catalan, 66650 Banyuls-sur-Mer, Tel. 68 88 02 80. Modernes Hotel, halbkreisförmig auf Felsen erbaut. Swimming Pool. In der Saison Halbpension obligatorisch. Klasse A/B.
Les Elems, 66650 Banyuls-sur-Mer, Tel. 68 88 03 12. Komfortables Strandhotel mit guter Küche. In der Saison Halbpension obligatorisch. Hotel Klasse B, Restaurant C.
La Casa Pairal, 66190 Collioure, Tel. 68 82 05 81. Luxuriös eingerichtetes Hotel in einem Park voller Blumen. Swimming Pool. Klasse A/B.
Athéna, 1, rue Quays, 66000 Perpignan, Tel. 68 34 37 63. Zentral gelegen, trotzdem recht ruhig. Klasse B/C.
Le Mas de Arcades, rue d'Espagne/ N9, 66000 Perpignan, Tel. 68 85 11 11. Moderner Gebäudekomplex am Stadtrand mit Swimming Pool und Restaurant. Klasse B.
Alta Riba, 66600 Rivesaltes, Tel. 68 64 01 17. Angenehmes, gut geführtes Hotel mit Restaurant. Klasse B/C.

RESTAURANTS

Le Sardinal, 66650 Banyuls-sur-Mer, Tel. 68 88 30 07. In einem schönen großen Speisesaal gibt es *marmite de filets de poisson* und *sole braisée au vieux Banyuls*. Reichhaltige Weinkarte. Klasse C.
Château de Jau, 66600 Cases-de-Pène, Tel. 68 64 11 38. Im Sommer bekommt man auf Vorbestellung hier Mittagessen. Klasse C.
L'Hostal, 66300 Castelnou, Tel. 68 53 45 42, Spezialitäten: *cargolade* und andere regionale Gerichte. Klasse C.
Le Baroque, 66530 Claira, Tel. 68 28 23 17. Schöne Auswahl an Roussillon-Weinen. Klasse C.
La Bodega, 66190 Collioure, Tel. 68 82 05 60. In einem alten Weinkeller. Regionale Küche. Empfehlenswert: *rougets*. Klasse B/C.
La Frégate, 66190 Collioure, Tel. 68 82 06 05. Gartenähnliches Interieur und draußen eine Terrasse. Auch ein gutes Hotel. Restaurant Klasse C, Hotel B.
Les Templiers, 66190 Collioure, Tel.

68 82 05 58. Große Künstler wie Dufy, Matisse und Picasso haben hier mit Bildern bezahlt – rund 3000 hängen im Haus und lenken vom Wein und den guten Speisen ab (z. B. Fischsuppe, verschiedene Fischgerichte). Auch Hotel. Restaurant Klasse C, Hotel B/C.
Le Quéribus, 66460 Maury, Tel. 68 59 10 26. Wild und Wein der Gegend. Klasse C.
Henri Delcros, 68, avenue Maréchal-Leclerc, 66000 Perpignan, Tel. 68 34 96 05. Talentierter, durch seine Fischrezepte und Desserts berühmter Küchenchef. Klasse B.
Le Festin de Pierre, 7, rue du Théâtre, 66000 Perpignan, Tel. 68 51 28 74. Für Fisch und Geflügel bekannt. Klasse B/C.
Le Rallye, 8, place des Variétés, 66000 Perpignan, Tel. 68 35 16 16. Echte regionale Küche. Klasse C.
Relais St-Jean, 1, Cité Bartissol, 66000 Perpignan. Tel. 58 51 22 25. Zeitgemäße Küche im Schatten der Kathedrale. Gute Weine im offenen Ausschank. Klasse B.
Le François-Villon, 1, rue de Four-St-Jean, 66000 Perpignan, Tel. 68 51 18 43. Einfallsreiche, regionale Küche (z. B. *foie gras de canard au Banyuls).* Klasse C.
Park Hotel/Le Chapon Fin, 18, boulevard Jean-Bourrat, 66000 Perpignan, Tel. 68 35 14 14. Progressive Küche, großer Speiseraum. Recht luxuriöses Hotel. Klasse B.

SEHENSWERTES

Baixas Einer der schönsten Orte in der Ebene; Reste der Stadtmauer, gotische Kirche mit Barock-Kapelle und Kunstausstellungen im Cellier Dom Brial.
Banyuls-sur-Mer Ferien- und Weinstadt am Meer. Außerhalb der Stadt die Métairie Maillol, wo der große Bildhauer Aristide Maillol (1861–1944) lebte und auch begraben liegt.
Cabestany Die Kirche hat ein wertvolles romanisches Tympanon mit Madonna.
Canet-en-Roussillon See-Aquarium und das Musée du Père Noël (Weihnachtsmann).
Cases-de-Pène Ausstellungen moderner Kunst im Sommer im Château de Jau. In der Nähe eine Eremitenkapelle aus dem 17. Jh.
Castelnou Malerischer, ummauerter Ort; hier haben sich Maler und Kunsthandwerker niedergelassen. Darüber erhebt sich eine Burg aus dem 11. Jh.
Céret Im Museum für moderne Kunst ein Raum voller Picassos sowie 14 Werke von Matisse.
Collioure Früher ein großer Handelshafen. Im Château Royal finden im Sommer Ausstellungen statt. Neben der Kirche (von 1691) steht als Glockenturm ein früherer Leuchtturm. Die Kirche selbst ist mit barocken Kunstwerken reich ausgestattet. Im Hotel/Restaurant Les Templiers (siehe Restaurants) hängen rund 3000 Bilder, viele davon aus der Hand berühmter Künstler.
Elne Jahrhundertelang war Elne bedeutender als Perpignan und auch Bischofssitz. Der Bau der Kathedrale Ste-Eulalie wurde im 11. Jh. begonnen; neben ihr befinden sich sehr gut erhaltene Klosteranlagen, die zusammen mit einer Kapelle als Museum dienen.
Espira-d'Agly An der Kirche (um 1200) fällt die Verwendung der natürlichen Farben des Steins sowie die Maurertechnik auf.
Ermitage de Força Réal Eine Eremitenkapelle (daneben eine Fernsehstation) und schöner Panoramablick.
Montalba-le-Château Befestigter Ort zu Füßen einer großen Burg aus dem 10. Jh.; Weinmuseum.
Perpignan Im romantischen alten Stadtzentrum befinden sich der Palast der Könige von Mallorca mit seinen Ringmauern, eine Reihe von Kapellen und eine zweigeschossige Kirche, ferner die Kathedrale St-Jean aus dem 14. bis 16. Jh. sowie die Loge de Mer (1397), ehemals Börse und Seegerichtshof. Auf dem Platz davor steht eine Venus von Maillol (s. a. Banyuls); hier wird im Sommer die Sardana getanzt. In Le Castillet, einem großen Stadttor (14./15. Jh.), ist ein interessantes Volkskunstmuseum. Weitere Museen: Musée Hyacinthe-Rigaud (Gemälde), Musée Joseph-Puig (Münzen, Medaillen). Bei Castel-Roussillon, östlich von Perpignan, werden große Ausgrabungen vorgenommen; eine romanische Kirche wurde restauriert. An der Straße nach Elne befindet sich ein Luftfahrtmuseum.
Port-Bacarès Ein alter Dampfer, die „Lydia", wurde zum Casino umgebaut, und ebenfalls am Strand befindet sich das Musée des Sables, ein Freilichtmuseum für Bildhauerei.
Salses Das Fort in den Weinbergen an der Bahnlinie ist das meistbesuchte Monument im Roussillon. Es wurde im 15. Jh. halb unterirdisch mit 6 m dicken Mauern angelegt und bot 1500 Mann und 100 Pferden Raum.
Tautavel Hier wurde 1971 der Schädel des Homo tautavelensis gefunden (rund 450 000 Jahre alt). Das Museum für Vorgeschichte ist hervorragend ausgestattet. Über dem Ort befindet sich nahe bei der Höhle, wo der Schädel gefunden wurde, die Ruine eines mittelalterlichen Turms.
Thuir Berühmt durch die Kellerei der Firma Byrrh (Aperitif) mit dem größten Faß der Welt (1 Million Liter); fer-

Malerische Szene, beobachtet in Port-Vendres an der Côte Vermeille.

ner Reste der Stadtmauer, ein schöner Marmorbrunnen, in der Kirche eine Statue aus dem 12. Jh.; ein Auskunftszentrum für Wein und Handwerk der Gegend (Cellier des Aspres). Auch eine Schokoladenfabrik kann besichtigt werden.

WEINFESTE UND -MÄRKTE

Juni Fète de St-Bacchus (das große Fest der Weinbruderschaft Maîtres-Tasteurs) und der Salon des Vins et de la Gastronomie, beide in Perpignan.
Juli Fète de Rivesaltes in Rivesaltes und Fète du Vin et des Fruits in Elne.
Anfang August Weinfest in Estagel.
Mitte Oktober Fète du Vin Nouveau in Perpignan.

WEINBRUDERSCHAFTEN

La Commende Majeure de Roussillon und Les Maîtres-Tasteurs du Roussillon (für ganz Roussillon). Les Templiers de la Serre (Banyuls).

BEDEUTENDE WEINGÜTER

Im Hof eines Winzers in Collioure warten Fässer darauf, mit Banyuls-Wein gefüllt zu werden. Die Zitadelle und die befestigte Kirche am Hafenkai erinnern an die Zeit, als hier die Könige von Mallorca herrschten.

Das Roussillon ist mit in die Karte des Languedoc auf Seiten 252/253 und in die Vin-de-Pays-Karte auf Seite 256 einbezogen.

BAIXAS, Postleitzahl 66390, 252 D3
Cave Coopérative

BANYULS-SUR-MER,
Postleitzahl 66650, 252 F3
Domaine du Mas Blanc*: Ausgezeichneter Banyuls (u. a. eine fruchtige, früh abgefüllte Version) sowie sehr feiner Collioure. Besitzer: Dr. André Parcé & Fils; **Domaine de la Retorie*:** Charaktervoller Banyuls von Marcel und Thierry Parcé (erster Jahrgang 1984).

BELASTA, Postleitzahl 66720
Cave Coopérative

CANET-ST-NAZAIRE-EN-ROUSSILLON, Postleitzahl 66140
Château de Rey*: Renommierter Muscat de Rivesaltes, Cabernet (Vin de Pays) und Côtes du Roussillon.

CASES-DE-PÈNE,
Postleitzahl 66600, 252 D3
Château du Jau*: Das große Weingut von Robert Doutres bringt ausgezeichneten Côtes du Roussillon, Muscat de Rivesaltes und Banyuls hervor. Im Sommer Ausstellungen und ein Restaurant im Château (siehe Restaurants S. 259).

ELENE, Postleitzahl 66200, 252 E3
Mas Chichet*: Paul Chichets Spezialität ist ein faßgereifter Vin-de-Pays-Cabernet.

MAURY, Postleitzahl 66460, 252 D2
Cave Coopérative; Paul Lafage & Fils; Mas Amiel*: Charles Dupuy läßt seinen eleganten Maury 5 bis 9 Jahre im Faß reifen.

PASSA, Postleitzahl 66300, 252 E2
Domaine St-Luc*: Luc-Jérôme Taluts Spitzenwein ist der Muscat de Rivesaltes.

PERPIGNAN,
Postleitzahl 66000, 252 E3
Domaine Sarda-Malet, 134, avenue Victor-Dalbiez; **Vignerons Catalans*:** Der 1965 gebildeten Gruppe gehören inzwischen 50 Genossenschaften und Winzer an. Sie hat sich vor allem um die Hebung der Qualität des Roussillon-Weins verdient gemacht. Zum Programm der Gruppe gehören Rotweine aus Caramany, Latour-de-France sowie von den Châteaux Cap de Fouste, St-Martin und Mas de la Dona. Auch viele Weißweine sind zu empfehlen, z. B. der Taïchat; der Rosé von Rasiguères ist einer der besten im Bereich.

PORT-VENDRES,
Postleitzahl 66720, 252 F3
Cellier des Templiers/GIBC*: Zusammenschluß von 5 Genossenschaften, die gemeinsam über die Hälfte der Banyuls- (und Collioure-)Erzeugung bestreiten. Viele ausgezeichnete Weine.

RIVESALTES,
Postleitzahl 66600, 252 D3
Cazes Frères*: André und Bernard Cazes haben eine große Auswahl an Weinen anzubieten, v. a. Muscat de Rivesaltes, Côtes du Roussillon-Villages sowie roten und weißen Vin de Pays.

ST-JEAN-LASSELLE, Postleitzahl 66300
Jaubert & Noury

TAUTAVEL, Postleitzahl 66720, 252 D3
Cave Coopérative

TRESSERE, Postleitzahl 66300, 252 E2
Etienne Amouroux; Serge Bourret

TROUILLAS, Postleitzahl 66300, 252 E2
Domaine de la Casenove; Domaine de Canterrane

VILLENEUVE-LA-RIVIÈRE,
Postleitzahl 66610
Salvat Père & Fils

VINGRAU, Postleitzahl 66600
Cave Coopérative

KORSIKA

Die Phöniker entdeckten die Insel im 6. Jh. v. Chr. und nannten sie „Koraî", das bedeutet „mit Wald bedeckt". Das trifft heute zum Teil noch zu, denn etwa ein Viertel der Fläche Korsikas ist Waldland. Herrliche Pinien sieht man hier, und der aus Gestrüpp und Buschwerk bestehende *maquis* dehnt sich weit und breit. Korsika ist auch gebirgig – die Insel ist ein einziges aus dem Meer aufragendes Bergmassiv mit vielen Gipfeln; nur entlang der Ostküste gibt es eine größere Ebene. Schon vor und erst recht nach den Phönikern lebten verschiedene Völker hier.

1347 nahmen die Genuesen die Insel in Besitz, jedoch nur die Küsten; ins Innere wagten sie sich nicht. Die italienische Herrschaft dauerte mit einer kurzen Unterbrechung fast vier Jahrhundete, und deshalb ist Korsika, die Ile de Beauté, heute noch in vieler Hinsicht eher italienisch als französisch. Der Dialekt – er ist in den Schulen Pflichtfach – ist eng mit dem Italienischen verwandt, die Häuser und Kirchen sehen italienisch aus, die Ortsnamen sind italienisch, zu den landesüblichen Gerichten gehören Pasta und andere italienische Spezialitäten, und auch die Rebsorten sind italienisch.

Sciacarello und Nielluccio sind die wichtigsten Trauben für Korsikas Rot- und Roséweine. Die beiden Sorten ergänzen sich wunderbar: Die eine ergibt leichte Rotweine mit kräftiger Säure, die andere dunkle, körperreiche Weine. Alle Weißweine Korsikas müssen zu mindestens 75 % aus Vermentino-Trauben gekeltert sein. Da diese Sorte alkoholstarke Weine liefert, denen es an Säure mangelt, werden die Trauben heute gelesen, ehe sie ganz ausgereift sind.

Den ersten Anstoß erhielt der Weinbau durch die Genuesen: 1572 erging die Verordnung, daß jede Familie vier Weinstöcke pflanzen müsse. Aber erst unter französischer Herrschaft nach der Revolution begann der Weinbau größere Bedeutung zu gewinnen. Um 1870 betrug die Rebfläche Korsikas rund 15 000 ha, und drei Viertel des Einkommens der Bevölkerung stammten vom Wein. Die Reblaus machte dieser Zeit des Wohlstands ein Ende; erst in den 60er Jahren unseres Jahrhunderts begann der Wiederaufbau, vor allem durch Umsiedler aus Algerien, die mit staatlicher Unterstützung die malariaverseuchten Ebenen im Osten kultivierten und mit Reben bepflanzten. Und wiederum wurde der Wein zum bedeutendsten landwirtschaftlichen Produkt Korsikas.

Leider galt Quantität lange mehr als Qualität. Der größte Teil der Produktion entfiel auf schwere Vins de Table, die dazu benutzt wurden, schwächlichen Weinen aus dem Midi auf die Beine zu helfen. An zweiter Stelle kam der etwas bessere Vin de Pays; Weine mit Appellation Contrôlée lagen weit abgeschlagen am Ende. Jahrelang entfielen auf AC-Wein nur etwa 3 % der Gesamterzeugung. Inzwischen ist der Anteil auf etwa 5 % gestiegen, aber nur weil die Produktion an Billigwein zurückgegangen ist – seit 1976 wurde ein Drittel der Rebfläche gerodet.

Die neuere Geschichte des Weinbaus in Korsika ist also ähnlich verlaufen wie im Languedoc und in anderen Massenproduktionsgemeinden Frankreichs. Die Insel wurde mit in den Strom minderwertigen Weins gerissen, der sich in den europäischen „Weinsee" ergießt. Dabei besitzt Korsika gute Weinlagen in den Bergen und an den Küsten – das Potential für Qualität ist also da.

Das Vorherrschen billiger Weine hat auch dazu geführt, daß Korsika keinen besonderen Ruf als Weinquelle gewinnen konnte. Doch gibt es auf der Insel eine ganze Reihe guter Weine von qualitätsbewußten Winzern. Die Touristen, die Jahr für Jahr nach Korsika kommen, trinken den größten Teil davon weg – und die Einheimischen unterstützen sie dabei nach Kräften. Nur sehr wenig gelangt aufs Festland.

Wein wird vorwiegend in den Küstenbereichen, oft an weit auseinandergelegenen Stellen, angebaut. Die nördlichsten Weinberge sind die in den Coteaux du Cap Corse. Dort, am Ende einer breiten Kalkstein-Halbinsel, wächst auch der beste trockene Wein Korsikas, Clos Nicrosi. Im Südwesten der Halbinsel entstehen im schönen kleinen Bereich Patrimonio ganz ausgezeichnete Rotweine. Die frühere Spezialität, Roséwein, wird noch immer gekeltert, ist aber bestenfalls ein erfrischendes Getränk für den Sommer. An der Westküste entlang nach Süden stößt man auf La Balagne, den größten Qualitätsweinbereich. Seine Weine werden unter dem Namen Calvi vertrieben. Auf dem oft kieshaltigen Boden der Weinberge entstehen ansprechende Rotweine und immer mehr frische, fruchtige Weißweine. Zu den rührigsten Bereichen gehört Coteaux d'Ajaccio um die Hauptstadt Korsikas. Hier herrscht die dunkle Sciacarello-Traube bei Rotweinen vor, während der Vermentino die Grundlage für Weißwein abgibt.

Die alte befestigte Stadt Sartène ist das Zentrum eines Bereichs mit vorwiegend festgefügten Rotweinen. Der südlichste Weinbaubereich, Figari, hat unter Rückschlägen zu leiden. Die Winzergenossenschaft bemüht sich sehr um Anerkennung für ihre in erster Linie milden Rotweine. Nicht weit von hier liegt Porto-Vecchio, ein betriebsamer Ferienort. Dem Winzer Christian Imbert ist es zu verdanken, daß hier noch ein Weinbaubereich existiert.

Die Ostküste wird von dem Bereich in der Ebene beherrscht, dessen Wein die Bezeichnung Vin de Corse trägt. Große Weingüter und mehrere Winzergenossenschaften geben hier den Ton an. Die Qualität hat sich inzwischen sehr gebessert, und so findet man heute saubere, angenehme Rot- und Roséweine vor. In der Mitte Korsikas gibt es bei Ponte Leccia einen kleinen Bereich mit Vin de Corse.

Schließlich sind noch die äußerst feinen Muscatweine von Cap Corse und Patrimonio zu nennen, die sich durch goldene Farbe, üppige Geschmacksfülle und fast überwältigenden Duft auszeichnen. Sie gehören zu den besten ihrer Art in ganz Frankreich; da es aber keine Appellation für sie gibt, können sie auch nicht offiziell exportiert werden.

REISE-INFORMATIONEN

Die Küche Korsikas ist eng mit der italienischen verwandt, und so gibt es in den meisten Restaurants Pasta (pâte) *in vielen Variationen. Die charcuteries der Insel sind schmackhaft; es wird viel Ziegen- und Lammfleisch gegessen, daneben auch Wild, vor allem Wildschwein. Natürlich kommt auch viel Fisch aus dem Meer und den Bergbächen auf den Tisch, und Tomaten, Paprika, Knoblauch, Olivenöl und Fenchel sorgen für Würze.*

HOTELS

Es kann hier nur eine kleine Auswahl aus den vielen Hotels, Appartements, Chalet-Parks und Campingplätzen genannt werden, die es auf Korsika gibt.

Columbia, 2, avenue de Paris, 20000 Ajaccio, Tel. 95 21 12 66. Einfaches, angenehmes Hotel für Preisbewußte. Klasse C.

Eden-Roc, Routes des Sanguinaires, 20000 Ajaccio, Tel. 95 52 01 47. Am Meer, etwa 7 km südlich der Stadt. Alle Zimmer mit Terrasse; Swimming Pool. Nur Halbpension. Klasse A.

Fesch, 7, rue Cardinal-Fesch, 20000 Ajaccio, Tel. 95 21 43 08. Komfortables Hotel im Zentrum von Ajaccio. Klasse B.

Napoléon, 4, rue Lorenzo-Vero, 20000 Ajaccio, Tel. 95 21 30 01. Etwas farblos, aber annehmbar. Klasse B.

Posta Vecchia, rue Posta-Vecchia, 20200 Bastia, Tel. 95 32 32 38. Nahe der Altstadt, nicht weit vom Ufer. Einfach und solide. Klasse B.

L'Abbaye, Route de Santore, 20260 Calvi, Tel.95 65 04 27. In guter Lage; komfortabel; in einem ehemaligen Kloster. Klasse B.

La Pietra, 20220 l'Ile-Rousse, Tel. 95 60 01 45. Unvergleichlich schöner Blick auf das Meer. Moderne Einrichtung. Restaurant. Klasse B.

Le Maquis, 20166 Porticcio, Tel. 95 25 05 55. Gegenüber Ajaccio an der Bucht; ein altes Landhaus, umgebaut in ein sehr komfortables Hotel mit ausgezeichneter Küche und bester Bedienung und einem schönen Swimming Pool. Vielleicht das beste Hotel in Korsika. Klasse A. Restaurant Klasse A/B.

Dolce Notte, 20217 St-Florent, Tel. 95 37 06 26. In ruhiger Lage am Meer. Terrasse. Das Restaurant ist nur abends geöffent. Klasse B.

RESTAURANTS

Palm Beach, Route des Sanguinaires, 20000 Ajaccio, Tel. 95 52 01 03. Moderne korsische Küche. Der Besitzer ist Winzer. Auch ein kleines Hotel. Schöne Aussicht. Klasse B.

Pardi, 60, rue Cardinal-Fesch, 20000 Ajaccio, Tel. 95 21 43 08. Korsische Küche in korsischer Atmosphäre. Klasse C.

Point U, 69bis, rue Cardinal-Fesch, 20000 Ajaccio, Tel. 95 21 59 92. Küche und Keller sorgfältig gepflegt. Klasse B.

St-Hubert, 3, rue Colonel-Colonna-d'Ornano, 20000 Ajaccio, Tel. 95 23 23 78. Wie schon der Name des Schutzpatrons der Jagd und auch die Innendekoration vermuten läßt, steht viel Wild auf der Speisekarte. Klasse C.

Rechts: Die Fischerei dient vielen Menschen in Korsika zum Broterwerb. Die Insel ist mit natürlichen Häfen und Buchten reich gesegnet. Unten: Natürlich macht Korsika viel Wesens um seinen größten Sohn. Das Denkmal in Ajaccio zeigt Napoleon in klassischem Gewand.

Chez Assunta, 4, place Fontaine-Neuve, 20200 Bastia, Tel. 95 31 67 06. Wohlrenommiertes Restaurant *(cabri rôti)* in einem großen, gewölbten Saal mit Terrasse. Klasse B.
Lavezzi, 8, rue St-Jean, 20200 Bastia, Tel. 95 31 05 73. Klassische, bodenständige Küche (Anchovis ist sehr zu empfehlen), große Weinkarte. Überdachte Terrasse. Am alten Hafen. Klasse B.
La Romantique, 4bis, rue du Pontette, 20200 Bastia, Tel. 94 32 30 85. Frische *fruits de mer*. Schönes Dekor, angenehme Atmosphäre. Terasse am alten Hafen. Klasse B.
Comme Chez Soi, 20260 Calvi, Tel. 95 65 00 59. Hier kann man bei schönem Blick über den Hafen in Fisch schwelgen. Klasse C.
U' Spuntinu, Route de Bonifato, 20260 Calvi, Tel. 95 65 07 06. Ländliche Umgebung, traditionelle Küche, Garten und überdachte Terrasse. Klasse C.
Le Vieux-Moulin, 20238 Centuri-Port, Tel. 95 35 60 15. Frischer Fisch und *bouillabaisse* – ein ideales Lokal zum Mittagessen am Cap Corse. Klasse B.
L'Albibu, 20253 Patrimonio, Tel. 95 37 07 69. Mitten in den Weinbergen mit Gebirgskulisse. Fisch aller Art. Klasse C.
Auberge du Prunelli, 20129 Pisciatello, Tel. 95 20 02 75. In jeder Hinsicht sehr korsisch. Überdachte Terrasse an einem Fluß; an der Straße von Ajaccio nach Sartène. Klasse C.
Le Bistrot du Port, 20137 Porto-Vec-

Rechts: Die Weinberge von Cap Corse ziehen sich an der Küste im Norden Korsikas entlang.
Mitte und unten: Korsische Dörfer liegen oft an erstaunlichen Stellen, deren Wahl gelegentlich durch die Furcht vor den Sarazenen beeinflußt worden sein mag.

chio, Tel. 95 70 22 96. Pasta und Fischgerichte auf einer Terrasse am Hafen. Klasse C.
Le Lucullus, 20137 Porto-Vecchio, Tel. 95 70 10 17. Hier sind die einfachsten Gerichte am besten: Lamm- oder Ziegenbraten, *charcuteries* usw. Rustikale Einrichtung. Klasse B.
La Chaumière, 20100 Sartène, Tel. 95 77 07 13. Einfache, schmackhafte Kost zu günstigen Preisen (alles inbegriffen). Klasse C.

SEHENSWERTES

Korsika ist eine felsige, schroffe Insel, doch gibt es viel landschaftliche Schönheit hier. Korsika ist ganz anders als das übrige Frankreich; sein Charakter ist stark von Italien geprägt, in nicht geringerem Maß jedoch auch von der eigenen Geschichte. Die Insel ist durchaus eigenständig – und sie fühlt sich auch so.

Ajaccio Napoleon Bonaparte, 1769 hier geboren, ist noch immer überall gegenwärtig. Sein Geburtshaus (rue St-Charles) ist ein Museum, und im Rathaus ist ein ganz ihm gewidmetes Museum (Musée Napoléonien) untergebracht. Auf der Place Maréchal-Foch, dem Platz vor dem Rathaus, steht er in weißem Marmor als Erster Konsul auf einem Brunnen mit vier Löwen; weitere Napoleon-Denkmäler findet man andernorts.

Das Musée Fesch neben der Kapelle besitzt eine schöne Sammlung primitiver italienischer Maler, und im Musée du Capitellu gegenüber der für Besucher nicht zugänglichen Zitadelle ist korsische Malerei zusammengetragen. Die Kathedrale von Ajaccio stammt aus dem 16. Jh. und ist im venezianischen Rennaissancestil erbaut. Napoleon wurde hier getauft, und seine letzten Worte sind auf einer Säule links vom Eingang eingemeißelt. Etwa 12 km außerhalb von Ajaccio steht das für Besichtigungen zugängliche imposante Château de la Punta aus dem 19. Jh. Hinter der Fassade aus zwei Säulenreihen befinden sich reich geschmückte Räume und ein enorm großer Kamin.

Aléria Die Stadt wurde um 565 v. Chr. von den Phönikern gegründet und später von den Etruskern, Römern und anderen bewohnt. Das Musée Jérôme-Carcopino mit archäologischen Funden aus der Gegend ist im Fort Matra untergebracht. Besonders bemerkenswert sind Trinkgefäße von 480 v. Chr. in der Form eines Hundekopfs und eines Eselskopfs. Auch die Ausgrabungen sind für Besucher zugänglich.

Aregno Ort im Bereich Balange mit einer Kirche aus mehrfarbigem Stein und schönen Fresken (15. Jh.) im Inneren.

Bastia Größter Handelshafen der Insel. Das alte Hafenviertel ist sehr romantisch, und die Terrassen an dem 300 m langen freien Platz gegenüber dem neuen Hafen sind im Sommer ein beliebter Treffpunkt. Oberhalb von Bastia eine genuesische Bastion aus dem 14. Jh., nach der die Stadt ihren Namen hat. Innerhalb ihrer Mauern befinden sich die alte Kathedrale Ste-Marie (mit einer Darstellung von Mariä Himmelfahrt in Silber), die Kapelle Ste-Cros und das Musée Ethnographe de Corse (ein Gouverneurspalast mit gewölbten Sälen voller Heimatgeschichte).
Bonifacio Festungsstadt in spektakulärer Lage ganz im Süden der Insel. Mauern, Kirche und kopfsteingepflasterte Gassen mit Bogen sind aus dem Mittelalter erhalten geblieben.
Calenzana Der Couvent d'Alzipratu liegt am Fuß des Monto Grosso. Das 1509 gegründete Kloster ist zum Teil eine Ruine, doch sind noch Fresken und eine eindrucksvolle Bibliothek zu besichtigen.
Calvi Hier wurde 1441 Kolumbus geboren (Gedenktafel rue Columbo); Garnison der Fremdenlegion; vor allem aber ist Calvi ein Ferienort mit Hafen für Sport- und Fischerboote. Die mächtige Zitadelle über der Stadt enthält u. a. ein Museum für religiöse Kunst (Oratoire St-Antoine) sowie die Kirche St-Jean-Baptiste (13. und 16. Jh.). Am Fuß der Zitadelle steht beim Hafen und dem bunten Viertel La Marine ein alter Rundturm, die Tour du Sel.
Cap Corse Die Nordspitze der Insel bildet eine in das Meer hinausragende felsige Halbinsel. Sie bietet ein dramatisches Landschaftsbild, geschützte Strände und faszinierende Bergdörfer und ist auch ein eigener Weinbaubereich, AC Cap Corse.
Corte Früher die Hauptstadt der Insel, heute die größte Stadt im Inneren. Die mittelalterliche Zitadelle (heute Garnison der Fremdenlegion), die alten Straßen und schattigen Höfe sind voller Reiz. Corte bietet einen günstigen Ausgangspunkt für Entdeckungsreisen ins Innere der Insel.
Evisa Das Bergdorf kann als Ausgangspunkt für Wanderungen durch Gebirge und Wälder dienen, z. B. für den dreistündigen Abstieg durch die Gorges de Spelunca.
Figari Nordwestlich des Weinorts befindet sich auf dem l'Omo de Cagna ein Felsen, der wie ein Mann aussieht.
Filitosa Hier sind religiöse Kultgegenstände aus der Vorzeit gefunden worden, u. a. behauene Menhire. Filitosa hat ein Museum.
L'Ile Rousse Badeort mit Casino an der Westküste.
Macinaggio In dem Ort am Cap Corse sind Weinlagerhäuser aus dem 19. Jh. in ein Museum für Funde aus der Römerzeit, vor allem Tongefäße, umgewandelt worden.
Patrimonio Die höchst fotogene Kirche St-Martin (16. Jh.) steht mitten in den Weinbergen.
Porto-Vecchio Nördlich des betriebsamen Badeorts befindet sich rechts von der N198 das Dörfchen Torre. Es hat einem Volk den Namen gegeben, das um 1500 v. Chr. auf der Insel lebte und viele Zeichen seiner Anwesenheit hinterlassen hat. In Torre befindet sich eine Begräbnisstätte, und etwas weiter südlich, auf der anderen Seite der N198, liegt das Castello d'Arraggio, die Reste einer primitiven Schutz- und Wehranlage.
Propriano Der kleine Hafen an einer Bucht im Südwesten der Insel stammt aus klassischen Zeiten. Heute ist er ein Badeort.
Roccapina An der Straße von Sartène nach Bonifacio sieht man den Rocher du Lion, einen Felsen, der wie ein ruhender Löwe aussieht. Neben ihm ein „Genuesenturm".
Rogliano Einer der schönsten Orte am Cap Corse mit vielen alten Häusern, einer Burgruine und mit der Kirche St-Agnel (die Kaiserin Eugénie stiftete die Chor-Balustrade).
St-Florent Badeort und alte Hafenstadt im Norden der Insel, nahe beim Cap Corse. Ein ehemaliges Gefängnis dient heute als Museum der Frühgeschichte.

WEININFORMATIONEN

Eine Maison du Vin gibt es in Korsika nicht, doch zwei Organisationen, die sich aktiv um die Förderung des Weinbaus bemühen: CREPAC (Casa Corsa, 22, boulevard Dominique-Paoli, 20000 Ajaccio) und GIVC (6, rue Gabriel-Péri, 20200 Bastia). Ein Zusammenschluß unabhängiger Weingüter der Spitzenklasse nennt sich UVACORSE (Chambre d'Agriculture, Résidence Castel-Vecchio, 20000 Ajaccio).

BEDEUTENDE WEINERZEUGER

CALVI

CALENZANA, Postleitzahl 20214, 266 C2

Domaine de Cantone*: Im Besitz der Gebrüder Discala; der Rotwein aus vier Traubensorten gehört zu den besten im Bereich; **Cave Coopérative:** Frischer, angenehm fruchtiger Wein im modernen Stil; **Couvent d'Alzipratu***: Robuster, tiefroter Wein.

CALVI, Postleitzahl 20260, 266 B2

Clos Landry

MURO, Postleitzahl 20225

Clos Regina

COTEAUX D'AJACCIO

MEZZAVIA, Postleitzahl 20167

Domaine Comte Péraldi; Sehr guter Sciacarello-Rosé sowie vielversprechende Rotweine mit dem eigentümlich trocken-kräuterwürzigen Duft dieser beachtenswerten Traube.

PISCIATELLO, Postleitzahl 20129

Clos Capitoro; Domaine de Paviglia

COTEAUX DU CAP CORSE

ROGLIANO, Postleitzahl 20247, 266 B3

Clos Nicrosi*: In seinem Weingut bringt Toussaint Luigi einen Weißwein der Spitzenklasse (rein von Vermentino) sowie einen großartigen Muscat (Muscatellu) hervor.

FIGARI, 266 D

PIANOTOLLI Postleitzahl 20131,

Cave Coopérative

PATRIMONIO

PATRIMONIO, Postleitzahl 20253, 266 B3

Cave Coopérative; Clos de Bernardi; Clos Marfisi

ST-FLORENT, Postleitzahl 20217, 266 B3

Dominique Gentile*: Einer der besten Rotweine Korsikas, lebendig im Geschmack, geschmeidig und rund. Der Gärprozeß verläuft in Edelstahltanks.

PORTO-VECCHIO

PORTO-VECCHIO, Postleitzahl 20137, 266 D3

Domaine de Torraccia*: Christian Imbert ist einer der fähigsten und tüchtigsten Winzer auf der Insel; er bringt einen kraftvollen, ausgewogenen Rotwein, einen aromatischen Weißwein und einen angenehmen Rosé hervor.

SARTÈNE

PROPRIANO, Postleitzahl 20110, 266 D3

Domaine Fiumicoli

SARTÈNE, Postleitzahl 20100, 266 D3

Domaine de San-Michele

VIN DE CORSE

ALÉRIA, Postleitzahl 20270, 266 C3

Union de Vignerons de l'Ile de Beauté: Aktive Winzergenossenschaft mit mehreren guten Weinen, v. a. Rotweinen. Am besten ist der in neuen Fässern ausgebaute Domaine Marquillant.

ARENA, Postleitzahl 20215

Cave Coopérative; Domaine de la Ruche Foncière: Die Familie Filippe hat einen großen Laden, wo neben Wein auch Obst, Gemüse, *charcuterie* und andere Produkte der Insel verkauft werden.

CATERAGGIO, Postleitzahl 20170

Cave Coopérative

266

DANK

Jedermann wird einsehen, daß ein so vielschichtiges und dazu so schön ausgestattetes Buch nicht allein das Werk der Autoren sein kann. Sie sind vielmehr auf tüchtige und erfahrene Mitarbeiter angewiesen, denen die Aufgabe zufällt, die verschiedenen Elemente zusammenzutragen, Landkarten auszuwählen, Zeichner und Fotografen zu berufen, Tausende von Unterlagen zu sortieren und zu überprüfen sowie – und das ist wohl das Schwierigste – die Autoren zugleich anzuspornen und zu zügeln.

Der Verlag Mitchell Beazley hat sich mit ähnlichen Veröffentlichungen schon einen Namen gemacht; die Autoren haben eine große Dankesschuld allen denen gegenüber, die dieses langwierige und komplexe Werk vom Manuskript bis zum fertigen Buch betreut haben.

Chris Foulkes als verantwortlicher Redakteur vereint Flair mit Unerschütterlichkeit beim Ausgleichen aller Wünsche und Forderungen seiner Kollegen. Di Taylor versteht es meisterlich, mit Klugheit und Freundlichkeit voranzutreiben, festzubleiben und Worte so zu kneten, daß sie bei aller Knappheit Sinnvolles aussagen.

Eljay Crompton übernahm die grafische Gestaltung und Anita Wagner die Bearbeitung der Landkarten, und ihnen beiden gebührt größter Dank für ihre sorgfältige Arbeit an diesem Buch.

Ihnen allen und den vielen weiteren Mitarbeitern im Verlag möchten wir unseren ganz besonderen Dank sagen.

Bei der Zusammenstellung dieses Buches haben die Autoren jedoch auch die Dienste vieler Winzer, Weingutsbesitzer und Weinhändler in Anspruch genommen, die vor allem Empfehlungen von Hotels und Restaurants beigetragen haben:

Bordeaux		
Christopher Cannan	Europvin	Bordeaux
Jean-Michel Cazes	Château Lynch-Bages	Pauillac
Herman Mostermans	Les Vins de Crus	Bordeaux
Hamilton Narby	Château Guiraud	Sauternes
Alain Querre	Château Monbousquet	St-Emilion
Hélène Sicet	Agence Expression	Bordeaux
Alan Spencer		Bernadas-Ste-Terre
Jean-Louis Viaut	GIE du Médoc	Bordeaux
Burgund		
Jean-François Bouchard	Bouchard Père & Fils	Beaune
Jean Durup	Domaine de l'Eglantière	Maligny
Jean-François Delorme	André Delorme	Rully
Georges Dubœuf	Les Vins Georges Dubœuf	Romanèche-Thorins
Olivier Kooman	Albert Bichot	Beaune
Rolland Mathelin	Les Vins Mathelin	Châtillon-d'Azergues
Jean Vachet		St-Vallerin
Champagne		
G. Frémaux	Société de Producteurs	Mailly-Chamapgne
Pierre Horiot	Horiot Père & Fils	Les Riceys
Christian Pol-Roger	Pol Roger & Co.	Epernay
Elsaß		
Marcel und Philippe Blanck	Blanck/Domaine des Comtes de Lupfen	Kientzheim
Rémy Gresser	Domaine André Gresser	Andlau
Léonard Humbrecht	Domaine Zind-Humbrecht	Wintzenheim
Pierre Seltz	A. Seltz & Fils	Mittelbergheim
Jura		
Rolet Père & Fils		Montigny
Korsika		
Comte Louis de Poix	Domaine Comte Péraldi	Mezzavia
Languedoc		
Guy Benin	Domaine de Ravanès	Thézan-les-Béziers
Andrée Ferrandiz	D. F. Services	Coursan
Ludovie Gaujal	Domaine Gaujal	Pinet
Peter Geerts		Arques
Bernard Jany	Château la Condamine Bertrand	Paulhan
Alain Jougla	Domaine des Jougla	Prades-sur-Vernazobres
Jérôme d'Ormesson	Domaine d'Ormesson	Lézignan-Lacèbe
Loire		
Henri Marionnet	Domaine de la Charmoise	Soigns
Die Familie Sauvion	Château du Cleray	Vallet
Massif Central		
Paul Lapandéry		St-Haon-le-Vieux
Gérad Pétillat	Domaine de Bellevue	Meillard
Provence		
Georges Brunet	Château Vignelaure	Rians
Laurent Bunan	Moulin des Costes	La Cadière-d'Azur
Claude Dieudonné	Domaine de Régusse	Pierrevert
Eloi Dürrbach	Domaine de Trévallon	St-Etienne-du-Grés
A. M. Hirsch	Domaine de St-Jean	Villecroze
Henning Hoesch	Domaine Richeaume	Puyloubier
Jean-Piere Margan	Château La Canorgue	Bonnieux
Jean Paquette	Domaine de Curebéasse	Fréjus
Françoise Rigord	Commanderie de Peyrassol	Le Luc
François Sack	Clos Ste-Magdeleine	Cassis
J. S. de Taisne	Château Fonscolombe	Le Puy-Ste-Réparade
Rhône		
Paul Avril	Clos des Papes	Châteauneuf-du-Pape
Jean-Claude Assémat		Roquemaure
Georges Champetier	UCOVA	Ruoms
Max Chapoutier	M. Chapoutier	Tain-l'Hermitage
Marc Français	Château St-Estève	Uchaux
Marcel Guigal	E. Guigal	Ampuis
Gérard Jaboulet	Paul Jaboulet Ainé	Tain-l'Hermitage
Jean-Claude Raspail		Saillans
Roussillon		
Dr. André Parcé	Domaine du Mas Blanc	Banyuls-sur-Mer
Südwesten		
Alain Brumont	Domaine Bouscassé	Maumusson
André Duboscq	Union de Producteurs Plaimont	St-Mont
Patrick Germain	Château Bellevue La Forêt	Fronton
J.-M. Hébrard	Les Vignerons Réunis des Côtes de Buzet	Buzet-sur-Baise
M. Rigal	Rigal & Fils	Parnac

Die folgenden Organisationen haben mit ausführlichen Informationen ebenfalls großes Verdienst um das Zustandekommen dieses Buchs erworben:

Comité Interprofessionnel des Vins d'Alsace	Colmar
Union Interprofessionelle des Vins du Beaujolais	Villefranche-sur-Saône
Comité Interprofessionnel des Vins de Bourgogne en Mâcon	Mâcon
Comité Interprofessionnel de la Côte d'Or et de l'Yonne	Beaune
Conseil Interprofessionnel du Vin de Bordeaux	Bordeaux
Comité Interprofessionnel des Vins de la Région de Bergerac	Bergerac
Comité Interprofessionnel du Vin de Champagne	Epernay
Comité Interprofessionnel des Vins des Côtes de Provence	Les Arcs-sur-Argens
Comité Interprofessionnel des Vins des Côtes du Rhône, Côtes du Ventoux, Coteaux du Tricastin	Avignon
Conseil Interprofessionnel des Vins de Fitou, Corbières et Minervois	Lézignan-Corbières
Comité Interprofessionnel des Vins de Gaillac	Gaillac
Comité Interprofessionnel des Vins d'Origine du Pays Nantais	La Haye-Fouassière
Comité Interprofessionnel des Vins de Touraine	Tours
Conseil Interprofessionnel des Vins d'Anjou et de Saumur	Angers
Comité Interprofessionnel des Vins Doux Naturels	Perpignan
Groupement Interprofessionnel des Vins de l'Isle de Corse	Bastia
Bureau National Interprofessionel de l'Armagnac	Eauze
Bureau National Interprofessionnel du Cognac	Cognac
Conseil des Vins du Médoc	Bordeaux
Syndicat du Cru Corbières	Lézignan-Corbières
Syndicat des Coteaux du Languedoc	Lattes
Syndicat des Costières du Gard	Nîmes
Société de viticulture du Jura	Lons-le-Saunier
Syndicat de Défense des Vins du Jurançon	Pau
Syndicat de Défense et de Contrôle des Vins du Madiran	Maubourguet
Syndicat du Cru Minervois	Olonzac
Syndicat Viticole de Pouilly	Pouilly-sur-Loire
Union Viticole Sancerroise	Fontenay
Syndicat Régional des Vins de Savoie	Chambéry
Syndicat Viticole et Agricole de St-Emilion	St-Emilion

Ganz besonderer Dank gebührt Madeleine Zaffarano von SOPEXA in Den Haag, Holland, die zusammen mit ihren Mitarbeitern eine unglaubliche Menge an Weininformationen zusammengetragen hat. Bernard Crouset von den Services Officiels Français du Tourisme, Amsterdam, hat sich in ebenso verdienstvoller Weise um den Sektor Tourismus bemüht, und Pierre Davesne vom Office National Interprofessionnel des Vins hat die neuesten Informationen über den Vin de Pays beigesteuert.

INDEX

Im Index sind Namensbestandteile wie de, du, le, la usw. außer acht gelassen. Weingüter und Weine, die Château oder Domaine in der Bezeichnung führen, sind unter ihrem Namen eingeordnet. Die Caves Coopératives stehen unter dem Ortsnamen. Seitenzahlen mit einem Buchstaben und einer Ziffer, z. B. 83 A3, bedeuten eine Kartenseite mit Rasterangabe.

A

B

BILDERNACHWEIS

NICK BARLOW: 34–5, 38, 40 Mitte, 46–48, 65 oben, 65 Mitte, 65 unten, 67 unten links, 93, 102, 106/7, 108 unten, 110–3, 118–23, 125–6, 128–30, 131 unten, 133 Mitte, 134–6; ANTHONY BLAKE PHOTO LIBRARY: 182/3 oben, 205; MICHAEL BUSSELLE: 36–7, 94 links, 98/9, 158, 161 unten; MIKE CALDWELL: 166, 167 unten links; HUBRECHT DUIJKER: 40 oben, 44, 67 unten rechts, 80/1 oben, 84, 87, 100, 103, 108 oben, 116, 127, 131 Mitte, 133 oben, 138/9, 206–13, 224–8, 233–40, 243, 245 unten rechts, 261 oben, 263 links; CHRIS FOULKES: 124; Adam Woolfitt/SUSAN GRIGGS AGENCY: 104; ROBERT HARDING PICTURE LIBRARY: 53 oben, 132/3 unten, 244/5 oben; ANDY HASSON: 242, 245 oben rechts, 246, 251 unten, 263 rechts, 264; Jean-Luc Barde/SCOPE: 200; Daniel Faure/SCOPE: 257, 260/1 oben; Jacques Guillard/SCOPE: 167 unten rechts, 191 unten, 202/3, 250/1 oben, 254/5; Michel Guillard/SCOPE: 50, 64/5, 76–77, 80 unten, 86, 94/5, 95 oben, 152 oben rechts, 169 unten; Frédéric Hadengue/SCOPE: 150 oben, 156/7 oben; Jean-Daniel Sudres/SCOPE: 183 unten, 191 oben, 229, 259; BARRIE SMITH: 92 unten; SPECTRUM COLOUR LIBRARY: 137, 168, 177 oben; TOPHAM PICTURE LIBRARY: 53 unten, 54/5 oben; PETER VAN DER VELDE: 67 unten rechts, 84, 87, 100, 116; Brian Gadsby/VIDOCQ PHOTO LIBRARY: 267; ALAN WILLIAMS: 148–9, 150 unten links, 152/3 unten, 156 unten, 157 unten links, 177 unten rechts, 178–80, 183 oben rechts, 184–5, 187 oben links, 187 Mitte links, 187 unten, 194–9; JON WYAND: 67 oben, 161 oben, 187 oben rechts.